LEHRBUCH

DER PRAKTISCHEN

MARKSCHEIDEKUNST

UNTER BERÜCKSICHTIGUNG DES WICHTIGSTEN
AUS DER ALLGEMEINEN VERMESSUNGSKUNDE

VON

OTTO BRATHUHN
BERGRAT, OBERBERGAMTSMARKSCHEIDER UND
LEHRER AN DER KÖNIGLICHEN BERGAKADEMIE
IN CLAUSTHAL

VIERTE, VERMEHRTE UND VERBESSERTE AUFLAGE

MIT ÜBER VIERHUNDERT FIGUREN

LEIPZIG
VERLAG VON VEIT & COMP.
1908

Druck von Metzger & Wittig in Leipzig.

Vorwort zur vierten Auflage.

Die vierte Auflage ist in dem Sinne der dritten abgefaßt. Veraltete Figuren sind ausgeschaltet, zahlreiche neue eingefügt worden.

Das Kapitel der Markscheideraufgaben ist erweitert und das Kapitel über den Meßtisch hinzugefügt worden. Die Instrumente und Methoden, die sich nicht bewährt haben, sind weggelassen worden. Vieles ist kürzer gefaßt und das Neueste ist aufgenommen worden.

Möge auch diese Auflage bei den Fachgenossen eine gute Aufnahme finden.

Der Verfasser.

Bald nachdem der Verfasser das Manuskript zur vierten Auflage seiner Markscheidekunst bis auf das Vorwort völlig abgeschlossen der Verlagsbuchhandlung zugestellt hatte, wurde er auf das Krankenlager niedergeworfen, das er nicht wieder gesundet verlassen sollte.

Es war dem Verfasser nicht beschieden, das Erscheinen der neuen Auflage zu erleben. Die Verlagsbuchhandlung hat bei der Drucklegung die größte Sorgfalt auf Korrektheit des Textes verwandt.

Die Verlagsbuchhandlung.

Inhalt.

Erstes Kapitel.

Vorbegriffe.

Zweites Kapitel.

Das Abstecken von Linien und die Längenmessungen.

Drittes Kapitel.

Die den meisten Meßinstrumenten gemeinsamen Teile.

Viertes Kapitel.

Die Instrumente zum Winkelmessen. Der Theodolit.

Fünftes Kapitel.

Die Magnetnadelinstrumente.

Sechstes Kapitel.

Hilfsapparate zur Verwendung des Kompasses in Gegenwart von Eisen.

Siebentes Kapitel.

Das Nivellieren, Abwägen oder Höhenmessen.

Achtes Kapitel.

Die Ausführung von Markscheiderarbeiten.

Neuntes Kapitel.

Die Anfertigung von Grubenrissen.

Zehntes Kapitel.

Die Anschluß- und Orientierungsmessungen.

Elftes Kapitel.

Die Tachymetrie.

Zwölftes Kapitel.

Der Meßtisch.

Dreizehntes Kapitel.

Die Azimut- oder Meridianbestimmung.

Vierzehntes Kapitel.

Anwendung eines kräftigen Magneten zur Ermittelung der Durchschlagsrichtung zweier Gegenörter.

Anhang.

Einleitung.

Die Markscheidekunst im engeren Sinne ist ein Teil der allgemeinen Vermessungskunde und beschäftigt sich mit der Ausmessung und rißlichen Darstellung der unterirdischen Grubenräume.

Da der Grubenbetrieb aber vielfach auf die Tagesoberfläche Rücksicht zu nehmen hat, so erstreckt sich die Markscheidekunst auch auf die Vermessung und Darstellung der Erdoberfläche über den unterirdischen Grubenräumen.

Der Name „Markscheider" kommt her von „Mark" = Grenze und „scheiden" = feststellen und bestimmen des Scheidenden, d. h. hier der scheidenden Grenze.

Die Grenzebene zweier aneinanderstoßenden Grubenfelder heißt „Markscheide". Diese über Tage durch Steine bezeichneten Grenzen auch in der Grube festzustellen, war in den Anfängen des Bergbaues bei den damals sehr kleinen Grubenfeldern eine wichtige und häufig vorkommende Arbeit des danach benannten Markscheiders.

Erstes Kapitel.

Vorbegriffe.

§ 1. Die Gestalt unseres Erdkörpers ist noch nicht genau ermittelt. Denkt man sich die Meeresoberfläche durch das feste Land fortgesetzt, so wird man einen Körper erhalten, dessen Oberfläche der idealen oder mathematischen Erdoberfläche entspricht.

Dieser Körper heißt ein Geoid und seine Oberfläche eine geoidische Fläche.

Das Erdsphäroid, das Bessel 1841 aus den vorhandenen Messungen ableitete, kommt dem Geoid am nächsten.

Dieses Erdsphäroid ist entstanden aus der Rotation einer halben Ellipse um die kleine Achse, und seine Abmessungen sind folgende:

die Äquatorhalbachse $a = 6\,377\,397$ m log 6,804 6435,
die Rotationshalbachse $b = 6\,356\,079$ m log 6,803 1893,
das Mittel $\frac{1}{2}(a + b) = 6\,366\,738$ m log 6,803 9170,
„ „ $\frac{1}{3}(2\,a + b) = 6\,370\,291$ m log 6,804 1593.

Die wichtigste Linie jedes Ortes auf der Erde ist die Senkrechte, die Lotlinie, Vertikal- oder Seigerlinie. Diese Linie ist die Richtung der Schwerkraft, die an verschiedenen Stellen der Erde etwas beeinflußt wird durch die Zentrifugalkraft und durch Gebirge.

Am Nordrande des Harzes z. B. wird das Lot nach Süden, an dem Südrande nach Norden abgelenkt. Die höchste Ablenkung findet sich bei Ilsenburg und beträgt 13,5 Bogensekunden.

Das Wort „senkrecht" wird in der Vermessungskunde nur für die Richtung der Lotlinie gebraucht, sonst sagt man rechtwinkelig.

Die Lotlinien konvergieren nach dem Mittelpunkte der Erde. Der Konvergenzwinkel auf 1 km Entfernung ist gleich 32 Sekunden. Die Konvergenz der Lotlinien kommt bei der Reduktion der Basis auf den Meereshorizont (§ 120) zum Ausdruck, ferner bei Grubenpolygonen, welche in großen Teufen an Lote angeschlossen werden, die in zwei weit voneinander entfernten Schächten aufgehängt sind. Bei 1000 m Entfernung über Tage werden die Lote bei 1000 m Tiefe nur noch 999,843 m und bei 2000 m Entfernung nur noch 1 999,686 m voneinander entfernt sein.

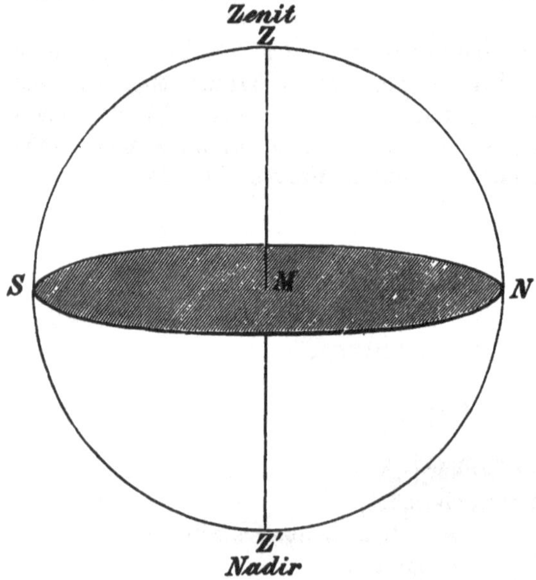

Fig. 1. Der Horizont.

Die gekrümmte Fläche, die an allen Orten der Erde rechtwinkelig zur Lotlinie verläuft, nennt man eine Niveaufläche. Die geoidische Fläche des wirklichen oder natürlichen Horizontes fällt also nicht immer genau zusammen mit dieser Niveaufläche.

Der Himmel erscheint uns wie eine ungeheure Hohlkugel, in deren Mitte sich die Erde befindet. Von der Himmelshohlkugel übersehen wir nur eine Hälfte auf einmal, und die Ebene, welche die sichtbare Hälfte von der unsichtbaren scheidet, heißt der astronomische Horizont. Dieser steht rechtwinkelig zur Lotlinie des Beobachtungsortes und geht durch den Mittelpunkt der Erde.

Der scheinbare Horizont ist eine Parallelebene zum astronomischen Horizont, die durch den Standpunkt des Beobachters gelegt ist. Beide Horizonte haben den Abstand eines Erdhalbmessers. Den ungeheuren Entfernungen der Himmelskörper gegenüber ist dieser Abstand aber so verschwindend klein, daß man bei den folgenden astronomischen Betrachtungen die beiden Ebenen als zusammenfallend annehmen kann.

Wenn dem Worte „Horizont" nichts hinzugefügt ist, so versteht man den astronomischen oder den scheinbaren Horizont, der die Projektionsebene der bildlichen (rißlichen) Darstellungen ist.

In Fig. 1 sei $SZNZ'$ das Himmelsgewölbe und M der Standpunkt auf der als Punkt erscheinenden Erde. Die schraffierte Ebene ist der Horizont.

Verlängert man ein in M auf dem Horizonte errichtetes Perpendikel nach beiden Seiten, so wird das Himmelsgewölbe in Z und Z' getroffen.

Den Punkt Z nennen wir den Scheitelpunkt oder das Zenit und den Punkt Z' den Fußpunkt oder das Nadir.

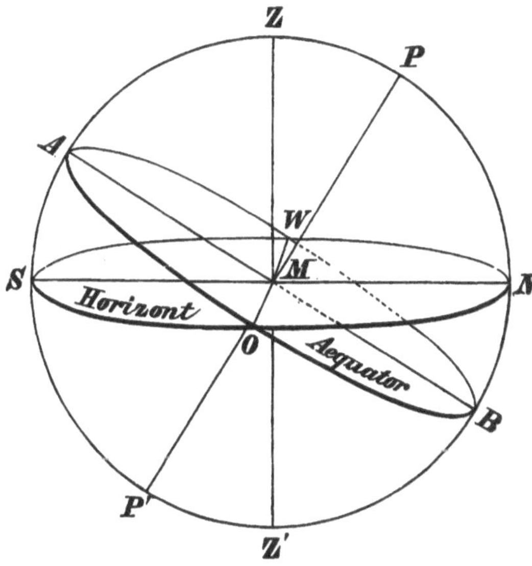

Fig. 2. Die Weltachse.

Die Sterne, mit Ausnahme der wenigen Planeten und Kometen, haben zwar eine unveränderliche Stellung gegeneinander, scheinen sich aber sämtlich in Parallelkreisen um eine feste Achse zu drehen, die den Namen Weltachse führt, und nichts weiter ist, als die verlängerte Erdachse.

Die Punkte P und P' (Fig. 2), in denen die Weltachse das Himmelsgewölbe trifft, sind die Pole des Himmels. P der Nordpol, P' der Südpol.

Die Weltachse macht mit dem Horizont je nach dem Standpunkte des Beobachters auf der Erde einen verschiedenen Winkel.

Am Äquator ist dieser Winkel gleich Null und wächst nach den Polen zu bis 90°.

Der Winkel heißt die Polhöhe des Ortes. (In Figur 2 der Winkel PMN oder Bogen PN.) Der Bogen ZP ist der Zenitabstand des Poles.

Eine rechtwinkelig auf die Weltachse im Erdmittelpunkte M gelegte Ebene $AOBW$ ist der Himmelsäquator, mit welchem Namen nicht bloß die Ebene, sondern die Kreislinie bezeichnet wird, in der die Äquatorebene das Himmelsgewölbe schneidet. Der Äquator teilt die Himmelskugel in eine nördliche und eine südliche Hemisphäre.

Denkt man sich durch das Zenit und durch die Weltachse eine Ebene gelegt, so ist dies die Meridianebene. Die Linie SMN, in welcher diese Ebene den Horizont schneidet, ist die Meridianlinie und der größte Kreis $PNBP'SA$ der Meridiankreis.

Durch jeden Standpunkt auf der Erde kann man sich eine Meridianebene gelegt denken. Alle diese Meridianebenen schneiden sich in der Erd- und Weltachse.

Die Meridian- oder die Mittagslinie in der Ebene des Horizontes trifft das Himmelsgewölbe in N, dem Nord-, und in S, dem Südpunkte. O und W sind der Ost- und der Westpunkt des Himmels. Wenn vom „Meridian" ohne Zusatz die Rede ist, so meint man die Mittagslinie.

Die scheinbare Drehung der Himmelskugel findet in der Richtung von Osten nach Westen statt. Die Gestirne steigen von der Ostseite auf, erreichen im Meridian ihre höchste Stellung und gehen auf der Westseite wieder nieder.

Steht ein Stern gerade im Meridian des Standpunktes, so sagt man, er kulminiert, und zwar hat jeder Stern zwei: eine obere und eine untere Kulmination.

Solche Sterne, die so nahe bei dem Pole stehen, daß sie für einen bestimmten Beobachtungsort nicht mehr untergehen, heißen Zirkumpolarsterne.

Von diesen sind beide Kulminationen sichtbar, die übrigen Sterne beschreiben Bahnen, von denen ein Teil über, ein Teil unter dem Horizonte liegt.

Der erstere heißt der Tagebogen, der andere der Nachtbogen.

Für die Sterne, welche auf dem Himmelsäquator liegen, ist der Tagebogen dem Nachtbogen gleich, für die nördlich vom Äquator stehenden Sterne ist in unseren Breiten der Tagebogen und für die südlich vom Äquator stehenden der Nachtbogen der größte.

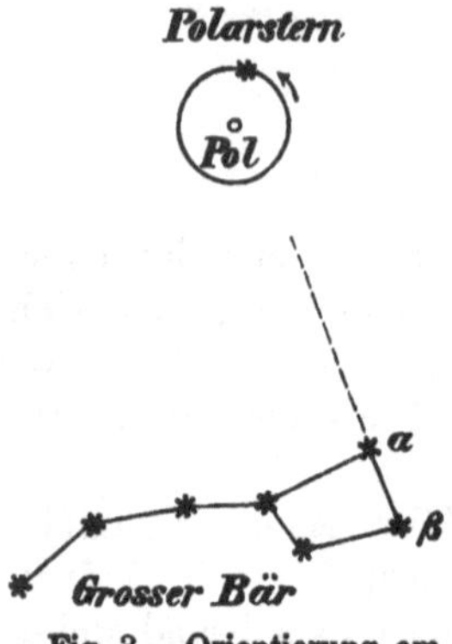

Fig. 3. Orientierung am gestirnten Himmel.

§ 2. Um sich am gestirnten Himmel zu orientieren, geht man gewöhnlich vom Sternbilde des großen Bären aus (Fig. 3). Verlängert man nämlich die Verbindungslinie der Sterne α und β um das $5\,^1/_2$ fache, so trifft sie nahezu den ersten Stern α im

Schwanze des kleinen Bären, der jetzt der nächste helle Stern in der Nähe des Nordpoles ist. Er heißt der Polarstern.

Um die Stellung eines Gestirnes am Himmel mit mathematischer Genauigkeit anzugeben, bedarf man eines passend gewählten Koordinatensystems aus größten Kreisen der Himmelskugel.

Zwei Systeme sind vorwiegend im Gebrauch.

I. Höhe und Azimut. — Denkt man sich in Fig. 4, in der die bisherigen Bezeichnungen beibehalten worden sind, durch *M*, *Z* und den Stern *E* eine Ebene gelegt, so entsteht ein größter Kreis, der rechtwinkelig auf dem Horizonte steht und Höhen- oder Vertikalkreis genannt wird.

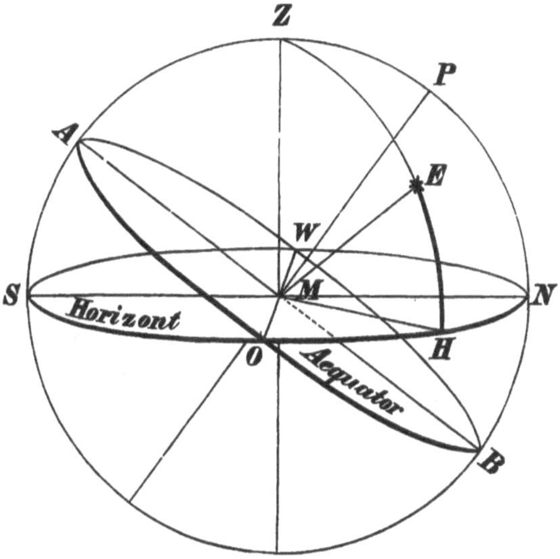

Fig. 4. Höhe und Azimut.

Der Bogen *EH* heißt die Höhe des Sternes, der Bogen *EZ* die Zenitdistanz des Sternes.

Höhe und Zenitdistanz ergänzen sich zu 90 Grad.

Der Bogen *NH* vom Nordpunkte des Horizontes bis zum Punkte *H*, wo der Höhenkreis des Sternes *E* den Horizont trifft, heißt der Azimut des Sternes.

Anm. Die Astronomen zählen den Azimut vom Südpunkte aus über West. In der Vermessungskunde zählt man die Azimute von Nord über Ost, Süd und West bis 360 Grad.

Durch Höhe und Azimut eines Sternes ist seine Stellung aber nur für einen Zeitmoment gegeben, da infolge der scheinbaren täglichen Bewegung des Himmelsgewölbes sowohl die Höhe als auch der Azimut eines Gestirnes jeden Augenblick ändert.

II. Deklination, Rektaszension und Stundenwinkel. — Alle durch die Weltachse gelegten größten Kreise heißen Deklinations- oder Stundenkreise und sind rechtwinkelig zum Äquator.

Legt man durch den Stern *E* (Fig. 5) einen solchen Kreis, so nennt man den Bogen *EC* die Deklination oder Abweichung des Sternes.

Die Deklination ist eine nördliche oder südliche, je nachdem der Stern auf der nördlichen oder südlichen Hemisphäre liegt.

Der Bogen *PE* heißt die Poldistanz des Sternes *E*.

Poldistanz und Deklination ergänzen sich zu 90 Grad.

Der sphärische Winkel *EPN*, den der Deklinationskreis mit dem Meridian macht, wird der Stundenwinkel des Sternes *E* genannt.

Der Stundenwinkel wird durch den Bogen *BC* auf dem Äquator gemessen und gibt in Zeitmaß verwandelt an, wieviel Zeit seit der letzten Kulmination des Sternes *E* verflossen ist (15 Grad = 1 Stunde).

Durch Deklination und Stundenwinkel ist die Lage eines Gestirnes am Himmel auch nur für einen Moment bestimmt, da zwar die Deklination eine bestimmte Größe ist, der Stundenwinkel aber fortwährend ändert.

Zur Vermeidung dieses Übelstandes hat man zum Anfangspunkt der Zählung auf dem Äquator einen bestimmten Punkt, den Frühlingspunkt, gewählt. In diesem Punkte, der übrigens durch keinen Stern bezeichnet ist, schneidet die Sonnenbahn im März den Äquator.

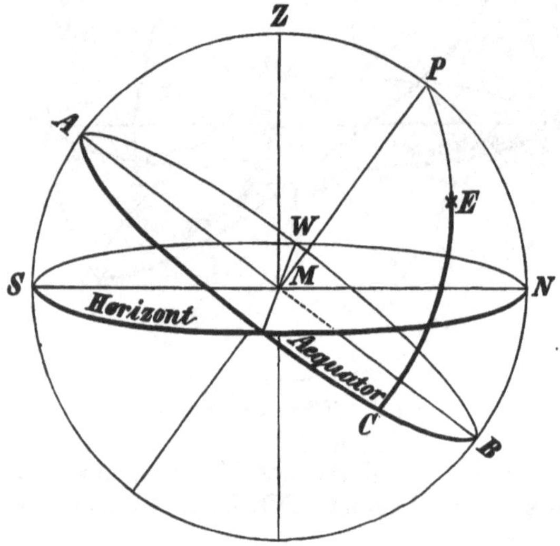

Fig. 5. Deklination, Rektaszension und Stundenwinkel.

Der in der Richtung von Süd nach Ost usw. auf dem Äquator gezählte Winkel vom Frühlingspunkte bis zu dem Punkte, in dem der Stundenkreis eines Sternes den Äquator trifft, wird seine gerade Aufsteigung oder Rektaszension genannt.

Durch Deklination oder Rektaszension ist die Stelle eines Sternes am Himmel vollkommen bestimmt, wenn diese auch bei sämtlichen Sternen einer bekannten regelmäßigen Änderung unterworfen sind (siehe § 7).

§ 3. Die Lage eines Punktes auf der Erdoberfläche wird durch die geographische Breite und Länge bestimmt.

Die geographische Breite ist gleich der Polhöhe. Man unterscheidet nördliche und südliche Breite.

Die geographische Länge eines Ortes ist der auf dem Äquator gezählte Bogen, der zwischen der Meridianebene des Ortes und irgend einer bestimmten als Ausgangspunkt der Zählung gewählten Meridianebene liegt.

Man zählt entweder von diesem Meridiane in einer Richtung bis 360 Grad oder nach beiden Seiten bis 180 Grad und unterscheidet dann östliche und westliche Länge.

Der Ausgangspunkt der Längenzählung ist bei den verschiedenen Nationen ein anderer. Die wichtigsten sind: der Meridian durch die Insel Ferro, durch die Pariser Sternwarte und der durch die Sternwarte von Greenwich bei London.

Der Meridian von Greenwich liegt 17°39′51″ östlich von Ferro und 2°20′9″ westlich vom Pariser Meridian.

Der Meridian von Greenwich wird wahrscheinlich als internationaler Anfangsmeridian eingeführt werden.

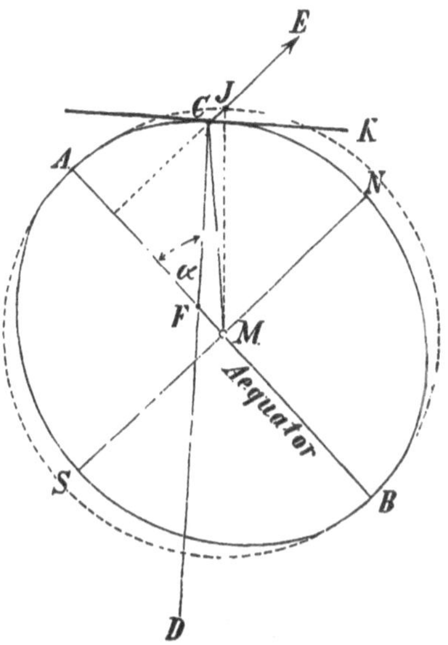

Fig. 6. Gestalt der Erde und die Bestimmung der geographischen Breite.

§ 4. Bestimmung der geographischen Breite und Länge eines Ortes.

Durch den Standpunkt C auf dem Erdsphäroid sei eine Tangentialebene CK gelegt. Errichtet man auf derselben das Perpendikel CD, so ist dies die Lotlinie, welche den Äquator nicht im Erdmittelpunkte, sondern im Punkte F schneidet. Der Winkel CFA ist die geographische Breite $= \alpha$ (Fig. 6).

Richtet man im Standpunkte C ein mit einem Höhenkreis versehenes Fernrohr auf den Himmelspol, so wird die Fernrohrachse wegen der unendlichen Entfernung des Poles mit der Erdachse parallel laufen und man erhält den Winkel ECK, der gleich der Polhöhe ist. Dieser Winkel ist aber, da die Schenkel beider rechtwinkelig zueinander sind, gleich dem Winkel α der geographischen Breite.

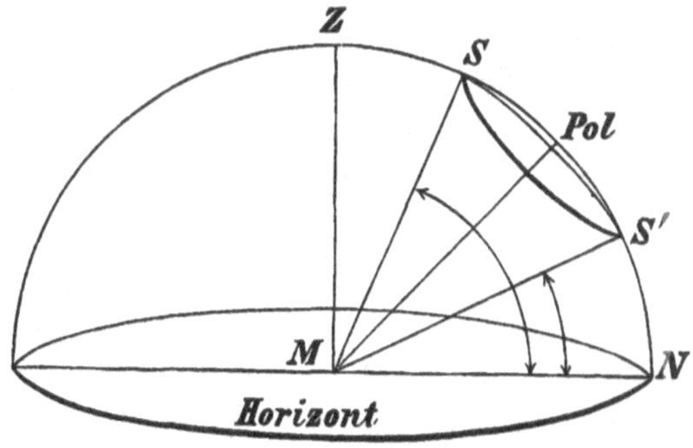

Fig. 7. Bestimmung der Polhöhe.

Verbindet man C mit dem Mittelpunkte der Erde M, so nennt man die Linie CM den geozentrischen Radius und den Winkel CMA die geozentrische Breite. Der Winkel AMJ, dessen Konstruktion aus Fig. 6 zu ersehen ist, heißt die reduzierte Breite.

Aus dem geozentrischen Radius CM und der geozentrischen Breite wird der Radius der Parallelkreise berechnet.

Die Polhöhe kann man nicht unmittelbar messen, da der Himmelspol nicht durch einen Stern bezeichnet ist.

Man hilft sich dadurch, daß man einen Zirkumpolarstern in seiner oberen und seiner unteren Kulmination *S* und *S'* anzielt und aus beiden Höhenwinkeln *SMN* und *S'MN* das Mittel nimmt (Fig. 7).

Die unmittelbar abgelesenen Höhenwinkel müssen wegen der Brechung der Lichtstrahlen noch eine Verbesserung erhalten.

Der Unterschied der geographischen Länge zweier Orte wird durch die Zeitdauer bestimmt, um welche die Kulmination desselben Sternes an dem einen Orte später eintritt, als am anderen. Diesen Zeitunterschied hat man in Bogenmaß zu verwandeln (1 Stunde = 15 Grad). Die Zeitdauer mißt man durch gute Uhren.

§ 5. **Die Zeiteinteilung.** Die Zeit, in welcher die Erde einmal den Umlauf um die Sonne vollendet, nennen wir ein Jahr, das infolge der

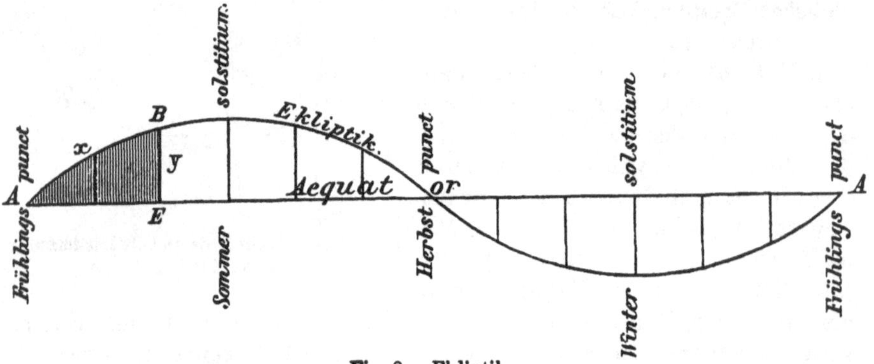

Fig. 8. Ekliptik.

Umdrehung der Erde um die eigene Achse in einzelne Abschnitte (Tage) zerlegt wird.

Die Erde läuft mit ungleichförmiger Geschwindigkeit um die Sonne, dagegen dreht sie sich um die eigene Achse stets in gleichen Zeiten.

Bei dem Umlauf um die Sonne bewegt sich die Erdachse derartig, daß ihr Neigungswinkel gegen die Bahnebene von rund 66°32′ im wesentlichen unverändert bleibt.

Infolge dieser Neigung der Erdachse und der Bewegung der Erde um die Sonne ändert die Sonne ihre Stellung fortwährend am Himmel. Am 21. März steht sie im Äquator, darauf wird ihre Deklination eine nördliche, die am 22. Juni ihr Maximum erreicht. Im weiteren Verlaufe nimmt die Deklination ab und am 22. September steht die Sonne wieder im Äquator. Sie tritt auf die südliche Himmelshälfte, erreicht am 22. Dezember die größte südliche Deklination und nähert sich von nun an wieder dem Äquator.

Alle diese Punkte liegen in einem größten Kreise, die Ekliptik genannt, deren Ebene mit der Äquatorebene einen Winkel von 23°28′ macht. Dieser Winkel heißt die Schiefe der Ekliptik.

Die Punkte, in denen die Sonne ihre größte Deklination erreicht, heißen die Punkte der Sonnenwende oder Solstitialpunkte (Sommersolstitium und Wintersolstitium). Die Punkte, in denen die Sonne den Äquator durchschneidet, heißen Äquinoktialpunkte (Frühlings- und Herbstäquinoktium).

Denkt man sich den Äquator mit der Ekliptik auf den Mantel eines geraden Zylinders mit dem Äquator als Grundfläche projiziert und dann abgewickelt, so entsteht Fig. 8.

Die Ekliptik kann zur Ortsbestimmung auf der Himmelskugel ebenso dienen wie der Himmelsäquator. Legt man durch einen Stern und durch den Pol der Ekliptik einen größten Kreis, so heißt das Bogenstück zwischen dem Sterne und der Ekliptik die Breite, und die Länge des Sternes heißt der Bogen der Ekliptik zwischen dem Frühlingspunkte und dem durch den Stern gelegten größten Kreis.

In dem schraffierten sphärischen Dreiecke der Fig. 8 ABE ist $AB(x)$ gleich der Länge der Sonne, $BE(y)$ gleich der dieser Länge entsprechenden Deklination der Sonne und der Winkel A ist gleich der Schiefe der Ekliptik. AE ist die Rektaszension der Sonne.

Aus der Gleichung $\sin y = \sin x \sin A$ lassen sich die Deklinationen der Sonne für jede Länge berechnen.

Die Astronomen rechnen nach Sternentagen. So nennen sie den Zeitraum, in dem die Sterne einen scheinbaren Umlauf vollenden.

Die Anzahl der Sternentage im Jahre ist um einen Tag größer, als die Anzahl der Sonnentage, weil infolge der Bewegung der Erde auf der Ekliptik die Sonne innerhalb eines Jahres einmal in einer der Sternbewegung entgegengesetzten Richtung um den Himmel gegangen ist. Ein Sternentag = $23^h 56' 4{,}09''$ bürgerliche Zeit.

Im bürgerlichen Leben kann man nicht nach Sternentagen rechnen vielmehr muß sich alle Zeiteinteilung nach der Sonne richten.

Die Sonnentage haben aber nicht gleiche Dauer, weil die Änderung in der Rektaszension der Sonne von einem Tage zum anderen nicht gleich bleibt.

Zur Hervorbringung dieser ungleichmäßigen Änderung der Rektaszension wirken zwei Ursachen:

1. Die Ekliptik liegt nicht mit dem Himmelsäquator parallel.

Auch bei gleichförmiger Geschwindigkeit der Sonne würde demselben Wegstücke der Sonnenbahn nicht an allen Punkten der Ekliptik eine gleiche Änderung der Rektaszension entsprechen.

Zur Zeit der Sonnenwende, wo die Ekliptik fast mit dem Äquator parallel läuft (siehe Fig. 8), ist ein von der Sonne durchlaufenes Wegstück der Änderung in der Rektaszension fast gleich, zur Zeit der Äquinoktien dagegen, wo die Sonnenbahn einen Winkel von $23^0 28'$ mit dem Äquator bildet, wird die Rektaszension kleiner sein.

2. Die Sonne bewegt sich in der Ekliptik nicht mit gleichförmiger Geschwindigkeit, sie schreitet zur Zeit unseres Winters schneller fort, als während des Sommers. Vom 21. März bis zum 22. September sind 186 Tage, vom 22. September bis 21. März nur 179 Tage.

Da nun Uhren, die genau die unregelmäßige Dauer der Sonnentage richtig angeben, nicht herstellbar sind, so hat man sich so geholfen, daß man einen mittleren Sonnentag von stets gleichbleibender Länge eingeführt hat. Denkt man sich die Dauer eines gewöhnlichen Jahres von 365 Tagen in 365 vollkommen gleiche Teile geteilt, so ist ein solcher Teil der mittlere Sonnentag. (Bürgerliche Zeit.) Die wahren Sonnentage fallen mit den bürgerlichen Tagen nicht genau zusammen, der wahre Mittag ist bald etwas vor dem mittleren voraus, bald bleibt er gegen ihn zurück. Im Februar fällt der wahre Mittag der Orte auf demselben Meridiane rund 15 Minuten nach und im November 16 Minuten vor dem mittleren (bürgerlichen) Mittag.

Der Zeitunterschied zwischen dem mittleren und wahren Mittag wird die **Zeitgleichung** genannt. Sie ist in jedem astronomischen Jahrbuche angegeben.

Die Orte auf einem Meridiane der Erde haben gleiche Zeit und diese heißt die Ortszeit.

Die Ortszeit verschiedener Meridiane ist verschieden. Bei Ortsveränderungen in östlicher Richtung wird die mitgenommene Uhr die Ortszeit des verlassenen Meridians zeigen, also nachgehen, dagegen bei einer westlichen Ortsveränderung vorgehen.

Den Unterschied der Ortszeiten berechnet man aus dem Längenunterschied der beiden Orte (15 Grade = 1 Stunde).

Viele Staaten haben, um die häufige Umrechnung der Zeiten abzuschaffen, entweder für den ganzen Staat oder für Teile Einheitszeiten eingeführt, in denen die Zeit eines bestimmten Meridians maßgebend ist. Für Deutschland gilt die mitteleuropäische Zeit, d. h. die Zeit des Meridians 15 Grad östlich von Greenwich.

Eine Zeitbestimmung ist nichts weiter, als den Stand und Gang der Uhr durch astronomische Beobachtungen auf seine Richtigkeit zu prüfen.

Den Stand der Uhr kann man am leichtesten durch Beobachtung der Sonnenkulminationen prüfen. Man beobachtet, um welche Zeit die Sonne kulminiert und sieht in einer Tabelle nach, ob der Stand der Uhr zur Zeit der Kulmination mit der Zeitgleichung des Tages übereinstimmt.

Z. B. die Sonne kulminierte am 24. Juni . . .	$11^h 59' 30''$
sie sollte nach richtiger Zeit kulminieren . . .	$12^h 1' 52''$
die Uhr ging also nach	$0^h 2' 22''$

Die Sonnenkulmination wird in Sternwarten mittels des Passagerohres beobachtet. Der Markscheider kann sich mit einem Gnomon begnügen, der in der südlichen Wand einer Kammer angebracht ist.

Auf dem Boden der Kammer ist die Richtung des Meridians der Gnomonöffnung durch eine Linie bezeichnet und genau in der Meridianebene ein Lot gehängt. Hinter diesem Lotdrahte stellt man einen Papierschirm in der dem Sonnenstande entsprechenden Höhe auf. Der durch den Gnomon fallende Sonnenstrahl zeichnet auf dem Schirme ein kleines Sonnenbildchen, das gleichzeitig mit der Sonne die Meridianebene durchschreitet.

Für die bei der Magnetorientierung (§ 183) notwendige Uhrenvergleichung ist die tägliche Zeitangabe auf den Telegraphenämtern zu benutzen. Jeden Morgen um 9 Uhr wird im ganzen Deutschen Reiche der telegraphische Verkehr unterbrochen und von Berlin aus sämtlichen Telegraphenämtern die richtige Zeit telegraphisch übermittelt.

Den Gang der Uhr prüft man durch Beobachtung von Sternverschwindungen.

Man richtet ein Fernrohr des Nachts auf die senkrechte Mauerkante eines hohen Gebäudes, eines Blitzableiters oder dergl. und zugleich auf einen hellen Stern, der bald hinter der Mauer verschwinden wird. In dieser Stellung befestigt man das Rohr und merkt genau die Zeit, wann der Stern hinter der Mauer verschwand. Am nächsten Abend wiederholt man die Beobachtung mit dem unverrückt stehen gebliebenen Fernrohre und es müssen zwischen den beiden Verschwindungen $23^h 56' 4{,}09''$ (die Zeitdauer eines Sternentages nach bürgerlicher Zeit) verflossen sein.

Steht eine Mauer nicht zur Verfügung, so bringt man vor das Fadenkreuz des Fernrohres einen scharfkantigen Gegenstand annähernd senkrecht an, hinter dem die Sterne verschwinden. Bei dieser Arbeit sind, wie bei allen ähnlichen Beobachtungen, zwei Personen erforderlich, die eine beobachtet, die andere zählt die Sekunden laut.

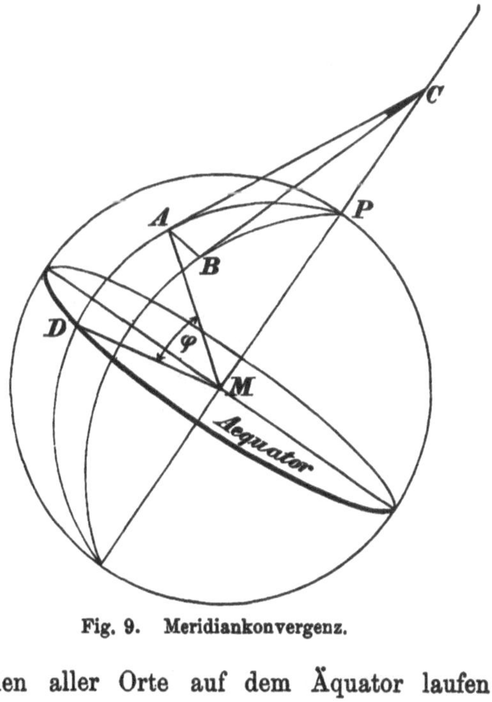

Fig. 9. Meridiankonvergenz.

§ 6. Die Meridiankonvergenz. — Die Meridianlinien aller Orte auf dem Äquator laufen parallel mit der Erdachse.

Die Meridianlinien von verschiedenen Orten auf gleichen Parallelkreisen konvergieren in dem Sinne, daß sie alle die Weltachse und zwar in einem Punkte schneiden.

Aus dem Längenunterschiede der beiden Orte, in Sekunden ausgedrückt $= l''$, und der geographischen Breite φ erhält man bei nicht zu großen Entfernungen den Konvergenzwinkel nach der Formel $C'' = l'' \sin\varphi$ annähernd richtig.

Ist der Längenunterschied L in Metern gegeben, so erhält man den Konvergenzwinkel in Sekunden aus der Formel $C'' = \frac{L}{r} \operatorname{tg}\varphi \,.\, 206265$.

In Fig. 9 sind A und B die beiden Orte, deren Meridiankonvergenz bestimmt werden soll, $AB = L$, $AM =$ Erdradius r, $\sphericalangle AMD$ die geographische Breite φ und C der Punkt auf der Weltachse, in welchem die Meridianlinien A und B sich treffen.

Nimmt man das Dreieck ABC bei A rechtwinkelig an, so ist $\operatorname{tg} C = \frac{L}{AC}$ und da $AC = \frac{r}{\operatorname{tg}\varphi} = \frac{L}{r} \operatorname{tg}\varphi$. C ist ein kleiner Winkel, man kann daher setzen $C'' = \frac{L}{r} \operatorname{tg}\varphi \; 206265$.

In der geographischen Breite Clausthals von $51^0\,48'\,30''$ beträgt die Meridiankonvergenz zweier Orte, deren Längenunterschied 1000 Meter oder 52,202 Bogensekunden groß ist, = 41,18 Sekunden.

Liegen die beiden Punkte nicht auf demselben Parallelkreise, so ist der rechtwinkelige Abstand des einen Punktes vom Meridiane des anderen Punktes zu ermitteln. (Vergl. § 221.)

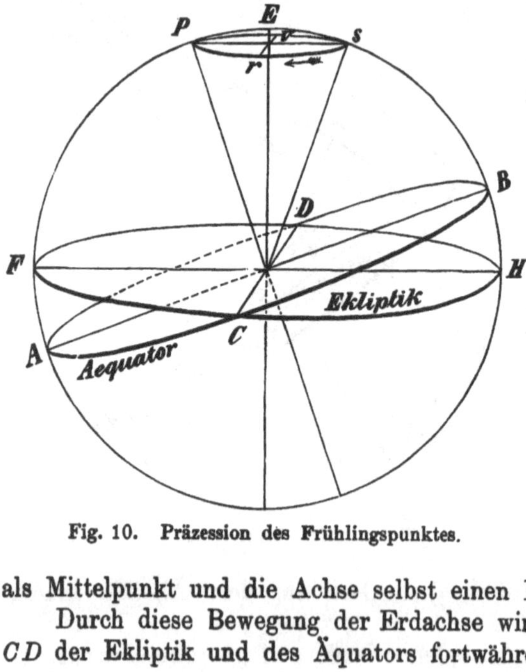

Fig. 10. Präzession des Frühlingspunktes.

§ 7. Präzession und Nutation. — Bis jetzt haben wir den Himmelspol als einen festen unverrückbaren Punkt angenommen, was er in der Tat nicht ist.

In Fig. 10 sei FH die Ekliptik, E ihr Pol und AB der Äquator mit seinem Pol P. Während nun die Schiefe der Ekliptik im wesentlichen unverändert bleibt, bewegt sich die Erdachse derartig, daß der Pol P einen Kreis $Pvsr$ um den Pol E der Ekliptik als Mittelpunkt und die Achse selbst einen Kegelmantel beschreibt.

Durch diese Bewegung der Erdachse wird die Lage der Schnittlinie CD der Ekliptik und des Äquators fortwährend geändert.

Man nennt diese Änderung die Präzession des Frühlingspunktes. Der Pol P durchläuft in einem Zeitraume von ca. 26000 Jahren einmal einen Vollkreis.

Auf die Größen der Rektaszension und der Deklination wirkt die Präzession regelmäßig ändernd ein.

Die Nutation. Der Verlauf der Präzession ist nicht ganz gleichmäßig, da der Pol sich nicht in einem mathematischen Kreise, sondern in einer wellenförmigen Kurve bewegt.

Man kann sich die Art der Bewegung dadurch vorstellen, daß man den Pol des Äquators binnen 19 Jahren in der Peripherie einer kleinen Ellipse herumgehen läßt, deren Mittelpunkt auf dem oben genannten Kreise in jedem Jahre 50,21″ rückwärts schreitet und deren große Achse gegen den Pol der Ekliptik gerichtet ist. Die große Achse dieser Ellipse beträgt 19 und die kleine 14 Sekunden. (Fig. 11.) Mit dieser Bewegung ist eine geringe wiederkehrende Veränderung in der Neigung der Erdachse verbunden; man nennt diesen Vorgang deshalb Nutation der Erdachse.

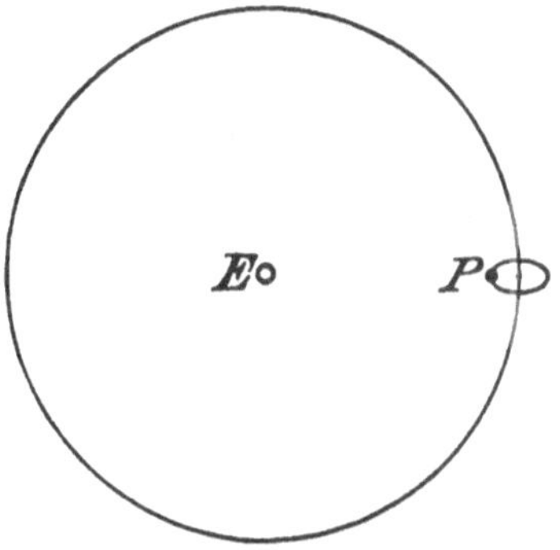

Fig. 11. Nutation der Erdachse.

§ 8. **Die Winkel in der Vermessungskunde.** Das Maß eines Winkels ist der Bogen eines Kreises, der aus dem Winkelscheitelpunkte zwischen seinen Schenkeln geschlagen ist. Die Länge des Bogens ist abhängig von der Länge des Radius und wird in der höheren Mathematik durch Einheiten des Radius ausgedrückt, in der Markscheidekunst in Grade eingeteilt, von denen 360 auf den Kreis gehen. Ein Grad gleich 60 Minuten, eine Minute gleich 60 Sekunden. Die hundertteilige Einteilung hat noch keinen Eingang gefunden.

Die Größe des auf einen Grad kommenden Bogenstückes hängt ebenfalls von der Länge des Radius ab, aber die Anzahl der Grade bleibt für die mit verschiedenen Radien zwischen den Schenkeln eines Winkels geschlagenen Bogen dieselbe.

In der Markscheidekunst haben wir es nur mit Horizontal- und Vertikalwinkeln zu tun.

Der Horizontalwinkel ist ein solcher, dessen Scheitelpunkt und Schenkel in einem Horizonte liegen. Sind die Schenkel des zu messenden Winkels gegen den Horizont geneigt, so wird nicht der von diesen Schenkeln eingeschlossene schiefe Winkel, sondern der, den die Projektionen der geneigten Schenkel einschließen, gemessen.

Man kann deshalb den Horizontalwinkel allgemein als den Neigungswinkel zweier durch die Schenkel gelegten Vertikalebenen ansehen.

Die Winkelmeßinstrumente, mit Ausnahme der Spiegelinstrumente sind so eingerichtet, daß sie auch bei geneigten Schenkeln unmittelbar den Horizontalwinkel angeben.

Die Vertikalwinkel werden in einer Vertikalebene gemessen, und zwar ist der eine Schenkel entweder die Zenitlinie oder die Horizontale des Standpunktes. Die von der Zenitlinie aus gemessenen heißen Zenitwinkel, die von der Horizontalen aus gemessenen heißen Höhen- oder Tiefenwinkel, je nachdem der zweite Schenkel über oder unter der Horizontalen liegt.

Man spricht vom linken und rechten Schenkel eines Winkels, und zwar denkt man sich im Scheitelpunkte stehend, während das Auge in den Winkelraum blickt. (Fig. 12). Die Grade eines Winkels werden vom linken zum rechten Schenkel gezählt, also in dem Sinne, wie der Zeiger der Uhr sich dreht. Diese Dreh- und Zählrichtung heißt die rechtsinnige, die entgegengesetzte die widersinnige.

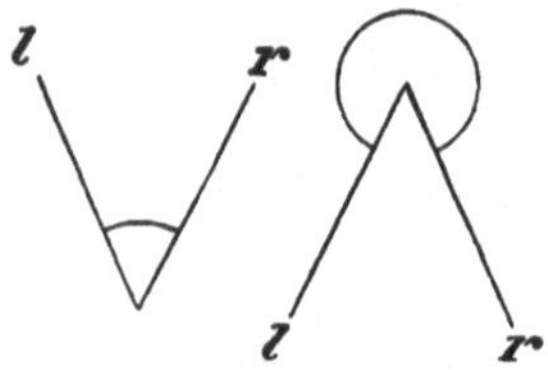

Fig. 12. Bezeichnung der Winkelschenkel.

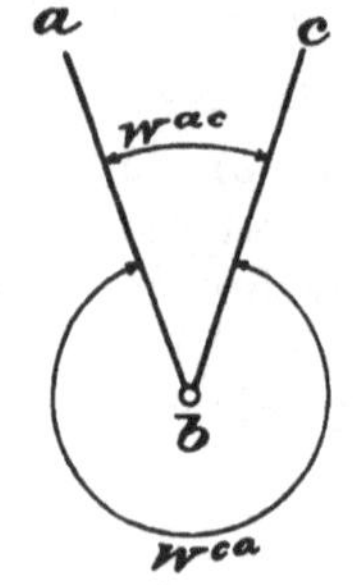

Fig. 13. Winkelbezeichnung.

Bei der Bezeichnung eines Winkels durch drei Buchstaben fängt man mit dem linken Schenkel an; in Fig. 13 ist *abc* der spitze, *cba* der stumpfe Winkel. Die Winkel werden auch mit dem Buchstaben *w* und angehängtem Index bezeichnet. w^{ac} ist der spitze w^{ca} der stumpfe Winkel. Nur bei einigen bestimmten Winkeln werden die Grade vom rechten zum linken Winkel gezählt, z. B. bei der magnetischen Deklination und bei dem Höhenwinkel.

§ 9. **Die Vermessungsrichtung**, d. h. die Richtung, in der eine Polygonmessung oder ein Nivellement ausgeführt wird, ist für eine Anzahl wichtiger Bezeichnungen maßgebend. Für rechts und links, für rückwärts und für vorwärts, für Steigen und Fallen, für Polygon- und Ergänzungswinkel, für die Azimutal- und Streichwinkel, sowie für die Neigungswinkel gegen die Abszissenachse.

Man spricht auch von einer Berechnungsrichtung, d. h. von der Richtung, in der Nivellements oder Koordinaten von Polygonpunkten berechnet werden. Sie kann mit der Vermessungsrichtung übereinstimmen oder ihr entgegengesetzt sein. Im letzteren Falle werden die obigen

Bezeichnungen umzukehren und die Azimutal-, Streich- und Neigungswinkel um zwei Rechte zu ändern sein.

§ 10. **Die Magnetnadel.** — Ein unentbehrliches Hilfsmittel bei den markscheiderischen Arbeiten ist die Magnetnadel.

Eine frei auf einem Stifte schwingende Magnetnadel stellt sich stets in eine bestimmte Richtung ein, die im wesentlichen von Süd nach Nord läuft.

Diese Linie nennt man die Magnetlinie oder den magnetischen Meridian.

Die Lage der Magnetlinie ist an verschiedenen Orten der Erde verschieden, sie fällt entweder mit dem astronomischen Meridian zusammen oder sie weicht nach Osten oder nach Westen ab.

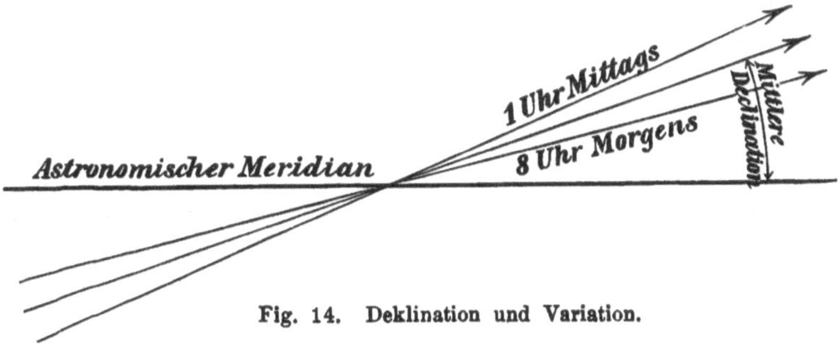

Fig. 14. Deklination und Variation.

Den Winkel, um den die Magnetlinie vom astronomischen Meridian abweicht, nennt man die magnetische Deklination. („Mißweisung“ der Seeleute.)

Die Deklination wird auf der nördlichen Halbkugel vom Meridian und zwar vom Nordende aus gezählt und man unterscheidet östliche und westliche Deklination.

Der Deklinationswinkel ist veränderlich.

In Clausthal (51° 48′ 30″ n. Br., 27° 59′ 31″ ö. L. F.) ist er (1906) 10,5° groß und nimmt zurzeit jährlich 6—7 Minuten ab. Wenn der weitere Verlauf den bis zum Jahre 1652 zurückreichenden Beobachtungen in Clausthal entspricht, so wird die Magnetnadel in der Mitte des nächsten Jahrhunderts mit dem astronomischen Meridian zusammenfallen. Die Deklination wird später eine östliche werden, in dieser Richtung ein Maximum erreichen, dann wieder umkehren bis zu einem westlichen Maximum und das Spiel von neuem beginnen.

Die Zeit zwischen einem östlichen und einem westlichen Maximum ist noch nicht genau festgestellt. Man darf sie vorläufig auf 260 Jahre annehmen.

Außer dieser säkularen erleidet die Deklination auch noch eine tägliche Änderung, die Variation genannt wird. (Fig. 14.)

Die Variation ist der Einwirkung der Sonne zuzuschreiben. In unserer Gegend ist der Verlauf der Variation folgender. Ungefähr um 8 Uhr morgens (im Sommer etwas früher, im Winter etwas später) zeigt die Magnetnadel den größten östlichen Stand, also die kleinste Deklination, kurz nach 1 Uhr die größte. Dann nimmt die Deklination wieder ab bis etwa 10 Uhr abends, bleibt bis 4 Uhr morgens nahezu unverändert und kehrt schließlich zu ihrem Minimum gegen 8 Uhr morgens zurück. Die vom Clausthaler selbstschreibenden Deklinatorium gelieferten Variationskurven vom 6. Juli und 13. November 1892 zeigen einen regelmäßigen Verlauf und sind in Fig. 15 im verkleinerten Maßstabe wiedergegeben.

Das Mittel aus den Beobachtungen morgens 8 Uhr und mittags 1 Uhr nennt man die Deklination des Tages.

Der Winkel zwischen den beiden Grenzstellungen des Morgens und Mittags heißt die Amplitude.

Die Größe der Amplitude ist einer zweifachen Änderung unterworfen.

Einmal wechselt die Größe der Variation mit den Jahreszeiten.

Sie ist in den Wintermonaten am kleinsten und in den Sommermonaten am größten. Vom Januar bis April nimmt die Variation rasch zu und erreicht im April ihr Maximum, wird während der Sommermonate etwas kleiner und kehrt im Herbst wieder schneller zum Minimum zurück. Die nachstehenden Mittel der Amplituden aus den Jahren 1874—1882 bestätigen diese Regel:

Jan.	Febr.	März	April	Mai	Juni
3′ 38″	5′ 29″	8′ 30″	10′ 29″	9′ 32″	10′ 25″
Juli	Aug.	Sept.	Oktober	Nov.	Dez.
9′ 47″	10′ 3″	9′ 40″	8′ —″	4′ 51″	3′ 54″

Ferner durchläuft die Amplitude als Ganzes in Zeitabschnitten von $11^1/_4$ Jahren ein Maximum und ein Minimum. Es ist erwiesen, daß das periodische Wechseln in der Häufigkeit der Sonnenflecke der Zeit nach vollständig mit dem Ab- und Zunehmen der Amplitude zusammenfällt.

Nachstehende Zusammenstellung der mittleren Amplitude des Monates Januar von 1878—1889 bestätigen diese Regel:

1878	1879	1880	1881	1882	1883
2′ 38″	3′ 12″	3′ 28″	4′ 20″	4′ 31″	5′ 4″
1884	1885	1886	1887	1888	1889
6′ 2″	5′ 15″	4′ 17″	4′ 9″	4′ 10″	1′ 38″

Die Variationen wachsen mit der geographischen Breite. Der Verlauf der Variationen auf einer Linie, welche die Orte von gleichgroßer Deklination verbindet (Isogone), ist bis ins einzelne derselbe, nur die Intensität nimmt vom Äquator nach den Polen zu. (Vergl. Fig. 354, § 200.)

Durch gleichzeitige Beobachtungen über und unter Tage (Clausthal und Przibram) ist bewiesen, daß auch in den größten vom Bergbau erreichten Teufen die Variation in gleicher Weise wie über Tage verläuft.

Außer den genannten, mehr regelmäßigen Änderungen ist der Gang der Magnetnadel noch plötzlichen Störungen von mehr oder weniger Bedeutung unterworfen, und zwar treten diese, wie die in neuerer Zeit eingeführten selbstschreibenden Deklinatorien dartun, sehr häufig auf. Man darf sagen, daß selten ein Tag ohne eine solche Störung verläuft.

Die Störungen sind auf der ganzen Erde gleichzeitig bemerkbar, nur nimmt ihre Intensität, wie auch die der Variationen, vom Äquator nach den Polen zu.

Die Ursachen der Störungen sind bis jetzt noch nicht ermittelt. Bekannt ist nur, daß die Erscheinung des Nordlichtes damit im Zusammenhange steht. Die atmosphärischen Gewitter, namentlich die Nahgewitter sind nicht ohne Einfluß auf den Gang der Magnetnadel, aber es scheint dieser Einfluß von örtlichen Verhältnissen abzuhängen, da er an der einen Stelle bemerkt wurde, an einer anderen nicht. In Potsdam sind im Jahre 1890 bei Nahgewittern länger dauernde Schwingungen der Nadel beobachtet worden. In Clausthal hat nach einer mündlichen Mitteilung von Borchers auch ein während einer Beobachtung in der Nähe des Deklinatoriums einschlagender Blitz nicht auf den Magneten gewirkt. In dem Deklinatorium bei Bochum sind geringe Einwirkungen von Nahgewittern beobachtet worden.

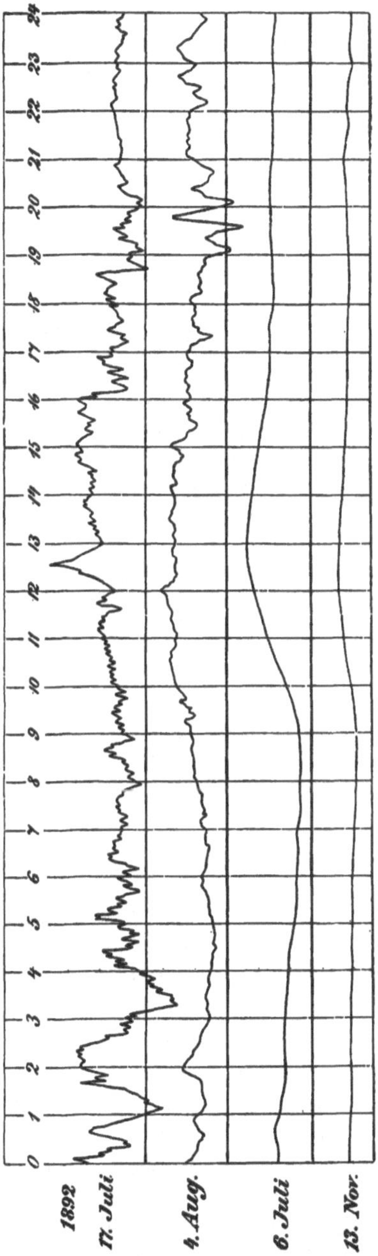

Fig. 15. Variationskurven des Clausthaler selbstschreibenden magnetischen Deklinatoriums.

(Mitteilungen aus dem Markscheiderwesen, Heft 5 n. F., S. 78.) Fig. 15 zeigt die verkleinerte Kopie einer Kurve während des Nordlichtes am 17. Juli 1892. Daneben ist auch die mäßig gestörte Kurve vom 4. August 1892 wiedergegeben.

Die Deklination ist nicht an allen Orten der Erde gleich. Verbindet man auf einer Karte die Punkte der Erdoberfläche miteinander, die eine gleiche Deklination haben, durch Kurven (Isogonen), so entsteht eine Deklinationskarte.

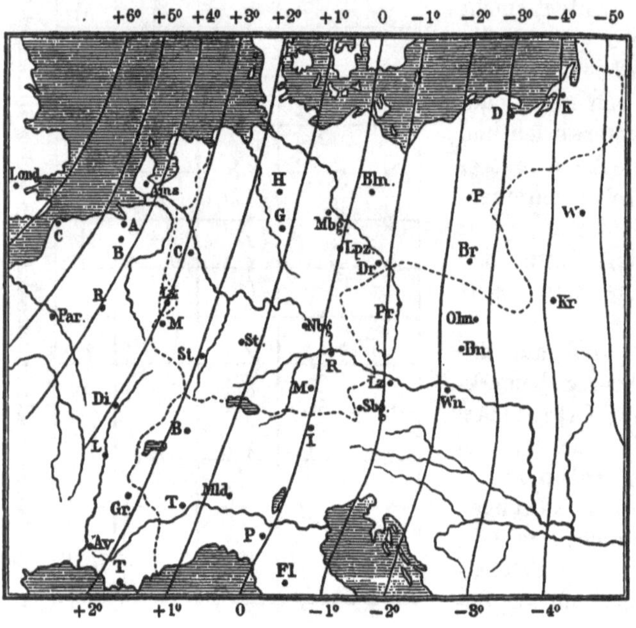

Fig. 16. Deklinationskarte von LAMONT.

Eine solche Deklinationskarte gibt Fig. 16 im verkleinerten Maßstabe wieder. Die Deklinationen der Orte auf den einzelnen Kurven unterscheiden sich um einen Grad von Osten nach Westen zunehmend, wie durch die Bezifferung der Kurven von einer mit Null bezeichneten ausgehend angedeutet wird.

Diese Kurven sind für die Gegenwart nicht mehr als vollständig gültig anzusehen, aber im wesentlichen ist für Deutschland das Verhältnis dasselbe geblieben. Nach Westen nimmt die Deklination zu, nach Osten ab.

Diese Zu- und Abnahme ist aber nicht regelmäßig, wie auch der Verlauf dieser Isogonen auf Karten in großem Maßstabe sich nicht so einfach gestaltet, wie ihn das kleine Kärtchen zeigt.

Anderseits hat die Zu- und Abnahme der Deklination innerhalb der Entfernungen, die Messungen mit der Bussole und mit dem Kompaß erreichen, keinen merklichen Einfluß auf die Parallelität der Magnetnadel.

Annähernde Zahlen erhält man durch folgende Betrachtung.

Wären die Richtungen der Magnetnadeln parallel, so müßten in unseren Breiten die Deklinationsänderungen für 1 Kilometer Längenunterschied ebensoviel betragen, wie die Meridiankonvergenz auf 1 Kilometer Längenunterschied, nämlich 41 Sekunden. Nun beträgt aber nach den GAUSS'schen Karten die Deklinationsänderung auf 1 Kilometer bei uns nur 23 Sekunden. Hiernach konvergieren die Magnetnadelrichtungen auf 1 Kilometer Längenunterschied 41 — 23 = 18 Bogensekunden oder auf eine Meile 2 Minuten 15 Sekunden.

Das magnetische Element der Inklination ist für die Vermessungskunde nicht von Bedeutung. Sie nimmt vom Äquator nach den Polen zu, und zwar nach GAUSS für unsere Gegend auf 1 Minute der geographischen Breite eine Bogenminute. In Clausthal beträgt die Größe der Inklination 66 Grad.

§ 11. Allgemeine Regeln über die bildlichen Darstellungen der Messungen.

Die Darstellungen von Teilen der Erdoberfläche oder unterirdischen Grubenräumen erzielt man durch geometrische Bilder, d. h. solche, welche die gegenseitige Lage aller vermessenen Punkte richtig und ihre gegenseitigen Entfernungen voneinander in gleicher Verjüngung, d. h. in gleichem Maßstabe angeben.

Die geometrischen Bilder werden durch Projektionen auf eine Bildfläche erhalten, und zwar dadurch, daß man von den Punkten rechtwinkelig zur Bildfläche Linien zieht.

Die Bildflächen können vertikal und horizontal, eben und gekrümmt sein.

Sehr ausgedehnte Teile der Erdoberfläche wird man auf das Erdellipsoid projizieren, kleinere Teile, wenn die größte Entfernung 100 km nicht überschreitet, auf eine berührende Kugelfläche, auf die sogenannte Krümmungskugel, die sich dem Erdellipsoid an der darzustellenden Fläche am nächsten anschmiegt, und schließlich Flächen, auf denen keine größeren Längen als 20 km vorkommen, auf die Horizontalebene.

In der eigentlichen Markscheidekunst kommen nur Projektionen auf die Horizontalebene in Betracht.

Außer diesen Horizontalprojektionen gibt es auch Projektionen auf eine Vertikalebene. Es entstehen dann Seigerrisse, Profile, Aufrisse.

§ 12. Die Lage eines Punktes in seiner Horizontalprojektion ist durch seine Koordinaten gegeben.

In der Vermessungskunde werden vier verschiedene Koordinaten angewendet, die rechtwinkelig ebenen, die rechtwinkelig sphärischen, die Polarkoordinaten und die geographischen Längen und Breiten.

Die rechtwinkelig ebenen sind für den Markscheider die gebräuchlichsten.

Fällt man von den Punkten A, B, C, D in Fig. 17 Perpendikel auf eine Linie xx, die Abszissenlinie oder Abszissenachse genannt, und nimmt auf derselben einen bestimmten Punkt O als Anfangspunkt

(Nullpunkt, Ursprung) an, so ist die gegenseitige Lage der Punkte *A, B, C, D* durch die Längen der Perpendikel (Ordinaten) *Aa, Bb, Cc, Dd* und durch die Längen der Abschnitte, Abszissen genannt, *oa, ob, oc, od* genau bestimmt, sobald noch darüber Gewißheit ist, ob die Perpendikel nach rechts oder links von der Abszissenlinie *xx* aus, und ob die Abschnitte nach oben oder unten von dem Punkte *O* aus abzumessen sind.

Diese Gewißheit wird durch Hinzufügung von Plus- oder Minuszeichen derartig herbeigeführt, daß alle vom Anfangspunkt *O* nach oben gemessenen Abszissen positiv, alle nach unten gemessenen negativ, die nach rechts abzumessenden Ordinaten positiv, die nach der entgegengesetzten Seite negativ angenommen werden.

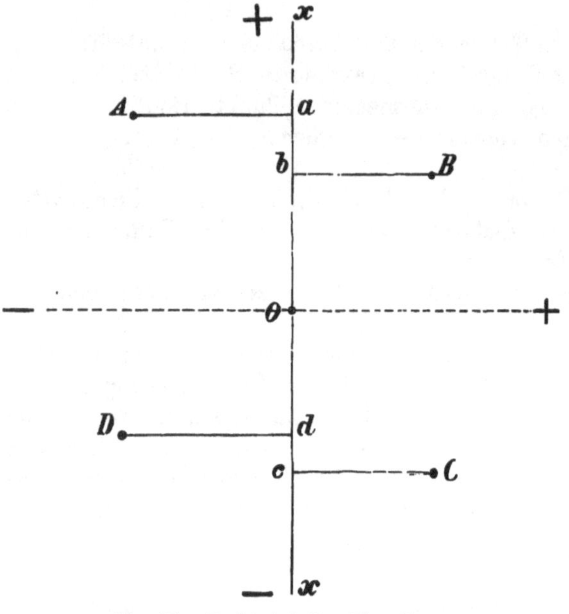

Fig. 17. Rechtwinkelige Koordinaten.

Errichtet man in dem Nullpunkte der Abszissenachse auf ihr das Perpendikel *yy*, die Ordinatenachse, so entstehen hierdurch die vier Quadranten *I, II, III, IV* (Fig. 18). Die Punkte des ersten Quadranten haben positive Abszissen und Ordinaten, im zweiten Quadranten positive Ordinaten und negative Abszissen, im dritten negative Ordinaten und Abszissen und im vierten positive Abszissen und negative Ordinaten.

Die Abszisse und Ordinate eines Punktes faßt man mit der Bezeichnung Koordinaten zusammen.

Im System der Polarkoordinaten denkt man sich aus dem Anfangspunkt *P*, dem Pol, eine Achse *PN* gezogen. Diese Achse kann mit dem astronomischen Meridian zusammenfallen oder auf einen festen Punkt gerichtet sein (Fig. 19). Durch die Entfernungen der einzelnen Punkte P_1, P_2 usw. vom Pol und durch den Winkel, um welchen die Achse rechtsinnig, also im Sinne des Uhrzeigers, um den Pol gedreht werden muß, bis sie in die Richtung jedes Punktes kommt, ist die Lage aller Punkte gegeben. Die Polarkoordinaten eines Punktes sind: seine

Entfernung vom Pol und der Drehwinkel des auf ihn vom Pol aus gezogenen Strahles.

Bei den rechtwinkelig sphärischen Koordinaten wird als Bildfläche die Berührungskugel genommen (Fig. 20). Für das Vermessungs-

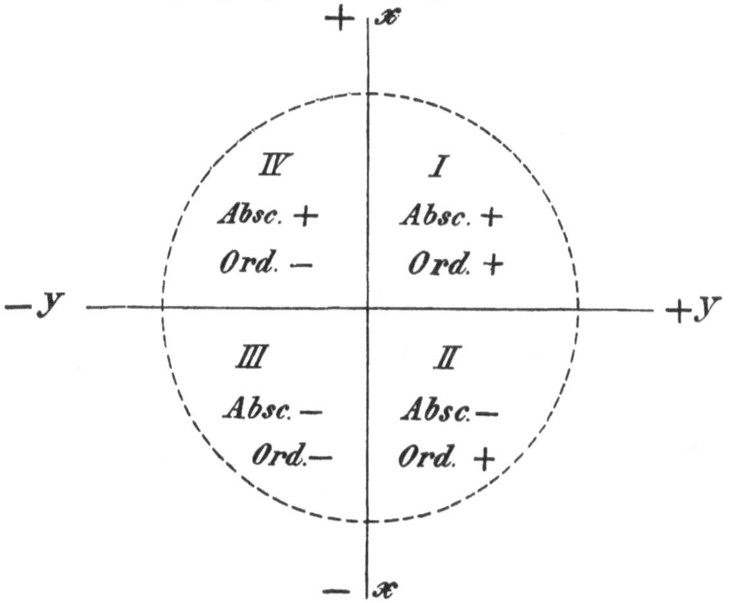

Fig. 18. Die Vorzeichen der Koordinaten.

gebiet wird ein Koordinatenanfangspunkt Q gewählt und durch diesen ein Meridiankreis gelegt, der die x-Achse bildet. Durch jeden der Vermessungspunkte z. B. P_1 und P_2 denkt man sich rechtwinkelig zur Ebene des Anfangsmeridians einen größten Kreis gelegt WP_1O und WP_2O.

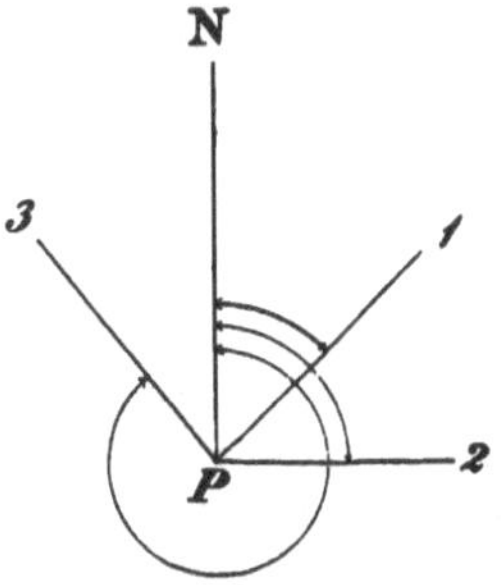

Fig. 19. Polarkoordinaten.

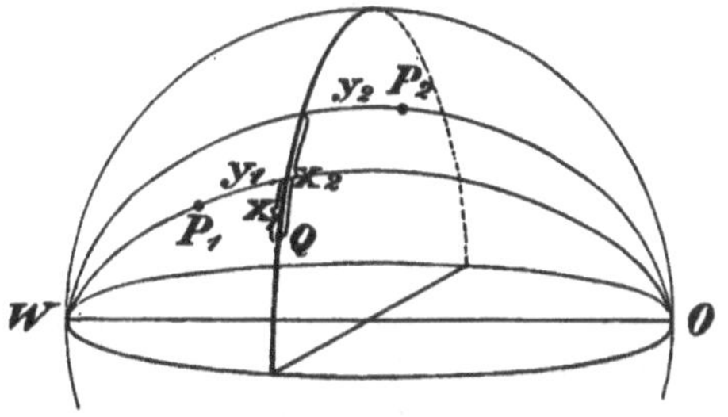

Fig. 20. Rechtwinkelig sphärische Koordinaten.

Die sphärischen Abszissen der Punkte P_1 und P_2 sind die Bogen auf dem Meridian x_1 und x_2; die sphärischen Ordinaten die Bogen y_1 und y_2 auf den durch die Punkte gelegten größten Kreisen. Die Vorzeichen entsprechen denen der ebenen Koordinaten.

§ 13. **Der Anschluß an die preußische Landesaufnahme.** Die Landesaufnahme veröffentlicht von den Dreieckspunkten die geographischen Längen und Breiten (Länge bezogen auf Ferro), die Polarkoordinaten und ebene rechtwinkelige Koordinaten. Diese ebenen beziehen sich auf den Meridian 30° östlich von Ferro als Abszissenachse, dessen Nullpunkt die geographische Breite 52°40′ hat. Das ganze auf die Ebene übertragene Gebiet hat eine westöstliche Ausdehnung von 1162 km und eine nordsüdliche von 941 km. Die Übertragung vom Erdsphäroid auf die Ebene erfolgte nach einer konformen Doppelprojektion, die in einer Broschüre von dem Generalleutnant a. D. Dr. O. Schreiber beschrieben und von der trigonometrischen Abteilung herausgegeben ist.

Nach der Verfügung des Zentraldirektoriums der Vermessungen im preußischen Staate vom 29. Dez. 1871 sollen alle größeren Messungen an das Dreiecksnetz der Landesaufnahme angeschlossen werden. Bei Dreiecksmessungen großen Umfanges muß die sphäroidische Gestalt des Erdkörpers berücksichtigt und die Punkte müssen nach geographischen Koordinaten bestimmt werden.

Für die Zwecke der Markscheide- und Landmeßkunst sind aber nur ebene Koordinaten tauglich, und da die von der Landesaufnahme veröffentlichten ohne Kenntnis der Projektionsformeln nicht ohne weiteres zu gebrauchen sind, so berechnet man aus den geographischen Koordinaten zunächst die rechtwinkelig sphärischen und betrachtet sie innerhalb bestimmter Grenzen als ebene.

Wollte man nämlich die sphärischen Koordinaten ohne weiteres als ebene kartieren, so würden alle Linien, die in der Abszissenachse selbst liegen, sowie alle Linien, die senkrecht auf der Abszissenachse stehen, ihre richtigen Längen erhalten. Anders gestaltet es sich aber bei allen übrigen Linien.

Die Ordinaten, die sich in den Polen des Abszissenmeridians *O* und *W* in Fig. 20 schneiden, werden bei der Kartierung als parallele Linien erscheinen. Sie sind es aber nicht und der Abstand voneinander wird immer größer als in der Wirklichkeit, je weiter sich die Ordinaten von der Abszissenachse entfernen.

In demselben Abstande von der Abszissenachse wird die Länge einer Linie von der Wirklichkeit am meisten abweichen, wenn die Linie mit der Abszissenachse parallel läuft. Die Abweichung wird, wenn die Betrachtung an den ersten Quadranten geknüpft wird, mit dem Wachsen des Neigungswinkels der Linie abnehmen, bis sie für den Neigungswinkel von 90° gleich Null wird. Es entsteht nun die Frage, wieweit man mit Rücksicht auf die Erdkrümmung ein sphärisches Koordinatensystem als ebenes betrachten darf, ohne die Zwecke der Markscheidekunst zu schädigen. In den trigonometrischen und polygonometrischen Rechnungen von Gauss § 139 S. 570 wird nachgewiesen, daß man seitlich der Abszissenachse nicht wesentlich über 60000 m hinausgehen darf, in der Richtung der Abszissenachse sich aber beliebig ausdehnen kann. Dementsprechend sind durch die schon genannte Verfügung des Zentraldirektoriums der Vermessungen allgemeine Koordinatennullpunkte für bestimmte Gebiete bekannt gemacht worden, die sich nur in einzelnen ausspringenden Teilen bis zu 70000 m von der Abszissenachse ausdehnen. Die völlig gleichförmige Gestaltung der Bezirke war durch Rücksicht auf die politische Landeseinteilung und auf sonstige Verwaltungsbedürfnisse ausgeschlossen.

§ 14. Die Vermessungsmethoden im allgemeinen.

Bei allen Vermessungen gilt als oberste Regel: **Man arbeite stets vom Großen ins Kleine!**

In diesem Sinne wird über jede zu vermessende Fläche (über Tage) oder in jedem zu vermessenden Raum (unter Tage) eine Anzahl von Punkten festgelegt, deren Verbindungslinien ein Netz, gleichsam ein Gerippe bilden, an das sich die weiteren ins einzelne gehenden Vermessungen anschließen. Von allen Punkten werden die Koordinaten und die Höhenzahlen ermittelt.

Das Legen eines solchen Netzes erfolgt über Tage durch die **Dreiecksmethode** (Triangulation). Man wählt eine Anzahl Punkte aus, deren Verbindungslinien Dreiecke von brauchbarer Gestalt bilden. Die für diese Methode günstigste Form der Dreiecke ist die gleichseitige. Alle drei Winkel in den Dreiecken werden gemessen und die Länge einer oder auch mehrerer Seiten wird ermittelt. Eine solche gemessene Seite wird Basis genannt.

Die zweite Vermessungsmethode ist **die Polygon- oder Umfangsmessung.** Eine Reihe aneinanderstoßender gerader Linien, von denen je zwei einen Winkel einschließen, heißt ein Polygon, und zwar wenn die Figur geschlossen ist, ein geschlossenes, wenn dies nicht der Fall ist, ein offenes Polygon oder ein Polygonzug.

Einer der von zwei aneinanderstoßenden Polygonseiten gebildeten beiden Winkel wird Brechungswinkel oder Polygonwinkel genannt, und zwar stets derjenige, um den die vorhergehende Seite (rückwärts liegende im Sinne der Vermessungsrichtung) im positiven Sinne gedreht werden muß, um sie in die Richtung der folgenden Seite zu bringen. Der Polygonwinkel liegt demnach links von der Vermessungsrichtung. Der andere ist der Ergänzungswinkel.

Die Seiten des Polygons werden von dem Landmesser „Strecken“ genannt. Da beim Bergbau mit diesem Worte gewisse Grubenräume bezeichnet werden, so kann der Markscheider diese Benennung nicht annehmen. Er nennt sie Polygonseite, Stationslinie oder auch Schnur. Der Polygonpunkt wird vom Markscheider auch noch Winkelpunkt genannt.

An das gegebene Dreiecks- und Polygonnetz schließt sich die Stück- oder Einzelvermessung an, und diese erfolgt hauptsächlich nach der Koordinaten- oder Normalenmethode, in einzelnen Fällen nach der Polarmethode.

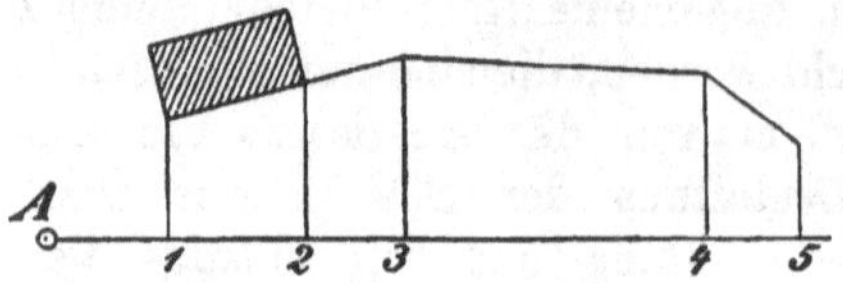

Fig. 21. Koordinatenmethode.

Bei der Koordinatenmethode werden die Polygonseiten als Abszissenlinien angenommen, auf die aus den zu vermessenden Punkten Perpendikel gefällt werden. Die Längen von einem Endpunkte *A* (Fig. 21) der Polygonseite bis zum Fußpunkt jedes einzelnen Perpendikels sind die Abszissen und die Längen der Perpendikel die Ordinaten der aufzunehmenden Punkte.

Bei der Polarmethode dient ein Polygonpunkt als Pol und eine Polygonseite als Achse. (Vergl. § 12 Fig. 19).

Die angegebene Reihenfolge der Vermessungen wird eingehalten, wenn sie zur Ermittelung der Eigentumsgrenzen dienen sollen (Katasterkarten). Will man aber eine topographische Karte in starker Verjüngung (1:25000) schaffen, so folgt auf die Dreiecksmessung sofort die topographische Aufnahme durch Tachymetrie mit oder ohne Meßtisch, zuweilen auch durch Photogrammetrie.

Folgendes Schema veranschaulicht die Aufeinanderfolge der Messungen über Tage, wenn ganz streng vom Großen ins Kleine gemessen wird:

I. Das Dreiecksnetz
und seine Vervollständigung durch Netz- und Punkteinschaltungen.

Darauf folgt:

entweder:	oder:
↓	↓
II. die katastermäßige Vermessung durch	III. die topographische Vermessung durch
↓	↓
IIa. die Polygonmessung	IIIa. Tachymetrie mit Meßtisch
↓	↓
IIb. die Stückvermessung	IIIb. Tachymetrie ohne Meßtisch
↓	↓
nach der Koordinatenmethode.	IIIc. durch Photogrammetrie.

Der Markscheider kann zur Aufnahme der unterirdischen Grubenräume nur die Polygonmessung anwenden, die sich an wenige Punkte der Tagemessung (Schächte und Stollenmundlöcher) anschließt.

Dadurch ist der Markscheider vielfach verhindert, vom Großen ins Kleine zu arbeiten, und diesen Nachteil kann er nur durch große Sorgsamkeit bei der Meßarbeit ausgleichen.

§ 15. Das Prüfen und Berichtigen der Instrumente ist eine dem Markscheider häufig vorkommende Arbeit. Man unterscheidet solche Prüfungen, die an dem Instrumente ein für allemal vorgenommen werden, und solche, die von Zeit zu Zeit an demselben Instrumente wiederholt werden müssen. Zum Zweck der Prüfung ist man bestrebt, symmetrische Beobachtungen auszuführen, die zwei verschiedene Werte geben, von denen der eine so weit im positiven Sinne von der Wahrheit abweicht, wie der andere im negativen Sinne. Das arithmetische Mittel liefert den richtigen Wert. Zur Ausführung der symmetrischen Beobachtungen setzt, legt, hängt, kippt oder dreht man das Instrument oder den zu prüfenden Teil um.

§ 16. Erklärung einiger der Markscheidekunst eigentümlichen Ausdrücke. — Die Markscheidekunst hängt eng mit dem Bergbau zusammen und hat viele Ausdrücke von da entnommen.

Ein Perpendikel auf der Horizontalebene heißt eine seigere Linie oder Seigerlinie (Seigerschnur). Eine gerade Linie in der Horizontalebene heißt eine söhlige Linie, Sohle, Ebensohle; und eine gegen den Horizont geneigte eine flache oder tonnlägige Linie.

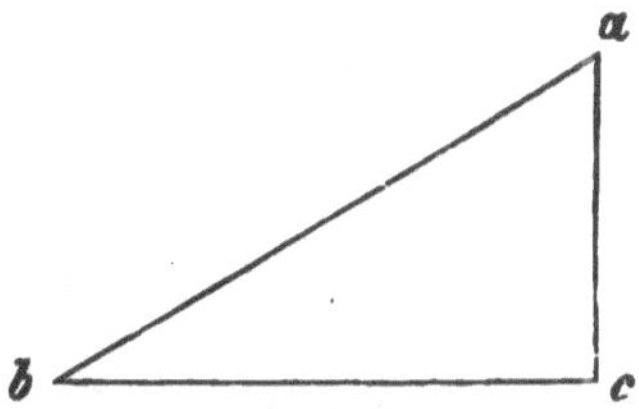

Fig. 22. Sohle und Seigerteufe.

Eine flache Linie wird eine fallende oder steigende genannt, je nachdem der Beobachter am oberen oder unteren Endpunkte steht.

Der Neigungswinkel einer Linie oder einer Ebene wird Fallwinkel, Tonnlagewinkel oder auch kurz das Fallen, die Tonnlage genannt.

Wird in Fig. 22 von dem Punkte *a* der flachen Linie *ab* die Seigerlinie *ac* gezogen und *b* mit *c* verbunden, so nennt der Markscheider

c den Seiger- oder Lotpunkt von *a* (die Projektion von *a*),
bc die Sohle der flachen Linie *ab* (Projektion von *ab*) und
ac die Seigerteufe des Punktes *a* (die Projizierende).

Die Richtung einer Linie nennt der Markscheider das Streichen und versteht im engeren Sinne darunter den Winkel, welchen die Linie mit dem magnetischen Meridian einschließt.

Dieser Winkel wird nach der veralteten Einteilung des Kompasses kurz „Stunde“ genannt. Man sagt, diese Linie hat das Streichen Stunde 4, oder sie streicht in Stunde 4.

Der Geologe spricht ebenfalls von dem „Streichen“ einer Gebirgsschicht und meint damit zunächst den Winkel, den eine Horizontallinie auf der Gebirgsschicht mit dem magnetischen Meridian einschließt. Diese Horizontallinie nennt er die Streichungslinie oder auch kurz das „Streichen“ der Gebirgsschicht.

Hier und da wird der Azimut oder der Azimutalwinkel das reduzierte Streichen genannt.

Immer mehr außer Gebrauch kommen für Abszisse: die Bezeichnungen Streichkosinus und für Ordinate: Streichsinus.

Die Tätigkeit des Markscheiders in der Grube wird mit ziehen, verziehen und abziehen bezeichnet, da ursprünglich die Polygonseiten nur durch „Ziehen von Schnüren“ gebildet wurden. Daraus ist das Wort Markscheiderzug oder kurz Zug abgeleitet. Man unterscheidet Tagezug und Grubenzug. Die Wiederholung eines Zuges zur Prüfung desselben nennt man Gegenzug oder Währzug.

Das zu Papier bringen (Kartieren) des Zuges heißt Zulegen.

Unter Markscheiderzeug (in Österreich Schinnzeug) versteht man Hängekompaß, Gradbogen, Schnur mit Stäben oder Kette.

Zweites Kapitel.

Das Abstecken von Linien und die Längenmessungen.

§ 17. Gerade Linien über Tage werden mit Hilfe von Richtstäben, Fluchtstäben, Pikets, Baken abgesteckt und ausgefluchtet, seltener durch Ausspannen einer Schnur.

Flucht- oder Richtstäbe sind runde gerade Stäbe, die unten mit einer eisernen Spitze versehen sind. Sie haben einen Durchmesser von 3 cm, sind 2 m lang und durch weiße und schwarze oder rote Felder von einem halben Meter eingeteilt. In neuerer Zeit benutzt man Fluchtstäbe aus eisernem Möbelrohr, die auch zum Zusammenschieben eingerichtet sein können. Zum leichteren Mitführen gibt man den hölzernen Fluchtstäben einen solchen Querschnitt, daß 6 Stück richtig zusammengelegt eine runde Stange bilden.

Die beiden Endpunkte einer gegebenen Linie werden durch je einen Fluchtstab bezeichnet.

Soll zwischen diese beiden Stäbe ein dritter Stab eingeschaltet werden, so begibt sich ein Meßgehilfe nach dem Augenmaß auf die Stelle und hält den einzufluchtenden Stab zwischen Daumen und Zeigefinger so, daß der Stab durch die eigene Schwere senkrecht mit seiner Spitze nur wenige Zentimeter über dem Erdboden hängt. Der Markscheider tritt hinter einen Endstab und winkt dem Gehilfen mit der Hand so lange, bis dessen Stab genau in der Linie steht. Auf ein gegebenes Zeichen läßt der Gehilfe den Stab fallen.

Sind mehrere Stäbe einzuwinken, so wird mit dem entfernteren begonnen.

Der einwinkende Markscheider darf nicht zu nahe an den Endstab herantreten, weil sonst der erste Stab die anderen Stäbe deckt, auch wenn sie nicht in gerader Linie stehen.

Zur Prüfung der ausgefluchteten Linie stellt man die Richtstäbe nach dem Lot oder mit Hilfe der Lattenrichter senkrecht. Das sind Dosenlibellen, die an einer Längsschiene mit rechtwinkeligem Querschnitt sitzen. (Fig. 23.) Sodann sieht man an den linken und rechten Rändern entlang und kein Stab darf aus der Linie hervorragen. Bringt man das Auge noch mehr seitwärts, so sieht man alle Stäbe, aber wenn alle Stäbe richtig eingewinkt sind, von den näher stehenden mehr als von den ferner stehenden.

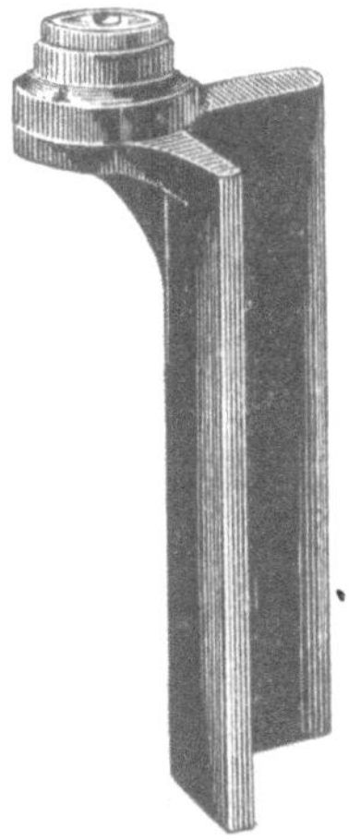

Fig. 23. Lattenrichter.

Sind die Endpunkte A und B (Fig. 24) unzugänglich, so schaltet man die beiden Stäbe 1 und 2 ein wie folgt: Stab 1 wird nach dem Augenmaße aufgestellt und von ihm aus der Stab 2 in die Richtung nach A eingewinkt, sodann verläßt 1 seinen Stand und läßt sich von 2 aus auf B einrichten. Stab 1 kommt in die Stellung 3. Aus der Stellung 3 wird durch Einfluchten auf A der Stab 2 in die Stellung 4 gebracht. In dieser Weise wird so lange fortgefahren, bis die Stäbe 1 und 2 in der Linie AB stehen.

Steht ein in der Vertikalebene kippbares Fernrohr zur Verfügung, so ist das Abstecken der Linien weit einfacher und leichter. Man bringt die Sehachse des Fernrohres in die abzusteckende Linie und steckt die Fluchtstäbe mit den entferntesten beginnend so ein, daß das Fadenkreuz des Fernrohres auf der Mitte des senkrecht stehenden Stabes erscheint.

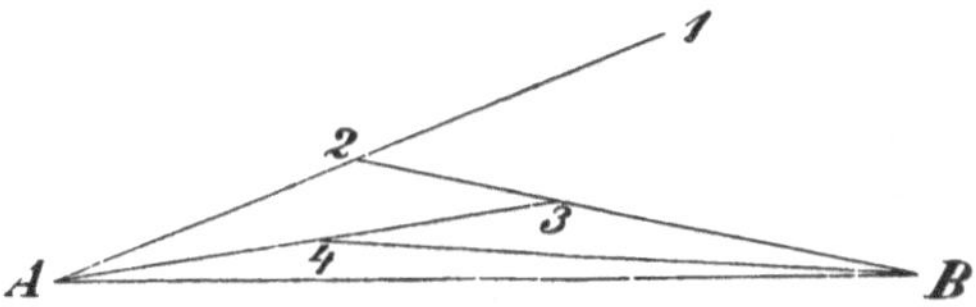

Fig. 24. Abstecken einer Linie zwischen unzugänglichen Punkten.

Im waldigen Gelände leistet die Bussole gute Dienste.

In der Grube werden gerade Linien nach den Flammen der Grubenlichter ausgefluchtet mit Hilfe eines Fernrohres oder mit bloßem Auge, und zwar geschieht dies, wenn die Länge der ausgefluchteten Linie ermittelt (siehe Längenmessungen § 18) oder wenn die Richtung einer aufzufahrenden Strecke angegeben werden soll. (Siehe das Hängen der Stunde § 145 und das Angeben der Durchschlagsrichtung § 156).

§ 18. Die Längenmessung. Man unterscheidet Endmaße und Strichmaße. Endmaße sind solche, bei denen Anfang und Ende des Meßgerätes mit dem Anfange und dem Ende der Maßeinheit zusammenfällt.

Strichmaße solche, bei denen das Meßgerät länger als die Maßeinheit ist und ihr Anfang, sowie ihr Ende durch eine Marke, meist durch einen Strich, gekennzeichnet ist.

Zum Längenmessen unter Tage gebraucht der Markscheider die Meterkette, Meßstäbe aus Holz oder Eisen mit Hanfschnur, und das Stahlmeßband, über Tage vorwiegend das Stahlmeßband, sodann in besonders wichtigen Fällen Meßstäbe mit Hanfschnur.

Die Meterkette (Fig. 25) wird nur bei Kompaßmessungen gebraucht. Sie ist eine leichte Kette, deren Glieder von 0,5 m Länge aus

Fig. 25. Meterkette.

dünnem geglühten Messingdraht bestehen und durch ebenfalls aus Messing gefertigte Wirbel und Ringe verbunden sind. Die Länge der Kette beträgt 12 m.

Der Anfangspunkt der Zählung liegt in der inneren Peripherie des Hakens und endigt für jede der Unterabteilungen in der dem Anfange abgewandten Seite der inneren Peripherie des betreffenden Ringes.

Die Kette wird auf eine Rolle gewickelt aufbewahrt und beim Gebrauch durch zwei Pfriemen (Fig. 26) oder Drahtnägel ausgespannt, von denen einer durch den Anfangshaken, der andere durch einen der Gliederringe gesteckt wird, wenn die Grubenzimmerung gestattet, die Schnurlängen nach Belieben zu wählen.

Fig. 26. Pfriemen.

Kann das Ende der Schnur nicht mit einem Gliederringe zusammenfallen, so wird die Meterkette über einen in die Streckenzimmerung eingesteckten Pfriemen gelegt und durch einen zweiten Pfriemen straff gespannt, der durch den nächsten Ring und unterhalb des ersten Pfriemens ins Holz gesteckt wird.

Haben die Grubenräume wenig oder keine Zimmerung, so schlägt man Spreizen. Da dies meist sehr umständlich ist, so werden die Pfriemen durch einen Ring der Kette gesteckt und von den Meßgehilfen so lange gegen den Streckenstoß gedrückt, bis der Kompaß und der Gradbogen abgelesen ist. Die Enden der Schnüre werden mit Kreide am Stoße bezeichnet. Zuweilen genügt es auch, wenn die Kettenenden ohne Benutzung der Pfriemen nur mit der Hand angedrückt werden.

Die Pfriemen sind aus starken, etwa 10 cm langen zugespitzten Stahl- oder Messingdrahtstücken angefertigt.

Die Vorzüge dieser Kette bestehen darin: 1. daß sie ein geringes Gewicht hat, 2. daß die Länge der Schnur meist ohne weiteres abgelesen werden kann und meist ganze Meter beträgt, was bei der Berechnung

Zeitersparnis mit sich bringt, 3. daß man die passende Stelle für das Aufhängen des Gradbogens leicht finden kann, und 4. daß die Fußpunkte der Seitenordinaten zur Aufnahme der Grubenräume leicht zu bestimmen sind. Namentlich der letztere Vorzug hat dieser Kette beim Gangbergbau des Harzes Eingang verschafft.

Als Nachteil ist anzuführen, daß die Meterkette durch den Gebrauch dem Ausdehnen sehr ausgesetzt und bei umfangreichen genauen Messungen nicht verwendbar ist. Die Kette ist vor dem Gebrauche zu prüfen und zu berichtigen und während des Messens nicht zu stark anzuspannen.

Bei längeren Messungen sind stets mehrere Ketten mitzuführen.

§ 19. Meßstäbe von Holz oder Stahl. Die ersteren sind Stäbe von vierkantigem, seltener rundem Querschnitt aus trockenem astfreien Tannenholze, die durch Tränken mit Öl vor Feuchtigkeit und an ihren Enden durch messingene oder eiserne Schuhe vor schneller Abnutzung geschützt

Fig. 27. Eiserner Meßstab.

sind. Die Endflächen der Schuhe müssen stets rechtwinkelig zur Achse des Stabes stehen und ihre Kanten dürfen nicht abgestumpft sein. Sollte bei längerem Gebrauch eine Abstumpfung sich herausstellen, so sind die Schuhe zu erneuern.

Die in der Grube gebrauchten Holzstäbe sind vierkantig und meist zwei, seltener nur ein Meter lang. Die Einteilung geht bis zu Dezimetern, der Rest wird mit dem in Millimeter eingeteilten zusammenlegbaren Meter gemessen.

Die über Tage gebrauchten Holzstäbe haben vierkantigen oder ovalen Querschnitt, sind vier Meter lang und durch farbige Felder in halbe Meter geteilt. Stäbe für genaue Messungen erhalten an ihren Enden Stahlschneiden, die rechtwinkelig zueinander stehen.

Die stählernen Meßstäbe bestehen aus zwei oder ein Meter langen Stücken, die mittels messingener Muffen (vergl. Fig. 243 § 117) zu einem Stabe bis zu 4 m Länge zusammengefügt werden. Beim Gebrauch wird ein solcher Stab auf einer mit entsprechender Vertiefung versehenen Holzleiste von einer solchen Länge aufgebunden, daß der Stahlstab an beiden Enden 10 cm darüber hinausragt (Fig. 27).

Das Messen mit Hilfe von Meßstäben erfolgt in der Grube fast ausschließlich an einer gespannten Schnur. Hierzu dient eine 2 mm starke möglichst gleichmäßig gearbeitete Hanfschnur, die mit Hilfe von Pfriemen, Drahtnägeln oder Bohrern ausgespannt wird. Die Neigungen der Schnüre werden mit dem Gradbogen ermittelt.

Bei Theodolitmessungen mit fixierten Punkten (§ 56) sind die Endpunkte der Polygonseiten in der Firste markiert, zwischen denen nur in ganz seltenen Fällen unmittelbar eine Schnur ausgespannt werden kann. Man verfährt deshalb folgendermaßen:

Man schlägt zwei Spreizen in der Verlängerung der Linie und spannt zwischen zwei in die Spreizen gesteckten Pfriemen die Schnur derartig, daß sie an den Lotschnüren anliegt, die aus den Winkelpunkten herabhängen. Die Berührungspunkte werden durch umschlungene Zwirnsfäden bezeichnet und sie bilden Anfang und Ende der Polygonseite. Ist die Länge der Linie sehr groß, so teilt man die Linie in mehrere Abschnitte, indem man in Abständen von ungefähr 20 Meter Spreizen

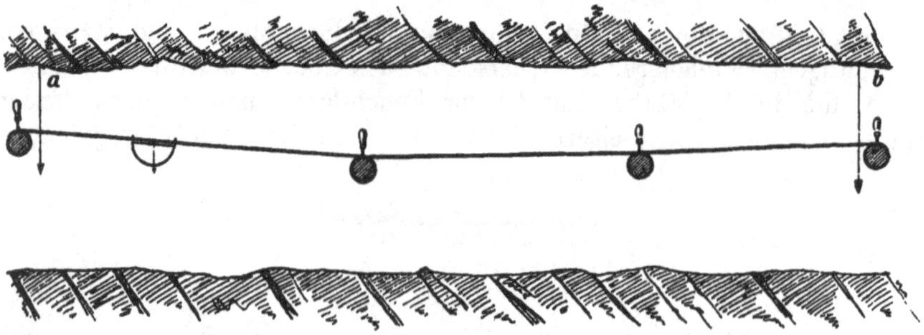

Fig. 28. Längenmessen in der Grube.

schlägt und auf ihnen in der Richtung der Linie Pfriemen zum Anschlingen der Schnur befestigt (Fig. 28).

In sehr niedrigen Grubenstrecken ist die Anwendung von Spreizen untunlich, da sie den Verkehr in der Strecke absperren. Man wendet z. B. in den Steinkohlengruben des Deisters kleine hölzerne 0,5—0,6 m hohe Böcke an, von denen die Fig. 29 mehrere Ansichten zeigt. Der Eisenbeschlag ist schraffiert. An den drei Füßen sind eiserne Stacheln angebracht und oben auf der Firstkante ist ein kleiner Dorn, an den die Schnur angelegt oder um den sie geschlungen wird. Die Enden der Schnur sind an Schienennägeln befestigt, die geneigt in die Schwellen eingeschlagen sind. Lange Linien müssen stückweise gemessen werden, und da man der engen Räume wegen nur zwei Böcke mitführt, so wird, wenn das Anfangsstück gemessen ist, der erste Bock weggenommen, während der zweite Bock als Anfangspunkt des zweiten Stückes unverrückbar stehen bleiben muß. Zu diesem Zwecke läßt sich ein Gehilfe auf die an den Beinen der Böcke befindlichen Querleisten zur Beschwerung des Bockes nieder.

Bei dem Längenmessen an der Schnur benutzt man entweder nur einen Stab oder zwei Stäbe.

In jedem Falle sind zwei Mann zur Ausführung des Geschäftes erforderlich, der V o r d e r m a n n und der H i n t e r m a n n.

Beim Messen mit einem Stabe ist die größte Sorgfalt auf das Bezeichnen des Stabendes auf der Schnur zu legen.

Folgendes Verfahren hat sich bewährt, ist aber zeitraubend. Der Hintermann legt das eine Ende des Stabes an den Anfangspunkt und der Vordermann hält den Stab zugleich mit der Schnur fest, während der Markscheider das andere Ende durch eine Schlinge aus weißem Zwirn bezeichnet, den er vorher mit den Lippen etwas anfeuchtet. An den so bezeichneten Endpunkt legt man den Meßstab von neuem an und fährt in dieser Weise fort. Das etwa überschießende Stück wird mit einem in Millimeter eingeteilten Stock gemessen.

Ein zweites Verfahren ist das sogenannte Abkneifen, wenn der Vordermann vor das Ende des Meßstabes den einen Daumennagel setzt und mit Hilfe des Zeigefingers fest an die Schnur preßt, sodann vor-

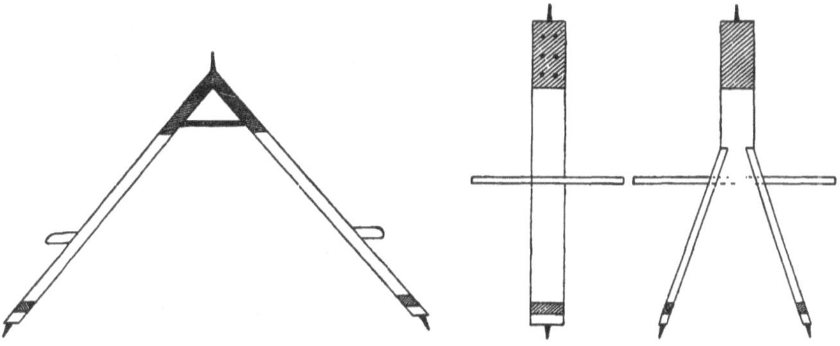

Fig. 29. Markscheiderböcke für niedrige Grubenräume.

sichtig den zweiten Daumennagel mit entgegengesetzt gerichtetem Rücken an die Stelle des ersteren setzt und hiergegen das Ende des inzwischen von dem Hintermann wieder angelegten Meßstabes anschiebt. Hierzu gehören zwei geübte und gewissenhafte Gehilfen mit kräftigen nicht zu sehr gekrümmten Daumennageln.

Bei dem Messen mit hölzernen Stäben genügt es auch, wenn die Daumennagel nicht gewechselt werden und der Hintermann sogleich seinen Daumennagel an den des Vordermannes setzt, festkneift und den Meßstab, den er inzwischen durch die hohle Hand des Vordermannes geschoben hat, wieder anlegt.

Das Zählen der einzelnen Stablängen muß laut geschehen, und zwar zählt der Vordermann und der Hintermann für sich.

Der Markscheider Sattler in Grund wendet eine Vorrichtung an, durch welche die Endpunkte des 4 m langen eisernen Meßstabes (Fig. 27) sicher bezeichnet werden. In der Fig. 30 ist A das Ende eines 4 m langen stählernen Meßstabes, an dessen beiden Enden je ein gabelförmiges Stück G sitzt, das beim Messen mit der an der unteren Fläche befindlichen Rille auf die Schnur gelegt wird. Zwischen die beiden Gabelarme wird dann der Kopf *K* der kleinen Zange *Z* eingeschoben, der genau in die Gabelöffnung paßt und oben mit einer Strichmarke versehen ist. Während des Einschiebens der Zange drückt man den Hebelarm *H* nieder, so daß der Schieber *S* zurückgezogen wird, und erst wenn die Schnur die in der Figur angegebene Lage eingenommen hat, läßt man die Spirale auf den Hebel *H* wirken, wodurch der Schieber *S* gegen die Schnur gedrückt wird. Beim Weitermessen hebt man den Meßstab vorsichtig ab, die Zange mit der Strichmarke bleibt unverrückt an der Schnur hängen und legt die Gabel des Hinterendes über den Kopf der Zange. Am vorderen Ende klemmt man die zweite Zange an und fährt fort, bis ein voller Stab nicht mehr angelegt werden kann. Das überschießende Stück von der Strichmarke der letzten Zange bis zum Endpunkte mißt man mit einem in Millimeter eingeteilten Meterstab.

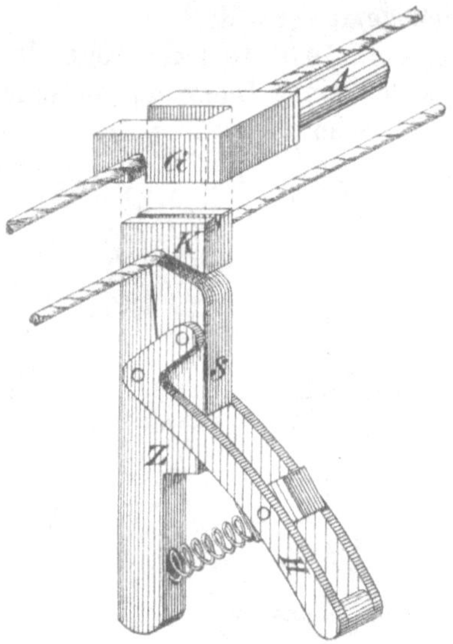

Fig. 30. Längenmessen des Markscheiders SATTLER.

Der Erfinder der Vorrichtung ist mit den Ergebnissen der hiermit ausgeführten Messungen sehr zufrieden.

Bei dem Messen an gespannter Schnur mit zwei Stäben, die abwechselnd voreinander gestoßen werden, erzielt man mit geübten Gehilfen ebenfalls gute Ergebnisse. Das Ansetzen des zweiten Stabes an den ersten ist vorsichtig, ohne Stoß und Druck auszuführen, damit ein Verschieben des ersten Stabes vermieden wird. Außerdem ist, namentlich bei Holzstäben, die einen größeren Querschnitt als die eisernen haben, darauf zu sehen, daß die Endflächen vollständig aufeinanderstoßen.

Das Längenmessen mit Stäben über Tage wird nur dann an einer gespannten Schnur entlang ausgeführt, wenn genaue Ergebnisse erzielt werden sollen. Dahin gehört das Messen einer Basis oder solcher Polygonseiten, die zur Festlegung wichtiger Punkte dienen.

Dreiecksnetze zu rein markscheiderischen Zwecken werden immer eine nur geringe Ausdehnung haben, es kann deswegen beim Messen einer Basis von der kostspieligen Anlage einer horizontalen Unterlage zum Auflegen der Meßlatten abgesehen und die Längenmessung in gleicher Weise wie in der Grube an der Schnur mit 4 m langen Stahlstäben ausgeführt werden. Das Verfahren unterscheidet sich von dem in der Grube nur dadurch, daß man statt der Spreizen starke Pfähle je nach der Bodenbeschaffenheit mit oder ohne sogenannte Markscheiderböcke anwendet. Das Verfahren mit Pfählen und Böcken zeigt Fig. 31.

Bei dem Messen mit hölzernen Stäben über Tage werden stets zwei Stäbe von 2 oder 4 m Länge benutzt, von denen der eine durch blau und weiße, der andere durch rot und weiße Felder in halbe Meter geteilt ist. Man mißt die Linie meistens sogleich söhlig. Zu diesem Zwecke werden die Stäbe nach dem Augenmaße wagerecht auf den Fußboden gelegt. Wenn hierbei ein unmittelbares Aneinanderstoßen nicht möglich ist, so wird der Endpunkt des zuletzt aufgelegten Stabes herauf- bzw. herabgelotet. Man beginnt immer mit derselben Farbe, so daß

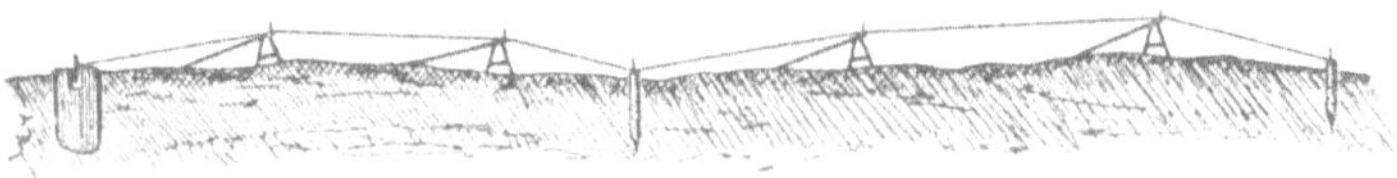

Fig. 31. Basismessung.

aur die eine Farbe die geraden, auf die andere die ungeraden Zahlen fallen.

Man mißt aber auch mit Stäben auf geneigtem Boden entlang. Alle Brechpunkte der Neigung werden dann bezeichnet und nach der Beendigung der Messung nivelliert, wodurch die Unterlagen zur Berechnung der söhligen Länge gegeben sind.

Man benutzt hierzu 2 m lange Stäbe, mit rechtwinkelig zueinander stehenden Stahlschneiden, die Linien müssen hierbei sorgfältig ausgerichtet, wo es geht, mit Kreide abgeschnürt werden.

§ 20. Die Stahlmeßbänder. — Das Stahlmeßband wird am meisten zu Längenmessungen sowohl über Tage als in der Grube benutzt. Das für die Grube bestimmte Meßband besteht aus einem 12 mm breiten und 0,3 mm dünnen Stahlblechstreifen von verschiedener Länge (20—50 m) und ist in Dezimeter, zuweilen auch in Zentimeter mittels feiner eingeschlagener Löcher eingeteilt. Die ganzen Meter sind durch eingelassene Messingzeichen mit eingepreßten Zahlen kenntlich gemacht. Die Zahlen für die ganzen Meter werden zum bequemeren Hin- und Zurückmessen auf beiden Seiten in entgegengesetzter Richtung angebracht. Zur Unterscheidung der beiden Richtungen ist die eine Seite mit messingenen, die andere mit eisernen Meterzeichen

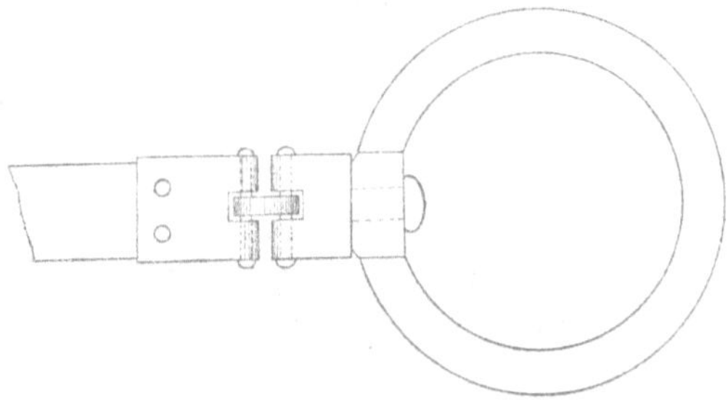

Fig. 32. Meßband aus Stahl.

versehen. An beiden Enden sind in Gelenk und Kurbel drehbare Ringe befestigt, an denen der Anfangspunkt der Zählung angegeben ist (Fig. 32).

Diese Stahlbänder sind äußerst dauerhaft. Sie ändern zwar der Stärke der Anspannung entsprechend ihre Länge merklich, aber sie längen sich nicht dauernd aus.

Im Jahrbuch für das Berg- und Hüttenwesen im Königreich Sachsen auf das Jahr 1883 wird in dem Aufsatze „Triangulierung im Freiberger Revier" erwähnt, daß ein Stahlband von 30 m Länge sich bei einer Änderung der Spannung von 7 kg auf 14 kg um 4,1 mm ausdehnte.

Jedes Meßband ist, da ungenaue Bänder in den Handel kommen, auf seine Länge bei bestimmter Spannung und einer gewissen Temperatur (18° C) zu prüfen.

Die Innehaltung der Spannung bei der Prüfung und während des Gebrauches wird mittels einer für diesen Zweck besonders hergestellten

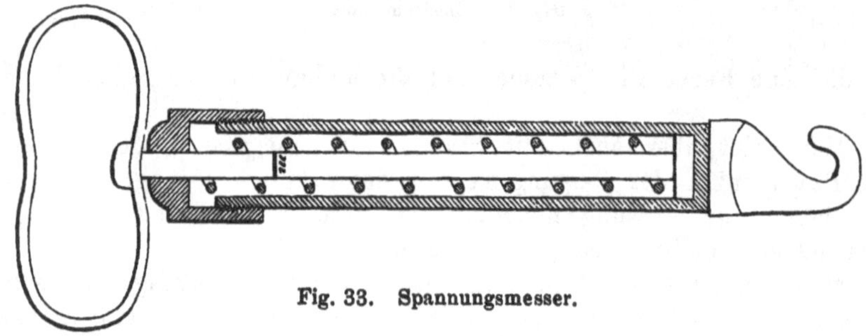

Fig. 33. Spannungsmesser.

Federwage, des sogenannten Spannungsmessers, überwacht, von dem Fig. 33 einen Durchschnitt gibt. Er besteht aus einem Stahlrohre, das vorn in einem Haken zum Einhängen des Bandringes endet und in dem ein Kolben durch den Handgriff so weit herausgezogen werden kann, wie es die beim Herausziehen zusammengedrückte Spiralfeder zuläßt. Sobald die eine der Marken *m* an der Kolbenstange mit dem Rohrende zusammenfällt, ist ein bestimmter Zug von 5—15 kg ausgeübt worden.

Bei dem Prüfen des Meßbandes ist ebenso wie bei dem Gebrauch desselben auf die Temperatur Rücksicht zu nehmen. Der Ausdehnungskoeffizient von Stahl ist auf 1° C = 0,000 012. Wurde z. B. mit einem bei 15° geprüften Bande eine Länge von 125 m bei 10° gemessen, so war das Meßband kürzer geworden und man erhielt eine zu große Länge. Dieser Fehler ist gleich 125 × 5 × 0,000 012 = 7,5 mm, der von der Länge abzuziehen ist. War die Temperatur während des Messens 20°, so war das Band länger geworden und man erhielt eine um 7,5 mm zu kleine Länge.

Von der Temperatur der umgebenden Luft darf man nur dann auf die Temperatur des Bandes schließen, wenn das Band längere Zeit in der Luft gewesen ist und während der Messung nicht andere Umstände hinzutreten, die ein Abkühlen oder stärkeres Erwärmen des Bandes herbeiführen.

Eine Legierung von Nickel und Stahl, die 36 v. H. Nickel enthält, Invar genannt, hat einen sehr geringen Ausdehnungskoeffizienten. Hoffentlich gelingt es hieraus Meßstäbe und Bänder zu fertigen.

In der Grube wird 1. mit freischwebendem Meßbande, 2. mit dem auf der Streckensohle aufliegenden Bande gemessen.

Zum Messen mit freischwebendem Bande benutzt man ein Meßband, das bis zu einzelnen Zentimetern eingeteilt ist und das ein Strichmaß ist, d. h. der Anfangs- und der Endpunkt der Zählung liegen beide ein Stück von den Endringen ab. Diese Endringe sind für die bequeme Handhabung passend geformt. Das Band wird bei dem freischwebenden Messen an dem einen Ende befestigt oder mit der Hand so gehalten, daß die Nullmarke des Bandes genau auf oder neben dem Anfangspunkte der Linie liegt. In den anderen Endring wird der Spannungsmesser eingehakt und das Band mit einer bestimmten Spannung so angezogen, daß es an dem anderen Endpunkte der zu messenden Linie anliegt. In dieser Lage des Bandes wird abgelesen.

Bei einem derartigen Messen wird sich das Meßband infolge seiner Schwere durchbiegen und einen Meßfehler in dem Sinne herbeiführen, daß man eine zu große Länge erhält. Diesen Fehler kann man zwar vermeiden, wenn man das Meßband in der Mitte unterstützt oder das Ergebnis um eine Größe verbessert, die aus der Durchbiegung des Bandes $= h$ (Fig. 34) und aus dessen Bogenlänge $= l$ nach der Formel $\frac{8h^2}{3l}$ berechnet werden kann. Z. B. ist $h = 20$ cm, $l = 20$ m, so ist $\frac{8h^2}{3l} = 5$ mm. Beide Verfahren sind umständlich. Am zweckmäßigsten stellt man durch Versuche die Fehler für die Längen und Neigungen bei bestimmter Temperatur und bestimmter Spannung fest. Hierzu ist ein langer horizontaler und ein senkrecht darauf befestigter kürzerer Balken, auf denen eine Meterteilung angebracht ist, erforderlich (Hausgiebel eines Fachwerkbaues).

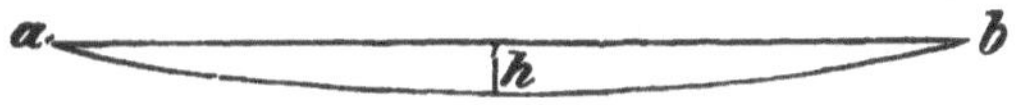

Fig. 34. Durchbiegen des Meßbandes.

Da der Einfluß der Durchbiegung und der Spannung sich gegenseitig nahezu aufhebt, so sind die Ergebnisse zufriedenstellend. Der Unterschied zwischen der wirklichen Länge und der mittels eines freischwebenden Stahlbandes von 20 m Länge und 12 mm Breite gefundenen betrug bei einer Spannung von 16 kg etwa 2 mm, bei einem Bande von 20 mm Breite etwa 5 mm. Die der Marke entsprechende Spannung ist von Zeit zu Zeit zu prüfen.

In geneigten Strecken und in tonnlägigen Schächten gewährt ein solches freischwebendes Messen große Vorteile, und namentlich bei dem trigonometrischen Höhenmessen mittels des Theodoliten erleichtert es das Messen der Längen in der Ziellinie oder parallel mit ihr. Die zu messenden Längen dürfen hierbei eine Bandlänge nicht überschreiten.

Kann eine Polygonseite nicht mit einer Bandlänge gemessen werden und will man das freischwebende Band anwenden, so verfährt man wie folgt. Man fluchtet genau in der Linie *ab* Fig. 35 eine Anzahl Zwischenpunkte 1, 2, 3, 4, 5 auf der Streckensohle ein und, nachdem man den Horizontalwinkel auf *a* gemessen hat, zielt man den Punkt 1 an, mißt den Tiefenwinkel mit dem Höhenkreis und die flache Länge zwischen der Kippachse des auf dem Punkte *a* stehenden Theodoliten und dem

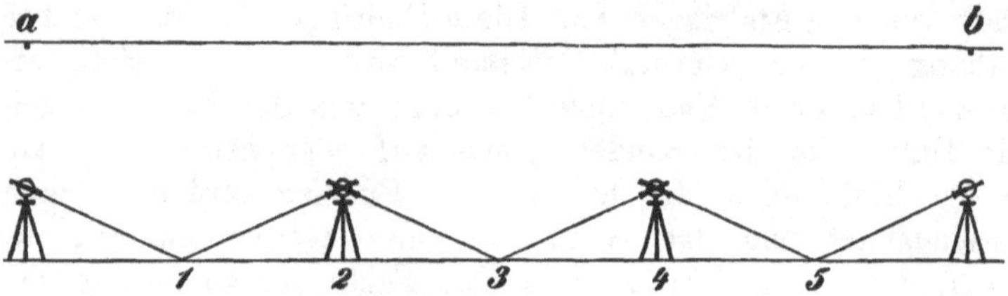

Fig. 35. Längenmessen mit freischwebendem Bande.

Punkte 1 mit dem freischwebenden Bande. Sodann stellt man den Theodoliten in den Punkten 2 und 4, also jedesmal einen überspringend, auf und mißt rück- und vorwärts die Vertikalwinkel und die flachen Längen, wie Fig. 35 andeutet.

Oder man fluchtet in entsprechenden Abständen Firstennägel oder Locheisen ein, die in der Streckenfirste befestigt werden, und hängt stark beschwerte Lotschnüre ein. In der Ziellinie bringt man mit Hilfe des Fernrohrs an den Lotschnüren Zwirnsfäden an und mißt in der Ziellinie von Lotschnur zu Lotschnur die Länge stückweis (Fig. 36).

Man kann hierzu auch Schnüre zwischen Firste und Sohle spannen.

2. Das Messen auf der Sohle. Dies geschieht immer bei söhligen Strecken und bei geneigten Strecken nur dann, wenn das Fallen gleichmäßig ist und die Endpunkte der Linie nivelliert werden können. In diesem Falle werden Anfangs- und Endpunkt der Linie auf die Sohle herabgelotet und durch einen in das Tragewerk gesteckten Drahtnagel bezeichnet, über den der eine Ring gelegt wird. An die innere Peripherie des Endringes (wo auch der Endpunkt der Zählung liegt) wird ebenfalls ein Nagel geschlagen. Bei der zweiten Bandlänge und bei den folgenden wird, wie die Fig. 37 andeutet, die Dicke des Nagels mit gemessen und ist von der Länge wieder abzuziehen.

Zur Vermeidung dieser Rechnung kann man das Ende der Zählung an den inneren Rand des Endringes, und zwar an die dem Anfang zugewandte Seite, wie Fig. 38 andeutet, verlegen. Die Pfeile in Fig. 37 und 38 zeigen die Messungsrichtung an.

Folgendes Verfahren wird vielfach angewendet. Hierzu gehören

3 Gehilfen mit je einem Brett. Der Anfangspunkt der Länge wird auf ein Brett herabgelotet und durch einen Nagel bezeichnet. Das Brett wird vorher quer über die Schienen gelegt und der Gehilfe Nr. 1 kniet darauf. Am Ende der Bandlänge wird von dem Gehilfen Nr. 2 ein

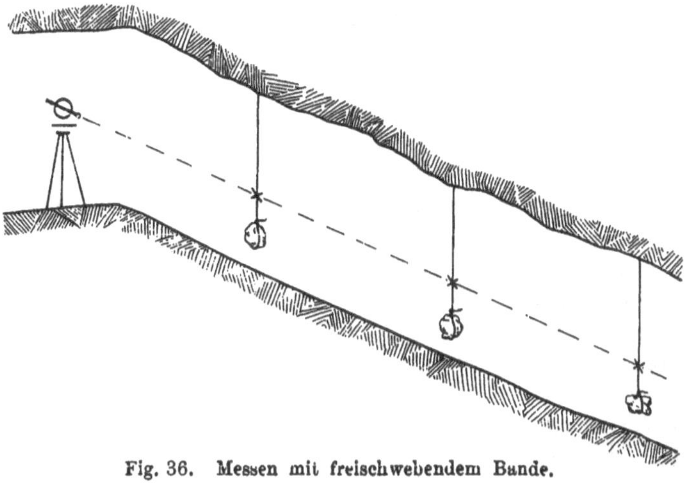

Fig. 36. Messen mit freischwebendem Bande.

zweites Brett über die Schienen gelegt. Gehilfe Nr. 1 fluchtet den Nage auf dem zweiten Brette ein. Das zweite Brett wird hierbei zum Straffen des Meßbandes vorwärts geschoben und dann von Nr. 2 durch das Körpergewicht beschwert. Gehilfe Nr. 3 erfaßt, sobald Nr. 1 sein Brett verlassen und den ersten Bandring vom Nagel abgehoben hat, den zweiten Bandring und eilt wieder um eine Bandlänge mit seinem Brett voraus. Während Nr. 2 und Nr. 3 die zweite Bandlänge ausgespannt haben,

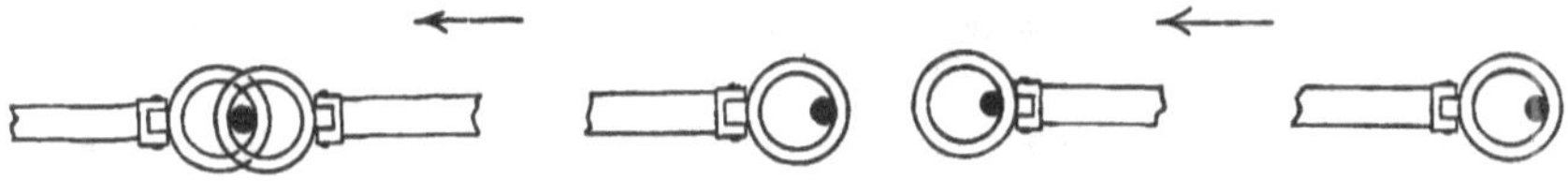

Fig. 37. Fig. 38.
Längenmessen mit dem Meßbande auf der Sohle.

gelangt Nr. 1 bis zu Nr. 3 und ergreift den Endring des Bandes zur Fortsetzung des Geschäftes. Eingeübte Gehilfen messen auf diese Weise sehr schnell.

Die Nageldurchmesser sind zu berücksichtigen. Die Schwierigkeit und zugleich die schwache Seite des Verfahrens liegt in dem Festhalten der Bretter.

Bei diesem Verfahren kann auch das oben bei dem freischwebenden Messen beschriebene Stahlband benutzt werden, das mit Handgriffen versehen ist. Man ist dann nicht gezwungen die Bretter so zu legen, daß immer eine Bandlänge ausgenutzt wird. Die Nagel auf den Brettern sind nur einzufluchten und der Nullpunkt des Bandes an die Mitte ist neben die Mitte des einen Nagels zu legen, während die Entfernung bis zur Mitte des nächsten Nagels am straffgezogenen Bande abgelesen wird.

3. Wenn keine der vorstehenden Methoden angewendet werden kann, so schlägt man Spreizen, deren Abstände der Länge des vorhandenen Bandes entsprechen, und in die Spreizen genau eingefluchtete starke Drahtnägel. Man spannt von Nagel zu Nagel Schnüre, deren Neigung durch den Gradbogen ermittelt worden, und mißt die Schnurlängen mit dem Bande.

§ 21. Das über Tage benutzte Meßband ist 20 mm breit und 20 m lang, aber im übrigen dem in der Grube gebräuchlichen gleich. Die Zählung beginnt in der Mitte der Endringe. Durch diese werden beim Gebrauch aus Eichenholz gefertigte Stäbe „Meßpfähle" oder „Bandstäbe" gesteckt, deren Querschnitt der Ringöffnung genau entspricht und die an ihren oberen Enden kleine Dosenlibellen, am unteren Ende eiserne Spitzen mit eisernem Querriegel zum Auflegen der Bandringe haben.

Das Verfahren beim Messen ist folgendes. Die Endpunkte der zu messenden Linie sind durch Lochpflöcke oder Lochsteine bezeichnet. Nachdem die Bandstäbe durch die Endringe geschoben sind, setzt der Hintermann die Spitze seines Stabes in das Loch des Anfangspunktes und winkt den vom Vordermann geführten Stab in die Richtung der zu messenden Linie ein. Zu diesem Zwecke ist der Endpunkt der Linie durch einen Fluchtstab bezeichnet. Hieraut wird das Band straff gezogen, wobei die beiden Gehilfen mittels der Dosenlibellen den senkrechten Stand der Bandstäbe überwachen. Der Endpunkt der Bandlänge wird vom Vordermann durch eine eiserne Zählmarke bezeichnet, die der Hintermann an sich nimmt, sobald er bei fortschreitender Messung die Spitze seines Bandstabes an die Stelle des Zählstäbchens setzt. Solcher Zählstäbe sind zehn im Gebrauch. Bei den folgenden Bandlängen wird der Vordermann sich selbst in die Linie einstellen, da der Anfangspunkt ebenfalls durch einen Richtstab bezeichnet wird.

Ist die Bodenfläche nicht vollständig horizontal, so ist am tieferen Punkte der Ring des Bandes am Stabe nach dem Augenmaße so weit hoch zu schieben, bis das Band wagerecht ist.

Bei zu starker Neigung mißt man mit freischwebendem Bande (§ 18). Man wendet auch die sogenannte Staffelmessung an oder man benutzt einen Gefällemesser. Figur 39 zeigt beide Verfahren. Bei der Staffelmessung nutzt man nie die ganze Bandlänge aus. Man zieht den zweiten Bandstab *B* (Fig. 39) aus dem Ringe und stellt ihn so in der zu messenden Linie auf, daß man die Entfernung mittels des wagerecht gehaltenen Bandes messen kann. Den ersten Ring des Bandes streift man sodann vom Stabe *A* ab, steckt ihn auf den Stab *B*, setzt den

Stab *A* in zweckmäßiger Entfernung in die Linie und verfährt wie vorher.

Ein verbreiteter Gefällemesser ist der von Wolz. Im Innern einer runden Blechkapsel schwingt um die Achse eine 6 mm dicke Scheibe, die am Mantel in Grade eingeteilt ist, und deren Null-Linie durch ein Bleigewicht nach Lösung einer Klemme immer in horizontaler Lage erhalten wird, wenn die Blechkapsel auch gekippt wird. Die an der Blechkapsel festsitzende Absehvorrichtung besteht aus einem Diopterrohr und einer daran befestigten Lupe, mit der man ein Stück der Teilung beobachten kann.

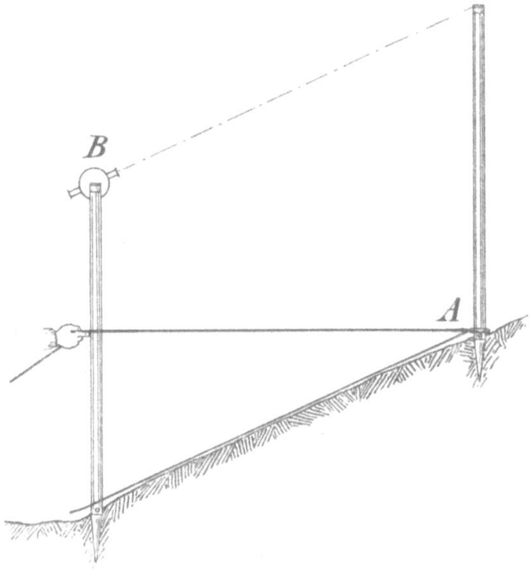

Fig. 39. **Längenmessung an steilem Gehänge. Staffelmessung.**

Beim Gebrauch (Fig. 39) hält man den Mittelpunkt der Scheibe an das obere Ende des einen Stabes, zielt mit dem Diopterrohre das obere Ende des zweiten Meßstabes an und beobachtet gleichzeitig durch die Lupe, welcher Punkt der Teilung dem Horizontalstriche des Diopterrohres gegenübersteht. Der abgelesene Winkel ist die Neigung der Ziellinie und auch des auf dem Boden liegenden Meßbandes. Die söhlige Länge wird aus den dem Gefällemesser beigefügten Tabellen entnommen.

Bei der Koordinatenmethode behufs der Stückvermessung benutzt man mit Vorteil zum Messen der Ordinatenlänge feine auf Rollen aufzuwickelnde Stahlbänder, denen eine Zentimeterteilung aufgeätzt ist.

Das Meßband kann mit Berücksichtigung aller Fehlerquellen zu sehr genauen Basismessungen benutzt werden. Vergl. Jahrbuch für Berg- und Hüttenwesen für das Königreich Sachsen auf das Jahr 1883.

Das Messen einer Basis großer Dreiecksnetze gehört nicht in den Rahmen dieses Buches und ist deswegen weggelassen.

Professor F. Lorber in Leoben hat über die Genauigkeit der Längenmessungen über Tage nach verschiedenen Methoden und mit verschiedenen Instrumenten zahlreiche Versuche angestellt und aus ihnen das Gesetz des mittleren Fehlers entwickelt (Berg- und hüttenm. Jahrbuch der Bergakademien zu Leoben, Przibram und Schemnitz, Band 25 u. 26). Der

Fehler in der gemessenen Länge L kann gleich $C_1 L + C_2 \sqrt{L}$ gesetzt werden, worin C_1 der Koeffizient der regelmäßigen und C_2 der der unvermeidlichen Fehler ist.

C_1 ist für 4 m Latten an einer Schnur	± 0
für 4 m Latten ohne Schnur	0,000 085
für das Stahlband	0,000 320

C_2 ist für Messungen mit	unter günstigen Verhältnissen	unter ungünstigen Verhältnissen
2 Stück 4 m Latten längsgespannter Schnur	= 0,000535	0,000535
2 Stück 4 m Latten ohne Schnur .	= 0,000927	0,0041
Stahlmeßband	= 0,00216	0,0095

§ 22. Das Abstecken und Ausfluchten von Linien mit vorliegenden Hindernissen wird meistens gelöst durch praktische Anwendung von Sätzen aus der Planimetrie. Die Lösungen sind mannigfaltig. Hier mögen nur einige Platz finden.

Die Linie AB soll jenseits eines undurchsichtigen und undurchschreitbaren Hindernisses verlängert werden.

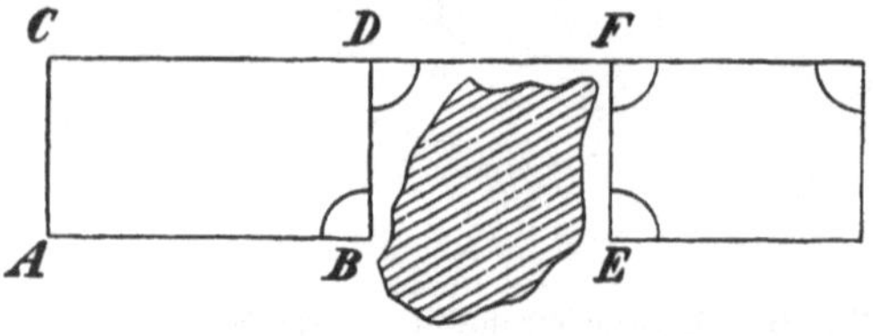

Fig. 40. Abstecken von Linien mit Hindernissen.

1. Man kann das Hindernis durch die beiden gleich langen Normalen BD und EF umgeben, wie Fig. 40 andeutet, oder

2. Man errichtet in A und B zwei gleich lange Normalen AC und BD, verlängert die Linie CD am Hindernis vorbei und errichtet hinter demselben wieder zwei Normalen, die mit AC gleiche Länge haben (Fig. 40).

3. Man fluchtet von A ab eine Linie AG aus, die am Hindernis vorbeigeht, auf ihr sucht man den Fußpunkt E des Perpendikels BE. Sodann errichtet man jenseits des Hindernisses die Perpendikel $CF = \frac{AF.BE}{AE}$ und $DG = \frac{AG.BE}{AE}$ (Fig 41).

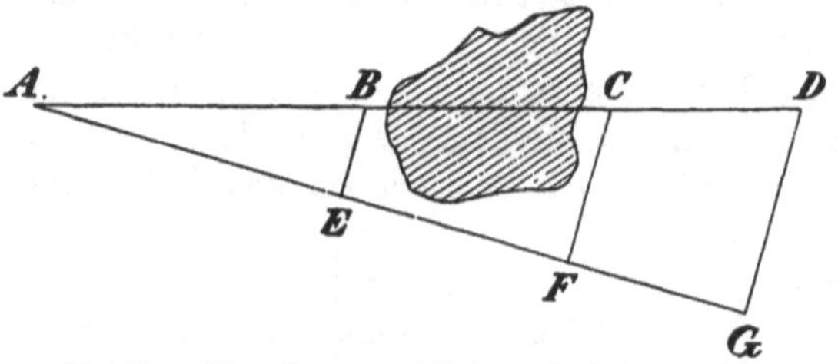

Fig. 41. Abstecken von Linien mit Hindernissen.

4. Die Punkte A und B der auszufluchtenden Linie sind gegeben. Die Längen der vom gewählten Punkte M ausgehenden Linien MA,

MB werden gemessen. Auf MB trägt man $MF = \frac{EM \cdot MB}{AM}$ ab, verlängert EF bis G und H und mißt MG und MH, dann verlängert man MG um $GC = \frac{MG \cdot AE}{EM}$ und MH um $HD = \frac{MH \cdot AE}{ME}$. Die Punkte C und D liegen in der Verlängerung von AB (Fig. 42).

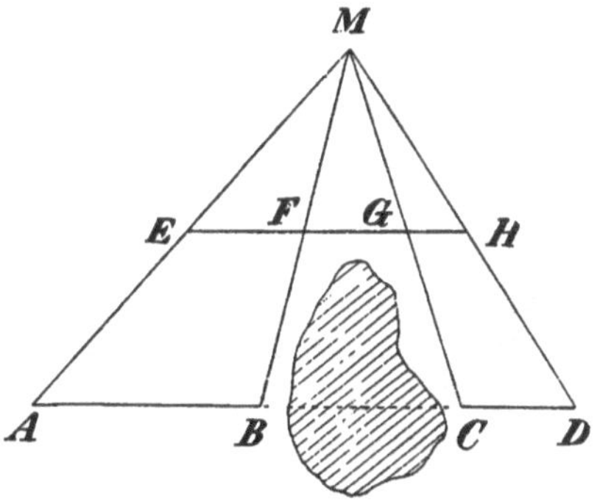

Fig. 42. **Abstecken von Linien mit Hindernissen.**

Beim Ausfluchten von Linien durch Waldbestände leistet eine Bussole gute Dienste.

Sehr lange Linien werden zweckmäßig des Nachts mit Lichtsignalen ausgefluchtet, bei Waldbestand sind Zeichen durch Raketen zu geben u. dergl.

§ 23. **Das Abstecken von Kreiskurven.** Die Anlage von kleinen Grubenbahnen gibt dem Markscheider Gelegenheit, das Abstecken von Kreisbogen anzuwenden (Fig. 43). Die gerade Bahnlinie A_1A soll durch einen Kreisbogen in die Richtung CC_1 übergeführt werden. Durch unmittelbare Messung oder durch Rechnung aus einzelnen gemessenen Stücken lassen sich ermitteln: 1. Die Länge des Krümmungsradius $r = AM = MC$. 2. Der Winkel 2α, den die beiden Tangenten A_1A und C_1C einschließen. 3. Der Winkel 2β, den die beiden Radien der Berührungspunkte A und C einschließen. 4. Die Längen der Linien AF, DF, AB und des Bogens ADC.

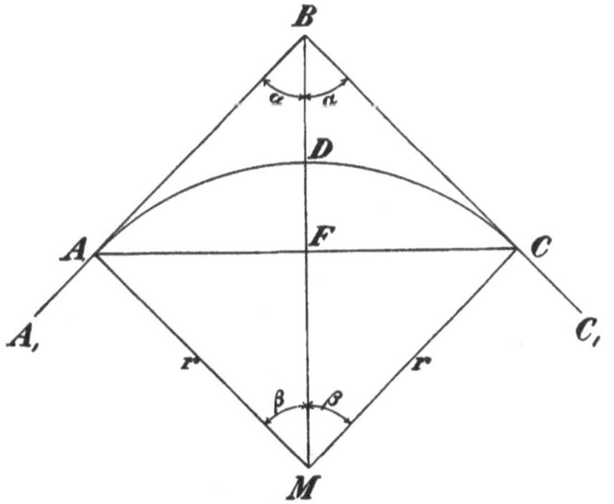

Fig. 43. **Abstecken von Kreiskurven.**

Man kann die Kreislinie auf verschiedene Weise abstecken.

Die wichtigsten Methoden sind: 1. nach rechtwinkeligen Koordinaten, 2. nach Polarkoordinaten, 3. nach dem Sehnenverfahren.

Zu 1. Man verlängert die Tangente AD (Fig. 44) und berechnet oder entnimmt aus Tabellen die Ordinaten y_1, y_2, y_3 usw. zu den Abszissen x_1, x_2, x_3 usw., die vom Anfangspunkte A abgemessen werden.

Durch dieses Verfahren erhält man keine gleich langen Bogenstücke, die aber aus praktischen Gründen wünschenswert sind.

Zu 2. Die Absteckung der Kreisbögen durch Polarkoordinaten beruht auf dem Satze, daß die auf gleichen Bögen stehenden Peripheriewinkel eines Kreises unter sich gleich und gleich den halben auf denselben Bögen stehenden Zentriwinkeln sind.

Bei Anwendung des Verfahrens benutzt man am zweckmäßigsten Tabellen, z. B. die von Sarrazin und Overbeck oder die von Elb, aus denen man für jeden Radius und für jede Länge eines Bogenstückes die erforderlichen Zahlen entnehmen kann.

Man stellt den Theodoliten in *A* auf (Fig. 45) und bringt zunächst das Fernrohr in die verlängerte Tangente *AD*, sodann dreht man das Rohr um den Winkel w^1, der zu dem vorliegenden Radius und zu der

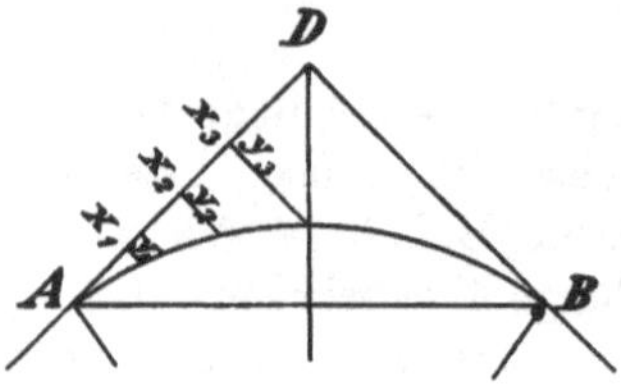

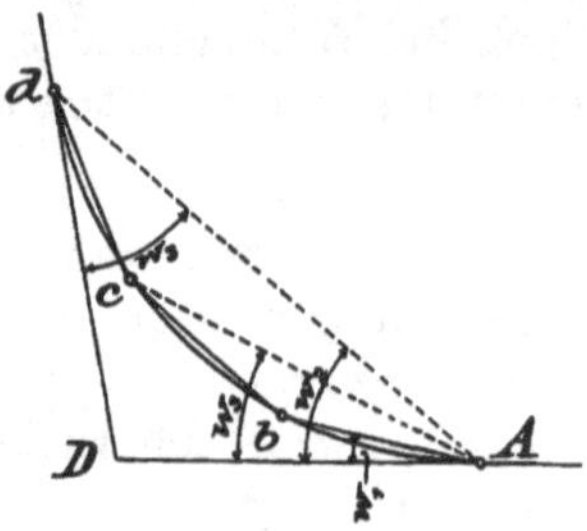

Abstecken von Kurven.

Fig. 44. Nach rechtwinkeligen Koordinaten. Fig. 45. Nach Polarkoordinaten.

gewählten konstanten Bogenlänge *Ab* gehört. Hierauf mißt man in dieser Richtung die Sehnenlänge *Ab* und bestimmt so den ersten Bogenpunkt *b*. Darauf dreht man das Fernrohr so, daß es um den Winkel w_2 aus der Tangentenrichtung abweicht, und mißt die Länge *Ac* in dieser Richtung. Dadurch erhält man den zweiten Kurvenpunkt *c*. Darauf ist für die Richtung des Fernrohres der Winkel w_3 maßgebend usw.

Das Messen langer Sehnen ist unbequem. Statt dessen verfährt man folgendermaßen. Man schlägt aus dem ersten Punkte *b* einen Bogen mit der konstanten Länge $bc = Ab$ und bestimmt mit dem auf w_2 eingestellten Fernrohr auf diesem Bogen den Punkt *c*. Um den Punkt *c* schlägt man wieder einen Bogen mit demselben Radius und bestimmt mit Hilfe des auf w_3 eingestellten Fernrohres den Punkt *d* usw. Stellen sich Hindernisse in die Sehnenrichtungen, so betrachtet man einen schon abgesteckten Kurvenpunkt als Anfangspunkt, von dem aus die Richtung der Tangente leicht bestimmt werden kann. Z. B. auf dem Punkte *d* würde die neue Tangente mit der Linie *dA* den Winkel w_3 machen.

Zu 3. Das erste Sehnenverfahren: Man berechnet aus dem gegebenen Radius *r* und dem Zentriwinkel β, der zu der Länge des abzusteckenden konstanten Bogenstückes gehört, zunächst die Sehne $s = 2r \sin \frac{\beta}{2}$ und dann die Größen $s . \sin \frac{\beta}{2}$ und $s . \cos \frac{\beta}{2}$, sowie $s . \sin \beta$ und $s . \cos \beta$.

Vom Berührungspunkte A (Fig. 46) der Kurve mißt man in der Verlängerung der Tangente die Länge $x_1 = s \cos \frac{\beta}{2}$ ab und errichtet auf dem Endpunkte die Ordinate $y_1 = s . \sin \frac{\beta}{2}$, sodann verlängert man die Sehne AP_1 um $x_2 = s . \cos \beta$ und errichtet auf dem Endpunkte die Ordinate

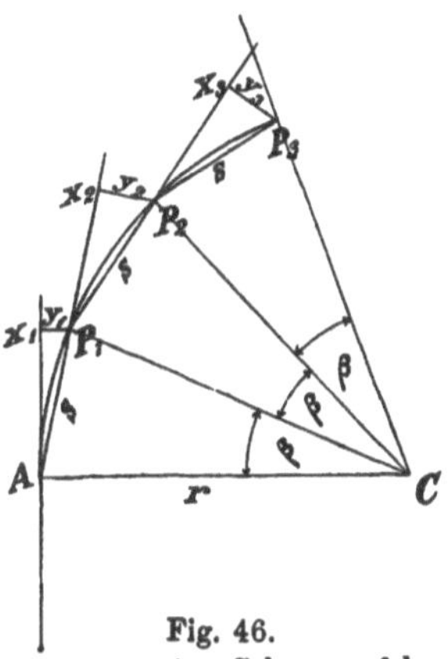

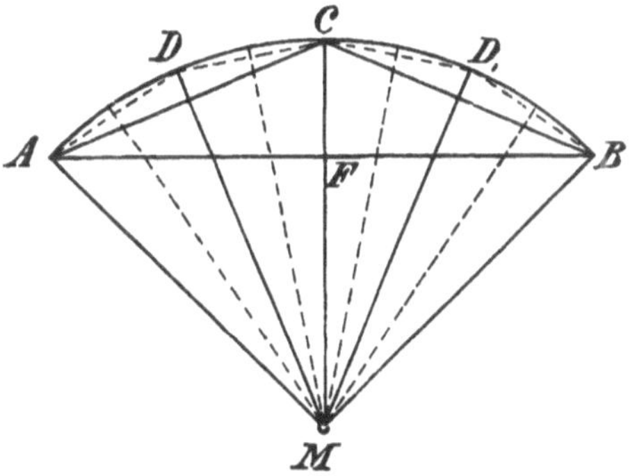

Abstecken von Kurven.

Fig. 46. Nach dem ersten Sehnenverfahren.

Fig. 47. Nach dem zweiten Sehnenverfahren.

$y_2 = s . \sin \beta$. Die Sehne vom Punkte 1 bis zum Punkte 2 verlängert man wieder um $x_3 = s . \cos \beta$ und macht die zugehörige Ordinate y_3 wieder gleich $s . \sin \beta$. So fährt man fort.

Nach dem zweiten Sehnenverfahren berechnet man die Sehne AB (Fig. 47), errichtet in der Mitte F ein Perpendikel und trägt die berechnete Pfeilhöhe FC ab, wodurch man den Kurvenpunkt C erhält. Sodann berechnet man die Sehnen AC und BC, errichtet in der Mitte wieder Normalen und trägt die Pfeilhöhen ab, wodurch man die Kurvenpunkte D und D_1 erhält. Man zieht nun Sehnen AD, CD, CD_1, BD, und fährt so lange fort, bis man Kurvenpunkte genug hat.

Über Spurweiten, Längsneigungen und die Krümmungshalbmesser der Eisenbahnen gelten folgende Regeln:

Für Vollspurbahnen soll die Spurweite im lichten zwischen den Schienenköpfen gemessen im geraden Gleise 1,435 m betragen, für Schmalspurbahnen 1,00 m, 0,75 m oder 0,60 m.

Die Längsneigung der Bahn soll bei Reibungsbahnen 1 : 25 in der Regel nicht überschreiten. Bei Gebirgsbahnen geht man bis 1 : 40. Bei vollspurigen Zahnradbahnen soll die Längsneigung nicht über 1 : 10, bei allen anderen Zahnradbahnen nicht über 1 : 4 betragen.

Der Halbmesser der Krümmungen auf freier Strecke soll in der Regel bei Vollspurbahnen nicht kleiner als 100 m sein, bei Schmalspurbahnen mit 1,00 m Spurweite nicht kleiner als 50 m, mit 0,75 m Spurweite nicht kleiner als 40 m, mit 0,60 m Spurweite nicht kleiner als 30 m.

§ 24. **Das Abstecken von rechten Winkeln.** Bei dem Ausfluchten und Abstecken von Linien und Kurven, bei der Stückvermessung und

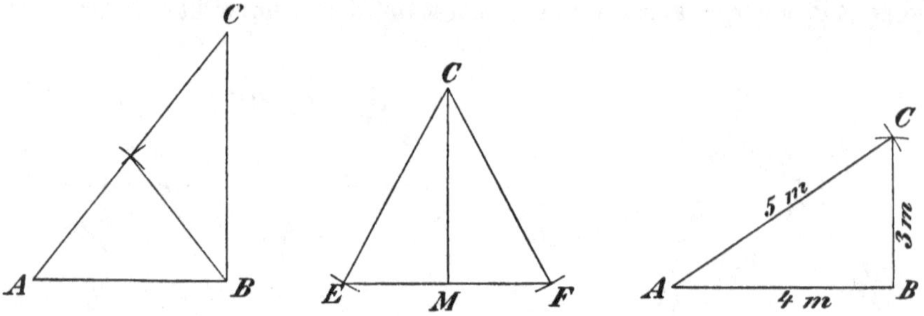

Fig. 48. Fig. 49. Fig. 50.
Das Fällen von Perpendikeln mit Hilfe des Meßbandes.

der Grundstückteilung ist das Fällen und Errichten von Perpendikeln, d. h. das Abstecken von rechten Winkeln sehr häufig erforderlich.

Man führt dieses Abstecken aus 1. nach dem Augenmaße, 2. mit Hilfe eines Meßbandes, 3. mit Hilfe von besonderen Instrumenten.

Zu 1. Bei kurzen Entfernungen, wie sie z. B. bei den Messungen in der Grube vorkommen, genügt das Augenmaß.

Zu 2. Mit dem Meßbande fällt und errichtet man Perpendikel durch Konstruktion von gleichschenkeligen oder rechtwinkeligen Dreiecken. Die Anwendung des gleichschenkeligen Dreiecks zum Errichten eines Perpendikels BC auf der Linie AB zeigt Fig. 48 und die zum Fällen eines Perpendikels CM auf die Linie EF zeigt Fig. 49. Aus Fig. 50 ist die Anwendung der pythagoräischen Zahlen zum Errichten des Perpendikels BC auf AB angedeutet.

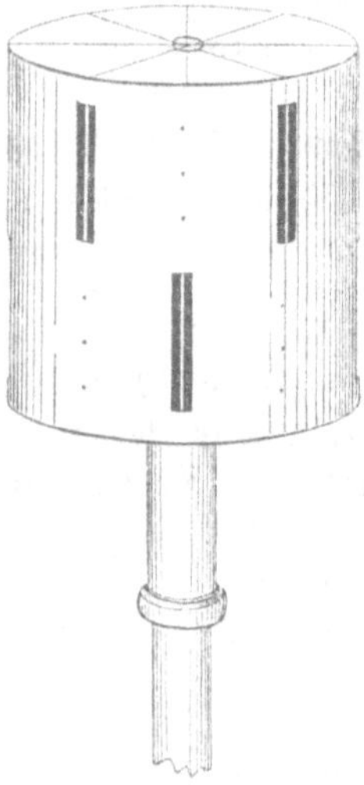

Fig. 51.
Die Winkeltrommel.

Zu 3. Die Instrumente zum Abstecken rechter Winkel sind:

Der Winkelkopf oder die Winkeltrommel, der Winkelspiegel und das Winkelprisma.

Im gebirgigen Gelände ist der Winkelkopf, im ebenen sind die Spiegelinstrumente vorzuziehen.

Die Einrichtung der Winkeltrommel ist aus Fig. 51 ersichtlich.

Durch gegenüberliegende Spalten und Löcher sind in der Richtung verschiedener Durchmesser Sehlinien gegeben, die sich unter 90 oder 45 Grad schneiden.

Zum Gebrauch wird der Winkelkopf mittels der Hülse auf einen Stock gesteckt und nach einer Dosenlibelle senkrecht aufgestellt. Behufs Errichtung eines Perpendikels auf einer Linie bringt man einen Durchmesser in diese Linie und steckt die Richtung des darauf rechtwinkeligen Durchmessers, indem man durch die entsprechende Spalte blickt, durch

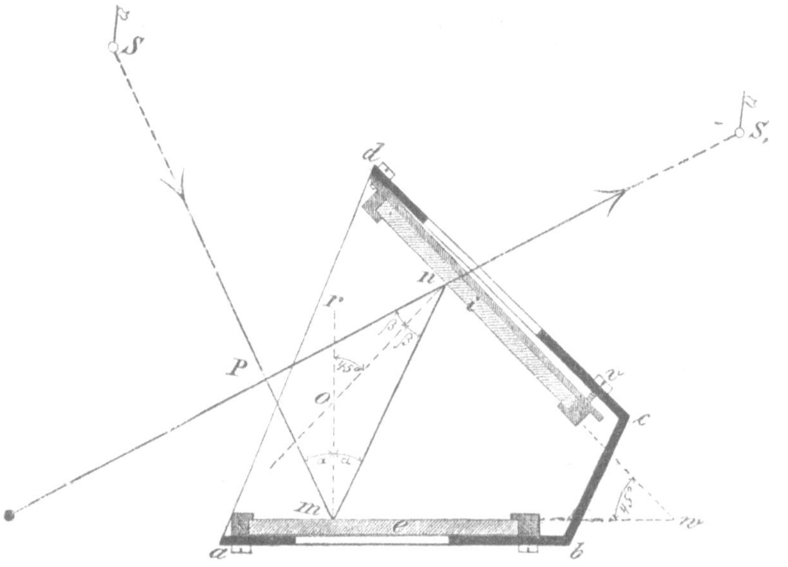

Fig. 52. Der Winkelspiegel.

Pfähle ab. Die Genauigkeit eines mit der Winkeltrommel abgesteckten Winkels ist etwa 5 Minuten. Der mögliche Fehler in der Bestimmung eines Ordinatenendpunktes ist bei einer Länge der Ordinate von 20, 30, 40, 50 oder 60 m bezw. 3, 4, 6, 7 und 9 cm.

Der Winkelspiegel. Das zweite Instrument ist der Winkelspiegel, von dem Fig. 52 einen Querschnitt von oben gesehen gibt.

An den Seitenflächen *ab* und *dc* eines in der Figur schwarz gezeichneten Messinggehäuses *abcd* sind zwei Spiegel *e* und *i* angebracht, von denen der eine festsitzt, der andere mittels eines Schräubchens *v* so lange gedreht werden kann, bis beide Spiegel genau 45 Grad gegeneinander geneigt sind. Das Messinggehäuse ist nach der Seite *ad* offen und oben und unten mit Deckplatten geschlossen, in die ein Griff eingeschraubt werden kann. Die Spiegel *e* und *i* nehmen nur die halbe Höhe der Seitenflächen ein, die andere Hälfte ist durchbrochen, so daß, wenn das Auge in der Richtung PS_1 blickt, es zugleich in den Spiegel *i* und über ihn hinweg durch die Öffnung der Seitenfläche *dc* sehen kann.

Fällt zugleich vom Signal *S* ein Lichtstrahl auf den Punkt *m* des Spiegels *e*, so wird dieser Strahl in der Richtung *mn* auf den zweiten Spiegel *i* und von diesem wieder in der Richtung *n P Auge* zurückgeworfen. Das Auge sieht die gespiegelte Signalstange *S* und durch die Öffnung blickend die Signalstange S_1 übereinander in einer senkrechten Linie.

Wenn die Spiegel genau 45 Grad gegeneinander geneigt sind, so ist der Winkel SPS_1 ein rechter.

Beweis. Da $rm \perp mw$ und $on \perp nw$, so muß $\sphericalangle ron = \sphericalangle mwn$ sein. Als Außenwinkel ist $\sphericalangle ron = \alpha + \beta$ und aus gleichem Grunde ist $\sphericalangle SPS_1 = 2\alpha + 2\beta$, folglich ist $SPS_1 = 2 \sphericalangle ron$ und, wenn letzterer gleich 45 Grad ist, gleich einem Rechten.

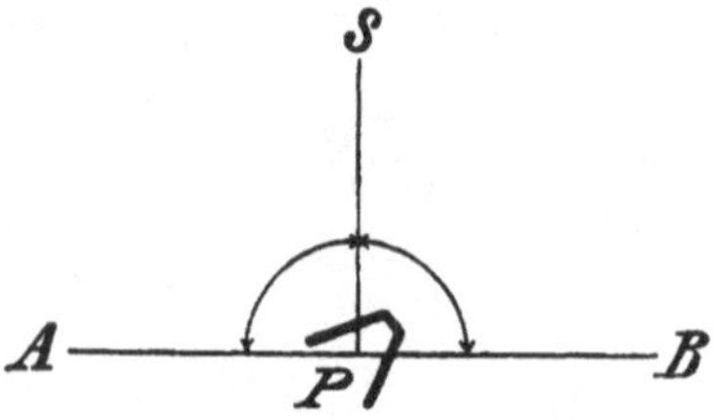

Fig. 53. Gebrauch des Winkelspiegels.

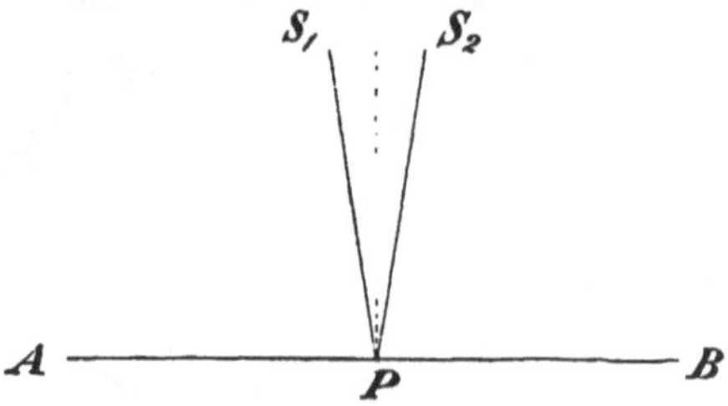

Fig. 54. Prüfung des Winkelspiegels.

Der Gebrauch des Winkelspiegels ergibt sich aus den vorstehenden Entwickelungen von selbst.

Um ein Perpendikel auf der Linie *AB* im Punkte *P* zu errichten (Fig. 53), hält man den Winkelspiegel am Handgriff senkrecht und so über den Punkt *P*, daß die offene Seite des Gehäuses nach A zugekehrt ist, und blickt in der Richtung *PS*. Das Signal *S* wird so lange verstellt, bis es über dem Spiegelbilde von *A* erscheint. Dann wird, wenn der Winkelspiegel fehlerlos war, *PS* rechtwinkelig zu *AB* sein.

Zur Prüfung des Winkelspiegels wiederholt man das Verfahren auf demselben Punkte *P*, dreht aber die Gehäuseöffnung nach der entgegengesetzten Seite, also nach *B* zu, und winkt ein zweites Signal ein. Fallen die beiden Signale S_1 und S_2 auf denselben Punkt, so ist der Winkelspiegel richtig. Im anderen Falle (Fig. 54) bezeichnet man die Mitte und ändert die Spiegelstellung, bis die Bilder von *A* und *B* sich in bekannter Weise mit dem in der Mitte aufgestellten Signale decken.

Die Genauigkeit eines mit dem Winkelspiegel abgesteckten Rechten beträgt etwa $\pm$ 4 Minuten. Der mögliche Fehler in der Bestimmung eines Punktes ist bei einer Ordinatenlänge von 20, 30, 40, 50, 60 m bezw. 2, 3, 5, 6 und 7 cm.

Das dritte Instrument zum Abstecken rechter Winkel ist das Winkelprisma. Ein Glasprisma von etwa 8 mm Höhe, dessen Querschnitt ein gleichschenkelig rechtwinkeliges Dreieck von 20 mm Kathetenlänge ist, ist in eine Messingfassung gesetzt, so daß die Kathetenflächen frei bleiben, die Hypotenusenfläche sowie die obere und untere Fläche des Prismas bedeckt sind. In die Deckflächen ist ein Handgriff eingeschraubt (Fig. 55).

Fig. 55. Winkelprisma.

Fällt ein Lichtstrahl Ab (Fig. 56) nahe am rechten Winkel so auf eine Kathetenfläche, daß er nach dem spitzen Winkel zu vom Einfallslot abweicht (also nahezu parallel der Hypotenusenfläche verläuft), so ist sein Weg durch das Prisma $AbcdeA_1$. In b wird der Strahl gebrochen. Der Einfallswinkel ist i_1, der Brechungswinkel i_2. Im Punkte c wird der von b herkommende Strahl total reflektiert und gegen die Hypotenusenfläche im Punkte d geworfen, wo er mit geringem Helligkeitsverlust gespiegelt und mit dem Einfallswinkel i_2 auf die Kathetenfläche trifft. Dort wird der Strahl wieder gebrochen und tritt mit dem Brechungswinkel i_1 wieder aus und gelangt nach A_1.

Die Verlängerung des Strahles Ab schneidet den Strahl eA_1 unter einem rechten Winkel.

Der Beweis ergibt sich aus den in die Figur geschriebenen Winkeln. Befindet sich das Auge in A, so wird ein Strahl, der von einem ausgesteckten Signal in der Richtung A_1e auf die zweite (dem Auge abgewandte) Kathetenfläche fällt, um 90 Grad abgelenkt ins Auge bei A gelangen. Ist dagegen das Auge in A_1 und blickt in der Richtung A_1e, d. h. angenähert rechtwinkelig zur Hypotenusenfläche und nahe am spitzen Winkel, so wird ein aus A in der Richtung Ab kommender Strahl um 90 Grad abgelenkt in das Auge bei A_1 gelangen.

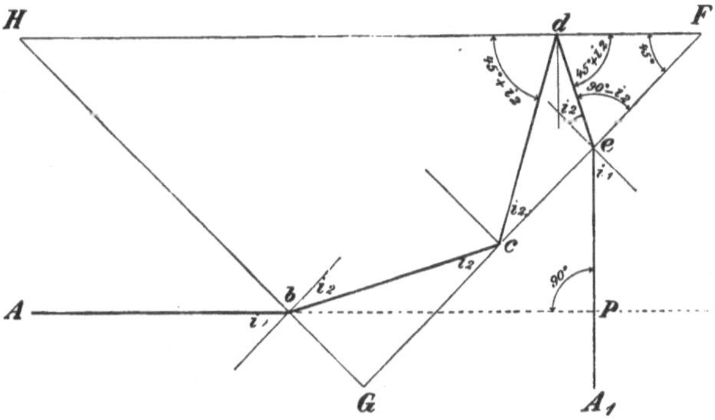

Fig. 56. Winkelprisma.

Der Gebrauch des Winkelprismas ergibt sich hieraus von selbst. Entweder hält man das Prisma so, daß **der Blick nahe am rechten Winkel ungefähr parallel der Hypotenuse oder nahe an einem spitzen Winkel angenähert rechtwinkelig zur Hypotenuse eintritt.** Das Auge muß zugleich über das Prisma hinwegsehen und ein in der Richtung Ab bezw. A_1e befindliches Signal mit dem Bilde aus A_1 bezw. A zur Deckung bringen. Die Genauigkeit entspricht der des Winkelspiegels.

Die Winkelprismen sind vor dem Ankauf genau zu prüfen, weil häufig ungenaue in den Handel kommen und diese nicht berichtigt werden können.

Winkelprisma und Winkelspiegel müssen immer in einer solchen Stellung benutzt werden, daß die Kathetenflächen bezw. die Spiegelflächen senkrecht sind. Ferner müssen die beiden Instrumente stets in militärischer Körperhaltung mit fest an der Brust anliegendem Arm gehalten werden, damit der Scheitelpunkt des rechten Winkels immer in derselben Lage zu den Fußspitzen zu suchen ist.

Das Prismenkreuz.

Legt man zwei ganz gleiche solcher Glasprismen übereinander, so daß die Hypotenusenflächen sich rechtwinkelig schneiden und zwei Kathetenflächen genau übereinander in einer Ebene liegen, im übrigen wie beim Winkelprisma die Hypotenusenflächen durch die Metallfassung verdeckt werden und die Kathetenflächen frei bleiben, so entsteht das Prismenkreuz.

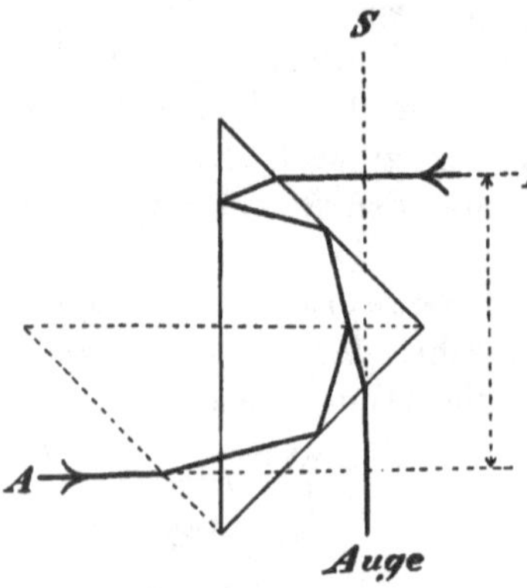

Fig. 57. Prismenkreuz.

Richtet man den Blick in dem einen punktierten Prisma (Fig. 57) rechtwinkelig zur Hypotenuse nahe am spitzen Winkel, so fällt zugleich der Blick in das zweite in vollen Linien gezeichnete Prisma parallel zur Hypotenuse nahe am rechten Winkel. Im ersten Prisma wird ein Strahl aus *A* von links und im zweiten Prisma ein Strahl von rechts aus *B* ins Auge gelangen, von denen jeder um 90 Grad aus seiner ursprünglichen Richtung abgelenkt ist. Bringt man beide Bilder zur Deckung, so befindet sich das Prismenkreuz in der Verbindungslinie von *A* und *B*, und wenn das Auge zugleich über das Prismenkreuz hinwegblickend ein Signal *S* über den Bildern von *A* und *B* sieht, so steht die Linie *S-Auge* rechtwinkelig zu *AB*.

Bei der Kleinheit des Prismenkreuzes kann man den Abstand der parallelen Strahlen aus *A* und *B* vernachlässigen.

Mit Hilfe eines Prismenkreuzes kann man sich also in die Verbindungslinie zweier unzugänglichen Punkte aufstellen und zugleich ein Perpendikel auf dieser Linie im Standpunkte errichten.

Das obere Prisma kann man allein als Winkelprisma benutzen.

Das Gesichtsfeld des Winkelprismas ist zwar kleiner als das des Winkelspiegels, dafür aber heller. Im Winkelprisma sieht man außer dem hellen richtigen Bilde noch mehrere schwächere Nebenbilder, die sich bei einer Drehung des Prismas mit doppelter Winkelgeschwindigkeit drehen. Das brauchbare helle Bild bleibt beim Drehen des Prismas unverrückt, verschwindet aber, sobald der Blick von der oben angegebenen Richtung abweicht, d. h. wenn man zwar rechtwinkelig zur Hypotenuse aber nahe am rechten Winkel, oder parallel zur Hypotenuse aber nahe am spitzen Winkel in das Prisma blickt. Die Strahlen aus den hierbei gesehenen Bildern sind um $90^0 + 2i$ oder um $90^0 - 2i$ abgelenkt. Diese Bilder machen die Drehung des Prismas mit.

Drittes Kapitel.

Die den meisten Meßinstrumenten gemeinsamen Teile.

§ 25. Die Meßinstrumente müssen eine Abseh- oder Zielvorrichtung besitzen, mit deren Hilfe das ganze Instrument oder Teile in eine bestimmte Linie gestellt werden können.

Diese Vorrichtungen sind: Die Diopter, das Fernrohr und Haken, die am Instrument befestigt sind und über eine ausgespannte Schnur gehängt werden. Diopter und Fernrohr bestehen aus zwei Teilen. Der eine ist dem Auge zugewendet und heißt Augenteil oder Okular, der andere ist dem angezielten Gegenstande zugewendet und heißt Gegenstandsteil oder Objektiv.

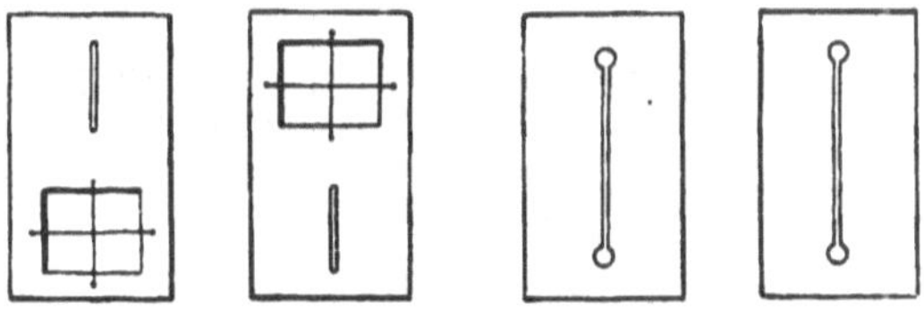

Fig. 58. Diopter. Fig. 59.

Diese beiden Teile der Diopter sind Platten, von denen die eine, der Augenteil, mit einem Sehloch oder Sehspalte, die andere mit einem Fenster versehen ist, über das zwei rechtwinkelig sich kreuzende Fäden gespannt sind. Meistens erhält jede Platte übereinander stehend sowohl Fenster als Schauritze (Fig. 58), oder jede eine Schauritze (Fig. 59), so daß die Diopter das Zielen nach rückwärts und vorwärts gestatten. Die Diopter, namentlich die Spaltendiopter mit Löchern am Ende der Spalten gestatten ein ziemlich scharfes Anzielen. Trotzdem findet man an neueren Markscheiderinstrumenten keine Diopter mehr.

§ 26. Das Fernrohr. Das Fernrohr besteht aus zwei Röhren, die sich konaxial ineinander verschieben lassen, aus dem Objektivrohr und dem Okularrohr. Bei allen Meßinstrumenten ist das Fernrohr ein astronomisches, das die Bilder verkehrt zeigt.

Da die Theorie des Fernrohres als bekannt vorausgesetzt werden muß, so soll nur das Wichtigste hier angeführt werden.

Das Bild eines sehr weit entfernten Gegenstandes AB (Fig. 60) erscheint in dem Brennpunkte der Objektivlinse O und zwar umgekehrt. Dieses verkehrte, gleichsam in der Luft schwebende Bild $A_1 B_1$ wird durch das Augenglas, das genau wie eine Lupe wirkt, vergrößert ($A_2 B_2$),

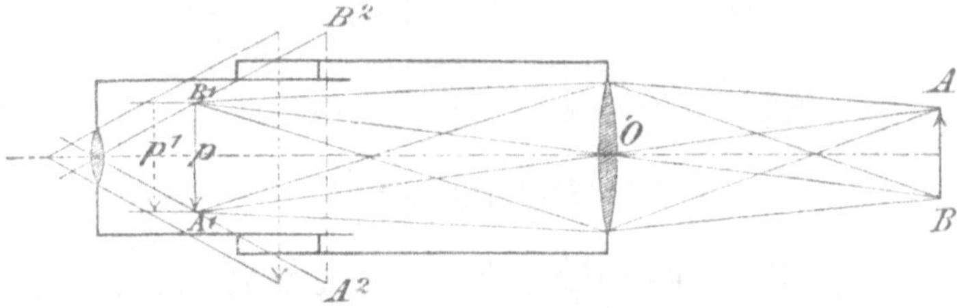

Fig. 60. Zur Theorie des Fernrohres.

und erscheint dem Auge deutlich, wenn es im Brennpunkte des Augenglases sich befindet.

Ist der Gegenstand AB nicht sehr weit vom Objektiv entfernt, so fällt das Bild A^1B^1 über den Brennpunkt p hinaus nach p^1. Damit dies Bild durch das Okular deutlich gesehen werden kann, ist letzteres so weit zu verschieben, bis das Bild in seinem Brennpunkte sich befindet.

Die Objektivlinse soll möglichst achromatisch sein. Durch Verbindung zweier Linsen, einer Sammellinse a von Crownglas mit einer Zerstreuungslinse b von Flintglas wird ein hoher Grad von Achromatismus erreicht (Fig. 61).

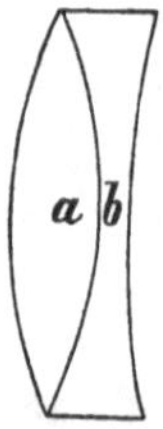

Fig. 61. Achromatische Linse.

Der Kugelabweichung der Objektivlinse wird durch eine solche Beschränkung der Öffnung, daß nur ein kleiner Teil einer Kugeloberfläche an den Linsen in Anwendung kommt, und durch richtige Wahl der Krümmungshalbmesser beider Linsenseiten entgegengewirkt.

In dem Okularrohr, gewöhnlich kurz Okular genannt, befinden sich zwei Linsen, das Augenglas und das Kollektiv. Dieses Linsensystem ist so gewählt, daß dadurch die Farben- und Kugelabweichung beider Linsen möglichst abgeschwächt wird.

Man unterscheidet zwei Arten von Okularen, die positiven und die negativen. Bei Fernrohren mit positivem Okular kommt das durch das Objektiv erzeugte Bild ungestört zustande und wird durch das Linsensystem von Augenglas und Kollektiv betrachtet. Das wichtigste dieser Okulare ist das von Ramsden.

Bei Fernrohren mit negativem Okulare fallen die aus dem Objektiv kommenden Strahlen, ehe sie sich zu einem Bilde vereinigen, schon auf das Kollektiv des Okulars und werden nochmals gebrochen. Das nunmehr entstandene Bild *pe* wird durch das Augenglas allein gesehen. Ohne die Sammellinse würde das Bild *p'e'* entstehen. Das wichtigste dieser negativen Okulare ist das von CAMPANI (auch nach HUYGHENS genannt). Fig. 62.

Das Fadenkreuz. Zu Messungen ist das astronomische Fernrohr erst dann geeignet, wenn es ein Fadenkreuz besitzt. Das einfache Fadenkreuz besteht aus zwei sich kreuzenden feinen Fäden (Fig. 63).

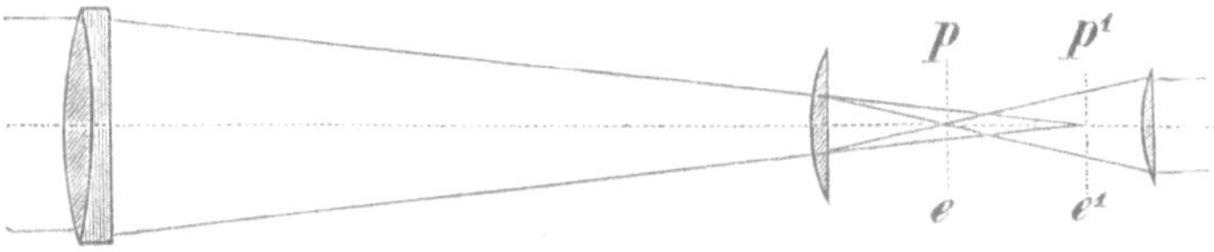

Fig. 62. Anordnung der Linsen im HUYGHENSschen Fernrohre.

Die gerade Linie von dem Kreuzpunkte der Fäden bis zum optischen Mittelpunkte des Objektivs ist die Ziellinie, Sehachse, Absehrichtung des Fernrohres. Durch seitliche Verschiebung des Fadenkreuzes wird die Lage der Sehachse geändert. Zu diesem Zwecke ist das Fadenkreuz auf einem Rahmen angebracht, der mit Hilfe von je zwei gegenüberstehenden Druckschrauben in zwei rechtwinkelig zueinander stehenden Richtungen verstellt werden kann (vergl. Fig. 64).

Der optische Mittelpunkt und ein Faden bestimmen eine Zielebene. Bei dem Messen von Horizontalwinkeln ist die senkrechte, bei dem Messen von Vertikalwinkeln und beim Nivellieren ist die wagerechte Zielebene die maßgebende.

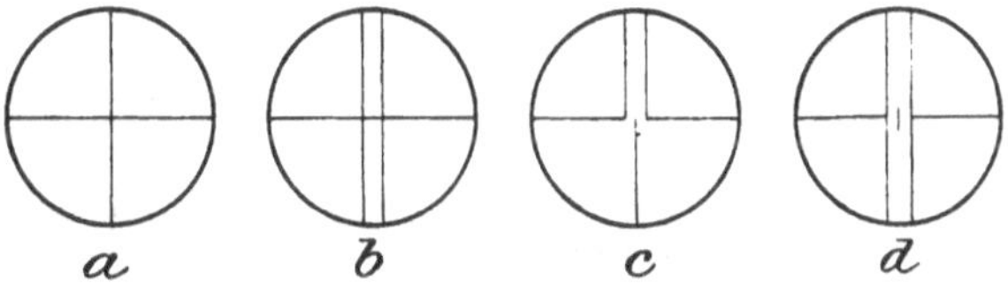

Fig. 63 a, b, c, d. Fadenkreuz.

Das Fadenkreuz besteht entweder aus wirklichen einzelnen Fäden, oder es sind auf einer dünnen planparallelen Glasplatte feine Linien eingeritzt. Als Fäden dienten früher ausschließlich Spinnenfäden, jetzt nimmt man auch feine Platina- oder Quarzfäden.

In den Figuren 63 a, b, c, d sind verschiedene Formen des Fadenkreuzes dargestellt. Das einfache Kreuz *a* findet man bei den Nivellierinstrumenten, das Kreuz *b* mit zwei parallelen Vertikalfäden erhalten die Winkelmeßinstrumente, die Kreuze *c* und *d* die Grubentheodoliten, mit denen Lotschnüre oder Lotdrähte angezielt werden müssen.

Wegen des distanzmessenden Fadenkreuzes siehe Elftes Kapitel, Fig. 356, ferner wegen anderer Konstruktionen Fig. 128 in § 58 und Fig. 330 in § 181.

Das Fadenkreuz des positiven Okulars (RAMSDEN) befindet sich an der dem Objektiv zugekehrten Seite des Kollektivs, das des negativen

Okulars zwischen Augenglas und Kollektiv. Das vom Objektiv erzeugte Bild soll in der Ebene des Fadenkreuzes erscheinen und durch das Okular soll sowohl Bild als Fadenkreuz scharf gesehen werden.

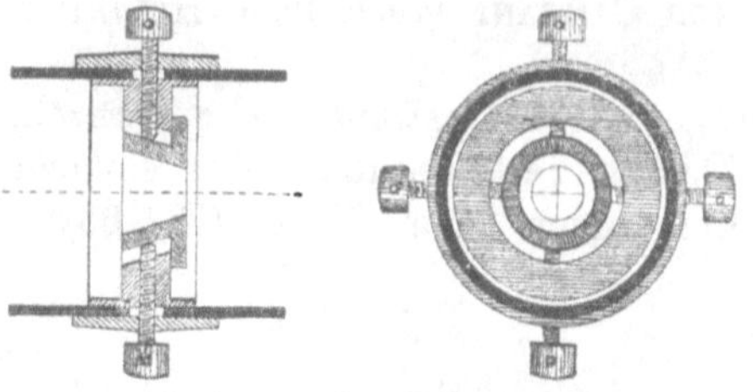

Fig. 64a u. b. Fadenkreuz.

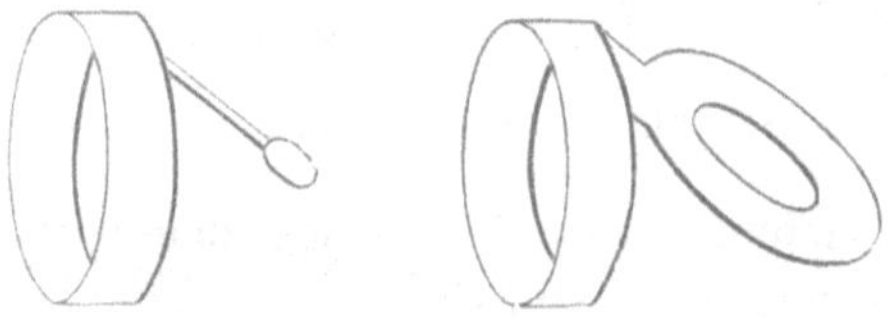

Fig. 65a und b. Illuminatoren zur Beleuchtung des Fadenkreuzes.

Zur Prüfung überzeugt man sich zunächst, ob das Fadenkreuz scharf erscheint. Dies hängt von der richtigen Entfernung zwischen Augenglas und Fadenkreuz ab. Augenglas und Fadenkreuz oder eins von beiden sind in der Richtung der Fernrohrachse verschiebbar. Die neueren Instrumente erhalten ein verschiebbares Augenglas.

Zur weiteren Prüfung zielt man einen entfernten Gegenstand an und zieht das Okular, bis das Bild deutlich gesehen wird. Bewegt man dann das Auge vor dem Okular etwas auf und ab und „tanzt" das Bild, d. h. bleibt das Fadenkreuz nicht auf demselben Punkte des Bildes, so fallen Bild und Fadenkreuz nicht in eine Ebene (Tanzprobe).

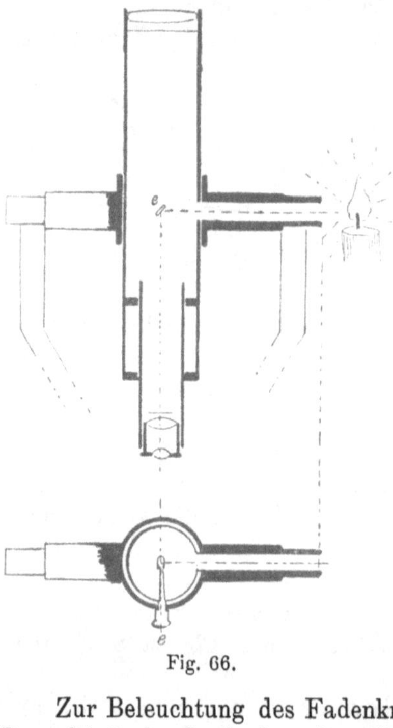

Fig. 66.

Man beseitigt den Fehler durch richtiges Einstellen des Okulars mittels der Triebschraube oder durch eine geringe Änderung der Entfernung zwischen Augenglas und Fadenkreuz, wenn diese bei dem ersten Teile der Prüfung nicht scharf genug bestimmt wurde.

Das Beleuchten des Fadenkreuzes. Das Messen in der Grube erfordert das Beleuchten des Fadenkreuzes. Dies geschieht durch gespiegeltes Licht mittels sogenannter Illuminatoren, die auf das Objektivende des Fernrohres aufgesteckt werden. Die Figuren 65 a u. b zeigen ihre Formen, die aus Metall oder Kartenpapier hergestellt werden können.

Zur Beleuchtung des Fadenkreuzes ist nur wenig Licht erforderlich. Das elliptische Loch des einen Illuminators kann ziemlich groß und die

Ellipse des anderen ziemlich klein sein. Man beleuchtet das Fadenkreuz auch mit Hilfe von Glasprismen, die im Okular angebracht sind (Figg. 341 und 344) oder mittels eines im Innern des Fernrohres befindlichen Prismas oder Spiegels (Fig. 66). Das Licht fällt durch die hohle Kippachse auf die spiegelnde Fläche und wird nach dem Fadenkreuz geworfen.

Sind Sonnenbeobachtungen bei Zeit- oder Azimutbestimmungen auszuführen, so muß ein dunkles Sonnenglas vor dem Augenglas befestigt werden.

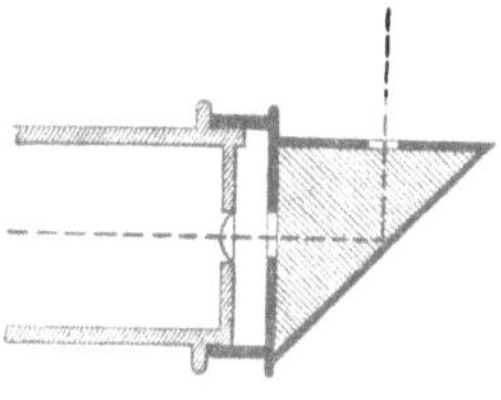

Fig. 67. Okularprisma.

Bei stark aufwärts gerichteten Zielrichtungen, z. B. in tonnlägigen Schächten, ist es zweckmäßig, ein Okularprisma (Fig. 67) vor das Augenglas zu schrauben, um in bequemer Körperstellung das Anzielen des oberen Signals ausführen zu können. Durch das Prisma wird der aus dem Fernrohr heraustretende Strahl um 90 Grad abgelenkt.

§ 27. **Die Aufstellung der Meßinstrumente.** Die Meßinstrumente werden über Tage immer und in der Grube da, wo es die Verhältnisse gestatten, auf einem Stative aufgestellt.

Man unterscheidet Teller- und Zapfenstative.

Der Teller oder Kopf des Statives ist eine in der Mitte zentrisch durchbohrte Platte, die eine runde oder dreiflügelige Gestalt hat und aus Holz oder Metall gefertigt ist.

An die Platte sind in Gelenken drei Beine angefügt, die bei den Markscheiderstativen verstellbar sind, d. h. sich verlängern und verkürzen lassen (Fig. 68).

Die Zapfenstative werden nach dem Zapfen benannt, in dem oben der dreikantige Kopf des Statives ausläuft und auf den die Hülse des Instrumentes gesteckt wird.

In der Grube zwingen enge und stark geneigte Räume, das schwankende, aus Brettern bestehende Tretwerk u. dergl., oft zu anderen Hilfsmitteln Zuflucht zu nehmen.

Zunächst ist die Spreize zu erwähnen, die aus einem starken Bohlenstück besteht und, wenn das Meßinstrument unmittelbar auf sie gestellt werden soll, in möglichst horizontaler Lage in den Streckenwangen festgekeilt werden muß. Fig. 133 zeigt eine Messung mit Spreizen. Da die horizontale Stellung der Spreize nicht immer leicht herzustellen ist, so benutzt man einfache Platten, die mittels einer Klemmvorrichtung an nicht völlig wagerechte oder runde Spreizen in zweckentsprechender Lage befestigt werden.

Nachteile der Spreizen. Die horizontalen Spreizen haben für alle Messungen das Unbequeme, daß der Markscheider mehrmals auf beide Seiten des Meßinstrumentes treten und deshalb jedesmal die Spreize überschreiten oder unter ihr hindurchkriechen muß.

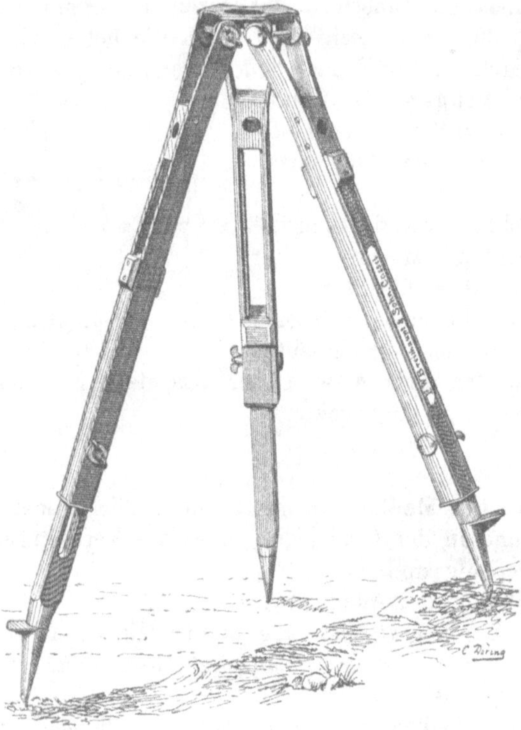

Fig. 68. Markscheiderstativ.

Viel zweckmäßiger ist die Benutzung eiserner, mit Standplatten oder Tellern versehener **Arme**, die in die Grubenzimmerung oder, wenn diese nicht vorhanden ist, in senkrechte Spreizen (Stempel) eingeschraubt werden. Eine von den mannigfaltigen Formen eines solchen Armes zeigen die Figg. 69 a u. b. (Vergl. auch Figg. 96, 141 u. 143.)

Zuweilen sind die Teller der Arme und der Stative noch mit besonderen meist verschiebbaren Platten (Standplatten) versehen, auf welche die Meßinstrumente gestellt werden.

Die Brauchbarkeit der genannten Aufstellungsvorrichtungen prüft man auf eine einfache Weise. Man richtet das Fernrohr des fest mit der Aufstellungsvorrichtung verbundenen

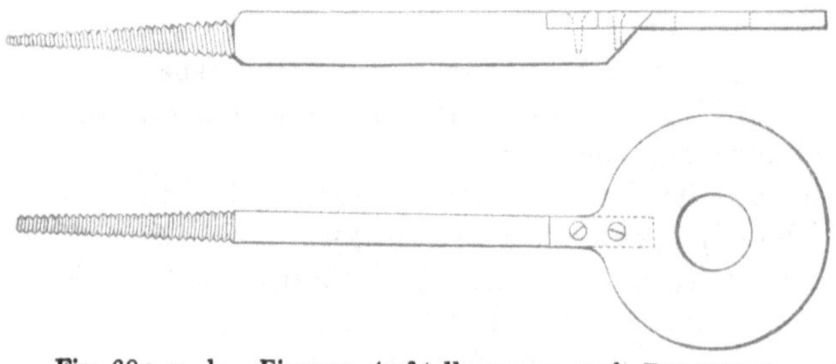

Fig. 69 a u. b. Eiserner Aufstellungsarm nach BORCHERS.

Meßinstrumentes auf einen scharf beleuchteten Punkt und übt einen gelinden Druck in senkrechter und drehender Richtung auf den Teller des Statives oder Armes bezw. auf die Spreize aus. Dadurch wird das Fadenkreuz den angezielten Punkt verlassen, muß aber, wenn die

Aufstellungsvorrichtung brauchbar ist, beim Aufheben des Druckes wieder darauf zurückkehren. Geschieht es nicht, so sind bei den Stativen die Schrauben, welche die Beine mit dem Teller verbinden, anzuziehen, und bei den Spreizen und Armen ist ihre Befestigung zu verbessern.

§ 28. Die Verbindung der Meßinstrumente mit dem Stativ. Die Meßinstrumente werden mit ihrem Fuß auf die Teller oder Standplatten der Aufstellungsvorrichtungen gesetzt.

Der Fuß dient zum Befestigen des Instrumentes und zum Horizontalstellen. Die gewöhnliche Form ist die des Dreifußes, seltener wird das Kugelgelenk angewendet.

Das Mittelstück des Dreifußes ist entweder ausgebohrt zur Aufnahme des Drehzapfens des Instrumentes und heißt dann die Büchse oder Hülse, oder es ist massiv und läuft oben in einen Zapfen aus, auf den die am Instrument sitzende Hülse oder Büchse gesteckt wird.

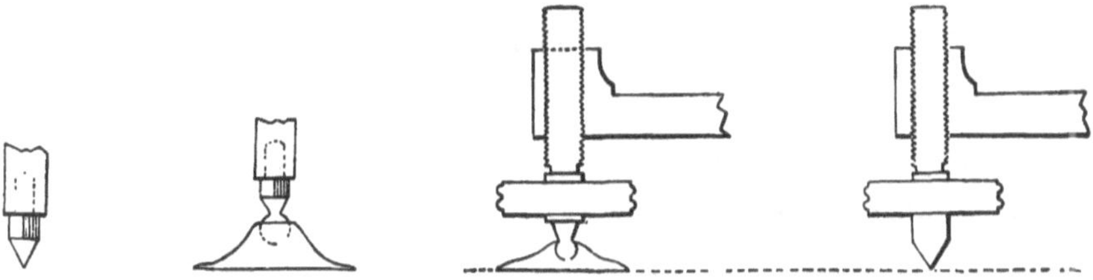

Fig. 70a. Fig. 70b.

Fußschrauben am Theodolit.

An dem Mittelstück sitzen drei Arme, deren Mittellinien unter 120 Grad zusammenstoßen.

Am Ende dieser Arme befinden sich die drei Stellschrauben. Die Enden der Arme sind aufgeschlitzt und können durch die Preßschrauben zusammengedrückt und gelockert werden. Der leichtere oder schwerere Gang der Stellschrauben wird hierdurch geregelt. (Vergl. die Figuren 87, 88, 89 u. 90.)

Die Stellschrauben laufen entweder in kleine Kugeln aus, die in einer entsprechenden Höhlung von kleinen Tellern (Unterlagescheiben) eingelassen sind, oder enden in Spitzen, die in Löcher (Körner) oder Rillen der Standplatten eingesetzt werden.

Der Markscheider kann unter Umständen gezwungen werden, mit Spitzen und Unterlegescheiben zu wechseln, was durch das Ab- und Einschrauben der einzelnen Stücke (Fig. 70a) oder durch Wechseln der Schrauben bei der Anordnung der Fig. 70b leicht geschehen kann. Das Mittelstück der Hülse ist unten mit einem Schraubengewinde versehen. Dieses dient hauptsächlich zum Anschrauben der Zugstange, auch Schraubenstange oder Zentralschraube genannt, deren Form aus der Fig. 71 ersichtlich ist.

Das Instrument wird mittels der Zentralschraube folgendermaßen befestigt. Auf dem Gewinde des unteren Teiles der Stange läuft eine Mutter *M*, mit der die auf der Spiralfeder liegende Platte *P* gegen die untere Fläche des Stativtellers gedrückt wird. Zwischen Platte und Spiralfeder wird zweckmäßig das oben kugelförmig abgerundete Stück *Z* eingeschaltet. Die Schraubenstange soll so gearbeitet sein, daß, wenn sie an das Meßinstrument festgeschraubt ist, ihre Mittellinie mit der Zentralachse des Instrumentes zusammenfällt und das in den am unteren Ende angebrachten Haken eingehängte Lot sich ebenfalls in dieser Achse befindet. (Vergl. Fig. 97.)

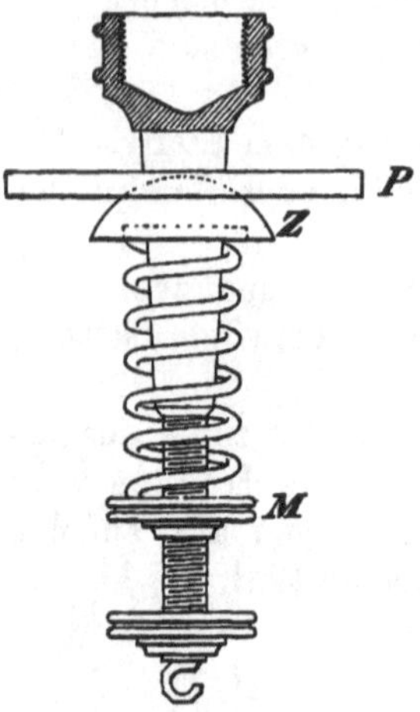

Fig. 71. Zentralschraube.

Bei den Nivellierinstrumenten, die nicht über einem Punkte zentriert werden müssen, ist zuweilen am unteren Ende der Büchse statt des Gewindes ein Bügel angebracht, in den ein Haken der Zugstange eingreift.

Die Befestigung der Instrumente am Stativteller mittels Dreifuß und Schraubenstange hat den Nachteil, daß die Gewinde der Stellschrauben durch den Druck mehr oder weniger abgenutzt werden und die Sicherheit der Aufstellung des Instrumentes darunter leidet. Diesen Übelstand vermeidet Tesdorpf in seinem Zweifuß. D. R.-P. Nr. 21798.

Das Schraubengewinde der Fußhülse kann außerdem bei Markscheidertheodoliten

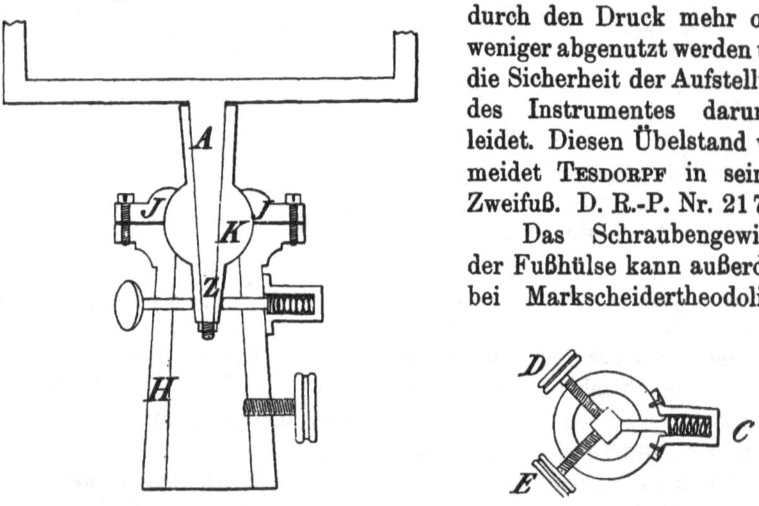

a) Durchschnitt. b) Querschnitt.

Fig. 72a u. b. Das Kugelgelenk.

noch dazu dienen, eine Zentrierspitze aufzunehmen (vergl. §§ 34 u. 55) oder den kugelförmigen Wulst der Freiberger Aufstellung (vergl. § 61).

Das Kugelgelenk. Die Figuren 72a u. b zeigen die Einrichtung eines solchen Fußes. Die Vertikalachse *A* z. B. eines Nivellierinstrumentes steckt in einer Büchse mit der kugelförmigen Erweiterung *K*, die nach unten in den Zapfen *Z* ausläuft. Die Kugel wird von geeigneten Pfanndeckeln *JJ* gehalten, die mit der Aufsteckhülse *H* durch Schrauben fest verbunden sind. Gegen den Ansatzzapfen *Z* wirken die beiden Schrauben *D* und *E* und die Spiralfeder *C* (Fig. 72b).

Bei einer anderen Einrichtung drücken gegen den vierkantigen Zapfen 4 Schrauben, von denen je zwei gegeneinander gerichtet sind (Fig. 73). Die Aufsteckhülse des Kugelgelenkes wird auf den Kopf eines Zapfenstatives entweder mittels eines Schraubengewindes oder nur durch eine Preßschraube befestigt.

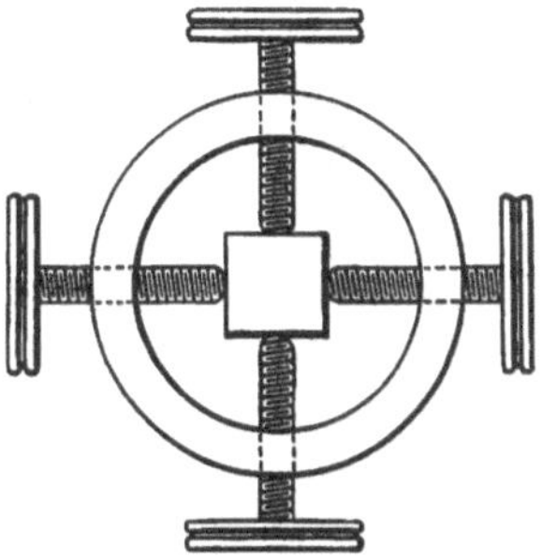
Fig. 73. Querschnitt eines Kugelgelenkes.

Das Kugelgelenk kommt bei den Markscheiderinstrumenten nur noch selten vor.

§ 29. Die Libellen. Die Libellen sind Mittel zum Horizontalstellen der Instrumente. Man hat Röhren- und Dosenlibellen.

Die Röhrenlibelle besteht aus einer an den Enden zugeschmolzenen, nicht ganz vollständig mit Schwefeläther gefüllten tonnenförmigen Glasröhre. Den leer gebliebenen Raum nimmt Dampf von der in der Röhre befindlichen Flüssigkeit ein. Beim Anfertigen füllt man nämlich die Röhre vollständig mit der erwärmten Flüssigkeit und schmilzt sie zu. Nach dem Erkalten verliert die Flüssigkeit an Volumen und es entsteht ein luftleerer Raum, in dem sich Dampf der eingeschlossenen Flüssigkeit bildet. Diese Dampfblase oder, wie sie gewöhnlich genannt wird, die Luftblase, ist bestrebt, stets den höchsten Punkt der Röhre einzunehmen.

Die Länge der Blase ist mit der Temperatur veränderlich. Man fertigt deshalb sogenannte Kammerlibellen, bei denen an einem Röhrenende durch eine Zwischenwand eine kleine Kammer abgeteilt ist. Die Zwischenwand hat eine Öffnung, durch welche man aus der Kammer mehr oder weniger Flüssigkeit treten lassen und dadurch die Länge der Blase nach Belieben ändern kann.

Die innere Gestalt einer Röhrenlibelle ist tonnenförmig, d. h. sie entspricht dem mittleren Stück eines Rotationskörpers, der entsteht, wenn ein Kreissegment um eine Sehne rotiert. Die Achse der Libelle ist diese Sehne. Bei der Rotation beschreibt das Ende des Pfeiles (Perpendikel auf der Sehnenmitte bis zur Kreislinie) einen Kreis, den Niveaukreis.

An einer besonders sorgfältig ausgeschliffenen Stelle ist rechts und links von diesem Kreise in das Glas eine Skala eingeritzt, deren Strichabstände herkömmlich gleich einer Pariser Linie (= 2,256 mm) sind.

Sind die Blasenenden gleich weit vom Niveaukreis entfernt, so spielt die Blase ein und die Libellenachse ist horizontal, im anderen Falle schlägt die Blase aus, und die Libellenachse ist geneigt.

Die Libelle wird so weit mit einer rohrförmigen Fassung umgeben, daß nur die Skala sichtbar bleibt.

Soll die Libelle auf eine Fläche aufgestellt werden, so ist die Fassung mit einem Lineal verbunden und heißt dann Setzlibelle (Fig. 74a). Soll

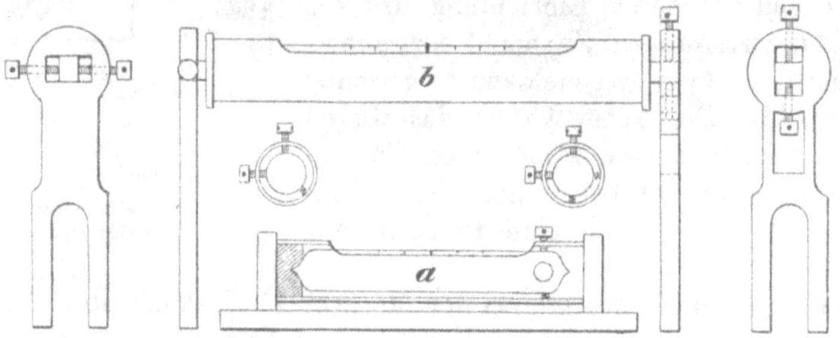

Fig. 74a u. b. Setz- und Reiterlibelle.

sie auf wagerechte Achsen oder auf Fernrohre aufgesetzt werden, so hat die Fassung für die Zapfen gabelartig gestaltete, für die Fernrohre rund ausgeschliffene Füße (Reiterlibelle) (Fig. 74b).

Endlich wird die Fassung mit Haken versehen zum Aufhängen an eine Schnur (Hängelibelle) (Fig. 75).

Libellen sind richtig, wenn ihre Achsen parallel der Aufsetzfläche sind. Diese ist bei Setzlibellen die untere Fläche des Lineals, bei Reiterlibellen die zylindrische Fläche, mit der sie auf eine runde Unterlage (Achse oder Fernrohr) gesetzt werden, bei Hängelibellen die Hakenlinie.

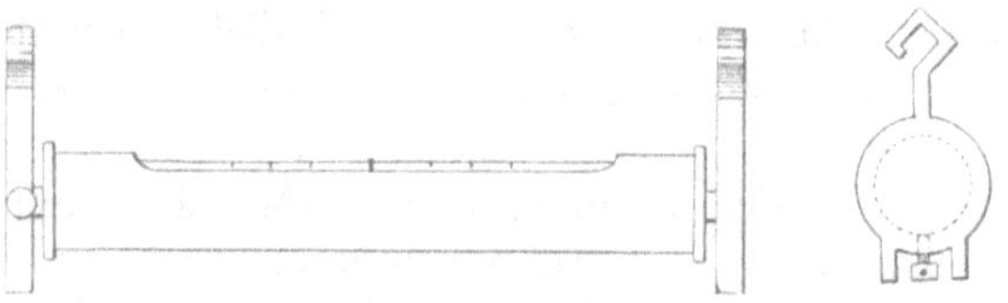

Fig. 75. Hängelibelle.

Zum Richtigstellen der Achse ist die Libelle innerhalb der Röhrenfassung durch zwei Berichtigungsschrauben verstellbar, von denen eine in vertikaler, die andere in horizontaler Richtung gegen das eine Ende der Libelle wirkt. Der Gegendruck wird durch zwei entgegengesetzt drückende Federn oder nur durch eine in der Resultante der beiden Schrauben wirkende Feder ausgeübt. (Siehe die beiden über Fig. 74a stehenden Querschnitte.)

Am zweckmäßigsten ist es, statt der Libelle die ganze Fassung innerhalb eines an der Aufsetzvorrichtung befindlichen Rahmens zu verstellen, wie aus den Seitenansichten von Fig. 74b zu ersehen ist.

Zum Schutze gegen die Temperatureinflüsse und die Erwärmung beim Anfassen mit der Hand umgibt man die Libellen mit doppelten

Metallhüllen und Glasverdeckung, oder überzieht die einfachen Fassungen mit Tuch.

Die Empfindlichkeit der Libelle ist von dem Radius ihrer Krümmung abhängig. Das Maß der Empfindlichkeit wird durch die Größe des Winkels ausgedrückt, um den eine Libelle geneigt werden muß, damit die Blase um einen Teilstrich ausschlägt.

Zur Ermittelung der Empfindlichkeit von Libellen dient das Legebrett (Fig. 76). Die Libelle *L* wird in die auf einer Schiene *S* verschiebbaren beiden Gabeln *FF* gelegt und die Schraube *A*, deren einmalige Umdrehung eine bestimmte Neigung des Brettes *B* hervorbringt, so lange gedreht, bis die Blase ihre Stellung genau um einen Teilstrich geändert

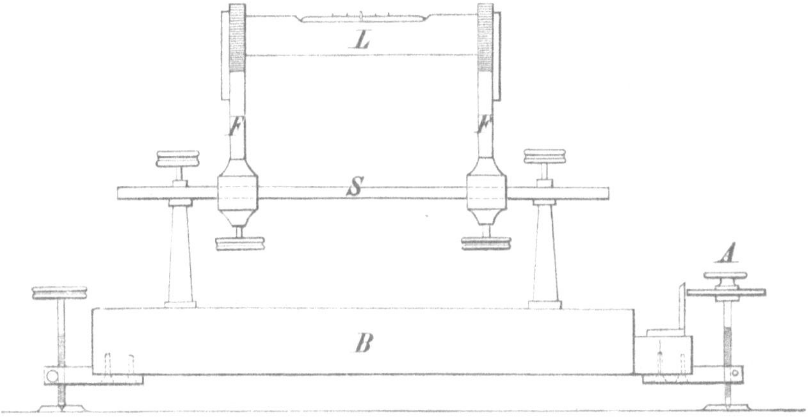

Fig. 76. Das Legebrett.

hat. Der aus den Umdrehungen der Schraube *A* sich ergebende Winkel ist das Maß der Empfindlichkeit.

Da die Änderung des Blasenstandes um nur einen Teilstrich nicht mit Sicherheit beobachtet werden kann, so läßt man die Blase um *n* Teile ausschlagen und teilt den gefundenen Winkelwert durch *n*. Die Wiederholung des Verfahrens ist notwendig.

Ist man nicht im Besitz eines Legebrettes, oder ist die Libelle mit einem Fernrohre fest verbunden, so stellt man das Instrument in einer bekannten Entfernung *l* von einer senkrecht stehenden eingeteilten Latte auf und liest in zwei Stellungen der Blase, die um *n* Teilstriche verschieden sind, an der Latte ab.

Der Unterschied der beiden Ablesungen sei *d*, dann ist die Empfindlichkeit $E = \frac{d}{n\,l} 206\,265$ Sekunden.

Aus der wahren Länge des Skalenteiles *S* und der Empfindlichkeit *E* ergibt sich der Krümmungsradius $r = \frac{S}{\operatorname{tg} E}$.

Die kleineren von den Markscheidern benutzten Instrumente haben Libellen von 15—20 Sekunden, die Präzisionsinstrumente bis zu 5 Sekunden Empfindlichkeit.

Reversionslibellen haben zwei einander gegenüberstehende Skalen. Die inneren Wandflächen der Skalen sollen ganz gleichmäßig gekrümmt sein, d. h. die Achsen beider Skalenflächen sollen zusammenfallen. (Vergl. § 102.)

Die Dosenlibelle besteht aus einem runden Messinggehäuse (Fig. 77), das oben luft- und wasserdicht mit einem starken, nach innen kugelförmig ausgeschliffenen Glase verschlossen und in der Bodenplatte mit einer kleinen Öffnung versehen ist. Durch die Öffnung wird der innere Raum des Gehäuses bis auf einen als Luftblase erscheinenden kleinen Rest mit Weingeist gefüllt, sodann wird sie mit einer Schraube, unter die ein Lederplättchen gelegt wird, dicht verschlossen.

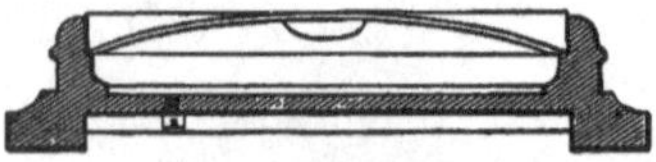
Fig. 77. Durchschnitt einer Dosenlibelle.

Auf der Oberfläche des Glases ist ein Kreis eingeätzt und die Dosenlibelle ist so gearbeitet, daß ihre Aufsetzfläche horizontal ist, wenn die Luftblase zentrisch zu jenem Kreise steht.

Das Deckelglas ist nach einem Radius von 2—3 Meter ausgeschliffen, was einer Empfindlichkeit von 2 oder 1 Minute auf 1 Millimeter Ausschlag gleich kommt.

Man fertigt jetzt Dosenlibellen aus Glas, die vollständig zugeschmolzen sind, wodurch das Verdunsten des Weingeistes ausgeschlossen ist.

§ 30. Das Prüfen der Libellen.

Die Reiterlibelle, die an einem mit Dreifuß versehenen Instrumente angebracht ist, wird folgendermaßen geprüft und berichtigt. Man stellt das Instrument annähernd horizontal und dann die Libellenachse in die Vertikalebene einer Stellschraube des Fußes. Mit Hilfe dieser Stellschraube bringt man die Blase zum genauen Einspielen und setzt die Libelle um, d. h. der linke Gabelfuß wird an die Stelle des rechten gesetzt und umgekehrt. Zeigt die Blase einen Ausschlag, so wird die Hälfte des Fehlers mit der Stellschraube des Dreifußes, die andere Hälfte mit der senkrecht wirkenden Berichtigungsschraube der Libelle verbessert. Das Verfahren wird bis zum genauen Stimmen wiederholt.

Bei den anderen Röhrenlibellen verfährt man ähnlich. Die Hängelibellen hängt man an eine horizontale Schnur, die Setzlibellen setzt man auf eine Fläche und zur Prüfung hängt oder setzt man die Libellen nach vorherigem Einspielen der Blase um. Der etwaige Ausschlag wird halb durch Änderung der Neigung der Schnur oder der Fläche, halb durch Verstellen der Libellenachse beseitigt.

Die oben angegebene Prüfung der Reiterlibelle ist nicht erschöpfend, da sie die Parallelität der Libellenachse mit der Zapfen- oder Fernrohrachse nicht gewährleistet, sondern nur die Parallelität mit einer wagerechten Ebene durch die genannten Achsen. Da aber die Reiterlibellen selten einen so festen Stand haben, daß sie nicht etwas seitwärts Spielraum hätten, so ist noch zu untersuchen, ob die Libellenachse genau parallel mit der Zapfen- oder Fernrohrachse ist, auf die sie beim Gebrauche gesetzt wird.

In Fig. 78 mag der punktierte Kreis die hintere Fläche, der ausgezogene Kreis die vordere Fläche der Libelle sein, die in der mit dicken Linien gezeichneten Fassung steckt. Die Libellenachse ist also nicht parallel der Achse des Zylinders *C*. Dreht man die Reiterlibelle im Sinne des Pfeiles, so muß sich das hintere punktierte Ende der Libelle tiefer senken als das vordere Ende, was einen Ausschlag der Blase nach dem höheren Teile der Libelle zur Folge hat. Dreht man die Libellenfassung in anderer Richtung, so ist die Wirkung dieselbe, nur im entgegengesetzten Sinne. Zur Berichtigung der Achsenstellung hat jede Reiterlibelle seitlich wirkende Schrauben.

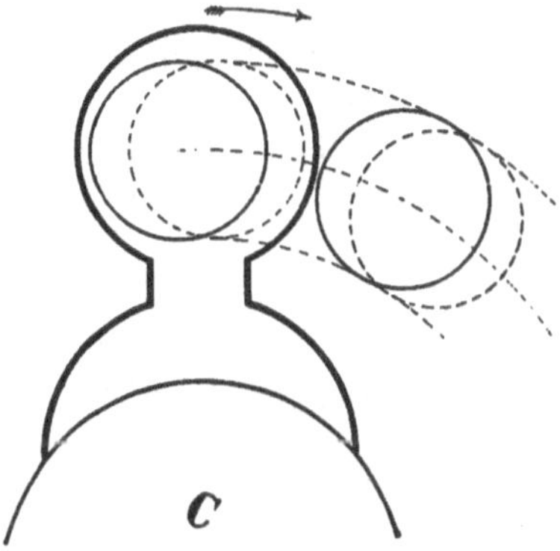

Fig. 78. Prüfung der Reiterlibelle.

Die Dosenlibelle prüft man dadurch, daß man die Blase zum Einspielen bringt und die Dose um den Mittelpunkt des Deckelkreises dreht. Die Blase darf nicht ausschlagen.

Die Dosenlibellen werden mit Hilfe von Zug- und Druckschrauben oder von Schrauben berichtigt, die einer unter der Libelle liegenden dreiflügeligen Federbrücke entgegen wirken. Man bringt die Blase durch die Stellschrauben des Fußes zum Einspielen und dreht das Instrument um 180 Grad. Schlägt die Blase aus, so wird der Fehler halb an der geeigneten Schraube der Dosenlibelle, halb an der Stellschraube berichtigt.

§ 31. Die Achsen. Feine und grobe Drehung.

Die Meßinstrumente oder einzelne Teile sind um Achsen oder Zapfen drehbar.

Man unterscheidet Vertikal- und Horizontalachsen.

Alle Achsen haben Führungen oder Lager.

Die Vertikalachsen sind selten zylindrisch, meist konisch, oder sie sind aus zwei verschieden geneigten Kegelflächen und einem Zylinder zusammengesetzt, die durch eine entsprechend geformte Büchse geführt werden (Fig. 87).

Die Horizontalachsen sind an den Stellen, wo sie auflagern, zylindrisch abgedreht. Der auflagernde Teil heißt der Zapfen.

Die Lager sind entweder zylindrisch oder man wendet Winkellager an. Die zylindrischen Lager umfassen mit den darüber gelegten Pfannendeckeln die Zapfen vollständig (Fig. 79), in den Winkellagern liegt der Zapfen nur an den Stellen *a* und *b* auf (Fig. 80). Es ist gut, wenn die Achsen auch die darüber liegenden Riegel berühren.

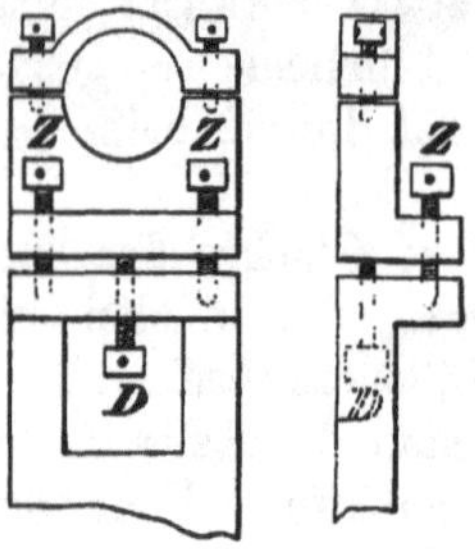

Fig. 79. Zylindrische Lager.

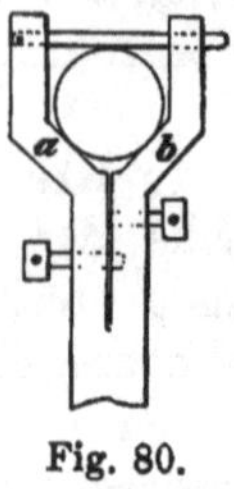

Fig. 80. Winkellager.

Die Horizontalachsen müssen sich umlegen lassen. Dies ist in Winkellagern leichter auszuführen, da der über den Lagern befindliche Riegel ohne Mühe weggedreht oder aufgeklappt werden kann, als bei zylindrischen Lagern, bei denen die Pfannendeckel vorher abgeschraubt werden müssen.

Die Achsenlager müssen sich heben und senken lassen.

Dies geschieht durch Zug- und Druckschrauben *D* und *Z* in der Fig. 79, oder durch die seitlichen Schrauben in Fig. 80.

Feinstellwerke. Bei den Drehungen der Instrumententeile unterscheidet man die aus freier Hand ausgeführte, die rohe oder grobe Einstellung und die Feineinstellung, die mit besonderen Vorrichtungen, den Mikrometerwerken oder Feinstellwerken ausgeführt wird. Die Mikrometerwerke bestehen aus den Bremsen oder Klemmen, mit deren Hilfe eine feste Verbindung zwischen dem festen und dem drehbaren Teile hergestellt wird, und aus der Mikrometerschraube.

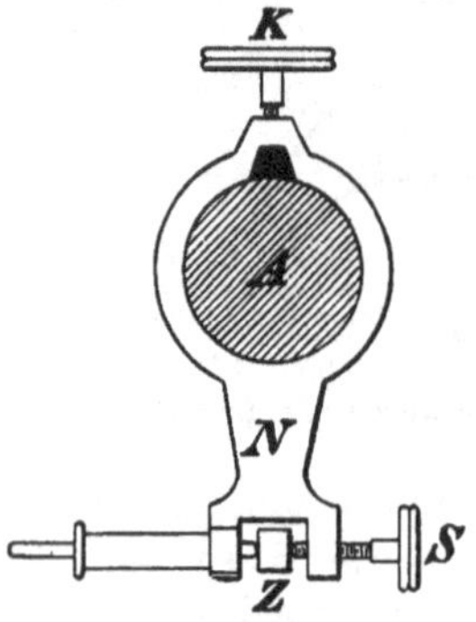

Fig. 81. Die zentrale Klemmung.

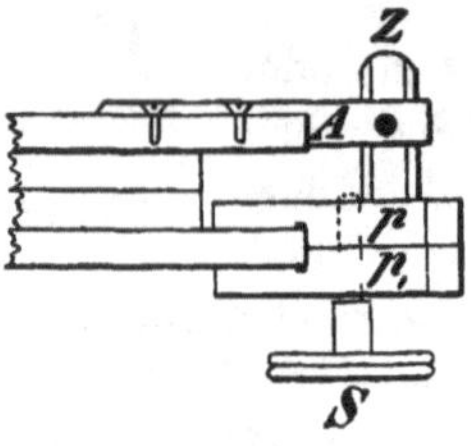

Fig. 82.

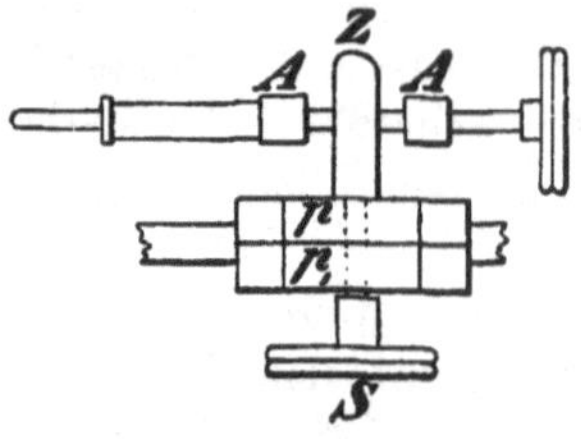

Fig. 83.

Die peripherische Klemmung.

Die beste Bremsung ist die zentrale, wobei der drehbare Teil an eine Achse festgeklemmt wird. Als Beispiel der im einzelnen mannigfaltigen Vorrichtung mag die Fig. 81 dienen. Um die schraffierte Achse ist ein Klemmring gelegt, der mittels der Klemmschraube *K*, die gegen das in der Figur schwarz ausgefüllte Zwischenstück wirkt, fest mit der Achse verbunden wird. An dem Klemmring sitzt die gegabelte Nase *N*, die den Anschlagzapfen *Z* des festen Teiles umfaßt. Nach der Klemmung kann die Achse *A* nur so weit gedreht werden, wie der Spielraum des Zapfens *Z* in der gegabelten Nase beträgt. Diese Bewegung wird auf der einen Seite durch die Schraube *S*, auf der anderen durch einen Federstift geregelt.

Bei Scheiben oder Kreisen, die sich dicht übereinander drehen (z. B. der Hauptkreis und die Alhidade des Theodoliten), wandte man früher die peripherischen Klemmen an. Zu diesem Zwecke werden die Scheiben mit hervorstehenden Rändern versehen (Figg. 82 u. 83). Den Rand der unteren Scheibe (Hauptkreis) umfassen zangenartig die beiden Klemmplatten *PP*, die durch die Schraube *S* fest zusammengepreßt werden Auf der oberen Klemmplatte steht der Anschlagezapfen *Z*, der von dem gabelförmigen Ansatzstück *A* des oberen Kreises (Alhidade) umfaßt wird. Der obere Kreis kann nur noch so viel gedreht werden, wie der Spielraum des Anschlagzapfens *Z* zwischen der Gabel des Ansatzstückes *A* beträgt.

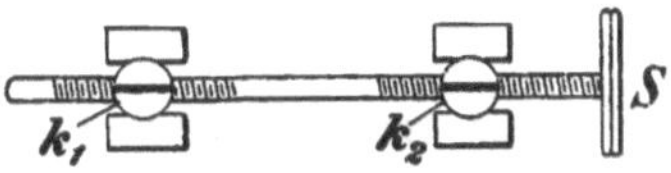

Fig. 84. Kugelmuttern.

Eine andere Einrichtung besteht darin, daß sowohl die obere Klemmplatte als auch der Rand des oberen Kreises mit einem gegabelten Arm versehen ist, in denen sogenannte Kugelmuttern $k_1 k_2$ mit verschiedenen Gewinden gelenkartig eingefügt sind (Fig. 84). Durch die Kugelmuttern geht die Schraube *S*, ebenfalls mit den entsprechenden verschiedenen Gewinden, wodurch die Feinbewegung der beiden Scheiben ermöglicht wird (Differentialschraube). Häufig ist nur eine Kugelmutter k_1 vorhanden, und die zweite Kugel sitzt fest an der Schraube.

Am Schluß ist noch die Schraube ohne Ende zu erwähnen, die nur selten als Mikrometerwerk benutzt wird.

Viertes Kapitel.

Die Instrumente zum Winkelmessen. Der Theodolit.

§ 32. Zum Messen eines Horizontalwinkels ist erforderlich ein in Grade eingeteilter Kreis mit einem Zeiger, der sich um den Mittelpunkt des Kreises drehen läßt. Den eingeteilten Kreis stellt man horizontal und zentrisch, d. h. so über oder unter dem Scheitelpunkte des zu messenden

Winkels auf, daß der Mittelpunkt des Kreises in der Senkrechten des Scheitelpunktes liegt. Darauf bringt man den Zeiger erst in die Vertikalebene des linken und dann in die des rechten Schenkels und liest auf der Teilung des Kreises die Punkte ab, die an jeder der beiden Stellungen die Marke des Zeigers angibt. Der Unterschied der beiden Ablesungen ergibt den gesuchten Winkel im Gradmaß.

Ein solcher Winkelmesser, der das angedeutete Verfahren in vollkommenster Weise gestattet, ist der Theodolit.

Ein anderes Winkelmeßverfahren besteht darin, daß man den Winkel ermittelt, den jede einzelne in Betracht kommende Linie mit einer anderen feststehenden Linie oder ihrer Parallele einschließt.

Hierzu dienen der Kompaß und die Bussole, mit denen man den Streichwinkel, d. h. den Winkel mißt, den eine Linie mit der Magnetrichtung macht.

§ 33. Als Vorläufer des Markscheidertheodoliten sind die sogenannten Eisenscheiben zu betrachten, die schon von Nicolaus Voigtel in seiner im Jahre 1713 in Eisleben erschienenen Markscheidekunst (geometria subterranea) beschrieben worden sind.

In der ursprünglichen Form (Fig. 85) waren es einfache messingene Scheiben E mit einer Kreisteilung am Rande. Um den Mittelpunkt war

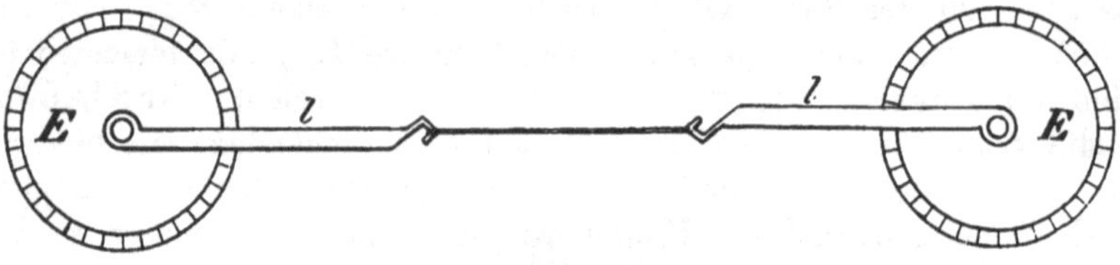

Fig. 85. Eisenscheiben.

ein Lineal drehbar, das in einem Haken endigte. Die Scheiben waren unten mit einem zentrischen Zapfen versehen, der in die Hülse eines Kugelgelenkes gesteckt und dort festgeklemmt werden konnte.

Zum Winkelmessen hatte man drei Scheiben nötig (Fig. 86), die auf drei aufeinander folgende Polygonpunkte gesteckt wurden. Man verband

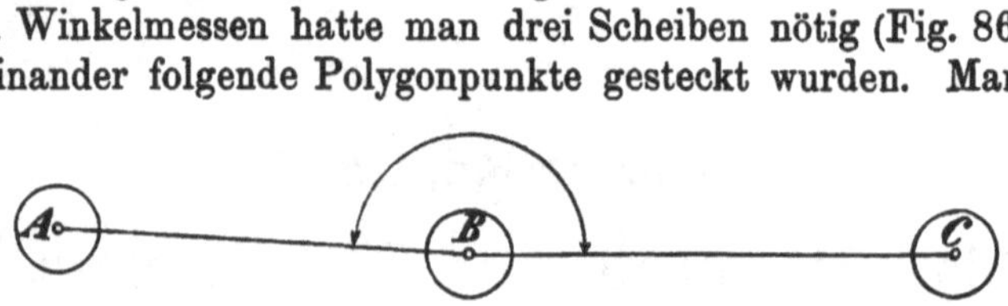

Fig. 86. Eisenscheiben.

nun erst die beiden Lineale von A und B und dann die von B und C in der in Fig. 85 angedeuteten Weise, las in jeder Stellung an der Linealkante von B ab und erhielt aus dem Unterschiede beider Ablesungen den gesuchten Winkel bei B.

Die Eisenscheiben sind später verbessert und vervollkommnet, was hier übergangen werden kann.

Ein weiterer wesentlicher Fortschritt in der Entwickelung des Markscheidertheodoliten wurde im Jahre 1798 von dem Hessen-Philippsthalschen Hofmechanikus und Optikus, dem späteren Bückeburgschen Professor H. C. W. Breithaupt gemacht. Er verfertigte ein Instrument, das schon die Grundzüge des jetzt gebräuchlichen Repetitionstheodoliten enthielt, und führte damit auf den Riechelsdorfer Kupferschieferwerken mehrere Grubenzüge aus.

Das Instrument selbst und sein Gebrauch ist beschrieben in einem Buche mit dem Titel: Beschreibung eines neu erfundenen Markscheiderinstrumentes nebst Anweisung zum Gebrauch usw. Kassel 1800. Der Name Theodolit, der in England schon lange in Gebrauch war, taucht später auf.

In Österreich wurde die Anwendung des Theodoliten für Grubenmessungen im Jahre 1835 durch den Schemnitzer Professor Bergrat Lang von Hanstadt zuerst öffentlich gelehrt und empfohlen.

Zu derselben Zeit lieferte die Firma F. W. Breithaupt & Sohn in Kassel vervollkommnete und verbesserte Theodolite und im Jahre 1836 wurde in Deutschland der erste Grubenzug mit einem solchen Instrumente vom Markscheider Prediger zur Angabe von Gegenörtern in dem ca. 2000 m langen Ensdorfer Stollen der Steinkohlenzeche „Kronprinz“ bei Saarlouis ausgeführt.

Im Jahre 1851 hatte der Theodolit schon eine allgemeinere Verbreitung, wie namentlich aus den Aufsätzen in den Nummern 14, 25, 28, 39 und 40 des Bandes XIV der damals in Eisleben erscheinenden Fachzeitschrift „Der Bergwerksfreund“ hervorgeht.

Über das Wort „Theodolit“ findet man Auskunft in Poggendorffs Annalen der Physik und Chemie Bd. 133 Seite 192 und 349. Danach ist das Wort schon im 16. Jahrhundert in England aus verschiedenen Korruptionen des arabischen Wortes „alhidada“ entstanden.

Die Versuche, das Wort Theodolit als Zusammensetzung aus *ϑεάω* = *ϑεάομαι* = sehen, aus *ὁδὸς* = Weg und aus *λίϑος* = Stein zu erklären, sind neueren Datums und erscheinen gezwungen. Hätte man ein Fremdwort zur Bezeichnung dieses Instrumentes bilden wollen, so würde Goniometer am nächsten gelegen haben.

§ 34. Die Größe und Form der Theodoliten ist sehr verschieden. Hier kommen nur die vorwiegend in Betracht, die für den Grubengebrauch wichtig sind.

Man unterscheidet zunächst einfache und Repetitionstheodoliten.

Der Hauptkreis des Repetitionstheodoliten ist drehbar und mit einem Feinstellwerke versehen, der des einfachen Theodoliten ist entweder gar nicht oder doch nur roh drehbar, also ohne Feinstellwerk.

Dann geben noch einzelne Einrichtungen und Zutaten Anlaß zu

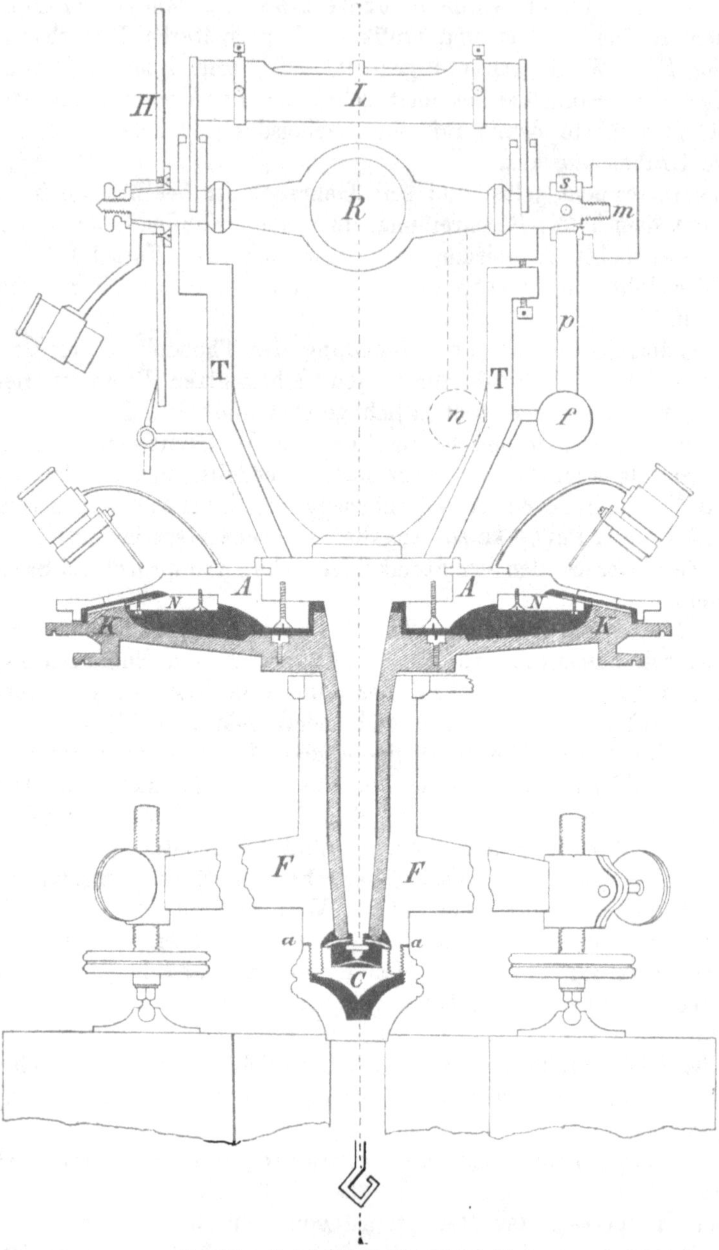

Fig. 87. Durchschnitt des Theodoliten.

Unterscheidungen, z. B. ob das Fernrohr zentrisch in der Mitte der Kippachse oder exzentrisch am Ende der Achse angebracht ist, ob die Ablesung mit Hilfe der Nonien oder durch Mikroskope erfolgt. Wichtig ist die Länge des Teilkreisdurchmessers und sie wird als Maßstab für die Leistungsfähigkeit des Theodoliten häufig angeführt.

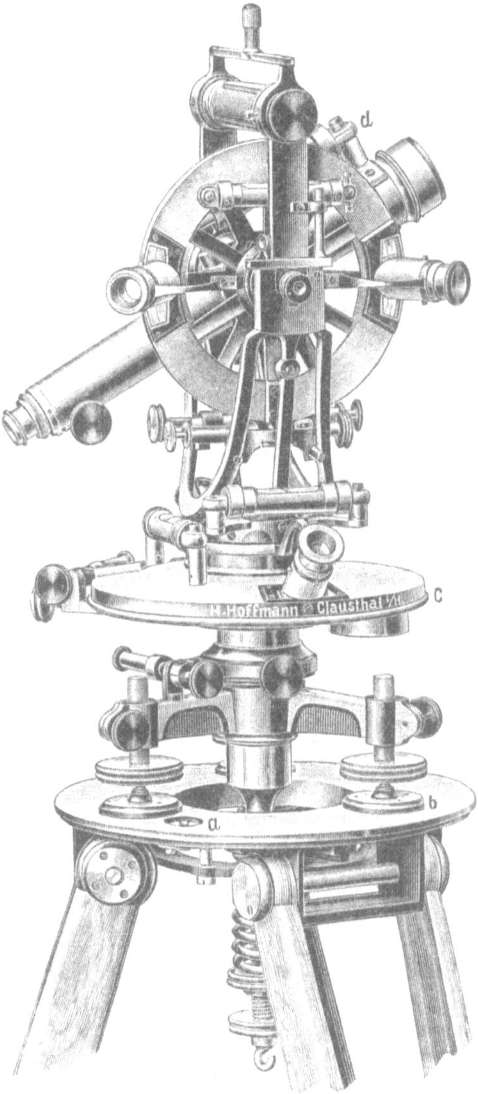

Fig. 88.
Repetitionsgrubentheodolit neuester Konstruktion.

Die Markscheidertheodoliten dürfen keine Metalle enthalten, die auf die Magnetnadel wirken, damit je nach Bedürfnis eine Orientierungsbussole oder ein an einem Faden hängender Magnetstab damit verbunden werden kann (Magnettheodolit).

Aus der schematischen Skizze des senkrechten Schnittes (Fig. 87) sind die einzelnen Teile des Theodoliten zu ersehen. Diese sind der Fuß *F*, der Hauptkreis *K*, die Alhidade *A* mit den Zeigern (Nonien), den Fernrohrträgern *TT*, das Fernrohr *R*, die Reiterlibelle *L* und der Höhenkreis *H*.

Die einzelnen Stücke der Klemmvorrichtung nebst Mikrometerschraube sind mit *s*, *p* und *f* bezeichnet. *C* ist der angeschraubte Zentrierstift.

Der Höhenkreis ist in der Skizze abnehmbar am Ende der Kippachse angebracht, deshalb ist das Gegengewicht *m* notwendig, das zugleich zum Festschrauben der Klemmvorrichtung dient. Bei den meisten Theodoliten sitzt der Höhenkreis fest auf der Kippachse, und zwar ebenso wie die Klemmvorrichtung innerhalb der Fernrohrträger.

Fig. 88 zeigt eine perspektivische Ansicht eines großen Grubentheodoliten von 13,5—15,5 cm innerem Limbusdurchmesser und einer

Nonienangabe des Haupt- und Höhenkreises von 30 Sekunden. Er ist mit allen neuen Einrichtungen versehen, z. B. hat er verdeckten Höhenkreis, Reiter- und Kreuzlibellen, Libelle auf dem Fernrohr und auf der Alhidade des Höhenkreises, überall zentrale Bremsung. Auf Verlangen wird das Fadenkreuz zur Distanzmessung eingerichtet.

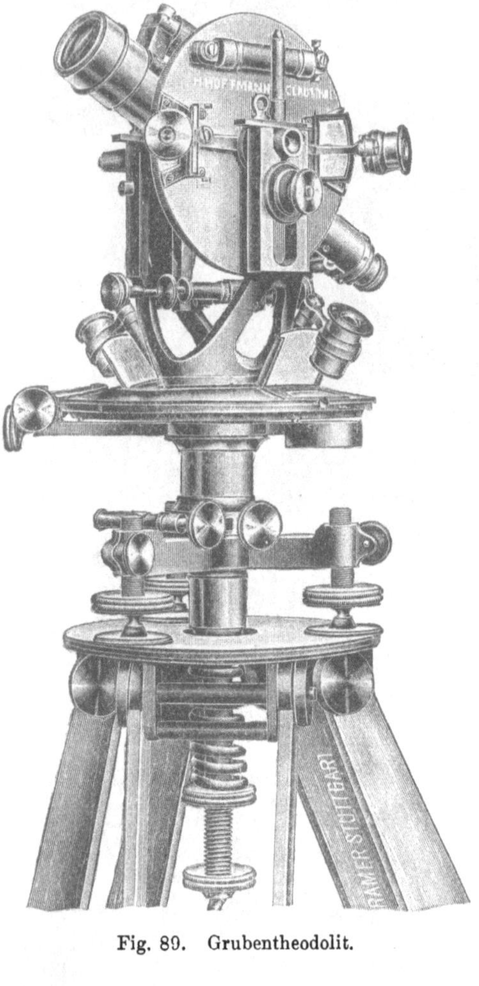

Fig. 89. Grubentheodolit.

Fig. 89 zeigt einen kleineren Theodoliten von 12 cm Durchmesser mit einer Nonienangabe von 30 Sekunden, der ähnlich konstruiert ist wie der vorige.

Der in Fig. 90 dargestellte Grubentheodolit von Hoffmann, der nur 10 cm Durchmesser und eine Nonienangabe von einer Minute hat, wird in der Grube mit Vorliebe benutzt. Er hat einen Aufsetzkompaß.

Der **Hauptkreis** (in dem Querschnitt Fig. 87 schraffiert) ist auf dem erhöhten Rande mit einem Streifen Feinsilber belegt, auf dem die Teilung angebracht ist. Diesen Teil des Hauptkreises nennt man den **Limbus**. Die Fläche der Teilung liegt des bequemeren Ablesens wegen auf einer dem Auge zugeneigten Kegelfläche.

Die Hauptkreise werden jetzt zuweilen von Glas angefertigt und haben vielleicht eine große Zukunft, weil die Teilung sich leichter und schärfer auf Glas anbringen läßt, als auf Metall, und weil die Beleuchtung des Nonius dabei von unten erfolgen kann.

Die Teilung des Hauptkreises geht bei Markscheidertheodoliten bis zu halben oder Drittelgraden, nur bei größeren und bei Theodoliten mit Mikroskopablesung bis zu Sechstelgraden oder 10 Minuten.

Die gleichmäßige Breite aller Teilstriche ist für die Genauigkeit der Ablesung von größter Wichtigkeit.

§ 35. **Die Alhidade** ist eine tellerförmige Scheibe, die den ganzen Hauptkreis zum Schutze der Teilung überdeckt. An der inneren Seite sind an kleinen angeschraubten Platten NN (Fig. 87) die Zeiger oder Nonien angebracht. Das sind kurze mit Feinsilber belegte bogenförmige Metallstreifen, die mit einer Teilung versehen sind und bei der Drehung der Alhidade an dem Limbus entlang gleiten. Für die Nonien (Zeiger) ist der Alhidadenmantel an zwei bezw. vier Stellen durchbrochen und mit Plangläsern verdeckt. Die Nullpunkte der Nonien sollen auf einem Durchmesser liegen. Die Nonien befinden sich bei zentrisch sitzendem Fernrohre am zweckmäßigsten in der Richtung der Kippachse, bei exzentrischem Fernrohre in der Richtung der Fernrohrachse.

Bei Markscheidertheodoliten mit wechselbaren zentrischen und exzentrischen Fernrohren sind vier Nonien empfehlenswert.

Die Drehachse der Alhidade steckt in dem hohlen Achsenzapfen des drehbaren Hauptkreises und ragt meist nach unten über diesen Zapfen hinaus. An das überschießende Ende kann ein Zentrierstift geschraubt werden (vergl. Fig. 117 zu § 55). Zuweilen wird das Gewicht der Alhidade durch eine Federbrücke getragen (Fig. 87 zu § 34).

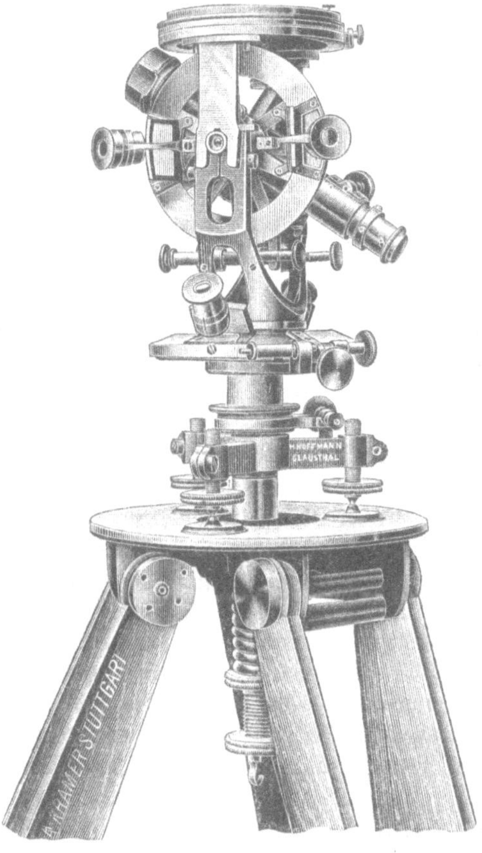

Fig. 90. Kleiner Grubentheodolit mit Kompaßaufsatz.

§ 36. **Die Einrichtung und Gebrauch der Nonien oder Zeiger.** — Der kurze Bogen des Zeigers enthält einen Nullstrich und eine Teilung, die mit der Teilung des Hauptkreises insofern im Zusammenhange steht, als n Zeigerteile immer gleich $(n - 1)$ Hauptteile sind. Jeder Zeigerteil ist also kleiner als ein Hauptteil.

Derartige Zeiger heißen nachtragende und sind allgemein im Gebrauch, die vortragenden Zeiger, bei denen ein Teil größer ist als ein Hauptteil, kommen nicht vor.

Die Angabe des Zeigers $(T - t)$ nennt man den Unterschied des Wertes eines Hauptteiles T und eines Zeigerteiles t. Aus der Gleichung $nt = (n-1)T$ findet man $T - t = \frac{T}{n}$, d. h. die Angabe des Zeigers ist gleich dem Wert eines Hauptteiles, geteilt durch die Anzahl der Zeigerteile. Ist z. B. der Limbus eingeteilt in Drittelgrade (20′) und hat der Zeiger 20 Teile, so gibt der Zeiger an: $\frac{20 \text{ Minuten}}{20} = 1$ Minute.

Bei gleichem Werte des Hauptteiles habe der Zeiger 40 Teile, dann gibt der Zeiger an: $\frac{20 \text{ Minuten}}{40} = \frac{1}{2}$ Minute.

Ist ferner ein Limbusteil = $\frac{1}{6}$ Grad (10 Minuten = 600 Sekunden) und soll der Zeiger 10 Sekunden angeben, so ist n zu entwickeln aus $\frac{T}{n} = 10''$, $\frac{600}{10} = 60$. Demnach müssen 59 Limbusteile in 60 Teile geteilt werden.

Der Gebrauch des Zeigers ist einfach. Man liest zunächst den Winkel ab, der von dem Nullstriche des Zeigers angezeigt wird (die Rohablesung) und zählt dann, wenn die Nulllinie des Zeigers nicht mit einem Limbusstriche in eine gerade Linie fällt, die Striche des Zeigers vom Nullstriche im Sinne der Bezifferung des Hauptkreises bis zu dem Striche, der mit einem Striche des Limbus eine gerade Linie bildet (einsteht). Soviel solcher Teilstriche auf dem Zeiger gezählt wurden, so oft ist der Rohablesung die Angabe des Zeigers hinzuzufügen. Zur Erleichterung sind die Zeigerteile so beziffert, daß ohne Rechnung die Minuten und Sekunden gleich abgelesen werden können.

Das Aufsuchen des einstehenden Teilstriches wird durch vorheriges Abschätzen am Nullstrich ungemein erleichtert.

Zum Ablesen der Zeiger dienen drehbare und verstellbare Lupen, denen hierbei stets eine solche Stellung gegeben werden soll, daß die einstehenden Teilstriche zur Vermeidung der Parallaxe sich in der Mitte des Gesichtsfeldes befinden. Die Ebene der Zeiger liegt nämlich ein wenig tiefer als die des Hauptkreises. Die Kennzeichnung der Mitte des Gesichtsfeldes durch einen kleinen Zahn ist zu empfehlen.

Bei sehr feiner Teilung des Limbus ist es ratsam, nicht bloß die beiden einstehenden Striche von Zeiger und Hauptkreis, sondern auch, ohne die Lupe zu verdrehen, die rechts und links liegenden und deren gleichmäßige oder ungleichmäßige Abweichung (Bajonettstellung) zu beobachten (Fig. 91). Der Zeiger ist zu diesem Zwecke am Nullpunkte für das oft vorkommende Einstellen des Zeigernullstriches auf einen bestimmten Teilstrich des Hauptkreises mit einigen überzähligen Teilstrichen, der sogenannten Überteilung, versehen. Dies findet sich auch am Ende des Zeigers und leistet bei der Prüfung der Hauptkreisteilung gute Dienste (vgl. § 41).

Oft findet ein vollständiges Zusammenfallen von Zeiger- und Limbusstrich nicht statt, sondern zwei Striche des Zeigers stehen zwischen zwei Strichen des Limbus. In diesem Falle ist der Überschuß über die Zeigerangabe abzuschätzen.

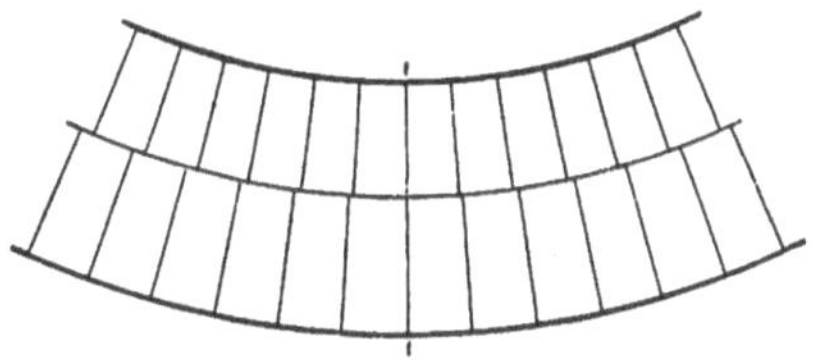

Fig. 91. Bajonettstellung der Nonius- und Hauptkreisstriche.

Doppelzeiger sind solche, welche zu beiden Seiten des Nullpunktes eine gleiche Teilung haben. Sie sind am Höhenkreise des Theodoliten notwendig.

Zur Belichtung der Zeigerfläche sind an den Lupen bewegliche Blenden aus Milchglas, aus Elfenbein oder aus steifem Papier angebracht. Zweckmäßig sind auch dünne röhrenförmige Ansätze der Lupen, die aus Zelluloid gefertigt sind, und von außen belichtet werden.

§ 37. **Die mikroskopische Ablesung** ist zwar bei den Grubentheodoliten noch nicht eingeführt, darf aber hier ihrer anderweitigen Verbreitung wegen nicht ganz übergangen werden.

Es gibt zwei verschiedene Ablesemikroskope:

1. das mit Mikrometerschraube,
2. das mit Abschätzungsskala.

Zu 1. Ein zusammengesetztes Mikroskop ist so gegen die Teilung gerichtet, daß diese deutlich und stark vergrößert gesehen wird. Im Gesichtsfelde ist ein feiner vertikaler Doppelfaden auf einem Rähmchen angebracht, das eine Schlittenführung hat und mittels Mikrometerschraube und Spiralfeder hin und her geschoben werden kann. Die sehr sorgfältig gearbeitete Mikrometerschraube hat ihre Mutter in einem Knopfe, der sich nicht verschieben läßt.

An dem Knopfe der Schraubenmutter ist eine größere Trommel mit eingeteiltem Rande befestigt, der an einem feststehenden Zeiger vorübergleitet.

Im Okularteile des Mikroskops ist ein feststehender Rechen angebracht, dessen Zähne einen solchen Abstand haben, daß ein Verschieben des Doppelfadens von einem Zahn zum anderen einer Umdrehung der Mikrometerschraube entspricht. Der Nullzahn ist durch ein Loch gekennzeichnet und auf diesen wird vor Beginn der Messung der Doppelfaden eingestellt. Dann zeigt auch der Zeiger an der Schraubentrommel nahezu auf Null.

Die eben erwähnten Einstellungen auf Null brauchen nicht sehr genau zu sein, da sie nur die richtige Rohablesung bis zu 10 Minuten sichern sollen.

Fig. 92 zeigt das Gesichtsfeld des Mikroskops bei Beginn der Messung.

Man sieht von der Teilung, die bis zu $^1/_6$ Graden geht, wenig mehr als einen Grad. Die Gradstriche sind mit den Ziffern 1 bis 9 versehen und die Zahlen von 10 zu 10 Grad sind eingeschnitten. Die Zehnergrade werden an einem Hilfszeiger mit bloßem Auge abgelesen.

Die Rohablesung würde in dem vorliegenden Falle (Fig. 92) 12° 20′ sein. Sodann verschiebt man durch die Mikrometerschraube die Fäden so weit rückwärts, bis man den nächsten Teilstrich zwischen ihnen sieht (Fig. 93). Den Wert der Verschiebung liest man an den Zähnen des

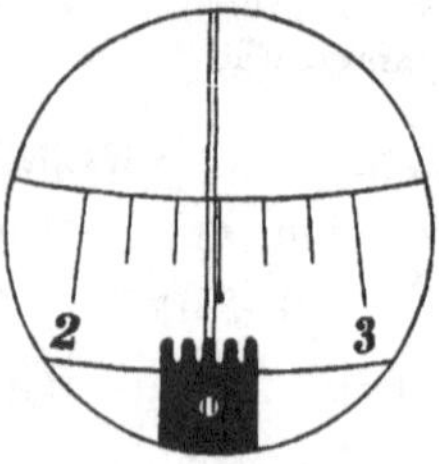

Fig. 92.

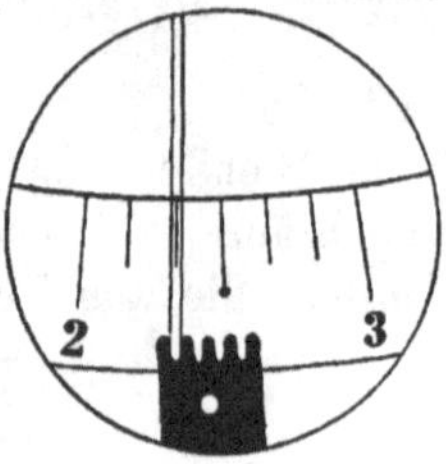

Fig. 93.

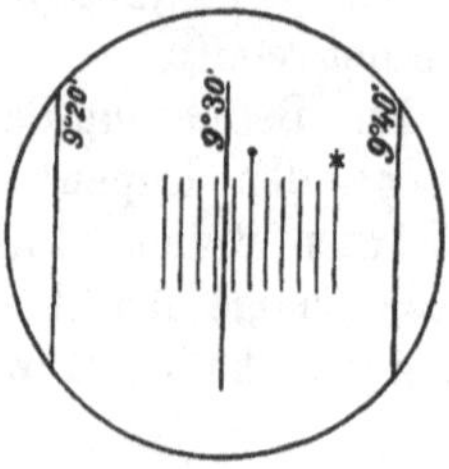

Fig. 94.

Gesichtsfelder des Schrauben- und Abschätzungsmikroskops.

Rechens im Gesichtsfelde (Anzahl der Schraubenumdrehungen) und an der Trommelteilung ab. Meist ist eine unmittelbare Ablesung bis zu einer Sekunde möglich.

Zur Prüfung kann man die Fäden in entgegengesetzter Richtung, also vorwärts bis zum nächsten Teilstrich, verschieben. Beide Trommelablesungen sollen sich zu 10 Minuten ergänzen.

Zu 2. Das Abschätzungsmikroskop hat in der Ebene, in der das reelle Bild der Hauptteilung entsteht, eine Skala, die nur einen Hauptintervall, also 10 Minuten unterteilt.

Fig. 94 zeigt das Gesichtsfeld des Mikroskops. Der mit einem Kreuz bezeichnete Strich der Skala ist der Nullstrich und der über die Rohablesung 9° 30′ überschießende Teil wird abgeschätzt.

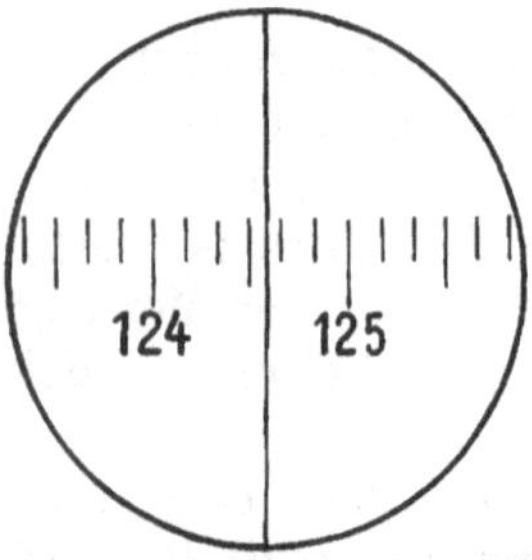

Fig. 95.

Bei der bedeutenden Vergrößerung ist es möglich, Zehntelminuten mit Sicherheit abzuschätzen. Da das Gesichtsfeld nicht mehr als 20 Minuten umfaßt, so muß jeder Teilstrich mit Grad- und Minutenzahl versehen sein.

Die Abschätzungsmikroskope sind leichter zu handhaben als die mit Mikrometerschraube und sind der Abnutzung nicht so unterworfen, wie diese. Sie allein haben auch Aussicht, einst in der Grube angewendet zu werden, namentlich der von A. Fennel gebaute Schätzmikroskoptheodolit. (Zeitschrift für Vermessungswesen 1902.) Der Limbus dieses Instrumentes ist in $^1/_6$ Grade geteilt und, wie Fig. 95 zeigt, kann man an einem Faden mit einem Blick einzelne Minuten abschätzen. Diese Genauigkeit läßt sich durch das Repetieren der Winkel noch steigern.

§ 38. Die Fernrohrträger und das Fernrohr. Mit der Alhidade sind die Fernrohrträger verbunden, von denen einer die Vorrichtung zum Heben und Senken des Achsenlagers besetzt. (Fig. 79 u. 80 § 31.)

Das Fernrohr liegt mit den Zapfen seiner Achse, der Kippachse, in diesen Lagern. Die Mittellinie der Kippachse soll rechtwinkelig zur Sehachse des Fernrohres stehen und den Schwerpunkt des Rohres treffen. Beim Winkelmessen ist es nämlich sehr störend, wenn das Rohr so wenig im Gleichgewicht ist, daß nach Lösung der Klemmschraube das schwerere Objektivende sofort sinkt oder gar hart auf den Alhidadenrand aufschlägt.

Das Fernrohr eines Theodoliten soll zum Durchschlagen und zum Umlegen eingerichtet sein.

Infolge des Durchschlagens wird dem Fernrohre eine derartig veränderte Lage gegeben, daß das Objektiv auf die Seite kommt, wo vorher das Okular war, und umgekehrt.

Die meisten Theodoliten sind so eingerichtet, daß das Fernrohr aus der einen Lage in die andere durch Durchschlagen, d. h. durch Drehen des Fernrohres um die Kippachse, übergeführt wird. Ist das Fernrohr zu lang oder sind sonstige Hindernisse vorhanden, so muß das Fernrohr ausgehoben und wieder in der zweiten Lage eingelegt werden. Die Zapfen kommen dabei wieder in dieselben Lager.

Die Lage des Fernrohres vor dem Durchschlagen nennt man die erste, die nach dem Durchschlagen die zweite.

Für diese Bezeichnung ist zwar zunächst die Reihenfolge entscheidend, aber es ist zweckmäßig, ein für allemal die erste und zweite Lage durch bestimmte Merkmale zu unterscheiden, z. B. ob die Triebschraube des Okulars oben oder unten ist.

Bei dem Umlegen wird das Fernrohr aus den Lagern gehoben und mit verwechselten Achsenlagern wieder eingelegt, d. h. in das Lager, in dem vorher der linke Achsenzapfen war, kommt der rechte und umgekehrt. Okular und Objektiv bleiben in derselben Lage.

Um den Theodoliten zugleich zum Nivellieren verwenden zu können, wird häufig eine Röhrenlibelle (meist eine Reversionslibelle) fest mit dem Fernrohre verbunden, deren Achse mit der Sehachse parallel laufen soll (vgl. die Figuren 88 u. 89).

In stark fallenden Strecken, Bremsbergen oder tonnlägigen Schächten muß der Markscheider einen Theodoliten mit exzentrischem Fernrohre anwenden. Man benutzt hierzu kleine exzentrische Theodoliten (Fig. 96) oder zentrische Theodoliten mit einwechselbarem, exzentrischem Fernrohre. Das exzentrische Fernrohr kann auch an die verlängerte Kippachse eines zentrischen Theodoliten angeschraubt werden. An das andere Ende der Kippachse ist dann ein Gegengewicht anzubringen.

§ 39. **Der Höhenkreis.** An der Kippachse des Fernrohres sitzt der Höhenkreis, und zwar meistens fest, zuweilen, namentlich bei den Schachttheodoliten (Fig. 96), wird er, wie auch die Skizze Fig. 87 zeigt, auf das konische Ende der Kippachse aufgepreßt.

Fig. 96. Exzentrischer Theodolit mit einwechselbarem, zentrischem Fernrohr.

Die Bezifferung des Höhenkreises ist verschieden und wird im § 54, der von dem Messen der Vertikalwinkel handelt, ausführlich besprochen werden.

Der Höhenkreis ist zum Schutze der Teilung mit einer Scheibe überdeckt, die an zwei Stellen für die Zeiger durchbrochen ist. Diese Scheibe mit den Zeigern, die Alhidade des Höhenkreises, ist meistens drehbar und mit einer Feinstellung versehen.

§ 40. **Die Libellen des Theodoliten.** Die größeren Theodoliten haben vier Libellen: eine Reiterlibelle zum Aufsetzen auf die Kippachse, eine Dosenlibelle auf der Alhidade zwischen den beiden Fernrohrträgern, eine Röhrenlibelle auf der Alhidade des Höhenkreises und ebenfalls eine solche auf dem Fernrohre. Statt der Dosenlibelle werden auf der Alhidade auch zwei kreuzweis zueinander stehende Röhrenlibellen angebracht.

Bei kleineren Theodoliten fehlt die Libelle an der Höhenkreisalhidade, zuweilen auch die Reiterlibelle.

Die Dosenlibelle dient zum vorläufigen Horizontieren des Theodoliten, die Reiterlibelle zum feineren Einstellen, namentlich aber zur Prüfung und Berichtigung der Kippachsenstellung. Die Libelle an der Höhenkreisalhidade ist für die Vertikalwinkelmessungen wichtig, und endlich die Libelle auf dem Fernrohre dient zum Nivellieren.

§ 41. Prüfung und Berichtigung des Theodoliten.

Die Prüfung und Berichtigung des Theodoliten muß sich auf folgende Punkte erstrecken:

1. Auf die Richtigkeit der Teilungen.
2. Auf die Richtigkeit der Libellen.
3. Auf den rechtwinkeligen Stand der Seh- oder Zielachse des Fernrohres *ZZ* zur Kippachse *HH* (Fig. 97) und auf die richtige Bewegung des Okulars.
4. Auf die rechtwinkelige Stellung der Kippachse *HH* zur Vertikalachse *VV*.
5. Auf die richtige Stellung des Fadenkreuzes.
6. Auf den Höhenkreis und seinen etwaigen Indexfehler.

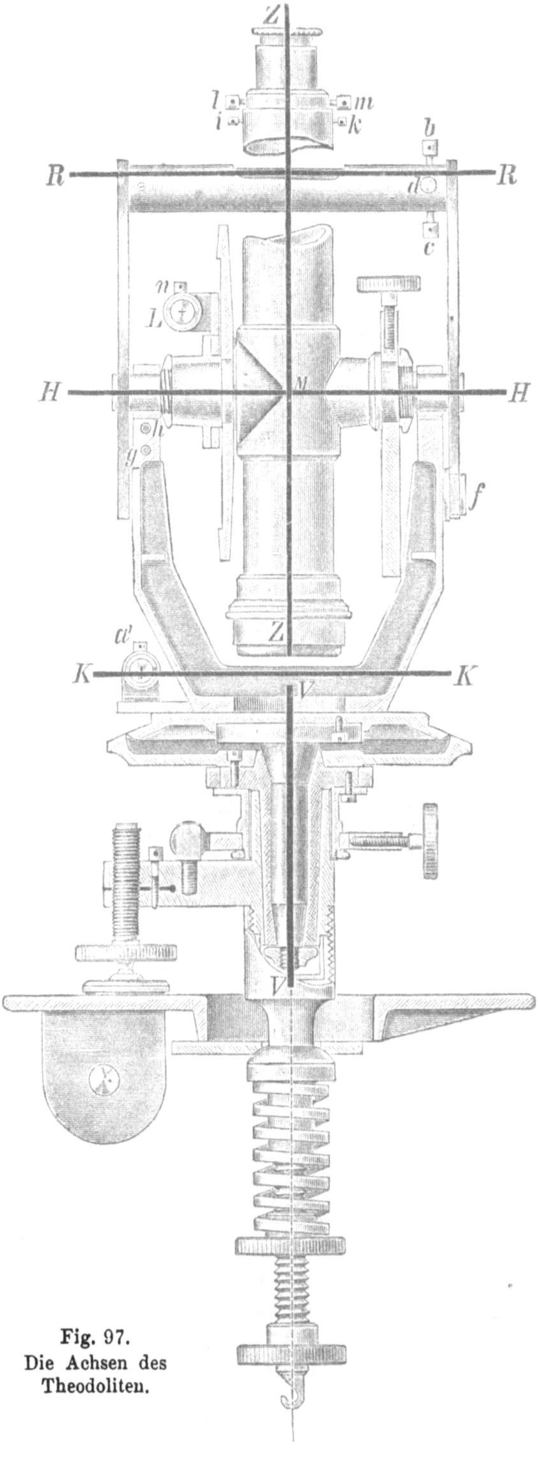

Fig. 97.
Die Achsen des Theodoliten.

7. Auf die feste Zusammenfügung aller durch Schrauben gehaltenen Teile. (Die sogenannte allgemeine Prüfung.)

Zu 1. Die Teilung wird auf folgende Weise geprüft. Man führt den Zeiger durch den ganzen Teilkreis und überzeugt sich, ob überall $n-1$ Hauptteile gleich n Zeigerteilen sind. Hierbei leistet die Überteilung des Zeigers gute Dienste (vergl. Fig. 91 § 36). Liest man bei dieser Prüfung an beiden Zeigern ab, so wird man auch über die etwa vorhandene Exzentrizität der Alhidade belehrt.

Zu 2. Die Prüfung der Libellen.

a) Die Reiterlibelle *RR* (Fig. 97) soll parallel der Kippachse *HH* sein. Diese Prüfung ist bereits in § 30 besprochen.

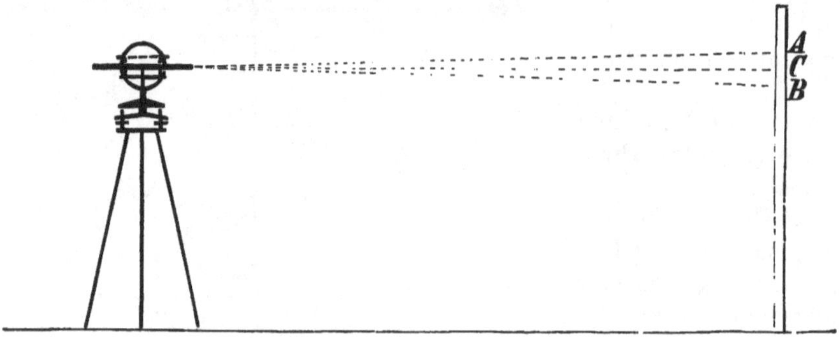

Fig. 98. Prüfung der Libelle am Theodolitfernrohre und an der Höhenkreisalhidade.

b) Die Alhidadenlibelle des Höhenkreises *L* soll einspielen, wenn der Nullstrich des Zeigers auf Null oder 90° des Höhenkreises gestellt ist.

Zur Prüfung stellt man das Fernrohr mit Hilfe des Höhenkreises horizontal, indem man den Nullstrich des Zeigers auf Null des Höhenkreises stellt, mit dem Fernrohr des genau horizontierten Theodoliten eine eingeteilte, senkrecht stehende Latte anzielt und den durch den Horizontalfaden gedeckten Skalenteil *A* (Fig. 98) merkt. Sodann schlägt man das Fernrohr durch, stellt abermals Null auf Null und zielt die Latte wieder an. Ist die zweite Ablesung an der Latte der ersten gleich, so steht das Fernrohr horizontal. Ist die zweite Ablesung nicht gleich *A*, sondern *B*, so hat man das Fernrohr, um es horizontal zu stellen, auf den in der Mitte von *A* und *B* liegenden Punkt *C* zu richten. In der horizontalen Stellung klemmt man das Fernrohr fest, stellt den Nullstrich der Höhenkreisalhidade durch die Feinstellschraube genau auf Null und bringt die Blase der Alhidadenlibelle mit Hilfe ihrer Berichtigungsschrauben zum Einspielen.

c) Die Achse der Fernrohrlibelle soll parallel sein der Sehachse des Fernrohres.

Man stellt das Fernrohr auf obige Weise horizontal, klemmt es in dieser Lage fest und bringt die darauf sitzende Libelle durch ihre Berichtigungsschrauben zum Einspielen.

Ist die auf dem Fernrohr sitzende Libelle eine Reversionslibelle, so kippt man, statt den Index auf Null zu stellen, das Fernrohr so lange, bis die Blase der Libelle genau einspielt, und zielt die Latte an. Sodann schlägt man das Fernrohr durch, kippt es, bis wieder die Blase einspielt und zielt nochmals die Latte an. Sind auch hier die beiden Ablesungen A und B verschieden, so richtet man das Fernrohr auf die Mitte zwischen A und B und bringt in dieser Stellung des Fernrohres die Libelle durch ihre Stellschrauben zum Einspielen.

Ein anderes Mittel, das Fernrohr horizontal zu stellen, zeigt § 101 Fig. 219.

d) Die Kreuzlibellen oder Dosenlibellen berichtigt man am zweckmäßigsten erst dann, wenn die unter 3. und 4. genannten Prüfungen ausgeführt sind und die Reiterlibelle berichtigt ist. Man kann dann mit Hilfe der Reiterlibelle den Theodoliten genau horizontal stellen und braucht in dieser Stellung die Kreuzlibellen bezw. die Dosenlibellen (Achse KK in Fig. 97) nur zum Einspielen zu bringen.

Ist keine Reiterlibelle vorhanden, so bringe man mittels der Dreifußschrauben die Blasen der Kreuzlibellen in die Mitte und dreht dann die Alhidade um etwa 180 Grad. Schlagen dabei die Blasen aus, so beseitigt man die eine Hälfte des Ausschlages mittels der Dreifußschrauben, die andere Hälfte mittels der Berichtigungsschrauben der Libellen.

Dieses Verfahren wird so lange wiederholt, bis bei einer vollen Umdrehung der Alhidade die Blasen ruhig in der Mitte bleiben.

Ähnlich ist das Verfahren mit der Dosenlibelle, das schon am Schlusse des § 30 beschrieben ist.

§ 42. Zu 3. Prüfung des rechtwinkeligen Standes der Sehachse des Fernrohres zu der Kippachse und der richtigen Bewegung des Okulars. (Der Kollimationsfehler.)

Man richtet bei horizontal gestelltem Theodoliten das Fadenkreuz auf einen gut beleuchteten, scharf begrenzten Punkt und legt es um, so daß die Achsen mit ihren Lagern wechseln. Trifft die Sehachse wieder genau diesen Punkt, so ist die gewünschte rechtwinkelige Stellung beider Achsen vorhanden, wenn nicht, so ist das Fadenkreuz mit Hilfe der seitlich wirkenden Stellschrauben zu verschieben. In Fig. 99 ist aa die Richtung der unrichtig stehenden Sehachse vor dem Umlegen, bb die nach dem Umlegen.

Bei dem Prüfen eines Theodoliten mit exzentrischem Fernrohre hat man entweder einen sehr weit entfernten Punkt anzuzielen, so daß nach dem Umlegen des Rohres die Exzentrizität keinen Einfluß mehr hat, oder man richtet bei kurzen Entfernungen zwei Punkte zum Anzielen vor, die einen horizontalen Abstand gleich der doppelten Exzentrizität haben.

Verhindert der Bau eines Theodoliten das Umlegen des Fernrohres, so wird man eine Hilfsvorrichtung zum Ein- und Umlegen des Fernrohres herrichten oder folgendes Verfahren einschlagen:

1. Man zielt einen weit entfernten, gut beleuchteten Punkt an und liest ab. Alsdann schlägt man das Fernrohr durch, dreht die Alhidade um 180 Grad und richtet das Fadenkreuz wieder auf den vorher angezielten Punkt. Sind die Ablesungen an beiden Zeigern oder deren Mittel genau um 180 Grad verschieden, so ist keine Verbesserung erforderlich,

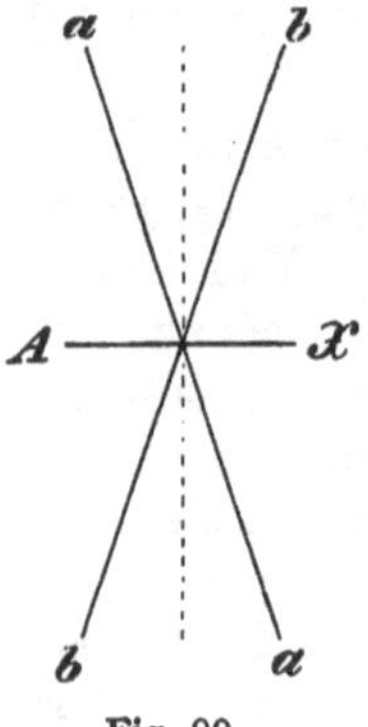

Fig. 99.

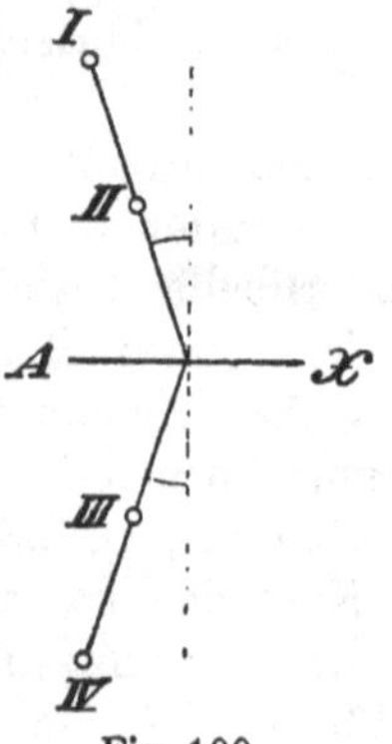

Fig. 100.

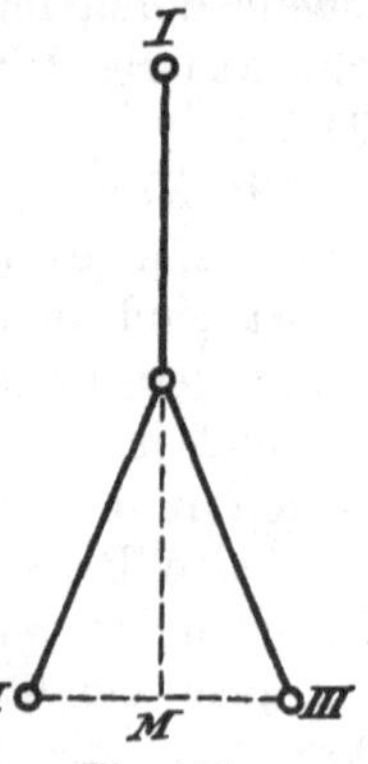

Fig. 101.

Prüfung der Stellung von Kipp- und Sehachse.

wo nicht, so drehe man die Alhidade um die Hälfte der gefundenen Abweichung von 180 Grad und schiebe den Vertikalfaden so weit seitwärts, bis der zuerst angezielte Punkt gedeckt wird.

2. In der ersten Lage des Fernrohres stecke man die Richtung der Sehachse durch zwei Marken I und II aus; nach erfolgtem Durchschlag stecke man in entgegengesetzter Richtung ebenfalls zwei Marken III und IV (Fig. 100). Nun entferne man den Theodoliten und überzeuge sich, ob die vier Pfähle in einer geraden Linie stehen.

3. (Fig. 101.) Man steckt in der Richtung des in erster Lage befindlichen Fernrohres das Signal I aus, schlägt das Fernrohr durch und bezeichnet die dadurch erhaltene Richtung der Sehachse mit dem Signal II. Sodann führt man das Fernrohr in beibehaltener zweiter Lage auf das Signal I und schlägt das Fernrohr wieder durch. In dieser Richtung steckt man das Signal III aus. Die Linie II—III halbiert man in *M* und verschiebt das Fadenkreuz so lange seitwärts, bis das auf I gerichtete Fadenkreuz nach erfolgtem Durchschlag auf *M* gerichtet ist.

Diese Prüfungen haben aber nur für eine Stellung des Okulars Gültigkeit, solange man sich nicht überzeugt hat, daß bei der Verschiebung des Okulars die Lage der Sehachse unverändert bleibt.

Das prüft man, wenn man obige Untersuchungen hintereinander auf verschiedene Entfernungen, die ein Verstellen des Okulars erfordern, ausführt.

Ergibt die vorstehende Prüfung eine wesentliche Abweichung, so ist am besten die Okularröhre von dem Mechanikus durch eine andere zu ersetzen. Ist sie nicht bedeutend, so wird der Fehler durch das Messen jedes Winkels in beiden Lagen des Fernrohres ausgeschieden.

§ 43. Zu 4. Prüfung der rechtwinkeligen Stellung der Kippachse des Fernrohres zur Alhidaden- und Hauptachse.

Dieser Prüfung muß streng genommen beim ersten Male eine andere vorausgehen, nämlich die der Fernrohrachsen auf ihre zylindrische Form und ihre gleichmäßige Dicke, obgleich man bei Instrumenten aus guten Werkstätten nichts zu fürchten hat.

Beide Erfordernisse werden mit der berichtigten Röhrenlibelle geprüft. Schlägt dieselbe nicht aus, während unter ihr die Achsen in den Lagern gedreht werden, so sind sie zylindrisch. Zeigt die Blase keinen Ausschlag, wenn das Fernrohr abgehoben, mit verwechselten Lagern wieder eingelegt und die Libelle in der ersten Stellung aufgesetzt wird, so haben die Kippachsenzapfen gleichen Durchmesser.

Die Hauptprüfung erfolgt mit Hilfe a) einer Reiterlibelle, oder, wenn diese nicht vorhanden ist, b) mit Hilfe eines Lotes und c) eines künstlichen Horizontes.

Zu a. Man dreht zuerst bei festgeklemmter Alhidade den horizontierten Hauptkreis so weit, bis die Kippachse mit der darauf sitzenden, vorher berichtigten, Reiterlibelle in einer Parallelebene zweier Fußschrauben steht und bringt mit diesen beiden Stellschrauben die Blase zum Einspielen. Dreht man darauf den Hauptkreis um 180 Grad, so wird, wenn die Kipp- und Hauptkreisachse nicht rechtwinkelig zueinander stehen, die Blase ausschlagen.

Die eine Hälfte des Fehlers ist an den Fußschrauben, die andere Hälfte an den Fernrohrträgern zu beseitigen. (Vergl. Fig. 79 u. 80 zu § 31.)

Führt man dann eine Drehung des Hauptkreises um 90 Grad aus, so ist ein etwaiger Ausschlag der Libellenblase nur mit der dritten Stellschraube des Dreifußes zu beseitigen; hierauf geht man in die erste Stellung zurück, findet sich dann noch ein kleiner Ausschlag der Libelle, so verbessert man nochmals halb am Lager, halb mit den beiden Stellschrauben, bis daß die Blase bei Umdrehungen um 360 Grad ruhig in der Mitte stehen bleibt. Erst dann steht die Vertikalachse genau senkrecht und die Kippachse sowie die Libellenachse genau horizontal.

Hierauf prüft man die Alhidadenachse auf gleiche Weise, nachdem man vorher den Hauptkreis festgeklemmt hat. Nach erfolgter Prüfung in obiger Weise darf kein oder doch nur ein geringer Ausschlag der

Libelle wahrnehmbar sein, sonst fallen Alhidaden- und Hauptachse nicht zusammen.

Grobe Abweichungen beider Achsen müssen durch den Mechaniker beseitigt werden, geringere Abweichungen sind zwar auf die Richtigkeit der Winkelmessung nicht ohne Einfluß, aber der Fehler wird durch das Repetieren des Winkels herabgemindert.

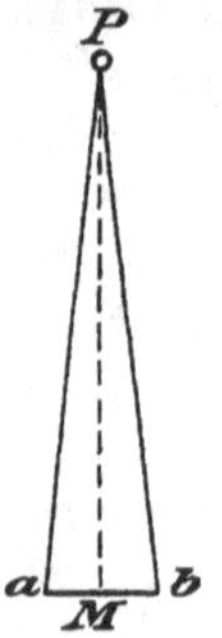

Fig. 102. Prüfung der Kippebene.

Zu b. Hat man Gelegenheit, ein möglichst langes Lot so aufzuhängen, daß es vom Windzug nicht getroffen wird, also ruhig ist, so stellt man den Theodoliten nicht weit davon horizontal auf, zielt das eine Ende des Lotfadens an und klemmt Hauptkreis und Alhidade fest. Darauf kippt man das Rohr langsam und beobachtet zugleich, ob das Fadenkreuz hierbei den senkrechten Lotfaden verläßt oder nicht.

Ist das Aufhängen des Lotes nicht ausführbar, so zielt man einen hochgelegenen Pnnkt *P* an, kippt das Fernrohr bis zur ungefähren horizontalen Stellung und bezeichnet den Punkt *a* (Fig. 102), den das Fadenkreuz trifft. Sodann schlägt man das Fernrohr durch und projiziert in der zweiten Lage den Punkt *P* nochmals auf dieselbe Stelle. Ist ein Fehler vorhanden, so wird das Fadenkreuz nicht *a*, sondern einen seitlich liegenden Punkt *b* treffen. Halbiert man die Linie *ab* in *M*, so liegen die beiden Punkte *P* und *M* in einer Vertikalebene und die Prüfung kann nach *P* und *M* ebenso erfolgen, wie mit dem künstlichen Horizonte.

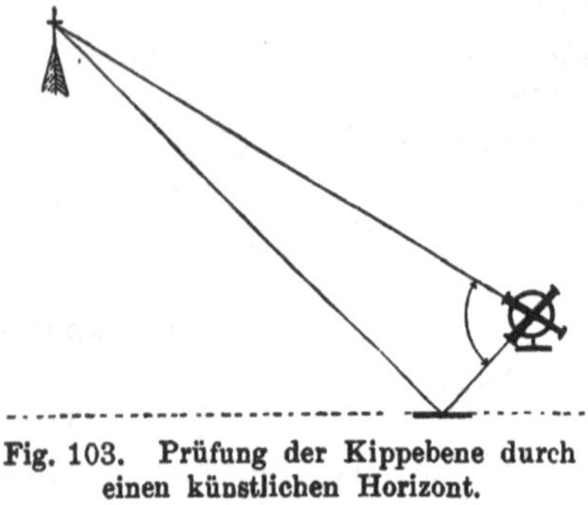
Fig. 103. Prüfung der Kippebene durch einen künstlichen Horizont.

Zu c. Den künstlichen Horizont schafft man sich auf einfache Weise mittels eines Tellers, den man mit dunkel gefärbtem Wasser füllt. Der Theodolit wird horizontal und so aufgestellt, daß ein hoher Gegenstand, z. B. die Spitze eines Kirchturmes, mit emporgerichtetem, sodann ihr Spiegelbild mit geneigtem Fernrohre in dem künstlichen Horizonte gesehen werden kann (Fig. 103). Deckt das Fadenkreuz denselben Punkt sowohl des Gegenstandes selbst als auch, nach erfolgter Neigung des Fernrohres, seines Spiegelbildes, so bewegt sich die Sehachse des Fernrohres in einer Vertikalebene. Ein etwaiger Fehler wird durch Heben oder Senken eines Achsenlagers beseitigt.

Zu 5. Prüfung des Fadenkreuzes. Die senkrechte Stellung der Parallelfäden prüft man dadurch, daß man einen Vertikalfaden auf einen scharf begrenzten Punkt richtet und das Fernrohr des horizental gestellten Theodoliten ein wenig kippt und darauf achtet, ob der angezielte Punkt den Faden verläßt oder nicht.

Die Parallelität der beiden vertikalen Fäden ist ohne besondere Hilfsmittel mit dem Auge zu erkennen. Will man den wagerechten Faden auf seine richtige Stellung prüfen, so muß zu diesem Zwecke die Alhidade ein wenig gedreht werden, wobei der angezielte Punkt den Horizontalfaden nicht verlassen darf.

§ **44.** Zu 6. Der Höhenkreis. Der Höhenkreis soll keinen Indexfehler besitzen, oder man soll wenigstens seine Größe kennen. Mit anderen Worten: Bei horizontal gestelltem Theodolit soll der Zeiger des Höhenkreises auf Null oder 90 Grad zeigen, wenn die Sehachse des Fernrohres genau horizontal gerichtet ist.

Zur Bestimmung des Indexfehlers messe man einen Höhenwinkel in den beiden Lagen des Fernrohres. Stimmen beide Ergebnisse überein so ist kein Indexfehler vorhanden, stimmen sie nicht überein, so ist der Unterschied beider Werte gleich dem doppelten Indexfehler und das arithmetische Mittel aus beiden Werten ist der richtige Höhenwinkel.

Der Indexfehler wird beseitigt durch Verschieben des Nonius oder Drehen der Höhenkreisalhidade oder, wenn der Höhenkreis drehbar ist, durch Drehen dieses Kreises.

Kann der Indexfehler nicht beseitigt werden, so ist er durch Rechnung aus den bei der Messung abgelesenen Werten auszuscheiden. Hierbei ist genau darauf zu achten, in welcher Lage des Fernrohres der Indexfehler positiv und in welcher er negativ ist.

§ **45.** Zu 7. **Die sogenannte allgemeine Prüfung.** Nach längerem Gebrauche zeigen sich häufig anderweitige Fehler an dem Theodoliten, die auf die Richtigkeit der Winkelmessung von großem Einflusse sind. Man findet diese Fehler auf folgende Weise:

Nachdem man den Theodoliten fest mit der Kopfplatte eines Statives verbunden hat, prüft man erst nach der in § 27 angegebenen Weise die Brauchbarkeit des Statives. Sodann richtet man das Fernrohr auf einen scharf begrenzten Punkt und übt einen gelinden drehenden Druck erst an den Fußschrauben, dann an dem Umfange der Alhidade und zuletzt an dem des Hauptkreises aus. Das Fadenkreuz wird infolge des Druckes den angezielten Punkt verlassen, muß aber nach Aufhebung des Druckes wieder auf ihn zurückkehren.

Geschieht dies nicht, so können verschiedene Ursachen dies hervorbringen:

1. Die Stellschrauben des Fußes sitzen in den Muttergewinden der Arme locker.

Dieser Fehler wird durch das Anziehen der an den Armenden sitzenden Preßschrauben beseitigt.

Auf diese Fehlerquelle ist zu achten, namentlich weil man bei Fußschrauben, die einen schweren Gang haben, leicht geneigt ist, die Preßschrauben vor der Horizontierung zu lockern.

Ist der Fehler durch das Anziehen der Preßschrauben nicht zu entfernen, was bei stark abgenutzten Gewinden vorkommen kann, so müssen neue Fußschrauben eingesetzt werden.

2. Die Mikrometerwerke sind nicht in Ordnung.

Je nach Bau und Form derselben sind hierbei einzelne Fälle zu unterscheiden.

a) Der Anschlagzapfen Z in Fig. 81 und 82, gegen den Federstift und Schraube wirken, ist wandelbar geworden. Diese Zapfen sind häufig nur eingeschraubt, statt mit einem kantigen Endstück eingesetzt und verlötet zu sein. Durch längeren Gebrauch wird der eingeschraubte Zapfen leicht locker und übt in diesem Zustande einen recht bösen Einfluß auf die Winkelmessung aus.

b) Die Kugelmuttern K_1 und K_2 in Fig. 84 § 31 sind in den sie umfassenden Gabeln wandelbar, oder ihr Schraubengewinde, sowie das der Differentialschrauben ist abgenutzt. Häufig genügt zur Beseitigung des Fehlers das Zusammenpressen der Kugelmuttern.

c) Die Bremsbacken pp der am Kreisumfang angebrachten Klemmung (Fig. 82) schließen nicht mehr ganz fest, weil Schmutz oder kleine feste Körper dazwischen gekommen sind. Sie sind in diesem Falle zu reinigen.

Außerdem können noch einige Fehlerquellen vorhanden sein, die nicht durch das oben erwähnte Drehen am Instrument entdeckt werden können. Dahin gehören folgende:

a) Die Lupen zum Ablesen der Nonien sitzen meist an einem Ring, der um den unteren Teil der Fernrohrträger drehbar ist. Auf die leichte Drehbarkeit dieses Ringes ist sorgfältig zu achten, weil sonst ein großer drehender Druck auf die Alhidade und auf das ganze Instrument ausgeübt wird, der namentlich bei nicht fest schließenden Bremsen der Mikrometerwerke sehr nachteilig wirkt.

b) Die Mikrometerschraube an dem Feinstellwerke der Kippachse des Fernrohres wie auch der Federstift wirken gegen einen Hebelarm des Bremsringes. Hat dieser Arm die Form einer abgestumpften Pyramide, so wirken Stift und Schraube nicht rechtwinkelig gegen die Flächen des Hebelarmes. Dieser Umstand führt zuweilen dahin, daß der Hebelarm und die Kippachse etwas gehoben werden, wenn letztere in Winkellagern ruht, und die das Lager oben schließenden Deckel nicht auf dem Zapfen aufliegen.

c) Bei Theodoliten, die längere Zeit in Gebrauch waren, verbiegen sich die Fernrohrträger zuweilen so, daß das Fernrohr in der Richtung der Kippachse einen Spielraum hat und hin und her geschoben werden kann. Man hat es dann mit einer veränderlichen Exzentrizität des Fernrohres zu tun.

§ 46. Das Messen von Horizontalwinkeln mittels des Theodoliten.

Ist ein Theodolit in C (Fig. 104) aufgestellt und liegen die beiden Schenkel des zu messenden Winkels in den Richtungen CL und CR, so wird infolge der Einrichtung des Theodoliten immer der Winkel $l\,Cr = W$ gemessen, d. h. der Winkel, den die Horizontalprojektionen Cl und Cr der schiefen Winkelschenkel CL und CR einschließen. Denkt man sich um C eine Kugel gelegt, von der die Figur 104 einen Teil darstellt, und durch die schiefen Winkelschenkel CL und CR Projektionsebenen gelegt, so entstehen die Höhenkreisbögen $ZLlN$ und $ZRrN$. Diese Projektionsebenen sind zugleich die Kippebenen des Fernrohres. In der Figur haben die schiefen Schenkel CL und CR die Höhenwinkel Rr bezw. Ll und die Zenitwinkel ZL bezw. ZR. Diese Zenitwinkel können aber, solange die Schenkel in derselben Vertikalebene sich bewegen, theoretisch[1] alle Werte zwischen 0 und 180 Grad (nur nicht diese Werte selbst) annehmen und immer wird der gemessene Winkel gleich W sein, der zugleich der Neigungswinkel der beiden Projektionsebenen (Kippebenen) $ZLlN$ und $ZRrN$, also auch gleich dem sphärischen Winkel bei Z oder N ist.

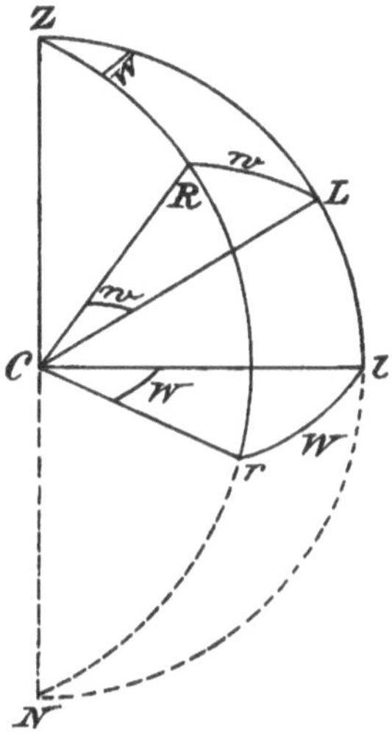

Fig. 104. Projizierung eines schiefen Winkels.

Das Verhältnis zwischen dem schiefen Winkel w und dem Horizontalwinkel W oder dem sphärischen Winkel bei Z geht aus dem sphärischen Dreieck ZRL hervor, worin

$$\cos w = \cos Z \sin ZL \sin ZR + \cos ZL \cos ZR\,.$$

Ist z.B. $Z = W = 40^0$ u. $ZL = 80^0$, $ZR = 70^0$, so ist $w = 39^0 48'$,
oder $ZL = 50^0$, $ZR = 120^0$, „ „ $w = 79^0 14'$.

§ 47. Man unterscheidet das **einfache Winkelmessen** und das **Repetieren der Winkel**.

Das **einfache Winkelmessen** wird sowohl mit dem einfachen als auch mit dem Repetitionstheodoliten ausgeführt und zerfällt in eine Reihe von Geschäften.

1. Der Theodolit wird **horizontal** und **zentrisch** aufgestellt, nämlich so, daß die verlängerte senkrechte Zentralachse des Theodoliten durch den Scheitelpunkt des zu messenden Winkels geht.

Das Verfahren des Horizontierens und Zentrierens wird in § 55 ausführlich behandelt.

2. Das linke Signal wird angezielt, d. h. das Fadenkreuz des Fernrohres wird auf das linke Signal gerichtet.

Bei dem Anzielen der Signale sind folgende Regeln zu beachten.

Das Einstellen des Fernrohres erfolgt zunächst mit freier Hand und man nennt dies die **Roheinstellung**.

[1] In der Praxis wird die Genauigkeit des Winkels W desto unsicherer, je näher die Zenitwinkel den Grenzen 0 und 180 Grad kommen.

Diese Einstellung wird erleichtert durch das „Überzielen“, d. h. man sieht beim Drehen der Alhidade über das Fernrohr hinweg oder durch das auf dem Fernrohre angebrachte Diopter, und bringt bei einiger Übung das Rohr schon dadurch in eine solche Lage, daß das Signal sich im Gesichtsfelde des Fernrohres befindet. Die Roheinstellung setzt man noch fort, während man durch das Rohr blickt und sucht Fadenkreuz und Signalbild möglichst nahe zu bringen, damit für die Drehung mittels des Feinstellwerkes wenig übrig bleibt. Die Finger der Hand sollen bei der Drehung des Fernrohres den Alhidadenrand oder die Fernrohrträger anfassen, keinesfalls aber den Okularkopf, weil dadurch das Fernrohr sehr bald fehlerhaft wird.

Die Feinstellschrauben sind von Zeit zu Zeit darauf anzusehen, ob sie nicht bis zum Ende gedreht sind, weil sie dann nicht mehr wirken.

Beim Anzielen soll der Mittelpunkt des Fadenkreuzes, der sich nach dessen Form richtet, den Zielpunkt des Signales decken. Der Zielpunkt an einer Signalstange ist stets an ihre tiefste Stelle zu verlegen. Überhaupt ist auf das Anzielen die größte Sorgfalt zu verwenden, wobei Beleuchtung der Signale und die Beschaffenheit der Luft zu beachten sind.

Die Tanzprobe ist nach jeder Verstellung des Okulars zu machen.

3. Das Ablesen der beiden Zeiger. Aus beiden Zeigerablesungen nimmt man das Mittel.

4. Man löst die Klemme der Alhidade und zielt das rechte Signal an, sodann

5. liest man wieder an beiden Zeigern ab und nimmt das Mittel.

6. Zuletzt wird die Größe des gemessenen Winkels ermittelt. Man zieht die erste Ablesung von der zweiten, oder, wie man gewöhnlich aufschreibt (siehe Beispiel), die obere Ablesung von der unteren ab. Sollte die untere Ablesung die kleinere sein, so ist beim Drehen der Alhidade der Nullpunkt überschritten und zur Ablesung sind 360 Grad hinzuzufügen.

Zieht man fälschlich die unten stehende Ablesung von der oberen ab, so erhält man den Ergänzungswinkel des zu messenden Winkels.

Anfänger verfallen leicht in diesen Fehler, der für die Richtigkeit der ganzen Messung verhängnisvoll werden kann.

Beispiel.

1. Schreibweise.

	Linkes Signal.	
I.	122° 14′ 30″	122° 14′ 15″
II.	302° 14′ —″	
	Rechtes Signal.	
I.	265° 36′ 45″	265° 36′ 38″
II.	85° 36′ 30″	
		143° 22′ 23″

2. Schreibweise.

	Nonius I.	Nonius II.
Linkes Signal	122° 14′ 30″	14′ —″
Rechtes Signal	265° 36′ 45″	36′ 30″
	143° 22′ 15″	22′ 30″
Mittel	143° 22′ 23″.	

Die Messung wird dann in zweiter Lage wiederholt und aus beiden Werten das Mittel genommen.

Bei wichtigen Arbeiten begnügt man sich nicht mit der einmaligen Messung des Winkels. Man wiederholt sie in jeder Lage mehrmals, nachdem man vorher den Hauptkreis etwas verstellt hat. Aus allen Werten nimmt man das Mittel.

§ 48. Das Repetieren der Winkel. Die Winkelrepetition ist im Jahre 1752 von Tobias Meyer d. Ä. erfunden. Das Verfahren ist folgendes: Nachdem das Fernrohr auf das linke Signal eingestellt war und beide Zeiger abgelesen worden, wird bei unverändertem Hauptkreis das Fernrohr durch Drehung der Alhidade von links nach rechts auf die zu beobachtende zweite Richtung *R* eingestellt und die Alhidade am Hauptkreis festgeklemmt. Dann wird der Hauptkreis gelöst und mit der feststehenden Alhidade so von rechts nach links gedreht, daß das Fernrohr wieder auf *L* gerichtet ist. Es erfolgt wiederum Lösung der Alhidade und durch ihre Drehung von links nach rechts abermals die Einstellung des Fernrohres auf *R*. Hiermit ist der Winkel zweimal gemessen und die Messung wird in gleicher Weise auch hier so oft wiederholt, wie die verlangte Genauigkeit erheischt. Zieht man von dem Winkel, den man nach der letzten Einstellung von *R* abgelesen hat, die Ablesung bei der ersten Einstellung auf *L* ab, so erhält man den Winkel zwischen *L* und *R* so oftmals multipliziert, als die Beobachtung wiederholt (repetiert) worden ist. Die Division durch die Anzahl der Wiederholungen ergibt die Größe des Winkels in der einen Fernrohrlage. Inzwischen werden aber schon nach der ersten Beobachtung und später in geeigneten Zwischenräumen ebenfalls Zeigerablesungen gemacht, um Sicherheit gegen gröbere Fehler zu erlangen. Jetzt wird das Fernrohr durchgeschlagen und in umgekehrter Reihenfolge der beiden Richtungen nach *L* und *R* — also aus der auf *R* gerichteten Fernrohrstellung durch Drehung der Alhidade von rechts nach links bis zur Einstellung auf *L* und dann durch Drehung des Limbus von links nach rechts — die gleiche Anzahl von Beobachtungen gemacht, die in dem Unterschiede der Anfangs- und Schlußablesung, ebenfalls dividiert durch die Anzahl der Beobachtungen, den Winkel in der zweiten Fernrohrlage ergeben. In dem Mittel der in beiden Lagen erhaltenen Schlußwerten erhält man den verlangten Winkel zwischen *L* und *R*. 1. Beispiel im Formular zu § 50.

Hat der Nullstrich des Zeigers I den Hauptkreis ein- oder mehreremal durchlaufen, so sind der Schlußablesung für jedes Überschreiten des Nullpunktes 360 Grade hinzuzufügen.

Obgleich man nur nötig hätte, am Schluß der letzten Repetition abzulesen, so wird man es an einem Zeiger nach der ersten Messung tun, um die Größe des Winkels annähernd zu kennen, und bei der vorletzten oder drittletzten Repetition, um sich von dem fortschreitenden Gange der Näherung zu überzeugen.

Der Markscheider stellt von obigem Verfahren abweichend vor Beginn einer Winkelmessung in der Grube Null auf Null, d. h. den Nullpunkt des Zeigers I auf den Nullpunkt des Hauptkreises und schreibt die Ablesung am Zeiger II auf, falls sein Nullstrich nicht genau auf den Teilstrich 180 Grad einstehen sollte. Die erste Einstellung auf das Signal *L* erfolgt dann durch die Drehung des Hauptkreises, sonst ist das Verfahren dasselbe.

Bei der Schlußablesung wird eine Abweichung des Zeigers II von 180 Grad am leichtesten gleich durch Befolgung einer einfachen Regel berücksichtigt. Zeigte bei der Einstellung von Null auf Null der Zeiger II einen zu großen Wert, z. B. 180°—'30", so ist der Überschuß über 180 Grad, also in diesem Falle 30", von jeder Ablesung am Zeiger II abzuziehen, zeigte dagegen der Zeiger II einen zu kleinen Wert, z. B. 179°59'—", so ist der Fehlbetrag gegen 180 Grad, also in diesem Falle eine Minute, jeder Ablesung hinzuzufügen.

Der Markscheider hat von dem Einstellen auf Null einen Vorteil, denn er wird nicht, wie der Landmesser, die Winkel erst nach Vollendung der Messung in der Stube berechnen, sondern gleich an Ort und Stelle, also in der Grube, damit er bei etwaiger Unstimmigkeit die Messungen sofort wiederholen kann. Wenn erst nach längerer Zeit die Unstimmigkeiten gefunden werden, so schließt eine Wiederholung der Messung neben anderen Unbequemlichkeiten die Gefahr in sich, daß die Lagen der Winkelpunkte inzwischen Änderungen erlitten haben. Die Berechnung des Winkels wird durch das vorherige Einstellen von Null auf Null abgekürzt.

Der Markscheider benutzt in der Grube entweder das Formular zu § 50 oder trägt bei der Winkelmessung folgendes in sein Notizbuch ein:

Standpunkt *C.* Winkel *bcd.*

		Nonius I 0.0.0.		Nonius II 179°59'—".		
			I. Lage.			
	1.	I.	102°10'—"			
	3.	I.	306°31'00"		306°30'45"	102°10'15"
(29'30")		II.	30'30"			
	4.	I.	48°41'30"	(+360)	408°41'15"	102°10'19"
(40'00")		II.	41'—"			
			II. Lage.			
	4.	I.	48°42'00"		408°41'45"	102°10'26"
(40'30")		II.	41'30"			102°10'22" + 4"
			Ergänzungswinkel I. Lage.			
	4.	I.	311°18'30"		1031°18'15"	257°49'34"
(17'00")		II.	18'—"			

II. Lage.

	4. I.	311° 18′ —″	1031° 17′ 45″	257° 49′ 26″
(16′ 30″)	II.	17′ 30″		257° 49′ 30″ + 4″

Die Ablesungen am Nonius II sind in Klammern vorgesetzt.

Man kommt bei dem Repetieren bald bis zur stehenden Sekunde, d. h. alle anderen Repetitionen ändern den Schlußwert nicht mehr.

Die Genauigkeit des Winkelmessens mittels der Repetition ist theoretisch die denkbar größte, aber in der Ausführung machen sich zuungunsten der Repetition die kleinen Schiebungen und Zerrungen geltend, die bei den verschiedenen Drehungen der Alhidade und des Hauptkreises unvermeidlich sind.

Weissbach schlägt für das Repetieren in der Grube ein Verfahren vor, das wegen der damit erreichten Zeitersparnis von vielen Markscheidern angewendet wird: Man repetiert mit vorheriger Einstellung auf Null den Winkel zweimal, schlägt dann ohne abzulesen das Fernrohr durch, repetiert noch zweimal, liest dann erst ab und dividiert durch 4. Selbstverständlich kann in jeder Lage des Fernrohres noch öfter repetiert oder in jeder Lage der Winkel nur einmal gemessen werden.

Auf gleiche Weise wird der Ergänzungswinkel gemessen und die Summe beider auf 360 Grad abgeglichen; z. B.

	Nonius I 165° 13′ —″		Verbesserter Winkel
Polygonwinkel	$\frac{660^\circ 51' 30''}{4}$	$= 165^\circ 12' 53''$	55″
Ergänzungswinkel	$\frac{779^\circ\ 8' 15''}{4}$	$= 194^\circ 47' 04''$	05″
		$359^\circ 59' 57''$	00″

Man kann auch nach jeder einzelnen Messung das Fernrohr durchschlagen, die Anzahl der Messungen muß dann ein Vielfaches von 2 sein.

Der Markscheider wird in der Grube nur einen Repetitionstheodoliten anwenden. Bei der Winkelmessung mit dem einfachen Theodoliten muß nämlich nach dem Anzielen des linken Signals abgelesen werden, während der Theodolit unverrückt stehen bleibt. Die engen Grubenräume lassen es aber nicht immer zu, den Kopf in die hierzu erforderliche Stellung zu bringen. Es ist deshalb notwendig, daß der Nullstrich des Zeigers vorher auf einen bestimmten Teilstrich des Hauptkreises (meistens auf Null) gestellt, und das Fernrohr durch Drehung des Hauptkreises mit festgeklemmter Alhidade auf das linke Signal eingestellt wird. Nicht selten kann überhaupt nur in einer bestimmten Körperstellung abgelesen werden und die Zeiger müssen dann durch Drehung des Hauptkreises vor das Auge gebracht werden. Dies ist nur mit einem Repetitionstheodoliten möglich.

§ 49. **Die Satzbeobachtungen.** Bei Dreiecksmessungen und bei dem Rückwärtseinschneiden kommt es häufig vor, daß man von einem Standpunkte aus mehrere Winkel zu messen hat, die einen gemeinschaftlichen Scheitel haben. Hierbei wendet man die Form der satzweisen Richtungsbeobachtungen an, die nach Gauss Seite 181 folgendermaßen ausgeführt werden sollen: Bei feststehendem Limbus des Theodoliten werden durch Drehung der Alhidade von links nach rechts in der einen Fernrohrlage der Reihe nach die Richtungen nach P_0, P_1, P_2 .... P_n und zuletzt zur Probe der unveränderten Stellung des Hauptkreises wieder die Anfangsrichtung nach P_0 eingestellt und für jede Richtung die Zeiger abgelesen, womit eine Beobachtungsreihe im Hingange erhalten wird. Darauf wird bei noch immer feststehendem Hauptkreis das Fernrohr durchgeschlagen, der Probe halber auf P_0 gerichtet, und nunmehr werden in dieser Fernrohrlage durch Drehung der Alhidade von rechts nach links in umgekehrter Ordnung der Reihe nach die Richtungen nach P_n, ... P_2, P_1, P_0 eingestellt, auch abermals die Zeiger abgelesen. Hiermit ist die zweite Beobachtungsreihe im Rückgange gewonnen. Hingang und Rückgang zusammen bilden ein untrennbares Ganze, Satz genannt. Die Ablesungen an den Zeigern im Hingange und Rückgange werden — mit Weglassung der Ablesungen für P_0, die lediglich der Probe halber gemacht wurden — richtungsweise in ein arithmetisches Mittel (Satzmittel) vereinigt und durch Subtraktion des Satzmittels für P_0 von den Satzmitteln der übrigen Richtungen werden die auf die Nullrichtung reduzierten Winkel erhalten. Solcher Sätze werden so viele, als die verlangte Genauigkeit erfordert, gemessen und in ein gemeinschaftliches Mittel vereinigt. 2. Beispiel im Formular zu § 50.

§ 50. Das Messen eines Horizontalwinkels mittels des Theodoliten mit exzentrischem Fernrohre unterscheidet sich nicht von dem Messen mit zentrischem Fernrohre. Man mißt auch hier den Winkel in beiden Lagen des Fernrohres und nimmt das arithmetische Mittel aus beiden Werten.

Die Richtigkeit des Verfahrens ergibt sich aus folgender Betrachtung.

In den Figuren 105a u. b ist $AMB = W$ der zu messende Winkel, über dessen Scheitelpunkt der Hauptkreis des Theodoliten zentrisch steht. In der ersten Lage (Fig. 105a) wird aber durch die beiden Ziellinien nach A und B ein Winkel $= \alpha$, in der zweiten Lage des Fernrohres (Fig. 105b) ein Winkel $= \beta$ gemessen.

Von den Winkeln V und V_1 ist nun jeder ein gemeinschaftlicher Außenwinkel zweier Dreiecke, nämlich

Formular für Winkelmessungen.

Standpunkt	Zielpunkt	Fernrohrlage I, Zeiger A °	′	″	Zeiger B ′	″	Mittel ′	″	Fernrohrlage II, Zeiger A °	′	″	Zeiger B ′	″	Mittel ′	″	Mittel aus I u. II °	′	″	Reduzierte Winkel °	′	″	Mittel aus allen Beobachtungen °	′	″	Bemerkungen
		1. Beispiel einer Winkelrepetition.																							
B	A	20	13	40	13	40	13	40	200	14	10	14	00	14	05	20	13	53							
	C	(162	46	10)																					
	2 fach	305	20	00	20	20	20	10	125	20	40	20	40	20	40	305	20	25	285	06	32				
	4 fach + 2π	230	26	20	26	10	26	15	50	26	40	26	40	26	40	230	26	28	570	12	35	142	33	06	
		2. Beispiel einer Satzbeobachtung.																							
1	2	178	46	40	46	30	46	35	358	47	10	47	10	47	10	178	46	53	0	00	00				Proben.
	3	265	57	00	56	50	56	55	85	57	20	57	20	57	20	265	57	08	87	10	15				15.10
	4	291	44	20	44	10	44	15	111	44	30	44	30	44	30	291	44	23	112	57	30				14.30
	5	295	08	30	08	20	08	25	115	09	10	09	00	09	05	295	08	45	116	21	52				18.30
	6	333	37	00	37	00	37	00	153	37	30	37	20	37	25	333	37	13	154	50	20				17.50
	7	10	13	10	13	10	13	10	190	13	40	13	30	13	35	10	13	23	191	26	30				66.00 = 16′30″ / 4
	8	10	48	30	48	30	48	30	190	49	10	49	00	49	05	10	48	48	192	01	55				7 × (46′53″) = 28′11″
	(2)	(178	46	30	46	30)			(358	47	00	47	00)												48′22″
			15	10	14	30				18	30	17	50				16	33		48	22				16′33″

in Fig. a $V = W + \gamma = \alpha + \delta$ (1)
in Fig. b $V_1 = W + \delta = \beta + \gamma$ (2)
Aus Gleichung (1) folgt $W = \alpha + \delta - \gamma$
" " (2) " $W = \beta - \delta + \gamma$

$$2\,W = \alpha + \beta$$
$$W = \tfrac{1}{2}(\alpha + \beta)$$

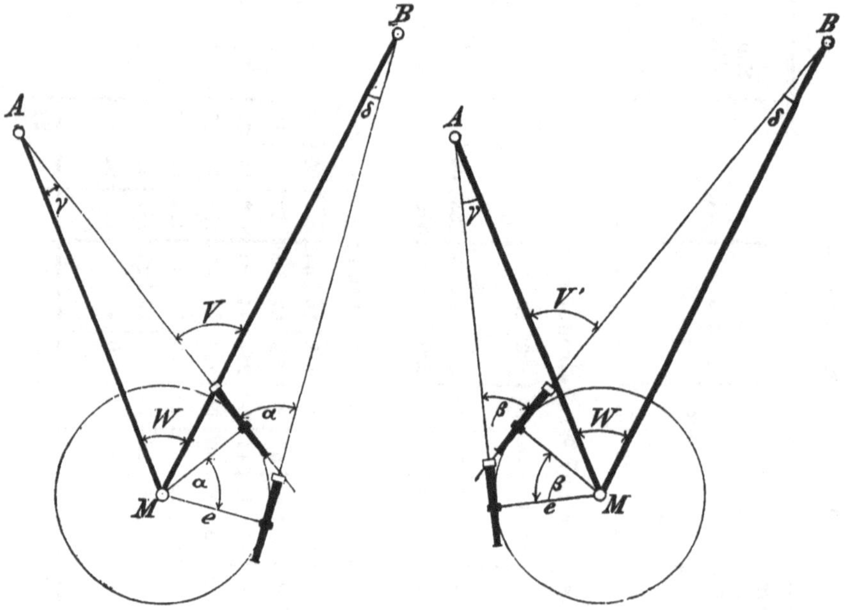

Fig. 105a u. b. Messen eines Horizontalwinkels mit einem exzentrischen Theodoliten.

§ 51. **Das Messen exzentrischer Winkel.** Zuweilen kann man sich nicht im Scheitel des zu messenden Winkels aufstellen und man muß ihn exzentrisch messen.

Über Tage kommt es bei dem Messen von Dreieckswinkeln vor.

Der wahre Scheitel des zu messenden Winkels sei in Fig. 106 C, der Theodolit aber in S aufgestellt, und mit ihm seien die Winkel w, λ und ϱ gemessen.

Die Länge $SC = e$ läßt sich genau ermitteln und die Längen l und r sind bei Dreiecksmessungen sehr angenähert bekannt.

Die beiden Fehlerwinkel φ_1 und φ_2 berechnen sich aus den Formeln $\sin \varphi_1 = \frac{e \sin \lambda}{l}$ und $\sin \varphi_2 = \frac{e \sin \varrho}{r}$, und sobald man durch S Parallelen zu den Schenkeln CL und CR des Winkels W zieht (in der Figur punktiert), so sieht man aus der Figur ohne weiteres, mit welchem Vorzeichen die Fehlerwinkel zu w hinzugefügt werden müssen, um den gewünschten Winkel W zu erhalten.

Der Hilfswinkel V ist als Außenwinkel $= w + \varphi_1$ und auch $= W + \varphi_2$, daraus folgt $W = w + \varphi_1 - \varphi_2$. Diese Formel hat einen allgemeinen Wert, wenn bei allen Stellungen, die C und S gegeneinander haben können, die Winkel λ und ϱ stets in der Größe genommen werden, die sie erhalten, wenn die Schenkel SL bezw. SR zur Überführung in die Richtung $SC(e)$ rechtsinnig gedreht werden.

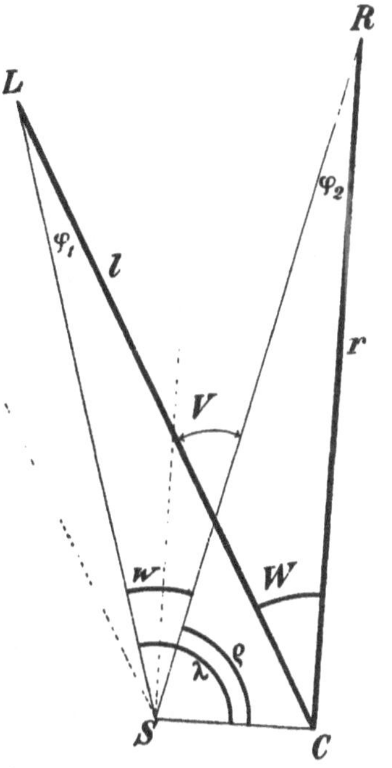

Fig. 106. Exzentrisches Messen eines Winkels.

In der Grube wird man bei der Polygonmessung selten zur exzentrischen Winkelmessung gezwungen sein, aber bei dem Gebrauch des Magnetkollimators (vergl. § 196) ist die exzentrische Aufstellung Regel.

Man stelle den Theodolit so weit von dem Scheitelpunkte C im Punkte S auf, daß man mit ausgezogenem Okular die Marke C noch sehen kann, und messe außer dem Winkel $BSD = w$ auch die auf den Polygonseiten rechtwinkelig stehenden Abstände h_1 und h_2 (Fig. 107). Die Längen von CD und CB sind genau gemessen und dann ist $\operatorname{tg} \varphi_1 = \frac{h_1}{CB}$, $\operatorname{tg} \varphi_2 = \frac{h_2}{CD}$.

Zieht man durch S Parallelen mit BC und CD, so ersieht man aus der Figur die Vorzeichen der Fehlerwinkel φ_1 und φ_2, mit dem sie dem Winkel w hinzuzufügen sind.

In der Fig. 107 ist φ_1 positiv und φ_2 negativ.

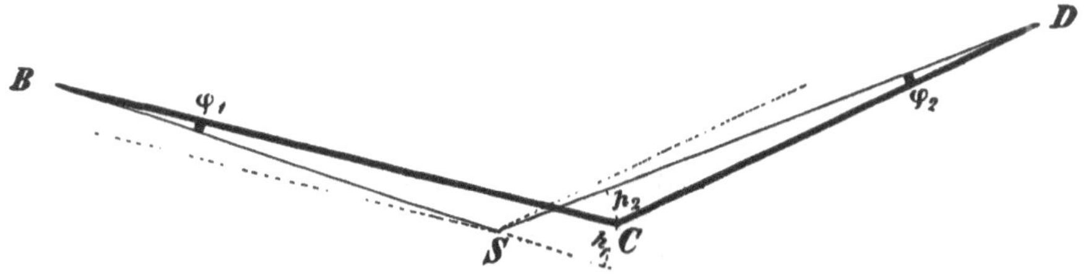

Fig. 107. Exzentrisches Messen eines Winkels.

Die Abstände h_1 und h_2 werden folgendermaßen gemessen. An den in der Firste fixierten Punkt C hält man rechtwinkelig zu CD einen Meßstab und liest mit dem in die Richtung BS gestellten und nachher aufgekippten Fernrohre die Länge h_2 ab.

Um h_1 zu finden, zielt man den Punkt B an, schlägt das Fernrohr durch und liest an dem rechtwinkelig zu BC gehaltenen Meterstabe die Länge h_1 ab.

Sollte das Ablesen an dem Meterstabe schwierig sein, so hilft man sich mit einem Papierstreifen, den man so lange auf dem Stabe verschiebt, bis sein Rand in die Sehachse des Fernrohres fällt.

§ 52. Die Wirkungen der Fehler des Theodoliten auf die Horizontalwinkel. (Vergl. § 42 Fig. 99, 100 u. 101.)

1. Der Kollimationsfehler. Die Sehachse des Fernrohres steht nicht rechtwinkelig zur Kippachse.

In Fig. 108 ist AA die Kippachse, CZ die rechtwinkelig dazu stehende Sehachse des Fernrohres und CZ_1 ist die unrichtige um den Winkel c abweichende Sehachse. P ist der anzuzielende Punkt. Kippt

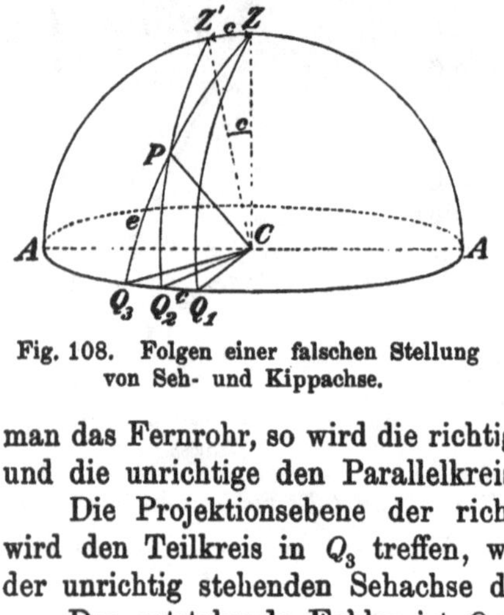

Fig. 108. Folgen einer falschen Stellung von Seh- und Kippachse.

Fig. 109. Folgen einer unrichtigen Stellung von Kipp- und Zentralachse.

man das Fernrohr, so wird die richtige Absehlinie CZ den Kreisbogen ZQ_1 und die unrichtige den Parallelkreis Z_1PQ_2 beschreiben.

Die Projektionsebene der richtigen Sehachse durch den Punkt P wird den Teilkreis in Q_3 treffen, während die projizierende Kegelfläche der unrichtig stehenden Sehachse dies in Q_2 tut.

Der entstehende Fehler ist $Q_2 Q_3$ und ist, wenn e den Höhenwinkel des schiefen Schenkels CP bedeutet, $= c \operatorname{tg} e \operatorname{tg} \frac{1}{2} e$ (1) (c im Bogenmaß).

Dies ist aber nur der Fehler einer Ablesung. Für den Winkel, der sich aus dem Unterschied zweier Ablesungen ergibt, ist, wenn e_1 und e_2 die Höhenwinkel beider Schenkel sind, der Fehler

$$fc = c \, . (\operatorname{tg} e_1 \operatorname{tg} \tfrac{1}{2} e_1 - \operatorname{tg} e_2 \operatorname{tg} \tfrac{1}{2} e_2).$$

Aus der Formel ergibt sich, daß $fc = 0$ wird, wenn $e_1 = e_2$ ist. Mit dem Unterschied von e_1 und e_2 wächst der Fehler fc.

Zahlenbeispiel:

$c = 30'$ $e_1 = 10^0$, $e_2 = 5^0$; $fc = 21''$ $e_1 = 20^0$, $e_2 = 0^0$; $fc = 115''$
$e_1 = 10^0$, $e_2 = -5^0$; $fc = 35''$ $e_2 = 20^0$, $e_2 = -15^0$; $fc = 179''$

(1) Die Entwickelung dieser und einiger anderen Formeln dieses Paragraphen ist wegen ihres Umfanges absichtlich weggelassen.

In der zweiten Lage des Fernrohres liegt der kleine Winkel c auf der anderen Seite von CZ. fc wechselt zwar das Vorzeichen, aber nicht die Größe. Das arithmetische Mittel gibt den richtigen Wert.

2. Der Inklinationsfehler. Die Kippachse stehe nicht rechtwinkelig zur Zentralachse und die Fernrohrsehachse kippe deshalb nicht in dem Vertikalkreise ZPQ, sondern in einem schiefen Kreise $Z_1 PQ_1$. CZ_1 weicht von der Senkrechten CZ um den kleinen Winkel i ab (Fig. 109). (Vergl. § 43.)

Der Zenitabstand des Punktes P sei gleich S. Dann ist in dem sphärischen Dreiecke $PQ_1 Q$, $PQ = 90 - S$ und der Winkel $PQ_1 Q = 90 - i$. Den Fehler $Q_1 Q$ findet man aus der Gleichung $\sin Q_1 Q = \operatorname{tg} i \operatorname{cotg} S$. Da i und $Q_1 Q$ nur kleine Winkel sind, so ist $Q_1 Q = i \operatorname{cotg} S$ (i im Bogenmaß) und der Fehler in der Messung eines Horizontalwinkels, der von der Neigung der Kippachse i herrührt, ist $fi = i(\operatorname{cotg} S_1 - \operatorname{cotg} S_2)$, worin S_1 und S_2 die Zenitwinkel der beiden Schenkel sind.

Der Fehler fi wird Null, wenn $S_1 = S_2$. Er wächst mit dem Unterschied von S_1 und S_2.

Zahlenbeispiel.

$$i = 30' \quad \begin{array}{l} S_1 = 80^0,\ S_2 = 85^0;\ fi = 160'' = 2'40'' \\ S_1 = 80^0,\ S_2 = 95^0;\ fi = 475'' = 7'55'' \end{array}$$

Der Fehler läßt sich ausscheiden durch das Messen in der zweiten Lage des Fernrohres. Hierbei kommt die Kippachse in eine um 180 Grad veränderte Lage und die Neigung i ändert das Vorzeichen, aber nicht die Größe. Der Fehler verschwindet also beim Nehmen des arithmetischen Mittels.

3. Der Vertikalfehler. A. Die Horizontalstellung sei nicht in Ordnung.

Die Vertikalachse sei um einen kleinen Winkel v gegen die Senkrechte geneigt. Ist der Limbus $H_1 H_1$ rechtwinkelig zur Vertikalachse, so ist er ebenfalls um den Winkel v gegen den Horizont HH geneigt. Beide Kreise HH und $H_1 H_1$ schneiden sich in der Knotenlinie KK.

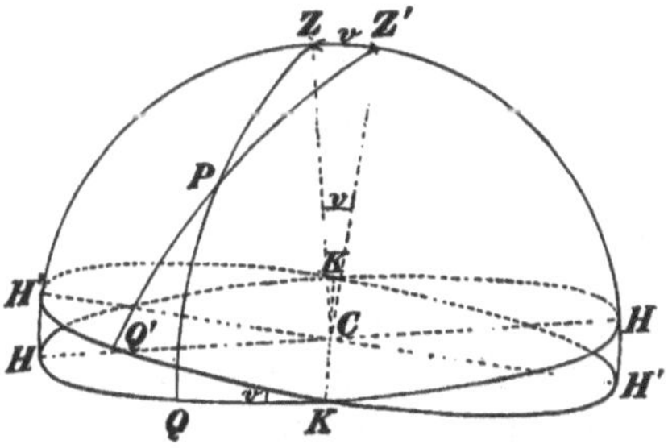

Fig. 110. Folgen der unrichtigen Horizontierung.

In Fig. 110 ist durch die Senkrechte CZ und die schief stehende Achse CZ_1 die Ebene $HH_1 ZZ_1$ gelegt. Die Projektionsebene durch den Punkt P der schief stehenden Achse schneidet den schräg stehenden Limbus $H_1 H_1$ in Q_1, während die durch P gelegte Projektionsebene der senkrecht stehenden Achse den Horizont HH in Q schneidet. Nennt man nun den Bogen $KQ = \psi$ und den Bogen $KQ_1 = \varphi$, so ist $\psi - \varphi$ der Fehler einer Ablesung.

Es läßt sich nachweisen, daß sehr angenähert $\psi - \varphi = v \operatorname{cotg} z \cos \varphi$ (v im Bogenmaß) ist. z ist der dem Bogen ZP entsprechende Zenitwinkel.

Bedeutet die angehängte 1 die auf den ersten, die angehängte 2 die auf den zweiten Winkelschenkel bezüglichen Größen, so ist

$$f v = v(\operatorname{cotg} z_1 \cos \varphi_1 - \operatorname{cotg} z_2 \cos \varphi_2).$$

Wenn aus φ bei wiederholter Messung $-\varphi$ wurde, so wäre damit nichts genützt, da $\cos \varphi = \cos(-\varphi)$.

Der Fehler kann durch eine Messung in zweiter Lage des Fernrohres nicht ausgeschieden werden.

Der Fehler hängt ab von der Größe des Winkels w und von der Lage seiner Schenkel gegen die Knotenlinie, wie man den Durchmesser, in dem sich der Horizontal- und der schief stehende Kreis schneiden, nennt, so daß eine allgemeine Berechnung von fv nicht vorgenommen werden kann.

Die durch unrichtige Stellung des Vertikalzapfens herbeigeführten Fehler können sehr bedeutend werden und deswegen ist große Sorgfalt auf die Horizontalstellung zu verwenden.

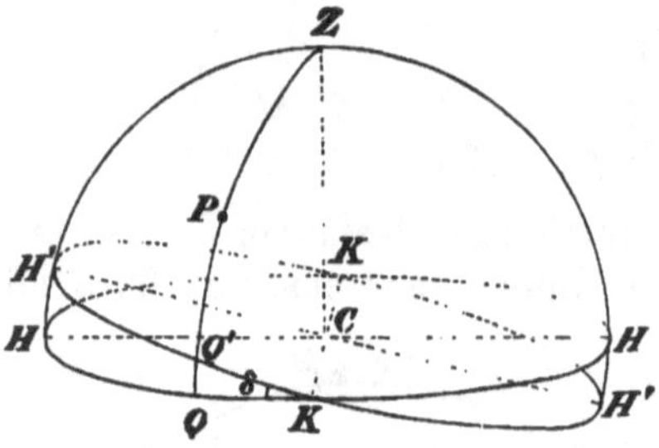

Fig. 111. Schiefe Stellung des Hauptkreises.

B. Der Horizontalkreis stehe nicht rechtwinkelig zur Vertikalachse und weiche um den kleinen Winkel δ aus der Horizontalen ab.

HH bedeutet in Fig. 111 den Horizontalkreis und $H_1 H_1$ den schiefen Hauptkreis (Limbus). Die senkrechte Projektionsebene durch den Punkt P trifft den schiefen Limbus in Q_1 und den Horizontalkreis in Q. Der Unterschied zwischen den Bögen KQ und KQ_1 ist der Ablesefehler, der niemals sehr groß sein wird.

Der Fehler ist ebenfalls abhängig von der Lage der Knotenlinie und von der Größe des Winkels.

Ist w der richtige und w_1 der unrichtige Winkel und sind φ_1 und φ_2 die Projektionen des linken Schenkels und ψ_1 und ψ_2 die des rechten Schenkels, so ist $\sin w = \sin w_1 \cos \delta \dfrac{\cos \varphi_1 \cos \varphi_2}{\cos \psi_1 \cos \psi_2}$.

Der Fehler läßt sich durch das Messen in beiden Lagen nicht ausscheiden.

§ 53. Die Exzentrizität der Alhidade. Fallen die Mittelpunkte der Alhidadenachse A und der Limbusachse C nicht in eine Senkrechte, so ist eine Exzentrizität der Alhidade vorhanden.

Wird das Fernrohr aus der Richtung des linken Schenkels AL in die Richtung des rechten Schenkels AR gebracht, so ist der Winkel w_1

beschrieben, dessen Maß nach einem bekannten geometrischen Satze gleich $\frac{L_1 R_1 + L_2 R_2}{2}$ ist, wobei vorausgesetzt wird, daß L_2 und R_2 in der Verlängerung der beiden Schenkel liegen (Fig. 112).

Hat der Theodolit zwei Zeiger, die diametral gegenüberliegen, so ergibt die Ablesung an dem einen Zeiger den Bogen $L_1 R_1$, die an dem anderen den Bogen $L_2 R_2$.

Der Fehler ist also durch Ablesen an beiden Zeigern und durch das Nehmen des arithmetischen Mittels leicht zu beseitigen.

Liegt keine Exzentrizität der Alhidade vor, so werden die Zeiger, wenn sie diametral gegenüberstehen, immer übereinstimmen, oder, wenn

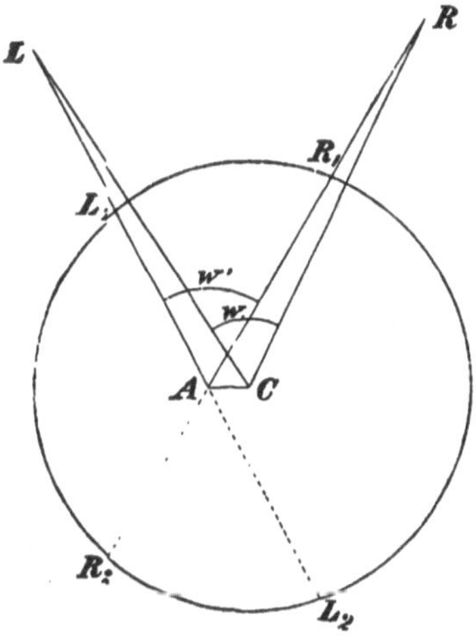

Fig. 112 Exzentrizität der Alhidade oder des Limbus.

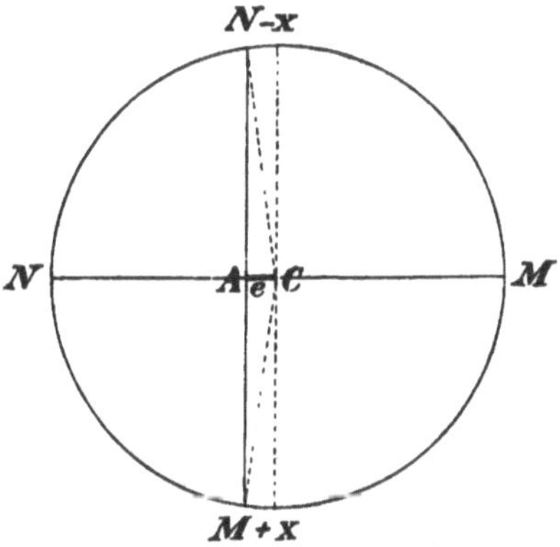

Fig. 113. Exzentrizität der Alhidade.

sie nicht auf einem Durchmesser liegen, um einen stets gleichbleibenden Wert abweichende Ablesungen ergeben. Ist aber die Alhidade exzentrisch, so ist der Unterschied der Ablesungen beider Zeiger gesetzmäßig veränderlich.

Befinden sich die Zeiger N und M (Fig. 113) gerade auf der Exzentrizitätslinie AC, so ist kein Unterschied beider Ablesungen vorhanden, sind sie aber durch Drehung in eine zur Exzentrizitätslinie rechtwinkelige Stellung gekommen, so ist der Unterschied am größten, nämlich $180^0 + 2x$. (Vergleiche denselben Fehler beim Kompasse § 69 Fig. 160.)

Hatte die Prüfung ergeben, daß Limbus- und Alhidadenachse einen kleinen Winkel miteinander machen, so ist bei der einfachen Winkelmessung der Theodolit nach der Alhidadenachse bei der Repetition nach der Hauptkreisachse horizontal zu stellen.

Bei der einfachen Winkelmessung wird nur die Alhidade gedreht und die geneigte Stellung der Limbusachse ist ohne allen Einfluß.

Bei der Repetition des Winkels bleibt die Achse des Hauptkreises vertikal, und die Kippachse kann sich nur um den immer sehr kleinen Divergenzwinkel von Limbus- und Alhidadenachse neigen.

Bei fortgesetzter Repetition ist aber schon nach halber Umdrehung der Alhidade diese Neigung eine entgegengesetzte geworden und wirkt im entgegengesetzten Sinne wie vorher, also den Fehler herabmindernd.

Die Einwirkung einer Anzahl von Fehlern des Theodoliten kann also durch die entsprechende Meßmethode ausgeschieden werden, und zwar:

A. Durch die Messung in beiden Lagen des Fernrohres.
1. die schiefe Stellung der Sehachse zur Kippachse,
2. die schiefe Lage der Kippachse zur Vertikalachse,
3. die Verschiebung der Sehachse beim Ziehen des Okulars,
4. die Exzentrizität des Fernrohres.

B .Durch Ablesen an beiden Zeigern die Exzentrizität der Alhidade.

C. Durch das Repetieren des Winkels das Divergieren von Alhidaden- und Limbusachse.

Dagegen kann auf keine Weise der Fehler ausgeschieden werden, der durch unrichtige Horizontalstellung und unrichtige Zentrierung des Theodoliten verursacht wird.

§ 54. Das Messen von Vertikalwinkeln.

Das Verfahren im allgemeinen ist einfach: Man zielt, nach guter Horizontierung des Theodoliten, das Höhensignal an, liest an beiden Zeigern ab, wiederholt die Messung in der zweiten Lage des Fernrohres und nimmt das Mittel aus beiden Werten.

Nach der Bezifferung des Höhenkreises und der Stellung des Zeigers zur Teilung mißt man Zenitwinkel oder Höhen- und Tiefenwinkel. Es sind zwei verschiedene Bezifferungen des Höhenkreises in Gebrauch.

1. Der Kreis ist von den beiden Enden der Null-Linie nach beiden Seiten bis 90 Grad beziffert und bei horizontalem Fernrohr steht der Nullstrich des Zeigers auf Null des Kreises. Man liest die Höhen- und Tiefenwinkel in beiden Lagen des Fernrohres unmittelbar ab.

2. Der Kreis ist von 0 bis 360 Grad rechtsinnig beziffert (Fig. 114). In der ersten Lage des horizontalen Fernrohres steht der Zeiger I am Okularende auf dem Teilstrich 90 Grad des Höhenkreises und der Zeiger II auf 270 Grad. In der zweiten Lage des horizontalen Fernrohres steht der Zeiger I auf 270 Grad und der Zeiger II auf 90 Grad. In der ersten Lage gibt der Zeiger I die Zenitwinkel unmittelbar an, in der zweiten Lage tut dies der Zeiger II. Die gegenüberstehenden Zeiger geben jedesmal die Ergänzungen der Zenitwinkel zu 360 Grad, d. h. man muß die Ablesungen von 360 Grad abziehen.

Die zweite Bezifferung und das Messen der Zenitwinkel verdient den Vorzug aus folgenden Gründen: Kommen bei der ersten Einrichtung sehr kleine Höhen- und Tiefenwinkel vor, so ist namentlich bei schnellem Messen (Tachymetrie) ein Verwechseln leicht möglich, außerdem ist ein Doppelnonius notwendig, der für den Anfänger immer einige Schwierigkeiten bietet.

Die zweite Einrichtung schließt den Irrtum zwischen Höhen- und Tiefenwinkel aus und erfordert nur einen einfachen Nonius. Allerdings

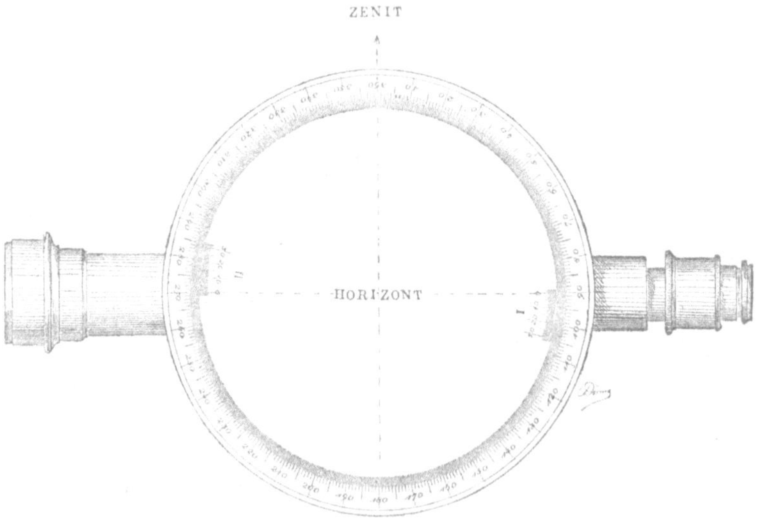

Fig. 114. Höhenkreis mit Teilung bis 360 Grad zum Messen von Zenitwinkeln.

sind aus den Zenitwinkeln die meist in Rechnung zu ziehenden Höhen- und Tiefenwinkel abzuleiten.

Eine Repetition der Vertikalwinkel in der Weise, wie die der Horizontalwinkel, ist nicht möglich. Ist aber der Höhenkreis oder seine Alhidade verstellbar, so läßt sich der Höhenwinkel in verschiedenen Stellungen des Kreises messen und aus allen Ablesungen erhält man einen genaueren Wert durch das arithmetische Mittel.

Beispiel mit verstelltem Höhenkreis.

I. Lage. 75° 33′ 30″
II. Lage. 76° 17′ 30″ } Mittel 75° 55′ 30″.

Wiederholung mit etwas verstelltem Höhenkreis.

I. Lage. 70° 15′ 30″
II. Lage. 81° 35′ —″ } Mittel 75° 55′ 15″.

Der gemessene Winkel ist = 75° 55′ 22″.

Beispiel mit verstellter Alhidade.

	Erste,	zweite,	dritte Verstellung.
I. Lage.	12° 40′ 30″	13° —′ —″	12° 30′ —″
II. Lage.	12° 57′ 30″	12° 38′ —″	13° 08′ 30″
Mittel	12° 49′ —″	12° 49′ —″	12° 49′ 15″

Bei Tachymetermessungen (11. Kapitel) mißt man die Vertikalwinkel nur in einer Lage des Fernrohres und liest nur an einem Zeiger ab. Hierbei muß der Indexfehler beseitigt oder doch bekannt sein. Es ist dann zur Beseitigung von Irrtümern immer in einer bestimmten Fernrohrlage zu messen, da der Fehlerwinkel in einer Lage positiv, in der anderen negativ ist. Der Höhenkreis muß ferner genau zentrisch zur Kippachse sein, weil sonst die Ablesung eines Zeigers große Fehler herbeiführt.

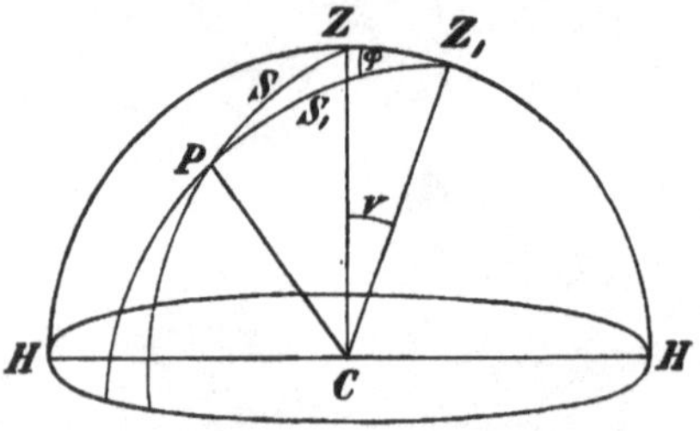

Fig. 115. Fehler des Vertikalwinkels bei unrichtiger Horizontierung.

Von großer Wichtigkeit beim Messen der Vertikalwinkel ist die genaue Horizontalstellung des Theodoliten.

In Fig. 115 sei CZ die richtige Stellung der Vertikalachse, CZ_1 die um den Winkel v davon abweichende schief stehende Achse. Die Ebene durch CZ_1 und CZ schneide eine um C als Mittelpunkt beschriebene Kugel nach dem Kreise HZZ_1H, der Horizont aber jene Kugel nach dem Kreise HH.

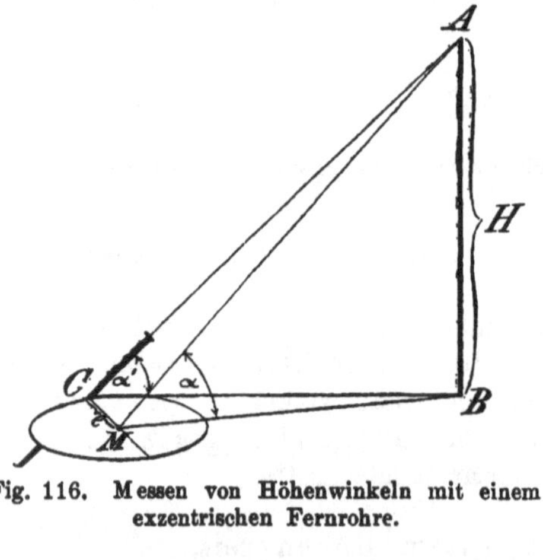

Fig. 116. Messen von Höhenwinkeln mit einem exzentrischen Fernrohre.

P sei der angezielte Punkt. Der richtige Zenitwinkel wird durch den Bogen $ZP = S$, der falsche, den die Ablesung am unrichtig stehenden Instrument liefert, durch den Bogen $Z_1P = S_1$ gemessen. Bezeichnet man mit φ den Winkel, welchen die Ebene HZZ_1H mit der unrichtig projizierenden Ebene CZ_1P bildet, so liefert das sphärische Dreieck ZZ_1P die Gleichung:

$$\cos S = \cos S_1 \cos v + \sin S_1 \sin v \cos \varphi.$$

Wird φ gleich 0 oder 180 Grad, so wird $\cos S = \cos(S_1 \mp v)$ und der Fehler ist am größten.

Für alle anderen Werte von φ wird der Fehler kleiner, am kleinstein wenn $\varphi = 90^0$. Dann ist $\cos S = \cos S_1 \cos v$, und da v ein sehr kleiner Winkel ist, so wird $\cos v$ nahezu gleich 1.

Ein Fall beim Höhenwinkelmessen mit exzentrisch liegendem Fernrohre bedarf noch der Berücksichtigung.

Der Winkel $AMB = \alpha$ (Fig. 116) soll ermittelt werden und der Winkel α' wird gemessen.

Nun ist $\operatorname{tg} \alpha = \frac{H}{MB}$ oder da $MB = \sqrt{\overline{BC}^2 + \overline{MC}^2} = \sqrt{H^2 \operatorname{cotg}^2 \alpha_1 + e^2}$,

$$\text{so ist } \operatorname{tg} \alpha = \frac{H}{\sqrt{H^2 \operatorname{cotg}^2 \alpha_1 + e^2}} = \frac{H}{H \operatorname{cotg} \alpha_1 \sqrt{1 + \frac{e^2}{H^2 \operatorname{cotg}^2 \alpha_1}}} = \frac{\operatorname{tg} \alpha_1}{\sqrt{1 + \left(\frac{e}{H \operatorname{cotg} \alpha_1}\right)^2}}.$$

Ist $H \operatorname{cotg} \alpha_1$ gegen die Exzentrizität e des Fernrohres hinreichend groß, so verschwindet das Glied $\left(\frac{e}{H \operatorname{cotg} \alpha_1}\right)^2$ und Winkel $\alpha = \alpha_1$.

Ist z. B. $H = 25$ m, $\alpha_1 = 75^0$, $e = 0{,}07$, so ist $\alpha = 74^0 59' 54''$.

§ 55. Das Aufstellen und Zentrieren des Theodoliten und die Signale.

A. Über Tage.

Das Theodolit wird über Tage ausschließlich mittels Stativs und der Zentralschraube zentriert und horizontiert.

Der Stativ wird zunächst so über den an einem Pfahl oder einem Stein durch eine Marke bezeichneten Punkt gestellt, daß die Kopfplatte möglichst horizontal und die Mitte ihrer Durchbohrung senkrecht über dem Winkelscheitel ist. Sodann wird der Theodolit aufgesetzt, die Zentralschraube an das untere mit Gewinde versehene Ansatzstück des Fußes angeschraubt und ein Lot in den Haken der Zentralschraube gehängt. Die Spiralfeder wird nur mäßig zusammengepreßt.

Der Theodolit wird nunmehr so lange abwechselnd horizontal gestellt und auf dem Stativteller verschoben, bis bei vollständig horizontaler Stellung des Theodoliten das Lot genau in die Marke des Steines oder Pfahles einspielt. Hierauf wird erst die Spiralfeder der Zentralschraube scharf zusammengepreßt. Bei der stets gleichzeitig auszuführenden Horizontierung und Zentrierung des Theodoliten ist die Dosenlibelle bequemer als die Kreuzlibellen. Die Anwendung der Reiterlibelle würde sehr zeitraubend sein. Das eben beschriebene Verfahren setzt voraus, daß die Stellschrauben des Dreifußes mit Unterlegescheiben versehen sind.

Die Dreieckspunkte erster Ordnung sind häufig durch steinerne Pfeiler bezeichnet, die zugleich zum Aufstellen des Theodoliten dienen. Der Winkelpunkt ist auf einer gut befestigten Metallplatte bezeichnet und der Theodolit wird mittels einer Zentrierspitze zentriert. Diese Zentrierspitze wird an die Hülse des Dreifußes unten angeschraubt (siehe C in Fig. 87) oder unmittelbar an das mit Schraubengewinde versehene Ende der Alhidadenachse (Fig. 117).

Für die mit Spitzen versehenen Fußschrauben des Theodoliten werden kupferne Fußplatten mit Körnern auf den Stein gelegt und meist dauernd befestigt.

Als **Signale** sind über Tage für große Entfernungen drei- oder vierfüßige Bocksignale (Fig. 118) gebräuchlich, für kürzere Entfernungen gerade, weiß bemalte Stangen mit Fähnchen (Fig. 119), die durch Stützen in senkrechter Stellung erhalten werden. Bei ganz kurzen Polygonseiten, wie sie ausnahmsweise auch bei Tagesmessungen vorkommen, ist ein feiner Stift oder eine Lotschnur als Ziel zu benutzen. Von den Stangensignalen ist womöglich der tiefste Punkt anzuzielen.

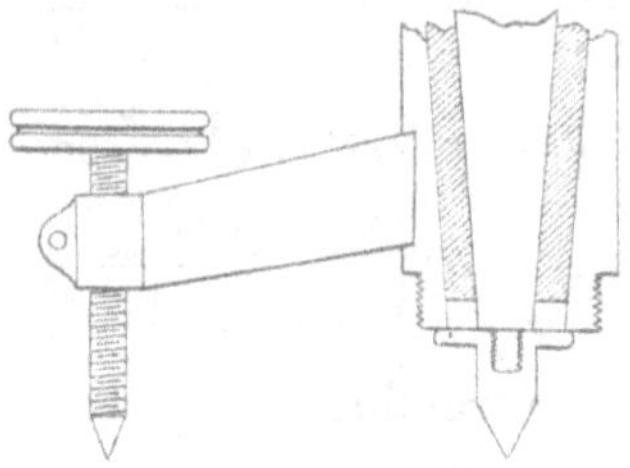

Fig. 117. Zentrierspitze.

Die senkrechte Aufstellung von Signalen über Steinen oder Pfählen, die nicht mit einem Loch versehen sind, wird erleichtert durch die Doppelringe.

Der Doppelring (Fig. 120) besteht aus zwei Ringen, die um einen gemeinsamen Bolzen *a* drehbar sind, dessen Achse mit der Verbindungslinie der Mitten beider Ringe zusammenfällt. Jeder der beiden Ringe ist mit einer Klemmschraube *b* und *c* versehen, die gegen eine innerhalb der Ringe liegende Blattfeder wirken. Der in den Ring eingeschobene Stab kann, ohne sein Beschädigen zu befürchten, festgeklemmt werden.

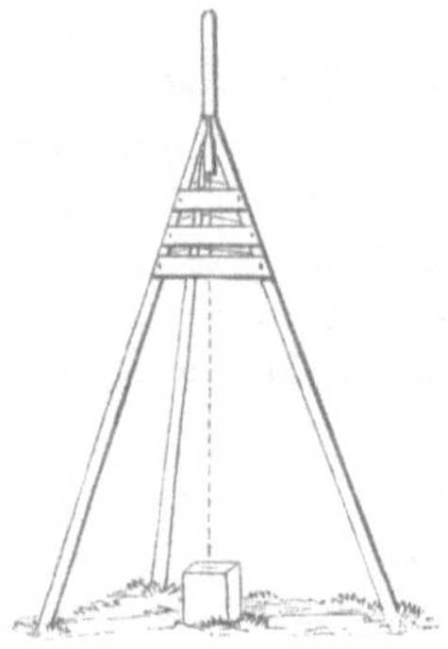

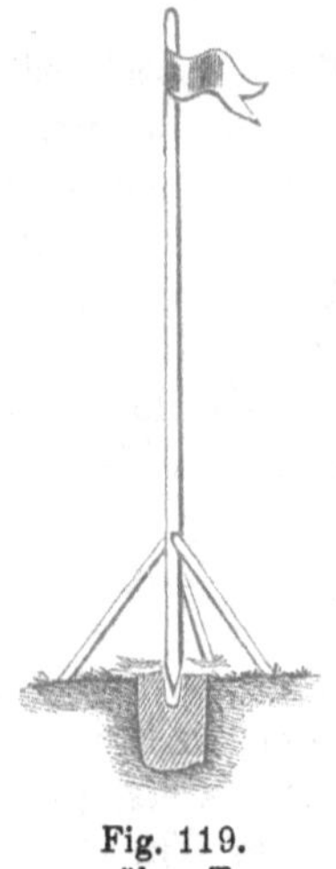

Fig. 118. Fig. 119.
Signale für Theodolitenmessungen über Tage.

Die Benutzung der Ringe geht aus Fig. 120b hervor, die zeigt, wie mit Hilfe eines in den Boden getriebenen Richtstabes *f* der andere Stab *e*, der mit *f* durch einen Doppelring verbunden ist, in senkrechter Stellung über einen Stein erhalten wird. Genügt zum Halten von *e* ein Stab *f* als Stütze nicht, oder läßt der Boden das Eintreiben der Stützen nicht zu, so wird man noch zwei Fluchtstäbe an *e* mittels je eines Doppelringes befestigen.

Die senkrechte Stellung der Stäbe prüft man mit dem Lote oder mit Lattenrichtern (vergl. § 17, Fig. 23).

Die Winkelmessungen über Tage sind zu einer solchen Zeit auszuführen, in welcher die Signale gut beleuchtet sind. Einige Winkel werden daher am besten am Vormittag, andere am Nachmittag zu messen sein.

In einzelnen Fällen wird der Markscheider auch das von Gauss erfundene Heliotrop benutzen. Bequemer als der ursprüngliche Gausssche Apparat und von jedem Meßgehilfen leicht zu bedienen ist das Baeyersche oder Bertramsche Heliotrop.

Ein Brett (Fig. 121) kann auf geeigneter Unterlage mit dem Drehpunkte C zentrisch über einen Signalpunkt gestellt und mittels der Schraube B etwas geneigt werden. In einem Loche steckt der Zapfen

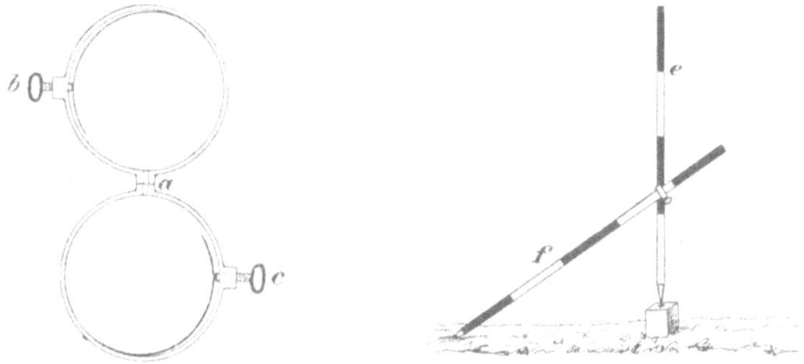

Fig. 120a u. b. Doppelringe und ihr Gebrauch.

eines einfachen Gestelles, das den Spiegel S trägt. Dieser ist um eine durch die beiden Schrauben vv gebildete Achse drehbar, und da der runde Zapfen des Spiegelgestelles sich auch drehen läßt, so kann dem Spiegel jede beliebige Stellung gegeben werden.

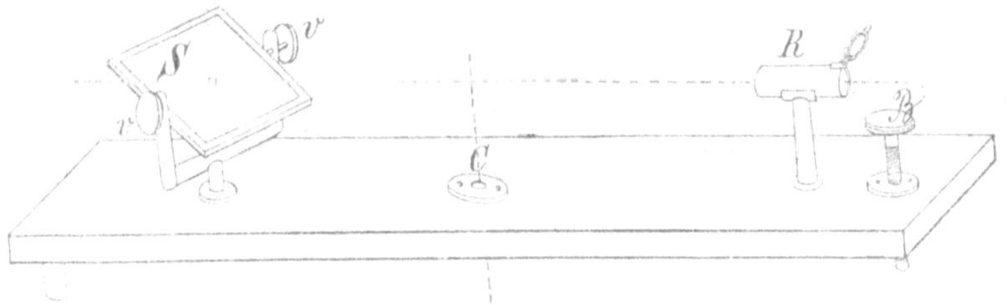

Fig. 121. Das Baeyersche Heliotrop.

An der entgegengesetzten Seite des Brettes steckt in einem viereckigen Loche der ebenso gestaltete Zapfen der kleinen Röhre R, die mit einer Gelenkklappe geöffnet und geschlossen werden kann.

Die Spiegelbelegung ist in der Mitte innerhalb eines kleinen Kreises entfernt. Zum Gebrauche stellt man das Brett zentrisch so auf, daß man durch den kleinen Kreis in der Mitte des Spiegels und durch die geöffnete Röhre R nach dem Theodoliten blicken kann. Darauf schließt man die Röhre mit der Klappe und dreht den Spiegel so lange, bis das Sonnenlicht von ihm in die kleine Röhre hinein reflektiert wird. Um dies leicht zu erkennen, ist die innere Fläche der Klappe mit weißem Papier oder Spiegelglas belegt, worauf man den etwas dunkleren Mittelpunkt des Spiegels sehen muß.

Das Sonnenlicht wird nunmehr nach dem Theodoliten hin geworfen, und zur ungeschwächten Wirkung der reflektierten Strahlen entfernt man die Röhre *R*.

Da die Sonne ihren Ort fortwährend ändert, so ist die Stellung des Spiegels von Zeit zu Zeit zu berichtigen.

Ein Nachteil des Heliotropen liegt darin, daß die Beobachtungen bei Sonnenschein gemacht werden müssen, der mancherlei Nachteile mit sich bringt (Unruhe des Bildes).

B. Aufstellen und Zentrieren des Theodoliten in der Grube.

§ 56. Die Aufstellung und damit in engem Zusammenhange das Zentrieren des Theodoliten in der Grube ist nicht immer einfach, da die mannigfaltige Beschaffenheit der Grubenräume in der verschiedensten Weise darauf einwirkt.

Nach der Art und Weise des Aufstellens und Zentrierens unterscheidet man zwei Meßverfahren mit dem Theodoliten.

1. Das Messen mit fixierten Punkten, wobei der Theodolit mit Hilfe eines Lotes von oben zentriert wird.

2. Das Messen mit verlorenen Punkten, wobei das Zentrieren mit Hilfe von Untersätzen, also gewissermaßen von unten erfolgt.

Beide Methoden gehen zuweilen ineinander über.

Das Messen mit fixierten Punkten. Die Winkelpunkte werden stets in der Firste vermarkt, und zwar durch kleine messingene oder eiserne Krampen (Fig. 122a), deren Steg ein Loch zur Aufnahme der Lotschnur hat, sowie durch Firstennägel (Fig. 122b), deren Kopf schräg für die Schnur durchbohrt ist.

Der in Fig. 122a dargestellte Krampen kann gleich zum Einhängen der Hängelatte beim Nivellieren dienen (vgl. § 92). Auch Firstennägel mit Haken sind im Gebrauch. Diese Krampen oder Nägel werden in die Firstenzimmerung geschlagen, oder in Pflöcke, die bei festem Gestein und bei Mauerung in vorher gebohrte Löcher eingetrieben waren. Bei weniger festem Hangenden, z. B. in Steinkohlengruben, müssen diese Löcher sehr tief gebohrt werden. Bei eisernem Streckenausbau kerbt man die scharfe Kante eines geeignet liegenden Eisenbogens mittels einer Bohrerschneide so ein, daß die Lotschnur in diese Vertiefung eingelegt werden kann.

Zum Zentrieren dient ein Lot (Fig. 123), dessen Spitze stets in die Achse der durch das kleine Loch des erwähnten Krampen gezogenen Lotschnur fallen und in die Zentriermarke auf dem Theodoliten einspielen muß (Fig. 124).

Unter einer Zentriermarke versteht man ein Zeichen am Theodoliten, das genau in der Verlängerung der Hauptdrehachse des Instrumentes sich befindet. Man bringt es entweder am Fernrohre an und zwar, wenn darauf eine Libelle befestigt ist, an der entgegengesetzten Seite, oder man benutzt ein besonderes Zentrierbänkchen, das mit Gabelfüßen auf die Kippachse gesteckt wird und in der Mitte eine verstellbare Marke hat. Die beste Form der Zentriermarke ist eine Spitze, weil man hierbei das Einspielen der Lotspitze sehr scharf und von einem Standpunkte aus beobachten kann, während man bei einer durch einen Punkt gebildeten Zentriermarke in zwei rechtwinkelig zueinander stehenden Richtungen beobachten muß (Fig. 124).

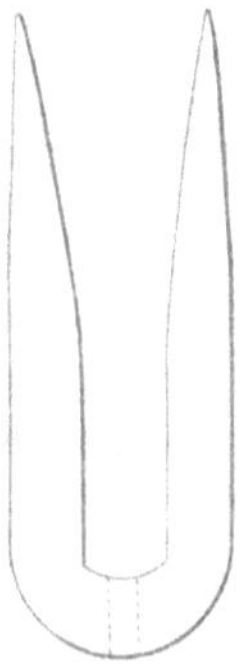

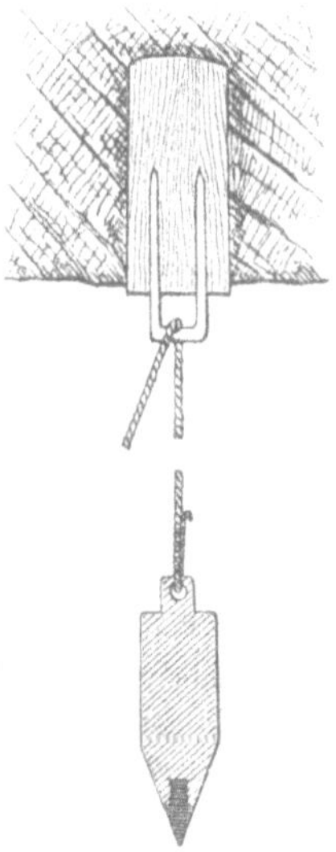

Fig. 122a. Krampen. Fig. 122b. Firstennagel. Fig. 123. Zentrierlot.

Die richtige Stellung der Zentriermarke wird folgendermaßen geprüft. Man stellt den Theodoliten genau horizontal und unter einem Lote so auf, daß die Lotspitze auf die Marke einspielt. Dann dreht man den Theodoliten langsam um seine Hauptachse und überzeugt sich, ob hierbei Lotspitze und Marke in einer Vertikalen bleiben. Geschieht das nicht, so beschreibt die (falsch stehende) Marke einen kleinen Kreis, dessen Mittelpunkt die richtige Stelle für die Zentriermarke ist. Wenn die Marke am Fernrohre angebracht ist, so muß bei der Prüfung das Fernrohr genau horizontal gestellt sein.

Gestatten die Verhältnisse in der Grube den Theodoliten auf einem Stative aufzustellen, so zieht man dieses allen anderen Vorrichtungen vor.

Das Stativ wird derartig unter dem vermarkten Polygonpunkte aufgestellt, daß das Lot über der Lochmitte der Kopfplatte spielt und daß die Platte möglichst horizontal ist. Die verstellbaren Beine des Statives erleichtern dies Geschäft sehr.

Erst dann wird der Theodolit auf das Stativ gestellt und so lange abwechselnd verschoben und mit Hilfe der Dosenlibelle horizontiert, bis die Spitze des ruhig hängenden Lotes auf die Zentriermarke einspielt (Fig. 124).

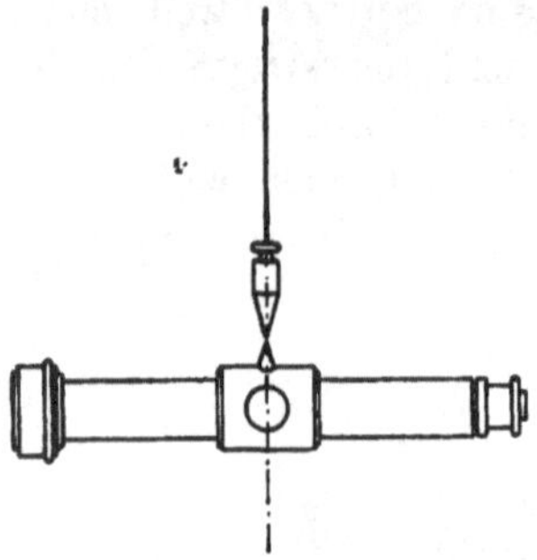

Fig. 124.

Das Zentrieren des Theodoliten mit Hilfe eines Lotes nimmt wenig Zeit in Anspruch und liefert in bezug auf die Winkelbestimmung gute Ergebnisse.

Die Schwierigkeiten vorstehender Zentrierung liegen nur in den örtlichen Verhältnissen der Grubenräume, die nicht immer ganz leicht gestatten, dem Stative die oben beschriebene Stellung zu geben, die aber durchaus notwendig ist, weil die Zentralschraube in der Durchbohrung der gewöhnlichen Stativplatte nur einen geringen Spielraum hat.

Sind die Grubenräume für die Benutzung des Statives gar nicht geeignet, so sind eiserne Arme (siehe Fig. 69a u. b, 96 u. 143) oder Spreizen anzuwenden (Fig. 133).

Die eisernen Arme werden in die Zimmerung oder in senkrechte Stempel eingeschraubt und gestatten dem Markscheider eine freiere Bewegung als das Stativ oder die Spreize. Die Schwierigkeit, die Standplatte des Armes möglichst zentrisch unter einen gegebenen Fixpunkt zu bringen, ist aber weit größer, als bei dem Stativ. Die Winkelpunkte sind mit großer Umsicht auszusuchen, wobei am besten erst der Arm eingeschraubt und dann der Winkelpunkt vermarkt wird.

§ 57. **Die Zentriervorrichtungen.** Zur Beseitigung der obengenannten Schwierigkeiten bei der Zentrierung hat man die Teller der Stative und Arme mit Zentriervorrichtungen versehen, welche die Verschiebung des Theodoliten behufs seiner Zentrierung innerhalb eines größeren Kreises gestatten, als die gewöhnliche Durchbohrung des Stativtellers.

Professor Chrismar in Schemnitz beschreibt in der B.- u. Hüttenm. Zeit. 1880 Nr. 20 eine Zentriervorrichtung, die sehr weitgehenden Ansprüchen genügt, aber leider, da auch ein besonderes Stativ dazu gehört, sehr kostspielig ist und durch ihr Gewicht den Gebrauch sehr erschwert.

Die in Fig. 125 dargestellte von Breithaupt in Kassel vorgeschlagene Zentrierscheibe ist zwar nur als ein praktischer Notbehelf zu bezeichnen, zeigt aber den Grundgedanken der Zentriervorrichtungen am klarsten. Ein in der Mitte durchbohrter Holzteller mit geschlitztem Arm kann mittels Spindel und Flügelmutter auf dem Stativkopfe, wie die Figur 125 zeigt, in den verschiedensten Stellungen befestigt werden.

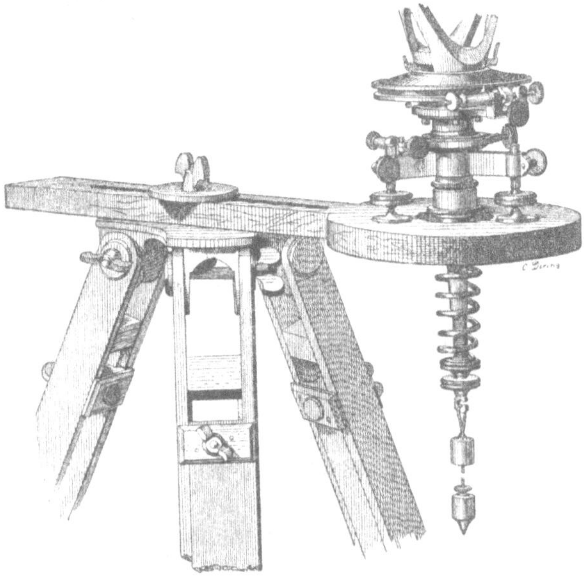

Fig. 125. Zentrierscheibe.

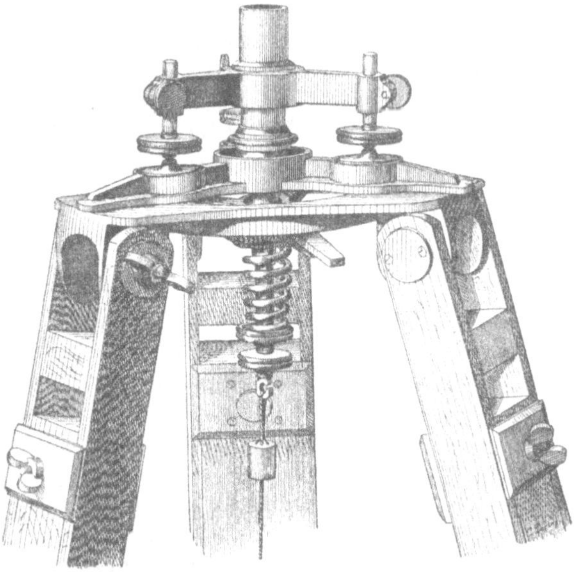

Fig. 126. Zentrierstativ.

Das Zentrierstativ von Breithaupt (Fig. 126). Die Stativplatte hat ein außergewöhnlich großes Mittelloch. Auf dem Stativteller liegt eine dreiflügelige Standplatte, die in der Mitte durchbohrt und mit Näpfen versehen ist, welche genau den Unterlegescheiben des gebrauchten Theodoliten entsprechen. Auf der Spiralschraube liegt ebenfalls eine dreiflügelige Platte, die durch Anziehen der Preßschraube unten gegen den Stativteller gepreßt wird. Die weite Durchbohrung der Stativplatte und die schlanke Form der dreiflügeligen Unterplatte gestatten eine sehr weitgehende Verschiebung des Theodoliten.

Ein sehr einfacher Zentrierapparat ist die in Fig. 127 dargestellte runde Holzplatte, die mittels Spindel und Flügelmutter an jede Kopfplatte angeschraubt werden kann. Der Winkelpunkt wird aus der Firste auf die mit mehreren Lagen Papier überklebte Holzplatte herabgelotet und durch einen Nadelstich bezeichnet. Mit Hilfe einer Zentrierspitze (Fig. 117 § 55) wird der Theodolit genau zentrisch über den Nadelstich gestellt, nachdem die Stellschrauben des Dreifußes in eine solche Lage gebracht sind, daß beim Aufsetzen die Zentrierspitze die Oberfläche des Brettes nahezu berührt. Die Stellschrauben des Dreifußes müssen in Spitzen endigen, die in die Papierlagen des Brettes fest eingedrückt werden. Durch die nachträgliche Horizontierung des Theodoliten wird die Zentrierung nicht aufgehoben, da die Zentrierspitze und die Stellschraubenspitzen nahezu in einer Ebene liegen.

Fig. 127. Zentrierbrett.

Dieser Apparat kann nur in trockenen und weiten Grubenräumen angewendet werden.

§ 58. Die Signale bei der Meßmethode mit fixierten Winkelpunkten. Als Signale dienen ausschließlich die Lotschnüre, die aus den Löchern der in Fig. 122 bis 124 dargestellten Krampen herabhängen. Hinter die Schnur wird ein Stück Pauspapier, das auf einen Rahmen gespannt ist, und hinter dieses Papier die Lichtflamme gehalten. Die Lotschnur zeichnet sich als scharfe Linie auf dem beleuchteten Papiere ab und kann bei reiner Grubenluft auf eine Entfernung von 100 Meter und mehr scharf zwischen die Vertikalfäden eingestellt werden.

Das Loch der Krampen und die Lotschnur müssen übereinstimmenden Querschnitt haben, weil sonst sowohl in der Aufstellung des Theodoliten als beim Anzielen der Lotschnur Fehler in der Messung entstehen können. (Vergl. den folgenden Paragraph.)

Jedenfalls ist es zweckmäßig, bei Anwendung von Krampen das obere Ende der Schnur stets nach einer bestimmten Seite hin, z. B. in der Vermessungsrichtung, zu befestigen. Die schräg liegende Durchbohrung der Firstennägel (Fig. 122b) entspricht diesem Zwecke schon von selbst.

Bei größeren Entfernungen ist die Flamme eines gewöhnlichen

Grubenlichtes als Signal zu benutzen, die eingelotet und gegen Wetterzug durch Holzstückchen, Glas oder Glimmerblättchen geschützt wird.

Bei kurzen Winkelschenkeln erscheint das Bild der Schnur so breit, daß die beiden Vertikalfäden des Fadenkreuzes gedeckt werden. Für diese Fälle führt man ein zweites Lot mit, in dessen Schnur ein Zwirnsfaden eingeschaltet ist.

Professor Ziegelheim behandelt diesen Fall ausführlich in der Österr. Zeitschr. Jahrgang 1886 Nr. 31 ff. und schlägt ein Fadenkreuz mit drei parallelen Vertikalfäden für Markscheidertheodoliten vor (Fig. 128). Die beiden äußeren Fäden werden bei den normalen Entfernungen, der mittlere Faden wird bei kurzen Entfernungen benutzt. Zu diesem Zwecke wird die Schnur vorn von beiden Seiten durch zwei Grubenlichter beleuchtet, wodurch sich die Schnur scharf gegen den tiefschwarzen

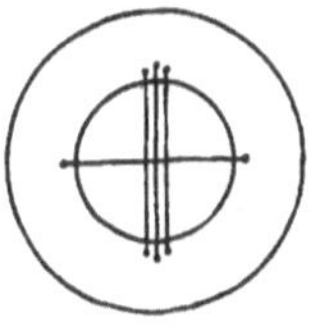

Fig. 128. Fadenkreuz mit drei Vertikalfäden.

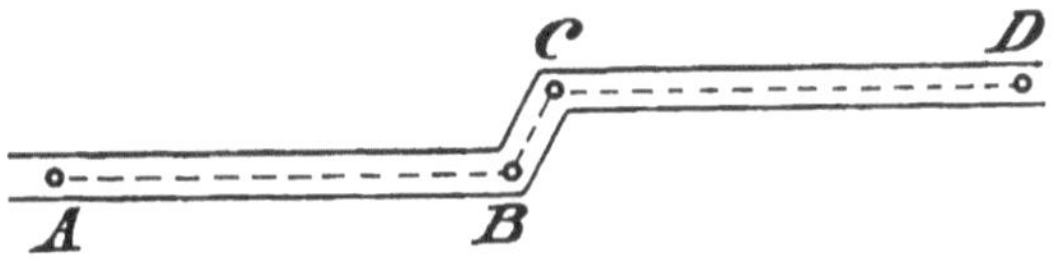

Fig. 129. Das Messen von Winkeln mit einem kurzen Schenkel.

Hintergrund abhebt und der Mittelfaden genau auf die Mitte der genügend erhellten Schnur eingestellt werden kann.

Auch bei dem Anzielen einer weit entfernten Lichtflamme leistet der Mittelfaden gute Dienste.

Ein bequemes Mittel, die Fehlerquellen bei sehr kurzen Schenkeln zu vermeiden, ist die Anwendung zweier Theodoliten.

Das in Fig. 129 dargestellte Stück eines Grubenpolygones enthält die nur wenig voneinander entfernten Punkte B und C. Die Winkel bei B und C sollen mit großer Schärfe gemessen werden. Zu diesem Zwecke stellt man sowohl in B als in C einen Theodoliten auf und richtet die beiden Fernrohre F_1 und F_2 (Fig. 130), deren Okulare vorher auf unendliche Entfernungen gestellt waren, aufeinander, so daß die beiden Fadenkreuze sich gegenseitig decken und die Sehachsen beider Fernrohre eine gerade Linie bilden. Hierbei muß hinter das Okular des angezielten Fernrohres ein Licht gehalten werden.

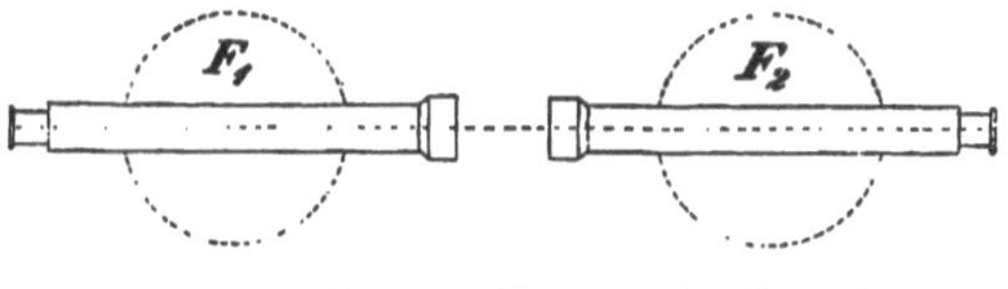

Fig. 130. Kollimatorstellung zweier Fernrohre.

Bei dem Messen des Winkels ABC (Fig. 129) ist das Fadenkreuz des in C aufgestellten Theodoliten das Signal des rechten Schenkels. Nachdem der Winkel auf Punkt B fertig gemessen, klemmt man das

Fernrohr des Theodoliten in C fest und mißt den Winkel C, wobei das Fadenkreuz des Fernrohres in B das Signal des linken Schenkels bildet.

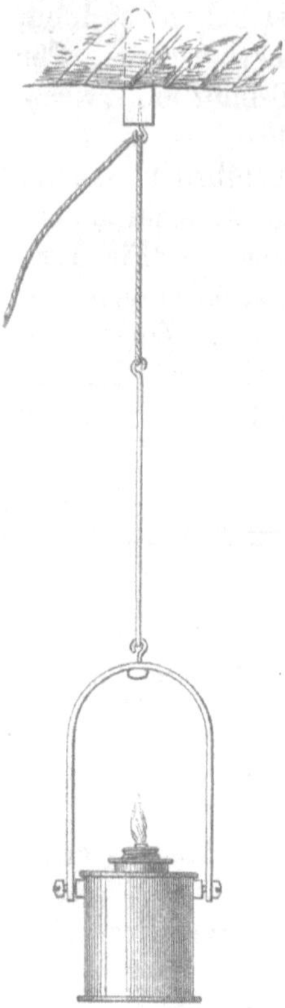

Fig. 131. WEISSBACHs Hängelampen.

Diese Winkelmessung liefert sehr gute Ergebnisse. Die Fernrohre kann man zwar mit solchen Okularen versehen, die bis auf 2—1 Meter das Signal noch scharf erkennen lassen, aber das Anzielen der Fadenkreuze nach obigem Verfahren dürfte schärfer sein.

WEISSBACH wandte Hängelampen (Fig. 131) an, bei denen infolge ihrer Einrichtung die Flamme sogleich zentrisch unter dem Winkelpunkte ist.

Sie haben wenig Anklang gefunden, da sie schon bei mäßigem Wetterzuge pendeln und die freie Flamme sich nur umständlich vor dem unruhigen Flackern schützen läßt.

Bei dem Messen in schlagenden Wettern bleibt nichts weiter übrig, als die Sicherheitslampe nach Art der oben genannten Hängelampen zu benutzen. Die Konstruktion der Sicherheitslampen erleichtert das Anbringen einer Vorrichtung zum zentrischen Aufhängen, nur muß ein Gelenkwirbel damit verbunnden sein, der ein Drehen der Lampe um die Längsachse gestattet, wenn einer der den Glaszylinder umgebenden Stäbe das Licht verdeckt. Das Licht der Sicherheitslampe brennt sehr gleichmäßig, und bietet ein gutes Ziel, da die Lampe infolge ihrer Schwere ruhig hängt.

Auf genau horizontaler Unterlage kann diese Lampe auch aufgestellt und eingelotet werden.

§ 59. **Die Meßmethode mit verlorenen Punkten oder mit Untersätzen.** Bei der Meßmethode mit verlorenen Punkten beruht das Aufstellungs- und Zentrierverfahren auf der Anwendung von Untersätzen,

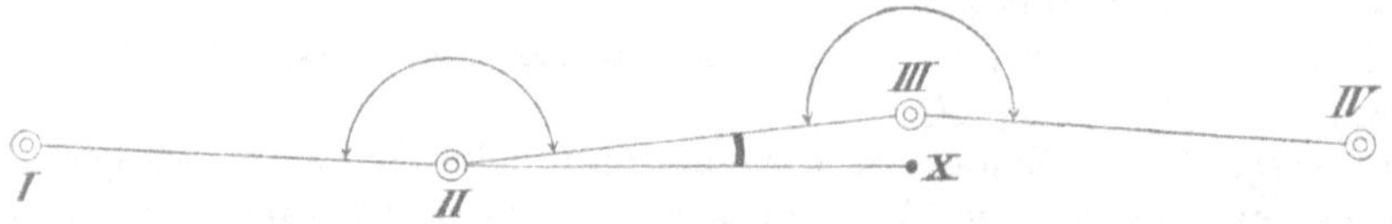

Fig. 132. Theodolitmessung mit Untersätzen.

die ebenfalls teils auf Stativen, teils auf Armen und Spreizen aufgestellt werden.

Zu einer Messung sind mindestens drei Untersätze (I, II, III, Fig. 132) erforderlich, von denen der mittlere Nr. II den Theodoliten, die beiden anderen Nr. I und III die Signale tragen. Nachdem der

Winkel I II III gemessen ist, wird der auf I stehende Untersatz mit dem Signal zur Herstellung des nächsten Winkelpunktes nach Nr. IV, der Theodolit von II nach III und das auf III befindliche Signal nach II gebracht, sodann wird der Winkel II III IV gemessen und so fortgefahren.

Fig. 133. Anwendung der BREITHAUPTschen Steckhülsenvorrichtung.

Bei dem Wechsel von Theodolit und Signal auf den Untersätzen soll die Mittelachse des Signals mit dem Zielpunkte genau die Lage der senkrechten Zentralachse des Theodoliten einnehmen.

Angenommen es wäre auf dem Punkte Nr. III bei dem Messen des Winkels I II III statt des Punktes III das falsch aufgestellte Signal x angezielt und der Theodolit danach im Punkt III aufgestellt, so würde vom Punkt II ab der ganze Polygonzug um den Winkel III II x verschwenkt.

Um den Anschluß späterer Messungen zu ermöglichen, müssen wenigstens die letzten Winkelpunkte in die Firste übertragen und vermarkt werden.

Man wird erst die Punkte vermarken und danach die Untersätze zentrieren.

Jetzt sind nur noch zwei Formen der Untersätze im Gebrauch: die BREITHAUPTsche Steckhülsenvorrichtung und die Freiberger Aufstellung.

§ 60. Die BREITHAUPTsche Steckhülsenvorrichtung wird durch die beiden Figuren 133 und 134 vollständig erklärt.

Es gehören hierzu drei Dreifüße, die in gewöhnlicher Weise mit Spreizen (Fig. 133 u. 134), Stativen oder Armen verbunden werden.

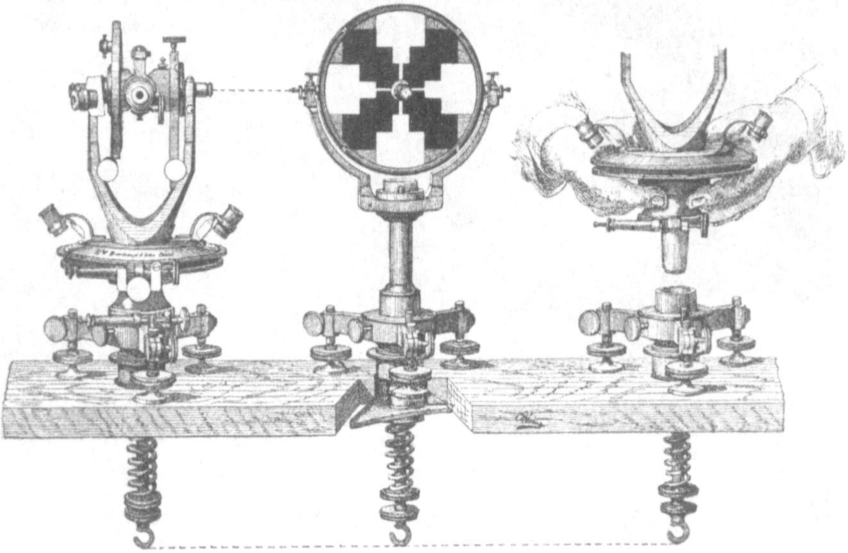

Fig. 134 a, b, c. Steckhülsenvorrichtung von BREITHAUPT.

Am Theodoliten ist der Zapfen des Hauptkreises noch mit einer besonderen Steckhülse umgeben, die durch eine Ringklemme mit dem Dreifuß fest verbunden werden kann.

Nach Lösung der in Fig. 134 sichtbaren Schraube im Dreifußkörper kann man den Theodolit, wie auch die Signale leicht aus den Dreifüßen herausheben und vertauschen. Die Dreifüße bleiben hierbei unverrückt stehen und nach der Vertauschung ist der Theodolit und das Signal sofort horizontiert. Auch die Höhenlage der Kippachse und des Zielpunktes bleibt unverändert. Die Ringklemme besteht aus zwei gegenüberliegenden Stöpseln, die in einem Ringe ihre Führung haben, beim Klemmen gleichzeitig gegen den Zapfen des Signals oder des Theodoliten treten und ihn festhalten, beim Lösen der Klemme aber gleichzeitig durch Federdruck zurückgeschoben werden. Es ist beim Anziehen der Klemme weder eine Verdrehung des Theodoliten, noch ein Ausschlag seiner Libellen bemerkbar. Die Signale werden nach den in der Figur sichtbaren Dosenlibellen horizontiert. Die Zielscheiben der Signale sind um die Horizontalachse drehbar und können mit Hilfe eines Diopterrohres rechtwinkelig zur Ziellinie des Theodoliten gestellt werden.

§ 61. Die Freiberger Aufstellung. Die Freiberger Aufstellung des Theodoliten ist als der gelungene Abschluß von mehrfachen Versuchen zu betrachten, die von dem Professor Junge in der B.- u. Hüttenm. Zeit. Jahrgang 1861 Seite 62 vorgeschlagene Aufstellung seines Goniometers zu verbessern.

Wer diese stufenweise Entwickelung verfolgen will, möge den schon genannten Aufsatz von Junge, ferner die Abhandlung von Goder in der

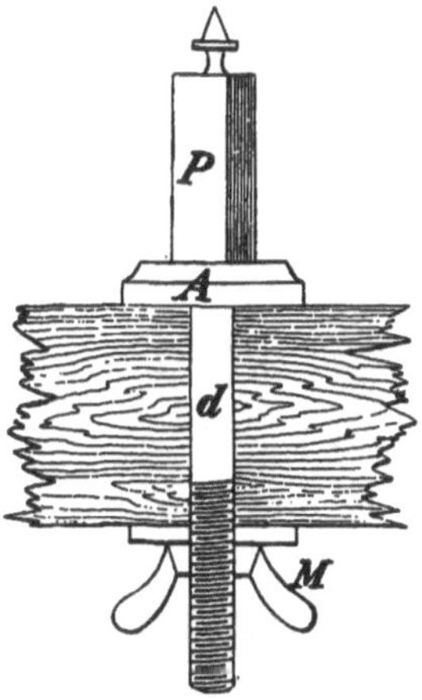

Fig. 135. Schraubenspindel der Freiberger Aufstellung.

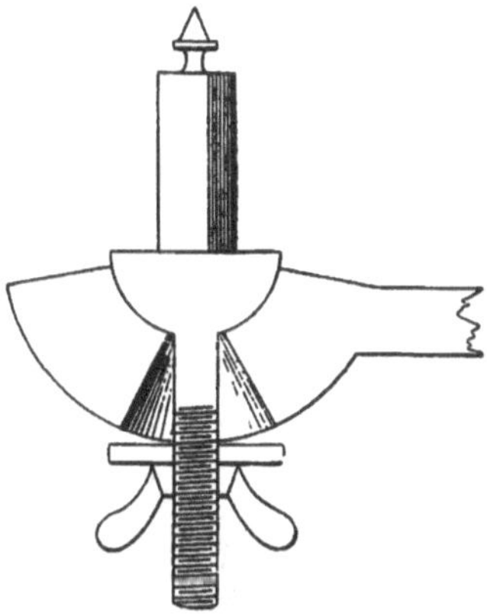

Fig. 136. Eiserner Arm zur Freiberger Aufstellung.

Österr. Zeitschr. 1877 Seite 201, sowie die von Otto in der B.- u. Hüttenm. Zeit. 1879 Nr. 27 ff. nachlesen.

Die Freiberger Aufstellung wendet Schraubenspindeln an, deren Form aus Fig. 135 zu ersehen ist. Mit Hilfe der Flügelmutter *M* und der Auflegeplatte *A* wird sie in einer senkrecht durchbohrten Spreize befestigt. Oberhalb der Auflegeplatte sitzt ein dreiseitiges Prisma *P*, das oben in einer Spitze endigt, die in der gemeinschaftlichen Achse der Spindel *d* und des Prismas liegt. Dicht unter der Spitze ist eine Hohlkehle zum Umschlingen der Schnur oder zum Einlegen des Meßbandringes angebracht.

Sollen bei der Freiberger Aufstellung Arme benutzt werden, so hat die Schraubenspindel eine andere dem Arme angepaßte Form (Fig. 136). Die Auflegeplatte ist kugelförmig abgedreht und liegt in einer ebenso geformten Höhlung. Das Loch für die Spindel erweitert sich unten zu einem breiten Spalt, so daß die Spindel in der Längsachse des Armes gekippt werden kann. Die senkrechte Stellung in der anderen Richtung wird durch Drehen des Armes herbeigeführt.

Ein anderer Arm gleicht dem in Fig. 89 dargestellten, nur ist auf seinem Teller eine Zentrierscheibe mit daraufsitzendem Prisma festklemmbar.

Auf das Prisma wird die dreiflügelige Standplatte (Fig. 137 zeigt sie von oben gesehen) aufgesetzt und mit einer Klemmschraube (in Fig. 138 sichtbar) festgepreßt. Aus der Mitte der Standplatte ragt ein kurzer hohler Zylinder *c* heraus, dessen Achse mit der Prismenachse zusammenfällt. Der Zylinder ist dazu bestimmt, das kugelförmige Ende *i* der Fußhülse des Theodoliten aufzunehmen, das mit Hilfe der Schraube *n* und einer Spirale sanft gegen die innere Wandung des Hohlzylinders gedrückt wird. Die Enden der mit Rippen verstärkten Arme tragen

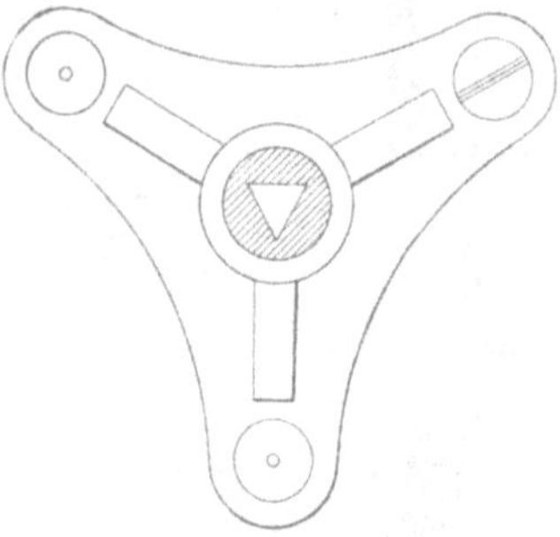

Fig. 137. Standplatte der Freiberger Aufstellung.

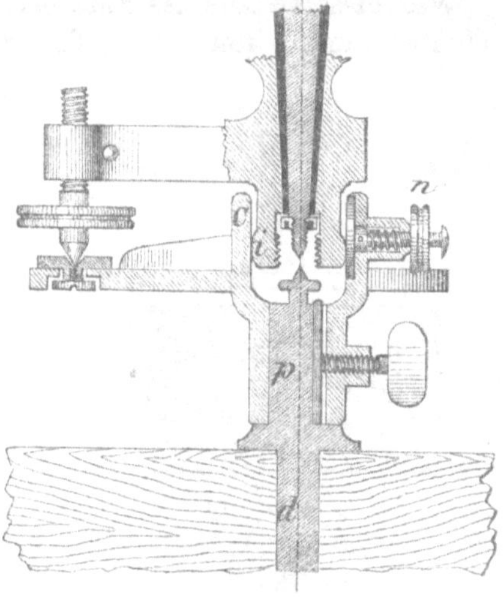

Fig. 138. Die Freiberger Theodolitaufstellung.

Fußplättchen zur Aufnahme der Stellschraubenspitzen. Eins dieser Plättchen ist mit einer Rinne, die auf den Mittelpunkt des Hohlzylinders gerichtet ist, versehen und sitzt fest, während die beiden anderen kegelförmige Vertiefungen (Körner) haben und mit geringem Spielraum auf der Standplatte verschiebbar sind, ohne jedoch abfallen zu können. Nach vollendeter Aufstellung des Theodoliten werden die Plättchen am besten festgeschraubt.

Von den Fußschrauben des Theodoliten wird eine bis zu einer gewissen durch ein einschiebbares Zwischenstück bedingten Stelle eingeschraubt, so daß dieser Arm bei der Horizontierung immer in gleicher Höhe über der Standplatte bleibt.

Der Dreifuß der Signale (Fig. 139) hat nur zwei Stellschrauben, am dritten Arme ist ein festes Bein so angebracht, daß dieser Arm bei der Horizontierung immer in gleicher Höhe über der Standplatte bleibt, wie der des Theodoliten, dessen entsprechende Fußschraube durch das Zwischenstück gehemmt ist.

Beim Aufsetzen des Theodoliten und der Signale ist darauf zu achten, daß nur die gehemmte Fußschraube oder das feste Bein in das festsitzende mit einer Rinne versehene Scheibchen der Standplatte kommt.

Der Theodolit und die Signale werden nur mittels zweier Stellschrauben horizontiert.

Durch die beschriebene Vorrichtung wird erreicht, daß der Zielpunkt der Signale und die Kippachse des Fernrohres nach erfolgtem Wechsel von Signal und Theodolit sich stets in gleicher Höhe befinden.

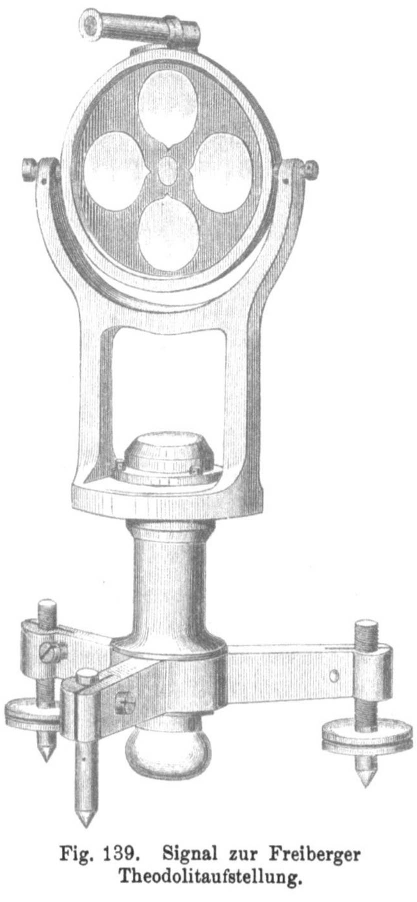

Fig. 139. Signal zur Freiberger Theodolitaufstellung.

Die Freiberger Aufstellung hat den Vorzug, daß ihre Standplatte nicht vollkommen horizontal zu sein braucht, weil durch die nachträglich ausgeführte Horizontierung des Theodoliten die Zentrierung nicht verloren geht.

Wenn bei den Standplatten, wie sie bei den anderen Zentriervorrichtungen oder Untersätzen vorkommen, die Lage der Körner gegen den Zentrierpunkt eine solche sein soll, daß mit dem Einsetzen der Fußschraubenspitzen der Theodolit auch zentriert ist, so muß vor dem Aufsetzen des Theodoliten die Standplatte horizontal gestellt werden. Durch eine nachträgliche Horizontierung des Theodoliten auf schiefer Standplatte würde nämlich eine Horizontalverschiebung sowohl der Mittelachse als auch der einen Stellschraubenspitze herbeigeführt werden, wie Fig. 140 in übertriebenen Verhältnissen zeigt.

Bei der Freiberger Aufstellung dagegen wird der Theodolit in der Mitte durch den im Hohlzylinder steckenden Wulst festgehalten und bei der Horizontierung des Theodoliten werden nur die Spitzen der Stellschrauben auf der schiefen Standplatte verschoben, was durch den Bewegungsspielraum der kleinen Scheiben ohne Schaden geschehen kann.

Außerdem ragt das Ende der Alhidadenachse so tief in den Hohlzylinder hinab, daß es nahe über der Spitze der Schraubenspindel sich befindet, und da zugleich das Ende der Alhidadenachse nahezu in einer

Ebene mit den Stellschraubenspitzen ist, so kann die Zentrierung durch die nachträgliche Horizontierung des Theodoliten nicht verloren gehen.

Jeder gewöhnliche Theodolit kann für die Aufstellung leicht tauglich gemacht werden, wenn man auf das für die Zentralschraube bestimmte Gewinde einen Knopf mit kugelförmigem Wulst aufschraubt, und statt der Unterlegescheiben in die Fußschrauben Spitzen einsetzt.

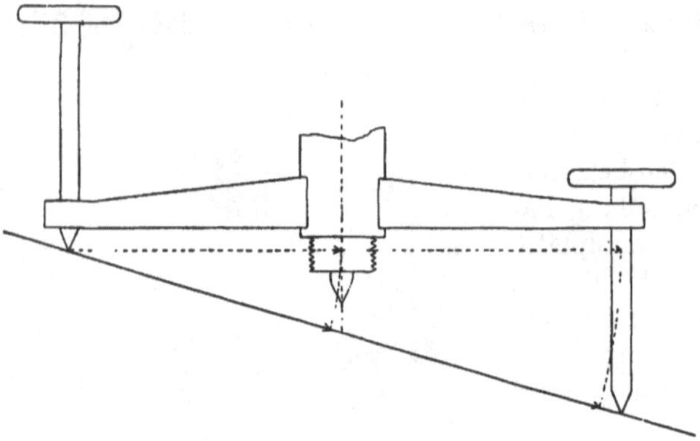

Fig. 140. Horizontalverschiebung beim Horizontieren.

Der Theodolit steht verhältnismäßig sicher auf der Standplatte, da der Kugelwulst tief genug in den Hohlzylinder hinabreicht.

Die in Fig. 139 ohne Leuchtzeug dargestellten etwas kostspieligen Signale sind nicht durchaus erforderlich, da für die Horizontalwinkelmessung die Spitze des Prismas und für die Vertikalwinkel der Rand unter der Spitze als Ziel dienen kann. Durch dahinter gehaltenes und von hinten beleuchtetes Pauspapier wird die Spitze auf weite Strecken deutlich sichtbar. Die Signale bieten den Vorteil, daß erstens die Vertikalwinkel an beiden Enden jeder Linie gemessen werden können, zweitens, daß die Länge zwischen zwei Prismenspitzen parallel der Ziellinie gemessen und somit der Gradbogen ganz entbehrlich gemacht wird. Durch die erheblichen Kosten der Signale wird aber mancher Markscheider bewogen, auf deren Anschaffung zu verzichten und sich mit dem Anzielen der Spitzen, also mit einmaligem Messen der Höhenwinkel in Springstationen genügen zu lassen. Die Längen werden dann am zweckmäßigsten mit freischwebendem Meßbande gemessen (vgl. § 20).

Bei den Längenmessungen längs einer an die Prismen angeschlungenen Schnur kann durch die Zugkraft von rund 15 kg, die an dem, wenn auch kurzen, Hebelarm der Prismenhöhe wirkt, ein Verdrehen der Spreize herbeigeführt werden.

Man wird in diesem Falle gut tun, statt drei solcher Aufstellungsvorrichtungen deren sechs anzuwenden.

Die Freiberger Aufstellung kann man auch auf Stativen benutzen. Die Polygonpunkte werden in der Firste fixiert, und die Prismenspitze wird vor Aufstellung des Theodoliten eingelotet, also die beiden Meßmethoden, die mit verlorenen und die mit fixierten Punkten, vermischt.

Bei der Vergleichung beider Untersätze dürfte die größere Einfachheit der BREITHAUPTschen Steckhülsenvorrichtung zu betonen sein. Auch ist die Stellung des Theodoliten sicherer, als bei der Freiberger Aufstellung und keinen Vibrationen ausgesetzt.

§ 62. Vergleichung der beiden Meßmethoden mit dem Theodoliten Die naheliegende Frage, welche von den beiden Methoden bei der Anwendung des Theodoliten in der Grube den Vorzug verdient, ist nicht allgemein zu beantworten. Sie wird sich nur unter Berücksichtigung der jedesmaligen Verhältnisse in den zu vermessenden Grubenräumen nach den zu Gebote stehenden Geldmitteln u. dergl., also nicht ausschließlich zugunsten einer Methode beantworten lassen.

Man kann auch hier nur auf den einen Hauptgrundsatz hinweisen, daß der Markscheider nicht starr an einer Methode festhalten darf, sondern je nach Bedürfnis und Zweckmäßigkeit die eine oder die andere verwenden soll. Als Vorteil und Nachteil der beiden Methoden läßt sich ungefähr folgendes anführen:

Das Verfahren mit festen Punkten gestattet die drei Geschäfte: 1. das Aussuchen und Vermarken der Punkte, 2. die Winkelmessung, 3. die Längenmessung, getrennt und nacheinander vorzunehmen. Das Aussuchen und Vermarken der Winkelpunkte kann der Markscheider geübten Gehilfen allein überlassen. Die Signale sind die denkbar einfachsten: das Lot, ein Stück Pauspapier und die gewöhnliche Grubenlampe. Die Meßgehilfen sind wenig belastet, so daß zwei hinreichend geübte genügen. Die Vermarkung sämtlicher Winkelpunkte gibt namentlich bei festem Gestein der ganzen Messung einen langdauernden Wert und macht den Anschluß späterer Messungen leicht möglich, auch wenn einzelne Punkte verloren gehen sollten.

Stativ, Arme und Spreizen lassen sich verwenden.

Das trigonometrische Höhenmessen kann mit Hilfe einer Hängelatte, die in die Krampen (Fig. 122) gehängt wird, sehr leicht damit verbunden werden.

Dagegen erfordert das Vermarken der Punkte in festem Gestein Mühe und Zeit, das Zentrieren des Theodoliten ist zuweilen schwierig und erfordert bei kurzen Winkelschenkeln große Sorgfalt. Die Methode setzt breite, geräumige und nicht zu sehr gekrümmte Strecken mit guter Sohle voraus. Überall da, wo diese Bedingungen vorwiegend zutreffen, hat sich diese Methode eingebürgert, z. B. in den großen Steinkohlenrevieren der Rheinprovinz, Schlesiens und Westfalens, in den Erzrevieren des Harzes, in Böhmen usw.

Das Messen mit Untersätzen läßt ein schnelles Arbeiten zu, da das Vermarken der Winkelpunkte bis auf die wenigen am Schluß des Zuges wegfällt und das Aufstellen und Zentrieren des Theodoliten ohne Zeitaufwand sehr genau ausgeführt werden kann. Die Methode ist da am Platze, wo nicht zu breite, vielfach gewundene Strecken vorhanden sind, wo bei den meist kurzen Polygonseiten eine scharfe Zentrierung des Theodoliten zu erstreben ist.

Demgegenüber sind folgende Nachteile anzuführen: der Anschluß an spätere Messungen ist durch die wenigen vermarkten Schlußpunkte nicht genug gesichert. Das Messen der Winkel und Längen kann nicht getrennt, sondern muß abwechselnd hintereinander vorgenommen werden. Der Markscheider muß die Mittel zum Längenmessen gleich mitführen, hierzu kommen noch besondere Signale, Spreizen oder mehrere Stative usw., so daß vier bis fünf Meßgehilfen notwendig werden. Dadurch wird die Anwendung der Methode teuer, und dem ist es wohl zuzuschreiben, daß diese theoretisch bessere und anfangs allein übliche Methode von der mit fixierten Punkten fast ganz verdrängt ist.

§ 63. Das Messen mit dem Theodoliten in tonnlägigen Schächten, steil einfallenden Strecken, Bremsbergen u. dergl. Der zu solchen Messungen verwandte Theodolit muß ein exzentrisches Fernrohr besitzen und die Exzentrizität muß so groß sein, daß bei dem Zielen nach unten an dem Alhidadenrande und an dem Untersatz des Theodoliten vorbeigezielt werden kann (Fig. 96 § 39). Hierbei kann nur die Methode mit Untersätzen angewendet und eine angefangene Messung muß, ohne die Arbeit abzubrechen, bis zu Ende durchgeführt werden. Bei längeren Unterbrechungen müssen wenigstens die beiden letzten Aufstellungsvorrichtungen unverrückt stehen bleiben, da ein dauerhaftes Vermarken der Winkelpunkte meistens ganz unmöglich oder doch das nachherige Einloten des Theodoliten unsicher ist.

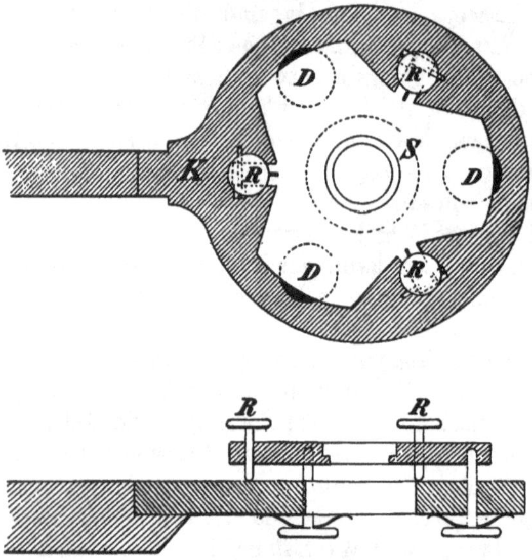

Fig. 141 a u. b. Arme für Schachtmessungen.

Der Theodolit wird fast ausschließlich auf Arme gestellt, von denen die nebenstehenden Figuren (141 a u. b) zwei Ansichten liefern. Die Kopfplatte K des Armes enthält außer der großen zentrischen Durchbohrung noch drei Löcher DDD, deren Mittelpunkte ein gleichseitiges Dreieck bilden. Auf der Platte K läßt sich die durch die Schrauben RRR zum Horizontalstellen eingerichtete Standplatte S so weit verschieben, wie die drei erwähnten Löcher erlauben. An der unteren Seite der Standplatte sitzen nämlich, den Mittelpunkten dieser Löcher entsprechend, drei mit Gewinden versehene Zapfen, die durch die Kopfplatte hindurchragen und an dem unteren Ende Schrauben haben, die gegen Federn wirken und so ein Festklemmen der Standplatte ermöglichen.

Die Standplatte ist mit Körnern versehen, durch welche der Theodolit eine genau zentrische Stellung zu ihrer Durchbohrung erhält. Die zentrische Durchbohrung hat einen kleinen hervorstehenden Rand zum Aufsetzen der Signale.

Das untere Signal kann man stets bequem anzielen, das Zielen von unten nach oben dagegen, namentlich das Aufsuchen des Lichtsignals ist schwierig. Auch hierbei leistet das Überzielen gute Dienste, ist aber beim oberen Signal nicht immer möglich.

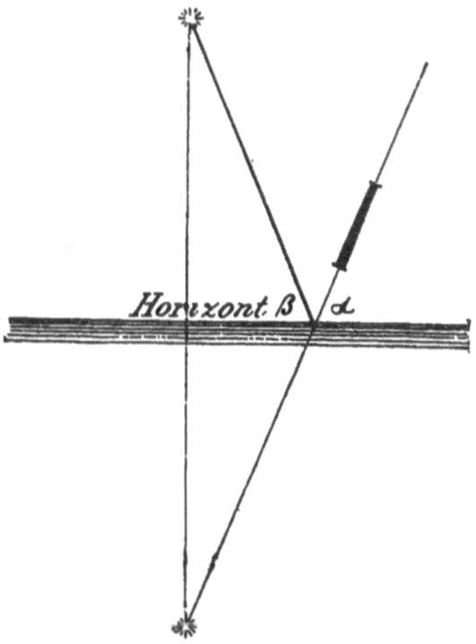

Fig. 142. Der künstliche Horizont.

Das Anzielen nach oben erleichtert man sich durch ein Okularprisma (Fig. 67 § 26). Das Aufsuchen des oberen Signals ist durch das Prisma aber noch mehr erschwert. Es ist daher ratsam, das wiederholte Anzielen des oberen Signals auf folgende Weise zu erleichtern. Nachdem man zum ersten Male das Fadenkreuz darauf eingestellt hat, liest man den Höhenkreis ab, kippt das Fernrohr und macht in der nahezu horizontalen Ziellinie ein Zeichen an der Schachtzimmerung. Will man bei der Repetition des Winkels das obere Signal wieder anzielen, so richtet man das Fernrohr zuerst auf das Zeichen und kippt das Fernrohr auf den bekannten Höhenwinkel. Bei diesem Verfahren wird man das obere Signal leicht in das Gesichtsfeld des Fernrohres bringen.

Ein Mittel, das unbequeme Zielen nach oben zu umgehen, bietet ein künstlicher Horizont, in dem man das sich darin spiegelnde Bild des oberen Signals anzielt (Fig. 142 u. 143).

Dieses Spiegelbild liegt mit dem Signale und dem Fernrohre des Theodoliten in einer Vertikalebene und wird unter einem Depressionswinkel α gesehen, der dem Elevationswinkel β am Reflexionspunkte gleich ist (Fig. 142).

Man verwandelt dadurch eine aufwärts gerichtete Ziellinie in die bequemere abwärts gerichtete und hat den für die Richtigkeit der Messung wesentlichen Vorteil, das Fernrohr beim Überführen aus einem Winkelschenkel in den anderen nicht kippen zu müssen. Bei dem großen Unterschiede der beiden Kippwinkel bringt eine geringe Abweichung in der Horizontalstellung der Kippachse, wenn das obere Signal ebenfalls unmittelbar angezielt wird, erhebliche Fehler in der Bestimmung des Horizontalwinkels.

Der künstliche Horizont wird in einer kleinen flachen Dose, deren Stiel zwischen Kopf- und Standplatte des Armes mittels kleiner Holzkeile befestigt werden kann, durch Öl, dem etwas Kienruß beigemengt ist, hergestellt. Der Rand der Dose ist etwas schräg abgeschnitten, weil zur Abhaltung des Wetterzuges ein reines Glimmerblatt darüber gedeckt

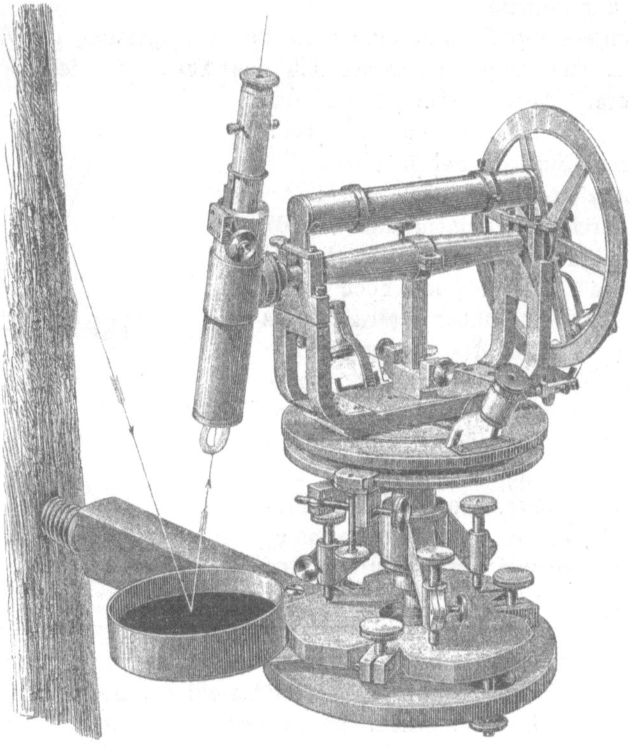

Fig. 143. Theodolit mit exzentrischem Fernrohr.

und das sich darin zeigende Spiegelbild unschädlich gemacht werden muß. Durch das Glimmerblatt findet keine Ablenkung des Lichtstrahles statt (Fig. 143).

Der künstliche Horizont wird bei dem Messen der Horizontal- und Vertikalwinkel benutzt.

Die Signale beim Schachtmessen. Borchers (Praktische Markscheidekunst Seite 119—124) wandte Signallampen an, deren Form aus Fig. 144 zu ersehen ist. Die Lampen werden mit ihrem vorspringenden Deckel auf den Ansatz *a* (Fig. 145) der zentrischen Durchbohrung der Standplatte gesetzt. Die Flamme der Lampe ist dann genau zentrisch.

Für den Fall, daß die Neigung der Ziellinie so flach wird, daß die Kopfplatte das Signallicht deckt, ist eine zweite Lampe bereit zu halten, deren Benutzung da beginnt, wo die der ersteren aufhört (Fig. 145).

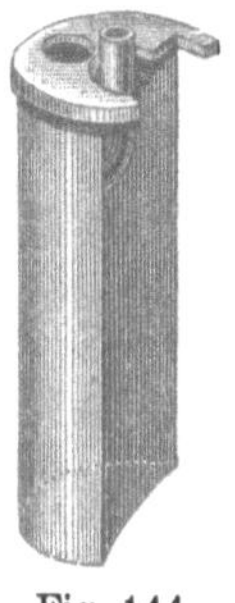

Fig. 144. Signallampe von BORCHERS.

Zur gleichmäßigen Speisung der Lampen mit Öl dienen Regulatoren, deren Konstruktion und Wirkungsweise aus Fig. 146 zu erkennen ist.

Die Flamme wird vor dem Wetterzuge geschützt durch eine zylindrische Hülle von dünner Pappe, auf die, wenn der Luftzug von oben nach unten geht, ein reines Glimmerblatt gelegt wird. Hat der Wetterzug eine umgekehrte Richtung, so ist der freie Raum neben der Signallampe durch eine passende Platte aus Glas zu verdecken.

Auf den Ansatz der zentrischen Durchbohrung der Standplatte werden Metallscheiben gelegt, die in der Mitte ein rundes Loch haben. Von den Scheiben müssen immer mehrere mit verschieden großen Löchern für längere und kürzere Zielweiten vor-

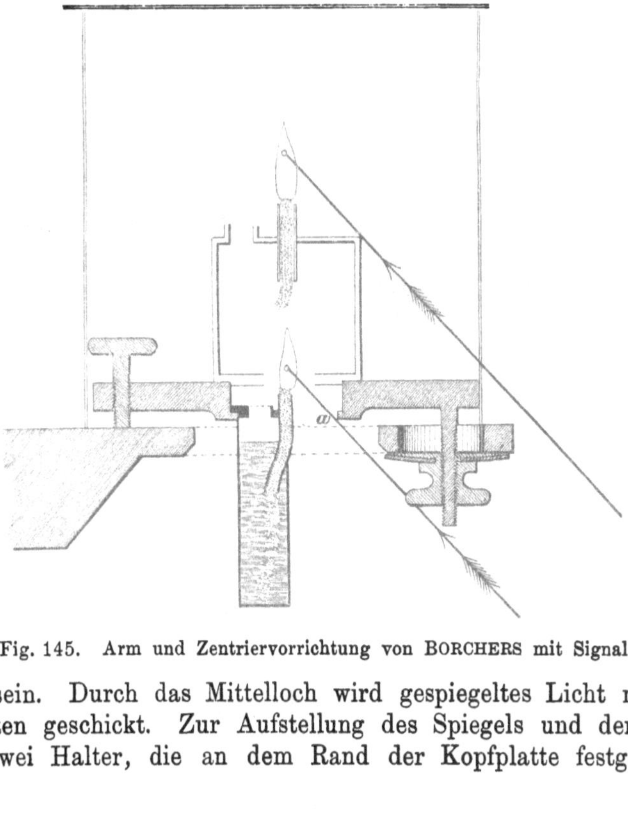

Fig. 145. Arm und Zentriervorrichtung von BORCHERS mit Signal.

handen sein. Durch das Mittelloch wird gespiegeltes Licht nach dem Theodoliten geschickt. Zur Aufstellung des Spiegels und der Laterne dienen zwei Halter, die an dem Rand der Kopfplatte festgeschraubt werden.

Fig. 147 zeigt den Spiegelhalter. Die stählerne Stange *S* sitzt in der Klammer *K*, die über den Rand der Kopfplatte des Armes geschoben und mit einer Preßschraube festgemacht wird. Hierbei kann die Stange *S* nach oben oder unten gerichtet sein. Auf der Stange läßt sich ein Arm *A* auf- und abschieben und an jeder Stelle festklemmen. In dem ausgehöhlten Arme *A* sitzt mit seinem runden Zapfen der Spiegelträger, der in einer Gabel den um eine Achse drehbaren Spiegel hält. Der Spiegel hat demnach eine Bewegung um drei Achsen und kann in jede gewünschte Stellung über oder unter die kleine Signalscheibe gebracht werden. Der Stab *S* hat am Ende eine mit dem Rande überstehende Schlußschraube, die ein Abgleiten des Spiegelhalters verhindert.

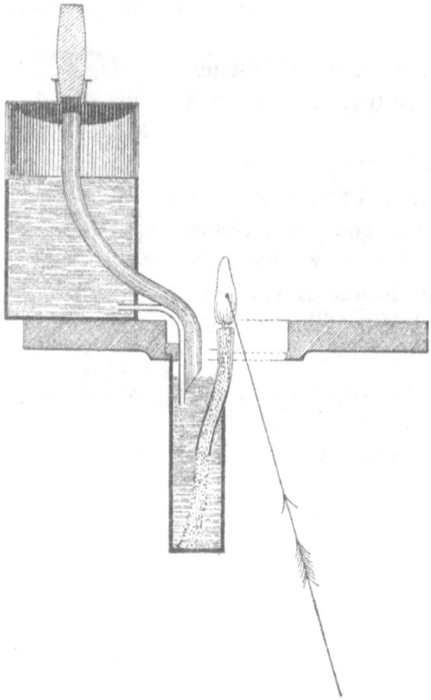

Fig. 146. Ölregulator an der BORCHERSschen Signallampe.

Der Laternenhalter *L* (in der Figur 147 durch die Laterne verdeckt) ist ähnlich konstruiert wie der Spiegelhalter und gestattet einem Teller mit erhöhtem Rande eine solche Stellung zu geben, daß das Licht einer auf dem Teller stehenden Schaffnerlaterne in den Spiegel fällt. Die richtige Stellung des Spiegels kann vom Theodolitstandpunkt aus mit bloßem Auge beurteilt werden.

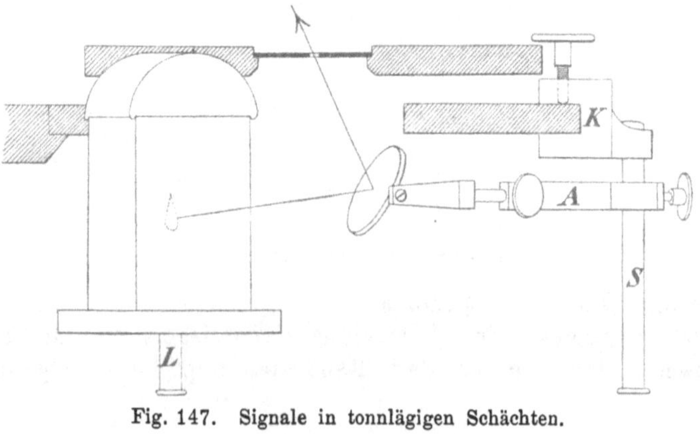

Fig. 147. Signale in tonnlägigen Schächten.

Bei kurzen Ziellinien und bei klaren Wettern kann die Öffnung der kleinen Signalscheiben auch mittels der gekrümmten Glasstäbe belichtet werden, die an den Sicherheitslampen zum Ablesen der Nonien

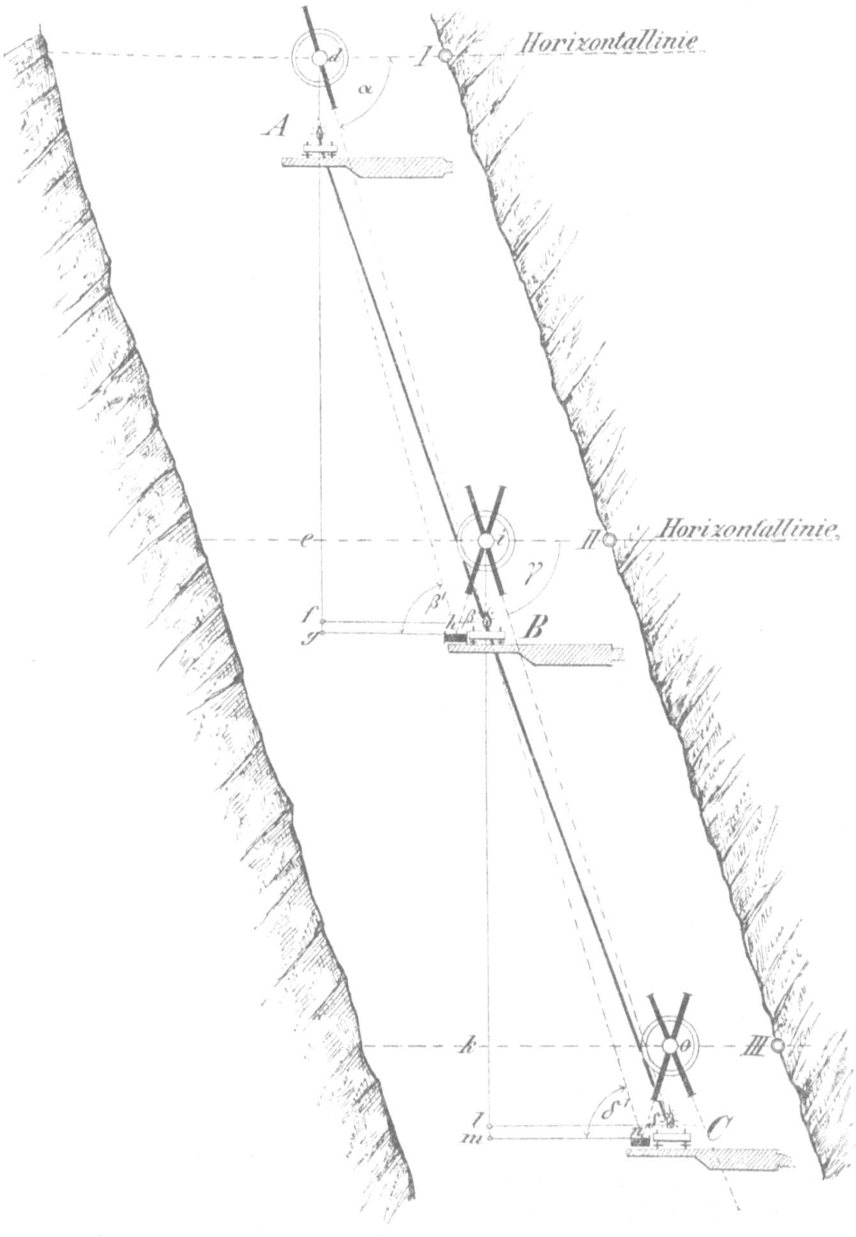

Fig. 148. Theodolitmessungen in tonnlägigen Schächten.

angebracht sind (Fig. 293 § 147.) Durch eine einfache Vorrichtung gibt man dem Glasstab eine solche Stellung, daß die eine Endfläche auf der Öffnung des Scheibchens steht und das am anderen Ende in den Glasstab geschickte und nachher total reflektierte Licht durchstrahlen läßt (Fig. 149).

Das eigentliche Meßverfahren wird an der Figur 148 am besten erläutert, die noch die Verwendung der Borchersschen Signallampen voraussetzt. Die wenigen Änderungen, die durch die Spiegelsignale erforderlich sind, wird jeder leicht von selbst finden.

Die Winkelpunkte sind die Flammen der in den Standplatten der Arme sitzenden Signallampen *A*, *B*, *C*. Der Winkel, den die Horizontalprojektionen der beiden Schenkel *BA* und *BC* miteinander einschließen, und die beiden Längen *Bf* und *lC* sollen ermittelt werden. In jeder Aufstellung des Theodoliten sind außer der eigentlichen Winkelmessung folgende Arbeiten zu erledigen:

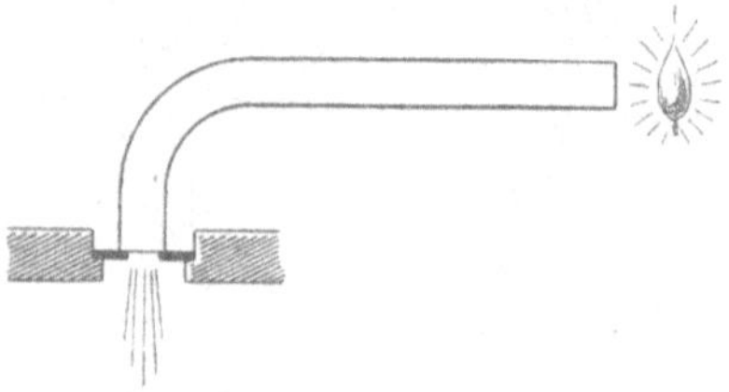

Fig. 149. Beleuchtung der Signale bei Schachtmessungen.

Mittels des Höhenkreises sind die Punkte I, II, III usw. in gleicher Höhe mit der Fernrohrkippachse an dem Schachtstoße zu bestimmen und kenntlich zu machen. Ferner ist der Abstand der Kippachse von dem Lichtsignale $iB = ef$ und $oC = kl$ und auch von dem Spiegel des künstlichen Horizontes *eg* und *km* zu messen.

Der Horizontalwinkel wird durch mehrmalige Repetition in beiden Lagen des Fernrohres gemessen und daran schließt sich die Messung der Vertikalwinkel ebenfalls in beiden Lagen.

Bei der Messung der Depressionswinkel α und γ zielt man die Flamme des unteren Signals unmittelbar an, dagegen wird man behufs Messung des Elevationswinkels das Spiegelbild des oberen Signals im künstlichen Horizonte anzielen und dadurch in den Stellungen des Theodoliten auf *B* und *C* die Winkel $\beta = \beta'$ bezw. $\delta = \delta'$ messen.

Am Schluß werden mit Hilfe des Maßgestänges (Fig. 246 § 117) die seigeren Abstände der Punkte I, II, III usw. genau ermittelt, und damit sind alle Unterlagen zur Berechnung der Projektionen der Winkelschenkel *BA* und *BC* gegeben.

Dies geschieht bei jeder einzelnen Projektion auf zwei verschiedenen Wegen. *Bf* wird einmal aus dem Winkel α und der Kathede *df* des rechtwinkeligen Dreiecks *dfB* berechnet, das zweite Mal aus den Stücken *gh* und *hB'* (der Punkt *B'* ist in der Figur weggelassen; er liegt senkrecht um eine Länge gleich *fg* unter *B*, in gleicher Höhe mit der Oberfläche des künstlichen Horizontes).

Die Länge *gh* wird aus der Kathete *Ag* und dem Winkel β des rechtwinkeligen Dreiecks Agh und hB' aus $iB' = eg$ und dem Winkel β berechnet.

Wird der künstliche Horizont nicht angewandt (Fig. 150), so wird die Projektion Bf des Winkelschenkels BA einmal aus der Kathete df und dem Winkel α, das andere Mal aus dem Winkel β und der Kathete Ae berechnet.

Bei dem Messen der Höhenwinkel mit dem exzentrischen Fernrohr

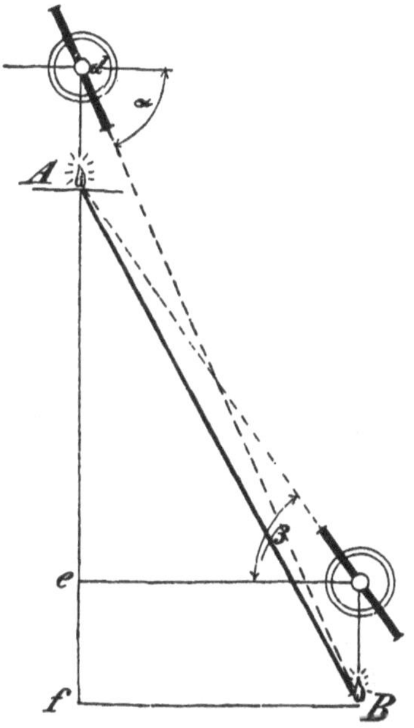

Fig. 150.

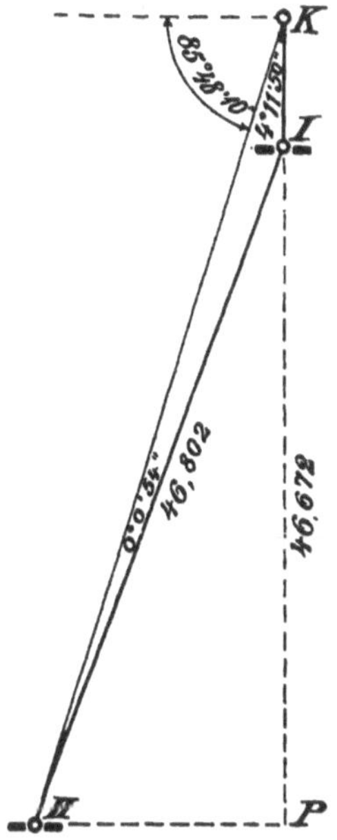

Fig. 151. Messen in tonnlägigen Schächten.

ist das zu berücksichtigen, was hierüber in § 54 zu Fig. 116 gesagt worden ist.

Anstatt der Seigerteufe kann man bei starker Neigung des Schachtes die flache Länge *I II* mit freischwebendem Meßbande messen. In der Figur 151 bedeuten die Punkte *I* und *II* die Mittelpunkte der Signalscheiben. Im Punkte *K* ist die Kippachse des Theodolitfernrohres. Die Höhe der Kippachse über dem Signalpunkte wird genau ermittelt und war in dem als Beispiel dienenden Falle 0,1659 m. Nachdem der Horizontal- und der Tiefenwinkel (85° 48′ 10″) gemessen waren, entfernte man die Signalscheibchen und zog das Meßband durch die beiden Mittellöcher der Standplatten, wozu die Endringe des Bandes geeignet sein müssen. An die Stelle der Signalscheiben legte man halbkreisförmige Bleche (in der Figur 152 schwarz), auf deren Kante sich das Meßband auflegte. In der Verlängerung der Linie *II—I* schlug man oberhalb *I* zwei starke Nägel in verschiedenem Abstande ein; zuerst wurde an dem unteren der beiden Nägel der Spannungsmesser und an diesen das Meßband angehängt. Unterhalb des Punktes *II* wurde das Band angezogen und, sobald die richtige Spannung erreicht war, gleichzeitig bei *I* und *II* an den Kanten der eingelegten Bleche abgelesen. Der Unterschied der beiden Ablesungen ergab eine Länge von 46,803 m. Zur Prüfung wurde dann das Meßband an den höher geschlagenen Nagel gehängt und die Messung wiederholt. Sie ergab 46,801 m. Bei der Arbeit waren vier Personen erforderlich, zwei lasen bei den beiden Punkten *I* und *II* am Meßbande ab, einer beobachtete den Spannungsmesser, und der vierte zog am unteren Bandringe zum Spannen des Bandes.

Fig. 152. Zur Schachtmessung.

Eine doppelte Messung des Höhenunterschiedes von *I* und $II = IP$ mittels des Maßgestänges ergab 46,672 m. Denselben Höhenunterschied erhielt man durch trigonometrische Rechnung aus der mit dem Meßbande gemessenen Länge *I II*, aus *IK* und aus dem Tiefenwinkel zu 46,675 m, also nur 3 mm verschieden.

Das zweimalige Messen der Länge *I II* mit dem Meßbande nahm eine Stunde in Anspruch, während die doppelte Seigerteufenermittelung mittels des Gestänges 7 Stunden dauerte und auch vier Personen erforderte.

Fünftes Kapitel.

Die Magnetnadelinstrumente.

§ 64. Die beiden zum Winkelmessen dienenden Magnetnadelinstrumente sind der Kompaß und die Bussole. Früher bestand der scharfe Unterschied zwischen beiden darin, daß der Teilkreis des Kompasses in Stunden, der der Bussole in Grade eingeteilt war, und daß der Kompaß nur in der Grube, die Bussole ausschließlich über Tage zum Feldmessen gebraucht wurde.

Der erste Unterscheidungsgrund ist weggefallen, seitdem die Kompasse auch in Grade geteilt werden, der zweite besteht im wesentlichen noch.

Unter Bussole versteht man im allgemeinen ein Magnetnadelinstrument, das mit einem Fernrohr oder mit Diopptern sowie mit einem Dreifuß versehen ist und über Tage in Verbindung mit einem Stativ benutzt wird.

Ist vom Kompaß die Rede, so denkt man, abgesehen vom Schiffskompaß, an den in der Grube gebrauchten Hängekompaß. Dieselbe zum Hängezeug passende Kompaßbüchse kann aber in einen Apparat eingesetzt werden, der ein Absehen (Diopter oder Fernrohr) hat, und heißt dann Visierkompaß, Stativkompaß, Feldmeßinstrument oder Bussole. Ein solcher Visierkompaß wird z. B. in Amerika und England vorwiegend in der Grube gebraucht.

Zuerst soll von dem Markscheiderkompaß und dann von der Bussole gesprochen werden.

§ 65. Der Markscheiderkompaß. Bis zum ersten Drittel des vorigen Jahrhunderts war der Kompaß das wichtigste Instrument des Markscheiders, und die Entwickelung der ganzen Markscheidekunst hängt eng mit der Vervollkommnung des Kompasses zusammen.

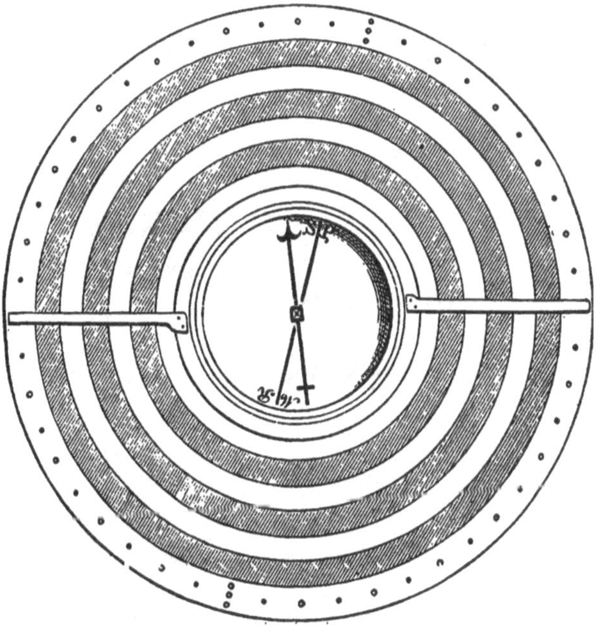

Fig. 153. Alter Setzkompaß.

Wer zuerst einen nadelförmigen Magneten auf einem Stifte frei schwingend in eine Büchse (bussola) eingeschlossen hat, bleibt ungewiß. Wahrscheinlich geschah es um das Jahr 1200.

Meist wird einem gewissen Flavio Gioja, der um 1300 gelebt haben soll, das Verdienst dieser Erfindung zugeschoben, aber nach einer gründlichen Abhandlung von A. Schück (Hamburg) in dem Journale „Ausland" 1892 Nr. 35 ff.: „Die Kompaß-Sage in Europa (Flavio Gioja), die erste Erwähnung desselben dortselbst und nationale Ansprüche an seine Erfindung", ist dies nicht der Fall, vielmehr schließt sich der Verfasser einer schon im Jahre 1643 von einem Gelehrten ausgesprochenen Ansicht an, die folgendermaßen lautet: Ich rechne diese Erfindung zu den Sachen, die wir durch Überlieferung erhalten haben, ohne zu wissen, wem wir dafür verpflichtet sind.

Die Anwendung des Kompasses zum Vermessen in der Grube erwähnt zuerst Agricola im fünften Kapitel seines 1556 erschienenen Buches „De re metallica". Von dem in diesem Werke beschriebenen Setzkompaß liefert Fig. 153 eine Darstellung. Das Original, nach dem diese Zeichnung gefertigt, trägt die Jahreszahl 1541.

Eine hölzerne, 2 cm dicke Scheibe von 16,5 cm Durchmesser, in deren Mitte zentrisch eingelassen sich ein kleiner messingener Kompaßnapf von 5,5 cm Durchmesser befindet, ist in eine kreisförmige Vertiefung einer hölzernen Dose (in der Figur weggelassen) eingesetzt, in deren Boden ein Loch zur Aufnahme eines Aufsteckzapfens (Stockstativ) gebohrt ist. Der Kompaß selbst hat keine Teilung, nur eine Null-Linie, die mit *SP* (Nord) und *MR* (Süd) bezeichnet ist, und um seinen etwas erhöhten Rand ist eine Doppelregel drehbar. Die hölzerne Scheibe hat

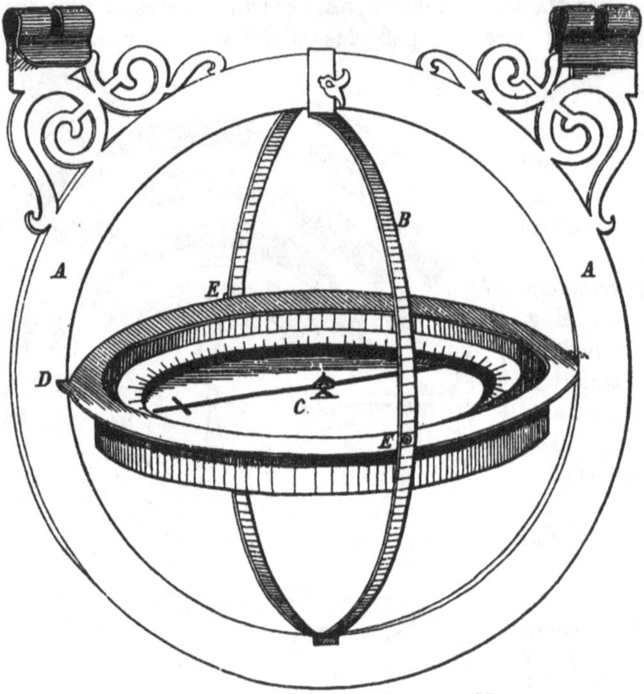

Fig. 154. Kreuzhängezeug nach RÖSSLER. Nat. Größe.

mehrere ringförmige Vertiefungen, die mit verschieden gefärbtem Wachs ausgefüllt sind. Beim Gebrauch wurde die Scheibe so lange in der Dose gedreht, bis die Nadel über der Null-Linie der Bodenplatte stand, und dann wurde die Regel nach dem Augenmaß in die Richtung der Schnur gebracht. Diese Richtung wurde durch Striche oder Punkte längs der Regelkante auf einem der Wachsringe mittels eines Spatels bezeichnet. Die von AGRICOLA besprochenen Vermessungen hatten nur den Zweck, nachzuweisen, wie die unterirdischen Baue gegen die über Tage versteinte Grubenfeldsgrenze (Markscheide) standen.

Der in der Grube ausgeführte Zug wurde, von dem Schachte oder dem Stollenmundloche ausgehend, im natürlichen Maßstabe auf der Tagesoberfläche abgesteckt.

Später ist die einfache messingene Regel mit Haken oder Löchern zum Einhängen der Schnur und die Scheibe neben den wächsernen Ringen auch noch mit einer Kreisteilung am Rande versehen worden (vgl. Eisenscheiben § 33 Fig. 85).

Der von Agricola beschriebene Standpunkt der Markscheidekunst blieb viele Jahre derselbe, bis diese im Jahre 1633 mit der Erfindung des Hängekompasses durch Balthasar Rössler, der 1673 als Bergmeister zu Altenburg in Sachsen starb, einen neuen Aufschwung nahm.

Im Jahre 1686 erschien das erste bedeutende Buch über Markscheidekunst, die „Geometria subterranea" von Nicolaus Voigtel, worin der Rösslersche Hängekompaß, das sogenannte Kreuzhängezeug, zuerst abgebildet und beschrieben ist (Fig. 154).

Ein breiter Messingring *A*, der Hängering, ist mit zwei Haken zum Aufhängen versehen und mit einem zweiten dünneren Ringe *B*, dem Kompaßringe, fest verbunden, dessen Ebene um 90 Grad gegen die des Hängeringes verdreht ist. Zwei gegenüberliegende und 90 Grad von der Hängeringebene abstehende Löcher *EE* im Kompaßringe dienen zur Aufnahme der an der Kompaßbüchse *C* befestigten Achsenzapfen. Außerdem sind am Kompaßnapf noch zwei Spitzen *DD* angebracht, die zur Führung beim Drehen des Kompasses an dem Hängeringe anliegen.

Die nächsten Werke von Bedeutung über Markscheidekunst: 1) die lateinisch verfaßten „Institutiones geometriae subterraneae" von J. F. Weidler, Wittenberg 1726; 2) „Gründlicher Unterricht vom Bergbau nach Anleitung der Markscheidekunst" von A. Beyer, Altenburg 1749; 3) „Anleitung zur Markscheidekunst" vom Oberberghauptmann v. Oppel, Dresden 1749, brachten bezüglich der Kompaßkonstruktion nichts Neues, wenn sie auch in anderer Beziehung, namentlich durch Einführung des Zulegens nach Streichsinus und Streichkosinus, die Markscheidekunst auf eine höhere Stufe hoben.[1]

Im Jahre 1785 erschien eine zweite Auflage des Beyerschen Buches, bearbeitet von Lempe, in welchem zum ersten Male die jetzt gebräuch-

---

[1] Der Vollständigkeit wegen mögen hier noch andere über Markscheidekunst geschriebene Bücher angeführt werden:

Lehrbuch der Markscheidekunst von D. F. Hecht, Freiberg 1829.

Anleitung zur Markscheidekunst von J. N. Lang v. Hanstadt, Pest 1835.

Anfangsgründe der Markscheidekunst von Kotzura, Weimar 1848.

Die neue Markscheidekunst von J. Weissbach, Braunschweig 1851.

Lehrbuch der Markscheidekunst von B. H. Beer, Prag 1856.

Höhere Markscheidekunst von Miller-Hauenfels, Wien 1868.

Die praktische Markscheidekunst unter Anwendung des Luftblasenniveaus und des Theodoliten von E. Borchers, Hannover 1870.

Abriß der Markscheidekunst von Choulant, Freiberg 1873.

Lehrbuch der Markscheidekunst und praktischen Geometrie von A. Liebenam, Leipzig 1876.

Lehrbuch der Markscheidekunde von P. Uhlich, Freiberg 1901.

liche Form des Hängezeuges abgebildet ist und der Mechaniker Schubert in Freiberg als der Verfertiger genannt wird. Erfunden wurde diese Konstruktion von dem Freiberger Bergmechaniker Joh. Gotth. Studer, gestorben 1832, der es in seinem Buche „Beschreibung der Vermessungsinstrumente“, Dresden 1811, beschrieben hat.

§ 66. Die Kompaßbüchse oder der Kompaßnapf. Der beim Markscheiden gebrauchte Kompaß besteht aus einem Napf oder einer Büchse *A* aus Messing von 7—10 cm äußerem und 4,5—7,5 cm innerem Durchmesser (Fig. 155).

Im Mittelpunkt der Bodenplatte ist ein stählerner in eine feine Spitze auslaufender Stift eingeschraubt, auf dem eine Magnetnadel so ruht, daß

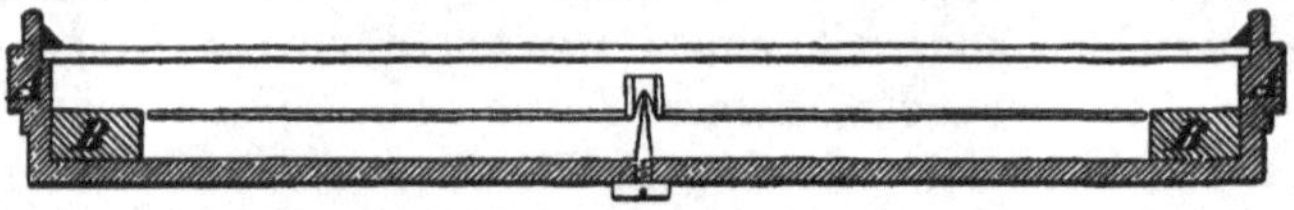

Fig. 155. Kompaßbüchse. Querschnitt.

ihre Spitzen in gleicher Höhe des Teilkreises schwingen können. Der Teilkreis ist auf einem Ringe *B* angebracht, der innerhalb des Napfrandes so eingelegt ist, daß die Stiftspitze mit seinem Mittelpunkte zusammenfällt. Dieser Teilkreis ist gewöhnlich fest mit dem Rande des Kompaßnapfes verbunden, kann aber auch mit einer Vorrichtung zum Verstellen eingerichtet werden. (Österr. Zeitschr. 1878. Nr. 22.) Die Nadel ist aus dünnem Federstahl gefertigt und ist magnetisch. Das eine Ende, das zum besseren Erkennen blau angelaufen ist, wendet sich bei ungehinderter Bewegung stets nach Norden, das andere, das Südende, ist mit einem hellen Querstrich versehen.

Die Form der Nadel ist meist rhombisch, seltener sind die oblongen Nadeln (Balkennadeln), die wieder hochkantig und flach gestellt sein können.

Fig. 156 gibt die drei üblichen Formen in der Grund- und Seitenansicht.

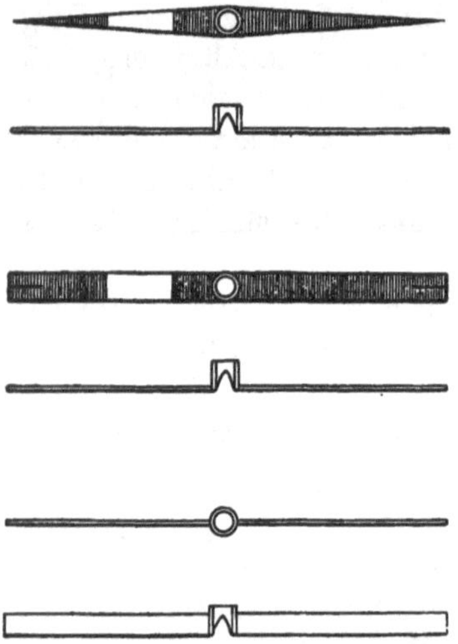

Fig. 156. Form der Kompaßnadeln.

Die Magnetnadeln haben sämtlich in der Mitte eine Durchbohrung, auf der das „Hütchen“ sitzt. Dieses Hütchen besteht aus einer kurzen messingenen Röhre, die mit einem konisch ausgeschliffenen Stahlstück oder mit einem harten Stein ausgefüttert ist.

Der Punkt im Hütchen, mit dem es auf der Spitze des Stiftes ruht, ist der Aufhängepunkt der Nadel. Dieser liegt nicht im Schwerpunkt der Nadel, sondern etwas nach dem Nordende zu. Die Südspitze muß schwerer sein, um die Wirkung der Inklination aufzuheben. Die Kompaßbüchse ist mit einem Glasdeckel, den ein eingesprengter Ring festhält (in Fig. 155 schwarz), verschlossen und außerdem mit einer Vorrichtung versehen, mittels der man die Nadel vom Stift abheben und gegen den Glasdeckel drücken kann (Arretierung, Nadelklemmung).

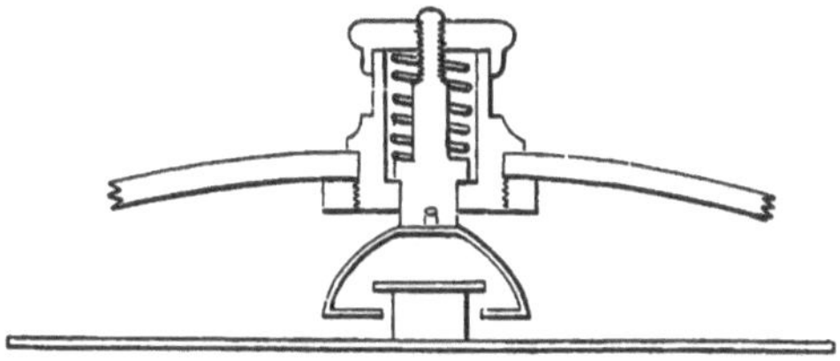

Fig. 157. Klemmvorrichtung am Glasdeckel.

Die Klemmung besteht aus einem Hebel, der durch einen Schieber oder besser durch eine Schraube in Wirkung gesetzt wird, zuweilen auch aus einer Schraube, die durch die Bodenplatte oder durch den Glasdeckel geführt wird (Fig. 157).

§ 67. **Die Kreisteilung des Kompasses.** Der Kreis des Kompasses wird in Grade eingeteilt, und zwar ist die Teilung bei dem üblichen Durchmesser von 7,5 cm bis zu ganzen Graden durchgeführt, bei Bussolen, die einen größeren Durchmesser haben, bis zu halben Graden. Die Minuten werden abgeschätzt. Die Zählung fängt bei der Null-Linie an, wie man die an einem Ende mit Nord, am anderen Ende mit Süd bezeichnete Linie nennt, und zwar bei Nord mit Null anfangend über Ost, Süd und West bis 360 Grad. Bei vielen Kompassen geht die Zählung, bei Nord mit Null beginnend, über Ost nur bis zum Südende der Null-Linie, also bis 180 Grad, fängt dort wieder mit Null an und zählt im rechtläufigen Sinne über West bis zu 180 Grad am Nordende der Null-Linie. Zur vollständigen Bezeichnung eines Streichwinkels muß bei einer derartigen Zählung die Weltgegend Ost und West hinzugefügt werden, bei durchzählendem Streichwinkel dagegen ist dies nicht erforderlich. Z. B. ein Streichwinkel West 24 Grad ist gleich dem durchzählenden Streichwinkel 204 Grad. Die Magnetrichtung ist immer der linke Schenkel.

Der Streichwinkel einer Linie richtet sich nach der Vermessungsrichtung, je nachdem man in dem einen Endpunkte *a* oder in dem anderen *b* steht, und die Richtung der Linie von *a* nach *b* oder von *b* nach *a* verlaufend auffassen muß.

In Fig. 158 sei der Streichwinkel der Linie *ab* in *a* gleich 72 Grad, dann wird das Streichen von *ba* 180 Grad größer sein, also 252 Grad, wenn die Kompaßteilung bis 360 durchzählend ist. Besitzt der Kompaß dagegen eine Bezifferung von 0 bis 180 Grad, so unterscheiden sich die beiden Streichwinkel nur durch die beigefügte Weltgegend. Das Streichen von *ab* ist Ost 72 Grad, das Streichen von *ba* ist West 72 Grad.

Um das richtige Streichen einer Linie und um bei einem längeren Zuge das Streichen aller Linien in einem Sinne zu erhalten, muß beim Messen der Kompaß stets so gehängt werden, daß das Nordende der Null-Linie voraus in der Vermessungsrichtung steht. Die Nordspitze der Nadel ist dann für die Gradzahl und für die Weltgegend maßgebend.

Der Geognost will beim Bestimmen des Streichens einer Gebirgsschicht nur die Lage dieser Linie gegen die Magnetrichtung im allgemeinen angeben, nicht wie in der Meßkunst von einem bestimmten Punkte aus. Er benutzt stets einen Kompaß, der von 0 bis 180 Grad oder von 0 bis 12 Stunden eingeteilt ist, und läßt bei der Angabe des Streichwinkels die Weltgegend weg.

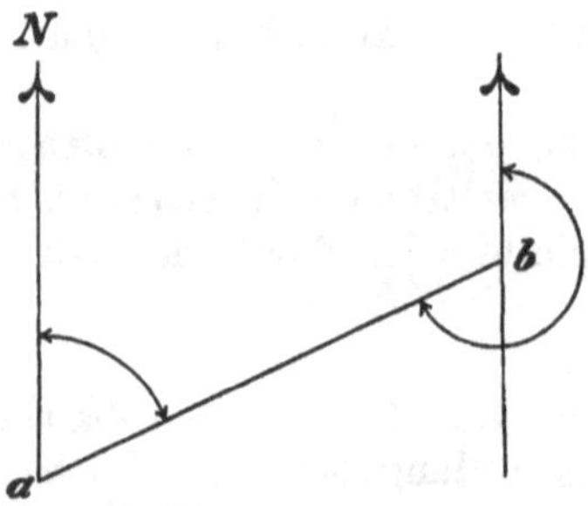

Fig. 158. Streichwinkel.

Die älteren Kompasse haben noch die Teilung in Stunden, von denen eine gleich 15 Grad ist. Auf den Kreis kommen 24 Stunden, aber sie zählen ebenfalls zweimal rechtsinnig von 1 bis 12. Die Zählung geht mit 0 bei Nord beginnend über Ost bis Süd, fängt da wieder mit 0 an und zählt über West bis 12 Stunden.

Jede Stunde ist in acht Teile (Achtel) und jedes Achtel wird in sechzehn Teile durch Schätzung abgeteilt. Bei kleineren Kompassen geht die Einteilung nur bis zu Achteln, bei größeren bis zu halben Achteln.

Zur Umrechnung der Stunden in Grade und Minuten soll die folgende Tabelle dienen:

		Vom Achtel	Vom Achtel
1 St. = 15°	1/8 St. = 1°52,5′	1 Sechzehntel = 7,03′	9 Sechz. = 1° 3,28′
2 „ = 30°	2/8 „ = 3°45,0′	2 „ = 14,06′	10 „ = 1°10,31′
3 „ = 45°	3/8 „ = 5°37,5′	3 „ = 21,09′	11 „ = 1°17,34′
4 „ = 60°	4/8 „ = 7°30,0′	4 „ = 28,13′	12 „ = 1°24,37′
5 „ = 75°	5/8 „ = 9°22,5′	5 „ = 35,15′	13 „ = 1°31,40′
6 „ = 90°	6/8 „ = 11°15,0′	6 „ = 42,18′	14 „ = 1°38,43′
7 „ = 105°	7/8 „ = 13° 7,5′	7 „ = 49,22′	15 „ = 1°45,47′
8 „ = 120°	8/8 „ = 15° —′	8 „ = 56,25′	16 „ = 1°52,50′

Eine andere Einteilung der Stunde ist nach Sechzehnteilen und jedes Sechzehntel wird in 8 oder bei großem Durchmesser des Kompasses in 12 Teile abgeschätzt. Nach obiger Tabelle ist eine Sechzehntelstunde = 56,25′ und ein Achtel davon = 7,03′. Ein Zwölftel von der Sechzehntelstunde = 4,69′.

Die Ablesegrenze für Kompasse mit 7,5 cm Durchmesser ist 7,5 Minuten, bei kleinerem Durchmesser sinkt die Grenze bis auf 10 Minuten.

Die Bussolen gestatten vermöge ihres größeren Durchmessers, ferner weil die Nadel des auf einem Stativ stehenden Instrumentes sich leichter beruhigt und bequemer (mit Lupe) abgelesen werden kann, als am Kompaß im Hängezeug, eine schärfere Ablesung, und zwar mindestens bis 5 Minuten.

§ 68. Die Bezifferung der Teilung des Kompasses ist widersinnig. Der Grund ist folgender: Wenn mit einem Kompaß der Streichwinkel einer Linie *ab* gemessen werden soll, so ist der Kompaß in eine solche Lage zu bringen, daß seine Null-Linie in die Vertikalebene dieser Linie *ab* fällt, oder doch dieser Ebene parallel ist.

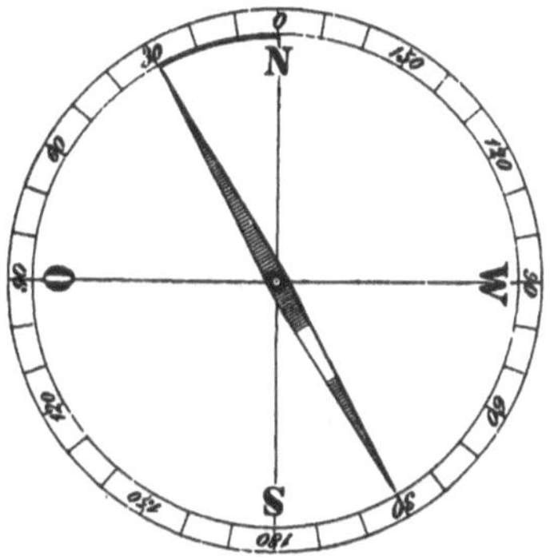

Fig. 159. Widersinnige Bezifferung der Kompaßteilung.

Denkt man sich diese Lage durch eine rechtsinnige Drehung des Kompasses hervorgebracht, und zwar aus der Anfangsstellung, in der die Nordspitze der Nadel auf den Nord- oder Nullpunkt der Teilung zeigt, so behält bei dieser Drehung des Kompasses die freischwebende Magnetnadel ihre Richtung fortwährend bei und die Nordspitze beschreibt entgegengesetzt der Drehung den zu messenden Bogen (Fig. 159).

Will man also den Streichwinkel ohne weiteres ablesen, so muß auch die Bezifferung in dem Sinne der Bewegung der Nordspitze also widersinnig verlaufen und Ost und West müssen vertauscht sein. Sollte eine Uhr mit feststehendem Zeiger und rechtsinnig drehendem Zifferblatte die richtigen Stunden angeben, so müßten die Stundennummern auch umgekehrt, wie sonst üblich, zählen.

In den Vereinigten Staaten von Nordamerika ist die Bezifferung der Kompaßteilung so, daß sie von der Null-Linie, und zwar sowohl von dem Nord- als auch vom Südende aus, nach links und nach rechts bis 90 Grad geht. Die abgelesenen Winkel zählen der Bezifferung entsprechend, sind immer spitze und erhalten noch die Bezeichnung der Himmelsgegenden NO, NW, SO, SW.

Beim Theodoliten ist die Bezifferung rechtsinnig, da hier beim Winkelmessen der Hauptkreis mit der Teilung stehen bleibt und der Zeiger (der Nullstrich des Nonius) rechtsinnig mit dem Fernrohr gedreht wird.

Bei den alten Setzkompassen (Fig. 153) mußte die Bezifferung des Teilkreises, mit der man die verbesserten derartigen Instrumente versah, infolge der Art und Weise der Streichwinkelmessung ebenfals rechtsinnig verlaufen.

§ 69. Soll ein Kompaß den Anforderungen des Markscheiders genügen, so hat er folgende Bedingungen zu erfüllen:

1. Er muß richtig eingeteilt sein.

2. Er soll keine oder doch keine zu großen Exzentrizitätsfehler besitzen.

3. Die Nadel muß den erforderlichen Grad von Empfindlichkeit haben und in der Höhe des Teilkreises (Stundenringes) schwingen.

Zu 1. Bei der jetzigen Vollkommenheit der Teilmaschine ist bei Instrumenten aus guten Werkstätten die Teilung immer als richtig vorauszusetzen.

Zu 2. Man kann unterscheiden:

a. Die konstante Exzentrizität, wenn Stiftspitze und Nadelenden nicht in einer Vertikalebene liegen.

b. Die gesetzmäßig veränderliche Exzentrizität, wenn die Stiftspitze exzentrisch zum Teilkreise steht.

c. Die gesetzlose Exzentrizität, wenn der Aufhängepunkt der Nadel im Hütchen veränderlich ist.

In allen Fällen zeigt der Fehler sich dadurch, daß die Ablesungen an den beiden Nadelspitzen nicht übereinstimmen, oder nicht genau um 180 Grad verschieden sind. Bleibt dieser Unterschied derselbe, wenn man durch Drehen des Kompasses die Nadelspitzen durch den ganzen Teilkreis führt, so ist die konstante Exzentrizität vorhanden; wechselt hierbei der Fehler und geht von einem Maximum allmählich zu einem Minimum über oder umgekehrt, so liegt die gesetzmäßig veränderliche Exzentrizität vor.

Die Abweichung vom wahren Streichwinkel ist am größten, wenn die Nadel auf der Verbindungslinie von dem Kompaßmittelpunkt und Stift $M_1 M$ (Fig. 160) rechtwinkelig steht, dagegen gleich Null, wenn die Nadelrichtung in diese Verbindungslinie selbst fällt. (Vgl. denselben Fehler am Theodoliten § 53.)

Der Fehler der Exzentrizität wird ausgeschieden, wenn man an beiden Nadelspitzen abliest und aus beiden Ablesungen das Mittel nimmt.

Der Beweis für die Richtigkeit des Verfahrens beruht in dem planimetrischen Lehrsatze, daß ein exzentrischer Winkel gleich ist dem arithmetischen Mittel aus den beiden Zentriwinkeln über den zwischen seinen Schenkeln liegenden Kreisbögen.

In Fig. 161 sei M der Kompaßmittelpunkt und M_1 der (übertrieben gezeichnete) exzentrische Stand des Stiftes. Die freischwingende Nadel schließt mit der Null-Linie den Winkel $\alpha = 45^0$ ein, zeigt aber mit der

Nordspitze auf 30 Grad, mit der Südspitze auf 60 Grad. Das Maß des Winkels α ist das arithmetische Mittel aus den Bögen *Sb* und *Na*, nämlich gleich 45 Grad. Denselben Wert würde man an einer genau zentrisch aufgehängten Nadel (in der Figur punktiert) sogleich abgelesen haben.

Zum Erkennen der gesetzlosen Exzentrizität übe man mit einem dünnen Abschnitzel eines Federkiels oder Fischbeins einen kleinen

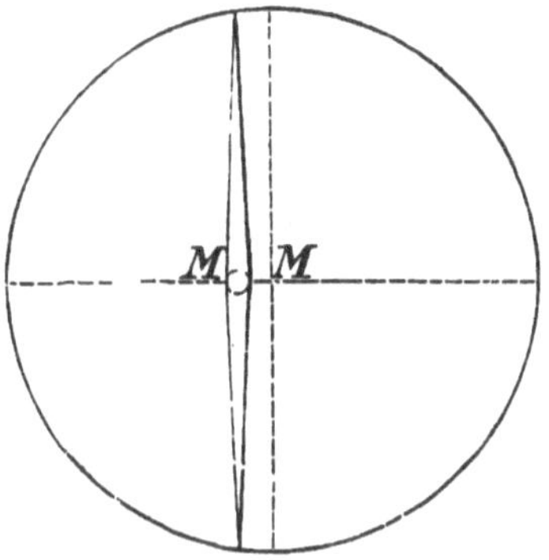

Fig. 160.

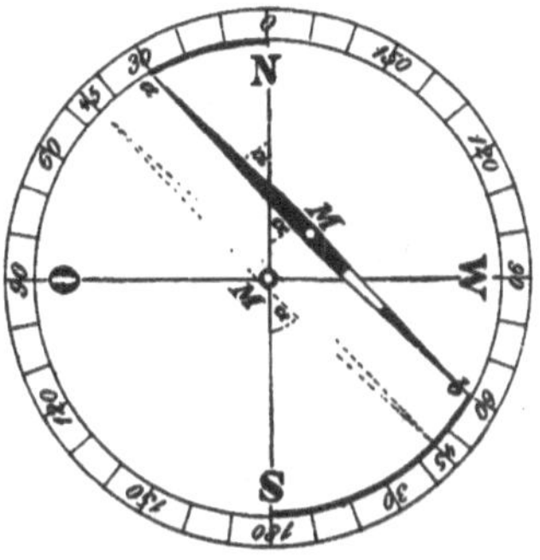

Fig. 161.

Exzentrizitätsfehler des Kompasses.

seitlichen Druck erst von der einen, dann von der anderen Seite des Hütchens aus (Fig. 162) und lese jedesmal ab.

Geben beide Streichwinkel eine merkliche Abweichung, so hat man es mit der gesetzlosen Exzentrizität zu tun. Nadeln mit diesem Fehler sind zu verwerfen.

Bei vorhandener Exzentrizität sollte nach dem oben Gesagten immer an beiden Spitzen abgelesen werden. Benutzt man aber denselben Kompaß zum Zulegen, so genügt auch das Ablesen an einer Spitze, nur dann nicht, wenn gesetzlose Exzentrizität vorhanden ist.

Fig. 162. Gesetzlose Exzentrizität.

Zum dritten Erfordernis:

Die Empfindlichkeit der Nadel erkennt man daran, daß sie selbst die kleinsten Schwingungen regelmäßig ausführt, in ihrer freien Bewegung also nicht gestört wird.

Zur Prüfung in dieser Hinsicht versetzt man eine in Ruhe befindliche Magnetnadel eines Kompasses in der Zulegeplatte durch Annähern eines Eisenstückes in Schwingungen, beobachtet diese auf ihre Regelmäßigkeit und prüft namentlich, ob die Nadel genau den vorher abgelesenen Stand wieder einnimmt.

Die Empfindlichkeit der Nadel hängt ab:

a. von der fehlerfreien Spitze, auf der sie schwingt,

b. von der guten Beschaffenheit des aus Achat oder Stahl hergestellten Futters des Hütchens,

c. von der magnetischen Kraft der Nadel.

Zeigt die Nadel sich träge, so wird die Ursache meistens in der fehlerhaften, abgenutzten oder stumpfen Spitze des Stiftes zu suchen sein. Durch vorsichtiges Schleifen auf einem feinen Arkansasölsteine unter fortwährender Drehung des Stiftes und durch nachheriges Polieren mit feinem Schmirgel wird der Stift wieder mit einer brauchbaren Spitze versehen. Zu diesem Zwecke muß der Stift herausgeschraubt und in einer Handhabe (Fig. 163) befestigt werden.

Fig. 163. Handhabe zum Schleifen des Kompaßstiftes.

Die Stiftspitze wird am leichtesten beschädigt durch ein zu schnelles Lösen der Nadelklemmung. Die Nadel fällt dann hart auf die Spitze auf, und es ist, obgleich die Nadel nicht schwer und die Fallhöhe nicht groß ist, bei regelmäßiger Wiederholung doch bald ein übler Einfluß zu bemerken. Die durch Schrauben in Wirkung gesetzten Klemmungen gestatten ein sanftes Aufsetzen der Nadel.

Hat die Trägheit der Magnetnadel ihren Grund in der geringen magnetischen Kraft (was übrigens selten der Fall ist), so wird man ihr diese mittels des einfachen oder doppelten Striches zuführen.

Zu diesem Zwecke legt man die umgedrehte Nadel auf ein ebenes Brett, das mit einer Vertiefung für das Hütchen versehen ist, und streicht mit einem Magnetstabe mehrere Male von einer Spitze der Nadel bis zur anderen, wobei anfänglich der Südpol des Stabes auf die Nordspitze der Nadel gesetzt werden muß. Man setzt auch das eine Ende des Magneten in der Mitte der Nadel auf und streicht nach dem einen Ende zu, dreht sodann den Magnetstab um und streicht das andere Ende der Nadel, wieder in der Mitte beginnend, in entgegengesetzter Richtung. Hierbei muß der Südpol des Magneten die Nordspitze der Nadel bestreichen und umgekehrt. In allen Fällen ist ein Rückwärtsstreichen zu vermeiden. Dem Magnetstabe ist eine Neigung von ungefähr 30 Grad zu geben.

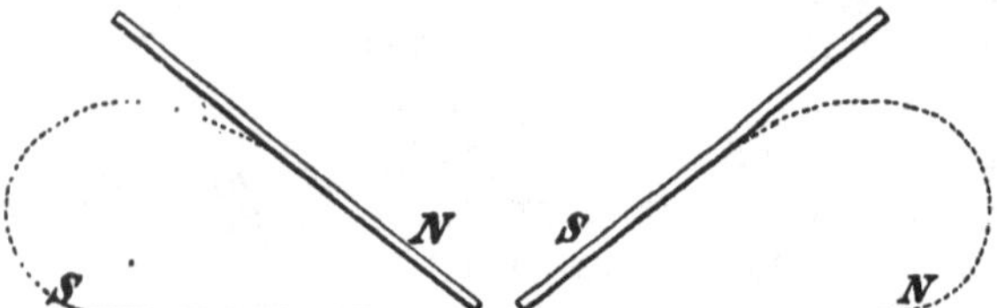

Fig. 164. Magnetisieren der Nadel mit dem doppelten Strich.

Hat man zwei Magnetstäbe zur Verfügung, so streicht man die Nadel wiederholt mit beiden Stäben gleichzeitig von der Mitte nach den Enden, wie Fig. 164 zeigt. Hierbei ist ebenfalls ein Rückwärtsstreichen zu vermeiden und von den Magnetstäben ist der Südpol des einen und der Nordpol des anderen zu benutzen.

Setzt man aus Versehen die falschen Pole der Magnetstäbe auf die Nadel und verfährt wie oben, so magnetisiert man die Nadel um,

d. h. die Nordspitze wird zur Südspitze und umgekehrt. Hierdurch wird die Nadel unbrauchbar, da die so schon schwerere Südspitze, die nun zur Nordspitze geworden ist, durch die Inklination noch mehr herabgezogen wird und auf der Bodenplatte aufliegt.

Das Magnetisieren der Magnetnadeln und Stahlstäbe geschieht ferner durch den elektrischen Strom. Läßt man mit Hilfe einer Spirale aus übersponnenem Kupferdraht den elektrischen Strom eine stählerne Nadel umkreisen, so wird sie magnetisch und behält auch den größten Teil des Magnetismus, nachdem man den Strom unterbrochen hat.

Der Einfluß des elektrischen Stromes auf den Magnetismus der Nadeln von Kompassen oder von feinen Orientierungsinstrumenten hat sich zuweilen in unerwünschter Weise bemerkbar gemacht beim Mitführen solcher Instrumente in elektrischen Motorwagen. Die Nadel war dabei ohne Zweifel in das magnetische Feld des elektrischen Stromes gekommen und ihr Magnetismus geschwächt oder geändert worden.

Fig. 165. Luftdämpfung der Magnetnadel.

Fig. 166. Dämpfung der Magnetnadel.

Hebt das Schleifen des Stiftes und das Magnetisieren der Nadel ihre Trägheit nicht auf, so ist der Fehler im Hütchen zu suchen und die Nadel ganz zu verwerfen.

Recht empfindliche Nadeln schwingen sehr lange, ehe sie zur Ruhe kommen, und zeigen oft ein sehr lästiges Zittern. Durch eine Luftdämpfung kann man dem Übel abhelfen, wenn man unter die Nadel feine Glimmerblättchen *a a* (Fig. 165) hochkantig aufkitten läßt. Auch eine runde über das Hütchen der Nadel zentrisch aufgesteckte dünne Glimmerplatte dämpft die Schwingungen und das Zittern der Nadel sehr gut (Fig. 166), dürfte aber leicht die Reibung zwischen Stift und Hütchen zu sehr vermehren.

Selbstverständlich darf die Kompaßbüchse außer Stift und Nadel keine Teile enthalten, die ablenkend auf den Magneten wirken. Man nähert zu dieser Untersuchung den Kompaßnapf, nachdem der Stift herausgeschraubt und nebst der Nadel entfernt worden ist, einer zweiten empfindlichen Kompaßnadel und beobachtet, ob diese aus ihrer Ruhelage gebracht wird.

Auf gleiche Weise wird man das später zu besprechende Hängezeug und die Zulegeplatte untersuchen.

§ 70. Das Hängezeug. Der Markscheider gebraucht den Kompaß in der Grube im Hängezeug als Hängekompaß. Das von Studer erfundene, jetzt gebräuchliche Hängezeug besteht aus Hängebügel *A*

(Fig. 167) und Kompaßring (Fig. 169). Die bogenförmigen Ansätze geben durch ihre Form dem daransitzenden Haken einen größeren Abstand, als sie beim Kreuzhängezeug hatten.

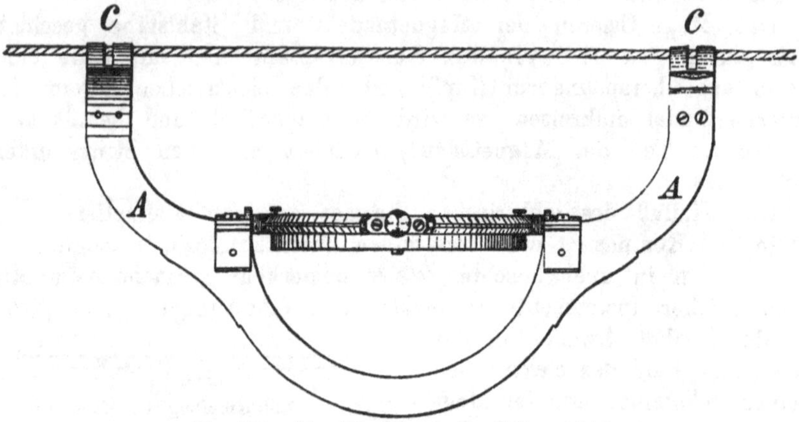

Fig. 167. Der Hängekompaß. Seitenansicht.

Die Schlitze in den Haken dienen, wie Fig. 170 andeutet, zum Einschieben eines Vorsteckers, der den Haken an die stark geneigte Schnur klemmt und so ein Herabgleiten des Hängezeuges verhindert.

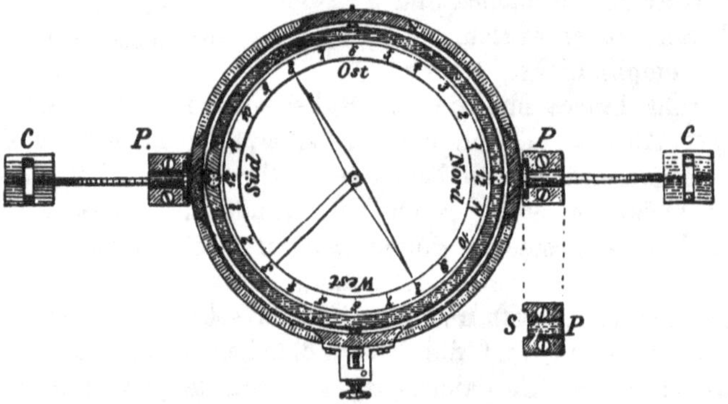

Fig. 168. Der Hängekompaß von oben gesehen.

Der Kompaßring (Fig. 169) ist mittels zweier Zapfen *ZZ*, die in Pfannen *PP* (Fig. 168) des Hängebügels ruhen, mit letzterem verbunden. Die Zapfen *ZZ* bilden die Kippachse des Kompaßringes. An diesen Zapfen sitzen zwei Aufschlageplättchen *aa*, die dem Kompaßringe nur ein Kippen von 90 Grad gestatten und die beiden Stellungen begrenzen, die der Kompaßring einnehmen soll. Die Pfannen und Pfannendeckel *PP* in Fig. 168 sind mit einem Ausschnitt *S* versehen zum Durchlassen der Aufschlageplättchen.

Zur Regelung der rechtwinkeligen Stellung wird in neuerer Zeit das Schräubchen *S* in Fig. 171 angebracht.

In der Gebrauchsstellung soll der Kompaßring rechtwinkelig zum Hängebügel stehen, und um 90 Grad gedreht soll seine Ebene mit der des Hängebügels zusammenfallen.

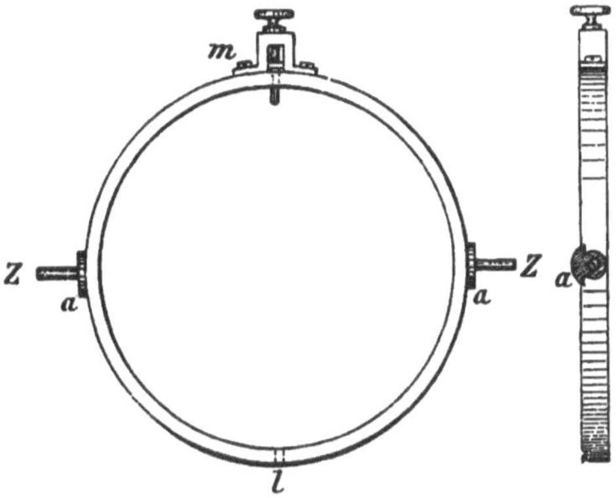

Fig. 169. Kompaßring.

In letzterer Stellung nimmt das Hängezeug den wenigsten Raum ein und wird so in einer besonderen Umschnalltasche aufbewahrt.

Im Kompaßringe sind zwei um 90 Grad von den Zapfen abstehende Löcher angebracht. Das eine *l* (Fig. 169) ist zur Aufnahme eines entsprechenden Zapfens des Kompaßnapfes bestimmt, in dem anderen *m* kann durch eine Schraube ein Stift vor- und rückwärts geschoben werden, der in das entsprechende Loch am Rande des Kompaßnapfes eingeführt wird. Die Verbindungslinie der

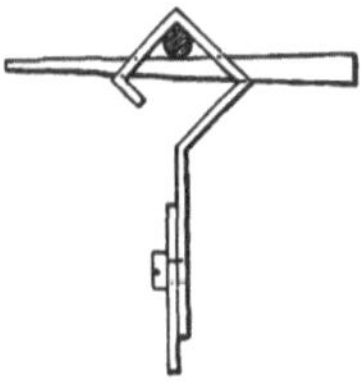
Fig. 170. Vorstecker bei steiler Schnur.

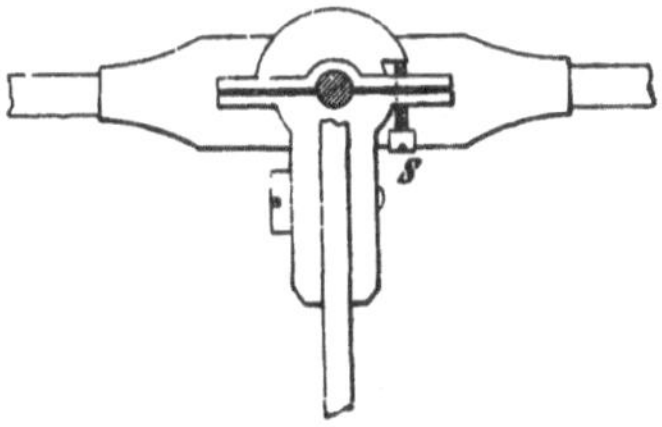

Fig. 171. Berichtigung der Stellung des Kompaßringes.

Mittelpunkte des Zapfens und des Lochquerschnittes ist die Kompaßachse.

§ 71. Die Fehlerquellen des Studerschen Hängezeuges. In der Konstruktion dieses Hängezeuges liegt eine Anzahl von Fehlerquellen, die Professor v. Miller-Hauenfels in seiner höheren Markscheidekunst, Professor Schmidt im Jahrbuch für das Berg- und Hüttenwesen im Königreich Sachsen 1887 und Professor P. Fenner in der Zeitschrift für Vermessungswesen 1890 Heft 4 und 1894 Heft 1 beschrieben haben.

Das Wichtigste ist folgendes:

Man hat am Hängezeug drei Achsen zu unterscheiden.

Die wichtigste ist die Kompaßachse. Sie wird gebildet durch die beiden Zapfen, um die sich die Kompaßbüchse kippen läßt.

Die zweite Hauptachse ist die Haken- oder Schnurlinie, die durch den Scheitel der beiden Hakenöffnungen läuft und durch eine straff gespannte Schnur verkörpert ist, an die der Hängekompaß während der Messung gehängt wird.

Die dritte Linie ist die Null-Linie der Kompaßteilung, die an einem Ende mit Nord, am anderen Ende mit Süd bezeichnet ist.

Der Hängekompaß soll für sämtliche flache Schnüre, die in derselben Seigerebene liegen, dasselbe Streichen und überhaupt das richtige Streichen angeben.

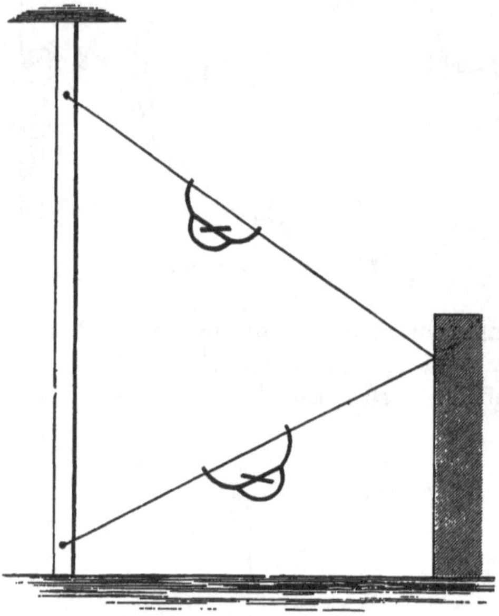

Fig. 172. Die Lattenprobe.

Befestigt man das eine Ende der Schnur an einem Punkte und führt das andere Ende an einer etwas vom Befestigungspunkte entfernten genau senkrecht geschlagenen Latte auf und ab, so soll bei jeder Neigung der Schnur derselbe Streichwinkel abgelesen werden. Man nennt dieses schon sehr alte Verfahren die Lattenprobe (Fig. 172).

Zum Bestehen dieser Probe ist erforderlich:

1. daß die Hakenlinie rechtwinkelig zur Kompaßachse ist (Kollimationsfehler),

2. daß der Teilkreis und damit auch die Kompaßachse beim angehängten Kompaß horizontal ist (Neigungsfehler).

Außerdem muß, wenn der Hängekompaß den richtigen Streichwinkel angeben soll,

3. die Null-Linie rechtwinkelig liegen zur Kompaßachse und somit parallel zur Hakenlinie (Orientierungsfehler).

Selbstverständlich können alle Fehler gleichzeitig auftreten und wirken, aber es soll jeder der Fälle unabhängig von dem anderen besprochen werden.

Der Kollimationsfehler läßt sich nach Schmidt ermitteln durch einen Apparat, der ein Drehen des vom Kompaß getrennten Hängezeuges um die horizontal gestellte Kompaßachse gestattet. Die Hakenlinie wird durch ein eingesetztes Röhrchen zum Zielen eingerichtet und auf eine scharf markierte senkrechte Linie gerichtet. Sodann wird das Hängezeug um die unterstützte Kompaßachse gedreht, entsprechend dem Durchschlagen des Fernrohres, so daß die Haken nach unten stehen, also aus den Stellungen a und b nach a' und b' kommen (Fig. 173). In dieser Lage zielt man wieder in der Hakenlinie, und diese muß, wenn kein Kollimationsfehler vorhanden ist, die vorher angezielte Lotlinie treffen. Zeigt sich eine seitliche Abweichung, so entspricht diese dem doppelten Kollimationsfehler. An einer Millimeterskala, die mit ihrem Nullpunkte hinter die angezielte Senkrechte gehalten wird, kann man die Abweichung ablesen und daraus und der Entfernung der Skala von der Kompaßachse den Fehler berechnen.

Mit Hilfe einer einfachen Vorrichtung, von der die beiden Fig. 174 a u. b zwei Ansichten geben, kann man den Kollimations- und auch den Orientierungsfehler, wenn auch nur roh, aber für die Praxis genau genug erkennen. Der Kompaß wird an dem straff gespannten feinen Draht HH aufgehängt, und durch ein feines Schauloch, das sich senkrecht über dem Drahte befindet, sieht man, ob sich Draht und Null-Linie

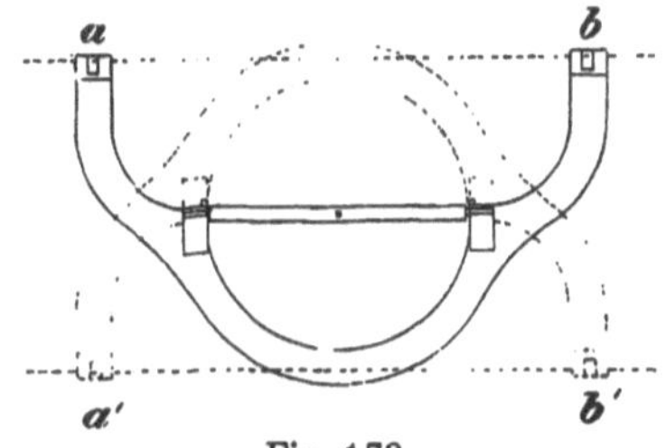

Fig. 173.

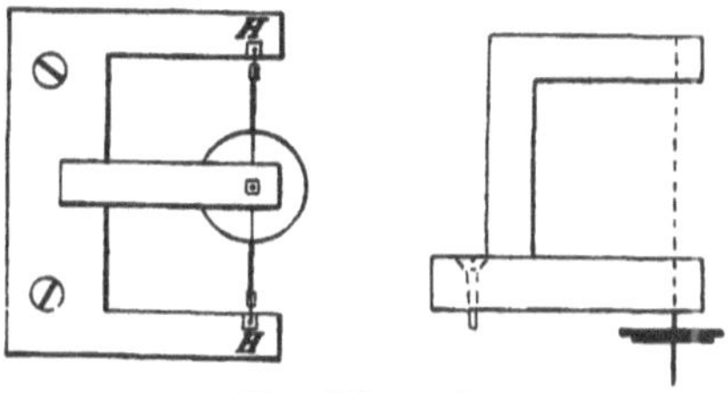

Fig. 174a u. b.

Prüfung des Hängezeuges.

des Kompasses decken. Geschieht dies nicht, so ist entweder der Kollimations- samt dem Orientierungsfehler oder einer von beiden vorhanden. Durch die Schmidtsche Probe ist dann festzustellen, ob ein Kollimationsfehler mitwirkt oder nicht.

Nennt man den Kollimationsfehler C, den Neigungswinkel der Schnur E, und φ den Messungsfehler, so ist φ in Minuten $\varphi' = \frac{C'}{\cos E}$.

Der Fehler läßt sich durch Umhängen nicht ausscheiden, da $\cos(-E)$ gleich ist $\cos E$. Er wächst umgekehrt proportional zum Kosinus des Neigungswinkels und nimmt bei starken Neigungswinkeln sehr rasch zu.

Zahlenbeispiel. $C = 15'$.

Ist $E =$	0^0	15^0	30^0	45^0	60^0	75^0	80^0	85^0,
so ist $\varphi' =$	$15'$	$15'$	$17'$	$21'$	$30'$	$58'$	$86'$	$172'$.

Das Hängezeug besitzt keine Vorrichtungen zur Beseitigung des Fehlers, man kann nur durch vorsichtiges Biegen der Hakenarme dem Übel abhelfen.

Aus obigen Zahlen geht hervor, daß der Kollimationsfehler sich bis ungefähr 30 Grad der Schnurneigung unbedeutend vergrößert, also gerade so wirkt, wie der Orientierungsfehler. Größere Neigungen der Schnur als Grad kommen selten vor oder können leicht vermieden werden; deshalb kann der praktische Markscheider den Kollimationsfehler bis zu 30 Grad Neigung als Orientierungsfehler betrachten, der durch Benutzung der Orientierungslinie unschädlich gemacht wird.

§ 72. **Der Neigungsfehler.** Der Neigungsfehler kann ein doppelter sein. Einmal kann die Kompaßachse und dann auch die Null-Linie geneigt sein.

A. Die Achse sei bei dem angehängten Kompaß nicht horizontal.

In Fig. 175 denke man sich um den Kompaßstift M eine Kugel mit der halben Kompaßachse MA beschrieben. Gegen den horizontalen Großkreis $SACN$ sei die Kompaßachse MO um den Winkel φ geneigt. Wird nun das Hängezeug um die Horizontalachse MA, die in der Vertikalebene der schrägen Kompaßachse liegt, gedreht, so beschreibt die schief stehende Achse einen Kegelmantel und der Endpunkt O einen Kugelkreis, dessen Ebene rechtwinkelig zu MA steht. Durch die Drehung um den Winkel E ist der Endpunkt der Achse O nach B gelangt, der Teilkreis wird also im horizontalen Sinne verdreht, während die Nadel ihre Richtung beibehält.

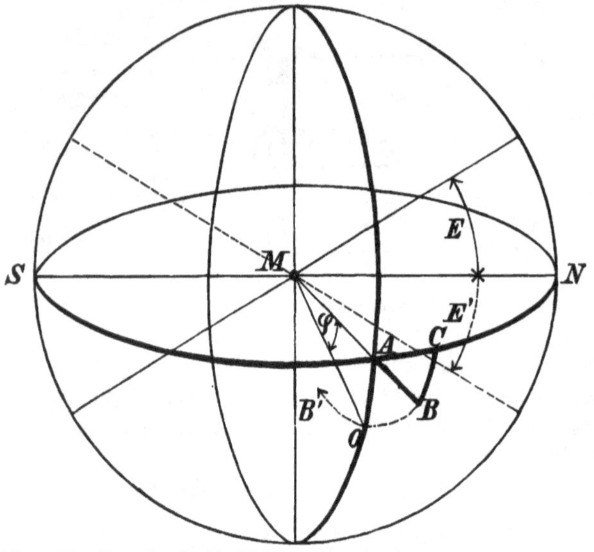

Fig. 175. Der durch die Neigung der Kompaßachse verursachte Fehler.

Die horizontale Verdrehung des Teilkreises ergibt sich aus dem rechtwinkeligen sphär. Dreieck ABC, das durch den Bogen BC eines Vertikalkreises entsteht. In diesem Dreiecke ist $AB = \varphi$, der Winkel bei $A = 90^0 - E$ und AC gleich der horizontalen Verdrehung und auch dem Fehler im abgelesenen Streichwinkel $= f$.

Aus $\cos(90^0 - E) = \operatorname{tg} f \operatorname{cotg} \varphi$ folgt $\operatorname{tg} f = \sin E \operatorname{tg} \varphi$. Der Fehler bei horizontaler Schnur ist gleich Null, er wächst aber mit der Schnurneigung.

Zahlenbeispiel, wenn $\varphi = 30'$

und $E = 0^0$	15^0	30^0	45^0	60^0	75^0	80^0	85^0,	
so ist $f = 0{,}0$	7,8	15,0	21,3	26,1	29,1	29,4	29,9	Minuten.

Aus der Fig. 175 ist zu ersehen, daß ein gleich großer Fehler nach der anderen Seite hin entsteht, wenn die Schnur um denselben Winkel E' im entgegengesetzten Sinne geneigt wird, also O nach B' übergeht. Daraus ergibt sich eine einfachere und bequemere Prüfungsweise als die Lattenprobe. Vermittelst eines einfachen Holzgestelles (Fig. 176) spannt man einen Messingdraht unter einem Winkel von ca. 70 Grad und gibt diesem Gestell, um bequemer ablesen zu können, einen solchen Stand, daß der Messingdraht nahezu 90^0 bezw. Stunde 6 streicht. Hieran hängt man den Kompaß, liest an beiden Spitzen ab und hängt den Kompaß um, d. h. der untere Haken kommt an die Stelle des oberen, der obere an die Stelle des unteren. Gibt in der zweiten Lage die Ablesung an beiden Spitzen nicht wieder dasselbe Mittel wie vorher, so ist der Kompaß mit dem besprochenen Fehler behaftet. Wenn die Aufschlageplättchen nicht mit Stellvorrichtungen versehen sind, wie in Fig. 171 § 70, so kann nur auf rohe Weise durch Anziehen oder Lockern der Schrauben an den Pfannendeckeln der Fehler beseitigt werden. Bei dieser Prüfung muß der Kollimationsfehler zuvor beseitigt sein, weil er bei einer Neigung von 70 Grad schon einen bedeutenden Fehler erzeugt.

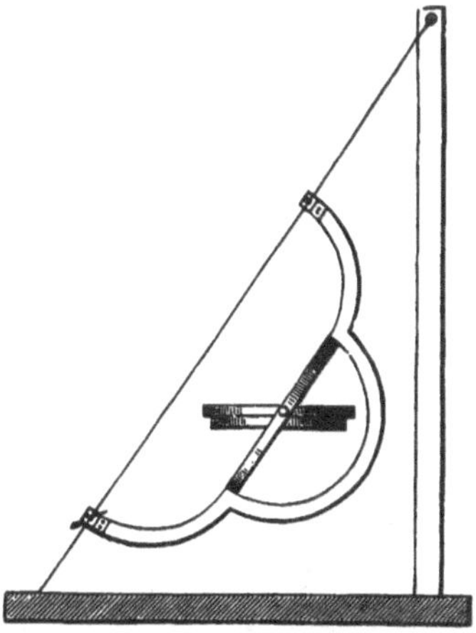

Fig. 176. Gestell zur Prüfung des Hängezeuges.

Ein nur in dieser Richtung fehlerhaftes Hängezeug läßt sich doch gebrauchen, wenn alle Streichwinkel steil geneigter Schnüre in beiden Lagen des Hängezeuges gemessen werden und das Mittel aus beiden Ablesungen genommen wird.

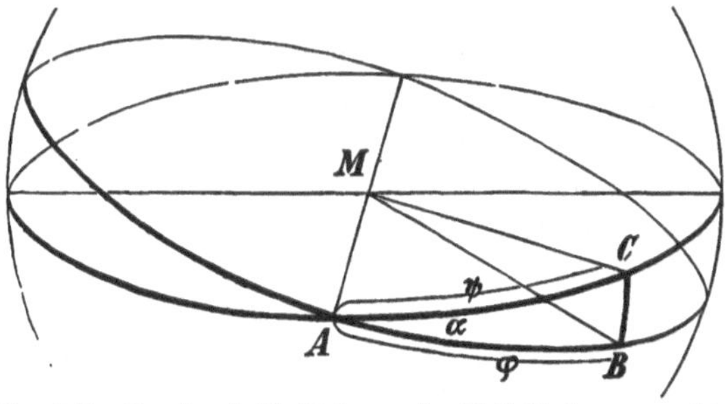

Fig. 177. Der durch die Neigung der Null-Linie verursachte Fehler.

B. Die Null-Linie ist geneigt.

In Fig. 177 ist AC ein Bogen des Horizontalkreises, AB ein Bogenstück des um den kleinen Winkel α schief stehenden Teilkreises. Ist MC

der Stand der Magnetnadel, so wird man die Projizierung der Nadel auf den schief stehenden Teilkreis am Punkte B ablesen. Diese Ablesung wird um so viel falsch sein, wie der Unterschied der Bogen AB und $AC = \varphi - \psi$ beträgt. Nun ist $\operatorname{tg}(\varphi - \psi) = \frac{\operatorname{tg}\varphi - \operatorname{tg}\psi}{1 + \operatorname{tg}\varphi \operatorname{tg}\psi}$.

In dem bei C rechtwinkeligen Dreieck ACB ist $\operatorname{tg}\psi = \operatorname{tg}\varphi \cos\alpha$. Setzt man diesen Wert in obige Gleichung ein, so erhält man

$$\operatorname{tg}(\varphi - \psi) = \frac{\operatorname{tg}\varphi - \operatorname{tg}\varphi\cos\alpha}{1 + \operatorname{tg}\varphi^2\cos\alpha} = \frac{\operatorname{tg}\varphi(1 - \cos\alpha)}{1 + \operatorname{tg}\varphi^2\cos\alpha} = \frac{2\operatorname{tg}\varphi\sin^2\frac{\alpha}{2}}{1 + \operatorname{tg}\varphi^2 . \cos\alpha}.$$

Da α immer ein sehr kleiner Winkel ist, so wird $\cos\alpha$ nahezu $= 1$ und kann als Faktor vernachlässigt werden. Dadurch wird der Nenner $= 1 + \operatorname{tg}\varphi^2 = \frac{1}{\cos^2\varphi}$. Diesen Wert, sowie für $\operatorname{tg}\varphi = \frac{\sin\varphi}{\cos\varphi}$ eingeführt gibt $2\sin\varphi\cos\varphi\sin^2\frac{\alpha}{2}$, d. i. $\operatorname{tg}(\varphi - \psi) = \sin 2\varphi \sin^2\frac{\alpha}{2}$.

Für $\varphi = 0$ und $= 90$ ist der Ablesefehler gleich 0, aber zwischen beiden Richtungen ist der Fehler bemerkbar, und zwar bei 45^0 am größten. Ist z. B. $\alpha = 3^0$, $\varphi = 45^0$, dann ist der Fehler $= 2'21''$. Er liegt also bei 3^0 noch unter der Ablesegrenze am Kompaß.

Auf die Neigung der Null-Linie wird meistens die Reibung an den Zapfen, um welche die Kompaßbüchse schwingt, von Einfluß sein; sie sind deshalb zuweilen zu ölen.

§ 73. **Der Orientierungsfehler.** Dieser Fehler entsteht, wenn die Teillinie 90^0 bezw. 6^h gegen die richtig stehende Kompaßachse um einen Winkel verdreht ist. Um diesen Betrag ist dann auch die Null-Linie verdreht, und alle Streichwinkel sind mit diesem Fehler behaftet, der bei jeder Schnurneigung gleich bleibt.

Bei den Bussolen entsteht derselbe Fehler, wenn die Sehlinie des Fernrohres oder der Diopter nicht parallel der Null-Linie des Teilkreises ist.

Dieser Fehler ist schwierig zu bestimmen, aber leicht unschädlich zu machen mit Hilfe einer Orientierungslinie. So nennt man eine durch einen Stein und durch ein entferntes Signal, Kirchturmspitze u. dergl. bezeichnete Linie, die so eingerichtet ist, daß man ihr Streichen mit dem Hängekompaß und der Bussole richtig abnehmen kann.

Diese Linie oder eine Parallele zu ihr ist auf dem Risse anzugeben. Vor jeder Messung ist das Streichen der Orientierungslinie abzunehmen und beim Zulegen der Messungen mittels des Kompasses ist der Riß nach dieser Linie zu orientieren. (Ausführliche Beschreibung im § 149.) Ist ein Dreiecksnetz vorhanden und sind die Theodolitmessungen nach Koordinaten berechnet, so kann man jede gut vermarkte Vermessungslinie auch als Orientierungslinie benutzen. Z. B. der Neigungswinkel gegen die Abszissenachse sei 45 Grad, mit dem Kompaß sei der Streichwinkel $= 25$ Grad gefunden. Die sämtlichen Streichwinkel der mit diesem Kompaß ausgeführten Messung müßten dann um 20 Grad vergrößert werden, um den richtigen Neigungswinkel zu ergeben.

Durch das Verfahren wird nicht nur der schädliche Einfluß des Orientierungsfehlers, sondern auch der der Deklinationsänderung ausgeschieden.

§ 74. Andere Konstruktionen des Hängezeuges. Die am häufigsten beobachteten Fehler des STUDERschen Hängezeuges werden hauptsächlich von der Beweglichkeit des Kompaßringes verursacht, der beim Gebrauch vielmal auf- und niedergeklappt werden muß. Durch das häufige Aufschlagen der kleinen Plättchen auf die Pfanndeckel wird der kaum beseitigte Neigungsfehler der Kompaßachse leicht wieder hervorgebracht.

Das Freiberger Hängezeug (Fig. 178) vermeidet den Fehler. An dem kräftigen Kompaßringe sind zwei Hakenarme starr befestigt. Die Nadel wird von unten durch eine unverhältnismäßig große Schraube geklemmt und dadurch der Schwerpunkt möglichst tief gelegt.

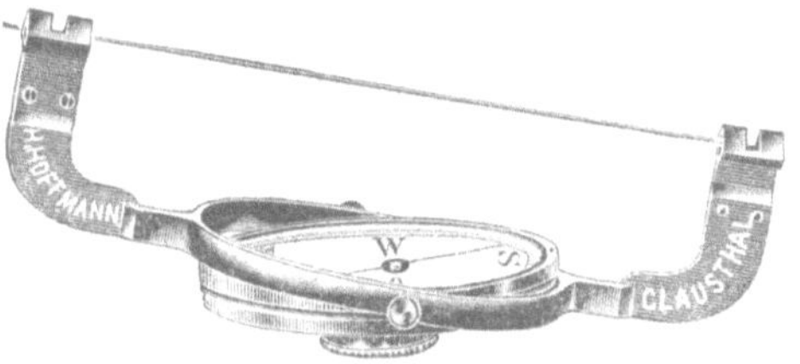

Fig. 178. Freiberger Hängezeug.

Zu diesem starren Hängezeuge gehört eine etwas umfangreichere, mithin unbequemere Tasche. Es hat aber den Vorteil, daß, wenn es von dem Mechaniker einmal fehlerfrei hergestellt ist, es sich lange Zeit gut erhält. Aus diesem Grunde findet es jetzt bei den Markscheidern immer mehr Eingang.

Alle anderen Hängezeuge und dahin gehörende Apparate, die sonst noch vorgeschlagen sind, können hier mit dem Hinweis auf die Originalbeschreibungen übergangen werden (Österr. Zeitschr. f. Berg- u. Hüttenw. 1868 Nr. 13 und 1881 Nr. 50, Berg- u. Hüttenm. Zeit. 1860 S. 2, 1875 Nr. 16 und 1876 Nr. 48).

§ 75. Der Kompaß in der Zulegeplatte. Die Zulegeplatte (Fig. 179) ist ein Rechteck von Messing mit einem Ring in der Mitte zur Aufnahme des Kompaßnapfes, der mittels einer Druckschraube in jeder beliebigen Stellung innerhalb des Ringes festgeklemmt werden kann.

An der äußeren Seite des Kompaßnapfes ist eine Marke (Strich) angebracht und auf der oberen Kante des Ringes ebenfalls. Stellt man diese Marken aufeinander, so soll die Null-Linie des Teilkreises mit der langen Seite der Zulegeplatte parallel laufen. Ist dies nicht der Fall, so liegt ein Orientierungsfehler des Kompasses in der Zulegeplatte vor, der ebenfalls durch die Orientierungslinie beseitigt wird.

Die Zulegeplatte ist darauf zu prüfen:

1. ob die beiden langen Seiten gerade Linien bilden, und
2. ob beide Linien parallel sind.

Auf das erste Erfordernis werden die Kanten wie jedes Lineal geprüft: Man zieht längs der zu prüfenden Kante von einem Ende bis zum anderen eine scharfe Linie, legt dann die Kante an die andere Seite der Linie und sieht nach, ob in dieser Lage eine vollständige Deckung von Kante und Linie herbeigeführt wird.

Fig. 179. Zulegeplatte.

Zur Prüfung der zweiten Eigenschaft zieht man an beiden Seiten der Zulegeplatte feine Linien, hebt dann die Platte ab und setzt sie mit verwechselten Längskanten wieder zwischen die gezogenen Linien. In dieser Lage muß eine Deckung der Kanten und Linien stattfinden.

Auch durch unmittelbares Abmessen des Abstandes der beiden langen Seiten mittels des Zirkels oder eingeschlagener Stifte kann der Parallelismus geprüft werden.

Ergeben sich hierbei Unstimmigkeiten, so muß die Platte vom Mechaniker berichtigt werden.

§ 76. **Der Taschenkompaß** (Fig. 180) ist ein Kompaß von kleinerem Durchmesser, der fest mit seiner Zulegeplatte verbunden ist. Der Kreis dieses Kompasses ist vielfach noch in Stunden geteilt oder, wie die Figur

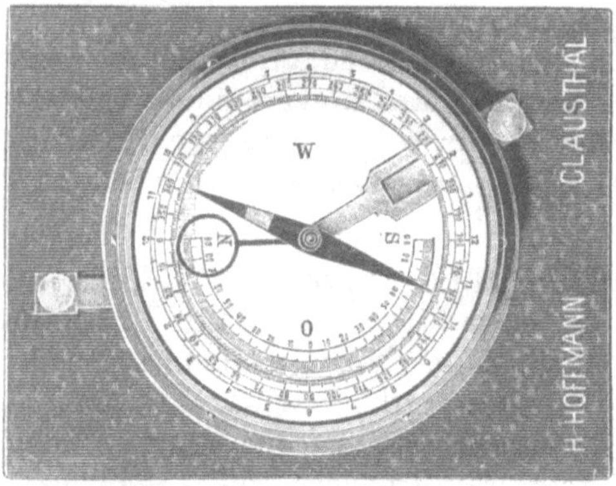

Fig. 180. Taschenkompaß.

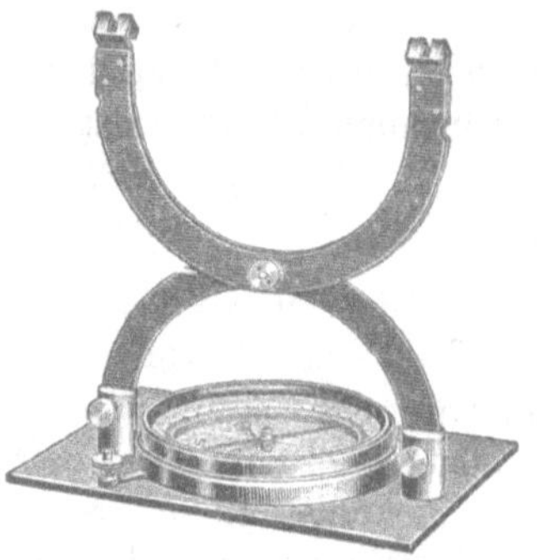

Fig. 181. Steigerhängezeug.

zeigt, in Stunden und Grade. Auf dem Rande der Bodenplatte ist eine gradbogenartige Einteilung in zweimal 90 Grade angebracht.

Um den Stift ist ein kleines Pendel beweglich, das beim hochkantigen Aufsetzen des Kompasses auf die lange Plattenkante den Neigungswinkel einer schiefen Fläche angibt. Die 12-Stundenlinie und die Linie 90° — 90° auf der Bodenplatte liegen in einer Vertikalebene und sind der Längskante der Platte parallel.

Die Geologen bestimmen mit dem Taschenkompaß das Streichen und Fallen der Gebirgsschichten (vergl. § 144).

Dieser Taschenkompaß ist auf eine sehr einfache Weise zum Hängekompaß umgewandelt (Fig. 181), zuerst beschrieben von STUDER 1811. Zwei halbkreisförmige Arme sind durch eine Schraube so miteinander verbunden, daß beide sich um dieselbe Achse drehen und der eine Bogen im Falle des Nichtgebrauches in dem Schlitze des anderen Bogens Platz findet. Beim Gebrauche wird der Taschenkompaß an den Enden des einen Bogens, wie Fig. 181 zeigt, befestigt und das ganze Hängezeug mit den am ersteren Bogen befindlichen Haken an die Schnur gehängt. Dieses einfache Hängezeug genügt zwar in bezug auf Genauigkeit nur geringen Anforderungen, ist aber bei den Grubenbetriebsbeamten verbreitet und unter dem Namen „Steigerhängezeug“ bekannt.

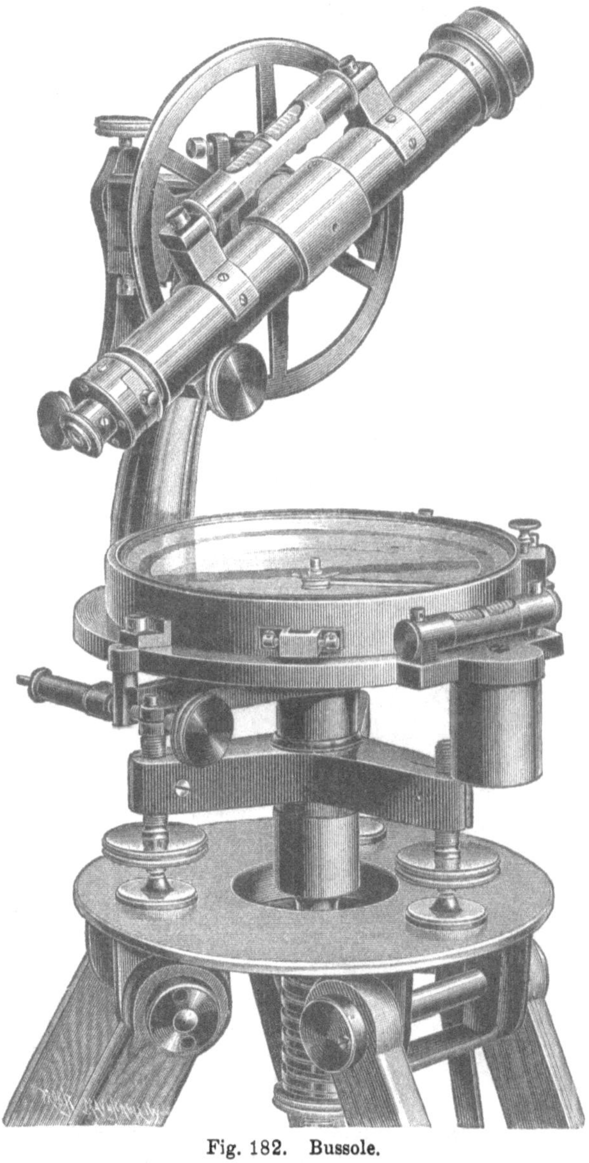

Fig. 182. Bussole.

Schließlich ist noch der Taschenkompaß zu erwähnen, der äußerlich einer Uhr gleicht. Auch dieser ist mit einem Pendel, das um den Stift der Magnetnadel schwingt, sowie mit der Teilung auf der Bodenplatte versehen und die zur Bestimmung der Fall- und Streichwinkel der Gebirgsschichten erforderliche gerade Kante parallel der Null-Linie wird durch eine einschlagbare Schiene gebildet.

§ 77. Die Bussole. Es gibt Bussolen, an denen der Teilkreis und das Fernrohr zentrisch sind und solche, bei denen der Teilkreis exzentrisch ist.

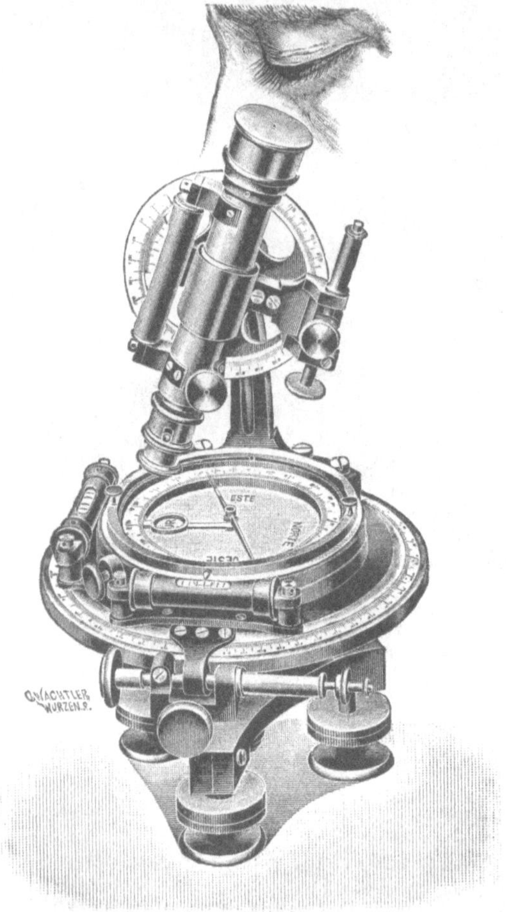

Fig. 183. Bussole.

Die zentrischen Bussolen sind vorzuziehen.

Fig. 182 zeigt ein größeres Instrument mit zentrischem Teilkreis und zentrischem Fernrohr, Fig. 183 ein kleineres mit ähnlicher Einrichtung.

Die Fernrohre der Bussolen, die mit einem Höhenkreis versehen sind, erhalten in neuerer Zeit distanzmessende Fadenkreuze und sind dadurch zur Tachymetrie geeignet (vergl. Kapitel XI).

Die Prüfung der Bussole erstreckt sich auf die rechtwinkelige Stellung der Kippachse zur Seh- und Zentralachse und wird ebenso wie beim Theodoliten ausgeführt.

Der Orientierungsfehler wird nach § 73 behandelt oder nach einem Vorschlage von Breithaupt auf folgende Weise beseitigt. Man kippt das Fernrohr, wie Fig. 183 zeigt, und schaut durch eine kleine in die Mitte des Objektivdeckels gebohrte Öffnung. Hierbei sieht man zwar das Fadenkreuz nicht, aber doch ein kleines Stück der Teilung und kann mit großer Schärfe abschätzen, ob die Null-Linie in die Mitte des kleinen Kreises fällt oder davon abweicht. Ebenso zielt man das andere Ende der Null-Linie an und überzeugt sich, ob auch dieses in die Mitte des kleinen Kreises fällt oder, wenn eine Abweichung vorhanden ist, ob sie der zuerst am anderen Ende gesehenen gleicht. Eine Unstimmigkeit wird durch Verdrehen des Kompaßnapfes beseitigt.

Mit der Bussole mißt man ein Polygon *abcde* usw. in Springständen, d. h. man stellt die Bussole nicht in jedem Punkte, sondern immer einen überspringend in *bdf* usw. auf und zielt rückwärts und vorwärts. Um immer den richtigen der Vermessungsrichtung entsprechenden Streichwinkel zu erhalten, muß man dem rückwärts abgelesenen Winkel 180 Grad hinzufügen oder davon abziehen.

Sechstes Kapitel.

Hilfsapparate zur Verwendung des Kompasses in Gegenwart von Eisen.

§ 78. Das Eisen, das beim Grubenausbau eine ausgedehnte Verwendung findet, hat nach und nach den Gebrauch des Kompasses eingeschränkt und den Theodolit mehr in Aufnahme gebracht. Die älteren Markscheider wollten aber den liebgewonnenen handlichen Hängekompaß nicht ohne weiteres aufgeben und daher begegnen wir schon früh Vorschlägen, welche nach einem gewissen Verfahren die Benutzung des Kompasses bei ablenkenden Einflüssen gestatten.

Diese Bestrebungen müssen einem praktischen Bedürfnisse entspringen, weil bis in die neuere Zeit immer wieder neue Konstruktionsvorschläge für den genannten Zweck auftauchten.

Keine der Konstruktionen wird dem Kompaß zu derselben Leistungsfähigkeit verhelfen, wie er sie in Abwesenheit von Eisen besitzt, oder gar, wie sie schon ein kleiner Theodolit bietet, aber es kommen dem Markscheider häufig Arbeiten vor, bei denen nicht die äußerste Genauigkeit verlangt wird, jedoch grobe Fehler, die durch Ablenkung der Nadel entstehen, vermieden werden sollen.

Hierhin gehören namentlich die häufigen Nachtragsarbeiten in Kohlengruben, die im Anschluß an Theodolitmessungen ausgeführt werden. Ferner ist es nicht selten, daß nur in einer verhältnismäßig kurzen Strecke eines mit dem Kompaß oder mit der Bussole auszuführenden Zuges Eisen vorhanden ist und zur Überwindung dieses Hindernisses die Anwendung des Theodoliten zu kostspielig sein würde.

In solchen und ähnlichen Fällen erscheint ein Verfahren angebracht, das den Kompaß auch in Gegenwart von Eisen zu benutzen gestattet.

§ 79. Das Verfahren im allgemeinen. Alle Konstruktionen solcher Hilfsapparate beruhen auf der Tatsache, daß die Ablenkung der Nadel dieselbe bleibt, wenn ihr Aufhängepunkt seinen Ort in bezug auf die ablenkenden Gegenstände nicht verändert.

Das Verfahren setzt voraus, daß die Messung mit einer Schnur beginnt, deren Streichen unbeeinflußt von Ablenkungen unmittelbar abgelesen worden war. Eine solche Schnur wird kurz eine eisenfreie genannt.

In Fig. 184 sei das eisenfreie Streichen der Schnur *ab* = 81 Grad oder Ost 81 Grad, vom Punkte *b* ab mag in der zu vermessenden Strecke die Nadel durch eiserne Schienen abgelenkt werden. Man bringt nun den Kompaß zentrisch über oder unter den Punkt *b* so an, daß man, ohne den Ort der Magnetnadel zu ändern, einmal das Streichen von *ba* und dann das Streichen von *bc* bestimmen kann.

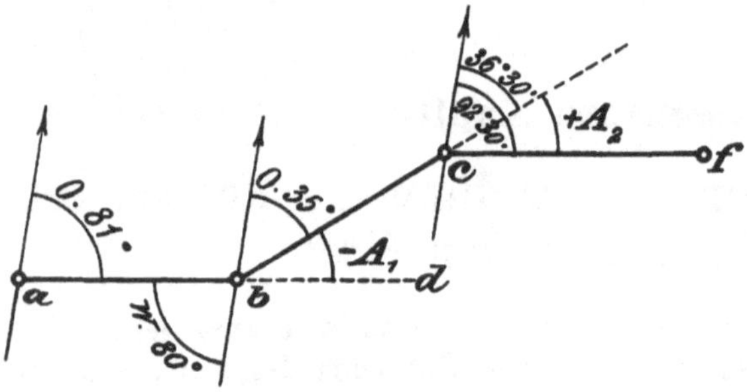

Fig. 184. Ermitteln des eisenfreien Streichens.

In beiden Fällen wird die Nadel abgelenkt, aber da der Aufhängepunkt der Nadel seine Lage nicht ändert, so wird jeder der beiden Streichwinkel um einen gleichen Betrag falsch. Das Streichen von *ba* sei 260 Grad oder West 80 Grad und das von *bc* sei 35 Grad oder Ost 35 Grad gefunden worden. Das eisenfreie Streichen von *ab* war 81 Grad, mithin beträgt die Ablenkung am Punkte *b* einen Grad in dem Sinne, daß die Streichwinkel um diesen Betrag zu klein abgelesen werden. Das eisenfreie Streichen von *bc* ist demnach $35^0 + 1^0 = 36^0$. Auf jedem der folgenden Punkte verfährt man ebenso.

So einfach dieses Verfahren der Berechnung der berichtigten Streichwinkel ist, so wird gewöhnlich doch ein anderes eingeschlagen, wobei der Außenwinkel $cbd = A$, den die Verlängerung *bd* der rückwärts gelegenen Polygonseite *ab* mit der vorwärts gelegenen *bc* einschließt, eine Rolle spielt.

Dieser Außenwinkel läßt sich aus den beiden auf einem Punkte gemachten Ablesungen ableiten, wenn man z. B. im Punkte *b* nicht das Streichen von *ba*, sondern das von *ab*, mit anderen Worten das Streichen der Verlängerung der rückwärts liegenden Seite in Rechnung zieht. Die Größe und das Vorzeichen des Außenwinkels erhält man, wenn das Streichen der verlängerten rückwärts liegenden Seite von dem Streichen der vorwärts liegenden Seite abgezogen wird. Diesen so ermittelten Außenwinkel hat man mit Berücksichtigung seines Vorzeichens zum eisenfreien Streichen der vorhergehenden Schnur hinzuzufügen, um das richtige, d. h. eisenfreie Streichen der nächsten Schnur zu erhalten.

Z. B. auf dem Punkte *b* (Fig. 184) wurde das Streichen von *ab* = 80° und das von *bc* = 35° gefunden. Der Außenwinkel = 35° − 80° = − 45° und das eisenfreie Streichen von *bc* = 81° − 45° = 36°. Auf dem Punkte *c* war das Streichen von *bc* = 36° 30′, das von *cf* = 92° 30′. Der Außenwinkel = 92° 30′ − 36° 30′ = + 56° und der eisenfreie Streichwinkel von *cf* = 36° + 56° = 92°. — Wenn bei der Überführung des Kompasses aus der Richtung der rückwärts liegenden Seite in die der vorwärts liegenden die Nordspitze der Magnetnadel den Nullpunkt der Teilung überschreitet, so müssen zu einer der beiden Ablesungen 360° oder 180° je nach der Bezifferung des Kompasses hinzugefügt werden.

Beispiel. Es möge abgelesen sein rückwärts 1° 40′, vorwärts 358° 10′, der Außenwinkel ist dann 358° 10′ − 361° 40′ = − 3° 30′, oder rückwärts 351° 20′, vorwärts = 2° 40′, woraus der Außenwinkel sich ergibt 362° 40′ − 351° 20′ = + 11° 20′. Im übrigen vergleiche das Beispiel am Schluß des Kapitels.

§ 80. Die Kreuzschnüre. Das einfachste, älteste, aber auch zugleich unvollkommenste Verfahren ist das mit Hilfe der Kreuzschnüre,

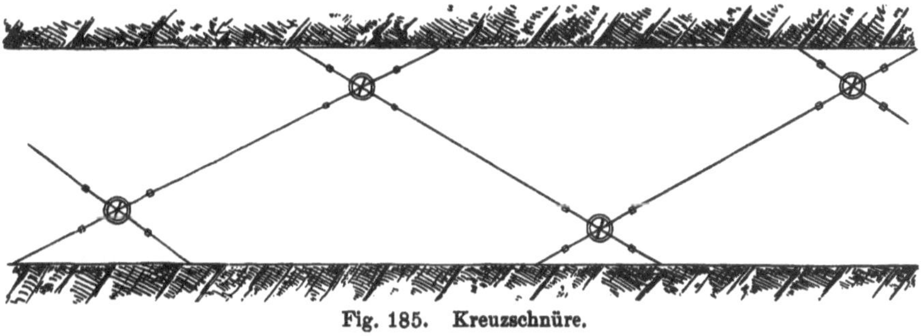

Fig. 185. Kreuzschnüre.

das im Jahrgang 1844 der Berg- u. Hüttenm. Zeit. S. 278 von Rittinger beschrieben, aber nachweisbar schon lange vor der Veröffentlichung in Gebrauch gewesen ist.

Die Schnüre werden in der aus Fig. 185 zu ersehenden Weise gespannt und an den Kreuzungspunkten durch Zwirnsfäden verbunden.

Man hat auch ein kleines Hilfsgerät vorgeschlagen, das in die Grubenzimmerung eingeschraubt wird, und aus der Fig. 186 ohne weiteres verständlich ist.

Der Hängekompaß wird an den Kreuzpunkten erst an die eine, dann an die andere Schnur, aber jedesmal so aufgehängt, daß der Stift sich genau senkrecht unter dem Kreuzpunkt der Schnüre befindet.

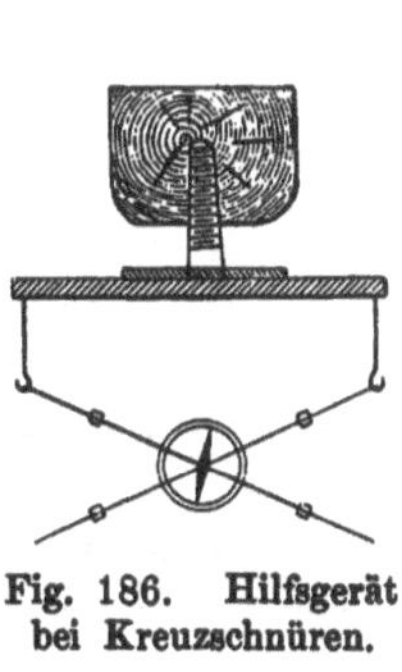

Fig. 186. Hilfsgerät bei Kreuzschnüren.

§ 81. Das Braunsdorfsche Hängezeug. Im Jahre 1834 konstruierte der damalige Bergamtsassessor BRAUNSDORF in Freiberg ein Hängezeug, das im Jahre 1846 von dem Mechaniker LINDIG[1] in Dresden, dem ein solches Instrument anzufertigen aufgegeben war, zum ersten Male in der

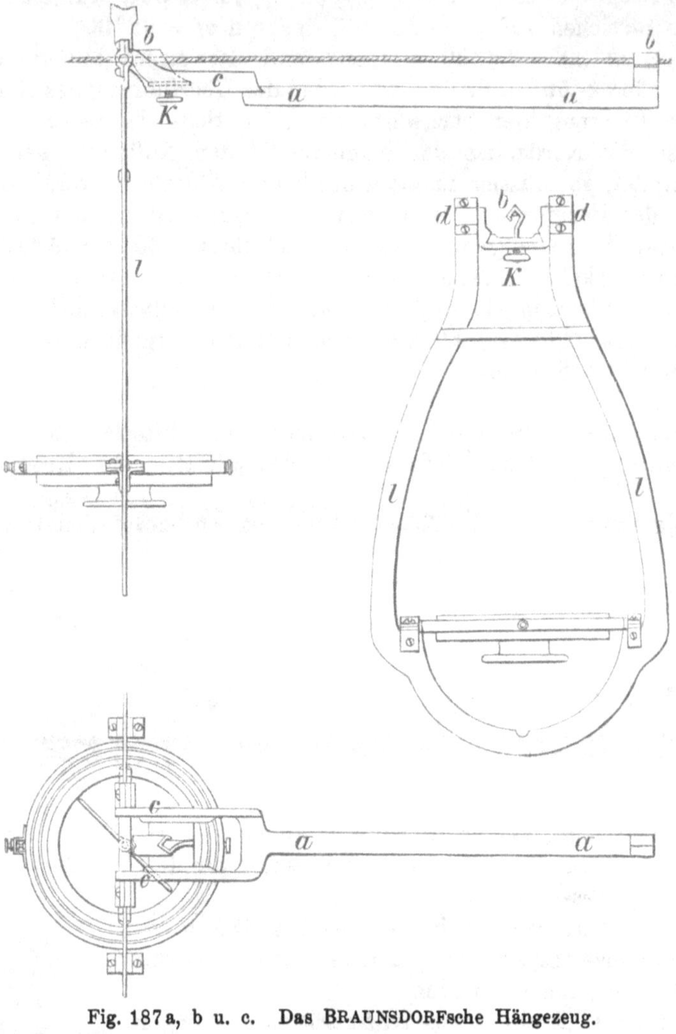

Fig. 187 a, b u. c. Das BRAUNSDORFsche Hängezeug.

„Deutschen Gewerbezeitung" beschrieben wurde. Die Beschreibung ist im „Bergwerksfreund" Band X (1846) Nr. 46 abgedruckt.

[1] Nach diesem Mechaniker wird unrichtigerweise das ganze Verfahren das LINDIGsche genannt. Die Benennung nach dem Erfinder BRAUNSDORF würde zutreffender sein.

In Nr. 27 desselben Bandes findet sich ein Aufsatz: „Über die mit dem LINDIGschen Markscheiderinstrumente gemachten Erfahrungen nebst den daran vorgenommenen Abänderungen“ und schließlich hat der Erfinder BRAUNSDORF in Nr. 40 d. Jahrg. 1846 das Instrument nochmals beschrieben und durch Zeichnungen erläutert.

Das Hängezeug (Fig. 187 a, b u. c) besteht aus einer Stange *a*, an der zwei Haken *bb* befestigt sind, die zum Aufhängen des Instrumentes dienen. Das eine Ende der Stange *a* läuft gabelförmig in zwei Arme *cc* aus, die mit Zapfen *dd* versehen sind, deren Achse durch die Mitte der Schnur gerichtet ist. Um die Zapfen *dd* bewegt sich der lange Hängering *l*.

Beim Gebrauche ist eine wesentliche Bedingung, daß die Achsenlinie der Zapfen *dd* des angehängten Instrumentes durch den Kreuzpunkt der Schnüre geht, weil dann auch der Mittelpunkt des Kompasses sich ebenfalls genau unter diesem Kreuzpunkte befindet. Diese Bedingung wird durch die Verschiebbarkeit des Hakens, der mit der Klemmschraube *k* versehen ist, erfüllt.

Die Winkelpunkte müssen durch geeignete Firstenschrauben vermarkt werden.

Das Instrument wird schwerlich noch in Gebrauch sein und ist auch wegen seiner Größe wenig handlich, besitzt aber den anderen Apparaten gegenüber den Vorzug, daß es an den Punkten, wo zwei Schnüre von sehr verschiedener Neigung zusammenstoßen, sich beide Male ohne wesentliche senkrechte Verschiebung des Aufhängepunktes der Nadel anhängen läßt.

§ 82. Die Kompaßstäbchen von Reichelt und Lehmann. Ein anderer, einfacher Apparat ist das Kompaßstäbchen, das vom Markscheider REICHELT zu Schwarzenberg erfunden und in Nr. 47 der Berg- u. Hüttenm.

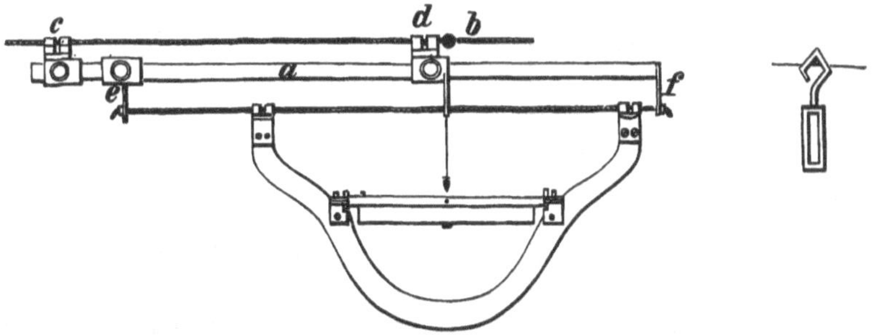

Fig. 188 a u. b. Das Kompaßstäbchen von REICHELT.

Zeit. vom Jahre 1856 beschrieben worden ist. 17 Jahre später hat der Markscheider LEHMANN in Clausthal ein ganz ähnliches Instrument konstruiert und in derselben Zeitung 1873 Nr. 16 beschrieben.

Das REICHELTsche Kompaßstäbchen (Fig. 188 a u. b) besteht aus einem Messingstabe *a* von ca. 40 cm Länge mit zwei verschiebbaren Haken *c* und *d* und mit zwei Haltern *e* und *f*, zwischen denen eine Darmsaite zum Anhängen des Kompasses eingespannt ist. Von dem Haken *d* hängt ein feines Lot herab, mit dessen Hilfe der Kompaßstift genau unter den Kreuzpunkt *b* der Schnüre gebracht werden kann. Dies geschieht dadurch, daß nach Lüftung der Preßschraube an dem verschiebbaren, fest an den Schraubenpunkt *b* angehaltenen Haken *d* das

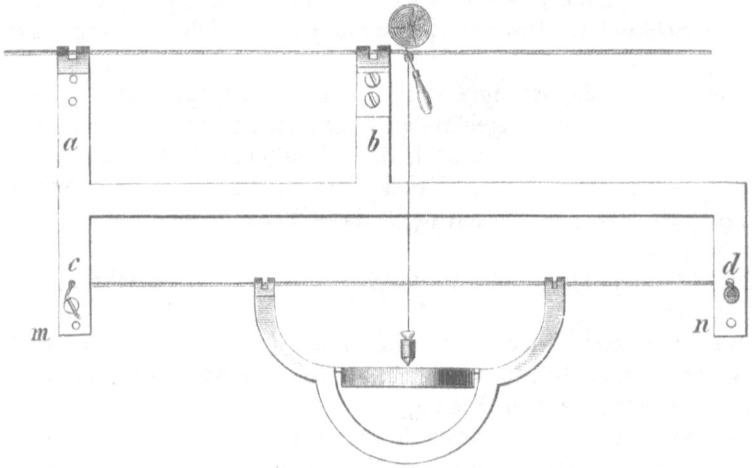

Fig. 189. Das LEHMANNsche Kompaßstäbchen.

Stäbchen samt dem angehängten Kompasse bis zum Einspielen des Lotes auf die Stiftspitze geschoben wird.

Die Verschiebbarkeit der Haken ist wegen der verschiedenen Neigung der einzelnen Schnüre notwendig. Je mehr geneigt eine Schnur ist, um so näher kommt der Haken *c* dem Haken *d*. Das Stäbchen muß über *b* hinausgeschoben werden und der hinausragende Teil des Stäbchens wird so lang, daß der Haken vor dem Abspringen von der Schnur durch Vorstecker geschützt werden muß.

Die Form und die Anwendung des LEHMANNschen Kompaßstäbchens ist aus Fig. 189 zu ersehen.

§ 83. Dem Kompaßstäbchen sehr ähnlich ist der nach Angaben des Markscheiders PENKERT von OTT in Kempten konstruierte zentrierbare Hängekompaß, der in Nr. 2 der Berg- u. Hüttenm. Zeit. vom Jahre 1880 beschrieben ist.

An dem hohlen vierkantigen Stabe *A* (Fig. 190) sind mittels dauerhafter Gelenke *a* und *b* zwei Arme aus Messingröhren *h* und h^1 angebracht, die in ihrer rechtwinkeligen Lage durch Federn *f* und f^1 festgehalten werden. Diese Arme sind oben mit Haken zur Aufnahme der Schnur versehen. Der halbkreisförmige Kompaßträger *t* ist mit einem runden Messingrohre verbunden, das sich ca. 15 cm in den Ringen *O*, O^1 aus- und einschieben läßt, wodurch die Zentrierung des Kompasses bewirkt werden kann. Die Schraube *d* dient zur Feststellung des Rohres *B* in den verschiedenen Stellungen, die Führungsschiene *n* verhindert eine seitliche Drehung.

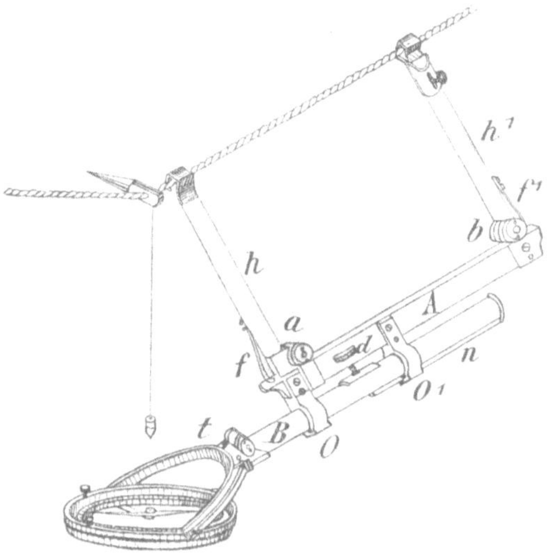

Fig. 190. **Zentrierbarer Hängekompaß von PENKERT.**

Um zu verhüten, daß der Haken des Armes h^1 durch das Gewicht des Kompasses von der Schnur abgehoben wird, ist am Arm h^1 ein Schieber angebracht, der den Haken fest auf die Schnur drückt.

Der ganze Apparat findet in einer verhältnismäßig kleinen Tasche Platz, da sowohl der Kompaßträger als auch die Arme sich umklappen lassen. Der Hängekompaß läßt sich an Schnüren bis zu 45 Grad Ansteigen zentrieren und an eisenfreien Stellen wie das gewöhnliche Hängezeug anwenden.

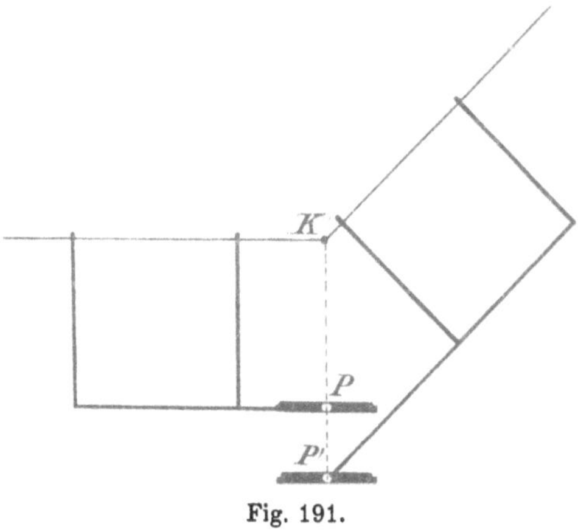

Fig. 191.

Der zentrierbare Hängekompaß sowie die Kompaßstäbchen von Reichelt und Lehmann leiden an dem Übelstande, daß sie nur bei horizontalen und wenig geneigten Schnüren mit Erfolg zu benutzen sind. Stoßen eine horizontale und eine stark geneigte Schnur zusammen, so wird der Aufhängepunkt der Nadel *P* bezw. *P'* wohl zentrisch, aber in verschiedener Tiefe unter dem Kreuzpunkte der Schnüre *K* zu liegen kommen, wie die schematische Skizze Fig. 191 veranschaulicht. Damit wird aber die Hauptbedingung des ganzen Verfahrens erschüttert, da die Magnetnadel ihre Entfernung von den ablenkenden Gegenständen ändert. Es sind zwar für das Penkertsche Hängezeug Verbesserungsvorschläge gemacht, aber dadurch wird sein Gebrauch zu umständlich.

§ 84. Das Hängezeug von Langer. Dieser Apparat ist ausführlich beschrieben in der Berg- u. Hüttenm. Zeit. Nr. 31 1899, in der Österr. Z. Nr. 43 1899 und in der Zeitschrift für Vermessungswesen Nr. 8 1900.

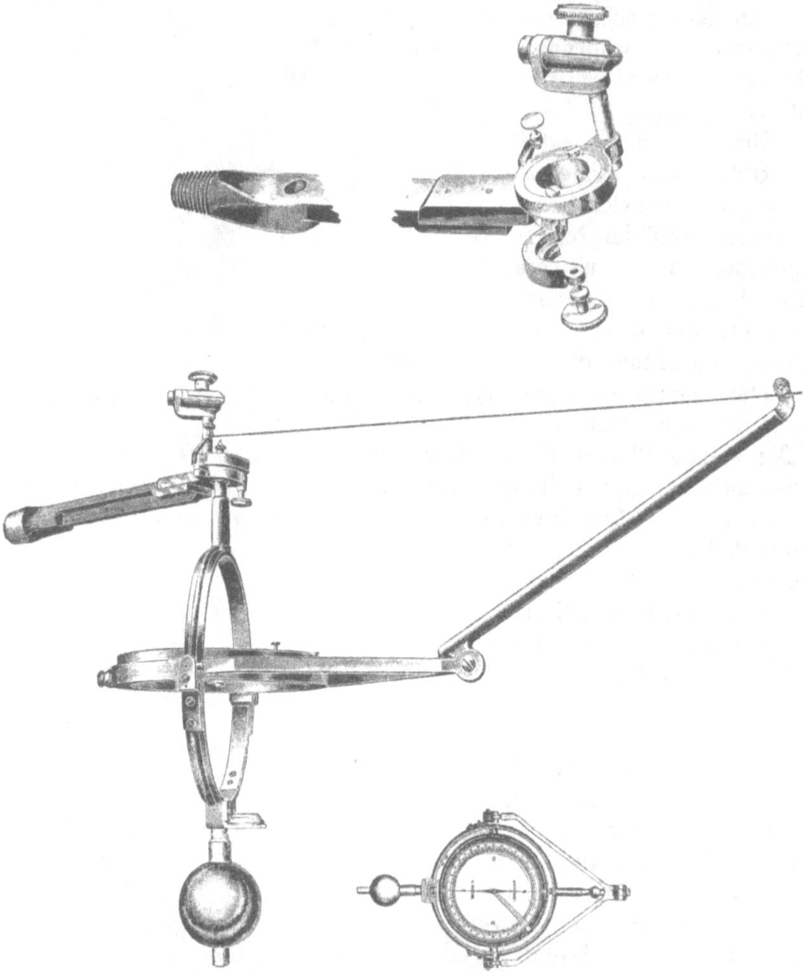

Fig. 192 a u. b. Das Hängezeug von Langer.

Das in den Fig. 192 a u. b perspektivisch dargestellte Hängezeug besteht aus einem Pendel, das mit einer Kugel (Fig. 193) in einer Kugelpfanne aufgehängt werden kann und durch das unten angebrachte kugelförmige Gewicht in vertikaler Richtung erhalten wird. In der Mitte erweitert sich das Pendel zu einem kreisförmigen Ring, in den ein Napf zur Aufnahme des Kompasses eingefügt ist. Der Ring hat, wie der Kompaßring des STUDERschen Hängezeuges, zwei Grenzstellungen. Fig. 192 a zeigt die Gebrauchsstellung.

An der Achse des Kompaßringes sind die Gabelenden der Richtvorrichtung mittels Kugelgelenken angebracht. Die Richtvorrichtung besteht aus der Gabel und aus der mit ihr mittels eines Scharnieres verbundenen Richtschiene. Am Ende der Richtschiene sitzt ein Röllchen, das im Gebrauchsfalle auf die Schnur gelegt wird. Mit Hilfe dieser Richtschiene läßt sich das in dem Kugellager hängende Pendelhängezeug um seine Achse drehen und in jede Schnurrichtung einstellen.

Fig. 193. Aufhängekugel des LANGERschen Hängezeuges.

In der Aufhängekugel ist in der Pendelachse ein Stift verschiebbar, der in einer Spitze endigt und in jeder Stellung durch eine Schleppfeder gehalten wird. Diese beim Drehen des Pendels ihren Ort nicht ändernde Spitze bildet den Winkelpunkt und jede Schnur muß stets so gespannt werden, daß diese Spitze in ihrer Vertikalebene liegt. Zu diesem Zwecke ist an dem Kopfende der erforderlichen drei Arme um das Kugellager ein drehbarer Ring gelegt, an dem ein krahnartig gebogener Ansatz mit Klemmschraube sitzt. Mit dieser Schraube wird die etwas dünne Schnur angeklemmt und durch Drehen des Ringes genau über die erforderlichenfalls hochgeschobene Spitze der Aufhängekugel gebracht.

Zur Einführung der Kugel in das Lager kann ein Teil des Lagers aufgeklappt werden, wie es Fig. 192 b zeigt. Die am Kopfende des Armes in Fig. 192 b dargestellte, nach oben herausragende Meßbandklemme ist entbehrlich, wenn man die Längen mit frei schwebendem Bande mißt.

Das LANGERsche Hängezeug hat sich bei Versuchszügen gut bewährt. Es kann noch bei sehr stark geneigten Schnüren benutzt werden und vermeidet stets den bei den anderen derartigen Apparaten hervortretenden Fehler.

Das im nächsten Paragraphen beschriebene verschärfte Beobachten läßt sich ebenfalls anwenden, da der Kompaß im Napfe verstellbar ist.

§ 85. Endlich hat man die Bussole oder einen mit Absehen versehenen Kompaß zum Messen über eisernen Schienen verwendet und damit das ganze Verfahren, namentlich wenn das verschärfte Beobachten der Streichwinkel hinzutritt, auf die höchste Stufe der Leistungsfähigkeit gebracht. Dafür erfordert aber das Verfahren mindestens ebensoviel, wenn nicht mehr Mühe und Zeitaufwand, als das Messen mit dem Theodoliten, also mit einem Instrumente, das doch weitaus genauere Ergebnisse liefert.

Bei den hierzu benutzten Bussolen muß selbstverständlich Nadelstift und Absehen zentrisch zur Drehachse angebracht sein. Das ganze Meßverfahren gleicht dem des Theodoliten mit verlorenen Punkten.

Das verschärfte Beobachten der Streichwinkel wird dadurch erreicht, daß der Außenwinkel mehreremal gemessen wird und zwar stets mit etwas verdrehter Kompaßbüchse oder, wenn der Kompaß diese Vorrichtung besitzt, mit etwas verdrehtem Stundenring. Dadurch erhält man andere Zahlen zur Ermittelung des Winkels und durch das Mittel aus sämtlichen Beobachtungen einen Winkelwert, der die Ablesegrenze der einmaligen Beobachtung übertrifft.

R. 60° 10′ V. 75° 45′	+ 15° 35′	R. 57° 45′ V. 44° 20′	− 13° 25′
R. 33° 5′ V. 48° 30′	+ 15° 25′	R. 98° 30′ V. 84° —′	− 13° 30′
R. 14° 30′ V. 30° 19′	+ 15° 40′	R. 17° —′ V. 3° 45′	− 13° 15′
Mittel:	+ 15° 33,3′	Mittel:	− 13° 23,3′

§ 86. Bei der Anwendung der vorstehend beschriebenen Kompaßapparate ist es bei längeren Zügen notwendig, in nicht allzu langen Zwischenräumen eisenfreie Schnüre einzuschalten, um durch Vergleichung des berechneten und beobachteten Streichens solcher Schnüre den Zug auf seine Richtigkeit prüfen und berichtigen zu können.

Das Verfahren der Berichtigung ist einfach. Man leitet in bekannter Weise von einer eisenfreien Schnur ausgehend die Streichwinkel der sich anschließenden Schnüre ab, bis man bei dem zweiten eisenfreien Streichen ankommt. Stimmt das abgeleitete Streichen nicht mit dem unmittelbar beobachteten, so ist die Winkelmessung zu wiederholen, oder der Unterschied ist, wenn er nicht bedeutend ist, auf die Winkel zwischen der ersten und zweiten eisenfreien Schnur zu verteilen.

Die Streichwinkel der eisenfreien Schnüre sind mit besonderer Vorsicht zu messen.

Zunächst ist zu prüfen, ob an der in Frage kommenden Stelle der Strecke keine die Magnetnadel ablenkenden Gegenstände vorhanden sind. Hiervon überzeugt man sich, wenn der Kompaß an verschiedenen Stellen einer gespannten Schnur immer denselben Streichwinkel angibt.

In dem Kapitel der Magnetorientierung werden die genauesten Methoden der Streichwinkelbestimmung besprochen. Für diese jetzt in Frage kommenden Arbeiten genügt folgendes Verfahren.

Die Endpunkte der Linie *ab* (Fig. 194) werden auf Spreizen gelegt, die rechtwinkelig zur Schnurrichtung geschlagen sind, und man mißt dann von dem einen Punkte *b* zu beiden Seiten gleiche Abstände *bc* = *bc'*, *bd* = *bd'* ab und steckt in die Punkte *c*, *c'*, *d*, *d'* Pfriemen oder Nägel.

Von a spannt man Schnüre nach den Punkten auf der anderen Spreize und hängt nacheinander an alle den Kompaß. Aus dem Mittel des Streichens sämtlicher Schnüre erhält man einen genaueren Wert des Streichwinkels, als die einfache Beobachtung ergeben würde.

Sollte die Spreize nicht rechtwinkelig zur Linie ab geschlagen sein, so wird man mit einem rechtwinkelig gehaltenen Meterstock leicht die Punkte auf der Spreize finden, in die die Nägel für die Schnüre ac, ac', ad, ad' einzustecken sind.

Wendet man den Visierkompaß an, so steht er zentrisch auf a, mit ihm werden die Punkte rechts und links von b nacheinander angezielt.

Zur Ausscheidung der schädlichen Einflüsse der magnetischen Variation und der Störungen sind gleichzeitige Beobachtungen an einem

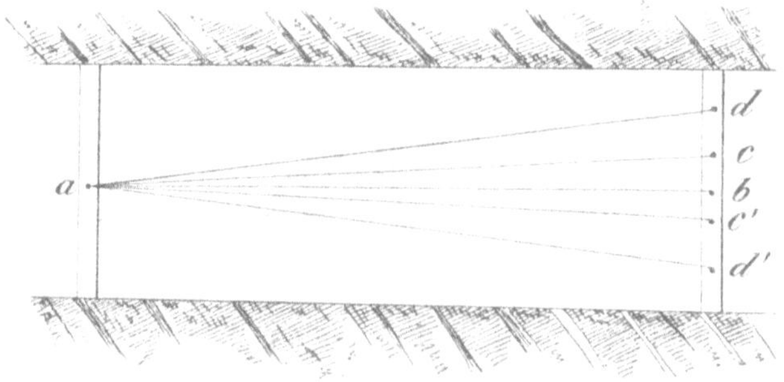

Fig. 194. **Bestimmung eines eisenfreien Streichwinkels.**

Deklinatorium zu machen, oder es ist die in Frage kommende Tageskurve eines selbstschreibenden Deklinatoriums einzusehen. Ist hierfür die Arbeit nicht wichtig genug, so ist die Messung in den Abendstunden oder des Nachts auszuführen, wo beim regelmäßigen Verlauf der Variationen die Richtung der Magnetnadel wenig ändert.

§ 87. Zur Beurteilung der Genauigkeit von solchen Zügen im Vergleich mit anderen Messungen hat Professor von Miller-Hauenfels den zu befürchtenden Endfehler berechnet von Messungen desselben Zuges nach verschiedenen Methoden und mit verschiedenen Instrumenten und folgende Werte gefunden:

1. Bei Anwendung des Kompasses nach den besten der obigen Methoden mit zwei eisenfreien Streichwinkeln am Anfang und Ende des Zuges nach Verteilung der gefundenen Abweichung 0,41 der Längeneinheit,
2. bei derselben Methode mit einem eisenfreien Streichwinkel . . . . 0,50 „ „
3. bei Gebrauch des gewöhnlichen Hängezeuges 0,08 „ „
4. bei Gebrauch eines Theodoliten von 20″ mittlerem Fehler . . . . 0,04 „

Setzt man den Wert des Theodolitzuges gleich 1, so verhalten sich die Genauigkeiten wie 10 : 12,5 : 2 : 1.

Leider liegen mir von derartigen Zügen nur wenige Ergebnisse in Zahlen vor, die auf ihre Richtigkeit nach erfolgtem Durchschlag oder auf andere Weise durch unmittelbare Messungen geprüft werden konnten. Diese wenigen Werte sind bezüglich ihrer Genauigkeit so schwankend, daß für den einmal ausgeführten Zug mit nur zwei eisenfreien Schnüren im Durchschnitt die sehr ungünstige Verhältniszahl 10 berechtigt sein dürfte.

Wenn trotzdem namentlich mit der zuletzt erwähnten Methode des verschärften Ablesens beachtenswerte Ergebnisse bei markscheiderischen Angaben auf große Entfernungen erzielt worden sind, so ist diese Tatsache auf Rechnung der häufigen Wiederholungen des Zuges und der vielen eingeschalteten eisenfreien Schnüre zu setzen.

Beispiel einer Kompaßmessung über eisernen Schienen.

Der Kompaß war in zweimal 180° geteilt und beim Zielen nach rückwärts (r) wurde das Südende der Nullinie dahin gerichtet.

Standpunkt	Kompaß rückwärts vorwärts	Außenwinkel ±	Gr.	M.	Kompaß eisenfrei O/W	Gr.	M.	Sohle Meter	Neigung d. Schnur ±	Gr.	M.	Flache Länge Meter	Seigerteufe +	−	Höhenzahl Meter	Zeichen, bis
															−10,000	*a*
a	eisenfrei				O	57	35	10,935	−	2	5	10,942		0,397	10,397	*b*
b	r. 141°35′ v. 152°20′	+	10	45	O	68	20	9,206	+	3	10	9,220	0,509		9,888	*c*
c	r. 172°30′ v. 103°10′	−	69	20	W	179	—	9,989	−	2	45	10,000		0,480	10,368	*d*
d	r. 12°—′ v. 36°50′	+	24	50	O	23	50	11,184	+	3	—	11,200	0,586		9,782	*e*
e	r. 178° 5′ v. 183°—′[1]	+	4	55	O	28	45	9,771	−	2	30	9,780		0,426	10,208	*f*
f	r. 180°45′[1] v. 179°30′	−	1	15	O	27	30	10,000	+	0	10	10,000	0,029		10,179	*g*
f	eisenfrei				O	27	20[2]									*g*

[1] Der Ablesung ist 180° hinzugefügt.
[2] Der Unterschied ist zu verteilen.

Siebentes Kapitel.

Das Nivellieren (Abwägen) oder Höhenmessen.

§ 88. Unter dem Höhenunterschiede zweier Punkte versteht man den senkrechten Abstand ihrer wirklichen Horizonte, die nach § 1 geoidische Flächen sind. Die Abweichung des wirklichen Horizontes von der Niveaufläche (§ 1) wird hier vernachlässigt.

Unter der Höhenzahl eines Punktes versteht man seinen senkrechten Abstand von einem bestimmten Horizonte, dem Vermessungshorizonte, der ebenfalls eine geoidische Fläche ist, aber bei bildlichen Darstellungen immer als gerade Linie gezeichnet wird.

Fig. 195. Geometrisches Nivellieren.

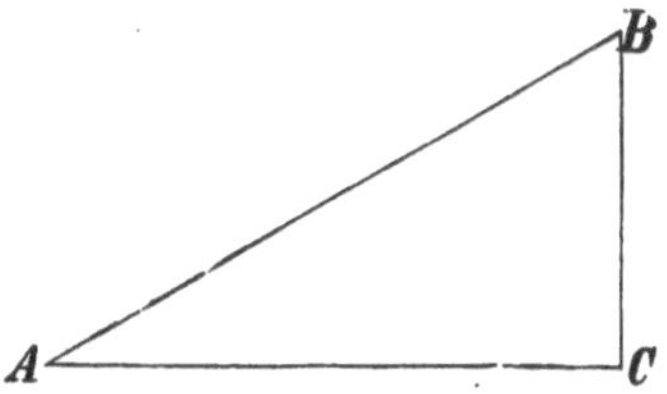

Fig. 196. Trigonometrisches Nivellieren.

Das Nivellieren (Abwägen) oder Höhenmessen lehrt den Höhenunterschied von Punkten finden, wonach die Höhenzahlen durch Rechnung ermittelt werden.

Man unterscheidet mehrere Arten des Höhenmessens.

1. Das geometrische Höhenmessen oder das eigentliche Nivellieren (das Abwägen), 2. das trigonometrische und 3. das physikalische Höhenmessen.

Bei dem geometrischen Nivellieren wird eine horizontale Linie oder Ebene geschaffen und der Abstand der beiden Punkte A und B von dieser Horizontalen durch senkrecht aufgestellte Latten unmittelbar gemessen (Fig. 195). Der Unterschied der beiden gemessenen Abstände ist der Höhenunterschied der beiden Punkte.

Die trigonometrische Höhenbestimmung erfordert Längen- und Winkelmessungen. Sie läuft immer auf die Auflösung eines senkrecht stehenden, rechtwinkeligen Dreiecks (ABC Fig. 196) hinaus, von dem der spitze Winkel BAC und entweder die Hypotenuse AB oder die horizontale Kathete AC gemessen wird. Der gesuchte Höhenabstand BC wird durch trigonometrische Rechnung aus den beiden gemessenen Größen gefunden, woher die Benennung abgeleitet ist.

Das physikalische Höhenmessen gründet sich auf die Verschiedenheit des Luftdruckes in verschiedenen Höhen. Das Barometer ist das hierbei gebräuchliche Instrument. Für die Markscheidekunst ist nur das geometrische und trigonometrische Höhenmessen von Wichtigkeit.

§ 89. Die zum Nivellieren (Abwägen) dienenden Instrumente.

Bei allen Instrumenten, die zur Herstellung einer wagerechten Linie dienen, wird das Gesetz der Schwere ausgenutzt.

Man unterscheidet Pendelinstrumente, Kanalwagen und Libelleninstrumente.

Die Pendelinstrumente bestehen der Hauptsache nach aus einem mit einem Gewichte beschwerten Pendel, das mittels einer auf Schneiden ruhenden Achse aufgehängt und an dem, rechtwinkelig zur Mittellinie des Pendels, das Fernrohr befestigt ist.

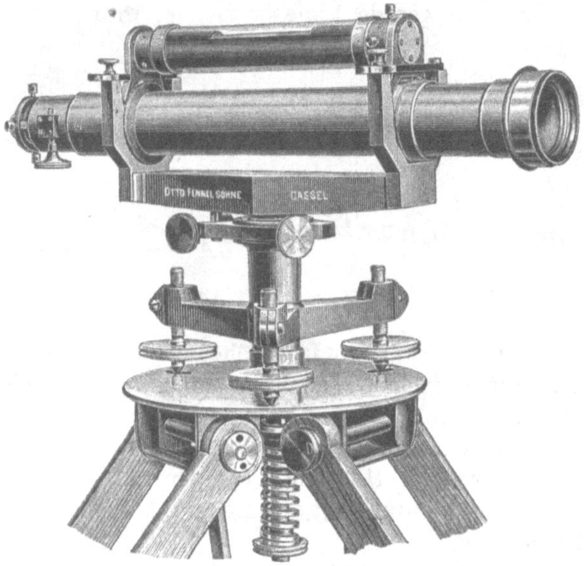

Fig. 197. Nivellierinstrument mit losen Teilen.

Die Kanalwagen bestehen aus zwei kommunizierenden Röhren. Die in beiden Röhren gleich hochstehenden Säulen einer Flüssigkeit geben zur Herstellung einer wagerechten Ziellinie das Anhalten.

Die beiden bisher genannten Instrumente sind entweder gar nicht mehr im Gebrauch oder doch nur als Notbehelfe. Sie sind von den Libelleninstrumenten völlig verdrängt.

Bei diesen Instrumenten ist die Röhrenlibelle (§ 29) das Mittel zur Herstellung einer wagerechten Linie. Die Libelle ist mit einem Fernrohr derartig verbunden, daß ihre Achse parallel der Sehachse des Fernrohres ist. Zu diesen beiden Hauptteilen des Libelleninstrumentes, der Libelle und dem Fernrohr, kommt noch der Dreifuß mit einer Dosenlibelle.

Häufig ist das Fernrohr zum Kippen eingerichtet und hierzu mit einer Kippschraube versehen.

Man teilt die Libelleninstrumente in zwei Hauptgruppen, in solche mit losen oder mit festverbundenen Teilen.

Das Fernrohr der ersten Gruppe liegt mit zwei Lagerringen in den Trägern, die oben durch zwei Riegel geschlossen werden (Fig. 197).

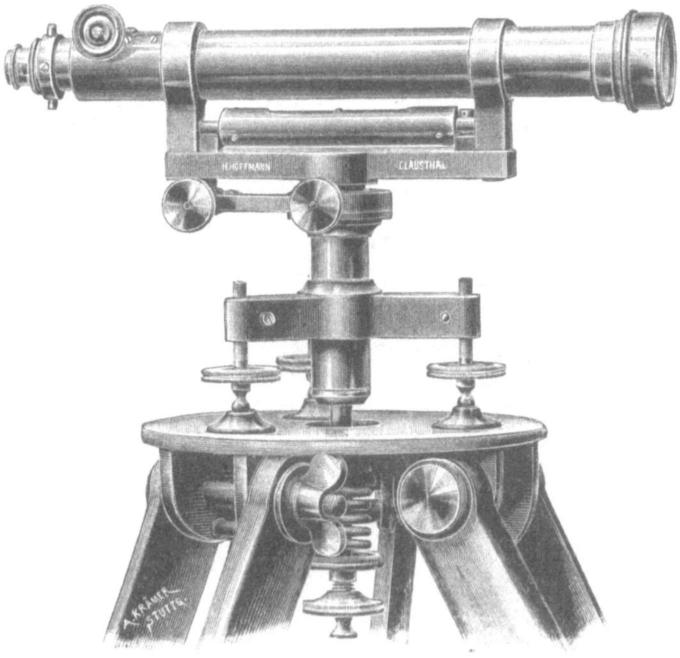

Fig. 198. Nivellierinstrument mit fest verbundenen Teilen.

Die Röhrenlibelle ist auf den Lagerringen aufgesetzt und wird durch die oben erwähnten Riegel vor dem Herabgleiten geschützt. An den Stirnwänden der Libellenfassung sind Stifte eingeschraubt, die in entsprechende Einschnitte der Riegel passen.

Einer der Fernrohrträger kann zum Heben und Senken durch Zug- und Druckschrauben (vergl. § 31 Fig. 79) eingerichtet sein, es ist aber nicht durchaus erforderlich.

Fig. 198 zeigt das Bild eines Libelleninsrumentes mit fest verbundenen Teilen, das ohne Erklärung zu verstehen ist. Hier fehlt die jetzt überall angebrachte Dosenlibelle.

Zwischen diesen beiden Konstruktionen liegen eine Anzahl anderer, bei denen nur einzelne Teile abnehmbar sind.

Fig. 199 ist ein Instrument mit festen Teilen, mit Kippschraube, Dosenlibelle und Libellenspiegel; Fig. 200 ein Instrument mit Reversionslibelle, Dosenlibelle, Kippschraube und Skalentrommel.

Der Markscheider zieht wegen des Grubenschmutzes dem Instrumente mit losen Teilen unbedingt das mit festen Teilen vor, dessen einfachste Form die Fig. 198 zeigt.

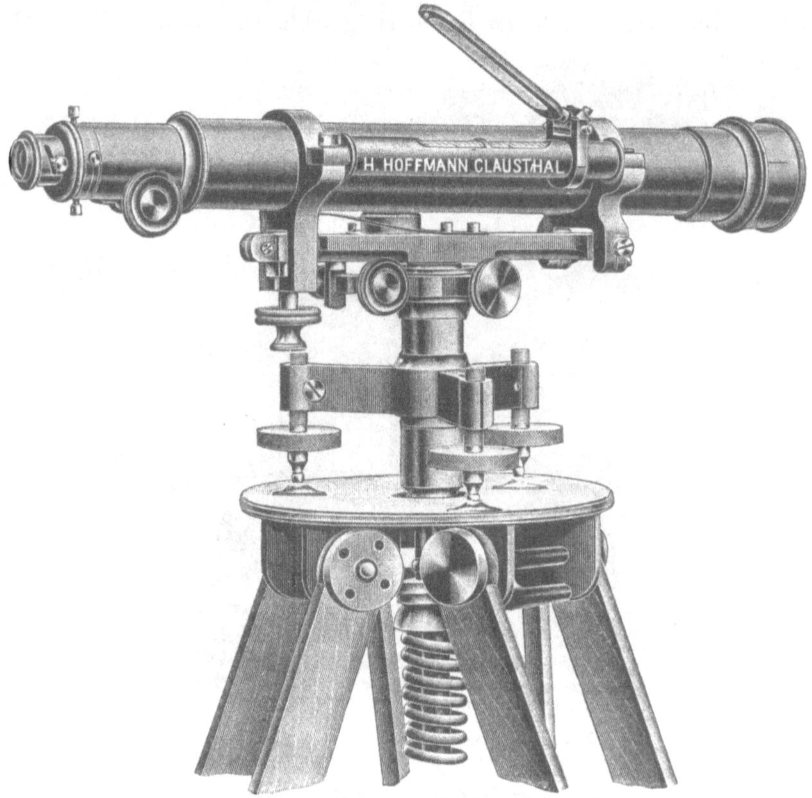

Fig. 199. **Nivellierinstrument mit festen Teilen, mit Kippschraube, Dosenlibelle und Libellenspiegel.**

Das Instrument mit Kippschraube Fig. 199 u. 200 ist wegen seiner bequemen Horizontierung beliebt. Mit der Dosenlibelle wird erst roh und dann nach der Röhrenlibelle, die durch die Kippschraube geregelt wird, das Fernrohr in der Zielrichtung fein horizontiert. Die Kippschraube ist in Fig. 200 mit einer Skalentrommel versehen, deren Gebrauch in § 105 besprochen wird.

Die Reversionslibelle (Fig. 200) sitzt fest an dem Fernrohre, das sich in den Lagerringen um 180 Grad drehen und abnehmen läßt. Die beiden Grenzstellungen des Fernrohres sind durch Anschlagstifte geregelt.

Der Theodolit, an dessen Fernrohr eine Röhrenlibelle befestigt ist, kann als Nivellierinstrument benutzt werden und er ist als solches der Gruppe mit festen Teilen und Kippschraube zuzuteilen.

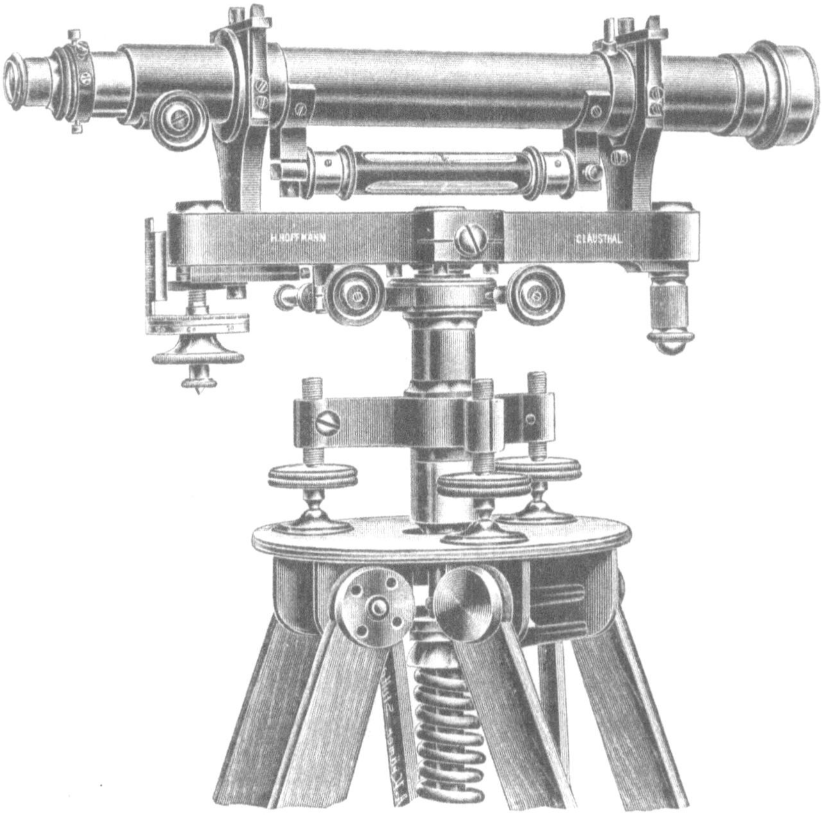

Fig. 200. Nivellierinstrument mit Reversionslibelle, Kippschraube, Skalentrommel und Dosenlibelle.

§ 90. Die Nivellierlatten. Die Nivellierlatten dienen dazu, den Abstand der Aufstellungspunkte von der durch die Fernrohrachse gebildeten Horizontallinie zu messen.

Sie bestehen aus einem Stabe von quadratischem oder rechteckigem Querschnitt, der, aus geradfaserigem Fichtenholz hergestellt, mit siedendem Leinöl getränkt ist und einen mehrmaligen Ölfarbenanstrich erhalten hat. Die Länge der Latten, die über Tage gebraucht werden, schwankt je nach Bedürfnis zwischen 3 und 5 Meter. Die Einteilung ist auf mannigfaltige Art ausgeführt. Einfache Striche, deren Länge die ganzen und halben Dezimeter sowie die ganzen und halben Zentimeter unterscheidet, oder abwechselnd weiße und schwarze oder rote Felder von einem Zentimeter Breite in verschiedenster Anordnung sind am häufigsten. In den weißen Zentimeterfeldern kann man durch Punkte oder kurze feine Striche noch Unterabteilungen des Zentimeters machen (vergl. das in § 106 Gesagte). Die Bezifferung geht meistens nach Dezimetern. Fig. 201 zeigt verschiedene Einteilungen der Nivellierlatten.

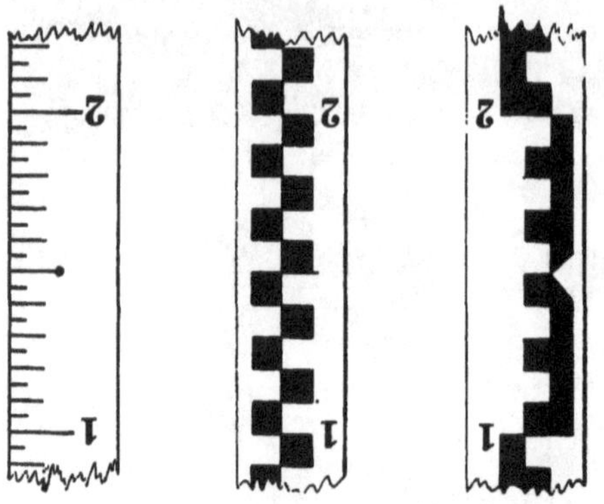

Fig. 201. Verschiedene Einteilung von Nivellierlatten.

Die Latte muß während des Ablesens senkrecht gehalten werden. Zu diesem Zwecke ist die Latte mit einer Dosenlibelle verbunden, deren Blase bei richtigem Stande der Latte einspielt.

In Fig. 202 sei h die Ablesung an der senkrecht stehenden und h' die an der um $\sphericalangle\,\delta$ geneigten Latte, dann ist $h' = \frac{h}{\cos\delta}$.

Ist $\delta = 2$ Grad und $h = 4$ Meter, so ist $h' = 4{,}002$ Meter. Abweichungen von 2 Grad lassen sich durch Dosenlibellen von geringer Empfindlichkeit schon vermeiden.

Ist man gezwungen mit einer Latte, ohne eine daran befestigte Dosenlibelle zu arbeiten, so wird man die Latte von dem Gehilfen vor- und rückwärts neigen lassen. Die kleinste Ablesung ist die richtige. Die seitliche Abweichung erkennt man am senkrechten Faden des Fadenkreuzes, der vorher berichtigt sein muß (siehe § 42).

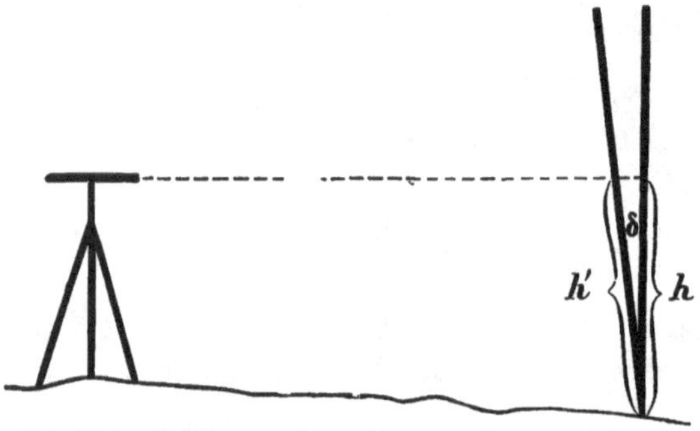

Fig. 202. Fehler aus der schiefen Stellung der Latte.

Man versieht die Latten auch mit verschiebbaren Tafeln (Fig. 203a u. b), die vorn in schwarze und weiße Felder so geteilt sind, daß sich der Mittelpunkt mit dem Fadenkreuze scharf zur Deckung bringen läßt, und hinten mit einer horizontalen, dem Mittelpunkt entsprechenden Linie versehen sind.

Solche Latten heißen S c h i e b e r l a t t e n, und die o h n e Zieltafel zum Selbstablesen S k a l e n l a t t e n.

Die Zieltafel läßt sich mittels einer Schnur, die oben und unten über eingesenkte Rollen läuft, auf- und abschieben und kann durch eine Klemmschraube festgeklemmt werden. Durch das Schieben darf die mit der Teilung versehene Seite nicht beschädigt werden.

Die Zielscheiben werden bei solchen Entfernungen gebraucht, wo die Einteilung der Latte nicht mehr mit dem Fernrohr scharf abgelesen werden kann, z. B. beim Nivellieren aus den Endpunkten. Sie können aber auch auf kürzere Entfernungen auf folgende Weise zur Prüfung dienen. Der Markscheider liest zunächst an der Teilung ab und stellt dann die Zieltafel ein. Der lattenführende Gehilfe schreibt die Lattenhöhe auf nach dem Strich der Zieltafel und der Markscheider vergleicht seine Ablesung mit der des Gehilfen.

Man ist bei alleiniger Verwendung der Zielscheibe allerdings gezwungen, sich teilweise auf die Ablesungen der Gehilfen zu verlassen und deswegen werden die Zielscheiben vielfach verworfen. Bei geübten und gewissenhaften Leuten genügt es, bei längeren Zielweiten die Tafel

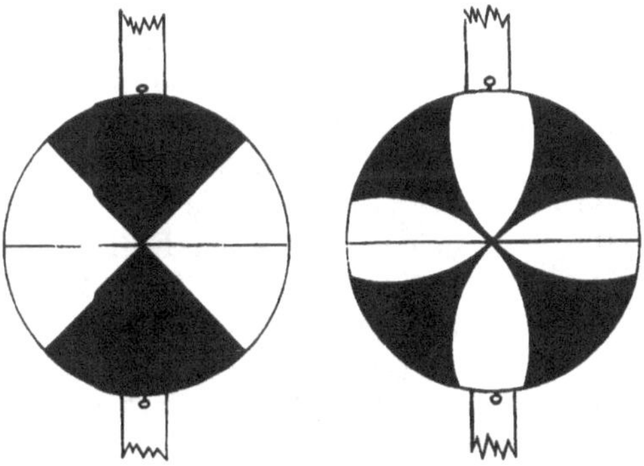

Fig. 203 a u. b.
Zielscheiben an den Nivellierlatten.

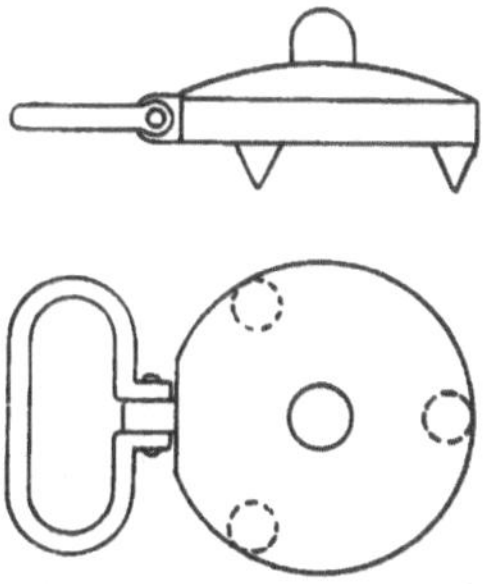

Fig. 204. Untersatz für Nivellierlatten.

mehreremal von neuem einzuwinken, den jedesmaligen Stand vom Gehilfen aufschreiben und die Latte mit der zuletzt eingestellten und unverrückt gebliebenen Tafel zum Nachsehen sich bringen zu lassen.

Latten ohne Zielscheiben werden mit Handhaben versehen.

In Latten zu Präzisionsnivellements werden im Abstand von einem Meter Metallplättchen mit feiner Über- und Untereinteilung eingelassen, mit deren Hilfe auch die geringste Längenveränderung der Latte durch Anlegen eines Normalmeters gefunden werden kann.

Zur Erleichterung des Mitführens richtet man die Latten zum Verschieben oder zum Zusammensetzen ein. An den zum Verschieben eingerichteten Latten ist meistens ein Sperrstift mit Feder angebracht, der in Abständen von 10 zu 10 cm den beweglichen Lattenteil von selbst festhält.

Als praktischer Notbehelf dient auf Reisen ein eingeteiltes Band von Lattenbreite, das durch eingesponnene Metallfäden und durch einen Gummiüberzug vor dem Ausdehnen geschützt und mit einer Einteilung versehen ist. Man hat nur nötig, das Band auf einer hölzernen geraden Latte zu befestigen.

Die Latten müssen beim Gebrauch auf sichere Unterlagen gesetzt werden. Da solche nicht überall vorhanden sind, so führt man einen eisernen Untersatz mit, der unten drei Stacheln und oben einen kugelförmigen Knopf hat. Die Stacheln drückt man in den Fußboden fest ein und auf den Knopf setzt man die Latte. Fig. 204 zeigt einen solchen Untersatz in zwei Ansichten.

§ 91. Die Grubennivellierlatten. Zum Nivellieren in der Grube können Latten von derselben Einrichtung, wie die über Tage gebräuchlichen, angewendet werden, nur müssen sie kürzer sein.

Fig. 205. Seitenansicht einer einfachen Grubennivellierlatte.

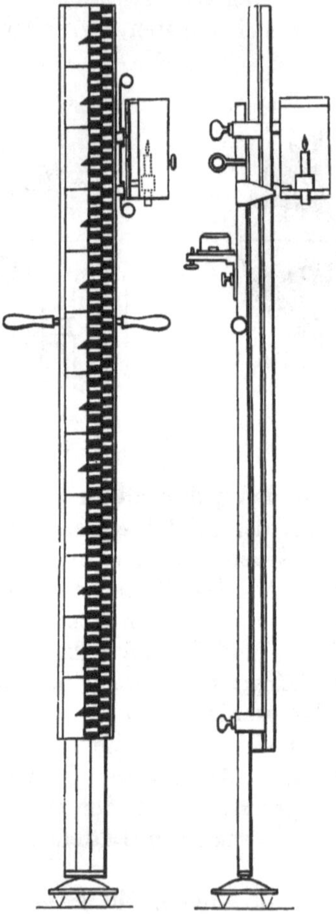

Fig. 206. Grubennivellierlatte.

Fig. 205 zeigt eine Latte einfachster Konstruktion in der Seitenansicht.

Die Beleuchtung der angezielten Stelle geschieht mit dem gewöhnlichen Grubenlichte.

Eine empfehlenswerte Grubennivellierlatte ist die vom Markscheider Klose im Heft 4 der Mitteilungen aus dem Markscheiderwesen beschriebene.

In Nr. 32 der Berg- u. Hüttenm. Z. 1863 und in Nr. 22 S. 295 der Österr. Zeitschr. 1881 sind Grubennivellierlatten beschrieben.

Die eine Latte (Fig. 206) besteht aus zwei Teilen von je 1,5 m Länge, die sich gegeneinander verschieben lassen und von denen die vordere breitere Holzlatte die Skala trägt, während die zweite als Fußgestell der Skalenlatte dient. Mit Hilfe zweier Spangen und Preßschrauben sowie eines federnden, in Löcher von je 10 cm Abstand eingreifenden Sperrstiftes läßt sich die Skala innerhalb eines Spielraumes von 1,2 m festklemmen.

Die Größe der Verschiebung erkennt man an einem Zeiger (fehlt in der Figur), der bei dem tiefsten Stande der Skala auf eine bestimmte Stelle z. B. 1,4 m zeigt. Ein besonderer Vorteil dieser Nivellierlatte ist die angebrachte Refraktorlampe, die durch eine an die Latte geschraubte Eisenschiene geführt und durch eine Feder an diese gedrückt wird.

Neben den bisher besprochenen Latten, die auf die Höhenpunkte aufgesetzt werden und deshalb Aufsetzlatten genannt werden, wendet man in der Grube auch Hängelatten an.

Diese werden in gebogene Krampen eingehängt, die in der Firste, wie die Winkelpunkte der Theodolitzüge, befestigt werden. Häufig benutzt man die Theodolitkrampen, wenn der Mittelsteg etwas gebogen ist, zugleich zum Nivellieren (Fig. 122 a).

Die Hängelatten sind meist so eingerichtet, daß sie nach Bedarf sowohl zum Aufsetzen als auch zum Anhängen gebraucht werden können.

Fig. 207 a zeigt eine solche Aufsetzlatte, die durch einen eingeschraubten Haken und doppelte Bezifferung (Fig. 207 b) zur Hängelatte umgewandelt ist.

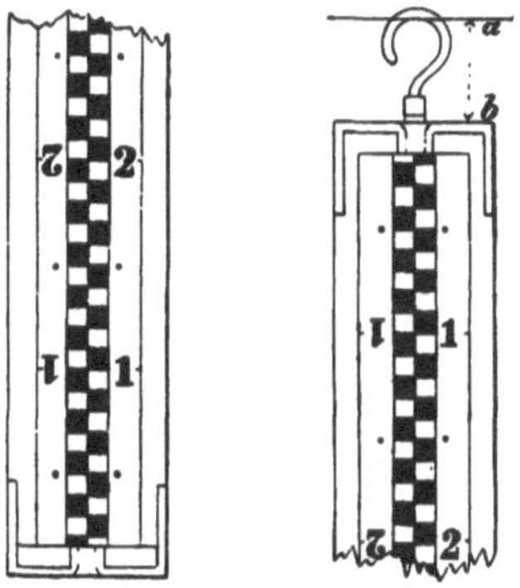

Fig. 207 a u. b.
Hänge- und Aufsetzlatte.

Der Abstand des Hakens bis zum Anfang der Teilung ist bei der Berechnung der Höhenzahlen zu berücksichtigen. Die Teilung ist entweder auf das Holz der Latte oder auf eine Glasplatte gemalt, die von einem Holzrahmen umfaßt wird.

Einer besonderen Beleuchtung des Fadenkreuzes bedarf es bei der Benutzung der Skalenlatten nicht, da das Fadenkreuz sich auf der belichteten Latte scharf abhebt.

§ 92. Die Borchersche Hängelatte (Fig. 208 a u. b). Ein stählerner Stab von 1,5 m Länge ist am oberen Ende mit einem abgerundeten Haken versehen, von dessen innerer Peripherie eine Zentimeterteilung bis an das untere Ende geht. Die Dezimeter sind mit eingeätzten Ziffern versehen. Auf diesen Stab ist mittels zweier Hülsen eine Scheibe aufgesteckt, die sich auf- und abschieben und festklemmen läßt.

Rechtwinkelig zur Längenachse des Stabes ist durch den Mittelpunkt der Scheibe eine Linie eingerissen, auf der genau zentrisch drei Öffnungen, zwei von 10 und eine von 2 mm Durchmesser, eingeschnitten sind. Vor eine der größeren Öffnungen läßt sich ein mattgeschliffenes Glas schieben.

Auf der hinteren in der Figur 208 a dargestellten Seite der Scheibe ist eine Millimeterteilung angebracht, deren Nullpunkt mit der auf der Scheibe eingerissenen Linie zusammenfällt.

Beim Nivellieren wird die Hängelatte in die schon erwähnten

Krampen gehängt, durch die frei hingehaltene Grubenlampe die angenäherte Stellung der Zielscheibe ermittelt und dann der Ansatz der Scheibe durch die Preßschraube A an den Stab festgeklemmt. Bei kurzen Zielweiten wird die Flamme des Grubenlichtes hinter das kleine Loch der rechtwinkelig zur Ziellinie gedrehten Scheibe gehalten und

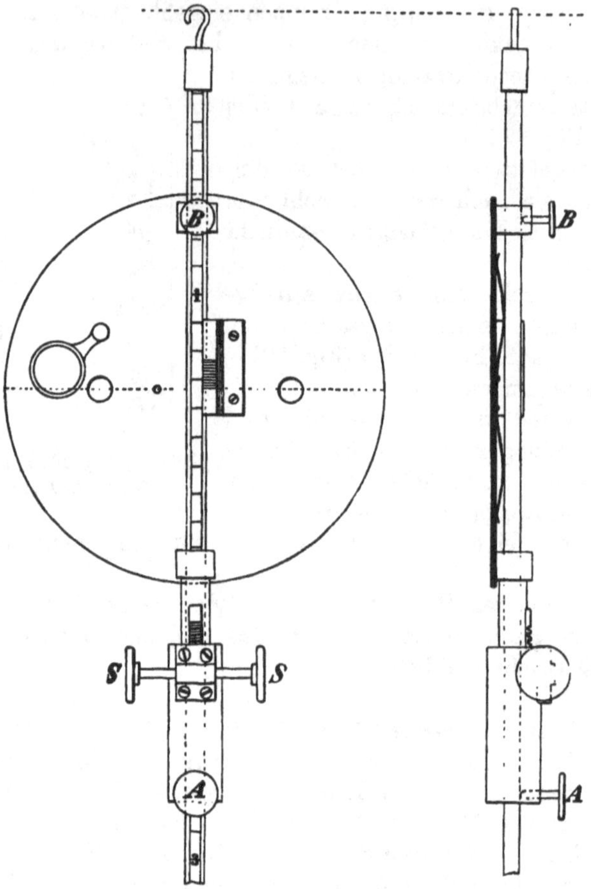

Fig. 208a u. b. Die BORCHERSsche Hängelatte.

durch die Stellschrauben SS den Zurufen des anzielenden Markscheiders entsprechend eine Verschiebung und schließlich eine scharfe Einstellung der Scheibe erreicht. Jetzt erst wird die Preßschraube B angezogen, so daß die Latte, ohne eine nachträgliche Verschiebung der Zieltafel besorgen zu müssen, zum Markscheider getragen werden kann. Für große Entfernungen ist je nach Beschaffenheit der Grubenwetter entweder das größere Loch mit der Glasplatte oder das ohne diese Bedeckung zu benutzen.

Bei langen Zielweiten, wo dem die Hängelatte bedienenden Gehilfen nicht mehr zugerufen werden kann, müssen die Zeichen für „Auf“ und „Nieder“ durch starkes, langsames Klopfen auf dem Schienengestänge oder durch Aufstellung von Zwischenposten gegeben werden.

Bei Anwendung dieser Hängelatte ist eine Beleuchtung des Fadenkreuzes erforderlich.

Die Hängelatten haben allgemein den Vorzug, daß sie ohne weiteres senkrecht hängen, und die von Borchers konstruierte im besonderen den, daß sie dem Einflusse des Wassers und des Grubenschmutzes, unter dem hölzerne Nivellierlatten leiden, nicht unterworfen ist und neben dem höchst genauen Einstellen und Ablesen der Höhen ein rasches Arbeiten gestattet. — In den Oberharzer Gruben werden diese Hängelatten ausschließlich angewendet, nicht bloß ihrer Brauchbarkeit wegen, sondern auch weil sie auf den Fahrkünsten leicht mitgeführt werden können.

§ 93. Die Methoden des Nivellierens. Man unterscheidet das Nivellieren aus der Mitte und aus den Endpunkten, ferner einfaches und zusammengesetztes Nivellement.

Den Höhenunterschied zweier Punkte A und B erhält man durch einfaches Nivellement, wenn man zwischen diesen Punkten das Libelleninstrument aufstellt, bei einspielender Blase zuerst rückwärts die auf A aufgestellte, sodann vorwärts die auf B aufgestellte Latte anzielt und jedesmal den Skalenteil abliest, der von dem Horizontalfaden gedeckt wird (Fig. 209).

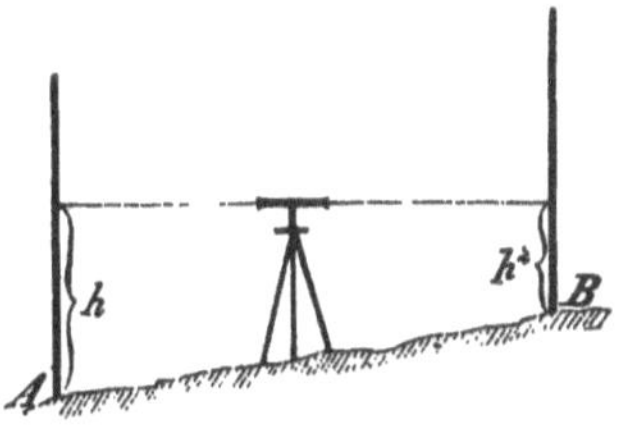

Fig. 209. Einfaches Nivellement.

Die beim Rückblick abgelesene Zielhöhe h_1 ist positiv, die beim Vorblick abgelesene h_2 ist negativ. Die algebraische Summe von $+h_1$ und $-h_2$ gibt den Höhenunterschied D der beiden Punkte im Sinne der Vermessungsrichtung von A nach B.

Der Rückblick sei $+ 1{,}452$ und der Vorblick $- 0{,}963$, dann ist $D = + 0{,}489$, d. h. B liegt um 0,489 m höher als A, oder wie man sich auch ausdrückt, es steigt 0,489 m von A nach B.

Ist dagegen der Rückblick $+ 0{,}889$ und der Vorblick $- 1{,}904$, so ist $D = - 1{,}015$, d. h. B liegt 1,015 m tiefer als A. Es fällt von A nach B. Die Vermessungsrichtung ist zu beachten, damit die Bezeichnungen Rückwärts, Vorwärts, Steigen und Fallen nicht in das Gegenteil umgekehrt werden.

Zur Erreichung der größten Genauigkeit wählt man den Aufstellungspunkt für das Nivellierinstrument so, daß er gleich weit von den beiden Lattenpunkten A und B entfernt ist, wobei das Abschreiten der Entfernungen genügt. Das distanzmessende Fadenkreuz leistet zur Prüfung gute Dienste.

Man nennt dies das Nivellieren aus der Mitte.

Dieses Verfahren gewährt den großen Vorteil, daß auch mit einem fehlerhaften Instrumente, bei dem die Libellenachse der Sehachse nicht parallel ist, richtige Ergebnisse erzielt werden.

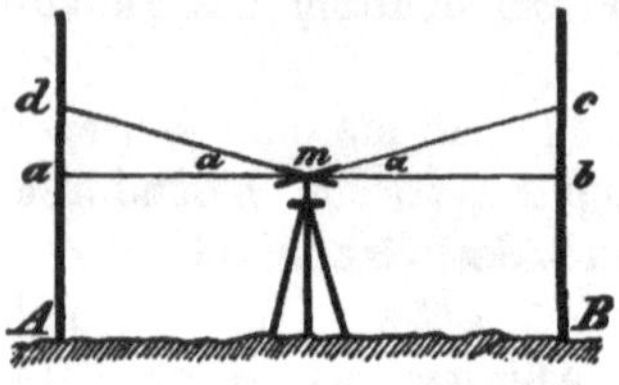

Fig. 210. Das Nivellieren aus der Mitte.

Das Nivellierinstrument, bei dem die Libellenachse mit der Sehachse den Winkel α einschließt, sei in m so aufgestellt, daß $ma = mb$ ist (Fig. 210).

Beim Rückblick wird das Fadenkreuz bei einspielender Libelle nicht den in der Horizontalen liegenden Punkt a, sondern d treffen, ebenso beim Vorblick nach der Latte auf B nicht den Punkt b, sondern c.

Da in beiden Stellungen des Fernrohres dieselben Ursachen wirken, so müssen die Winkel α gleich sein, und da $ma = mb$, so ist $ad = bc = e$.

Die Lattenablesungen sind in Rück- und Vorblick um ein gleiches Stück zu groß, da aber beide verschiedene Vorzeichen haben, so heben sie sich bei der Addition gegenseitig auf.

$$D = (h_1 + e) - (h_2 + e) = h_1 - h_2.$$

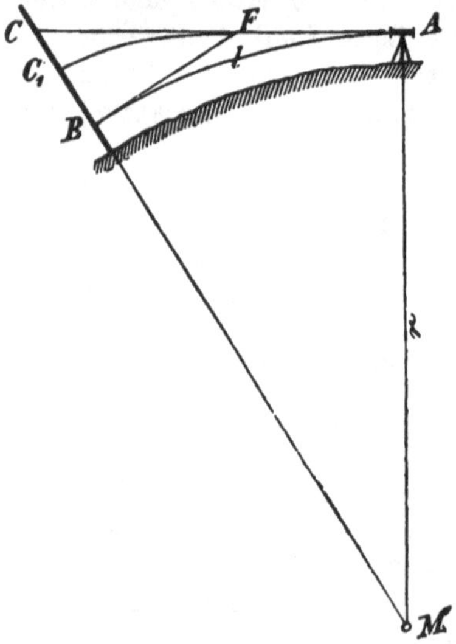

Fig. 211. Einwirkung von Erdkrümmung und Refraktion.

§ 94. Die Einwirkungen der Krümmung der Erdoberfläche. Diese sind abhängig von dem Halbmesser der Erde r und der Zielweite l.

Denkt man sich aus dem Mittelpunkte der Erde einen Kreisbogen durch die Fernrohrachse A beschrieben, so trifft dieser Bogen die Latte im Punkte B. Die durch A gezogene Horizontallinie schneidet die Latte im Punkte C (Fig. 211 ist zum besseren Verständnis in unnatürlichen Verhältnissen gezeichnet). AB ist der wirkliche, AC der scheinbare Horizont und BC die Depression des wirklichen unter dem scheinbaren Horizont.

Durch das Fernrohr wünscht man den Punkt B zu sehen, der in dem wirklichen Horizont liegt, aber man sieht den Punkt C des scheinbaren Horizontes, folglich ist BC gleich dem Fehler, den die Krümmung der Erdoberfläche veranlaßt.

Macht man $BF \perp$ zu CM, so kann man $BF = AF = \frac{1}{2}l$ und $AC = AB = l$ annehmen. Dreieck BCF ist ähnlich ACM und daraus folgt $BC : BF = AC : AM$, also $BC = \frac{BF . AC}{AM} = \frac{\frac{1}{2}l . l}{r} = \frac{l^2}{2r}$.

Der Fehler BC wird durch die Brechung, den der Lichtstrahl beim Durchgange durch die Luft erleidet, noch verringert, da der Strahl eine nach oben gekrümmte Linie beschreibt und im Fernrohr nicht der Punkt C, sondern C' erscheint.

Bei ruhiger klarer Luft ist $CC' = 0{,}1348\ BC$ oder allgemein $= 0{,}1348 \frac{l^2}{2r}$.

Der ganze aus der Krümmung der Erdoberfläche und der Strahlenbrechung entstehende Fehler ist also

$$\frac{l^2}{2r} - 0{,}1348 \frac{l^2}{2r} = \frac{0{,}4326\, l^2}{r}.$$

Bei einer Zielweite von 200 Meter gibt die Formel einen Fehler von 2,7 mm, bei 150 Meter einen solchen von 1,5 mm, und bei 100 Meter ist der Fehler nur 0,68 mm.

§ 95. Das Nivellieren aus den Endpunkten. Das Verfahren ist folgendes: Sind A und B (Fig. 212) die beiden Punkte, deren Höhenunterschied ermittelt werden soll, so stellt man das Nivellierinstrument

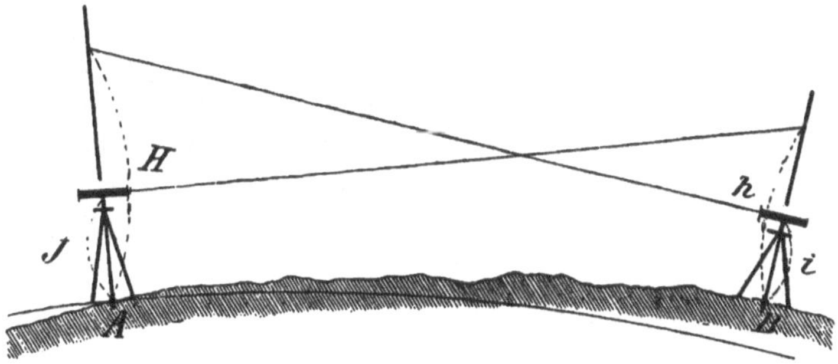

Fig. 212. Das Nivellieren aus den Endpunkten.

über A und die Latte in B auf, mißt die Instrumentenhöhe, d. h. die Höhe der Fernrohrachse über $A = J$ und liest an der Latte auf B die Höhe h ab. Setzt man die Verbesserung für Erdkrümmung und Refraktion $= C$, so ist der Höhenunterschied $U = J - (h - C) = J - h + C$. J tritt hier an die Stelle des Rückblicks.

Man begnügt sich aber nur im Notfalle mit der Aufstellung des Instrumentes in einem Punkte (Nivellement aus einem Endpunkte), sondern man stellt es auch in B auf und mißt hier die Instrumentenhöhe i sowie die Lattenhöhe in $A = H$ (Nivellement aus beiden Endpunkten). Der Höhenunterschied aus diesen Werten ist der Vermessungsrichtung von A nach B entsprechend:

$$U = (H - C) - i, \text{ das ist } U = H - i - C.$$

$$\text{Aus der ersten Aufstellung war } U = J - h + C$$

$$\text{gibt addiert } 2U = H - i + J - h.$$

$$\text{Daraus } U = \tfrac{1}{2}(H - i + J - h).$$

Vorstehende Formel zeigt, daß durch Aufstellen auf beiden Punkten und durch das Mittelnehmen aus beiden Werten die Einwirkung der Erdkrümmung und der Lichtbrechung ohne weiteres ausgeschieden wird. Hierbei wird vorausgesetzt, daß die Anzielungen von A und B aus bei gleichartigem Zustande der Luft gemacht werden, also der Koeffizient 0,1348 derselbe geblieben ist.

Die Aufstellungspunkte A und B hat man so zu wählen, daß beide nahezu in gleicher Höhe liegen. Sonst kann der in Fig. 213 dargestellte Fall eintreten, daß man wohl die in B aufgestellte Latte von A aus sehen, die in A aufgestellte Latte von B aus aber nicht. Die Größe der Entfernung zwischen A und B hängt von der Leistungsfähigkeit des Fernrohres ab.

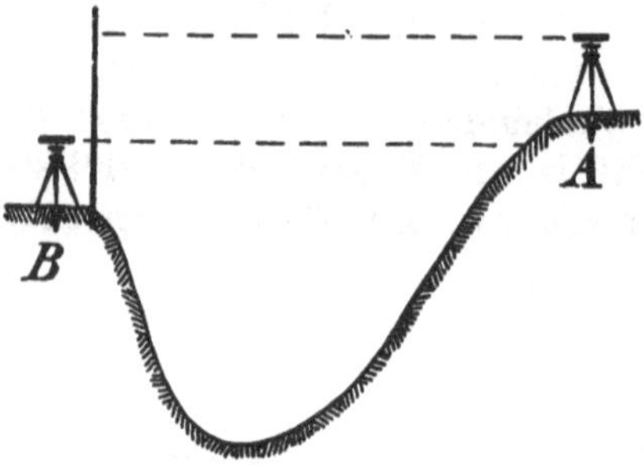

Fig. 213. Das Nivellieren aus den Endpunkten.

Die Instrumentenhöhe, d. h. die Höhe der Sehachse über dem Aufstellungspunkte, mißt man auf folgende Weise: Man stellt das Nivellierinstrument horizontal und so auf, daß entweder das Okular- oder das Objektivende des Fernrohrs senkrecht über dem Aufstellungspfahle ist, und mißt von der Mitte des Augenglases oder von der Mitte der Objektivlinse den senkrechten Abstand. Die Mitte des kleinen Augenglases läßt sich schätzen, die Mitte der Objektivlinse findet man durch die beiden Ablesungen an den Rändern der Objektivfassung.

Die Nivellierlatte muß bei dieser Arbeit mit einer Zielscheibe versehen sein, die man nicht bloß einmal einwinkt, sondern nach einer jedesmaligen kleinen Verschiebung so oft, bis erneute Beobachtungen den Mittelwert nicht mehr ändern.

Das Nivellieren aus beiden Endpunkten wendet man zur Überschreitung von tiefen Taleinschnitten, von Flüssen und dergleichen Hindernissen mit Vorteil an, das Nivellieren aus einem Endpunkte gibt ein Hauptmittel zur Prüfung der Nivellierinstrumente.

Beispiel: $l = 768$ m, $J = 1{,}214$, $h = 1{,}222$, $H = 1{,}346$, $i = 1{,}270$.

Die Konstante C berechnet sich nach der obigen Formel zu 0,040.

Aus $U = J - h + C$ folgt $U = 1{,}214 - 1{,}222 + 0{,}040 = +\ 0{,}032$.
„ $U = H - i + C$ „ $U = 1{,}346 - 1{,}270 - 0{,}040 = +\ 0{,}036$.
„ $U = \frac{1}{2}(H - i + J - h)$ „ $U = 1{,}346 - 1{,}270 + 1{,}214 - 1{,}222 = +0{,}034$.

Vorstehender Wert wurde durch ein zusammengesetztes Nivellement zweimal geprüft und richtig befunden. Dagegen lieferten andere Messungen auf viel kürzere Entfernungen zuweilen weniger gute Ergebnisse.

§ 96. Zusammengesetzte Nivellements. Ist die Entfernung von A und D' (Fig. 214), deren Höhenunterschied ermittelt werden soll, so groß, daß man mit einem einfachen Nivellement nicht auskommt, so reiht man mehrere einfache aneinander, wie die Fig. 214 andeutet, und erhält ein zusammengesetztes Nivellement.

Nachdem aus der Aufstellung I mit dem Rückblick $AD = 1{,}343$ und mit dem Vorblick $BE = 0{,}784$ abgelesen war, bleibt die Latte zu-

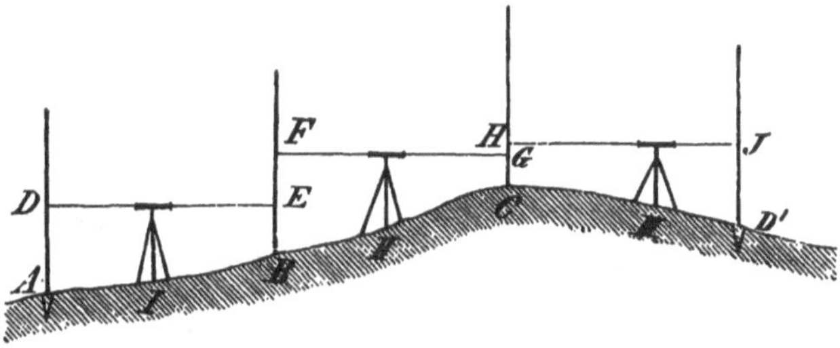

Fig. 214. Zusammengesetztes Nivellement.

nächst in B stehen und wird die Teilung dem nunmehr in II aufgestellten Instrumente zugedreht. Erst wenn rückwärts abgelesen ist, wird die Latte nach C gebracht. So fährt man fort.

Durch die Aufstellungen in den Punkten I, II, III erhält man z. B. für Rückblick und Vorblick folgende Werte:

	Rückblick. Meter.	Vorblick. Meter.			
I.	$AD = 1{,}343$	$BE = 0{,}784$	steigt von A nach B	$+\ 0{,}559$	
II.	$BF = 1{,}573$	$CG = 0{,}482$	steigt von B nach C	$+\ 1{,}091$	
III.	$HC = 0{,}568$	$D_1J = 1{,}279$	fällt von C nach D_1		$-\ 0{,}711$
	$+\ 3{,}484$	$-\ 2{,}545$		$+\ 1{,}650$	$-\ 0{,}711$
	$-\ 2{,}545$				$+\ 0{,}939.$
	$+\ 0{,}939.$				

Aus der algebraischen Summe der Ergebnisse der einfachen Nivellements auf I, II u. III folgt, das D_1 0,939 Meter höher liegt als A. Dasselbe ergibt sich, wenn man die sämtlichen Lattenhöhen der Rückblicke und Vorblicke summiert, und die beiden Summen algebraisch addiert.

Nachstehendes einfache Formular genügt für den Markscheider zum Eintragen der Lattenablesungen.

Aus Zeichen	Rückblick + Meter	Vorblick –	bis Zeichen
Stein Nr. 2.	0,162	3,049	a
a	0,057	2,294	b
b	0,102	2,306	c
c	0,166	2,258	d
d	0,766	2,702	Stein Nr. 3.
	1,253	12,609	
		1,253	
		– 11,356	

Bisher war immer die Ausführung eines Liniennivellements vorausgesetzt, in dem von jedem Aufstellungspunkte des Instrumentes der Höhenunterschied von nur zwei Punkten durch einen Rückblick und einen Vorblick bestimmt wurde. Häufig ist es aber erforderlich, zugleich die Höhenlage von sogenannten Nebenpunkten zu bestimmen, die man von einer Instrumentenaufstellung des Liniennivellements anzielen kann. In diesem Falle muß man die Punkte des Hauptnivellements von den Nebenpunkten unterscheiden. Auf den Punkten des Hauptnivellements werden die Latten immer auf die eisernen Untersetzer gestellt und stets aus der Mitte angezielt, bei den Nebenpunkten ist beides nicht der Fall.

Aus Zeichen	Rückblick + Meter	Vorblick –	bis Zeichen
St. 1	0,162	(1,570)	St. 2
		3,049	a
a	0,057	(1,364)	St. 3
		(0,964)	Brücke
		2,294	b
b	0,102	(2,000)	St. 4
		2,306	c
c	0,166	(2,195)	St. 5
		2,258	d
d	0,766	2,702	St. 6
	1,253	12,609	
		1,253	
		– 11,356	

Aus Zeichen	Rückblick + Meter	Vorblick –	bis Zeichen
St. 1	0,162	1,570	St. 2
„ 2	1,570	3,049	a
a	0,057	1,364	St. 3
St. 3	1,364	0,964	Brücke
Br.	0,964	2,294	b
b	0,102	2,000	St. 4
St. 4	2,000	2,306	c
c	0,166	2,195	St. 5
St. 5	2,195	2,258	d
d	0,766	2,702	St. 6
	9,346	20,702	
		9,346	
		– 11,356	

Aus Zeichen	Rückblick +	Vorblick −	Nebenpunkte	bis Zeichen
	Meter			
St. 1	0,162		1,570	St. 2
"		3,049		a
a	0,057		1,364	St. 3
"			0,964	Brücke
"		2,294		b
b	0,102		2,000	St. 4
"		2,306		c
c	0,166		2,195	St. 5
"		2,258		d
d	0,766	2,702		St. 6
	1,253	12,609		
		1,253		
		− 11,356		

Bei dem Einschreiben solcher Nivellements ins Notizbuch kann man für die Nebenpunkte eine besondere Spalte anlegen, oder die Hauptpunkte durch Unterstreichen, die Nebenpunkte durch Einklammern bezeichnen. Man kann aber auch die Nebenpunkte mit in das Hauptnivellement einreihen und jeden einzelnen Vorblick nach einem Nebenpunkte wieder als Rückblick für die nächste Lattenaufstellung auffassen und dementsprechend die Eintragungen in das Formular machen. Das letztere Verfahren schützt am besten vor Einschreibefehlern. Für die drei Schreibweisen dienen die vorstehenden Beispiele.

§ 97. Die Berechnung der Nivellements und die damit verbundene Fehlerausgleichung.

Die Berechnung des Nivellements erfolgt mit Benutzung des auf der folgenden Seite angewendeten Formulars.

In dem Spaltenpaare 2 werden die abgelesenen Lattenhöhen und in dem Spaltenpaare 3 die Unterschiede zwischen je zwei zueinander gehörigen Rück- und Vorblicken eingetragen. Die Summen der Spaltenpaare 2 und 3 müssen gleich sein. Mit der Berechnung der Nivellements ist zugleich die Fehlerausgleichung verbunden.

War der Anfangspunkt zugleich der Endpunkt des Nivellements, bildete also das Nivellement eine Schleife, so muß die Summe jeder der Spalten 2 und 3 gleich Null sein. Ein Fehler ist auf alle Unterschiede gleichmäßig zu verteilen. Bildet das Nivellement keine Schleife, so ist es stets zu wiederholen, da das einmalige Nivellement nicht glaubwürdig ist. Die Summe jeder der Spalten 2 und 3 soll in beiden Nivellements dieselbe sein. Findet eine Übereinstimmung nicht statt, so wird die Hälfte des Fehlers auf die Unterschiede jedes der beiden

Nivellements gleichmäßig verteilt. Wurden in einem Nivellement Nebenpunkte angezielt, so werden erst die Punkte des Hauptnivellements ausgeglichen und dann die Nebenpunkte berechnet.

Hängen mehrere Schleifen so zusammen, daß sie einige Punkte gemeinsam haben, so wird zuerst die Schleife für sich ausgeglichen, die den größten Widerspruch zeigt, dann jene mit dem nächst größeren, zuletzt die mit dem kleinsten Schlußfehler, wobei immer Zwangsbedingungen für die Punkte, die in schon ausgeglichenen Schleifen liegen, bestehen.

Die Verbesserungen werden mit farbiger Tinte über die Unterschiede geschrieben und diesen hinzugefügt. Schließlich werden die Höhenzahlen dadurch gefunden, daß man zur Höhenzahl des Anfangspunktes nach und nach die verbesserten Höhenunterschiede hinzufügt. Die Höhenzahl des Schlußpunktes muß gleich der des Anfangspunktes sein + der Summe der Spalte 2. Als Beispiel diene die Berechnung eines Schleifennivellements.

Der Vermessungshorizont liegt 100 Meter über dem Anfangspunkte.

1	2		3		4	5	6
Aus Zeichen	Rückblick	Vorblick	Unterschiede +	Unterschiede −	Höhenzahlen	bis Zeichen	Bemerkungen
	Meter		Meter		Meter		
					− 100,000	a	
a	1,262	1,570		$^{+2}$ 0,308	− 100,306	b	
b	0,951	0,885	$^{+2}$ 0,066		− 100,238	c	
c	1,402	1,131	$^{+2}$ 0,271		− 99,965	d	
d	1,346	1,407		$^{+2}$ 0,061	− 100,024	e	
e	0,943	1,182		$^{+2}$ 0,239	− 100,261	f	
f	1,323	1,064	$^{+2}$ 0,259		− 100,000	a	
	7,227	7,239	0,596	0,608			
		7,227		0,598			
	f = + 0,012			0,012			

Durch Beschluß des Zentraldirektoriums der allgemeinen Landesvermessung vom 20. Dezember 1879 ist für Preußen der Horizont durch den Normalnullpunkt (Normal-Null, Abkürzung N. N.) vorgeschrieben, der 37 Meter unter dem an dem Nordpfeiler der Berliner Sternwarte angebrachten Normal-Höhenpunkt für das Königreich Preußen liegt. Zur Erleichterung des Anschlusses ist ein Netz von sicheren Höhenpunkten durch das ganze Königreich gelegt.

Diese Höhenpunkte sind an den Bahnhöfen oder an starken auf Chausseen eingesenkten Granitpfeilern angebracht und zwar durch eiserne Bolzen mit einem runden Kopfe, dessen obere Tangentialebene die ist, auf die sich seine Höhenzahl bezieht. Die Bolzen sind mit laufenden Nummern versehen (Fig. 215) zur Erleichterung des Nachschlagens in den Verzeichnissen, die nach Provinzen geordnet im Buchhandel zu haben sind.

Da für die meisten profilarischen Darstellungen und Berechnungen die gewünschte leichte Übersicht erst dann erreicht wird, wenn der Vermessungshorizont so gewählt ist, daß die Höhenzahlen entweder alle positiv oder alle negativ sind, so ist der Horizont durch Normal-Null für die Bergwerke nicht immer günstig, und es ist zweckmäßig, für gewisse Bezirke einen Horizont zu wählen, der obiger Bedingung genügt und dessen Abstand von N. N. bekannt ist.

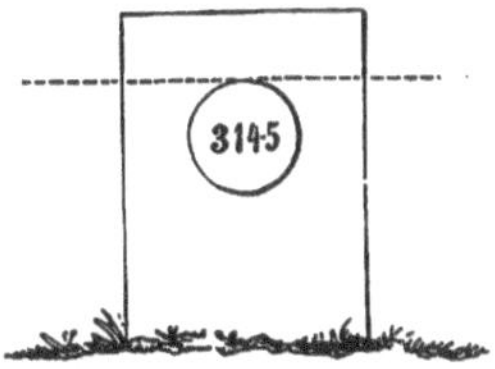

Fig. 215. Versteinter Höhenpunkt.

Für den Oberharzer Bergbau ist z. B. der Normalhorizont 600 Meter über N. N. angenommen worden, unter dem sämtliche Betriebspunkte liegen. Die Höhenzahlen sind also hier sämtlich negativ.

§ 98. Nivellement mit Hängelatten. Bei der Anwendung der Hängelatten tritt die wichtige Änderung ein, daß die rückwärts abgelesene

Fig. 216.

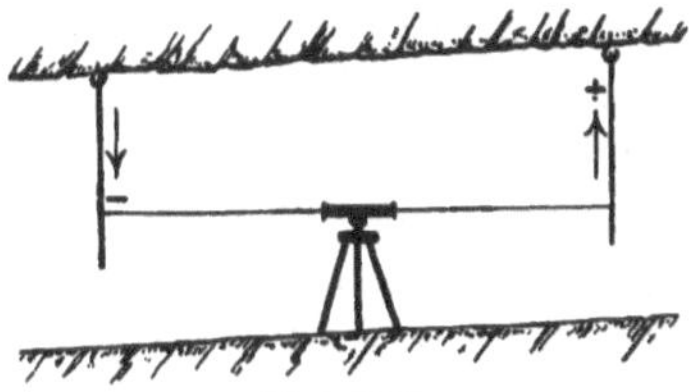
Fig. 217.

Nivellieren mit Aufsetz- und Hängelatten.

Lattenlänge negativ und die vorwärts abgelesene positiv ist. Dies hat seinen Grund darin, daß bei dem Gebrauch der Aufsetzlatte die Punkte,

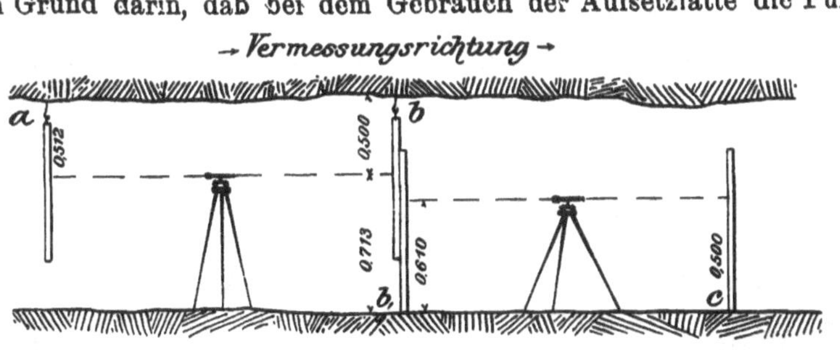

Fig. 218.

deren Höhenzahlen ermittelt werden sollen, sämtlich unter, beim Gebrauch der Hängelatte sämtlich über der durch das Fernrohr gebildeten Horizontallinie liegen. (Fig. 216 u. 217.)

Zum Aufschreiben und Berechnen eines Nivellements mit Hängelatte benutzt man dasselbe Formular wie in § 96, nur muß dann über die Spalte Rückblick das Vorzeichen − und über die Spalte Vorblick das Vorzeichen + gesetzt werden.

Den Übergang von der Benutzung der Hängelatte zu der der Aufsetzlatte erläutert das nachstehende Beispiel mit Fig. 218.

Von	Rückw.	Vorw.	Unterschiede		± Höhenzahl	bis
		Nivellement mit der Hängelatte				
	−	+	+	−		
					+ 4,623	a
a	0,512	0,500	−	0,012	+ 4,611	b
b			−	1,213	+ 3,398	b′
		Nivellement mit der Aufsetzlatte				
	+	−	+	−	+ 3,398	b′
b′	0,610	0,500	0,110	−	+ 4,508	c

usw.

§ 99. Die Prüfung und Berichtigung der Libelleninstrumente. Die Parallelität der Achse der Röhrenlibelle und der Sehachse des Fernrohres ist das Haupterfordernis für die Richtigkeit der Libelleninstrumente.

Ob diese Parallelität vorhanden ist, kann man bei allen Instrumenten, abgesehen von ihrer Konstruktion, erkennen, wenn man den Höhenunterschied zweier Punkte erst durch das Nivellieren aus der Mitte und dann aus einem Endpunkte bestimmt. Aus der Mitte erhält man immer einen richtigen Wert, auch wenn das Libelleninstrument fehlerhaft ist, aus einem Endpunkte aber wird das Ergebnis nur dann richtig sein, d. h. mit dem aus der Mitte gewonnenen übereinstimmen, wenn das Instrument fehlerlos ist.

Das Prüfen und Berichtigen der Libelleninstrumente im einzelnen richtet sich nach ihrer Konstruktion und soll der Reihe nach besprochen werden.

§ 100. Prüfung und Berichtigung der Libelleninstrumente mit losen Teilen ohne Kippschraube. Zuerst wird die Röhrenlibelle nach § 30 geprüft und berichtigt. Damit ist erreicht, daß die Libellenachse parallel der geometrischen Achse der Lagerringe ist, auf denen die Libellenfüße stehen. Man hat nun noch zu prüfen, ob die geometrische Achse der Lagerringe mit der Sehachse des Fernrohres zusammenfällt. Zu diesem Zwecke richtet man das Fernrohr auf einen entfernten gut beleuchteten Punkt und dreht das Fernrohr in den Lagern um die Achse der Lagerringe. Bleibt das Fadenkreuz beim Drehen auf dem angezielten Punkte, so fallen beide Achsen zusammen, beschreibt aber der Durchschnittspunkt der Fäden einen Kreis, so ist das Fadenkreuz zu verschieben, bis die Bedingung erfüllt ist (vgl. § 26 Fig. 64).

Die Einstellung des Fadenkreuzes erfolgt schneller, wenn die Stellschrauben durchlochte Köpfe haben, weil der Markscheider, während er durch das Fernrohr blickt, die Schrauben mittels eingesteckter Stifte drehen kann, ohne einen seitlichen Druck auszuüben.

Streng genommen muß vorher untersucht werden, ob die Lagerringe des Fernrohres gleichen Durchmesser haben und kreisrund sind.

Man läßt zur Prüfung des ersten Erfordernisses die Luftblase der berichtigten Libelle genau einspielen, hebt dann das Fernrohr mit der Libelle vorsichtig ab und legt das Fernrohr wieder so ein, daß die Lagerringe in bezug zu den Lagern verwechselt werden. Die Libelle wird in der anfänglichen Stellung wieder aufgesetzt und die Luftblase muß dann wieder einspielen, wenn ein gleicher Durchmesser der Ringe vorhanden ist. Hierbei ist ein guter Bau und feste Aufstellung, sowie gleiche Verteilung des Gewichtes bei empfindlicher Libelle vorausgesetzt.

Zur Prüfung der kreisrunden Form der Lagerringe schraubt man die Stifte an den Stirnseiten der Libelle ab und beobachtet, ob beim Drehen des Fernrohres die Luftblase der auf dem Fernrohre sitzenden Libelle ihre Stellung beibehält.

Außer den bisherigen Prüfungen kann noch untersucht werden, ob die Fernrohrachse rechtwinkelig gegen die vertikale Drehachse steht. Diese Stellung ist nicht durchaus erforderlich, aber immerhin erwünscht. Zur Prüfung stellt man die Libelle über eine Fußschraube, bringt die Blase zum genauen Einspielen und dreht das ganze Instrument um 180 Grad. Zeigt sich hierbei ein Ausschlag, so ist der eine Fernrohrträger durch Zug- und Druckschrauben bis zur Entfernung des Fehlers zu heben oder zu senken.

Am Schluß ist die Dosenlibelle in Ordnung zu bringen.

§ 101. Die Prüfung der Nivellierinstrumente mit festverbundenen Teilen ohne Kippschraube.

Man beginnt auch hier mit der Röhrenlibelle, und zwar soll ihre Achse rechtwinkelig zur vertikalen Drehachse des Instrumentes stehen.

Man stellt das Nivellierinstrument möglichst horizontal auf und bringt die Luftblase genau zum Einspielen, während das Fernrohr in einer Parallelebene zweier Fußschrauben steht. Alsdann dreht man das Instrument um 180 Grad und sieht nach, ob die Blase ausschlägt. Zeigt sie einen Ausschlag, so verbessert man die eine Hälfte an der Berichtigungsschraube der Libelle, die andere an den beiden Fußschrauben des Instrumentes. Führt man dann eine Drehung des Fernrohres um 90 Grad aus, so ist ein etwaiger Ausschlag der Blase nur mit der dritten Stellschraube des Dreifußes zu beseitigen. Dieses Verfahren wiederholt man so lange, bis die Luftblase beim Drehen des Instrumentes nicht mehr ausschlägt.

Diese Libellenberichtigung ist ein sehr zeitraubendes Geschäft und man kann in diesem Falle mit einem angenäherten Ergebnis zufrieden sein. Das Wichtigste ist auch hier, daß die Sehachse des Fernrohres der Libellenachse parallel ist.

Zur Prüfung ermittelt man den Höhenunterschied zweier 50—100 Meter je nach der Vergrößerung des Fernrohres voneinander entfernten Punkte A und B (Fig. 219) durch Nivellement aus der Mitte. Er sei $= +0{,}843$. Sodann stellt man das Instrument zum Nivellieren aus einem Endpunkte neben A auf, horizontiert es und zielt bei genau einspielender

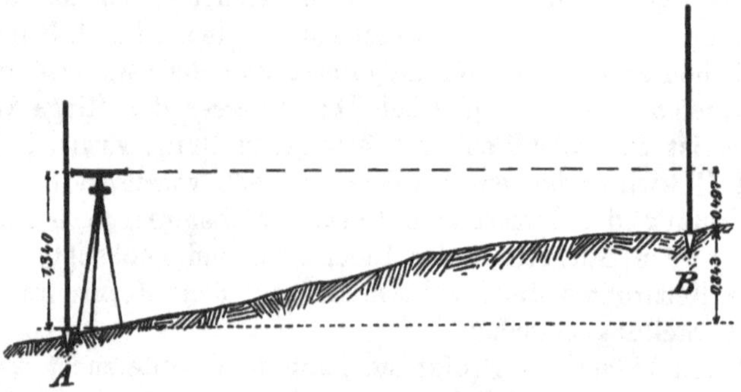

Fig. 219. Prüfung des Libelleninstrumentes mit festverbundenen Teilen.

Blase die auf B stehende Latte an. Aus der gemessenen Instrumentenhöhe $h = 1{,}340$ und dem ermittelten Höhenunterschied 0,843 ergibt sich der Skalenpunkt, den das Fadenkreuz des Fernrohres decken muß $= 0{,}497$, wenn die Fernrohrachse parallel der Libellenachse ist. Wird der berechnete Skalenteil aber nicht vom Fadenkreuz gedeckt, so muß dieses entsprechend in senkrechter Richtung verschoben werden.

§ 102. Die Prüfung und Berichtigung der Nivellierinstrumente mit Reversionslibelle. Das Fernrohr solcher Instrumente ist abnehmbar und drehbar um die Längsachse, aber wegen der beiden zu diesem Zwecke angebrachten Anschlagstifte nur um 180 Grad. Die Libelle sitzt fest am Fernrohr (Fig. 200).

In der ersten der beiden Endstellungen steht die Libelle rechts, in der zweiten links vom Fernrohre.

Nachdem das Instrument auf das Zusammenfallen von Sehachse und Lagerringachse in bekannter Weise geprüft und berichtigt ist, muß noch die Libellenachse zur Ringachse parallel gestellt werden. Zu diesem Zwecke gibt man nach ungefährer Horizontalstellung dem Fernrohr die Richtung eines Dreifußarmes, zieht die Klemmschraube für die

Horizontalstellung an und bringt die Libelle in der ersten Lage zum Einspielen. Hierauf dreht man das Fernrohr vorsichtig um seine Achse und bringt die Libelle dadurch in die zweite Lage. Zeigt die Libelle einen Ausschlag, so wird er halb durch die vertikale Berichtigungsschraube der Libelle, halb durch die Dreifußstellschraube berichtigt.

Dies Verfahren setzt eine richtige Reversionslibelle voraus. Will man sich von der Richtigkeit der Libelle überzeugen, so bringt man erst die Ringachse zum Zusammenfallen mit der Sehachse und macht nun die Libellenachse in einer Lage durch Nivellieren aus der Mitte und aus einem Endpunkte parallel zur Sehachse. Dreht man nunmehr das Fernrohr in seinen Lagern um 180 Grad, so darf die Libelle keinen Ausschlag zeigen. Geschieht es doch, so ist anzunehmen, daß die beiden inneren Skalenwände nicht dieselbe Achse haben. Fig. 220 zeigt einen solchen Fehler in übertriebener Größe. Die Achse *ab* gehört zur Skala I, die andere *bc* zur Skala II. Die Halbierungslinie *bd* des Winkels *bac* ist die horizontal zu stellende Achse. Zu diesem Zwecke wird die sich nach dem Drehen des Fernrohres zeigende Abweichung der Blase nur zur Hälfte beseitigt, so daß am Ende der Berichtigung der Ausschlag in beiden Libellenlagen gleich groß wird. Der gefundene Ausschlag ist für das Einspielen der Blase dieser Libelle maßgebend.

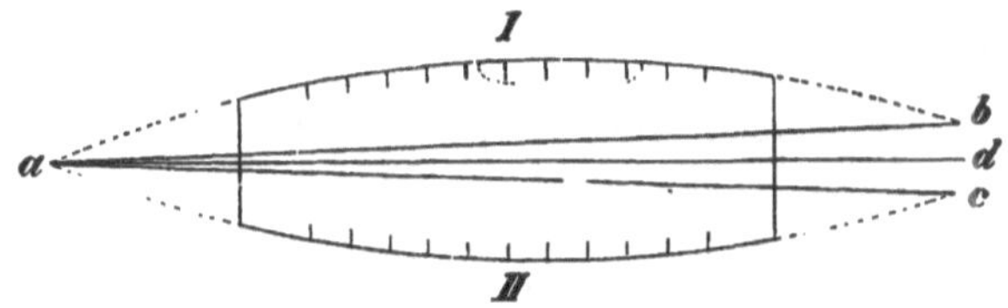

Fig. 220. Fehlerhafte Reversionslibelle.

Außerdem ist die Reversionslibelle noch darauf zu prüfen, ob der Schliff der inneren Skalenwände gut ausgeführt ist.

Man stellt zu diesem Zwecke eine Nivellierlatte senkrecht und ungefähr 50 Meter davon das Instrument so auf, daß eine Dreifußschraube in der Richtung der Ziellinie ist. Sodann richtet man das Fernrohr auf die Latte, bringt die Blase zum genauen Einspielen und liest ab, z. B. 1,423, hierauf dreht man das Fernrohr in seinen Lagern um 180 Grad und liest wieder bei genau einspielender Libelle ab = 1,431. Das Mittel aus beiden Ablesungen ist 1,427. Nunmehr ändert man den Winkel zwischen Ziellinie und Libellenachse, indem man die Libelle mittels der Berichtigungsschraube etwas in vertikaler Richtung verstellt und wiederholt obiges Verfahren.

Dies tut man mehrere Male und alle sich ergebenden Mittel sollen gar nicht oder doch nur wenig von 1,427 abweichen.

An den neueren Instrumenten läßt sich die Reversionslibelle in ihren Lagern umschrauben, so daß das nach dem Objektiv zustehende Ende dem Okular zugewendet wird.

In dieser Stellung der Libelle wiederholt man die Prüfung ebenso oft wie in der ersten Lage. Stimmen beide Mittelwerte überein so sind beide Skalenseiten der Libelle gleichmäßig ausgeschliffen.

§ 103. Die Prüfung der Libelleninstrumente mit Kippschraube. Bei solchen Instrumenten mit losen Teilen wird zuerst das Zusammenfallen der geometrischen und der Sehachse des Fernrohres auf bekannte Weise (§ 99) herbeigeführt, dann findet die Prüfung statt, wie bei Instrumenten mit festverbundenen Teilen und mit Kippschraube.

Diese zuletzt genannten Nivellierinstrumente haben ein festsitzendes, nicht verstellbares Fadenkreuz und werden folgendermaßen geprüft.

Man ermittelt den Höhenunterschied zweier Punkte durch Nivellieren aus der Mitte = + 0,843, stellt das Instrument neben dem Endpunkte *A* (Fig. 220) auf und mißt die Instrumentenhöhe = 1,340. Sodann zielt man die auf dem anderen Endpunkt stehende Latte an und bringt mit der Kippschraube das Fadenkreuz auf den berechneten Skalenpunkt 0,497. Nunmehr steht die Sehachse des Fernrohres horizontal, und man hat nur nötig, die Libelle mittels ihrer Berichtigungsschraube zum Einspielen zu bringen, um die Libellenachse mit der Sehachse parallel zu haben.

§ 104. Bei allen Nivellierinstrumenten ist zu prüfen, ob der Horizontalfaden richtig steht. Zu diesem Zwecke zielt man mit dem genau horizontal gestellten Instrumente einen scharf beleuchteten Punkt an und dreht das Fernrohr mit der Feinstellschraube. Hierbei darf der Punkt den Horizontalfaden nicht verlassen. Einen etwaigen Fehler verbessert man durch Drehung des Fadenkreuzes, oder des ganzen Okularkopfes, bei den Instrumenten mit Reversionslibelle auch durch Verstellen der Anschlagstifte.

Ferner sind alle Nivellierinstrumente zu prüfen, ob durch das Ziehen des Okulars keine Änderung der Sehachse in vertikalem Sinne herbeigeführt wird. Hierzu schlägt man in gleichen Abständen in einer Linie eine Anzahl von Pflöcken und ermittelt durch Nivellieren aus der Mitte deren Höhenlage. Nun stellt man das Instrument in der Nähe des einen Endpflockes auf, mißt die Instrumentenhöhe und zielt die Latte an, die der Reihe nach auf die Pflöcke gestellt wird. Bei jeder Lattenanzielung muß das Okular verstellt werden. Werden auf jedem Punkte die vorher berechneten Lattenhöhen abgelesen, so ist die Bewegung des Okulars tadellos. Geschieht dies nicht, so muß mit einem solchen Instrumente immer streng aus der Mitte nivelliert werden, wodurch auch dieser Fehler unschädlich gemacht wird.

§ 105. Das beim Nivellieren zu beachtende Verfahren. Das Stativ mit dem Nivellierinstrument ist auf möglichst festem Untergrund aufzustellen. Hat das Instrument keine Dosenlibelle, so muß ausschließlich mit der Röhrenlibelle horizontiert werden. Zu diesem Zwecke stellt man die Libellenachse abwechselnd über die Fußschraube *A* und dann parallel zu den beiden Schrauben *B* und *C* (Fig. 221), bringt jedesmal die Blase zum Einspielen, das eine Mal durch die Schraube *A*, das andere Mal durch beide Schrauben *B* und *C*, von denen jede nach einer anderen Richtung gedreht wird, und fährt damit so lange fort, bis kein wesentlicher Ausschlag beim Drehen bemerkbar ist.

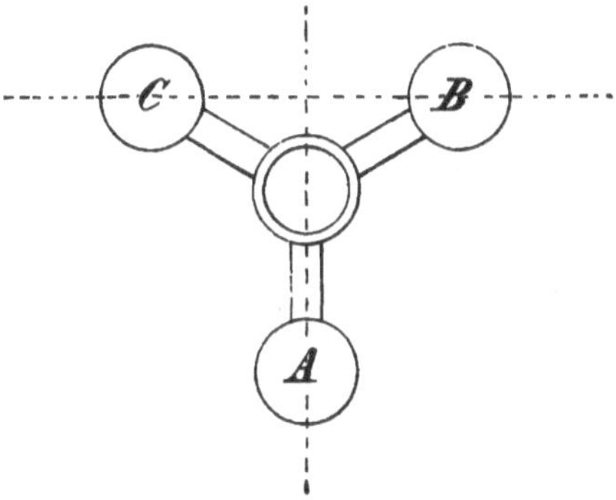

Fig. 221. Horizontieren mit der Röhrenlibelle.

Diese Horizontierung ist zeitraubend, sie wird viel schneller und ausreichend genau durch die Dosenlibelle bewirkt. Das Fernrohr wird nun roh auf die Latte gerichtet und festgeklemmt, sodann die Okularstellung berichtigt und hierbei die Tanzprobe ausgeführt. Erst dann wird dem Fernrohre mittels der Feinstellschraube eine solche Richtung gegeben, daß der Vertikalfaden an dem Rande der Lattenteilung erscheint. Auf diese Weise wird man stets an demselben Punkte des Horizontalfadens ablesen. Zuletzt wird die Röhrenlibelle durch die Kippschraube oder, wenn diese fehlt, durch die Stellschraube des Fußes zum genauen Einspielen gebracht und an der Latte abgelesen.

Hat das Instrument einen Spiegel wie in Fig. 199, so kann der Markscheider die Blase zum Einspielen bringen, ohne daß er seinen Standpunkt am Okular verläßt. Dies ist von besonderer Wichtigkeit, wenn der Boden am Standpunkte elastisch ist, weil dann durch das Ändern der Stellung ein Schwanken des Instrumentes herbeigeführt wird. Besitzt das Instrument keinen Spiegel, so ist es zweckmäßig, das Einstellen der Blase einem zuverlässigen Gehilfen anzuvertrauen, der bei unsicheren Bodenverhältnissen seinen Platz während des Ablesens nicht verlassen darf.

Das ganze Instrument ist vor den Sonnenstrahlen durch einen Schirm zu schützen, bei dem Beobachten der Blase ist das Gesicht, in der Grube das Licht, der Libelle nicht zu nahe zu bringen und ein Anfassen der Libelle mit der bloßen Hand zu vermeiden. Die Libellen zeigen sich gegen Temperaturunterschiede sehr empfindlich, und es kann, wenn die Libelle an verschiedenen Stellen ungleich warm ist, eine ganz unrichtige „untreue" Angabe erfolgen. Die Blase bewegt sich nach der wärmeren Stelle, und zwar ist dies nicht einer Formveränderung des Glasrohres durch die lokale Temperaturerhöhung zuzuschreiben, sondern es wirken andere Kräfte hierbei. Man nennt diese Erscheinung die Untreue der Libelle.

Mit Libellen darf man nicht hastig arbeiten. Es bedarf immer einiger Zeit, bis die Blase die Ruhelage einnimmt. Bei wichtigen Arbeiten und empfindlicher Libelle soll man mindestens eine Minute lang den Blasenstand beobachtet und ruhig gefunden haben. Aus diesem Grunde wird bei sehr empfindlichen Libellen auf ein Einspielen der Libelle verzichtet und während des Anzielens der Blasenstand an beiden Enden abgelesen. Aus der Zielweite, die in diesem Falle gemessen werden muß (distanzmessendes Fadenkreuz genügt), aus der Empfindlichkeit der Libelle und aus dem beobachteten Ausschlag wird die Verbesserung der abgelesenen Lattenhöhe berechnet. Bei dieser Ablesemethode ist es zweckmäßig, an der Libellenfassung eine etwas feiner geteilte Skala zum schärferen Ablesen anzubringen. Das Ablesen muß ein geübter Gehilfe besorgen.

Hat man ein in den Lagern drehbares Fernrohr, so kann man zur Prüfung in zwei Lagen des Fernrohres ablesen, was bei den Instrumenten mit Reversionslibelle die Regel bildet.

Mit einem distanzmessenden Fadenkreuze kann man an dem Mittelfaden und an den beiden parallelen Distanzfäden ablesen. Die Ablesung am Mittelfaden muß gleich dem arithmetischen Mittel aus den beiden anderen Fäden sein

Beim Ablesen ist stets die Mitte des Horizontalfadens auf die Latte zu projizieren. Bei längeren Zielweiten können schon merkliche Fehler entstehen, wenn bald die obere, bald die untere Kante des Horizontalfadens für die Lattenablesung maßgebend ist.

Die Zielweiten sollen immer möglichst gleich lang sein. Für ihre Länge ist zunächst die Leistungsfähigkeit des Fernrohres maßgebend, im allgemeinen ist es zweckmäßig, sie nicht zu lang zu nehmen.

Für die Präzisionsnivellements der Landesaufnahme ist als längste Zielweite 50 Meter zulässig, mit den kleineren von den Markscheidern gebrauchten Instrumenten sollte man nicht über 30 Meter hinausgehen.

Wendet man Latten an, die eine Unterteilung des weißen Skalenfeldes in 2 bezw. 1 mm haben, so nivelliert man mit solchen Zielweiten, bei denen die Unterteilung noch erkannt werden kann.

Die Zielweiten sind durch Abschreiten des Gehilfen festzustellen. Besitzt aber das Fernrohr ein distanzmessendes Fadenkreuz, so können die Zielweiten leicht ganz gleich gemacht werden.

Die Latten stellt man am zweckmäßigsten auf den in Fig. 204 § 90 dargestellten Untersatz. Die Lattenaufstellungen auf diesem Untersatze bilden das durchgehende oder Hauptnivellement, alle anderen Punkte, deren Höhenlage festgestellt werden soll, sind als Nebenpunkte zu behandeln.

In der Grube setzt man die Latten mit Vorliebe auf die Oberkante der Schienen. Wo dies nicht möglich ist, wird man ebenfalls den Untersatz anwenden.

Das Nivellieren in der Grube unterscheidet sich nicht von dem über Tage. Die Nivellierinstrumente werden häufig auf Armen, seltener auf Spreizen aufgestellt, ferner wird in der Grube neben der Aufsetzlatte auch die Hängelatte angewendet.

§ 106. Die Genauigkeit der geometrischen Nivellements. Die beim Nivellieren sich zeigenden Unstimmigkeiten entstehen hauptsächlich: 1. durch den Zielfehler, 2. durch den Abschätzungsfehler an der Latte und an der Libelle, 3. durch den Lattenfehler. Die anderen Fehlerquellen fallen gegen die drei genannten nicht ins Gewicht.

Die Unsicherheit des Zielens wird durch die Brechung des Lichtes in ungleich dichten Luftschichten herbeigeführt. Man soll Ziellinien vermeiden, die dicht über den Erdboden hinstreichen, namentlich bei Sonnenschein, weil dann das Zittern des Bildes ein sicheres Ablesen unmöglich macht.

Der Lattenschätzungsfehler nimmt von der Mitte eines Intervalls (cm) nach den Enden hin zu. Aus gemachten Versuchen ergibt sich: Wenn der Mittenschätzungsfehler als Einheit eingeführt wird, so ist der Fehler bei $^1/_4$ und $^3/_4$ Intervall doppelt so groß und am Rande rund $1^1/_3$ mal so groß.

Zur Herabminderung des Schätzungsfehlers hat man Wendelatten eingeführt, d. h. solche, die auf beiden Seiten Skalen haben, welche um ein halbes Intervall verschieden sind. Am besten ist es, die Zentimeter noch in 1 oder 2 mm zu teilen und mit kurzen Zielweiten zu nivellieren.

Von dem Oberbergamtsmarkscheider Bimler ist bei einem großen Präzisionsnivellement durch den Steinkohlenbezirk Westfalens ein Verfahren angewendet worden, das den Lattenschätzungsfehler vermeidet. Das angewandte Nivellierinstrument ist in Fig. 200 abgebildet.

Bei genau einspielender Libelle wird die Skalentrommel abgelesen, dann der nächst tiefere und darauf der nächst höhere Zentimeterstrich der Latte angezielt und dabei die Skalentrommel abgelesen. Aus diesen drei Ablesungen wird die Lattenhöhe für die Horizontalstellung des Fernrohres interpoliert, wozu Interpolationstäfelchen, wie bei den Logarithmentafeln benutzt werden. Es sei die Trommelablesung bei einspielender Libelle 35,0, bei dem Anzielen des nächst tieferen Zentimeterstriches (1,71) = 30,7, bei dem des nächst höheren (1,72) = 36,5, so ergibt 36,5 − 30,7 = 5,8 Skalenteile der Trommel für einen Zentimeter Lattenhöhe bei der jeweiligen Zielweite. Für 4,3 (entstanden aus 35,0 − 30,7) ergibt das Proportionstäfelchen „58“ = 7,41 mm, die zu 1,71 zu addieren sind, daher 1,71 + 0,00741 = 1,71741 m Lattenhöhe. Um ein genaues Einstellen des Fadenkreuzes auf die Zentimeterstriche der Latte zu ermöglichen, benutzte Bimler zwei von ihm selbst sorgfältig geteilte Strichlatten mit 0,5 mm dicken Teilstrichen (die Strichstärke muß dem

Vergrößerungsverhältnis des Fernrohres angepaßt sein und wird bei normaler Zielweite ausprobiert).

Das Fadenkreuz des Fernrohres besitzt die in Fig. 222 gezeichnete Form und ist photographisch hergestellt. Der kleine Kreis umfaßt bei normaler Zielweite etwa 5 mm der Latte. Der einzustellende Lattenteilstrich muß den kleinen Kreis genau halbieren, wofür das Auge in hohem Grade empfindlich ist und ein sehr genaues Einstellen ermöglicht.

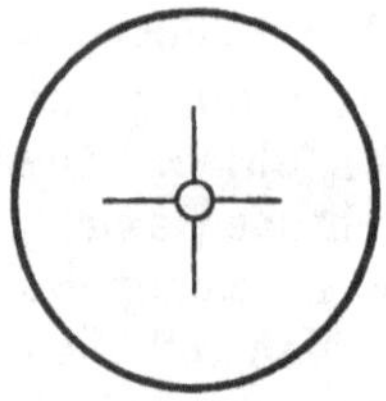

Fig. 222. Fadenkreuz von BIMLER.

Zum senkrechten und ruhigen Aufstellen der Latten hat BIMLER ferner ein einfaches auf leichten Rädern (Kindersportwagenräder) fahrbares Gestell konstruiert, das die Teilung der Latte nicht bedeckt und ein Anziehen von beiden Seiten ermöglicht.

Mit Hilfe dieser Instrumente hat BIMLER ein 71,5 km langes Nivellement zwischen zwei Nivellementsbolzen der Landesaufnahme und ein 49,5 km langes Schleifennivellement ausgeführt und bei ersterem einen Schlußunterschied von 30 mm, bei letzterem von 20 mm erhalten. Es beträgt also der Unterschied im ersten Falle 0,42 mm, im letzten 0,404 mm für ein Kilometer.

Der Libellenabschätzungsfehler wird auf ein Zehntel Teilstrich angenommen. Obige Fehler ergeben bei einer durch einmaligen 50 Meter langen Rück- und Vorblick erfolgten Bestimmung des Höhenunterschiedes zweier Punkte erfahrungsmäßig einen mittleren Fehler von nahezu 0,3 mm. Die zweite allgemeine Konferenz der europäischen Gradmessung hat dementsprechend die Bestimmung getroffen, daß der wahrscheinliche Fehler des Höhenunterschiedes zweier um 1 Kilometer entfernter Punkte im allgemeinen nicht 3 mm und in keinem Falle 5 mm überschreiten darf.

Diese Bestimmung der Grenze des Kilometerfehlers hat aber nur Gültigkeit für Nivellements auf horizontaler Oberfläche, weil hier innerhalb eines Kilometers die Zahl der Aufstellungen des Nivellierinstrumentes immer gleich sein wird. Die Anzahl der Aufstellungen und der Lattenablesungen hat aber den wesentlichsten Einfluß auf den Schlußfehler und bei zunehmender Neigung der Oberfläche wird diese Zahl auf ein Längenkilometer immer größer werden. Es erscheint deswegen zweckmäßig, unter Zugrundelegung des Kilometerfehlers im ebenen Gelände den Fehler einer Instrumentenaufstellung als Genauigkeitsmaß für jedes Instrument zu ermitteln.

Die allgemeinen Vorschriften für Markscheider in Preußen setzen für Präzisionsnivellements den zulässigen Fehler auf 1 : 40000 oder den Kilometerfehler auf 25 mm, für unwichtigere Nivellements auf 1 : 20000 oder den Kilometerfehler auf 50 mm fest.

Der Lattenfehler kann durch sorgfältige Auswahl des Holzes, durch tadellose Teilung und durch wiederholte Prüfung vermieden werden. Ein doch vorhandener Lattenfehler wirkt am nachteiligsten bei andauernd steigendem Gelände, weil dann beim Rückblick immer die ganze Länge der Latte, beim Vorblick nur ein sehr kleiner Teil davon in Rechnung kommt, mithin der Lattenfehler nur im Rückblick summiert auftritt. Bei fallendem Gelände erscheint der summierte Fehler im Vorblick.

§ 107. Andere Hilfsmittel zum Nivellieren. Ein schon sehr altes, aber unter Umständen immer noch anwendbares Hilfsmittel zum Nivellieren sind die Abwägestäbe (Fig. 223). Über zwei 1,5 Meter lange Nivellierlatten sind Rahmen geschoben, die mittels Preßschrauben an die Latte

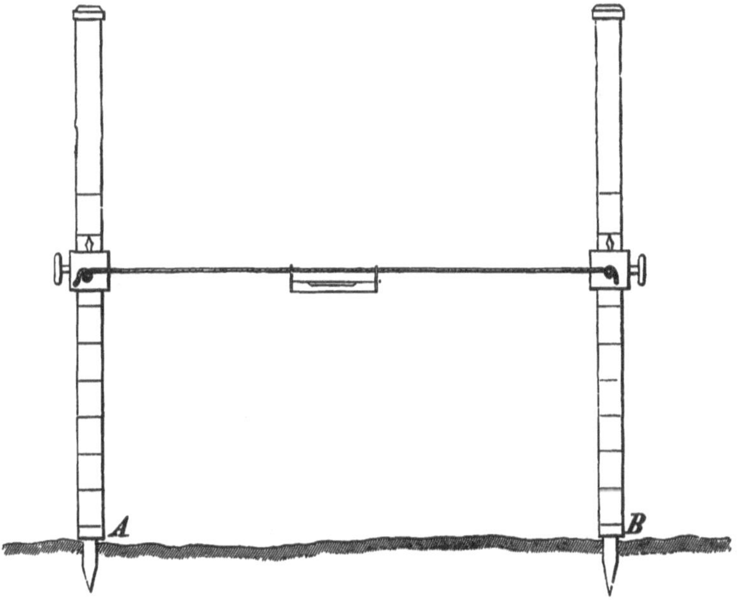

Fig. 223. Nivellieren mittels der Abwägestäbe.

angeklemmt werden. An den Rahmen sitzen Stifte zum Umschlingen der Schnur, und in gleichen Abständen vom Stifte sitzt an jedem Rahmen ein Zeiger. Beim Gebrauch klemmt man den Rahmen der auf *A* stehenden Latte fest und verschiebt den Rahmen an der auf *B* stehenden Latte so lange, bis die an der Schnur hängende Hängelibelle einspielt. Der Unterschied der Ablesungen an beiden Zeigern gibt den Höhenunterschied von *A* und *B*.

Mit gleichen Schnurlängen können auch Punkte in einem bestimmten gleichmäßigen Ansteigen bestimmt werden.

In der Österr. Zeitschr. 1877 S. 455 ist ein Verfahren des Dr. Luigi Aita angegeben, mittels kommunizierender Röhren den Höhenunterschied zweier Punkte zu finden.

Die Vorrichtung besteht aus zwei, mit metrischer Einteilung versehenen Meßlatten; von jeder dieser Latten ist eine 20 cm lange, 2 cm im Durchmesser haltende Glasröhre mit Hilfe von Metallbändern auf und ab beweglich. Die zwei Glasröhren sind mit einem beliebig langen Kautschukschlauche verbunden und dadurch die kommunizierenden Röhren hergestellt. An einem Ende des Kautschukschlauches ist ein gut schließender Zapfen angebracht, mit dessen Hilfe die Verbindung zwischen den beiden Glasröhren unterbrochen werden kann.

Zum Gebrauch wird die eine Glasröhre nebst Schlauch mit einer farbigen Flüssigkeit gefüllt, die Latten werden an den beiden abzuwägenden Punkten aufgestellt und die Glasröhren bei unterbrochener Verbindung nach dem Augenmaße gleich hoch geschoben. Alsdann öffnet man vorsichtig den Zapfen, die Flüssigkeit wird in den beiden Glasröhren gleich hoch stehen, und man kann ihren Stand an beiden Latten ablesen. In sehr engen und krummen, zum Teil verbrochenen Grubenräumen kann dieses Verfahren mit Nutzen angewendet werden.

Die Spiegel ruhig stehender Gewässer sind bei ausgedehnten Nivellements willkommene Hilfsmittel; in den Gruben können Sumpfstrecken denselben Vorteil gewähren.

So wurde im Jahre 1852 von Borchers die ca. 2000 Meter lange söhlige Wasserstrecke zwischen den Schächten Lorenz und Silbersegen zu einer Höhenvergleichung benutzt.

Sämtliche Ab- und Zugänge wurden an dem Tage beseitigt, so daß der Wasserspiegel in der Strecke als horizontal angenommen werden konnte. In verabredeten Zeitabschnitten wurde an beiden Endpunkten vom Wasserspiegel nach den Anschlußzeichen in der Streckenfirste gemessen und aus sieben gleichzeitigen Beobachtungen ein Höhenunterschied zwischen den beiden Zeichen von 0,433 m gefunden. Ein doppeltes Nivellement ergab im Mittel 0,432 m.

Im Jahre 1895 wurde diese Messung mit Benutzung derselben noch vorhandenen Zeichen wiederholt und das Ergebnis war ein gleich günstiges.

§ 108. Das trigonometrische Höhenmessen in der Grube. Der Markscheider wird, solange es möglich ist, in der Grube das geometrische Nivellieren bevorzugen, aber die Neigung der Strecken zieht der Verwendbarkeit der Luftblasenwage bestimmte Grenzen.

Über Tage kann zwar über ein steiles Gelände so lange nivelliert werden, als man dem Stativ und der Latte noch einen sicheren und festen Stand zu geben vermag, weil die Ziellinien nahezu rechtwinkelig zur Fallinie der Oberfläche gelegt werden können, die Rück- und Vorblicke demnach Zickzacklinien bilden, in der Grube dagegen liegen die Ziellinien in der Fallrichtung und dann werden bei dem Nivellieren aus der Mitte bei wachsendem Fallwinkel die Zielweiten bald zu kurz.

Durchschnittlich wird man in der Grube 1,5 m Lattenhöhe ausnützen können, dann wird man mit dem Nivellieren aus der Mitte bei 0,75 Instrumentenhöhe die längsten Zielweiten erreichen, und zwar

bei	einer	Neigung	von	5°	Zielweiten	von	8,7	m
„	„	„	„	7,5°	„	„	5,7	„
„	„	„	„	10°	„	„	4,3	„
„	„	„	„	12,5°	„	„	3,4	„
„	„	„	„	15°	„	„	2,8	„

Ist die Strecke sehr hoch, so können noch längere Latten verwendet und das Instrument kann höher gestellt werden, wodurch die Zielweiten wachsen. Ist dagegen die Strecke niedriger, so verkürzen sich die Zielweiten. Im Durchschnitt werden die Schwierigkeiten bei einem Fallwinkel von 10 Grad beginnen und den Markscheider zur Anwendung des trigonometrischen Nivellements zwingen.

Die Instrumente zum trigonometrischen Höhenmessen sind der Gradbogen, der Höhenkreis des Theodoliten oder der Bussole und die Setzwage.

§ 109. **Der Gradbogen.** Der Gradbogen (Fig. 224) ist dazu bestimmt, an einer ausgespannten Schnur aufgehängt zu werden, um hierdurch deren Neigung gegen den Horizont zu ermitteln. Er besteht aus

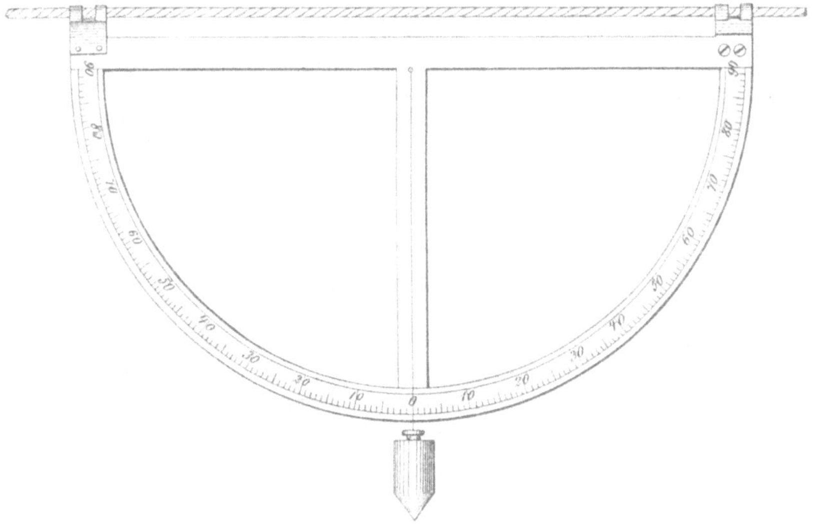

Fig. 224. Der Gradbogen.

einem mit Haken versehenen Halbkreise von nicht zu dickem, federhart geschlagenen Messingblech, aus dessen Mittelpunkte ein Lot an einem schwarzen Frauenhaar herabhängt. Das Haar liegt an der Gradteilung des Bogens an und ermöglicht das Bestimmen des Neigungswinkels. Die verstellbaren Haken sind wie beim Hängekompaß eingerichtet.

Man fertigt den Gradbogen jetzt auch aus Hartgummi mit einem Silberstreifen belegt und aus Aluminiumblech an.

Diese leichten Gradbögen sind jedoch dem Verbiegen und den Einwirkungen des Wetterzuges in erhöhtem Maße ausgesetzt.

Ist in Fig. 225 der Neigungswinkel der geneigten Schnur $= \alpha$, so wird der Bogen $c'd'$ am angehängten Gradbogen den Winkel *dec* messen. $\sphericalangle dec = \sphericalangle ead = \alpha$, da die Schenkel beider aufeinander rechtwinkelig sind.

Die Teilung des Bogens beginnt in der Mitte und geht nach beiden Seiten bis zu 90 Grad. Man liest die Höhen- bezw. Tiefenwinkel unmittelbar ab. Die Einteilung des Gradbogens ist bis zu $^1/_4$ oder $^1/_5$ Grade durchgeführt. Die Unterabteilungen werden abgeschätzt. Die höchste Ablesegrenze ist $2^1/_2$ Minuten.

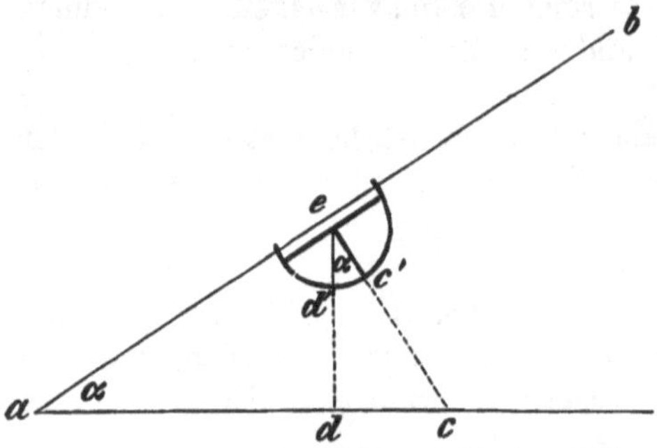

Fig. 225. Messen des Neigungswinkels mittels des Gradbogens.

Die Prüfung des Gradbogens hat sich, die Richtigkeit der Teilung und des Aufhängepunktes des Lotes sowie ein gleichmäßiger Querschnitt der Schnur vorausgesetzt, zu richten:

1. Auf die Parallelität der Hakenlinie mit der durch die Teilungspunkte 90°—90° gelegten Linie.

2. Auf die Abweichung des hängenden Gradbogens aus der Vertikalen.

Um den Gradbogen auf das erste Erfordernis zu prüfen, hängt man ihn an eine horizontal ausgespannte Schnur, wobei das Lothaar auf Null einspielt. Darauf hängt man an derselben Stelle den Gradbogen um und sieht zu, ob auch in dieser Lage das Haar auf Null zeigt. Geschieht dies, so ist die Parallelität vorhanden. Sollten sich aber Unstimmigkeiten herausstellen, so verschiebt man entweder einen Haken, wozu die Öffnungen für die Klemmschräubchen oval hergestellt worden sind, oder man bestimmt den Fehler und bringt ihn bei jeder Beobachtung in Rechnung. Er bleibt wie der Indexfehler des Höhenkreises bei jeder Schnurneigung genau derselbe, ist aber in der einen Lage negativ, in der anderen positiv.

Zu 2. Fällt die Ebene des aufgehängten Gradbogens nicht mit der Vertikalen zusammen, so ist der Fehler bei horizontalen Schnüren ohne Einfluß. Mit zunehmendem Neigungswinkel dagegen erzeugt er eine falsche Ablesung, die aber die Ablesegrenze nur bei einer Abweichung des Gradbogens aus der Vertikalen erreicht, die schon mit bloßem Auge zu erkennen ist. Das Haar hängt beim Vorhandensein des Fehlers entweder frei oder es liegt fest an der Teilung an. Der Fehler ist vom Mechanikus zu beseitigen.

§ 110. Die richtige Aufhängestelle des Gradbogens an geneigter Schnur. Die gespannte Schnur bildet eine Kettenlinie. Der Neigungswinkel dieser Linie ist an verschiedenen Punkten verschieden, eine Stelle muß es aber geben, wo die Schnur der Verbindungslinie der beiden Endpunkte parallel läuft, und da würde der Gradbogen zur Ermittelung der richtigen Neigung aufzuhängen sein.

Sieht man von dem Gewichte des Gradbogens ab, so würde der richtige Aufhängepunkt nur wenig von dem Schnurmittel nach dem unteren Ende zu abweichen.

Das Gewicht des Gradbogens verändert aber die Neigung der Schnur, weil es sich nicht gleichmäßig auf beide Haken verteilt, wie aus nachstehender Betrachtung hervorgeht:

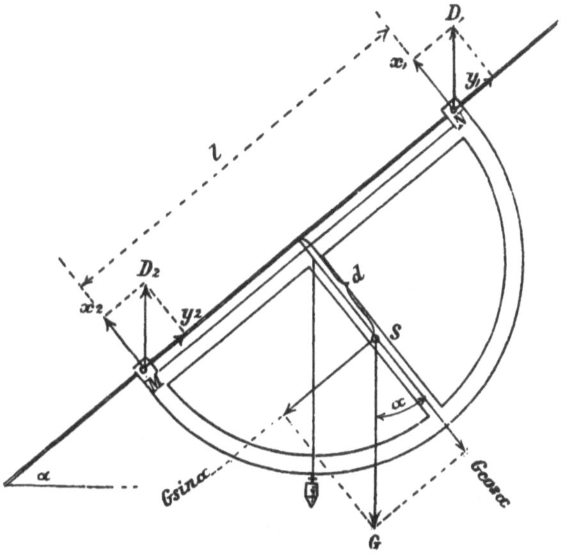

Fig. 226. Ungleicher Druck der Gradbogenhaken auf die geneigte Schnur.

In Fig. 226 bezeichnen:

G das Gewicht des Gradbogens mit Lot,
S den Schwerpunkt,
d den Abstand der Schnurlinie von S,
l den Abstand beider Haken voneinander,
α den Neigungswinkel der Schnur gegen den Horizont.

Man zerlege G, sowie die beiden unbekannten Drücke D_1 D_2 in den Aufhängepunkten in je zwei Komponenten: parallel und rechtwinkelig zur Schnurlinie, dann ist für die gleichgerichteten Kräfte:

(1) $$x_1 + x_2 = G \cos\alpha$$

(2) $$y_1 + y_2 = G \sin\alpha.$$

Ferner müssen, wenn Gleichgewicht statthaben soll, für irgend einen angenommenen Punkt die statischen Momente der Kräfte sich ebenfalls gegeneinander aufheben.

Für M als Drehpunkt haben x_2, y_2, y_1 kein Moment, es bleibt demnach

$$x_1 l = \frac{l}{2} \cdot G \cos\alpha + d G \sin\alpha, \tag{3}$$

dagegen für N als Drehpunkt

$$x_2 l = \frac{l}{2} \cdot G \cos\alpha - d G \sin\alpha. \tag{4}$$

Demnach ist der Überdruck auf die Schnur am oberen Haken

$$x_1 - x_2 = 2 \cdot \frac{d}{l} G \sin\alpha. \tag{5}$$

Nach Gleichung (4) folgt, daß $x_2 = 0$ wird, also der untere Haken gar nicht mehr auf die Schnur drückt, wenn

$$\frac{d}{l} G \sin\alpha = \tfrac{1}{2} G \cos\alpha, \quad \text{also für } \operatorname{tang}\alpha = \frac{l}{2d}. \tag{6}$$

Es springt der untere Haken sogar ab, wenn

$$\frac{d}{l} G \sin\alpha > \tfrac{1}{2} G \cos\alpha, \quad \text{also für } \operatorname{tang}\alpha > \frac{l}{2d}. \tag{7}$$

Sollten demnach selbst bei steigender Schnur die Drücke in den Haken dieselbe Größe haben, also $x_2 = x_1$ sein, so müßte nach Gleichung (5) $d = 0$ sein, d. h. der Schwerpunkt S des Gradbogens einschließlich des Lotes in der Schnurlinie liegen (vergl. SCHNEIDERS Hängebogen Fig. 229 § 111).

In Fig. 227 a u. b sind zwei Gradbogen mit verschiedener Neigung dargestellt. Man kann durch bloße Anschauung sich überzeugen, wie mit zunehmender Schnurneigung das Mißverhältnis der Hebelarmlängen ab und bc wächst. Der Hebelarm ab, mit dem das Gewicht des Gradbogens auf den oberen Haken drückt, verringert sich mit steigender Schnur nur wenig, dagegen wird der Hebelarm bc, von dem das Gewicht auf den unteren Haken drückt, wesentlich kleiner.

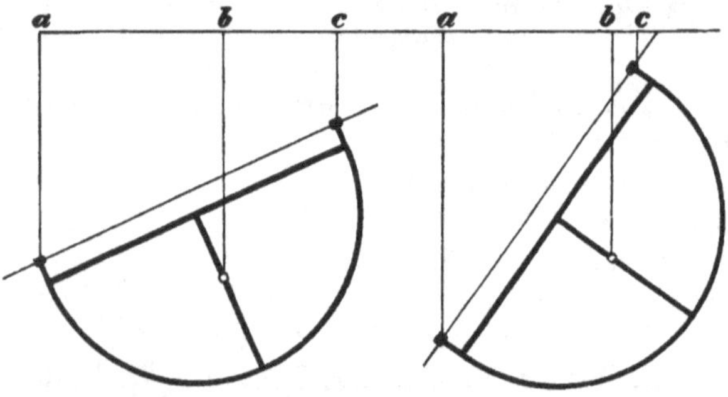

Fig. 227 a u. b. Der Gradbogen an geneigter Schnur.

Die Stelle der ausgespannten geneigten Schnur, an welcher der Gradbogen angehängt werden muß, um den richtigen Neigungswinkel anzugeben, ist durch Versuche von FLORIAN, Markscheider zu Bleiberg in Kärnten, Professor JUNGE in Freiberg (Berg- u. Hüttenm. Z. 1862, S. 57) und Bergrat BORCHERS (ebenda 1863, S. 213) ermittelt.

Aus den FLORIANschen Versuchen ist nach Professor VON MILLER-HAUENFELS folgende Regel abgeleitet worden:

Man hänge den Gradbogen näher gegen das höhere Ende der Schnur, und zwar von der Schnurmitte um ein solches Maß entfernt, das man erhält, wenn man die Schnurlänge bei einer Tonnlage bis etwa 15 Grad für jeden Grad mit 0,004 und für größere Winkel mit 0,003 multipliziert. Bei 12 m langer Schnur und 20 Grad Neigung würde z. B. der Gradbogen bei 6,72 m, vom unteren Ende ab gerechnet, aufzuhängen sein.

JUNGE rät, den Gradbogen etwas über der Mitte, etwa bei 0,58 der Schnurlänge, vom tieferen Ende ab gerechnet, anzuhängen.

BORCHERS hat nicht den Aufhängepunkt des Gradbogens für den richtigen Neigungswinkel zu ermitteln gesucht, sondern aus wiederholt ausgeführten Versuchen eine Tabelle aufgestellt, wonach man die Winkel, die an einem in der Mitte der Schnur aufgehängten Gradbogen abgelesen waren, verbessern kann. Eine solche Tabelle hat nur für eine Schnur von bestimmter Beschaffenheit und Länge und für einen Gradbogen von gewissem Gewichte Gültigkeit.

Von den nachstehenden Winkelwerten gilt die erste Reihe für die Meterkette aus feinem Messingdraht von 10 m Länge und die zweite Reihe für straff gespannte Hanfschnüre von ebenfalls 10 m Länge.

Der benutzte Gradbogen hatte ein Gewicht von 70,6 Gramm.

Die Verbesserungen sind für Winkel von fünf zu fünf Grad ermittelt und zeigen an, um wieviel die Winkel in der Mitte der Schnur zu klein erhalten wurden.

	5°	10°	15°	20°	25°	30°
I.	2′ 5″	3′ 4″	5′ 5″	6′17″	7′28″	8′38″
II.	1′35″	2′42″	3′44″	4′40″	5′30″	6′10″
	35°	40°	45°	50°	55°	60°
I.	9′38″	10′40″	11′39″	12′33″	13′28″	14′22″
II.	6′38″	7′20″	7′38″	8′10″	8′32″	8′55″
	65°	70°	75°	80°	85°	90°
I.	15′13″	16′ 2″	16′55″	17′40″	18′25″	19′ 5″
II.	9′15″	9′34″	9′52″	10′12″	10′30″	10′45″

Die schon erwähnten Versuche von Professor JUNGE haben außerdem ergeben, daß man den richtigen Neigungswinkel nicht erhält, wenn man den Gradbogen sowohl an dem oberen als auch am unteren Ende der Schnur anhängt und aus den an diesen Stellen abgelesenen Neigungswinkeln das Mittel nimmt. Das so gefundene arithmetische Mittel ist nicht unerheblich kleiner als der wahre Neigungswinkel der Schnur.

Für die genaue Arbeit mit dem Gradbogen ist es wichtig, alle Schnüre möglichst gleich und nicht über 10 m lang zu nehmen. Die

Schnur selbst muß frei von Knoten sein und überall gleichen Querschnitt haben.

Der Gradbogen ist trotz aller Vorsichtsmaßregeln kein besonders leistungsfähiges Instrument, und man wird es zu wichtigen Seigerteufenermittelungen nur mit großer Vorsicht benutzen.

Die allgemeinen Markscheidervorschriften in Preußen setzen für Gradbogenhöhenmessungen eine Fehlergrenze von 1 : 2500 fest, im Königreich Sachsen wird sogar 1 : 10000 verlangt. Nach Ermittelungen des Professors Schmidt (Jahrbuch für das B. u. H. im Königr. Sachsen 1888) überschreitet der Fehler in der durch den Gradbogen ermittelten Seigerteufe schon bei 5 Grad Neigung die Grenze von 1 : 10000, bei 20 Grad Neigung ist sie nahezu 1 : 2000 und bei 45 Grad sogar 1 : 1300.

Der Gradbogen wird jedoch für den Markscheider unentbehrlich bleiben, sobald die Neigungswinkel nur zur Berechnung der Sohlen benutzt werden sollen.

§ 111. Andere Formen des Gradbogens. Von den Versuchen, dem Gradbogen eine andere Form zu geben, ist zuerst der ungefähr im Jahre 1775 von Kästner konstruierte, in Fig. 228 dargestellte Gradbogen zu nennen. Die Schiene *ab* mit den beiden Haken ist um die Achse *c* drehbar, an welcher der Quadrant *ef* ebenfalls drehbar befestigt ist. Liegt die Schiene auf der Schnur, so dreht man den Quadranten so lange, bis das Lot im Nullpunkte bei *e* einspielt.

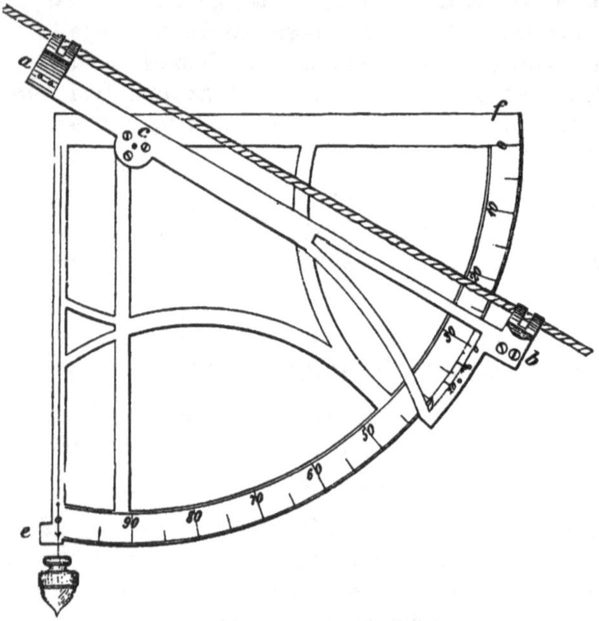

Fig. 228. Gradbogen von Kästner.

Am Nonius, der an der Schiene bei *b* sitzt, kann nun der Winkel abgelesen werden. Dieser Gradbogen ist sehr wenig in Gebrauch gekommen.

Der Hängebogen von Schneider (Österr. Z. f. B. u. H. 1887, S. 367). Schneider will den Fehler des alten Gradbogens, die ungleiche Belastung der einzelnen Haken, dadurch vermeiden, daß er bei seinem Hängebogen

(Fig. 229) den Schwerpunkt in die Schnurlinie verlegt. Statt eines Halbkreises nimmt er einen Vollkreis und statt des Lotes eine Alhidade

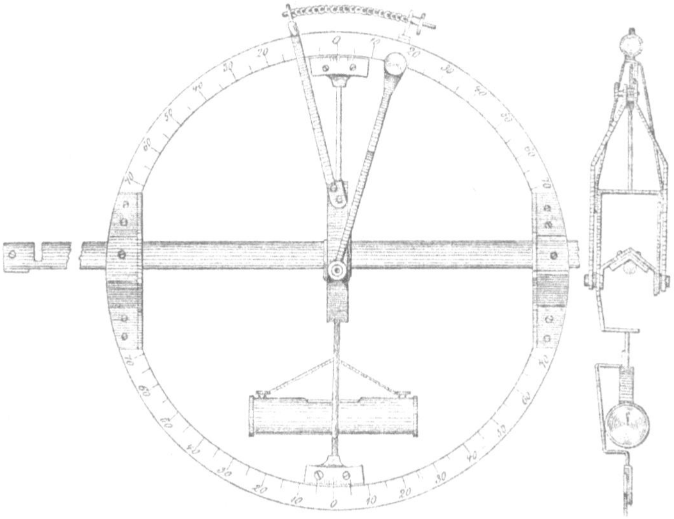

Fig. 229. Hängebogen von SCHNEIDER.

mit Röhrenlibelle. Das Instrument ist aus Aluminiumblech gefertigt und wiegt daher trotz seines Umfanges und Beiwerkes nur 85 Gramm. Der

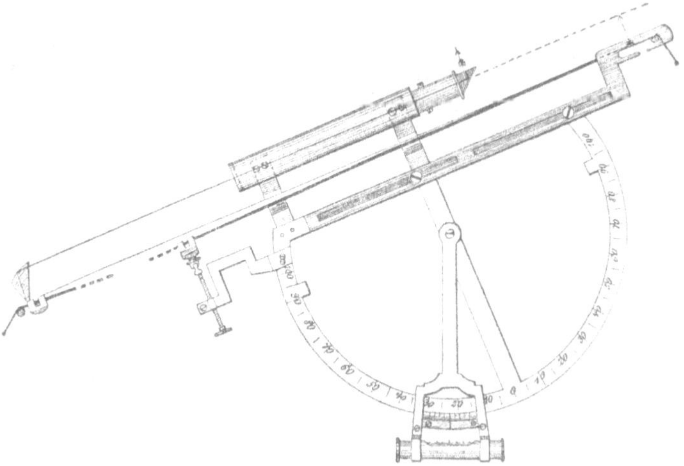

Fig. 230. Hängebogen von BORCHERS.

zarte Apparat verbiegt sich aber leicht und hängt sich nicht immer von selbst vertikal. Auch dieses Instrument hat keine Verbreitung zu erwarten.

Das Borcherssche Hängeniveau. In der B. u. H. Z. 1882, S. 245 beschreibt Borchers einen zu einem bestimmten Zwecke konstruierten

Apparat, der die unmittelbare Beobachtung der richtigen Neigungswinkel gespannter Schnüre gestattet (Fig. 230). Dieser Apparat, von BORCHERS Hängeniveau genannt, ist ein Gradbogen, der statt des Lotes eine um den Mittelpunkt drehbare Alhidade besitzt, die mit Nonius und Feinstellung versehen ist und mittels einer darauf befestigten Röhrenlibelle senkrecht gestellt werden kann.

Das Hängeniveau wird mit dem einen eigentümlich geformten Haken über den Pfriemen, um den das obere Ende der Schnur geschlungen ist, und der andere mit einer Hebeschraube versehene Haken über die Schnur gehängt. Die Sehachse des kleinen am Apparat sitzenden Fernrohres ist mit der Linie 90°—90° parallel. Mittels eines kleinen Reitersignals und der Hebeschraube wird die Achse des Fernrohres und mithin auch die Linie von 90°—90° genau parallel der Verbindungslinie der beiden Aufhängepunkte der Schnur gestellt.

Nivellements mit dem Hängeniveau geben denen mit Luftblasenwage und Latte ausgeführten an Genauigkeit nichts nach. Das Instrument vermag da, wo der gewöhnliche Gradbogen unsicher wird, nämlich bei der Bestimmung stark ansteigender Schnüre, gute Dienste zu leisten, wird aber trotzdem wegen seiner Kostspieligkeit, die durch die seltene Anwendung erhöht wird, keine allgemeine Verbreitung finden. Auch ist es schwierig, die richtige Stellung des Fernrohres zu prüfen.

§ 112. Das trigonometrische Höhenmessen mit Hilfe des Höhenkreises. Hierbei ist der Höhen- oder Tiefenwinkel der Ziellinie nach den im § 54 gegebenen Regeln und die Länge der Ziellinie von der Kippachse des Theodoliten nach dem Mittelpunkte des Signales zu messen. Je nach dem Verfahren, das man bei der Theodolitmessung anwendet, wird man

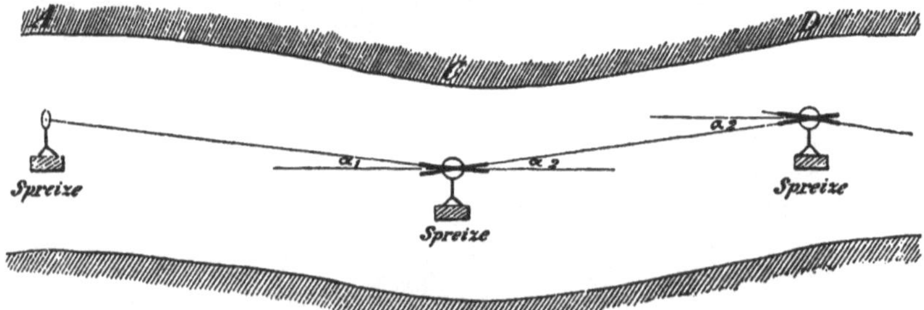

Fig. 231. Trigonometrisches Höhenmessen auf jedem Aufstellungspunkte.

auf jedem Polygonpunkte die Höhenwinkel nach den beiden benachbarten Signalen (Fig. 231) oder jedesmal einen Punkt überspringend mit Springständen messen (Fig. 231 u. 232). Die Arbeit mit der BREITHAUPTschen Steckhülsenvorrichtung und mit der Freiberger Aufstellung, letztere aber nur dann, wenn Signale verwendet werden, ermöglicht jeden

Neigungswinkel der Ziellinien zweimal zu messen und zwar einmal als Höhen-, das andere Mal als Tiefenwinkel (Fig. 231).

Die Theodolitmessung mit fixierten Punkten und mit der Freiberger Aufstellung ohne Signale läßt das Arbeiten mit Springständen zu. In den Zwischenpunkten *ADB* in Fig. 232 werden Zielpunkte angebracht, und zwar dienen bei der Freiberger Aufstellung hierzu die Spitzen auf

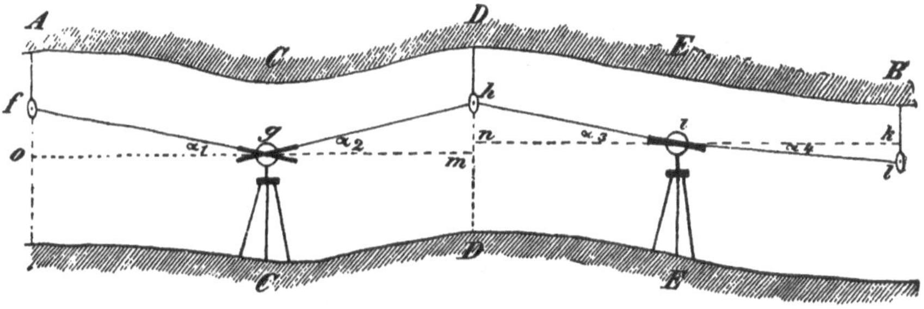

Fig. 232. Trigonometrisches Höhenmessen in Springständen.

dem dreiseitigen Prisma der Schraubenspindel und bei dem Arbeiten mit fixierten Punkten Signale, die in die Krampen der Zwischenpunkte gehängt werden. Die Borcherssche Hängelatte, deren Zieltafel während des Nivellements immer auf demselben Teilstrich festgeklemmt bleiben muß, eignet sich hierzu gut.

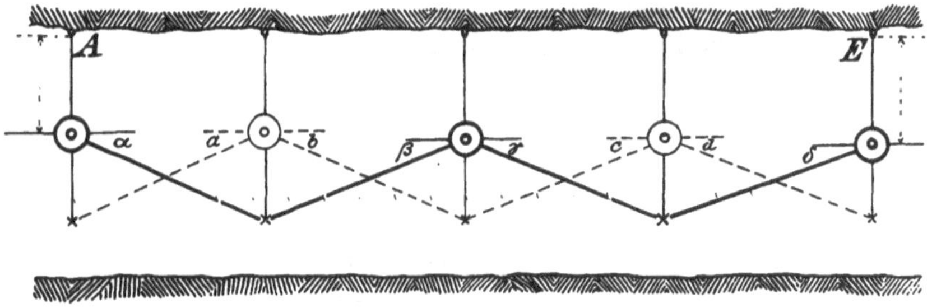

Fig. 233. Doppeltes trigonometrisches Höhenmessen mit Springständen.

Es ist aber nicht ausgeschlossen, daß auch bei einer Messung mit fixierten Punkten und Hängelatte auf jedem Standpunkte des Theodoliten die Vertikalwinkel gemessen werden, wodurch man zwei getrennte Höhenermittelungen aller Punkte erhält. In Fig. 233 ist das eine Nivellement durch volle, das zweite durch punktierte Linien angedeutet, ferner sind die Vertikalwinkel des einen Nivellements mit *a, b, c, d,* die des anderen mit α, β, γ, δ bezeichnet.

Die Freiberger Aufstellung besitzt eine Vorrichtung, eine Schnur parallel der Ziellinie auszuspannen, woran die Längen gemessen werden können. Sie ist aber nur zu benutzen, wenn die in Fig. 139 dargestellten Signale angewendet werden. In allen anderen Fällen werden die Längen mit freischwebendem Bande parallel der Ziellinie gemessen. Die Polygonseiten des Theodolitzuges sind dann möglichst gleich und nur so lang zu machen, daß sie mit einer Bandlänge gemessen werden können. Ein Meßband von 30 Meter Länge ist hierbei zweckmäßig.

Werden die Polygonseiten länger als eine Bandlänge genommen, so erzielt man bezüglich der Polygonmessung durch die verminderte Zahl der Aufstellungen des Theodoliten eine Zeitersparnis, aber die trigonometrische Höhenmessung verliert an Genauigkeit durch ungleiche und zu lange Seiten.

Die Längen können in diesem Falle nicht mehr mit einer Bandlänge gemessen werden. Man wird das in Fig. 34 u. 35 erläuterte Verfahren anwenden.

Professor Schmidt hat durch sorgfältige Versuche festgestellt, daß durch die trigonometrische Höhenmessung in der Grube mit dem Theodolithöhenkreise bei sachkundiger und sorgfältiger Ausführung der Messung ein Genauigkeitsgrad von 1 : 20000 noch sicher zu erreichen ist.

§ 113. Das trigonometrische Höhenmessen über Tage wird dem Markscheider in seinem engeren Berufskreise nur selten vorkommen und dann immer in solchen Aufgaben, die eine Berücksichtigung der Strahlenbrechung nicht erfordern.

Die einfachsten Fälle sind folgende:

1. Es soll die Höhe des Punktes P über dem Horizonte des Standpunktes S (Fig. 234) gefunden werden, wenn die Länge $SH = L$ bekannt

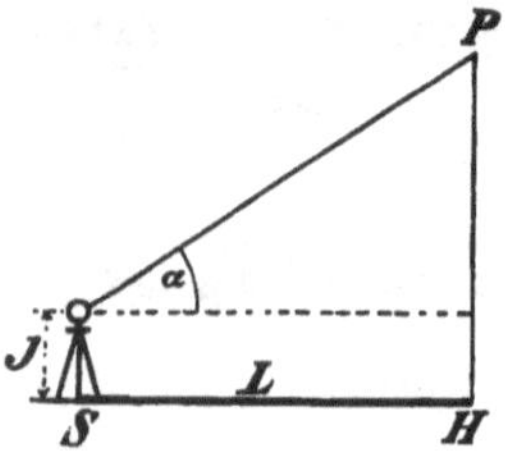

Fig. 234.

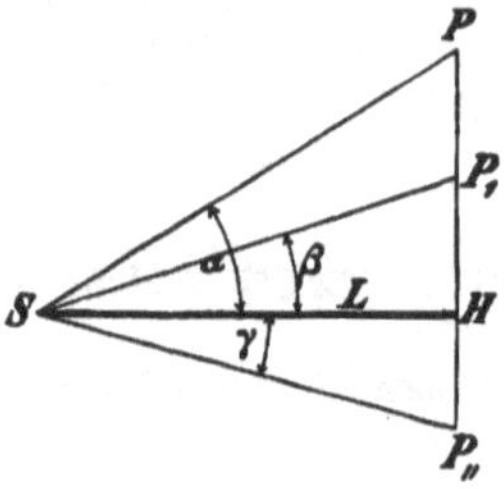

Fig. 235.

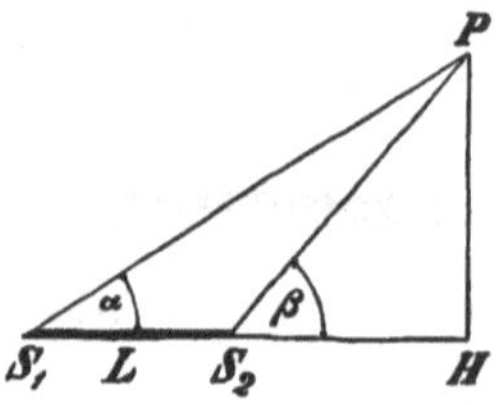

Fig. 236.

Trigonometrisches Höhenmessen über Tage.

ist. Aus dem gemessenen Höhenwinkel und der Länge L, sowie aus der Instrumentenhöhe J erhält man die Höhe über dem scheinbaren Horizont $PH = L \operatorname{tg} \alpha + J$.

Soll die Höhe über dem wirklichen Horizont von S angegeben werden, so ist noch die Depression für die Entfernung L zu ermitteln und zur berechneten Höhe zu addieren. PH steht streng genommen nicht senkrecht auf SH. Diese Abweichung kann vernachlässigt werden, da sie auf je 31 Meter erst eine Sekunde ausmacht.

2. Soll die senkrechte Höhe von PP' oder PP'' über S gefunden werden (Fig. 235), so berechnet man:

$$PP' = \frac{L \sin(\alpha - \beta)}{\cos\alpha \cos\beta} \text{ und } PP'' = \frac{L \sin(\alpha + \gamma)}{\cos\alpha \cos\gamma}.$$

3. Ist von der Linie $S_1 H$ nur das Stück $S_1 S_2$ gegeben, so mißt man die beiden Winkel α und β (Fig. 236) und findet $PH = \frac{L \sin\alpha \sin\beta}{\sin(\beta - \alpha)}$.

Sind S_1 und S_2 nicht in demselben Horizonte, sondern steigt oder fällt die Linie von S_1 nach S_2 um einen Winkel γ, so berechnet sich die Höhe von P über dem scheinbaren Horizonte von S_1 zu:

$$\frac{L(1 \mp \operatorname{tg}\gamma \operatorname{cotg}\beta) \sin\alpha \sin\beta}{\sin(\beta - \alpha)}.$$

§ 114. Das trigonometrische Höhenmessen auf große Entfernungen gehört in das Gebiet der Geodäsie.

Der Vollständigkeit wegen soll hier nur folgendes Platz finden:

Zur Ermittelung der Höhe des Punktes P_2 (Fig. 237) über dem wirklichen Horizonte von P_1 wird der Theodolit in P_1 aufgestellt und der Punkt P_2 angezielt. Man erhält den Zenitwinkel Z. Dieser Winkel bedarf noch einer Verbesserung durch die Winkelgröße x, um die der Zenitwinkel wegen der Strahlenbrechung zu klein erhalten wurde. R ist gleich dem Erdradius. Der Bogen b ist bekannt und somit auch der Winkel C. Setzt man $x = kC$, so ist

$$h = \frac{b \cdot \cos\left(Z - \frac{1 - 2k}{2} C\right)}{\sin(Z - (1 - k)C)}.$$

Der Koeffizient k, den Gauss für mittlere Verhältnisse $= 0{,}0653$ annimmt, ist je nach der Luftbeschaffenheit sehr schwankend.

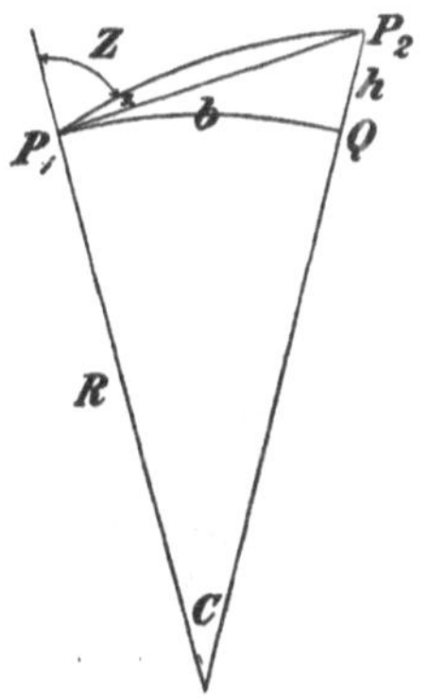

Fig. 237. Trigonom. Höhenmessen auf große Entfernungen.

§ 115. **Das Setzniveau mit Latte.** Das von Weissbach in seiner neuen Markscheidekunst II, S. 8 beschriebene Setzniveau kann unter Umständen, z. B. in niedrigen, steil einfallenden Strecken, dem Markscheider von Nutzen sein.

Es besteht aus einem Lineale (Fig. 238) mit einem darauf befestigten Quadranten, um dessen Mittelpunkt eine Regel drehbar ist, die mit einer Röhrenlibelle, mit einem Mikrometerwerk und mit einem Zeiger versehen ist. Man stellt beim Gebrauch das Setzniveau auf eine Meßlatte und dreht die Regel, bis die Libelle einspielt. Der Zeiger gibt dann den gesuchten Neigungswinkel der Latte unmittelbar an.

Ein solches Instrument ist vor allem darauf zu prüfen, ob der Zeiger Null angibt, wenn es auf einer horizontalen Ebene steht.

Zu diesem Zwecke stellt man das Niveau mit dem auf Null gebrachten Zeiger der Regel auf die Latte und hebt das eine Ende der Latte durch untergeschobene Keile so lange, bis die Blase genau einspielt, alsdann setzt man das Instrument um. Schlägt die Blase aus, so bringt man durch die Stellschraube an der Regel die Libelle wieder

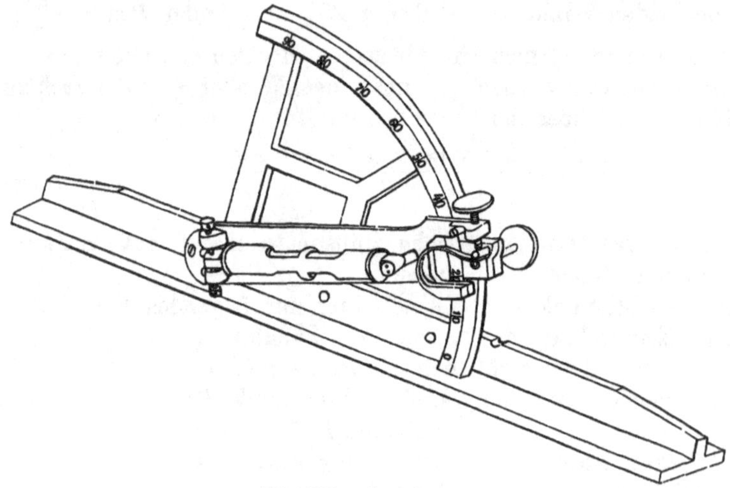

Fig. 238. **Setzniveau.**

zum Einspielen und dann zeigt der Nonius den doppelten Indexfehler. Nunmehr stellt man den Nullpunkt des Zeigers auf den Punkt der Teilung, der dem einfachen Indexfehler entspricht und bringt die Libelle durch die Berichtigungsschrauben, die sie mit der Regel verbinden, zum Einspielen. Darauf wiederholt man die Prüfung von Anfang an.

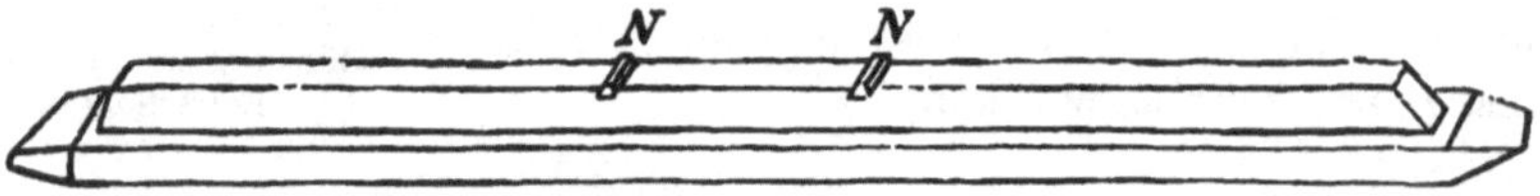

Fig. 239. **Die zum Setzniveau gehörige Latte.**

Wurde der Indexfehler nicht beseitigt, so ist er mit dem richtigen Vorzeichen in Rechnung zu ziehen.

Die Richtigkeit der Arbeit mit dem Setzniveau hängt auch noch von den Setzlatten ab, deren man stets zwei nötig hat. Man fertigt sie aus zwei einfachen, im Querschnitt ein umgekehrtes **T** bildenden Holzstücken und versieht sie mit zwei kleinen stählernen Bänkchen NN (Fig. 239) zum Aufsetzen des Niveaus, von denen das eine zum Heben und Senken eingerichtet ist. Die durch die Oberfläche der Bänkchen gebildete Linie muß der Linie parallel sein, welche durch die beiden Auflegepunkte der Latte geht.

Zur Prüfung stellt man das berichtigte Niveau mit auf Null gestelltem Zeiger der Regel auf die Latte und bringt durch Heben und Senken des einen Lattenendes die Blase zum Einspielen. Alsdann hebt man die Latte ab, legt sie mit verwechselten Stützpunkten wieder auf und sieht nach, ob die Luftblase des unverändert gelassenen, wieder aufgestellten Setzniveaus einspielt. Findet letzteres nicht statt, so ist die eine Hälfte des Ausschlages an den Berichtigungsschrauben des Bänkchens, die andere am Lattenende zu beseitigen.

Die Enden dieser Latten müssen genau aneinanderstoßen, deshalb sind die Enden mit zugeschärften Schuhen aus Stahl bekleidet. Jeder der Schuhe ist durchlocht, zum Einstecken von Bohrer oder Schrauben, die zur Befestigung der Latte auf der Unterlage dienen. Bei unebener Sohle ist jede Setzlatte durch untergelegte Holzstücke zu unterstützen und so lange festzuhalten, bis die folgende an sie herangeschoben ist.

Bei Anwendung des Setzniveaus muß die Ebene der Teilung senkrecht stehen. Da diese Lage nur von den verhältnismäßig schmalen Grundflächen des Lineals und den Querbänkchen der Latte abhängt, so ist eine in der Figur nicht angegebene Libelle anzubringen, die rechtwinkelig zur Längsachse des Lineals steht.

Die Berechnung der Seigerteufe T und der Sohle S der beiden Endpunkte gestaltet sich sehr einfach, wenn man Tabellen besitzt, aus denen die trigonometrischen Zahlen entnommen werden können. Ist l gleich einer Lattenlänge, so ist

$$T = l(\sin\alpha_1 + \sin\alpha_2 + \sin\alpha_3 + \sin\alpha_4 + \ldots)$$
$$S = l(\cos\alpha_1 + \cos\alpha_2 + \cos\alpha_3 + \cos\alpha_4 + \ldots).$$

§ 116. Das Messen von Schachttiefen. Mit markscheiderischen Nivellements ist häufig ein Messen von Schachttiefen verbunden.

Man unterscheidet zwei verschiedene Arten dieser Messung: eine mittelbare und eine unmittelbare.

Die mittelbare Messung wird an einem eingehängten Draht oder am Förderseil und mittels eines Meßrades ausgeführt.

Mit Hilfe eines Drahtes wird in folgender Weise gemessen. Von einem kleinen Haspel mit Sperrvorrichtung, der in passender Entfernung vom Schachte aufgestellt ist, wird der Draht von guter Beschaffenheit (beste Bezugsquelle Guilleaume & Velten in Deutz) abgewickelt und über eine leicht bewegliche Scheibe gelegt, die oberhalb der Hängebank so angebracht ist, daß der durch ein Gewicht (5—10 kg) beschwerte Draht ungehindert bis zur Schachtsohle sinken kann. Vor der Messung läßt man den Draht zur vollständigen Auslängung mehrere Stunden hängen, außerdem ist es zweckmäßig, das Lot mit Hilfe des Haspels mehrere Male im Schachte auf- und niederzuholen. Sodann werden Anfangs- und Endpunkt der Tiefenmessung, die durch Zeichen in der Grube und über Tage markiert sind, auf den Draht übertragen und durch umgeschlungene Zwirnsfäden bezeichnet.

Man mißt die Tiefe beim Aufholen des Drahtes und zwar entweder am horizontalen Teile (Fig. 240) zwischen Leitwelle und Haspel, oder am senkrechten Teile nahe an der Hängebank. Im ersten Falle wird ein Maßgestänge horizontal auf einer Unterlage so befestigt, daß der Draht daneben hingezogen wird.

Fig. 240. Mittelbares Messen von Schachttiefen.

Im zweiten Falle wird ein 20—30 m langes Maßgestänge (Fig. 243) an der Hängebank des Schachtes dicht neben dem Drahte aufgehängt. Das jedesmalige Ende des Maßgestänges bezeichnet man durch umgeschlungene angefeuchtete Zwirnsfäden, die an dem stets etwas angerosteten Draht ganz fest sitzen. Bei senkrecht hängendem Maßgestänge steht ein Mann an der Hängebank, ein zweiter um die Länge des Gestänges tiefer auf der Förderschale.

Die Ausdehnung des Drahtes durch das eigene und das Lotgewicht hat keinen schädlichen Einfluß auf die Richtigkeit der Messung, weil der Draht an jeder Stelle in dem gedehnten Zustande gemessen wird, in dem er sich von Anfang an befand. Ein nachträgliches Längen des Drahtes während der Messung darf nicht eintreten.

Das Messen am Draht mit senkrecht hängendem oder horizontalem Maßgestänge wird auf dem Oberharze bei dem Messen der tiefen Seigerschächte ausschließlich angewendet und die Ergebnisse sind als sehr gut zu bezeichnen.

Eine Prüfung gab die Messung in dem neuen Seigerschachte Kaiser Wilhelm II., der in einer Tiefe von ca. 600 Meter mit dem älteren Seigerschachte Königin Marie in Verbindung steht. Der ältere Schacht war wiederholt nach verschiedenen Methoden gemessen, so daß die Höhenzahlen der Zeichen in der Verbindungsstrecke als sicher anzunehmen waren. Der Anschluß an diese Zeichen auf Grund der Tiefenmessung am Draht durch den neuen Schacht ergab einen Unterschied von 15 mm.

Im Schachte Kaiser Wilhelm II. wurden von der Hängebank aus zur Festlegung von 9 Sohlen folgende Tiefen am Lotdrahte gemessen:

1. Messung.	2. Messung.	3. Messung.
249,827 m	249,826 m	
255,841 „	255,833 „	
306,868 „	306,860 „	
359,829 „	359,835 „	359,847 m
365,975 „	365,961 „	365,967 „
447,024 „	447,035 „	
490,080 „	490,095 „	
543,051 „	543,066 „	
590,894 „	590,882 „	

Alle Messungen wurden am gehörig ausgelängten Drahte ausgeführt.

Wie nachteilig das Längen des Drahtes wirken kann, sieht man aus folgenden Zahlen, die sofort nach dem Einhängen des Lotdrahtes gefunden wurden:

1.	Messung	99,790 m
2.	„	99,765 „
3.	„	99,744 „
4.	„	99,740 „

Das Meßrad. Bei der mittelbaren Schachtmessung am Draht wird dieser über eine drehbare Scheibe geleitet. Diese Scheibe kann man mit einem Zählwerke versehen, den Umfang einteilen und durch Versuche den Wert einer Scheibenumdrehung ermitteln. Dann kann man mit dieser in ein Meßrad umgewandelten Scheibe die Tiefe eines Schachtes messen, indem man durch Aufholen des darüber gelegten Drahtes das Rad in Drehung versetzt.

In der Österr. Zeitschr. 1873 Seite 210 ist ein solches Rad beschrieben und eine am Förderseil gemessene Schachttiefe von 21,763 Klaftern wurde zweimal mittels des Meßrades ermittelt. Die Ergebnisse waren 21,762 bezw. 21,764 Klafter.

Der Professor Viertel (Zivilingenieur 1878 S. 604) bediente sich einer solchen Meßscheibe, deren gut abgedrehter und in 100 Teile geteilter Umfang = 1,1748 m gefunden war. Mit Hilfe dieses Meßrades hat er selbst bei großen Tiefen sehr befriedigende Ergebnisse erhalten.

Das von dem Verfasser benutzte Meßrad ist ein messingnes Speichenrad mit einem Durchmesser von 40 cm und einer Stärke von 8 mm. Der Rand ist zur Aufnahme eines Drahtes rund ausgekehlt. Der Umfang des Rades ist in 100 Teile geteilt und mit Hilfe einer mit Zeiger versehenen Skala können Zehntausendstel der Umdrehungen noch abgeschätzt werden. Mit der Achse ist ein Zählwerk verbunden, das die Anzahl der vollen Umdrehungen angibt. Auf dem gußeisernen Gestelle des Rades ist eine kleine Röhrenlibelle *L* angebracht, mit deren Hilfe die Ebene des Rades senkrecht gestellt werden kann. In der Ebene des Meßrades und rechtwinkelig darauf wird in einiger Entfernung ein mit Sperrvorrichtung und Feinstellschraube versehener Haspel aufgestellt, mit dem der über das Meßrad gelegte Draht eingelassen und aufgeholt wird. In gleicher Weise, wie früher angegeben, läßt man den Draht auslängen.

Zur Messung hat man zwei Nivellierinstrumente nötig. Das eine steht an der Hängebank, das andere auf der Sohle des Schachtes. Mit dem letzteren überträgt man die Höhenlage eines Zeichens auf den Lotdraht und bezeichnet diesen Punkt mit einem umschlungenen Zwirnsfaden. Das an der Hängebank befindliche Nivellierinstrument wird auf den Draht gerichtet, nachdem vorher der senkrechte Abstand der Sehachse von dem gegebenen Höhenpunkt ermittelt war. Das Zählwerk wird auf Null gestellt und auf das von der Schachtsohle gegebene Zeichen „Fertig" wird am Umfange des Rades der Stand des Zeigers abgelesen und dann der Draht aufgeholt. Der Draht muß mit gleichmäßiger und nicht zu schneller Drehung des Haspels aufgeholt werden, weil sonst ein Schleudern und Wuchten des Lotes und damit ein nachträgliches Längen des Drahtes verursacht wird. Außerdem wird es nicht immer möglich sein, den Lotdraht vom Haspel unmittelbar auf das Meßrad und von da in den Schacht zu leiten. Dann müssen noch stählerne, leicht drehbare Zwischenrollen angebracht werden, die in der Fig. 241 angedeutet sind. — Sobald der Draht aufgewunden ist, wird mit der Feinstellschraube am Haspel der angeschlungene Zwirnsfaden genau in das Fadenkreuz des an der Hängebank aufgestellten Nivellierinstrumentes gebracht und die Anzahl der Radumdrehungen sowie ihrer Unterabteilungen abgelesen. Der Unterschied der anfänglichen und der schließlichen Ablesung multipliziert mit dem Zahlenwerte einer Umdrehung ergibt die gesuchte Schachttiefe.

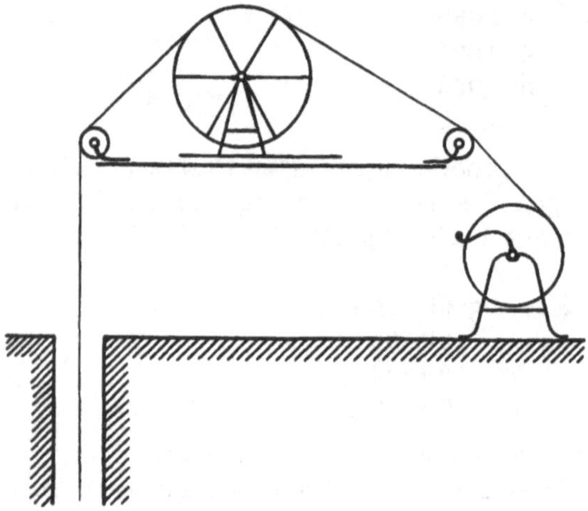

Fig. 241. Meßrad mit Haspel und Zwischenrollen.

Zur Feststellung des Umdrehungskoeffizienten wurde der Höhenunterschied zweier Punkte im Schachte Kaiser Wilhelm II. bei Clausthal benutzt, der durch sorgfältige Messungen auf 594,692 festgestellt war. Aus zwei sorgsam ausgeführten Aufholungen erhielt man 485,3272 und 485,3328, im Mittel 485,330 Umdrehungen und daraus den gesuchten Koeffizienten = 1,22533.

Zur Prüfung des Koeffizienten wurden einige bekannte Tiefen gemessen. Eine von 352,284 Meter erforderte 287,507 Umdrehungen, 287,507 · 1,22533 = 352,291. Unterschied = 7 mm. Eine andere Tiefe von 342,595 Meter ergab 280,4017 und 280,4091 Umdrehungen oder mit Benutzung des Koeffizienten 343,585 m und 343,594 m, also 10 und 1 mm Unterschied.

Hiernach ist daß Meßrad ein hinreichend sicheres Mittel zu Schachttiefenmessungen, es ist aber mit dem durchaus erforderlichen Haspel teuer.

§ 117. **Das unmittelbare Messen von Schächten.** Zum unmittelbaren Messen der Seigerschächte wendet man das stählerne Meßband, zu dem der tonnlägigen Schächte ein stählernes Maßgestänge an.

Mit dem Meßbande wird an der Schachtleitung des Förderkorbes entlang oder, wenn diese nicht erreichbar ist, im Fahrschachte an der Schachtzimmerung gemessen.

In der B. u. H. Z. 1883 Nr. 1 ist ein Verfahren mitgeteilt, das sich zwar sehr gut bewährt hat, aber auch nicht ohne Gefahr ist.

In angemessener Höhe über dem Schutzdache des Förderkorbes ist ein Stuhl mit Schienen und Laschen derartig am Förderseil befestigt, daß ein Arbeiter darin sitzen und das obere Ende des Meßbandes an die Leitung anlegen kann. Auf dem Schutzdache steht der Markscheider, der das untere Ende des Meßbandes führt, und ein zweiter Arbeiter, dem die Zeichen zum Aufholen und Niederlassen des Korbes zu geben obliegt.

Auf diese Weise wurde, nachdem alle Vorbereitungen getroffen waren, ein Schacht von 535 Meter Tiefe in 6 Stunden dreimal gemessen, wobei außerdem noch die Höhen von acht im Schachte übereinander liegenden Sohlenzeichen bestimmt wurden.

Muß die Messung durch den Fahrschacht geführt werden, so sind alle Hindernisse zu beseitigen, die Bühnen zu durchbohren usw., damit das Meßband ganz frei hängt.

Zuweilen ist es nicht möglich, den Schacht in einer Linie zu messen. Man wird in diesem Falle absetzen, d. h. den Endpunkt einer Bandlänge mittels der Hängelibelle oder des Gradbogens nach einem günstiger gelegenen Punkte übertragen und von da weiter messen.

Das bei jeder Bandlänge sich wiederholende Bezeichnen des Endes wird sich nach den jedesmaligen Verhältnissen richten. Ist die Schachtleitung leicht zu erreichen, so genügt ein feiner Strich mit dem Federmesser oder man benutzt starke Drahtnägel von gleichem Durchmesser, deren Dicke meistens mitgemessen wird. In diesem Falle ist für jede

Fig. 242. Langes Meßband für Schachtmessungen.

Bandlänge der Durchmesser des Nagels in Abrechnung zu bringen (vgl. Fig. 37 und 38).

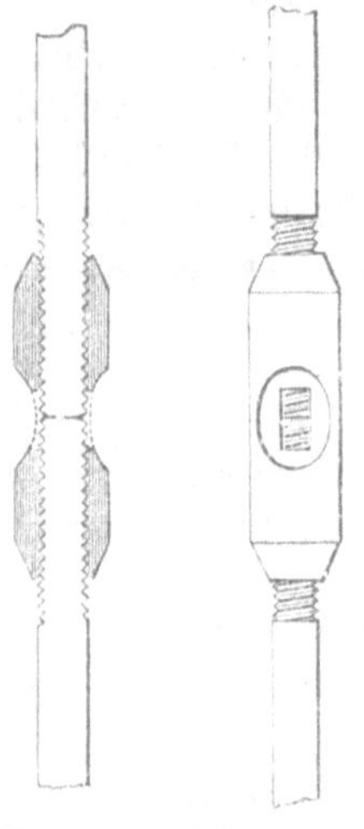

Fig. 243. Maßgestänge von BORCHERS.

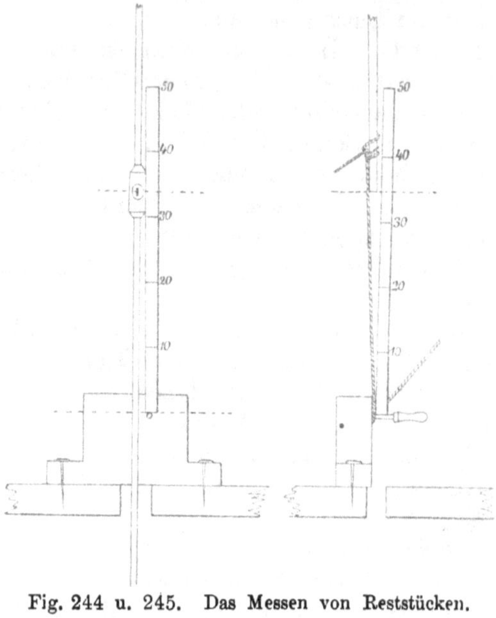

Fig. 244 u. 245. Das Messen von Reststücken.

Zum Schachtmessen werden die gewöhnlichen 20 Meter langen Stahlbänder, aber in neuer Zeit auch solche von ganz bedeutender Länge (bis 500 Meter) benutzt. Fig. 242 zeigt ein solches Meßband auf eisernem Bock mit Sperre, Bremse, Kurbel und Laufrolle.

Alle zu Schachttiefenmessungen benutzten Meßbänder müssen vorher auf ihre wahre Länge geprüft werden. Die frei hängenden Meßbänder werden aber auch durch ihr Eigengewicht gelängt. Der Professor HAUSSMANN hat auf theoretischem Wege folgende Tabelle berechnet:

Längung senkrecht hängender Stahl-Meßbänder durch Eigengewicht in mm.

Ableseteufe in Metern	Länge des senkrecht hängenden Meßbandstückes in Metern										Ableseteufe in Metern
	20	30	50	100	150	200	250	300	400	500	
m	mm	mm	mm	mm	mm	mm	mm	mm	mm	mm	m
10	0,1	0,1	0,2	0,4	0,6	0,8	1,0	1,2	1,5	1,9	10
20	0,1	0,2	0,3	0,7	1,1	1,5	1,9	2,3	3,0	3,9	20
30		0,2	0,4	1,0	1,6	2,2	2,7	3,3	4,5	5,7	30
40			0,5	1,2	2,0	2,8	3,6	4,4	5,9	7,5	40
50			0,5	1,5	2,4	3,4	4,4	5,4	7,3	9,3	50
60				1,6	2,8	4,0	5,1	6,3	8,6	11,0	60
70				1,8	3,1	4,5	5,9	7,2	10,0	12,7	70
80				1,9	3,4	5,0	6,5	8,1	11,2	14,3	80
90				1,9	3,7	5,4	7,2	8,9	12,4	16,0	90
100				2,0	3,9	5,8	7,8	9,7	13,6	17,5	100
120					4,2	6,5	8,9	11,2	15,9	20,6	120
140					4,4	7,1	9,8	12,5	18,0	23,4	140
160						7,5	10,6	13,7	19,9	26,2	160
180						7,7	11,2	14,7	21,7	28,8	180
200						7,8	11,7	15,6	23,4	31,2	200
220							12,0	16,3	24,9	33,5	220
240							12,1	16,8	26,2	35,6	240
260								17,2	27,4	37,5	260
280								17,5	28,4	39,3	280
300								17,6	29,3	41,0	300
320									30,0	42,5	320
340									30,5	43,8	340
360									30,9	45,0	360
380									31,1	46,0	380
400									31,2	46,8	400
450										48,3	450
500										48,8	500

Die Längung des Bandes durch Eigengewicht beeinflußt das Ergebnis stets einseitig: man mißt stets zu wenig. Die berechneten Millimeter sind zur abgelesenen Bandlänge hinzuzufügen.

Selbstverständlich sind beim Messen mit Stahlbändern die Temperaturverschiedenheiten gebührend zu berücksichtigen. § 20 S. 34.

Das BORCHERSsche Maßgestänge. Zum Messen der tonnlägigen Schächte dient das von BORCHERS konstruierte Maßgestänge. Es besteht aus einer Anzahl von runden Stäben aus Stahldraht von 4—6 mm Durchmesser und von 1 m Länge. Die Enden sind mit Schraubengewinden versehen und lassen sich mittels kleiner messingener Schraubenmuffen verbinden. Auf diese Weise kann ein Maßgestänge von beliebiger Länge

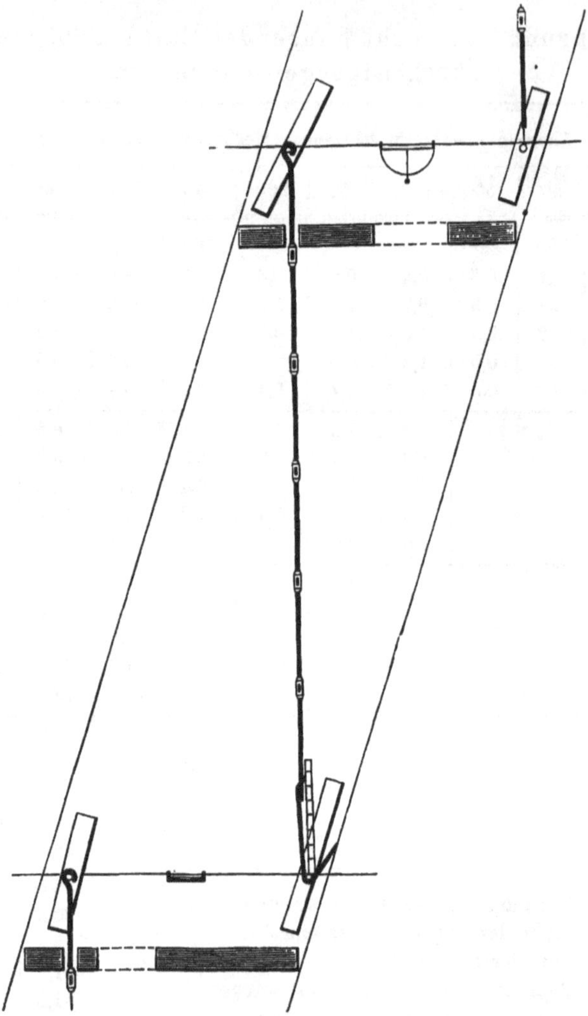

Fig. 246. Das Messen tonnlägiger Schächte mittels des BORCHERSschen Maßgestänges.

hergestellt werden. Die geraden Endflächen der einzelnen Stäbe müssen genau rechtwinkelig zur Längenachse stehen und die Muffen (Fig. 243) sind an zwei gegenüberstehenden Seiten so weit ausgefeilt, daß man das Zusammenstoßen der Endflächen zweier Stäbe sehen kann. Der erste Stab ist mit einem Haken versehen, von dessen innerer Peripherie die Zählung angeht.

Vor Beginn der Messung sind zum Durchlassen des Gestänges die notwendigen Öffnungen zu schaffen.

Die Aufhängepunkte des Gestänges wird man so bequem wie möglich wählen, d. h. nahe über einer Bühne, und so herstellen, wie die Figuren 244 u. 245 zeigen, aus denen zugleich zu ersehen ist, wie etwaige Reststücke gemessen werden. Das Maßgestänge hängt sich vermöge seines Gewichtes von selbst senkrecht.

Das wegen des häufigeren Absetzens notwendige Verlängern und Verkürzen des Gestänges kann leicht durch An- und Abschrauben der einzelnen Stäbe erreicht werden.

Das ganze Meßverfahren ist aus Fig. 246 zu ersehen. Bei Benutzung des Maßgestänges ist die Einwirkung der Temperatur zu berücksichtigen (§ 20 S. 34).

Achtes Kapitel.

Die Ausführung von Markscheiderarbeiten.

§ 118. Vorbemerkungen.

Folgende Bezeichnungen sind jetzt üblich:

O oder P_0 der Nullpunkt der Koordinaten,

y die Ordinate,

x die Abszisse, und zwar:

$$x_1, y_1 \text{ für den Punkt } P_1, \quad y_2, x_2 \text{ für den Punkt } P_2.$$

Δy der Unterschied der Ordinaten zweier Punkte, und zwar:

$$\Delta y_2 = y_2 - y_1, \quad \Delta y_3 = y_3 - y_2 \text{ usw.}$$

Δx der Unterschied der Abszissen zweier Punkte, und zwar·

$$\Delta x_2 = x_2 - x_1, \quad \Delta x_3 = x_3 - x_2 \text{ usw.}$$

s die Längen der Seiten, und zwar:

$$s_1 \text{ von } P_1 \text{ nach } P_2, \quad s_2 \text{ von } P_2 \text{ nach } P_3 \text{ usw.}$$

β der Winkel (Brechungswinkel), unter dem zwei Polygonseiten aneinander stoßen.

ν der Neigungswinkel einer Linie gegen die Abszissenachse. Zur genaueren Bezeichnung wird ν mit einem Index versehen. In Fig. 247 ist ν^{ab} der Neigungswinkel der Linie $P_a P_b$ im Punkte P_a, ν^{ba} der Neigungswinkel derselben Linie im Punkte b. $\nu^{ab} = \nu^{ba} \pm \pi$. Von den beiden Vorzeichen von π kann man nach Belieben das eine oder das andere wählen, da $\nu^{ba} + \pi$ von $\nu^{ab} - \pi$ und ebenso $\nu^{ab} + \pi$ von $\nu^{ba} - \pi$ um 2π verschieden ist, die Funktionen zweier Winkel aber, deren Unterschied $\pm 2\pi$ ist, gleich sind.

Die Abrundung der Zahlen. Bei der Abrundung der Zahlen gelten die allgemeinen Regeln, daß der über die letzte beizubehaltende Stelle hinausgehende Teil der Zahl

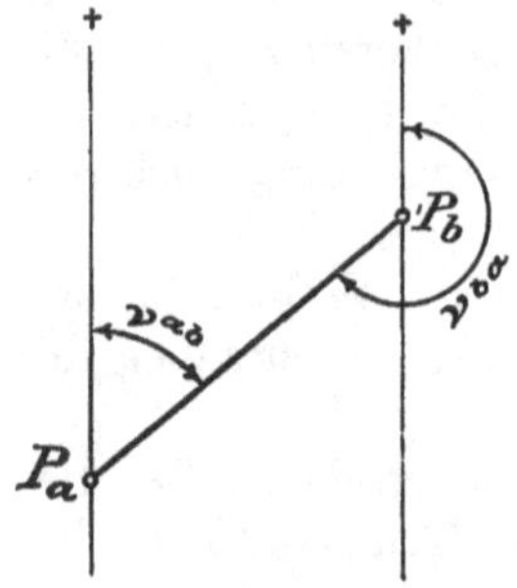

Fig. 247.
Neigungswinkel einer Linie.

a) wenn er weniger als 0,5 einer Einheit der letzten beizubehaltenden Stelle beträgt, abgeworfen,

b) wenn er mehr als 0,5 beträgt, die Ziffer der letzten beizubehaltenden Stelle um eine Einheit erhöht wird. Im allgemeinen wird man annehmen können, daß die Wirkung beider Arten der Abrundung sich in der Rechnung ausgleichen wird.

In diesen Regeln ist der Fall nicht einbegriffen, wenn der abzuwerfende Teil **gerade** 0,5 **ist.** Wollte man nach der Regel b) verfahren, so würde immer nach oben abgerundet und eine Ausgleichung nicht herbeigeführt werden. Man rundet deswegen abwechselnd nach oben und nach unten ab, oder man befolgt die von Gauss vorgeschlagene Regel:

c) wenn der über die letzte beizubehaltende Stelle hinausgehende Teil der Zahl genau 0,5 einer Einheit der letzten Stelle beträgt, so ist in der letzten Stelle die zunächst liegende gerade Zahl zu setzen, z. B. 25,65 ist auf 25,6 und 25,95 auf 26,0, 25,85 auf 25,8 und 1,55 auf 1,6 abzurunden. Es bedeutet $\bar{5}$ (kleine Fünf) eine durch Abrundung aus 4 entstandene 5 und $\dot{5}$ (große Fünf) eine nach Abwerfung der folgenden Ziffern beibehaltene 5 (Regel a). Die Zeichen – und **.** über den Fünfen sind bei weiterer Abkürzung insofern maßgebend, als $\bar{5}$ einfach wegfällt und $\dot{5}$ die davor stehende Ziffer um 1 erhöht.

So wird aus $0{,}1392\bar{5}$ oder aus $0{,}136\bar{5}$ durch weitere Abrundung

	0,1392 und 0,136
und aus $0{,}1392\dot{5}$ oder aus $0{,}136\dot{5}$	0,1393 und 0,137.

Logarithmentafeln. Der Markscheider kommt in den meisten Fällen mit fünfstelligen Logarithmen aus, kann aber bei manchen Rechnungen die siebenstelligen nicht entbehren. Die siebenstelligen bieten außerdem den Vorteil, daß die Logarithmen der trigonometrischen Funktionen bis auf 10 Sekunden berechnet sind, und da die Neigungswinkel sich in den meisten Fällen, ohne die Genauigkeit zu beeinträchtigen, bis auf 10 Sekunden abrunden lassen, so fallen alle zeitraubenden Interpolationen beim Aufschlagen dieser Logarithmen weg.

Die dekadischen Ergänzungen (Abkürzung E oder auch cpl. = complementum). Zieht man von 10 – 10 den Logarithmus einer Zahl ab, z. B.

$$\log 7781 \quad = \overset{10}{3},891\,0354^{\;-10}\;,$$

so ist E $\log 7781 = 6{,}108\,9646 - 10$ die dekadische Ergänzung;

$$\log \sin 38^0 = \overset{10}{9},789\,3420 \overset{-10}{-} 10,$$

so ist E $\log \sin 38^0 = 0{,}210\,6580$ die dekadische Ergänzung.

Mit Hilfe dieser dekadischen Ergänzung kann man die logarithmische Berechnung eines Ausdruckes, der aus mehreren Zahlen durch Multiplikation und Division gebildet ist, in eine Addition verwandeln.

Z. B. die Aufgabe $A = \frac{40070 \cdot \sin 50^0}{7781 \cdot \sin 38^0}$ gestaltet sich, je nachdem die dekadische Ergänzung angewendet wird oder nicht, wie folgt:

ohne

log 40070 =	4,602 8193	log 7781 =	3,891 0354
log sin 50° =	9,884 2540	log sin 38° =	9,789 3420
log Zähler	4,487 0733	log Nenner =	3,680 3774
log Nenner	3,680 3774		
log A =	0,806 6959.		

mit

log 40070 =	4,602 8193
log sin 50° =	9,884 2540 − 10
E log 7781 =	6,108 9646 − 10
E log sin 38° =	0,210 6580
log A =	0,806 6959.

Die dekadische Ergänzung wird auch dergestalt angewendet, daß man negative Zahlen als Differenzen darstellt, deren Minuendus stets positiv, deren Subtrahendus gleich 1 oder 10 oder einer Potenz von 10 ist, z. B.

$$-3571 = +6429 - 10000 = 96\,429 - 100\,000$$
$$-0{,}93 = +0{,}07 - 1 = +9{,}07 - 10 = 99{,}07 - 100.$$

Diese Schreibweise des Subtrahendus würde jedoch sehr schwerfällig sein und deshalb wird er durch ein dem positiven Minuendus vorzusetzendes liegendes Kreuz (×) kenntlich gemacht, das eine negative Einheit der Stelle bedeutet, in der es steht. Es wird daher geschrieben:

$$-3571 = \times 6429 = \times 96\,429$$
$$-0{,}93 = \times 0{,}07 = \times 9{,}07 = \times 99{,}07.$$

Zahlenbeispiel: 2614 − 324 − 1039

2614	− 324	+ 2614
×676	−1039	− 1363
×8961	−1363	+ 1251
+ 1251		

§ 119. Rechenaufgaben des Markscheiders.

1. Aufgabe. Aus den gegebenen Koordinaten zweier Punkte die Länge der Verbindungslinie und deren Neigungswinkel gegen die Abszissenachse (das Azimut) zu berechnen.

Gegeben sind die Koordinaten y_a, x_a, y_b, x_b der Punkte P_a und P_b. Gesucht der Neigungswinkel ν der Linie $P_a P_b$ gegen die x-Achse oder gegen eine durch P_a gezogene Parallele, sowie die Entfernung $P_a P_b = S$.

$$\operatorname{tg} \nu^{ab} = \frac{\Delta y}{\Delta x} = \frac{y_b - y_a}{x_b - x_a}, \quad S = \frac{\Delta y}{\sin \nu^{ab}} = \frac{\Delta x}{\cos \nu^{ab}}.$$

Nach den in der Figur 248 gegebenen Andeutungen liegt der Winkel ν

		I	II	III	IV
im Quadranten		I	II	III	IV
wenn	$y_b - y_a$	+	+	−	−
und wenn	$x_b - x_a$	+	−	−	+.

Die in der doppelten Berechnung von S aus $\frac{\Delta y}{\sin \nu^{ab}}$ und aus $\frac{\Delta x}{\cos \nu^{ab}}$ liegende Rechenprobe ist zwar nützlich, aber nicht erschöpfend. Denn sowohl bei der Bildung der Differenzen $y_b - y_a = \Delta_y$, $x_b - x_a = \Delta_x$, als auch bei dem Aufschlagen der Logarithmen kann ein Versehen begangen sein und demnach S übereinstimmend erhalten werden, wenn man für die beiden Rechnungen von S die Logarithmen von Δy und Δx wieder aus der Rechnung von $\operatorname{tg} \nu^{ab}$ entnimmt. Eine weitergehende Rechenprobe erhält man, wenn noch aus $\operatorname{tg}(^1/_4 \pi + \nu^{ab}) = \frac{\Delta x + \Delta y}{\Delta x - \Delta y}$ der Winkel $^1/_4 \pi + \nu^{ab}$ berechnet wird, der mit dem aus der ersten Formel erhaltenen Winkel ν^{ab} bis auf einen halben Rechten übereinstimmen muß.

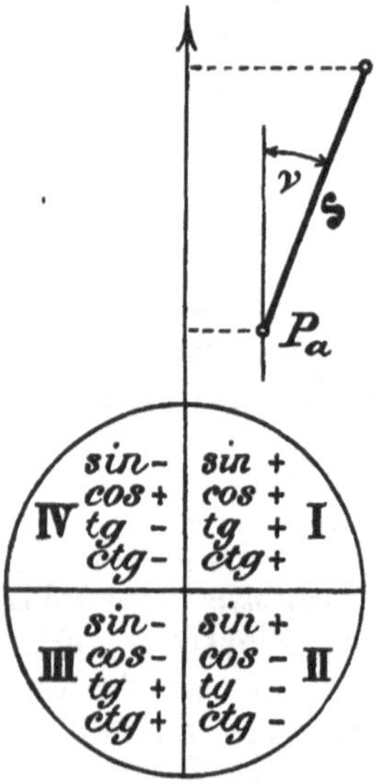

Fig. 248. Berechnung des Neigungswinkels.

Die Formel $\operatorname{tg}(45^0 + \nu^{ab}) = \frac{\Delta x + \Delta y}{\Delta x - \Delta y}$ ergibt sich wie folgt: aus $\operatorname{tg} \nu^{ab} = \frac{\Delta y}{\Delta x}$ kann man bilden

$$\left.\begin{aligned} 1 + \operatorname{tg} \nu^{ab} &= 1 + \frac{\Delta y}{\Delta x} = \frac{\Delta x + \Delta y}{\Delta x} \quad (1) \\ 1 - \operatorname{tg} \nu^{ab} &= 1 - \frac{\Delta y}{\Delta x} = \frac{\Delta x - \Delta y}{\Delta x} \quad (2) \end{aligned}\right\} \frac{(1)}{(2)}$$

$$= \frac{1 + \operatorname{tg} \nu^{ab}}{1 - \operatorname{tg} \nu^{ab}} = \operatorname{tg}(45^0 + \nu^{ab}) = \frac{\Delta x + \Delta y}{\Delta x - \Delta y}.$$

Siehe Gauss § 20 Formular Nr. 8.

2. Aufgabe. Die Koordinaten eines Punktes, die auf ein (älteres) System bezogen sind, auf ein anderes (neues) zu berechnen. Wenn die

Koordinaten des Punktes P in bezug auf das alte System (A) mit x und y und in bezug auf das neue System (N) mit x_1 und y_1 bezeichnet werden, ferner a und b die Koordinaten des Nullpunktes vom alten System bezogen auf das neue Achsensystem sind, schließlich α der Neigungswinkel der Abszissenachsen ist, bei dem die neue Abszissenachse der linke Schenkel ist, so gelten für die Umwandlung allgemein die Formeln:

$$x_1 = a + x \cos \alpha - y \sin \alpha, \qquad y_1 = b + y \cos \alpha + x \sin \alpha.$$

Beispiele:

Fig. 249 a.	Fig. 249 b.
$a = +10, \quad b = -15$	$a = +9{,}5, \quad b = +9{,}0$
$x = +8{,}8, \quad y = +32$	$x = +24{,}2, \quad y = -9{,}0$
$\sphericalangle \alpha = 330^0$	$\sphericalangle \alpha = 30^0$
$x \cos \alpha = +7{,}6, \quad y \cos \alpha = +27{,}71$	$x \cos \alpha = +20{,}98, \quad y \cos \alpha = +7{,}79$
$x \sin \alpha = -4{,}4, \quad y \sin \alpha = -16{,}01$	$x \sin \alpha = +12{,}10, \quad y \sin \alpha = -4{,}50$
$x_1 = +10 + 7{,}6 + 16 = +33{,}6$	$x_1 = +9{,}5 + 20{,}98 + 4{,}5 = +34{,}98$
$y_1 = -15 + 27{,}7 - 4{,}4 = +8{,}3$	$y_1 = +9{,}0 - 7{,}79 + 12{,}1 = +13{,}31$

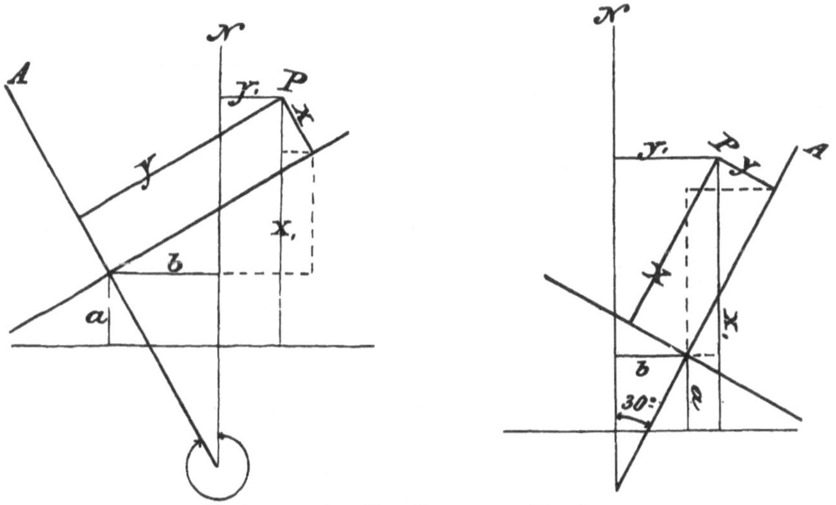

Fig. 249 a u. b. Umrechnung von Koordinaten.

Haben beide Systeme einen gemeinschaftlichen Nullpunkt, so werden a und b in obigen Formeln $= 0$.

Sind die umzuformenden Koordinaten in sehr großen Zahlenwerten gegeben, so wird man mit den großen Zahlen nur die Koordinaten des Anfangspunktes 0 und des Endpunktes 5 (Fig. 250) umformen, die der dazwischen liegenden Punkte dagegen nach ihren Koordinatenunterschieden. In der Figur 250 sind die alten Koordinaten mit starken Linien gezeichnet. Man zieht durch jeden Zwischenpunkt eine Parallele zur neuen Abszissenachse und berechnet die neuen Koordinaten auf den vorhergehenden Punkt als Nullpunkt. In der Figur sind sie mit $x_1 y_1$, $x_2 y_2$ ... bis $x_5 y_5$ bezeichnet. Durch Addition erhält man vom Anfangspunkte 0 ausgehend die neuen Koordinaten der Zwischenpunkte und zuletzt auch die des Endpunktes 5, wodurch eine Rechenprobe gegeben ist.

3. Aufgabe. Die Umrechnung geographischer Koordinaten in sphärisch-rechtwinkelige wird nach Gauss § 141 ausgeführt, worauf hier lediglich verwiesen werden kann, weil die im „Gauss" enthaltenen Tabellen zu der Rechnung unbedingt erforderlich sind. In dem dort vorgeschlagenen Formular Nr. 6 sind keine Proberechnungen vorgesehen. Die Probe kann auf folgende Weise ausgeführt werden. Gegeben sind

für den Punkt $A = 52^\circ 17' 19{,}7456''$ n. Br., $26^\circ 49' 05{,}9236''$ ö. L.
„ „ „ $B = 52^\circ 19' 34{,}1686''$ „ „ , $26^\circ 52' 08{,}2120''$ „ „

Hieraus ergeben sich die Koordinaten von B bezogen auf den Nullpunkt A und dessen Meridian als Abszissenachse: $y = +3451{,}803$, $x = +4155{,}641$, der Azimut der Linie $AB = 39^\circ 42' 50{,}63''$ und der Logarithmus der Länge $AB = 3{,}732\,5746$.

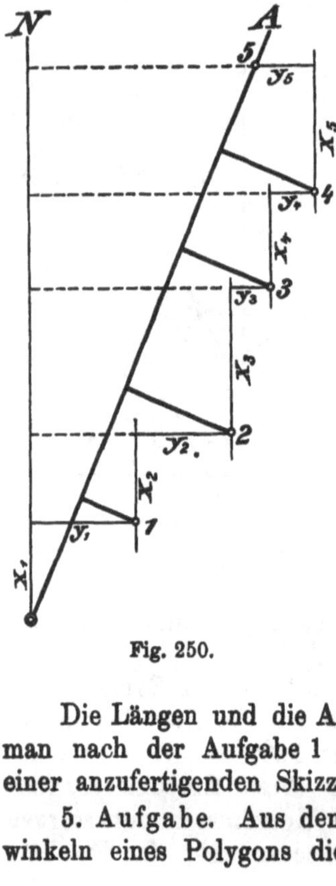

Fig. 250.

Nunmehr berechnet man die Koordinaten von A bezogen auf den Ursprung B und erhält $y_1 = -3454{,}710$, $x_1 = -4153{,}225$, der Azimut von $AB = 219^\circ 45' 14{,}94''$ (Unterschied gegen Azimut von $AB = 180^\circ$ + Meridiankonvergenz) und den Logarithmus von $BA = 3{,}732\,5746$, der mit dem aus der ersten Rechnung gefundenen genau übereinstimmen muß.

In der Zeitschrift für Vermessungswesen 28. Bd. Jahrg. 1899 S. 162 ff. findet sich die von Jordan vorgeschlagene Umrechnungsweise. Zur Benutzung dieser Formeln sind zunächst 13 Koeffizienten zu ermitteln, dann ist aber die Koordinatenberechnung sehr einfach.

4. Aufgabe. Aus den gegebenen Koordinaten die Längen und die Brechungswinkel eines Polygons zu berechnen.

Die Längen und die Azimute der einzelnen Polygonseiten berechnet man nach der Aufgabe 1 und aus den Azimuten ergeben sich nach einer anzufertigenden Skizze die Brechungswinkel.

5. Aufgabe. Aus den gegebenen Seitenlängen und den Brechungswinkeln eines Polygons die Koordinaten der Eckpunkte zu berechnen.

Die Koordinaten dieser Punkte werden aus der Länge der Seiten und aus deren Neigungswinkeln berechnet.

Der Neigungswinkel einer Polygonseite ist der Winkel, den sie mit der Abszissenachse einschließt, und zwar ist diese Achse oder eine Parallele zu ihr stets der linke Schenkel. Der Winkel zählt rechtsinnig von 0 bis 360 Grad.

Der Neigungswinkel einer Seite muß gegeben sein, die darauf folgenden berechnet man nach der Formel $v_n = v_{n-1} + P_n \pm 180$, wenn

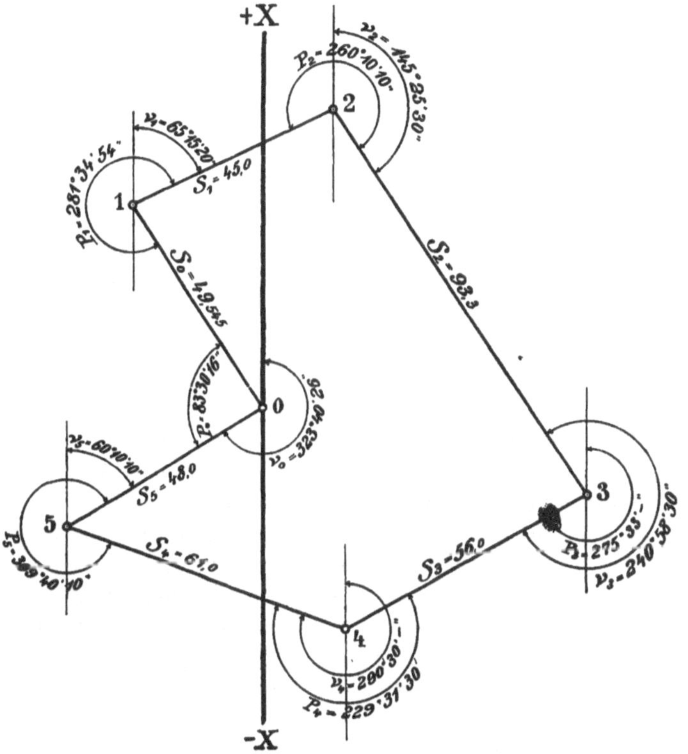

Fig. 251. Ableitung der Neigungswinkel gegen die Abszissenachse.

$P_0, P_1, P_2 \ldots P_{n-1}, P_n$ usw. die aufeinanderfolgenden Polygonwinkel und $v_0, v_1, v_2 \ldots v_{n-1}, v_n$ usw. die Neigungswinkel der aufeinanderfolgenden Polygonseiten bedeuten. Die in Rechnung zu ziehenden Polygonwinkel müssen die links von der Berechnungsrichtung liegenden sein.

In Worten lautet die Regel: Die Neigung einer (der n^{ten}) Polygonseite gegen die Abszissenachse wird gefunden, wenn man zur Neigung der vorhergehenden (der $n-1^{ten}$) Seite den (links liegenden) Brechungswinkel zwischen der $n-1^{ten}$ und n^{ten} Polygonseite hinzuaddiert und von der Summe 180 Grad abzieht, sobald sie größer, oder 180 Grad hinzufügt, sobald sie kleiner als 180 Grad ist. Bleibt im ersteren Falle ein größerer Rest als 360 Grad, so ist nur der Überschuß über vier Rechte als Neigungswinkel anzusehen.

In Fig. 251 sei die Neigung der Seite $S_0 = 323^0\,40'\,26''$ gegeben, die Berechnung gestaltet sich dann folgendermaßen:

$$\begin{aligned}
\nu^0 &= 323^0\,40'\,26'' \\
P1 &= 281^0\,34'\,54'' \\
&\quad 605^0\,15'\,20'' \\
&- 180^0 \\
&\quad 425^0\,15'\,20'' \\
&- 360^0 \\
\nu_1 &= \;\; 65^0\,15'\,20'' \\
P2 &= 260^0\,10'\,10'' \\
&\quad 325^0\,25'\,30'' \\
&- 180^0 \\
\nu_2 &= 145^0\,25'\,30'' \\
P3 &= 275^0\,33'\,\text{—} \\
&\quad 420^0\,58'\,30'' \\
&- 180^0
\end{aligned}$$

$$\begin{aligned}
\nu_3 &= 240^0\,58'\,30'' \\
P4 &= 229^0\,31'\,30'' \\
&\quad 470^0\,30'\,\text{—}'' \\
&- 180^0 \\
\nu_4 &= 290^0\,30'\,\text{—}'' \\
P5 &= 309^0\,40'\,10'' \\
&= 600^0\,10'\,10'' \\
-(180^0 + 360^0) &= -\,540^0\,\text{—}\;\text{—} \\
\nu_5 &= \;\; 60^0\,10'\,10'' \\
P0 &= \;\; 83^0\,30'\,16'' \\
&\quad 143^0\,40'\,26 \\
&+ 180^0\,\text{—}\;\text{—} \\
\nu_0 &= 323^0\,40'\,26''
\end{aligned}$$

Zur Prüfung wiederholt man die Rechnung in umgekehrter Ordnung von dem Neigungswinkel $323^0\,40'\,26'' - 180 = 143^0\,40'\,26''$ ausgehend. In diesem Falle sind die Ergänzungswinkel der Polygonwinkel zu 360^0 in Rechnung zu ziehen, und die erhaltenen Neigungswinkel weichen um $\pm\,180^0$ von den zuerst ermittelten ab.

Wenn man die Summe aller aufeinanderfolgenden Polygonwinkel addiert, so vielmal 180 Grad, als Winkel addiert sind, abzieht und den dadurch erhaltenen Winkelwert zum ersten Neigungswinkel hinzufügt, so erhält man den letzten Neigungswinkel oder um ein Vielfaches von $2\,\pi$ verschieden.

Im vorliegenden Beispiele ist die Summe aller 5 Polygonwinkel $1356^0\,29'\,44''$. Davon ab 5 mal $180^0 = 456^0\,29'\,44''$. Dieses zur letzten Neigung $323^0\,40'\,26''$ hinzugefügt, gibt die Endneigung $60^0\,10'\,10''$.

In umgekehrter Ordnung ist die Summe der vier ersten Polygonwinkel $= 541^0\,45'\,04''$, 4 mal $180^0 = 720^0$, die Anfangsneigung $= 143^0\,40'\,26''$. Alle drei Werte addiert gibt $1415^0\,25'\,30''$, und, nachdem 6 mal 180^0 abgezogen, die Neigung der Seite 3. 2. $= 325^0\,25'\,30''$.

Man kann die Neigungswinkel auch nach der Formel:

$$\nu_n = \nu_{n-1} + P_n + 180^0$$

ableiten, wo ebenfalls nur der Überschuß über 360 Grad als gültiger Winkel anzusehen ist.

Geübte Rechner werden die Rechnung sich dadurch abkürzen, daß sie bei Benutzung der ersten Regel zum vorhergehenden Neigungswinkel den etwa vorhandenen Überschuß des Polygonwinkels über 180 Grad hinzuzählen, oder davon den Unterschied zwischen dem Winkel und 180 Grad abziehen.

Aus der Länge der Polygonseiten S_0, S_1, S_2 ... und den Neigungswinkeln ν_0, ν_1, ν_2 ... werden die Koordinaten der einzelnen Punkte P_1, P_2, P_3 ... berechnet, und zwar die Ordinaten nach den Formeln $S_0 \sin \nu_0$, $S_1 \sin \nu_1$, $S_2 \sin \nu_2$ ... und die Abszissen nach den Formeln $S_0 \cos \nu_0$, $S_1 \cos \nu_1$, $S_2 \cos \nu_2$ ..., wobei die richtigen Vorzeichen für die Koordinaten aus den Vorzeichen der Funktionen sinus oder cosinus des jedesmaligen Neigungswinkels sich ergeben.

Die so berechneten Koordinaten jedes Punktes beziehen sich zunächst auf den vorhergehenden Punkt als Anfangspunkt und auf die durch ihn gezogene Parallele zur Abszissenlinie, oder, wie man sich kurz ausdrückt, auf den vorhergehenden Punkt als Ursprung. Man nennt sie zur Unterscheidung von den eigentlichen Koordinaten: Teilkoordinaten oder Koordinatenunterschiede und bezeichnet sie mit $\varDelta y$ und $\varDelta x$.

	Ordinaten	Abszissen
Koordinaten des Punktes 0	0,000	0,000
Teilkoordinaten „ „ 1	$\varDelta y_1 = -$ 29,350	$\varDelta x_1 = +$ 39,917
Koordinaten „ „ 1	− 29,350	+ 39,917
Teilkoordinaten „ „ 2	$\varDelta y_2 = +$ 40,868	$\varDelta x_2 = +$ 18,836
Koordinaten „ „ 2	+ 11,518	+ 58,753
Teilkoordinaten „ „ 3	$\varDelta y_3 = +$ 52,946	$\varDelta x_3 = -$ 76,822
Koordinaten „ „ 3	+ 64,464	− 18,069
Teilkoordinaten „ „ 4	$\varDelta y_4 = -$ 48,967	$\varDelta x_4 = -$ 27,171
Koordinaten „ „ 4	+ 15,497	− 45,240
Teilkoordinaten „ „ 5	$\varDelta y_5 = -$ 57,137	$\varDelta x_5 = +$ 21,363
Koordinaten „ „ 5	− 41,640	− 23,877
Teilkoordinaten „ „ 0	$\varDelta y_0 = +$ 41,640	$\varDelta x_0 = +$ 23,877
Koordinaten „ „ 0	0,000	0,000

Um die Koordinaten aller Punkte auf eine Abszissenachse und einen Anfangspunkt zu beziehen, addiert man die Teilkoordinaten der Reihe nach mit Berücksichtigung der Vorzeichen, wie aus Fig. 252 ohne besondere Erklärung zu ersehen ist.

Die Koordinaten werden meist in einem das ganze Verfahren übersichtlich wiedergebenden Formulare berechnet (§ 138).

§ 120. Die Vermessungsarbeiten des Markscheiders. Die dem Markscheider obliegenden Arbeiten kann man zunächst in Tagemessungen und Grubenmessungen einteilen. Die Grubenmessungen sind die eigentlichen Markscheiderarbeiten.

Zu den Aufgaben eines Markscheiders gehört aber auch die Vermessung aller auf der Tagesoberfläche befindlichen Gegenstände, soweit sie mit dem bergmännischen Betriebe im Zusammenhange stehen. Ferner muß der Markscheider die Vorarbeiten zum Bau von Grubeneisenbahnen, An- und Abfuhrwegen, Gräben, Wehr- und Stauanlagen usw., sowie die Kubizierung von Teichen, Halden u. dergl. ausführen. Diese genannten Arbeiten gehören streng genommen in das Beschäftigungsgebiet des Landmessers und Ingenieurs und sind ausführlich behandelt in den Lehrbüchern der Vermessungskunde von Bauernfeind, Bohn, Jordan, Hartner, Vogler usw.

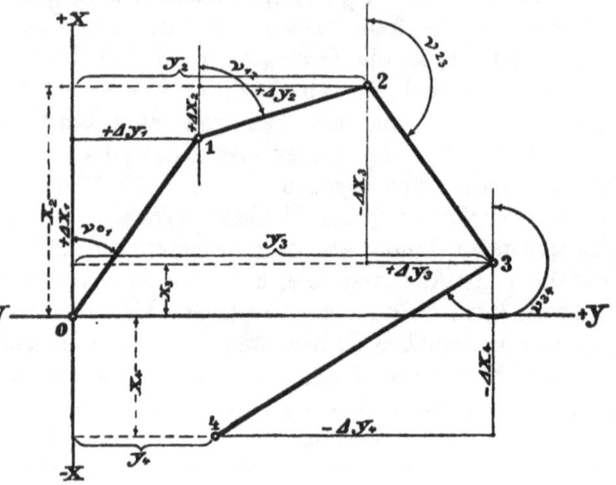

Fig. 252.

Trotzdem erscheint es nicht zweckmäßig, die Behandlung dieser Tagemessungen hier ganz zu übergehen, weil sonst kein vollständiges Bild von der Tätigkeit des Markscheiders gegeben würde. Die nachfolgende Besprechung der geodätischen Aufgaben soll nicht erschöpfend sein. Mit Hinweis auf die genannten Bücher und in Anlehnung an die „Trigonometrischen und Polygonometrischen Rechnungen von Gauss“ wird nur das Nötigste in elementarer Weise behandelt. Das genannte Buch ist bei der Ausführung geodätischer Arbeiten dem Markscheider unentbehrlich.

Ferner mache ich hier auf die gedruckten Formulare zu den trigonometrischen und polygonometrischen Rechnungen aufmerksam, die mit laufenden Nummern versehen und sowohl in der Reichsdruckerei, als in dem Versandgeschäft von R. Reiss in Liebenwerda billig zu haben sind.

§ 121. **Dreiecksmessung.** Vor Beginn einer größeren markscheiderischen Arbeit muß es, in Befolgung des obersten Grundsatzes: stets vom Großen ins Kleine zu arbeiten, die erste Sorge des Markscheiders sein, über das Grubenfeld ein Dreiecksnetz zu legen, es zu vermarken und womöglich nach einem bestimmten Meridiane zu orientieren.

Die Dreieckspunkte der preußischen Landesaufnahme werden durch eine versenkte, horizontal gelagerte Schieferplatte, auf der der trigonometrische Punkt durch ein Kreuz bezeichnet ist, vermarkt. Bei lockerem und sandigem Boden werden außer der Platte noch vier Drainröhren so eingesetzt, daß die Verbindungslinien von gegenüberstehenden Röhren den trigonometrischen Punkt auf der Platte schneiden.

Über der Schieferplatte ist ein Pfeiler aus Granit gesetzt, der etwa 30 cm aus der Erde hervorragt. Dieser Pfeiler ist an einer Seitenfläche mit Tr. P. und oben mit einem Kreuz bezeichnet.

Sonstige Dreiecks- oder Polygonpunkte werden durch senkrecht gestellte Drainröhren, die ebenfalls durch vier übers Kreuz gesetzte Röhren gesichert werden, vermarkt. Je nach der Bodenbeschaffenheit sind die Röhren 30 bis 50 cm tief und so zu versenken, daß die Mittellinie der senkrecht stehenden Röhre den trigonometrischen Punkt bezeichnet.

Die Schmeisserschen zweiteiligen Normalgrenzsteine sind zur Vermarkung sehr zweckmäßig, die von der Zement-Beton-Fabrik von Georg Börner zu Hersfeld geliefert werden.

Der Normalgrenzstein (Fig. 253) besteht aus zwei Teilen, dem Grenzstein *A* und der Grenzplatte *B*, deren Durchlochung der trigonometrische Punkt ist. Der Grenzstein *A* bewegt sich auf der Grenzplatte im Kugelgelenk, wenn er durch einen starken Stoß aus der senkrechten Stellung gebracht wird. Die Lage der Grenzplatte kann hierdurch nicht verändert werden und der Grenzstein läßt sich mit Hilfe der Platte wieder in die richtige Stellung bringen.

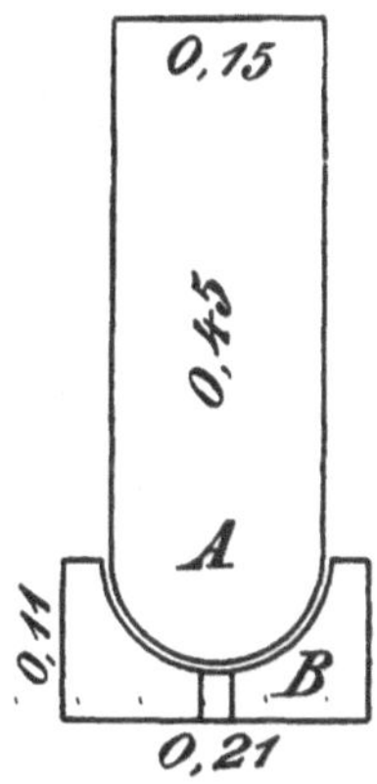

Fig. 253. Normalgrenzstein.

Alle trigonometrischen Punkte sind im Felde ihrer Lage nach durch möglichst zahlreiche Abmessungen von geeigneten, in der Nähe befindlichen Grenzsteinen, Häuserecken oder sonstigen Punkten festzulegen, daß danach die unter die Erdoberfläche versenkten Marken jederzeit wieder aufgefunden bezw. erneuert werden können.

Der Nutzen eines solchen Netzes ist nicht bloß ein augenblicklicher, sondern auch ein dauernder.

Mit dem Netz wird nämlich durch passend gelegte Dreieckspunkte die Lage aller vorhandenen Stollen und Schächte genau bestimmt und dieser Umstand verleiht der daran anschließenden Grubenvermessung um so größere Sicherheit, je mehr solcher Verbindungen vorhanden sind. Sodann gewähren die einmal festgelegten Dreieckspunkte eine große Erleichterung für alle späteren markscheiderischen Angaben, da die Messungen nur von jenen versteinten Punkten auszugehen brauchen.

Ist ein solches Dreiecksnetz schon für ein einzelnes Grubenfeld wünschenswert, so wird es für einen größeren Grubenkomplex, wo die Innehaltung der Grubenfeldsgrenzen von großer Wichtigkeit ist, zu einer Notwendigkeit.

Die Aufgabe, über größere Grubenkomplexe ein gutes Dreiecksnetz zu legen, übersteigt die Kräfte des einzelnen Markscheiders und deshalb ist es mit Freuden zu begrüßen, daß im Königreich Preußen die Triangulation der allgemeinen Landesaufnahme fast überall beendet ist und die Markscheider Gelegenheit haben, den Anschluß an diese ausgezeichnete Grundlage zu gewinnen.

Als Beispiel ist anzuführen, daß der letzte Durchschlag des 3000 m langen Flügelortes vom Oberharzer Ernst-August-Stollen zwischen Lautenthal und Bockswiese bezüglich des Tagezuges nur auf das Dreiecksnetz der Landesaufnahme gestützt wurde und gut gestimmt hat.

Fig. 254.

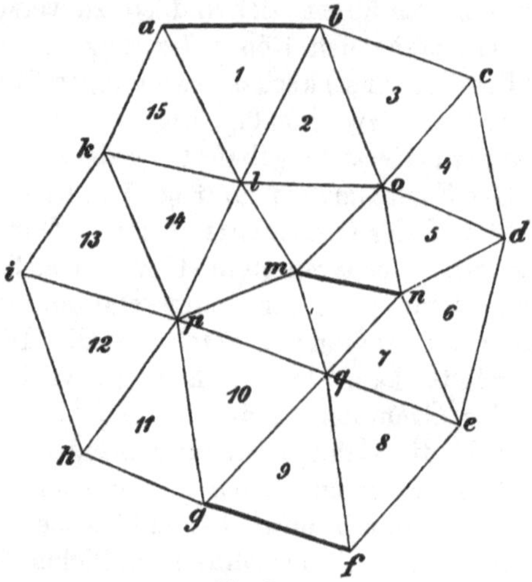

Fig. 255.

Dreiecksnetze.

Wenn auch, wie schon gesagt, das Legen von großen Dreiecksnetzen zum Zwecke der Landesvermessung nicht Sache des Markscheiders ist, so ist es doch nicht überflüssig, das Wesentlichste einer solchen Messung abzuhandeln, da das Verfahren, das bei Aufnahme der ausgedehntesten Länder angewendet wird, auch bei der Kleinaufnahme, wenn auch vereinfacht, dasselbe ist.

Punkte und Dreiecke erster Ordnung. Für eine Landesvermessung werden zunächst Hauptpunkte oder Punkte erster Ordnung mit großer Sorgfalt ausgesucht, von denen je drei sich zu einem Dreieck von wenigstens 20 Kilometer Seitenlänge verbinden lassen. Die gleichseitige Form der Dreiecke ist die günstigste, dann etwa noch die gleichschenkelig-rechtwinkelige.

Sind die Dreiecke in der Weise zusammengestellt, wie Fig. 254 zeigt, so nennt man dies eine Dreieckskette oder ein Kettennetz. Die äußersten beiden Dreiecke hängen dann mit den übrigen nur mit je einer Seite zusammen.

Die Kette kann auch in sich zurückkehren und bildet dann einen Kranz (in Fig. 255 die Dreiecke 1—15) oder die Dreiecke sind zu einem einfachen Gruppennetze geordnet (sämtliche Dreiecke der Fig. 255). Über jeder Seite mit Ausnahme der äußersten sind zwei und nicht mehr Dreiecke errichtet und niemals durchkreuzen sich zwei Seiten verschiedener Dreiecke.

Findet ein solches Durchkreuzen der Dreiecksseiten statt, so entstehen verwickelte Netze.

Zur Vermessung eines größeren Landes legt man nicht auf einmal ein einziges zusammenhängendes Netz, sondern einzelne Bezirke werden nach und nach mit selbständigen Netzen überspannt, von denen jedes einzelne für sich ausgeglichen wird und jedes einzelne meist auch eine besondere Basis erhält. Alle Grenzpunkte, die zwei oder mehreren Netzgruppen gemeinschaftlich sind, behalten für jedes Netz dieselben Koordinaten. Zu einer Punktbestimmung mittels Vorwärts- und Rückwärtseinschneidens muß man vermeiden Dreieckspunkte aus verschiedenen Netzen zu benutzen, da, wie gesagt, alle Einzelnetze für sich ausgeglichen worden sind.

Alle Winkel der Dreiecke werden überzählig oft gemessen.

Die Dreiecke erster Ordnung sind als sphäroidische zu betrachten. Die Summe der drei Winkel wird also größer sein als zwei Rechte. In Dreiecken niederer Ordnung muß die Summe der drei gemessenen Winkel gleich 2 Rechten sein, oder doch darauf ausgeglichen werden.

Ferner muß auf einem Punkte, der gemeinschaftlicher Eckpunkt der rings um ihn liegenden Dreiecke ist, z. B. *m* oder *n* in Fig. 255, die Horizontalgleichung erfüllt sein, d. h. alle Winkel um *m* oder *n* müssen gleich 4 Rechten sein, oder doch darauf abgeglichen werden.

Von jedem Dreiecksnetze muß die Länge wenigstens einer Seite ermittelt werden, die Grundlinie oder Basis genannt wird. Zur gegenseitigen Prüfung werden bei allen Vermessungen zwei oder mehr Grundlinien ermittelt. In Fig. 254 die Seiten 1 und 2, in Fig. 255 die Seiten *ab*, *gf* und *mn*.

Eine Länge von 20 Kilometer unmittelbar zu messen ist schwierig. Man verfährt deswegen folgendermaßen: Die kurze Linie *AB*, die Messungsbasis, wird genau gemessen und durch Anschlußdreiecke von möglichst günstiger Gestalt in der Weise, wie sie Fig. 256 zeigt, mit der Dreiecksseite I II verbunden, so daß diese, welche die Rechnungsbasis genannt wird, mit möglichster Sicherheit abgeleitet werden kann.

Aus der Rechnungsbasis und den gemessenen Winkeln lassen sich die anderen Seiten des ersten Dreiecks berechnen, die ihrerseits wieder die Grundlinien zur Berechnung der sich anlehnenden Dreiecke abgeben. Auf diese Weise werden alle Dreiecksseiten des ganzen Netzes berechnet.

Die Lage aller Punkte wird durch Koordinaten ausgedrückt, und zwar die einer Landesvermessung in geographischen, rechtwinkelig-sphärischen und Polarkoordinaten.

Der Azimut einer oder mehrerer Dreiecksseiten, sowie die geographischen Positionen mehrerer Dreieckspunkte werden durch astronomische Beobachtungen bestimmt. Da zu solchen Messungen die besten Hilfsmittel auf Sternwarten vorhanden sind, so verbindet man mit einem Dreiecksnetze erster Ordnung alle innerhalb des Netzes liegenden Sternwarten.

Kennt man den Azimut einer Seite, so läßt sich auch der Azimut aller Seiten des Dreieckssystemes berechnen, und, sind mehrere Bestimmungen gemacht, eine Prüfung der zwischen beiden liegenden Winkel herbeiführen (Meridiankonvergenz zu berücksichtigen).

Die wichtigste Prüfung bildet die Koordinatenvergleichung. Man berechnet von einem astronomisch bestimmten Punkte ausgehend die

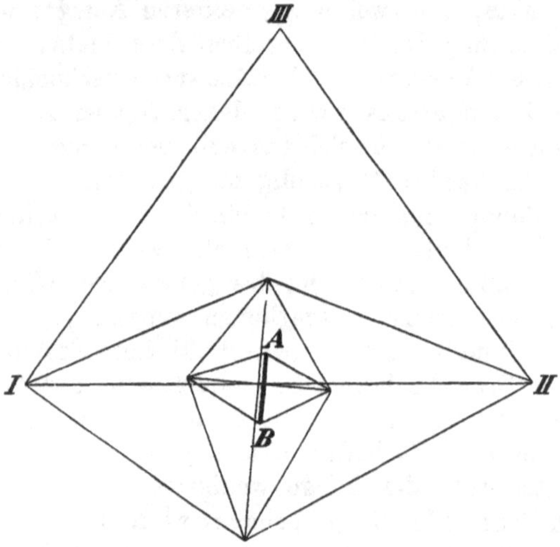

Fig. 256. Messungs- und Rechnungsbasis.

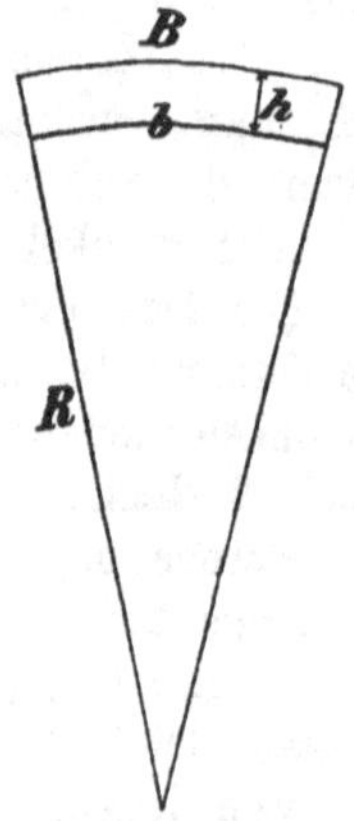

Fig. 257. Reduktion der Basis auf den Horizont.

Koordinaten des zweiten ebenso bestimmten Punktes. Oder man bildet Schleifen (geschlossene Polygone), z. B. in Fig. 255 die Schleife *abcdefqmla* und gleicht die Koordinaten so aus, daß das Vieleck schließt, d. h. die Rechnung am Schluß für *a* dieselben Koordinatenwerte angibt, von denen ausgegangen war.

Sodann geht man an die Ausgleichung des zweiten Polygons *fghikalmqf*, wobei für die Punkte *almqf* Zwangsbedingungen gegeben sind, d. h. alle Änderungen nur auf die neu hinzugekommenen Punkte geworfen werden.

Die auftretenden Widersprüche lassen sich in verschiedener Art beseitigen, die wahrscheinlichste Lösung wird durch die Methode der kleinsten Quadratensumme gefunden.

Der Vermessungshorizont einer Landesvermessung ist der Nullpunkt eines am Meere befindlichen Pegels, der dem durchschnittlichen Meeresspiegel entspricht. Die Längen der gemessenen Grundlinien sind auf den Meeresspiegel zu reduzieren.

Ist in Fig. 257 R der Halbmesser der Erdkugel, b der Meereshorizont und h der Abstand des Horizontes, in dem die Basis B gemessen wurde, so verhält sich $B:b = R+h:R$ und $b = \frac{BR}{R+h}$ oder, was bequemer für die Rechnung ist, $b = B\left(1 - \frac{h}{R+h}\right)$, wofür angenähert gesetzt werden kann $B\left(1 - \frac{h}{R}\right)$.

Ist die Basislänge $= 5000$ m, $h = 500$ m und $R = 6366738$, so ist $b = 4999{,}61$.

Dreiecke niederer Ordnung. An die Dreiecke erster Ordnung werden Dreiecke zweiter Ordnung angeschlossen, deren Seiten 10 bis 20 Kilometer Länge haben, an diese Dreiecke dritter Ordnung von 3 bis 10 Kilometer Seitenlänge und schließlich daran Dreiecke vierter Ordnung, deren Eckpunkte unter sich oder von Punkten höherer Ordnung weniger als 3 Kilometer herab bis $^1/_2$ Kilometer entfernt sind.

§ 122. Für markscheiderische Zwecke sind im Anschluß an das Dreiecksnetz meist noch weitere neue Punkte trigonometrisch zu bestimmen. Aus geschäftlichen Rücksichten hat die Katasteranweisung für diese Punkte die Bezeichnung „Beipunkte“ eingeführt.

Vier Hauptarten der Punktbestimmung lassen sich hierbei unterscheiden:

1. Angliederung kleinerer Dreiecke an die Seiten des vorhandenen Netzes.
2. Das Einschalten.
3. Das Einketten.
4. Das Einschneiden.

Von diesen vier Arten bedarf die erste keiner Erläuterung.

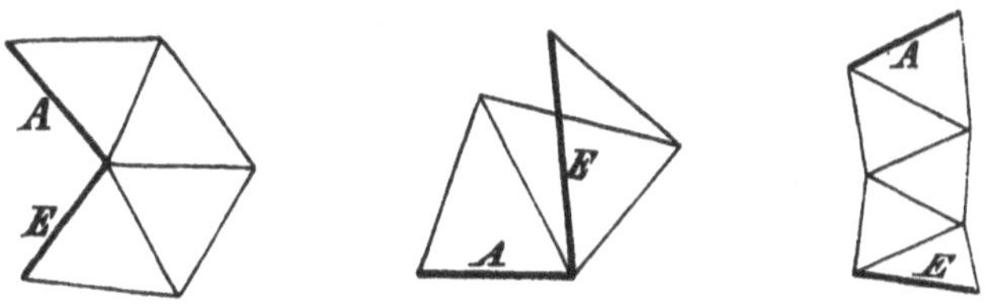

Fig. 258 a, b, c. Die Netzeinschaltung.

Beim Einschalten werden die Neupunkte in der Regel durch Dreiecke bestimmt, die von einer Netzlinie A ausgehend auf einer anderen gegebenen Netzlinie E abschließen.

In den Figuren 258 a, b, c sind die typischen Fälle des Einschaltens dargestellt. Die Linien A und E sind stärker ausgezogen.

Besondere Fälle des Einschaltens entstehen, wenn die Dreiecksnetze von A ausgehend wieder auf A abschließen (Fig. 259a, b, c).

Das **Einketten** (Fig. 260) verbindet zwei gegebene Punkte durch eine Kette von Dreiecken, deren Ecken die neu zu bestimmenden Punkte darstellen.

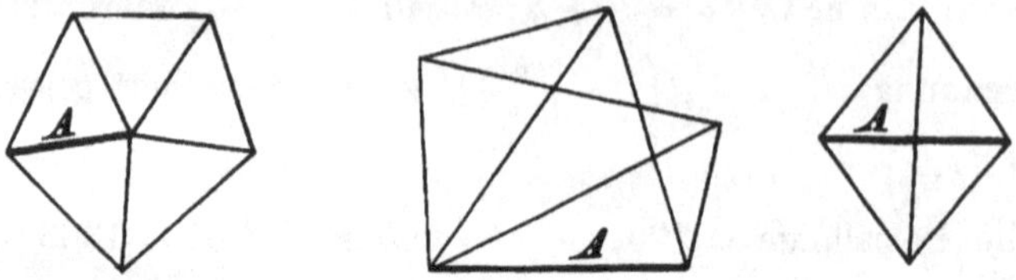

Fig. 259a, b, c. Besonderer Fall der Netzeinschaltung.

Bei dem **Einschneiden** erfolgt die Bestimmung des neuen Punktes durch Strahlen, die von den gegebenen Punkten aus nach dem Neupunkte oder umgekehrt von diesem nach jenen geführt werden.

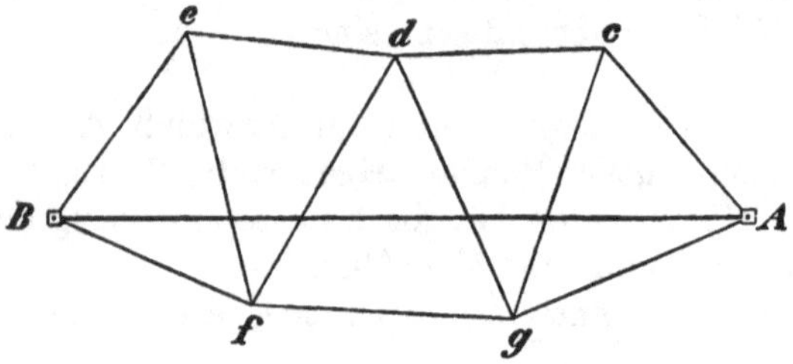

Fig. 260. Einketten eines Dreiecksnetzes.

Das **Vorwärts-, Seitwärts- und Rückwärtseinschneiden** sind besondere Fälle des Einschneidens.

Die drei letzten Hauptarten der Punktbestimmung sind in der II. Auflage der Trigonometrischen und Polygonometrischen Rechnungen von Gauss in den §§ 92 bis 103 mit Berücksichtigung aller Einzelfälle mit Berechnung von Beispielen ausführlich behandelt. Hier sollen deshalb nur einzelne typische Fälle besprochen werden.

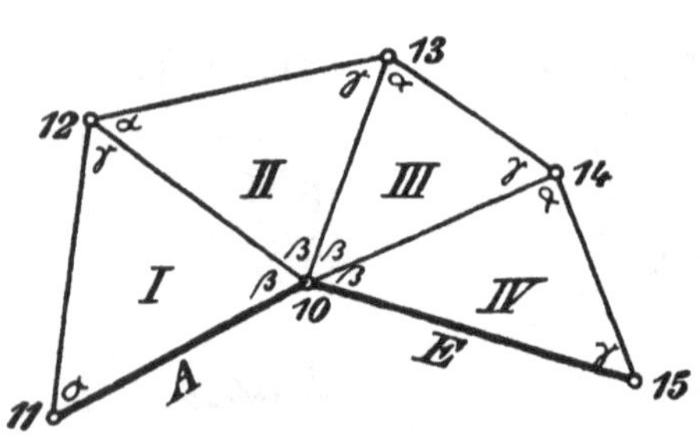

Fig. 261. Das Netzeinschalten.

§ 123. **Erstes Beispiel für das Einschalten** (Fig. 261). Die neu zu bestimmenden vier Dreiecke füllen einen Winkel aus, dessen Schenkel zwei Dreieckseiten bilden. Gegeben sind die Neigungswinkel der Linie $A = 217^\circ 39' 45''$ und der Linie $E = 69^\circ 03' 16''$, daraus folgt der Sollbetrag

$$[\beta] = 211^\circ 23' 31''. \quad \log A = 3{,}2191881. \quad \log E = 3{,}2191400.$$

Ferner sind die Dreieckswinkel gemessen:

$\alpha_1 = 75^0 06' 45''$	$\alpha_2 = 57^0 33' 55''$	$\alpha_3 = 51^0 34' 30''$	$\alpha_4 = 74^0 33' 30''$
$\gamma_1 = 60^0 20' 58''$	$\gamma_2 = 63^0 27' 30''$	$\gamma_3 = 60^0 44' 55''$	$\gamma_4 = 65^0 14' 30''$
$\beta_1 = 44^0 32' 28''$	$\beta_2 = 58^0 58' 20''$	$\beta_3 = 67^0 40' 25''$	$\beta_4 = 40^0 12' 08''$
$180^0 00' 11''$	$179^0 59' 45''$	$179^0 59' 50''$	$180^0 00' 08''$
$f_1 = -11''$	$f_2 = +15''$	$f_3 = +10''$	$f_4 = -8''$

$$\beta_1 + \beta_2 + \beta_3 + \beta_4 = 211^0 23' 21'' = s$$

Sollbetrag $211^0 23' 31'' = \sigma$

$$fs = +10$$

Wenn Fehler in den gemessenen Winkeln nicht vorhanden wären, so müßten folgende drei Bedingungen a), b) und c) erfüllt werden, und zwar müßte sein:

a) die Summe der drei Winkel in jedem Dreiecke $= \pi$,

b) die Summe aller mit β bezeichneten Winkel $= \sigma$,

c) $\frac{E \sin\gamma_1 \sin\gamma_2 \sin\gamma_3 \sin\gamma_4}{A \sin\alpha_1 \sin\alpha_2 \sin\alpha_3 \sin\alpha_4} = 1$.

Nennt man die Strahlen 10—12, 10—13, 10—14 S_1, S_2, S_3, dann ist

$$A = \frac{S_1 \sin\gamma_1}{\sin\alpha_1}, \quad S_1 = \frac{S_2 \sin\gamma_2}{\sin\alpha_2}, \quad S_2 = \frac{S_3 \sin\gamma_3}{\sin\alpha_3}, \quad S_3 = \frac{E_1 \sin\gamma_4}{\sin\alpha_4}.$$

Setzt man die Werte von S_1, S_2, S_3 nach und nach in die erste Gleichung ein und dividiert durch A, so erhält man die Gleichung unter c.

Die Ergebnisse der Messungen entsprechen aber nicht diesen Gleichungen, sondern es zeigen sich die oben abgeleiteten Fehler $f_1 = 11''$, $f_2 = +15''$, $f_3 = +10''$, $f_4 = -8''$, $fs = +10''$. Zur Ausgleichung der Widersprüche können zuerst die Bedingungen der Gleichungen a) und b) (der Winkelgleichungen) für sich und dann die Bedingungen der Gleichung c) (der sogenannten Seitengleichung) erfüllt werden. Mit Berücksichtigung der Fehler ist:

Gl. (1) Bedingung a)
$$\begin{cases} \alpha_1 + \beta_1 + \gamma_1 + f_1 = \pi \\ \alpha_2 + \beta_2 + \gamma_2 + f_2 = \pi \\ \alpha_3 + \beta_3 + \gamma_3 + f_3 = \pi \\ \alpha_4 + \beta_4 + \gamma_4 + f_4 = \pi \end{cases}$$

und nach der Bedingung b)

Gl. (2) $\beta_1 + \beta_2 + \beta_3 + \beta_4 + fs = \sigma$.

Wären allein die Gleichungen a) vorhanden, so wären die Winkelfehler f_1, f_2, f_3, f_4 unter der Annahme gleicher Gewichte, jeden für sich dreiecksweise zu gleichen Teilen auf die drei Dreieckswinkel zu verteilen, d. h. es erhielte jeder Winkel die Verbesserung im Dreieck I $= \frac{f_1}{3}$, im Dreieck II $= \frac{f_2}{3}$, im Dreieck III $= \frac{f_3}{3}$, im Dreieck IV $= \frac{f_4}{3}$. Ebenso würde, wenn nur die Gleichung b) zu erfüllen wäre, jedem einzelnen der in dem Scheitelpunkte des gegebenen Winkels σ liegenden Winkel die Verbesserung $= \frac{f_S}{4}$ zuzulegen sein.

Bei der gemeinschaftlichen Ausgleichung müssen alle Winkel β, die den Gleichungen (1) (Bed. a) und (2) (Bed. b) gemeinschaftlich sind, sowohl eine Verbesserung v_1, v_2, v_3, v_4 aus dem Dreiecke, dem sie angehören, als auch die Verbesserung (s) erhalten, während die übrigen Dreieckswinkel α und γ nur die einfache Verbesserung aus dem zuständigen Dreiecke empfangen, d. h. es müssen folgende Bedingungsgleichungen (3) und (4), in denen den gemessenen Winkeln die ihnen zukommenden Verbesserungen zugesetzt sind, erfüllt werden.:

$$\text{Gl. (3) Bed. a)} \begin{cases} (\alpha_1 + v_1) + (\beta_1 + v_1 + (s)) + (\gamma_1 + v_1) = \pi \\ (\alpha_2 + v_2) + (\beta_2 + v_2 + (s)) + (\gamma_2 + v_2) = \pi \\ (\alpha_3 + v_3) + (\beta_3 + v_3 + (s)) + (\gamma_3 + v_3) = \pi \\ (\alpha_4 + v_4) + (\beta_4 + v_4 + (s)) + (\gamma_4 + v_4) = \pi \end{cases}$$

$$\text{Gl. (4) Bed. b)} \quad [\beta_1 + v_1 + (s)] + [\beta_2 + v_2 + (s)] + [\beta_3 + v_3 + (s)] + [\beta_4 + v_4 + (s)] = \sigma .$$

Zur Berechnung der unbekannten Verbesserungen v_1, v_2, v_3, v_4 und (s) hat man, wie die Vergleichung der Gleichungen (1) und (3) bezw. (2) und (4) ergeben:

$$\text{Gl. (5)} \begin{cases} 3v_1 + (s) = f_1, \text{ also } v_1 = \frac{f_1 - (s)}{3} = \frac{-11-3}{3} = -4{,}66\,.. \\ 3v_2 + (s) = f_2, \quad \text{„} \quad v_2 = \frac{f_2 - (s)}{3} = \frac{+15-3}{3} = 4{,}00\,.. \\ 3v_3 + (s) = f_3, \quad \text{„} \quad v_3 = \frac{f_3 - (s)}{3} = \frac{+10-3}{3} = 2{,}33\,.. \\ 3v_4 + (s) = f_4, \quad \text{„} \quad v_4 = \frac{f_4 - (s)}{3} = \frac{-8-3}{3} = -3{,}66\,.. \end{cases}$$

$$\text{Gl. (6)} \quad 4(s) + v_1 + v_2 + v_3 + v_4 = fs.$$

Zur Berechnung von s bildet man nach Gleichung (5) die Summe

$$v_1 + v_2 + v_3 + v_4 = \frac{f_1 + f_2 + f_3 + f_4 - 4(s)}{3}$$

oder

$$[v_n] = \frac{[f_n] - 4(s)}{3}$$

und setzt den Wert $[v_n]$ in Gleichung (6) ein, so erhält man

$$4(s) + \frac{[f_n] - 4(s)}{3} = fs ,$$

dies gibt

$$s = \frac{-[f_n] + 3fs}{8} = \frac{-6+30}{8} = +3 .$$

Fügt man zu den gemessenen Winkeln nach Anleitung der Bedingungsgleichungen (3) und (4) die ermittelten Verbesserungen hinzu, so verschwinden alle Widersprüche.

Mit den so erhaltenen Winkeln ist nunmehr noch die Bedingung der Seitengleichung c zu erfüllen. Zu diesem Zwecke muß mit den Sinuslogarithmen der verbesserten Winkel α und γ und den Logarithmen der Seiten A und E die Summe

$$S = \text{cpl}\log A + \text{cpl}\log\sin\alpha_1 + \text{cpl}\log\sin\alpha_2 + \text{cpl}\log\sin\alpha_3 + \text{cpl}\log\sin\alpha_4 + \log\sin\gamma_1 + \log\sin\gamma_2 + \log\sin\gamma_3 + \log\sin\gamma_4 + \log E$$

gebildet werden, die, da $\log 1 = 0$ ist, in $\varphi = 0 - S$, den noch zu verteilenden Fehler der Logarithmensumme ergibt.

Die Fehler werden nach Verhältnis der in den Logarithmentafeln bei den einzelnen Winkeln angegebenen Differenzen der Sinuslogarithmen für 1″ verteilt. Werden die Tafeldifferenzen für die Winkel α_1, α_2 usw. mit $d\alpha_1$, $d\alpha_2$ usw., für die Winkel γ_1, γ_2 usw. mit $d\gamma_1$, $d\gamma_2$ usw., die Summe der Differenzen mit $[d]$ bezeichnet, so erhält man

für $\text{cpl}\log\sin\alpha_1$ zu $d(\alpha_1)\frac{\varphi}{[d]} = 24$ Einheiten der 7. Dezimale,

„ $\text{cpl}\log\sin\alpha_2$ „ $d(\alpha_2)\frac{\varphi}{[d]} = 58$ „ „ 7. „

usw.

	Verbesserte Winkel	cpl log sin	Δ''		Verbesserte Winkel	log sin	Δ''
	−4,3″	24			+4,3″	52	
α_1	75° 06′ 40,3	0,014 8312	5,6	γ_1	60° 20′ 50,3	9,939 0400	12,0
	−4,3	58			+4,3	46	
α_2	57° 33′ 59,0	0,073 6506	13,4	γ_2	63° 27′ 34,0	9,951 6378	10,5
	−4,3	73			+4,3	51	
α_3	51° 34′ 32,3	0,106 0001	16,7	γ_3	60° 44′ 57,3	9,940 7604	11,8
	−4,3	25			+4,3	42	
α_4	74° 33′ 26,3	0,015 9692	5,8	γ_4	65° 14′ 26,3	9,958 1217	9,7
		0,210 4511	41,5			9,789 5599	44,0
	cpl log A	6,780 8119	44,0		log E =	3,219 1400	
		6,991 2630	85,5 = $[d]$			6,991 2630	
					S =	9,999 9629	
					$0 - S = \varphi$ =	0,000 0371	

Die Verbesserungen der Logarithmen und die sich daraus ergebenden Verbesserungen der Winkel sind im obigen Formulare darüber gesetzt.

Zweites Beispiel des Einschaltens. In Fig. 262 sind die Koordinaten der Punkte I und II, folglich auch die Länge und der Azimut der Seite I—II = B gegeben.

Gemessen waren die Winkel:

Im Dreieck 1	Dreieck 2	Dreieck 3
$\alpha_1 = 54^0 34' 07{,}5''$	$\alpha_2 = 15^0 53' 11{,}0''$	$\alpha_3 = 58^0 57' 47{,}0''$
$\beta_1 = 50^0 59' 45{,}0''$	$\beta_3 = 82^0 02' 06{,}0''$	$\beta_3 = 82^0 02' 06{,}0''$
$\beta_2 = 27^0 30' 52{,}5''$	$\alpha_1 = 54^0 34' 07{,}5''$	$\alpha_2 = 15^0 53' 11{,}0''$
$\alpha_4 = 46^0 55' 14{,}0''$	$\beta_2 = 27^0 30' 52{,}5''$	$\beta_4 = 23^0 07' 13{,}0''$
$179^0 59' 59''$	$180^0 00' 17{,}0''$	$180^0 00' 17''$
$f_1 = +1''$	$f_2 = -17''$	$f_3 = -17'$

Man hat zunächst folgende Winkelgleichungen

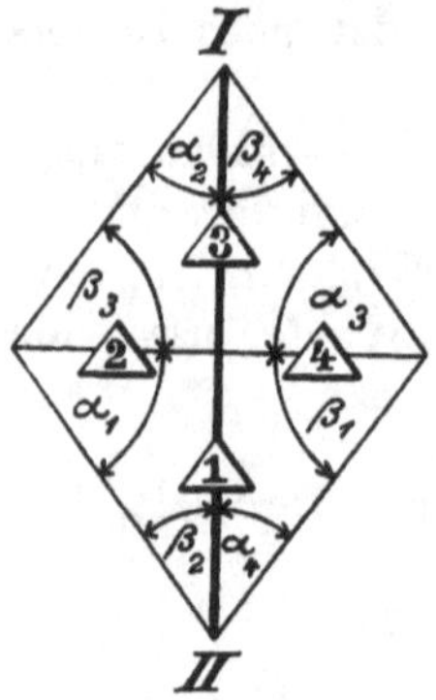

Fig. 262. Netzeinschalten.

(1) $\alpha_1 + \beta_1 + \beta_2 + \alpha_4 + f_1 = \pi$,

(2) $\alpha_2 + \beta_2 + \alpha_1 + \beta_3 + f_2 = \pi$,

(3) $\alpha_3 + \beta_3 + \alpha_2 + \beta_4 + f_3 = \pi$,

(4) $\alpha_4 + \beta_4 + \alpha_3 + \beta_1 + f_4 = \pi$,

und wenn man $[(1) + (3)] - [(2) + (4)]$ bildet, so erhält man

$$f_1 + f_3 = f_2 + f_4 .$$

Für den Ansatz der Bedingungs- und Fehlergleichungen bleibt irgend eine von den vier Gleichungen (hier Nr. 4) unberücksichtigt, da die ihr entsprechende Bedingung mit erfüllt wird.

(5) Bedingungsgleichungen:

$$(\alpha_1 + v_1 + v_2) + (\beta_1 + v_1) + (\alpha_4 + v_1) + (\beta_2 + v_1 + v_2) = \pi$$
$$(\alpha_2 + v_2 + v_3) + (\beta_2 + v_2 + v_1) + (\alpha_1 + v_2 + v_1) + (\beta_3 + v_2 + v_3) = \pi$$
$$(\alpha_3 + v_3) + (\beta_3 + v_3 + v_2) + (\alpha_2 + v_3 + v_2) + (\beta_4 + v_3) = \pi .$$

(6) Die Fehlergleichungen:

$$\left.\begin{aligned} 4v_1 + 2v_2 \qquad &= f_1 \\ 4v_2 + 2v_1 + 2v_3 &= f_2 \\ 4v_3 + 2v_2 \qquad &= f_3 \end{aligned}\right\}, \text{ daraus } \left\{\begin{aligned} v_1 &= {}^1/_8(3f_1 - 2f_2 + f_3) = +2{,}50 \\ v_2 &= {}^1/_4(2f_2 - f_1 - f_3) = -4{,}50 \\ v_3 &= {}^1/_8(f_1 - 2f_2 + 3f_3) = -2{,}00 . \end{aligned}\right.$$

Die Winkel berichtigt man nach den Verbesserungen v_1, v_2, v_3 und für diese berichtigten Winkel berechnet man, wie im Beispiel 1, die Verbesserungen der Winkel, die der Seitengleichung

$$0 = \text{cpl}\log\sin\alpha_1 + \text{cpl}\log\sin\alpha_2 + \text{cpl}\log\sin\alpha_3 + \text{cpl}\log\sin\alpha_4$$
$$+ \log\sin\beta_1 + \log\sin\beta_2 + \log\sin\beta_3 + \log\sin\beta_4 + \varphi$$

entsprechen. φ ist der etwaige Fehler.

§ 124. Das Einketten (Fig. 263). Mit den Koordinaten der Punkte P_{15} und P_{12} ist die Länge der Linie $15-12 = S$ und der Azimut dieser Linie gegeben.

Zwischen diesen Punkten ist ein Netz von vier Dreiecken (über sechs geht man nicht hinaus) so eingeschaltet, daß 15 und 12 die äußersten Eckpunkte des Netzes sind. Die Winkel der Dreiecke, sowie die Anschlußwinkel ζ und η werden gemessen. Man setzt die Länge einer Dreiecksseite z. B. 15—14 gleich einer abgerundeten Zahl z. B. 1000, die der wirklichen Länge am nächsten ist, und berechnet die Längen aller Dreiecksseiten in den Einheiten der Länge 15—14, sowie aus diesen Längen die Koordinaten der Eckpunkte. Vorher werden meistens

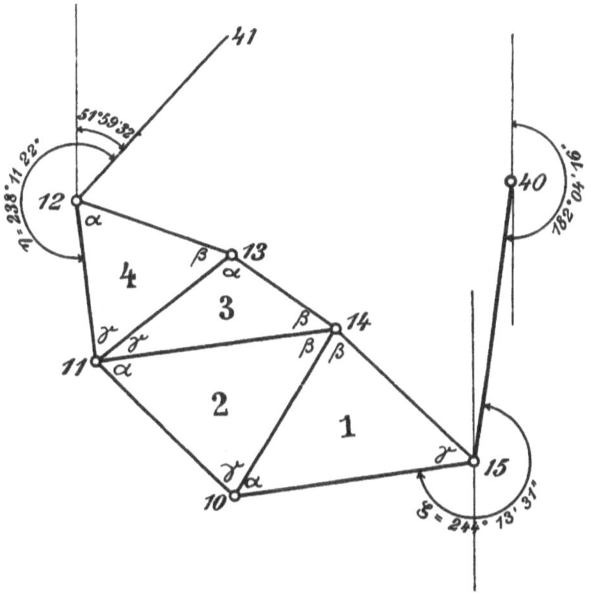

Fig. 263. **Einketten eines Dreiecksnetzes.**

die Winkel abgeglichen. Das hierzu benutzte Achsensystem kann zwar beliebig sein, aber am zweckmäßigsten nimmt man Punkt 15 oder 12 als Nullpunkt und eine an diesen Punkt anschließende Seite als Abszissenachse. Aus den vorläufigen Koordinaten berechnet man die Länge von 15—12 ebenfalls $= \mathfrak{S}$, ausgedrückt in Einheiten der Seite 15—14. Der Umrechnungskoeffizient ist $= \frac{S}{\mathfrak{S}}$, mit dem alle vorläufig berechneten zu multiplizieren sind, um ihre wahre Länge zu erhalten.

Die beiden Polygonzüge 15, 14, 13, 12 und 15, 10, 11, 12 werden berechnet und wie in § 139 ausgeglichen. Sollte kein Anschlußwinkel gemessen sein, so ist wie bei der Einrechnung eines Grubenpolygons § 174 zu verfahren.

Alles übrige ist aus dem Beispiele zu ersehen, das aus Gauss § 102 entnommen ist (Fig. 263).

Gegeben sind die Koordinaten von 12 = + 2503,53 − 1538,36
„ 15 = + 4898,26 − 2945,93.
(Daraus erhält man die Länge $S = 2777{,}77$ log = 3,44370.)
Der Anschlußwinkel $\zeta = 244^\circ 13' 31''$
„ „ $\eta = 238^\circ 11' 22''$.
Der Neigungswinkel $\nu_{40}^{15} = 182^\circ 04' 16''$
„ „ $\nu_{12}^{41} = 51^\circ 59' 32''$.
Die Dreieckswinkel

$\alpha_1 = 42^\circ 45' 26''$	$\alpha_2 = 54^\circ 21' 41''$	$\alpha_3 = 96^\circ 14' 10''$	$\alpha_4 = 57^\circ 05' 26''$
$\beta_1 = 75^\circ 15' 33''$	$\beta_2 = 55^\circ 32' 01''$	$\beta_3 = 36^\circ 34' 06''$	$\beta_4 = 84^\circ 49' 45''$
$\gamma_1 = 61^\circ 58' 13''$	$\gamma_2 = 70^\circ 06' 29''$	$\gamma_3 = 47^\circ 10' 46''$	$\gamma_4 = 38^\circ 04' 58''$
$179^\circ 59' 12''$	$180^\circ 00' 11''$	$179^\circ 59' 02''$	$180^\circ 00' 09''$
$f_1 = + 48''$	$f_2 = - 11''$	$f_3 = + 58''$	$f_4 = - 9''$

Die gemessenen Winkel werden mit Fehlern behaftet sein und dies wird sich darin aussprechen, daß sie

a) in den einzelnen Dreiecken den Sollbetrag π nicht erfüllen,

b) bei der Herleitung der Neigungswinkel der Dreiecksseiten von ν_{15}^{40} über 14 und 13 oder über 10 und 11 nach ν_{12}^{41} nicht den bekannten Azimut der Dreiecksseite 12—41 ergeben,

c) daß die Koordinaten nicht stimmen.

Die vorhandenen Winkelfehler sind zu a) der Nummer der Dreiecksseite entsprechend mit f_1, f_2, f_3, f_4 und zu b) mit f_s bezeichnet. Sie werden sich aus den folgenden Gleichungen ergeben:

$$\text{I.} \begin{cases} \alpha_1 + \beta_1 + \gamma_1 + f_1 = \pi \\ \alpha_2 + \beta_2 + \gamma_2 + f_2 = \pi \\ \alpha_3 + \beta_3 + \gamma_3 + f_3 = \pi \\ \alpha_4 + \beta_4 + \gamma_4 + f_4 = \pi. \end{cases}$$

$$\text{II.}\ \nu_{40}^{15} + \zeta + \gamma_1 + \beta_1 + \beta_2 + \beta_3 + \alpha_3 + \beta_4 + \alpha_4 + \eta \pm 4\pi + f_s = \nu_{12}^{41}$$
$$(f_s = + 69'').$$

Die Fehler zu c) bleiben einstweilen noch außer Betracht.

Um den Bedingungen zu a) und b) auf einmal zu genügen, müssen den Winkeln, die zugleich an den Dreiecksfehlern v_1, v_2 usw. und an dem Fehler des Polygonzuges v_s beteiligt sind, beiderlei Verbesserungen zugelegt werden. Man erhält dadurch die **Bedingungsgleichungen:**

$$\text{III.} \begin{cases} (\alpha_1 + v_1) + (\beta_1 + v_1 + v_s) + (\gamma_1 + v_1 + v_s) = \pi \\ (\alpha_2 + v_2) + (\beta_2 + v_2 + v_s) + (\gamma_2 + v_2) \qquad = \pi \\ (\alpha_3 + v_3 + v_s) + (\beta_3 + v_3 + v_s) + (\gamma_3 + v_3) = \pi \\ (\alpha_4 + v_4 + v_s) + (\beta_4 + v_4 + v_s) + (\gamma_4 + v_4) = \pi. \end{cases}$$

$$\text{IV.} \begin{cases} \nu_{40}^{15} + (\zeta + v_s) + (\gamma_1 + v_s + v_1) + (\beta_2 + v_s + v_2) + (\beta_3 + v_s + v_3) \\ \quad + (\beta_4 + v_s + v_4) + (\alpha_4 + v_s + v_4) + (\eta + v_s) \pm 4\pi = \nu_{12}^{41}. \end{cases}$$

Die Summe der hierin enthaltenen Verbesserungen v_1, v_2, v_3, v_4, v_s muß für jede einzelne Gleichung gleich sein dem aus I und II bekannten Fehler f_1, f_2, f_3, f_4, f_s. Man hat also die Fehlergleichungen:

$$\text{V.}\quad \begin{cases} 3v_1 + 2v_s = f_1 \\ 3v_2 + v_s = f_2 \\ 3v_3 + 2v_s = f_3 \\ 3v_4 + 2v_s = f_4 \end{cases}$$

$$\text{VI.}\quad 9v_3 + 2v_1 + v_2 + 2v_3 + 2v_4 = f_s$$

nach den Unbekannten aufzulösen und dann die gefundenen Werte nach Anleitung der Gleichungen III und IV den gemessenen Winkeln hinzuzulegen.

Zur Berechnung dient das Formular 17. Die Winkelverbesserungen gestalten sich folgendermaßen:

	Δ	°	′	″	±	″	°	′	″	±	″
	ν_{15}^{40}	2	04	16			2	04	16		
15		244	13	31	+	2	306	11	44	+	19
	1	61	58	13	+	17					
14	1	75	15	33	+	16					
	2	55	32	01	−	3	167	21	40	+	33
	3	36	34	06	+	20					
13	3	96	14	10	+	20	181	03	55	+	17
	4	84	49	45	−	3					
12	4	57	05	26	−	2	295	16	48	±	0
		238	11	22	+	2					
Summe		51	58	23	+	69	51	58	23	+	69
	ν_{12}^{41}	51	59	32			51	59	32		

Bildung und Auflösung der Fehlergleichungen für die Winkelverbesserungen

$$9\,v_s + 2\,v_1 + 1\,v_2 + 2\,v_3 + 2\,v_4 = 69$$

$3\,v_1 + 2\,v_s = +\,48$	$2\,v_1 = -\frac{4}{3}v_s + \frac{96}{3}$	$v_1 = +\,14{,}9$
$3\,v_2 + 1\,v_s = -\,11$	$1\,v_2 = -\frac{1}{3}v_s - \frac{11}{3}$	$v_2 = -\,4{,}2$
$3\,v_3 + 2\,v_s = +\,58$	$2\,v_3 = -\frac{4}{3}v_s + \frac{116}{3}$	$v_3 = +\,18{,}2$
$3\,v_4 + 2\,v_s = -\,9$	$2\,v_4 = -\frac{4}{3}v_s - \frac{18}{3}$	$v_4 = -\,4{,}1$

$$\text{Summe} = -\frac{13}{3}v_s + \frac{188}{3}$$

$$9\,v_s - \frac{13}{3}v_s = \frac{207 - 183}{3}$$

$$14\,v_s = +\,24,\quad v_s = +\,1{,}7''$$

Die Seite 15—14 setzt man gleich 1000, und mit den verbesserten Winkeln berechnet man zunächst die vorläufigen Dreiecksseiten, sodann die vorläufigen Koordinaten der Eckpunkte, schließlich die Länge 15—12 = $\mathfrak{S}$ = 2757,96 (wenn 15—14 = 1000). Aus $\log S - \log \mathfrak{S}$, $\log 3{,}44370 - \log 3{,}44058$ erhält man den $\log q = 0{,}00312$, d. h. den Logarithmus des Umrechnungskoeffizienten, den man den Logarithmen der vorläufig berechneten Seiten hinzufügen muß.

Die Berechnung der endgültigen Koordinaten der Eckpunkte, sowie deren Ausgleichung erfolgt auf bekannte Weise.

§ 125. Das Vorwärtseinschneiden aus zwei Punkten und das Seitwärtsabschneiden.

Man stellt den Theodoliten in den Endpunkten einer gegebenen Dreiecksseite $P_a P_b$ auf und mißt (Fig. 264) die Winkel δ_a und $\delta_b = 2\pi - \beta_b$, d. h. die Winkel, welche die Strahlen nach dem zu bestimmenden Punkte P_0 mit der gegebenen Dreiecksseite einschließen, oder, wenn man von P_a

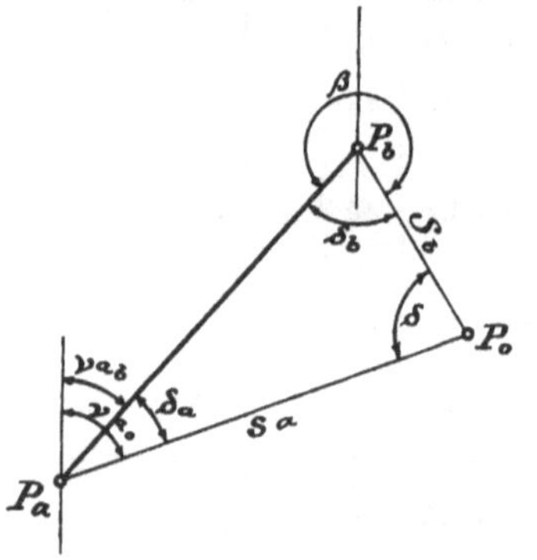

Fig. 264.

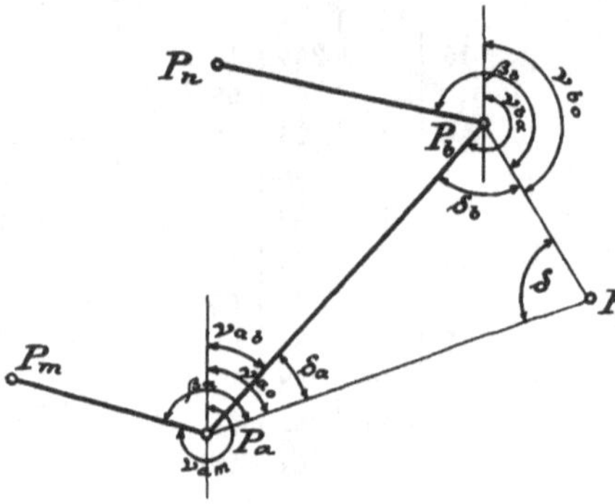

Fig. 265.

Vorwärtseinschneiden.

nach P_b nicht zielen kann (Fig. 265), die Brechungswinkel β_a und β_b gegen die gegebenen Dreiecksseiten $P_a P_m$ und $P_b P_n$.

Der Winkel δ, unter dem die Strahlen s_a und s_b sich schneiden, heißt der Schnittwinkel, der für die Genauigkeit der Punktbestimmung von Wichtigkeit ist. Man unterscheidet im allgemeinen sechs Klassen von Schnittwinkeln, denen man die in nachstehender Tabelle angeführten Gewichte beilegt.

Unter der Voraussetzung, daß die Fehler in der Messung der Winkel δ_a und δ_b gleichsinnig und nahezu gleich groß, ferner die Strahlen s_a und s_b ungefähr gleich lang sind, ist der rechtwinkelige Schnitt der vorteilhafteste. Da aber diese Annahmen selten zutreffen werden, so ist für die Lagenbestimmung des Punktes P_0 der günstigste Schnittwinkel $= 109^0 28'$.

Schnittklasse	Gewicht	Schnittwinkel		
		0°	180°	
Unbrauchbar	0	15	165	d. h. die Schnitte zwischen
Sehr schlecht	1	23	157	0° und 15° bezw. 180° und
Schlecht	2	38	142	165° sind unbrauchbar, zwi-
Mittel	3	54	126	schen 15° und 23° bezw.
Gut	4	71	109	165° und 157° sind sehr
Sehr gut	5	90	90	schlecht usw.

Die nachstehend entwickelten Formeln erhalten **allgemeine** Gültigkeit, wenn in dem Dreieck $P_0 P_a P_b$ die Punktbezeichnungen so gewählt werden, daß von P_0 ausgehend, der in rechtläufiger Ordnung zuerst folgende Punkt mit P_a, der andere mit P_b bezeichnet wird. Nachstehende Gleichungen werden dann immer bestehen:

$$(1)\ \nu^{a0} = \nu^{ab} + \delta_a, \qquad (2)\ \nu^{b0} = \nu^{ab} - (2\pi - \beta_b) \pm \pi.$$

Die Koordinaten von P_0 werden meist so berechnet, daß außer den gemessenen Winkeln δ_a, δ_b und dem daraus abgeleiteten Winkel δ nur noch die Koordinaten der Punkte P_a und P_b in die Rechnung eingeführt werden. Die Rechenformeln außer (1) und (2) sind folgende:

$$(3)\ \operatorname{tg} \nu^{ab} = \frac{y_b - y_a}{x_b - x_a}, \quad (4)\ P_a P_b = \frac{y_b - y_a}{\sin \nu^{ab}} = \frac{x_b - x_a}{\cos \nu^{ab}}$$

$$s_b = \frac{P_a P_b \sin \delta_a}{\sin \delta} = \frac{(y_b - y_a) \sin \delta_a}{\sin \nu^{ab} \sin \delta} = \frac{(x_b - x_a) \sin \delta_a}{\cos \nu^{ab} \sin \delta},$$

oder, wenn man

$$\frac{y_b - y_a}{\sin \nu^{ab} \sin \delta} = \frac{x_b - x_a}{\cos \nu^{ab} \sin \delta} = m \text{ setzt}, = m \sin \delta_a,$$

$$s_a = \frac{P_a P_b \sin \delta_b}{\sin \delta} = \frac{(y_b - y_a) \sin \delta_b}{\sin \nu^{bb} \sin \delta} = \frac{x_b - x_a \sin \delta_b}{\cos \nu^{ab} \sin \delta} = m \sin \delta_b.$$

$$\Delta y_a = s_a \sin \nu^{a0} = m \sin \delta_b \sin \nu^{a0} \qquad \Delta y_b = m \sin \delta_a \sin \nu^{b0}$$

$$\Delta x_a = s_a \cos \nu^{a0} = m \sin \delta_b \cos \nu^{a0} \qquad \Delta x_b = m \sin \delta_a \cos \nu^{b0}$$

$$y_0 = y_a + \Delta y_a \qquad y_0 = y_b + \Delta y_b$$

$$x_0 = x_a + \Delta x_a \qquad x_0 = x_b + \Delta x_b$$

Wenn die Winkel δ_a und δ_b nicht gemessen sind, sondern die Brechungswinkel $P_m P_a P_0 = \beta_a$ und $P_n P_b P_0 = \beta_b$, so werden die Winkel δ_a, δ_b und δ aus den gegebenen Neigungswinkeln ν^{bn} und ν^{am} nach folgenden Formeln abgeleitet.

$$(1)\ \nu^{a0} = \nu^{am} + \beta_a, \quad (3)\ \delta_a = \nu^{a0} - \nu^{ab}, \quad (5)\ \delta = \nu^{b0} - \nu^{a0},$$

$$(2)\ \nu^{a0} = \nu^{bn} + \beta_b, \quad (4)\ \delta_a = \nu^{ab} - \nu^{b0} \pm \pi.$$

$$\text{Probe } \delta_a + \delta_b + \delta = \pi.$$

Zur Berechnung wird das Formular 10 benutzt. Dort sind statt ν^{a0} und ν^{b0} die Bezeichnungen φ_a bezw. φ_b eingeführt.

Beim Seitwärtseinschneiden ist ebenfalls die Seite $P_a\ P_b$ (Fig. 264) gegeben, man mißt aber einen anliegenden Winkel δ_a und den gegenüberstehenden δ, der dritte Winkel δ_b ergibt sich als Ergänzung der Summe der gemessenen zu zwei Rechten.

Der für die Genauigkeit günstigste Fall liegt vor, wenn der der gegebenen Seite $P_a\ P_b$ gegenüberliegende Winkel δ ein Rechter ist.

Bei großer Entfernung des zu bestimmenden Punktes P_0 von der Grundlinie $P_a\ P_b$ verdient das Seitwärtseinschneiden den Vorzug vor dem Vorwärtseinschneiden.

§ 126. Das Vorwärtseinschneiden aus drei Punkten. Die Lagebestimmung eines Punktes durch Vorwärtseinschneiden wird man zur Erhöhung der Genauigkeit womöglich von mehr als zwei Punkten ausführen. Die Widersprüche der verschiedenen Schnitte lassen sich rechnerisch und zeichnerisch ausgleichen.

Bei dem Einschneiden aus drei Punkten ist der zeichnerische Weg der kürzere.

Beispiel eines Einschneidens von drei Punkten. Auf den drei gegebenen Punkten A, B und C (Fig. 266) sind zur Lagebestimmung

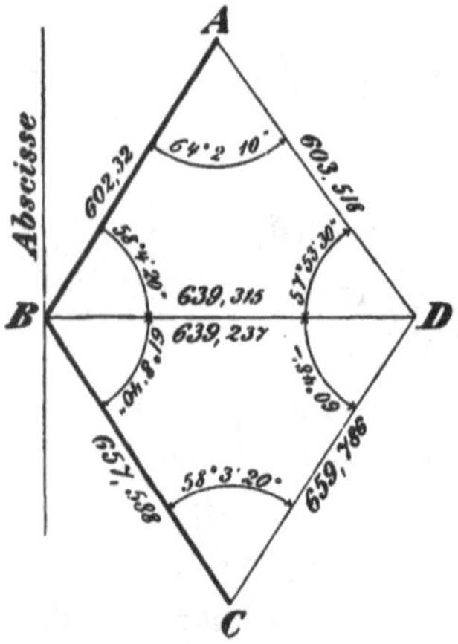

Fig. 266.

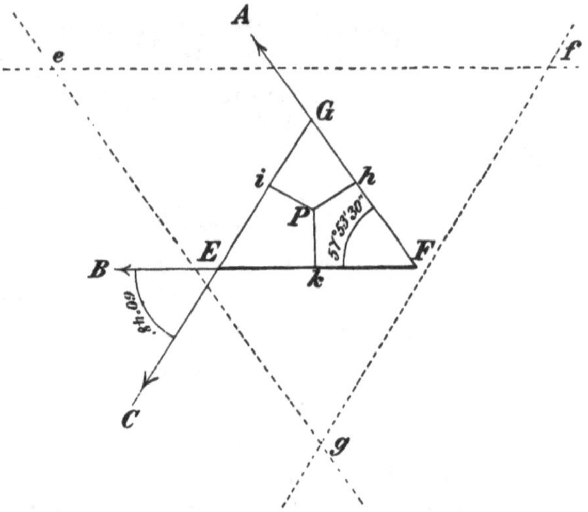

Fig. 267.

Vorwärtseinschneiden aus drei Punkten.

von D die Winkel $DAB = 64^0 2' 10''$, $ABD = 58^0 4' 20''$, $DBC = 61^0 8' 40''$ und $BCD = 58^0 3' 20''$ gemessen. Wären die Winkel fehlerlos, so müßten die Strahlen in den Richtungen AD, BD und CD gezogen, sich in einem Punkte, nämlich D, schneiden. Der Fehler wegen tun sie es nicht und es entsteht ein **fehlerzeigendes Dreieck**, das man sich in einem sehr großen Maßstabe, in Fig. 267 in 1:2, folgendermaßen zeichnet. Die Linie BD gehört zu zwei Dreiecken und wird der Fehler wegen sich aus beiden Dreiecken verschieden berechnen und zwar aus $ABD = 639{,}315$, aus $BDC = 639{,}237$. Der Unterschied = 78 mm wird in der Figur 267 als Linie EF aufgetragen, von F aus der nach den gemessenen Winkeln sich ergebende Richtungswinkel des Strahles $DA = 57^0 53' 30''$ und aus E der des Strahles $DC = 60^0 48'$—$''$ angetragen. Durch Verlängerung von CE über E hinaus entsteht das fehlerzeigende Dreieck GFE.

Unter der Voraussetzung, daß die Winkel auf A, B, C mit gleicher Sorgfalt gemessen sind, findet man die wahrscheinlichste Lage von D auf folgende Weise:

Man konstruiert das in der Figur 267 punktierte Hilfsdreieck efg, indem man mit den Seiten des fehlerzeigenden Dreiecks Parallelen zieht und zwar in Abständen, die gleich den entsprechenden Seiten oder einem aliquoten Teile sind. In der Figur 267 ist der Abstand gleich den Seiten des Fehlerdreiecks, also z. B. zwischen EG und $fg = EG$. Die Verbindungslinien der gegenüberliegenden Eckpunkte schneiden sich in einem Punkte P, und dieses ist die gesuchte Lage von D.

Fällt man von P aus die Normalen Ph, Pi und Pk, so sind $Fh = 46$ mm, $Fi = 43$ mm und $Fk = 46$ mm die Längen, um welche die berechneten Strahlen AD, BD und CD verbessert werden müssen.

$$AD = 603{,}518 - 0{,}046 = 603{,}472 \text{ m}$$
$$BD = 639{,}315 - 0{,}046 = 639{,}269 \text{ „}$$
$$CD = 659{,}786 + 0{,}043 = 659{,}829 \text{ „}$$

Aus den rechtwinkeligen Abständen Ph, Pi, Pk und aus den verbesserten Längen der Strahlen AD, BD und CD werden die Berichtigungen der Richtungswinkel DAB, DBC und DCB berechnet, und die Koordinatenberechnung von D ergibt nunmehr auf jedem Wege übereinstimmende Werte.

. . . .

§ 127. Das Vorwärtseinschneiden aus mehr als drei Punkten wird folgendermaßen berechnet.

Unter den verschiedenen Strahlen sucht man sich zwei aus, die den günstigsten Schnittwinkel haben, und berechnet die vorläufigen Koordinaten des Schnittpunktes P_0, wie vorher angegeben ist. Sodann sind die Widersprüche mit den anderen Schnitten auszugleichen, und dies kann ebenfalls auf zeichnerischem und auf rechnerischem Wege geschehen.

Die zeichnerische Ausgleichung ist hier weggelassen, weil das beim Rückwärtseinschneiden in § 130 angegebene Verfahren genügend Anhalt gibt, dies für das Vorwärtseinschneiden umzugestalten, außerdem ist in Gauss § 90 Seite 273 ein Beispiel nach dem trigonometrischen Formular 12 mit Berücksichtigung der Strahlengewichte gegeben. Auch in der Anweisung IX für die Rechnungen des Grundsteuerkatasters finden sich mehrere Beispiele nebst Anleitung auf den Seiten von 205 bis 227 und 31 bis 32.

Für die rechnerische Ausgleichung mag nachstehendes Beispiel dienen, das nach Formular 10 durchgeführt ist.

In Fig. 268 sind die gemessenen Winkel eingeschrieben und die Koordinaten der Punkte 1 bis 6 in das Rechnungsformular eingetragen.

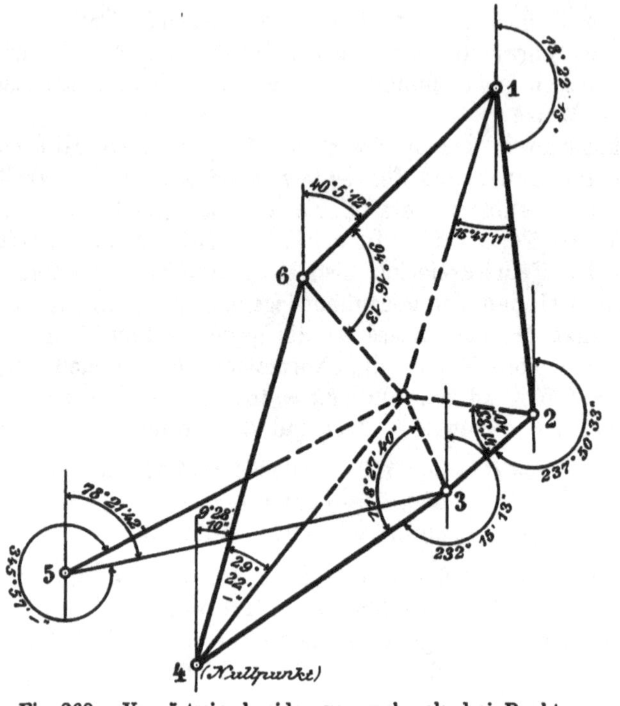

Fig. 268. Vorwärtseinschneiden von mehr als drei Punkten.

Aus dem Schnitt von den Punkten 6 und 4 sind die vorläufigen Koordinaten von M berechnet:

$$\mathfrak{y} = +3155{,}300 \qquad \mathfrak{x} = +3919{,}346.$$

Darauf berechnet man die Neigungen der Strahlen von den gegebenen Dreieckspunkten nach dem Punkte M aus den Koordinaten der Dreieckspunkte und des Punktes M. Der Raumersparnis wegen ist in der folgenden Berechnung die Proberechnung von tg $(^1/_4\,\pi + n)$ weggelassen.

In der Spalte 5 bedeuten die Größen $\Delta \log \Delta \mathfrak{y}$, $\Delta \log \Delta \mathfrak{x}$ und $\Delta \log \operatorname{tg} n$ die Differenzen von den nebenstehenden $\log \Delta \mathfrak{y}$, $\log \Delta \mathfrak{x}$ und $\log \operatorname{tg} n$ für 1 Meter bezw. für 1 Sekunde und für fünfstellige Logarithmen. Die Vorzeichen für $\Delta \log \Delta \mathfrak{y}$ und $\Delta \log \Delta \mathfrak{x}$ richten sich nach dem Vorzeichen der Zahlen, das für $\Delta \log \operatorname{tg} n$ danach, ob der absolute Wert der Tangente mit zunehmendem Winkel wächst oder abnimmt. Wächst die Tangente, so ist $\Delta \log \operatorname{tg} n$ positiv, nimmt sie ab, so ist der Wert negativ, z. B.:

$$\begin{array}{ll} \log 1660{,}7 = 3{,}22029 & \log -307{,}74 = 2{,}48818\,(n) \\ \log 1661{,}7 = 3{,}22055 & \log -308{,}74 = 2{,}48959\,(n) \\ \hline \Delta \log \Delta \mathfrak{y}_1 = +26 & \Delta \log \Delta \mathfrak{x}_2 = -141 \end{array}$$

$$\begin{array}{l} \log \operatorname{tg} 99^0\,24'\,10'' = 0{,}780\,9430 \\ \log \operatorname{tg} 99^0\,24'\,11'' = 0{,}780\,9299 \\ \hline \Delta \log \operatorname{tg} n_2 = -1{,}3 \end{array}$$

Die Bildung der Faktoren a und b und der Fehler f, sowie die Ermittelung der endgültigen Koordinaten für M ist aus dem Formular ohne weiteres zu ersehen.

Die Berechnung des mittleren Fehlers und der endgültigen Neigung ist weggelassen.

1	2		3		4	5		6	
Pn	y_n $\mathfrak{y}$ $\Delta\mathfrak{y} = \mathfrak{y}_n - y$		x_n $\mathfrak{x}$ $\Delta\mathfrak{x} = x_n - \mathfrak{x}$		$\log \Delta\mathfrak{y}$ $\log \Delta\mathfrak{x}$ $\log \operatorname{tg} n$	$\Delta \log \Delta\mathfrak{y}$ $\Delta \log \Delta\mathfrak{x}$ $\Delta \log \operatorname{tg} n$		$b = -\frac{\Delta \log \Delta\mathfrak{y}}{\Delta \log \operatorname{tg} n}$ $a = +\frac{\Delta \log \Delta\mathfrak{x}}{\Delta \log \operatorname{tg} n}$	
	±		±		n	±		±	
1	+	4816,070	+	10550,920	3,220 3095	+	26,1	−	29,0
	+	3155,300	+	3919,347	3,821 6165	+	6,5	+	7,2
	+	1660,770	+	6631,573	9,398 6930	+	0,9		
					14° 03′ 44,7″				
2	+	5013,505	+	3611,607	3,269 0927	+	23,3	+	17,9
	+	3155,300	+	3919,347	2,488 1839 n	−	141,0	+	108,0
	+	1858,205	−	307,740	0,780 9088	−	1,3		
					99° 24′ 12,7″				
3	+	3374,150	+	2580,949	2,340 1466	+	198,0	+	152,3
	+	3155,300	+	3919,347	3,126 5852 n	−	32,4	+	25,0
	+	218,850	−	1338,398	9,213 5614 n	−	1,3		
					170° 41′ 48,2″				
4		0,0		0,0	3,499 0407 n	−	13,8	+	34,5
	+	3155,300	+	3919,347	3,593 2137 n	−	11,1	−	27,8
	−	3155,300	−	3919,347	9,905 8270	+	0,4		
					218° 50′ 10″				
5	−	1874,093	+	1499,965	3,701 5156 n	−	8,6	+	16,2
	+	3155,300	+	3919,347	3,383 7045 n	−	18,0	−	34,0
	−	5029,393	−	2419,382	0,317 8111	+	0,5		
					244° 17′ 36,7″				
6	+	1004,500	+	6022,400	3,332 6000 n	−	20,2	−	50,5
	+	3155,300	+	3919,347	3,322 8502	+	20,6	−	51,5
	−	2150,800	+	2103,053	0,009 7498	−	0,4		
					314° 21′ 24,9″				

Bildung der Faktoren a, b und Fehler f der Fehlergleichungen.

Pn	a		b		α von P_1 ausgehend			n $w = n - 0$			$f = n - (\varphi \pm \pi)$ $= w - \alpha$	
1	+	7,2	−	29,0	14°	03′	24″	14	03	34,7	+	10,7
2	+	108,0	+	17,9	99	24	13	99	24	12,7	−	0,3
3	+	25,0	+	152,3	170	42	53	170	42	48,2	−	4,8
4	−	27,8	+	34,5	218	50	10	218	50	10,0		0,0
5	−	34,0	+	16,2	244	18	42	244	18	36,7	−	5,3
6	−	51,5	−	50,5	314	21	25	314	21	25,0		0,0

4. Quadrat- und Produktensummen und endgültige Koordinaten.

Pn	p	aa	±	ab	±	af	bb	±	bf
1	1	52	−	209	+	77	841	−	310
2	1	11664	+	1933	−	32	320	−	5
3	1	625	−	3807	−	120	23215	−	731
4	1	773	−	959		00	1190		00
5	1	1156	−	551	+	180	262	−	86
6	1	2652	+	2585		00	2520		00
		16922	+	6606	+	105	28348	−	1132
		$aa = A_1$		$ab = B_1$		$af = F_1$	$bb = B_2$		$bf = F_2$

B_1	+	6606	F_1	+	105	B_2	+	28348	F_2	−	1132
$-\frac{B_1}{A_1}$	−	0,3904	$\frac{F_1}{A_1}$	−	0,0162	$-\frac{B_1}{A_1} B_1$	−	2048	$-\frac{B_1}{A_1} F_1$	−	41
			$-\frac{B_1}{A_1}\delta\mathfrak{y}$	−	0,0174	$\mathfrak{B}_2$	+	26300	$\mathfrak{F}_2$	−	1173
			$\delta\mathfrak{x}$	−	0,0236				$\delta\mathfrak{y} - \frac{\mathfrak{F}_2}{\mathfrak{B}_2}$	+	0,0446

Erste Sigmaprobe.

$-\frac{F}{A_1} F_1$	−	0,651	$F_1 \delta\mathfrak{x}$	−	2,478
$-\frac{\mathfrak{F}_2}{\mathfrak{B}_2}\mathfrak{F}_2$	−	52,345	$F_2 \delta\mathfrak{y}$	−	50,565
Σ	−	53,000	Σ	−	53,043

$$y = \mathfrak{y} + \delta\mathfrak{y} = +3155{,}300 + 0{,}045 = +3155{,}345$$
$$x = \mathfrak{x} + \delta\mathfrak{x} = +3919{,}347 - 0{,}024 = +3919{,}323$$

§ 128. Das Rückwärtseinschneiden oder die Pothenotsche Aufgabe. Ist die gegenseitige Lage dreier Punkte P_1, P_2, P_3 gegeben, d. h. sind ihre Koordinaten und somit die Längen ihre Verbindungslinien und der von ihnen eingeschlossenen Winkel bekannt, so lassen sich die

Koordinaten eines vierten Punktes P_0 berechnen, wenn man nur die Winkel w_{12} und w_{23}, welche die Strahlen $P_0 P_1$ und $P_0 P_2$, bezw. $P_0 P_2$ und $P_0 P_3$ einschließen, gemessen hat.

Ausgenommen ist der Fall, wo die vier Punkte auf einer Kreislinie liegen.

In den Figuren 269 a, b, c, d sind die Lagen dargestellt, welche die vier Punkte gegeneinander haben können.

Durch die Berechnung der beiden Winkel u_1 und u_3 wird die Aufgabe gelöst.

In allen vier Fällen ist $u_1 + u_3 = 360 - (w_{12} + w_{23} + P_1 P_2 P_3)$. Winkel $P_1 P_2 P_3$ ist in der Figur 269b größer als zwei Rechte.

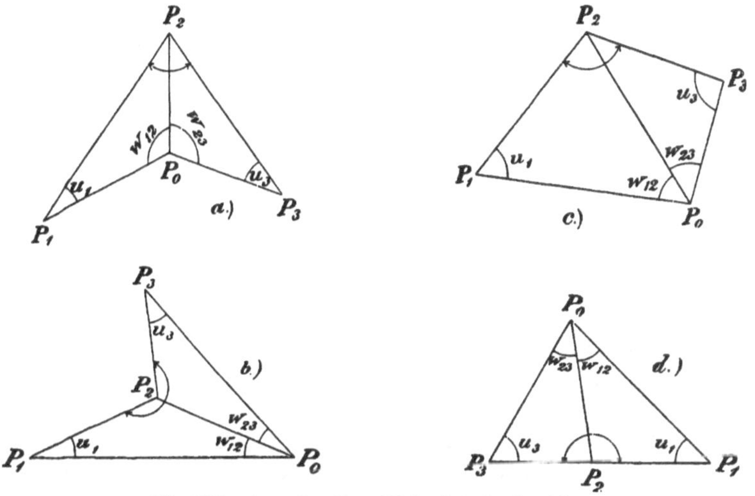

Fig. 269 a, b, c, d. Das Rückwärtseinschneiden.

Nennt man die Strahlen von P_0 aus S mit den entsprechenden Indices z. B. $P_1 P_0 = S_{10}$, so ist S_{20} den beiden Dreiecken $P_0 P_1 P_2$ und $P_0 P_2 P_3$ gemeinschaftlich, und nach dem Sinussatze ist

$$S_{20} = \frac{S_{21} \sin u_1}{\sin w_{12}} = \frac{S_{23} \sin u_3}{\sin w_{23}}.$$

Durch Umformung erhält man $\frac{\sin u_3}{\sin u_1} = \frac{S_{21} \sin w_{23}}{S_{23} \sin w_{12}}$. Die rechte Seite dieser Gleichung setzt man gleich der Tangente eines Hilfswinkels φ und berechnet ihn.

Bildet man aus $\frac{\sin u_3}{\sin u_1} = \operatorname{tg} \varphi$ die beiden Gleichungen

$$1 + \frac{\sin u_3}{\sin u_1} = 1 + \operatorname{tg} \varphi \quad \text{und} \quad 1 - \frac{\sin u_3}{\sin u_1} = 1 - \operatorname{tg} \varphi$$

und dividiert beide, so erhält man

$$\frac{\sin u_1 + \sin u_3}{\sin u_1 - \sin u_3} = \frac{1 + \operatorname{tg}\varphi}{1 - \operatorname{tg}\varphi},$$

woraus $\frac{2\sin\frac{1}{2}(u_1 + u_3)\cos\frac{1}{2}(u_1 - u_3)}{2\cos\frac{1}{2}(u_1 + u_3)\sin\frac{1}{2}(u_1 - u_3)} = \operatorname{tg}(45^0 + \varphi)$

oder $\operatorname{tg}\frac{1}{2}(u_1 + u_3)\operatorname{cotg}\frac{1}{2}(u_1 - u_3) = \operatorname{tg}(45^0 + \varphi)$

und schließlich $\operatorname{tg}\frac{1}{2}(u_1 - u_3) = \operatorname{cotg}(45^0 + \varphi)\operatorname{tg}\frac{1}{2}(u_1 + u_3)$.

Aus dem bekannten Werte von $u_1 + u_3$ und dem berechneten von $u_1 - u_3$ ergeben sich u_1 und u_3, und nach dem Sinussatze ist

$$S_{10} = \frac{S_{12}\sin(u_1 + w_{12})}{\sin w_{12}} \quad \text{und} \quad S_{30} = \frac{S_{32}\sin(u_3 + w_{23})}{\sin w_{23}}.$$

Die Rechenprobe macht man nach der Formel $\frac{\sin u_3}{\sin u_1} = \operatorname{tg}\varphi$.

Die Koordinaten des Punktes P_0 werden auf bekannte Weise berechnet, wobei das Formular in Gauss Seite 266 anzuwenden ist.

Liegen die vier Punkte auf einer Kreislinie, so ist $u_1 + u_3 = 180^0$ und $\operatorname{tg}\frac{1}{2}(u_1 + u_3) = \infty$, ferner $\sin u_1 = \sin(180 - u_1) = \sin u_3$ und dadurch wird $\frac{\sin u_3}{\sin u_1} = \operatorname{tg}\varphi = 1$, also $\varphi = 45^0$ und $\operatorname{cotg}(45^0 + \varphi) = \operatorname{cotg} 90^0 = 0$.

Liegt der vierte zu bestimmende Punkt innerhalb des durch die drei gegebenen Punkte gelegten Kreises, so ist diese Lage für seine Bestimmung am günstigsten, die Lage außerhalb dieses Kreises ist im allgemeinen ungünstiger und um so weniger günstig, je länger die Strahlen vom Punkte P_0 aus und je kleiner die Schnittwinkel auf dem Punkte P_0 werden. Siehe die Tabelle in § 125.

§ 129. Die erweiterte Pothenotsche Aufgabe. Kann man in der Fig. 270 von dem zu bestimmenden Punkte P_4 wohl nach P_3 und P_2, nicht aber nach P_1 sehen, so schaltet man den Punkt 5 ein, von dem man nach den Punkten 1, 2 und 4 sehen kann. Man mißt nunmehr die Winkel α, β, γ und δ und kann hieraus die Koordinaten der Punkte 4 und 5 finden.

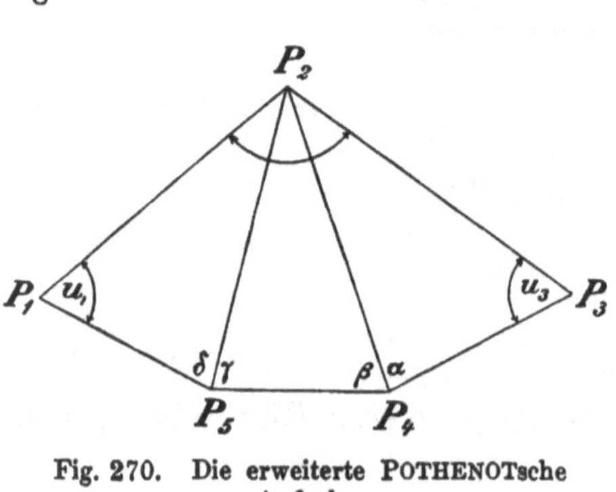

Fig. 270. Die erweiterte Pothenotsche Aufgabe.

Durch wiederholte Anwendung des Sinussatzes erhält man

$$S_{23} : S_{24} = \sin\alpha : \sin u_3,$$
$$S_{24} : S_{25} = \sin\gamma : \sin\beta,$$
$$S_{25} : S_{21} = \sin u_1 : \sin\delta,$$

woraus $S_{23} : S_{21} = \sin u_1 \sin\alpha . \sin\gamma : \sin u_3 \sin\beta . \sin\delta$

oder $\frac{\sin u_3}{\sin u_1} = \frac{S_{21} . \sin\alpha\sin\gamma}{S_{23}\sin\beta . \sin\delta} = \operatorname{tg}\varphi$ (Hilfswinkel).

Hieraus folgt nach der im vorigen Paragraph gegebenen Entwickelung

$$\operatorname{tg} \tfrac{1}{2}(u_1 - u_3) = \operatorname{cotg}(45^0 + \varphi) \operatorname{tg} \tfrac{1}{2}(u_1 + u_3),$$

worin $u_1 + u_3 = 2nR - 4R - (\alpha + \beta + \gamma + \delta + P_1 P_2 P_3)$.

Ist die Summe von $u_1 + u_3$ nahezu 180^0, oder ist der Unterschied zwischen u_1 und u_3 sehr klein, so wird die Berechnung nicht sehr scharf. Im ersten Falle wird $\frac{1}{2}(u_1 + u_3)$ nahezu 90^0 und im zweiten $\operatorname{tg}\varphi$ nahezu 1, also φ wird fast 45^0 und $45^0 + \varphi$ nahezu 90^0, wo die Kotangente rasch ändert.

Zur Probe berechnet man die Winkel bei P_2, deren Summe gleich dem gegebenen Winkel $P_1 P_2 P_3$ sein muß.

§ 130. Die Auflösung des Rückwärtseinschneidens mit dem Collinsschen Hilfspunkte (Fig. 271).

Gegeben sind die Koordinaten der Punkte P_a, P_b, P_m. Auf dem Punkte P_0 sind die Winkel α und β gemessen.

Wird durch $P_a P_b P_0$ ein Kreis gedacht, der die Gerade $P_0 P_m$ in Q schneidet, so ist Q der COLLINSsche Hilfspunkt. Die mit α und α sowie mit β und β bezeichneten Peripheriewinkel, die je auf gleichem Bogen stehen, sind paarweise einander gleich.

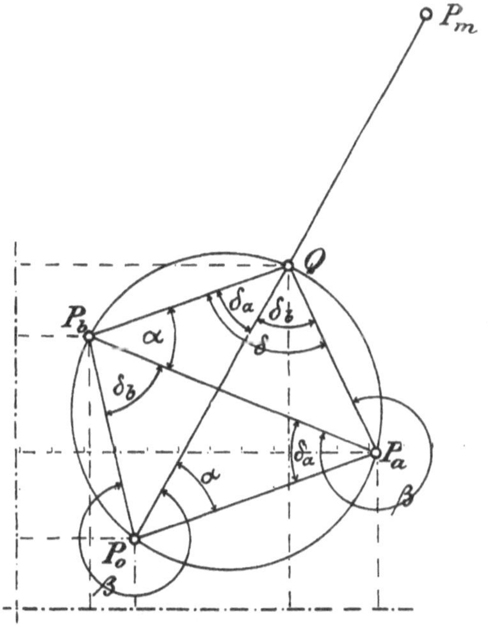

Fig. 271. Die Auflösung des Rückwärtseinschneidens mit dem COLLINSschen Hilfspunkte.

1. **Auflösung durch Konstruktion.** An die Linie $P_a P_b$ wird in P_a der Winkel β, und in P_b der Winkel α gelegt. In dem Durchschnittspunkte der Winkelschenkel erhält man Q und dann wird durch die drei Punkte $P_a P_b Q$ ein Kreis geschlagen. Verbindet man Q mit P_m, so wird die Verlängerung dieser Geraden den Kreis in P_0 schneiden. Dieser ist der gesuchte Punkt, da die Winkel $P_m P_0 P_a$ und $P_m P_0 P_b$ den durch Messung gefundenen Winkeln α und β gleichen.

2. **Die rechnerische Auflösung.** Folgendes ist in der angegebenen Reihenfolge zu berechnen: 1) Aus den Koordinaten von P_a und P_b den Neigungswinkel ν^{ab} und die Länge $P_a P_b$. 2) Aus dem Dreieck

$P_b P_a Q$, in dem die Seite $P_b P_a$ und die drei Winkel bekannt sind, die Seiten $P_a Q$ und $P_b Q$. 3) Nachdem die Neigungswinkel ν^{aq} und ν^{bq} abgeleitet sind, die Koordinaten von $Q = x_q$ und y_q. 4) Aus den Koordinaten von Q und P_m den Neigungswinkel der Geraden $P_m Q P_0 = \nu^{mq}$. 5) Nachdem die Neigungswinkel von $P_b P_0 = \nu^{b0}$ und von $P_a P_0 = \nu^{a0}$ entwickelt sind, die Winkel des Dreiecks $P_b P_a P_0$, nämlich δ_a und δ_b. 6) Aus den Winkeln δ_a und δ_b und der Seite $P_b P_a$ die Längen $P_b P_0$ und $P_a P_0$, sowie schließlich 7) die Koordinaten von P_0.

Die Rechnungsformeln sind:

(1) $$\operatorname{tg} \nu^{ab} = \frac{y_b - y_a}{x_b - x_a},$$ (2) $$P_b P_a = \frac{y_b - y_a}{\sin \nu^{ab}} = \frac{x_b - x_a}{\cos \nu^{ab}},$$

(3) $$Q P_a = \frac{P_b P_a \sin \alpha}{\sin \delta} = \frac{(y_b - y_a) \sin \alpha}{\sin \nu^{ab} \sin \delta} = \frac{(x_b - x_a) \sin \alpha}{\cos \nu^{ab} \sin \delta},$$

oder wenn man

$$\frac{y_b - y_a}{\sin \nu^{ab} \sin \delta} = \frac{x_b - x_a}{\cos \nu^{ab} \sin \delta} = m \text{ setzt,} \quad = m \sin \alpha,$$

(4) $$Q P_b = \frac{P_b P_a \sin (2\pi - \beta)}{\sin \delta} \text{[nach Einsetzung des Wertes (2)]} = m \sin (2\pi - \beta),$$

(5) $$\nu^{aq} = \nu^{ab} - \beta,$$ (6) $$\nu^{bq} = \nu^{ab} - \alpha \pm \pi,$$

(7) $$\Delta y^{aq} = Q P_a \sin \nu^{aq} = m \sin \alpha \sin \nu^{aq},$$

(8) $$\Delta y^{bq} = Q P_b \sin \nu^{bq} = m \sin (2\pi - \beta) \sin \nu^{bq},$$

(9) $$\Delta x^{aq} = Q P_a \cos \nu^{aq} = m \sin \alpha . \cos \nu^{aq},$$

(10) $$\Delta x^{bq} = Q P_b \cos \nu^{bq} = m \sin (2\pi - \beta) \cos \nu^{bq},$$

(11) $$y_q = \begin{cases} y_a + \Delta y^{aq} \\ y_b + \Delta y^{bq}, \end{cases}$$ (12) $$x_q = \begin{cases} x_a + \Delta x^{aq} \\ x_b + \Delta x^{bq}, \end{cases}$$

(13) $$\operatorname{tg} \nu^{mq} = \frac{y_q - y_m}{x_q - x_m},$$ (14) $$\nu^{a0} = \nu^{mq} + \alpha,$$

(15) $$\nu^{b0} = \nu^{mq} + \beta,$$ (16) $$\delta_a = \nu^{ab} - \nu^{a0} = \nu^{bq} - \nu^{mq} \pm \pi,$$

(17) $$\delta_b = \nu^{b0} - \nu^{ab} \pm \pi = \nu^{mq} - \nu^{aq} \pm \pi,$$

$$\text{Probe: } \delta = \beta - \alpha \pm \pi = \delta a + \delta b,$$

18) $$P_0 P_b = \text{(nach (3))} = m \sin \delta_a,$$ (19) $$P_0 P_a = m \sin \delta_b,$$

(20) $$= \begin{cases} \Delta y_a = m \sin \delta_b \sin \nu^{b0} \\ \Delta x_a = m \sin \delta_b \cos \nu^{a0}, \end{cases}$$ (21) $$= \begin{cases} \Delta y_b = m \sin \delta_a \sin \nu^{b0} \\ \Delta x_b = m \sin \delta_a \cos \nu^{b0}, \end{cases}$$

(22) $$y_0 = \begin{cases} y_a + \Delta y^{a0} \\ y_b + \Delta y^{b0}, \end{cases}$$ (23) $$x^0 = \begin{cases} x_a + \Delta x^{a0} \\ x_b + \Delta x^{b0}. \end{cases}$$

In der Formel (11) bedeutet der Ausdruck Δy^{aq} die von dem Punkte a aus berechnete Teilordinate von q, und der Ausdruck Δy^{bq} dieselbe Teilordinate, die aber von dem Punkte b aus berechnet ist.

Ebenso sind die Ausdrücke Δx^{aq} und Δx^{bq} für die Teilabszisse zu verstehen.

Gleiches gilt für Δy^{a0}, Δy^{b0}, Δx^{a0} und Δx^{b0} in (22) und (23).

Die vorstehenden Formeln sind für alle Punktlagen gültig, wenn streng die Regel beachtet wird, daß bei einer rechtläufigen Drehung der Linie $P_0 P_m$ um P_0 der erste der übrigen beiden gegebenen Punkte mit P_a, der zweite mit P_b bezeichnet und in demselben rechtläufigen Sinne stets Winkel $P_m P_0 P_a = \alpha$ und Winkel $P_m P_0 P_b = \beta$ genommen wird. Dabei darf es nicht auffallen, wenn die Neigungen ν^{aq} und ν^{bq} in gewissen Punktlagen um $\pm\pi$ anders in der Rechnung auftreten, als der aus der Anschauung der Figur sich ergebenden Vorstellung entspricht. Denn die hierdurch bedingte Änderung der Vorzeichen der Sinus und Cosinus von ν^{aq} und ν^{bq} wird durch das gleichzeitig eintretende Vorzeichen von $\sin\delta$, $\sin\delta_a$, $\sin\delta_b$ wieder aufgehoben.

P_0 wird am schärfsten bestimmt, wenn

1) unter den Richtungen von P_0 nach den gegebenen drei Punkten sich zwei Richtungen nach nahe gelegenen Punkten und eine Richtung nach einem entfernten Punkte befinden und zugleich

2) die beiden Richtungen nach nahe gelegenen Punkten sich günstig schneiden, d. h. wenn $\beta - \alpha \pm \pi = \delta_a + \delta_b = \delta$ etwa zwischen 60 und 120 Grad oder zwischen 240 und 300 Grad beträgt.

3) P_0 zwischen P_m und Q, nicht aber auf der Verlängerung von $P_m Q$ liegt, weil der mit Hilfe der Winkel α und β bei der Bestimmung des Punktes Q gemachte Fehler sich im Punkte P_0 im ersteren Falle vermindert, im letzteren, in der Figur 271 dargestellten Falle, vergrößert.

P_m kann auch für einen näher gelegenen Punkt gewählt werden, weil dann der Collinssche Hilfspunkt Q sich in entfernter Lage ergibt und die Lage der geraden $Q P_m$, auf der P_0 liegt, ebenso scharf bestimmen wird, als wenn P_m der weitest gelegene Punkt wäre.

Die Behandlung des Rückwärtseinschneidens mit dem Collinsschen Hilfspunkte geschieht nach Formular 11 und hat den anderen Berechnungen gegenüber den Vorzug, daß die Rechnung durch Proben schrittweise sich selbst prüft.

§ 131. Das mehrfache Rückwärtseinschneiden. Kann man von dem zu bestimmenden Punkte P_0 eine größere Anzahl von Festpunkten anzielen, so wird man dies tun, um aus der wiederholten Bestimmung einen genaueren Wert für die Koordinaten des Punktes P_0 zu erhalten.

Zur wiederholten Berechnung kann man je drei Punkte herausgreifen, und bei 5 angezielten Punkten wird man schon 10 verschiedene Kombinationen zu je 3 Punkten bilden können.

Diese Berechnung ist mühsam und das gefundene arithmetische Mittel, selbst wenn man die Gewichte der einzelnen Bestimmungen einführt, liefert doch nicht den wahrscheinlich besten Wert.

Man gleicht auch hier auf rechnerischem oder auf zeichnerischem Wege aus.

Bei jedem der beiden Verfahren werden zunächst aus drei günstig gelegenen Punkten die vorläufigen Koordinaten des Aufstellungspunktes *M* berechnet.

1) Die rechnerische Ausgleichung wird am zweckmäßigsten nach dem trigonometrischen Formular 11, Gauss § 95 Seite 350, ausgeführt.

Beispiel: Gegeben sind die Koordinaten von sechs angezielten Punkten, die im nachstehenden Formular aufgeführt sind, und die Winkel α zwischen den Strahlen von *M* nach den sechs angezielten Punkten, und zwar zwischen

1 und 2 = 57° 12′ 59″	4 und 5 = 25° 28′ 25″
2 „ 3 = 99 26 28	5 „ 6 = 84 38 05
3 „ 4 = 48 07 33	6 „ 1 = 45 06 30

1	2		3		4	5		6	
Pn	yn $\mathfrak{y}$ $\Delta\mathfrak{y} = yn - \mathfrak{y}$		xn $\mathfrak{x}$ $\Delta\mathfrak{x} = xn - \mathfrak{x}$		$\log \Delta\mathfrak{y}$ $\log \Delta\mathfrak{x}$ $\log \operatorname{tg} n$ n	$\Delta \log \Delta\mathfrak{y}$ $\Delta \log \Delta\mathfrak{x}$ $\Delta \log \operatorname{tg} n$		$b = -\frac{\Delta \log \Delta\mathfrak{y}}{\Delta \log \operatorname{tg} n}$ $a = +\frac{\Delta \log \Delta\mathfrak{x}}{\Delta \log \operatorname{tg} n}$	
	±		±			±		±	
1	+	4816,070	+	10550,920	3,220 3283	+	26,2	−	29,1
	+	3155,228	+	3919,388	3,821 6139	+	6,5	+	7,2
	+	1660,842	+	6631,532	9,398 7144	+	0,9		
					14° 03′ 37,06″				
2	+	4960,903	+	4531,394	3,256 6396	+	24,1	−	34,4
	+	3155,228	+	3919,388	2,786 7557	+	71,0	+	101,0
	+	1805,675	+	612,006	0,469 8839	+	0,7		
					71° 16′ 36,1″				
3	+	3374,150	+	2580,949	2,340 2894	+	198,0	+	150,0
	+	3155,228	+	3919,388	3,126 5986*n*	−	32,5	+	24,6
	+	218,922	−	1338,439	9,213 6908*n*	−	1,3		
					170° 42′ 38,4″				
4		0,000		0,000	3,499 0308*n*	−	13,8	+	32,0
	+	3155,228	+	3919,388	3,593 2182*n*	−	11,1	−	26,0
	−	3155,228	−	3919,388	9,905 8126	+	0,43		
					218° 50′ 06,5″				
5	−	1874,093	+	1499,965	3,872 0830*n*	−	8,7	+	17,4
	+	3155,228	+	3919,388	3,383 7118*n*	−	17,9	−	35,8
	−	5029,321	−	2419,423	0,317 7975	+	0,5		
					244° 18′ 34,2″				
6	+	1650,210	+	6419,409	3,177 5417*n*	−	29,0	−	61,7
	+	3155,228	+	3919,388	3,397 9436	+	17,4	−	37,0
	−	1505,018	+	2500,021	9,779 5981*n*	−	0,47		
					328° 57′ 07,1″				

Aus den Schnitten nach 2, 6 und 1 sind die vorläufigen Koordinaten für *M*, 𝔶 = + 3155,228, 𝔵 = 3919,388 ermittelt.

Aus den Koordinaten der angezielten Punkte und aus den vorläufigen Koordinaten von *M* werden die Neigungswinkel *n* der Strahlen berechnet und aus deren Unterschieden die Winkel *w* zwischen den Strahlen von *M* nach den trigonometrischen Punkten nochmals abgeleitet. Aus $w - \alpha$ erhält man die Fehler *f*. Die Bildung der Faktoren *a* und *b* ist aus dem Formular auf der vorhergehenden Seite zu ersehen.

Bildung der Faktoren *a*, *b* und Fehler *f* der Fehlergleichungen.

	Pn		a				b			α	𝔴 = n − 0	f = w − α	
1	2—1	+	7,2	+	93,8	−	29,1	−	5,3	57° 12′ 59″	57 12 59,0		0
2	3—2	+	101,0	−	76,4	−	34,4	+	184,4	99 26 28	99 26 2,3	−	24
3	4—3	+	24,6	−	50,6	+	150,0	−	118,0	48 07 33	48 07 28,1	−	5
4	5—4	−	26,0	−	9,8	+	32,0	−	14,6	25 28 25	25 28 27,7	+	3
5	6—5	−	35,8	−	1,2	+	17,4	−	79,1	84 38 05	84 38 32,9	+	26
6	1—6	−	37,0	+	44,2	−	61,7	+	32,6	45 06 30	45 06 30,0		0,0
				+	138,0			+	217,0			+	29
				−	138,0			−	217,0			−	29

Die Quadrat- und Produktensummen, sowie die Summen der endgültigen Koordinaten des Punktes *M* werden genau so wie im Formular 10 für das Vorwärtseinschneiden gebildet, das auf Seite 237 gegeben ist.

Die endgültigen Koordinaten sind $y = + 3155{,}326$, $x = + 3919{,}318$.

2) Die zeichnerische Ausgleichung. Beispiel. Gegeben sind 7 trigonometrische Punkte. Gemessen wurde auf dem Punkte *M*, die in die Figur 272 eingeschriebenen Winkel.

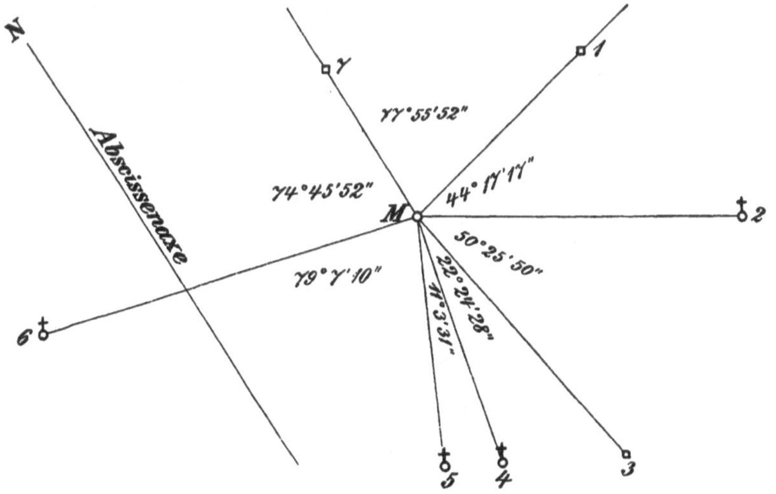

Fig. 272. Rückwärtseinschneiden aus mehreren Punkten.

Die Koordinaten der angezielten Punkte sind:

	y	x		y	x
1.	+ 1221,640	+ 1315,482	4.	+ 481,195	+ 330,690
2.	+ 1740,877	+ 561,503	5.	+ 347,430	+ 449,024
3.	+ 870,685	+ 13,258	6.	− 412,671	+ 1485,200
		7.	+ 698,294	+ 1484,877	

Die vorläufigen Koordinaten des Aufstellungspunktes M aus 6, 1 und 3 sind

$$= + 702{,}122 \qquad + 1197{,}247.$$

Aus diesen vorläufigen Koordinaten und aus den Koordinaten der angezielten Punkte 1 bis 6 berechnet man die Azimute der Strahlen $M1$, $M2$ usw. und ihre Längen (S) nach den Formeln:

$$\operatorname{tg} N = \frac{y_0 - y_1}{x_0 - x_1} \quad \text{und} \quad S = \frac{y_0 - y_1}{\sin N}.$$

I.	$M1 = 77^0\,10'\,43''$	$\log S\,M1 =$	2,7265664
	$M2 = 121^0\,28'\;\;4''$	$M2 =$	3,0855971
	$M3 = 171^0\,53'\,50''$	$M3 =$	3,0777054
	$M4 = 194^0\,18'\,10''$	$M4 =$	2,9514717
	$M5 = 205^0\,21'\,47''$	$M5 =$	2,9180496
	$M6 = 284^0\,28'\,59''$	$M6 =$	3,0612195
	$M7 = 359^0\,14'\,15''$	$M7 =$	2,4588725

Aus dem Anfangsazimut $= 77^0\,10'\,43''$ und den unmittelbar gemessenen Winkeln berechnet man die Azimute II sämtlicher Strahlen nochmals (Spalte 1) und sucht die Unterschiede zwischen den Azimuten I und II (Spalte 2), addiert diese Unterschiede und berechnet das Mittel (− 6″). Dieses Mittel addiert man zu den Azimuten II in Spalte 1 und

Abstand = + 0,016 m Abstand = + 0,059

1				2	3				4	5
Azimute II				Unterschiede zwischen	Azimute III (II—6″)				Unterschiede zwischen	Rechtwinkelige Abstände der Strahlen von M
	Gr.	M.	S.	I u. II		Gr.	M.	S.	I u. III	
N_{01}	77	10	43	0″	$NM1$	77	10	37	+ 6″	+ 0,016 m
N_{02}	121	28	—	+ 4″	$NM2$	121	27	54	+10″	+ 0,059 „
N_{03}	171	53	50	− 0″	$NM3$	171	53	44	+ 6″	+ 0,035 „
N_{04}	194	18	18	− 8″	$NM4$	194	18	12	− 2″	− 0,009 „
N_{05}	205	21	49	− 2″	$NM5$	205	21	43	+ 4″	+ 0,017 „
N_{06}	284	28	59	− 0″	$NM6$	284	28	53	+ 6″	+ 0,033 „
N_{07}	359	14	51	− 36″	$NM7$	359	14	45	− 30″	− 0,042 „
				− 42″					0″	

$$-\frac{42}{7} = -6''$$

erhält die dritten Azimute III in Spalte 3. Die Azimute III vergleicht man wieder mit den Azimuten I und erhält dadurch die Richtungsunterschiede der Strahlen (Spalte 4), deren Summe gleich Null sein muß.

Aus den Richtungsunterschieden und den Längen der Strahlen $M1$, $M2$, $M3$ usw. berechnet man die rechtwinkeligen Abstände, in dem die einzelnen Strahlen an dem durch die vorläufigen Koordinaten (+ 702,122 + 1197,247) bestimmten Punkte vorbei gehen (Spalte 5).

Z. B. $\log M1 = 2{,}7265664$ $\qquad$ $\log M2 = 3{,}0855971$

$\log \sin 6'' = 5{,}4637261$ $\qquad$ $\log \sin 10'' = 5{,}6855749$

$8{,}1902925$ $\qquad$ $8{,}7711720$

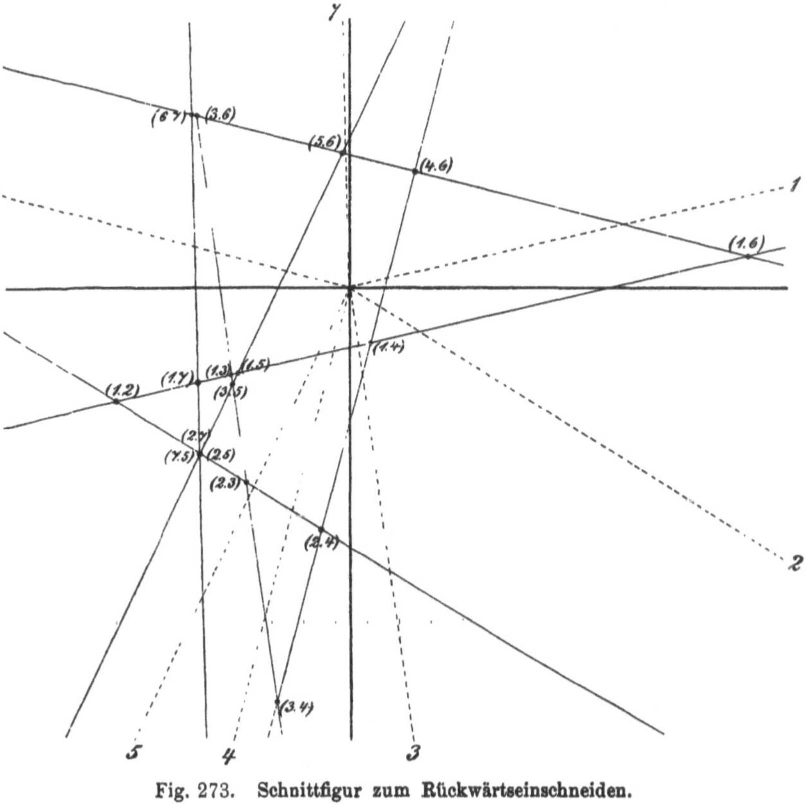

Fig. 273. Schnittfigur zum Rückwärtseinschneiden.

Nun konstruiere man die Schnittfigur dergestalt, daß man den Punkt M in den Durchschnittspunkt des Achsenkreuzes legt und die Azimute III von dem nördlichen Zweige der Abszissenrichtung ausgehend aufträgt (Fig. 273 in $^1/_2$ der natürlichen Größe). (Von R. Reiss in Liebenwerda erhält man vorgerichtete Blätter zum bequemen Konstruieren der Schnittfigur.) Dann ziehe man in den berechneten Abständen (Spalte 5) Parallelen zu $M1$, $M2$, $M3$ usw., in der Weise, daß man die Parallele, wenn der Abstand positiv ist, von M aus gesehen zur rechten Seite, wenn der Abstand negativ ist, zur linken Seite des betreffenden Schenkels zieht. Diese Parallelen verlängert man so weit, daß sie sich alle schneiden und nimmt aus der Figur mit dem Zirkel die Koordinaten aller Schnittpunkte, multipliziert sie mit der Gewichtszahl, die von der Größe des Schnittwinkels der beiden jedesmal in Betracht kommenden Strahlen abhängt, und nimmt daraus das arithmetische Mittel, welches die an den vorläufigen Koordinaten von M anzubringende Verbesserung ist.

Schnitt der Strahlen	Mit dem Zirkel abgegriffene Koordinaten der Schnittpunkte				Gewichtszahlen der Schnitte	Mit den Gewichtszahlen multiplizierte Koordinaten			
	+ −	y mm	+ −	x mm		+ −	O. y mm	+ −	A. x mm
1 u. 2	−	62	−	31	3	−	186	−	93
1 „ 3	−	32	−	24	5	−	160	−	120
1 „ 4	+	5,5	−	15,5	4	+	22	−	62
1 „ 5	−	30	−	24	3	−	90	−	72
1 „ 6	+	105	+	8	2	+	210	+	16
1 „ 7	−	41	−	26	4	−	164	−	104
2 „ 3	−	28	−	52	3	−	84	−	156
2 „ 4	−	7	−	64	4	−	28	−	256
2 „ 5	−	40	−	44	4	−	160	−	176
2 „ 7	−	40	−	44	3	−	120	−	132
3 „ 4	−	20	−	110	2	−	40	−	220
3 „ 5	−	32	−	26	2	−	64	−	52
3 „ 6	−	41	+	45	4	−	164	+	180
4 „ 6	+	17	+	30	5	+	85	+	150
5 „ 6	−	2	+	35	4	−	8	+	140
5 „ 7	−	40	−	44	2	−	80	−	88
6 „ 7	−	43	+	45	4	−	172	+	180
					58	−	1203	−	865

$$\frac{-1203}{58} = -21, \quad \frac{-865}{58} = -15.$$

Vorläufige Koordinaten von M	+ 702,122	+ 1197,247
	− 21	− 15
Verbesserte „ „ „	+ 702,101	+ 1197,232.

Die Schnitte der Strahlen 2 und 6, 3 und 7, 4 und 5, 4 und 7 sind als unbrauchbar nicht berücksichtigt worden. Das arithmetische Mittel aus 7 Kombinationen von je 3 Punkten ergibt + 702,108 + 1197,220.

§ 132. **Hansens Aufgabe** oder das Rückwärtseinschneiden zweier Punkte nach zwei gegebenen lehrt die Koordinaten zweier zugänglicher Punkte ausschließlich durch Winkelmessung zu bestimmen, wenn man aus diesen beiden Punkten nach zwei ihren Koordinaten nach bekannten, aber unzugänglichen Punkten (etwa Turmspitzen) sehen kann.

Diese dem Markscheider selten vorkommende Aufgabe ist hier nicht abgehandelt, und es wird auf die Lehrbücher der Geodäsie, sowie auf das oft genannte Buch von F. G. GAUSS hingewiesen.

Die Aufgabe kann auch als ein besonderer Fall des Einkettens aufgefaßt und nach § 121 gelöst werden.

§ 133. Vermag der Markscheider nicht an ein gegebenes Dreiecksnetz der Landesaufnahme anzuschließen, so ist er genötigt, ein unabhängiges Dreiecksnetz zu legen, das in den meisten Fällen nur eine geringe Ausdehnung haben wird.

Wenn die Oberflächenverhältnisse es gestatten, so überspanne man die ganze Fläche mit einem einzigen großen möglichst gleichseitigen Dreiecke, dessen Winkel genau und überzählig oft gemessen werden. Eine Seite dieses Hauptdreiecks wird zur Rechnungsbasis gemacht und die Lage der drei Punkte durch Koordinaten bestimmt. Die Eckpunkte dieses Dreiecks sind im Vergleich mit dem früher Gesagten Punkte erster Ordnung, woran die Punkte niederer Ordnung in der besprochenen Weise angeschlossen werden.

Reicht ein einziges Dreieck nicht aus, so wird man zwei oder mehrere Dreiecke erster Ordnung aneinanderreihen und zwei Seiten dieses Netzes entweder unmittelbar messen oder als Rechnungsbasis bestimmen.

Leitet man die Länge der zweiten Basis aus der ersten Basis ab, so wird der durch Rechnung gefundene Wert Br infolge der unvermeidlichen Fehler immer etwas von dem gemessenen Wert Bm abweichen.

Der Quotient dieser beiden Werte $\frac{Bm}{Br} = q$ ist der Verbesserungskoeffizient, mit dem alle vorläufigen Koordinaten der Dreieckspunkte, die man aus der ersten Basis erhalten hatte, zu multiplizieren sind.

Bequemer führt man die Berechnungen aus, wenn man nur die Verbesserungen ermittelt, welche den vorläufigen Koordinaten $\mathfrak{x}_1, \mathfrak{x}_2, \mathfrak{x}_3 \ldots$ $\mathfrak{y}_1, \mathfrak{y}_2, \mathfrak{y}_3 \ldots$ zuzufügen sind, um die endgültigen $x_1, x_2, x_3 \ldots$ $y_1, y_2, y_3 \ldots$ zu erhalten.

Dies geschieht, wenn $q - 1 = \frac{Bm - Br}{Br}$ ist, nach den Formeln:

$$y_1 = \mathfrak{y}_1 + (q-1)\mathfrak{y}_1, \qquad x_1 = \mathfrak{x}_1 + (q-1)\mathfrak{x}_1$$
$$y_2 = \mathfrak{y}_2 + (q-1)\mathfrak{y}_2, \qquad x_2 = \mathfrak{x}_2 + (q-1)\mathfrak{x}_2$$
$$\text{usw.} \qquad \qquad \text{usw.}$$

Vergl. GAUSS, trigonometrische und polygonometrische Messungen § 103.

Dieses Verfahren wird in den einfachen Fällen und auch dann ausreichen, wenn der Markscheider ein Kettennetz zur Bestimmung zweier wichtiger bergmännischer Punkte, z. B. zum Zweck einer Durchschlagsangabe, gelegt hat. Bei einem ausgedehnteren Gruppennetze sind andere Ausgleichsverfahren einzuschlagen, die ausführlich dargelegt sind von J. H. Franke, „Die Dreiecksnetze vierter Ordnung als Grundlagen geodätischer Detailaufnahmen“, München 1871, und von Prof. G. Ziegelheim, „Über die Ausgleichung trigonometrischer Kleinnetze“ (Leobener Berg- und hüttenmännisches Jahrbuch 1884, 22. Band).

Die Dreieckspunkte sind vor der Messung zu vermarken.

§ 134. Die Polygonmessungen. Allgemeines. Die Polygonmessung über Tage soll im engsten Anschlusse an die gegebenen Dreieckspunkte das Netz der festen Punkte vervollständigen.

Man unterscheidet Hauptpolygonzüge und Nebenpolygonzüge.

Die Hauptpolygonzüge sollen stets von einem Dreieckspunkte ausgehen und in einem solchen enden.

Die Nebenpolygone sollen von einem polygonometrisch festgelegten Punkte ausgehen und an einem solchen wieder enden.

Hierbei sind stets die Anschlußwinkel zu messen, d. h. die Winkel, welche die erste und die letzte Polygonseite mit einer Dreiecksseite bezw. Polygonseite einschließen. Bei den Hauptpolygonen ist die gestreckte Form möglichst anzustreben. Häufig treffen sich die von verschiedenen Dreieckspunkten ausgehenden Hauptpolygonzüge in dem gemeinschaftlichen Knotenpunkte. Soviel es sich mit den obigen Grundsätzen vereinbaren läßt, sollen die Seiten der Polygone so gelegt werden, daß die Stück- oder Einzelvermessung daran angeschlossen werden kann. Für das Legen der Nebenpolygonzüge ist ausschließlich die Rücksicht auf die Stückvermessung maßgebend.

Zur Herstellung des einer Aufnahme zugrunde liegenden Netzes wird die Polygonmessung allein über Tage nur ausnahmsweise angewendet, und dann nur für Flächen von geringem Umfange und in nicht übersichtlichem, z. B. bewaldetem Gelände. Hierbei werden immer geschlossene Polygone aneinandergereiht in den mannigfaltigsten Anordnungen.

Unter Tage dagegen bei den eigentlichen Markscheiderarbeiten muß die Polygonmessung immer die Grundlage der Aufnahmen abgeben.

Eine Prüfung der unterirdischen Polygonzüge, wie sie über Tage der Anschluß an die Dreieckspunkte gewährt, kann nur dann erfolgen, wenn die Grubenräume durch viele und weit voneinander enfernte Schächte mit der Tagesoberfläche in Verbindung stehen. Leider wird bei dem immer mehr in die Tiefe hinabgehenden Bergbau die Anzahl der kostspieligen Schächte geringer, ferner sind die Grubenpolygone nicht immer geschlossene, und gerade bei den wichtigsten mit großer Verantwortung verbundenen Arbeiten sind offene Polygonzüge zu vermessen, die man über Tage fast immer vermeiden kann.

Das Verfahren der Messung, die Berechnung der Polygone und die Ausgleichung der Fehler in Polygonen sind sowohl über Tage als in der Grube in den Hauptsachen gleich und sollen zunächst im allgemeinen behandelt werden. Erst später wird von den Grubenmessungen im besonderen die Rede sein.

Die Polygonmessung zerfällt in Längen- und Winkelmessung.

Die Längenmessung wird meistens mit dem Stahlmeßbande ausgeführt, bei wichtigen Arbeiten in der Grube auch mit Stäben an der gespannten Schnur entlang. (Vgl. das Kapitel über Längenmessung.)

Die Winkelmessung geschieht mit dem Theodoliten oder mit der Bussole (Kompaß). Mit dem Theodoliten werden die Brechungswinkel oder Polygonwinkel, mit der Bussole die Streichwinkel, d. h. die Neigungswinkel gegen die als Abszissenachse geltende Magnetlinie, der einzelnen Seiten gemessen.

Für die Berechnung der Polygone ist ein zweckmäßiges Formular bei der Fehlerausgleichung auf S. 262 angewendet.

Außerdem findet sich zu § 140 die Berechnung eines geschlossenen Polygones nach einem einfacheren Formulare.

Bei Ausführung der Rechnungen bedenke man, daß jeder Rechenfehler sich fortpflanzt. Die Rechnung ist deshalb stets zweimal und getrennt auszuführen und zwar, wenn nicht gleichzeitig von zwei verschiedenen Personen, so doch von derselben Person in längeren Zeitabständen.

Man kann auch eine Sicherungsberechnung der Teilkoordinaten auf folgende Weise vornehmen:

$$125{,}272 \,.\, \sin 23 = 125 \sin 23 + 0{,}272 \sin 23.$$

$$\begin{array}{rl} \log 125{,}272 = & 2{,}09785 \\ \sin 23^0 = & \underline{9{,}59188} \\ \log & 1{,}68973,\ Z = 48{,}948 \end{array}$$

$$\begin{array}{rl} \log 125 + \log \sin 23^0 = & 1{,}68879,\ Z = 48{,}842 \\ \log 125 = & 2{,}09691 \\ \log \sin 23^0 = & 9{,}59188 \\ \log 0{,}272 = & \underline{9{,}43457} \\ \log 0{,}272 + \log \sin 23^0 = & 9{,}02645,\ Z = \underline{0{,}106} \\ \text{Summe} & 48{,}948. \end{array}$$

Die Prüfung der abgeleiteten Azimute ist schon im § 119 besprochen.

Die Richtigkeit der Koordinaten, die nach und nach durch algebraische Addition der Teilkoordinaten entstehen, prüft man dadurch, daß man alle Teilkoordinaten addiert und zum ersten y hinzufügt, dann muß man das letzte y erhalten. In gleicher Weise verfährt man mit den Abszissen.

Zur Prüfung berechnet man offene Polygonzüge auch wohl zum zweiten Male in umgekehrter Ordnung vom Endpunkte der ersten Berechnung zum Anfangspunkte.

Geschlossene Polygone zerlegt man (vgl. Beispiel § 140) in zwei möglichst gleiche Hälften und berechnet von einem Punkte ausgehend beide Zweige in verschiedenen Richtungen bis zu einem gemeinschaftlichen Schlußpunkte.

§ 135. Die Fehler in den Polygonzügen. Der Besprechung der Fehler ist die Bedeutung einiger Zeichen vorauszuschicken. In Fig. 274 möge das ausgezogene Polygon von *a* bis *b* die wirkliche Lage, die punktierte Linie von *a* bis *e* die Lage des Zuges angeben, die man aus den unverbesserten (die Messungsfehler enthaltenden) Teilkoordinaten erhalten hat.

Die einzelnen unverbesserten Teilkoordinaten werden mit deutschen Buchstaben $\Delta\mathfrak{y}$ und $\Delta\mathfrak{x}$, die verbesserten mit lateinischen Δy und Δx bezeichnet. Die eckigen Klammern bedeuten die Summen.

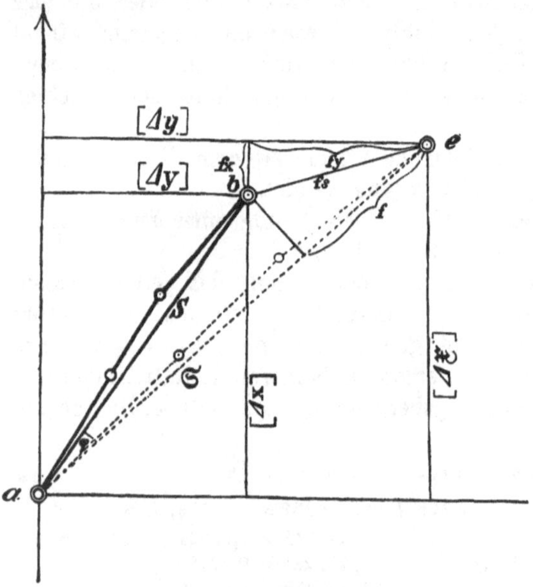

Fig. 274. Bezeichnung der Fehler in Polygonzügen.

Z. B. $[\Delta\mathfrak{y}]$ ist die Summe der unverbesserten Teilkoordinaten. Der Fehler in der Ordinatensumme wird mit fy, der in der Abszissensumme mit fx bezeichnet, $fs = \sqrt{\overline{fyfy} + \overline{fxfx}}$ ist der lineare Schlußfehler. Den Gesamtlängenfehler nennt man f (in Fig. 274). Die an den Teilkoordinaten anzubringenden Verbesserungen werden mit den Buchstaben $v_1, v_2 \ldots$ für die Ordinaten, $w_1, w_2 \ldots$ für die Abszissen bezeichnet. Man gibt den Fehlern und den Verbesserungen gleiche Vorzeichen.

Den Ergebnissen der Polygonmessung werden stets größere oder kleinere Unrichtigkeiten anhaften, die von den während der Messung gemachten Fehlern herrühren.

Die Fehler sind zum Teil vermeidliche, zum Teil unvermeidliche.

Die vermeidlichen sind solche, die durch fehlerhafte Instrumente und durch Unachtsamkeit entstehen, die unvermeidlichen Fehler haben ihre Quelle darin, daß die Meßinstrumente nie ganz vollständig berichtigt werden können und auch während des Messens ihren Zustand verändern, ferner in der Unvollkommenheit der menschlichen Sinnesorgane, mit denen die Beobachtungen ausgeführt werden.

Den vermeidlichen Fehlern kann man ausweichen, die unvermeidlichen müssen nach bestimmten Methoden so ausgeglichen werden, daß aus den gewonnenen Ergebnissen der wahrscheinlichste Wert gefunden wird.

Es ist nicht immer leicht zu bestimmen, ob ein Schlußfehler von vermeidlichen oder von unvermeidlichen Fehlern herkommt.

Einzelne grobe vermeidliche Fehler lassen sich, wenn im übrigen nur unvermeidliche Fehler vorliegen, zuweilen auffinden.

1. Einfluß einer unrichtig gemessenen Länge. Ist eine Länge falsch gemessen, so werden alle folgenden Polygonpunkte parallel der Richtung dieser falsch gemessenen Linie um die Fehlerlänge verschoben. Ist das Polygon ein geschlossenes, oder schließt es an einen durch seine Koordinaten gegebenen Punkt an, so wird man den Schlußfehler, namentlich wenn er bedeutend ist, z. B. einer Bandlänge gleich ist, darauf zu prüfen haben, ob die Verschiebung parallel einer Polygonseite stattgefunden hat. Hierdurch ist es möglich, wenn der Zug nicht ein gestreckter ist, die verdächtige Seite aufzufinden und nachzumessen.

2. Der Einfluß eines falsch gemessenen Winkels.

War zur Messung der Winkel der Theodolit angewendet, so wird die Folge sein, daß der ganze folgende Zugteil um den Punkt A, wo der Fehler begangen war, als Drehpunkt eine dem Fehlerwinkel entsprechende Schwenkung macht. In Fig. 275 ist $ABCD$ die richtige

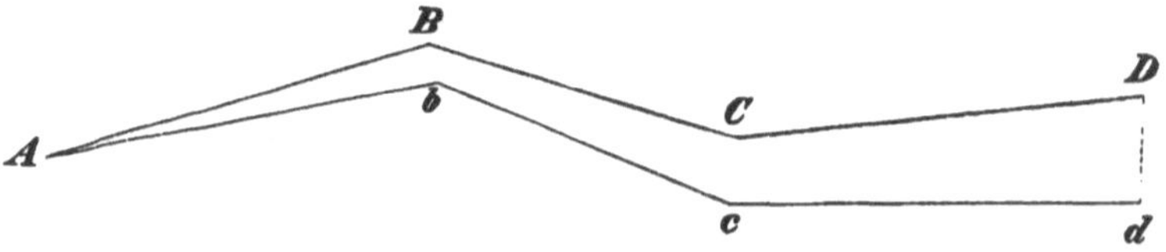

Fig. 275. Folgen eines Winkelfehlers im Theodolitzuge.

Lage des Zuges, $Abcd$ die falsche Lage. Die Abstände der mit gleichen Buchstaben bezeichneten Punkte werden immer größer, d. h. die aus dem falsch gemessenen Winkel entspringenden Fehler wachsen proportional der Zuglänge. Der eine falsche Azimut macht alle nachfolgenden Azimute ebenfalls falsch.

Aus der nachfolgenden Tabelle ist zu ersehen, wie groß bei einem Winkelfehler von 1 bis 5 Minuten der Schlußfehler von 100—1000 m ist.

Winkelfehler	Schlußfehler bei einer Länge von					
Minuten	100	200	400	600	800	1000
1	0,029	0,058	0,116	0,174	0,233	0,291
2	0,058	0,116	0,233	0,349	0,465	0,582
3	0,088	0,174	0,349	0,524	0,698	0,873
4	0,116	0,233	0,465	0,698	0,931	0,116
5	0,145	0,290	0,582	0,872	1,164	1,45 m

Ist das Polygon ein geschlossenes, oder schließt es an einen festen Punkt an, so versucht man mit einer auf Pauspapier gefertigten Kopie des zugelegten Zuges, ob durch Drehung des Polygonteiles um einen

Polygonpunkt der durch die Messung gefundene Schlußpunkt auf den gegebenen Schlußpunkt gebracht werden kann.

War ein Winkel mit der Bussole falsch gemessen, so wird, da jeder Streichwinkel unabhängig vom vorhergehenden ermittelt wird, nur eine parallele Verschiebung des ganzen folgenden Zugstückes herbeigeführt.

In Fig. 276 ist *ABCDE* die richtige Lage. Die infolge des bei *A* falsch gemessenen Streichwinkels unrichtige Lage ist durch punktierte Linien angedeutet. Der Fehler in dem einen Streichwinkel beeinflußt den Azimut von *AB*, nicht aber die Azimute der folgenden Seiten.

Ein solcher Fehler läßt sich durch obigen Versuch nicht auffinden.

Der Umstand, daß bei der Berechnung eines Theodolitzuges alle Fehler der Polygonwinkel in die Neigungswinkel gegen die Abszissen-

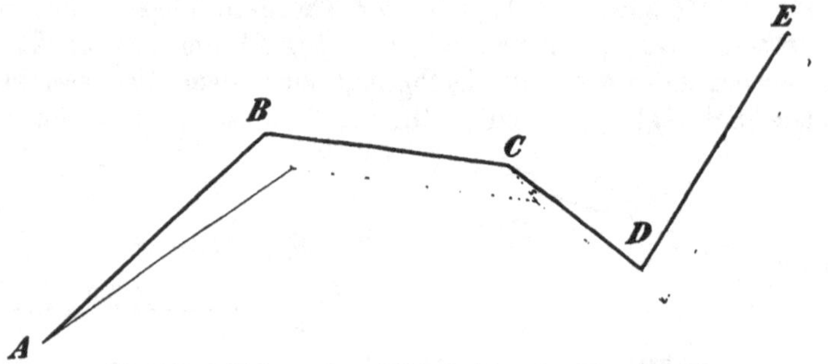

Fig. 276. Folgen eines Winkelfehlers im Kompaßzuge.

achse (Azimute) übergehen, dagegen bei dem Kompaßzuge die Azimute unmittelbar, und zwar unabhängig voneinander abgelesen werden und die dabei gemachten Fehler sich leichter gegenseitig aufheben, ermöglicht bis zu einer gewissen Grenze den Wettbewerb des Kompasses mit dem Theodoliten.

§ 136. Fehlergrenzen. Mittlere Fehler. Ist mehr als ein Fehler in der Messung vorhanden, so werden die beiden besprochenen etwas rohen Untersuchungen nicht ausreichen, oder höchstens annähernd, wenn einer der Fehler sehr überwiegt.

Ist der Schlußfehler einer Messung so groß, daß man ihn nicht mehr auf unvermeidliche Ursachen zurückführen darf, so ist die Messung zu wiederholen. Die Grenze der unvermeidlichen Fehler für Polygonmessungen hat man durch Erfahrungen ermittelt und z. B. für das Katasterwesen im preußischen Staate (Anweisung IX § 39) folgendes festgesetzt:

Der Gesamtwinkelfehler eines geschlossenen Polygons oder eines Polygonzuges zwischen zwei gegebenen Dreieckspunkten soll den Betrag von $1{,}5\sqrt{n}$ Minuten nicht übersteigen, worin n die Anzahl der Polygonwinkel einschließlich der beiden Anschlußwinkel des Polygonzuges ist. In dem geschlossenen 11seitigen Polygone (Fig. 280) würde der Grenzfehler 4,96 Min., in dem gestreckten Polygone (Fig. 277) 3,6 Min. sein.

Für genaue Grubenmessungen dürfte $0{,}75\sqrt{n}$ anzunehmen sein.

Der Gesamtfehler der Teilkoordinaten, der lineare Schlußfehler $fs = \sqrt{fy.fy + fx fx}$ darf höchstens:

I.	unter günstigen Verhältnissen		$= 0{,}01\sqrt{4[s] + 0{,}005\ [s]^2}$
II.	„ mittleren	„	$= 0{,}01\sqrt{6[s] + 0{,}0075\,[s]^2}$
III.	„ ungünstigen	„	$= 0{,}01\sqrt{8[s] + 0{,}01\ [s]^2}$

sein, in welchen Formeln $[s]$ die Summe der Seitenlängen bedeutet. Die Formeln würden im geschlossenen Polygon (Fig. 278) für jeden der 3 Fälle bezw. 0,4, 0,5, 0,58 m, und im Polygonzug (Fig. 277) bezw. 0,68, 0,83, 0,96 m ergeben.

Die allgemeinen in dieser Beziehung veralteten Vorschriften für die Markscheider im preußischen Staate vom 21. Dez. 1871 setzen für Präzisionsmessungen mit dem Theodoliten eine Fehlergrenze in der Längsausdehnung von 1 : 1600 und in der seitlichen Abweichung von 1 : 3000 fest, für Kompaßmessungen ebenfalls 1 : 1600 in der Länge, aber 1 : 1000 in der seitlichen Abweichung. Bei den einfacheren Messungen wird nur die Hälfte der Genauigkeit verlangt.

Nach diesen Verhältniszahlen kann man für eine bestimmte Zuglänge, z. B. 2100 m, den linearen Schlußfehler berechnen.

$$fx \text{ oder } fy = \frac{2100}{1600} = 1{,}31, \quad fy \text{ oder } fx = \frac{2100}{3000} = 0{,}7,$$

$$fs = \sqrt{1{,}31^2 + 0{,}7^2} = \pm 1{,}48 \text{ m}.$$

Nach den Katastervorschriften würde unter günstigen Verhältnissen der zulässige lineare Schlußfehler für 2100 m sein = 1,74 m, für ungünstige = 2,18 m.

Werden die obigen Grenzen nicht überschritten, so dürfen die Fehler als unvermeidliche angesehen und nach bestimmten Methoden ausgeglichen werden.

Hat man durch Wiederholungen eine Anzahl (n) gleichwertiger Beobachtungen erhalten, so findet man durch die Wahrscheinlichkeitsrechnung 1) den mittleren Fehler, d. h. den Fehler, den man bei einer Einzelbeobachtung zu befürchten hat, $m = \sqrt{\frac{[v^2]}{n-1}}$, 2) den durchschnittlichen Fehler $d = \frac{[\pm v]}{n}$, 3) die Unsicherheit des arithmetischen Mittels $\mu = \sqrt{\frac{[v^2]}{n.n-1}}$, 4) den wahrscheinlichen Fehler $w = \frac{2}{3} m$, d. h. den Fehler, der bei einer Reihe von Beobachtungen ebensooft überschritten als nicht erreicht wird.

Beispiel:

Eine Länge sei 10mal mit denselben Hilfsmitteln gemessen.

N		v	v^2
1	124,650	+ 8,3	68,89
2	32	− 9,7	64,09
3	47	+ 5,3	28,09
4	30	− 11,7	136,89
5	52	+ 10,3	106,09
6	37	− 4,7	22,09
7	43	+ 1,3	1,69
8	45	+ 3,3	10,89
9	39	− 2,7	7,29
10	42	+ 0,3	0,09
Mittel	= 124,6447	$[v] = 0$	476,10 = $[v^2]$

$$m = \sqrt{\frac{476,10}{9}} = \sqrt{52,90} = 7,27 \text{ mm}$$

$$\mu = \sqrt{\frac{476.10}{90}} = \sqrt{5,29} = 2,3 \text{ mm}$$

$$w = \frac{2}{3} m = 4,85 \text{ mm}$$

$$d = \frac{57,6}{10} = 5,76 \text{ mm}.$$

Der Mittelwert des bei jeder Einzelbeobachtung zu befürchtenden Fehlers wird durch Vermehrung der Beobachtungen nicht erheblich geändert, dagegen wird der Fehler des arithmetischen Mittels durch vermehrte Beobachtungen bei gleichbleibenden m vermindert, er ist für 4, 9, 16 ... n Beobachtungen $\frac{1}{2}, \frac{1}{3}, \frac{1}{4} \ldots \frac{1}{\sqrt{n}}$ so groß als der Mittelfehler der einzelnen Beobachtung.

Ungleichwertige Beobachtungen. Es kommt vor, daß einzelne Ermittelungen einen größeren Genauigkeitsgrad haben oder, wie man sich ausdrückt, ein größeres Gewicht. Man führt dieses so in die Rechnung ein, daß man sich vorstellt, statt der einzelnen Beobachtung seien so viele dasselbe Ergebnis liefernde gemacht worden, wie die Gewichtszahl p der in Frage kommenden Beobachtung angibt.

Z. B. eine Linie sei 4 mal gemessen. Die erste Messung 144,621 hält man für die beste, die zweite 144,615 für weniger gut, aber noch für besser, als die beiden letzten sonst gleichwertigen Messungen 144,630 und 144,610. Nach Schätzung gibt man der ersten Messung die Gewichtszahl 3, der zweiten 2 und den beiden letzten 1. Zum Auffinden des arithmetischen Mittels setzt man:

1.	144,621
2.	144,621
3.	144,621
4.	144,615
5.	144,615
6.	144,630
7.	144,610
Mittel	144,619

Der mittlere Fehler einer Einzelbeobachtung für das Gewicht $p_1 = m_1 = \sqrt{\frac{[pv^2]}{(n-1)p_1}}$, für das Gewicht $p_2 = m_2 = \sqrt{\frac{[pv^2]}{(n-1)p_2}}$

$$\mu = \sqrt{\frac{[pv^2]}{(n-1)[p]}}.$$

Zahlenbeispiel:

N	p	Winkel x	$p\,x''$	v	$p\,v$	v^2	$p\,v^2$
1	4	73° 14′ 11,3	45,2	− 1,55	− 6,20	2,402	9,61
2	5	7,4	37,0	+ 2,35	+ 11,75	5,522	27,61
3	3	12,3	36,9	− 2,55	− 7,65	6,502	19,51
4	6	8,8	52,8	+ 0,95	+ 5,70	0,902	5,41
5	5	9,0	45,0	+ 0,75	+ 3,75	0,562	2,81
6	5	10,6	53,0	− 0,85	− 4,25	0,722	3,61
7	4	9,5	38,0	+ 0,25	+ 1,00	0,062	0,25
8	5	9,0	45,0	+ 0,75	+ 3,75	0,562	2,81
9	3	12,3	36,9	− 2,55	− 7,65	6,502	19,51
[p] = 40		73° 14′ 9,75	389,8		[pv] = 0		[pv²] = 91,13

$$M = 73^0\,14'\,\frac{389,8}{40} = 73^0\,14'\,9,75 \qquad m_2 = \sqrt{\frac{91,13}{8.5}} = \pm 1,50''$$

$$m_1 = \sqrt{\frac{91,13}{8.4}} = \pm 1,67'' \qquad \mu = \sqrt{\frac{91,13}{8.40}} = \pm 0,533.$$

Fehlerfortpflanzungsgesetze. 1. Der mittlere Fehler M einer Größe X, die durch Multiplikation eines konstanten Faktors a mit einer Größe x entstanden ist, deren mittlerer Fehler m_x ist, ist gleich dem Produkt $a m_x$.

Z. B. ein Winkel sei mit dem mittleren Fehler $\pm 8''$ gemessen. Wird der dreifache Wert dieses Winkels in eine Rechnung eingeführt, so ist der mittlere Fehler dieses Winkels $\pm 3 \times 8'' = \pm 24''$.

2. Der mittlere Fehler M einer Größe X, die gleich ist der Summe oder Differenz mehrerer Größen $x, y, z \ldots$, deren mittlere Fehler m_x, m_y, $m_z \ldots$ sind, ist gleich für

$$X = x + y + z \ldots \; M = \pm \sqrt{m_x m_{\mathfrak{x}} + m_y m_{\mathfrak{y}} + m_z m_{\mathfrak{z}} + \ldots}$$

3. Haben die Größen sämtlich den gleichen mittleren Fehler, so ist $M = m\sqrt{n}$.

Beispiel zu 2. Auf einem Standpunkt seien drei Winkel gemessen, deren mittlere Fehler bezw. $\pm 5''$, $\pm 10''$, $\pm 7''$ sind. Aus den drei Winkeln sei ein vierter durch Addition und Subtraktion berechnet, alsdann ist der mittlere Fehler

$$M = \pm \sqrt{25 + 100 + 49} = \pm 13''.$$

Beispiel zu 3. In einem Dreieck sind zwei Winkel mit gleicher Genauigkeit gemessen und der mittlere Fehler sei $\pm 5''$. Berechnet man daraus den dritten Winkel des Dreiecks, so ist dessen mittlerer Fehler

$$= \pm \sqrt{2} = \pm 7''.$$

§ 137. Die Ausgleichung von Fehlern in den Polygonzügen.

Durch die Ausgleichung werden die Fehler nicht weggeschafft, sondern nur auf alle Punkte des Zuges möglichst gleichmäßig verteilt, so daß die Anhäufung von Fehlern an einer Stelle vermieden wird.

Die Ausgleichung der Fehler in Polygonzügen ist ausführlich behandelt von F. G. Gauss, „Trigon. und polygonom. Rechnungen“, von Franke, „Die Grundlehren der trigonometrischen Vermessungen im rechtwinkeligen Koordinatensystem“, Leipzig 1879 und von Professor A. von Miller-Hauenfels, „Die höhere Markscheidekunst“. Ferner sind in der Anweisung IX des preußischen Grundkatasters Beispiele gegeben.

Die meisten der in obigen Werken vorgeschlagenen Methoden sind etwas umständlich und mühsam und der Markscheider wird in seinem engeren Berufskreise sehr selten in die Lage kommen, diese umständlichen Methoden anzuwenden. Es scheint deswegen ausreichend, auf die obigen Werke zu verweisen und nur die einfacheren Ausgleichsverfahren zu behandeln, die für sorgsam ausgeführte Messungen auch genügen.

Vor der Behandlung des Gegenstandes sind einige Bemerkungen über die Umstände vorauszuschicken, welche auf die Fehlerentstehung in den markscheiderischen Messungen und in den rißlichen Darstellungen von Einfluß sind.

Die markscheiderischen Grubenmessungen muß man streng scheiden in zusammenhängende Züge und in stückweise aneinander gereihte Messungen. Die ersteren sind Präzisionsmessungen oder Durchschlagszüge, die anderen, die Nachtragsmessungen, sind behufs rißlicher Darstellung der Grubenräume ausgeführt.

Der Grubenriß entsteht nach und nach. Er wird angelegt, sobald die ersten Grubenräume vorhanden sind, und die später aufgefahrenen Strecken werden in gewissen Zeitabständen gemessen und auf dem Grubenrisse nachgetragen. Bei diesen Nachtragszügen muß an die früheren Messungen angeschlossen werden und ihre Richtigkeit ist wesentlich von der guten Erhaltung der alten Markscheiderzeichen abhängig.

Eine etwaige Verschiebung eines solchen Anschlußpunktes wirkt, wenn der Nachtragszug mit dem Kompaß erfolgte, wie ein Winkelfehler (vgl. Fig. 276). Der Zug wird um so viel parallel mit sich selbst verschoben, als sich die Lage des Anfangspunktes im horizontalen Sinne geändert hat.

Müssen die Nachtragungen aber mit dem Theodoliten ausgeführt werden, so ist die gute Erhaltung der Anschlußpunkte viel wichtiger. Gewöhnlich werden, wenn nicht alle, jedenfalls doch die zwei oder drei letzten Winkelpunkte eines Zuges in der Firste vermarkt, mit deren Hilfe der neue Zug sich gewissermaßen als Fortsetzung an die frühere Messung anschließt. Ist eines der Anschlußzeichen aus seiner ursprünglichen Lage gewichen und ist dadurch die Anschlußlinie um einen Winkel verschwenkt, so wird dies die in Figur 275 § 135 dargestellten Folgen haben.

Wenn nur ein einziges Anschlußzeichen vorhanden ist, so muß der Theodolitzug mittels des Magneten orientiert werden, da die Herholung der Orientierung vom Schachte, wo sie durch die Lotmethode erhalten wurde, zu zeitraubend sein würde.

Mit den jetzigen Hilfsmitteln können die Magnetorientierungen zwar bis zu großer Winkelgenauigkeit gebracht werden, wenn aber eine größere Anzahl solcher Orientierungen beim Nachtragen erforderlich ist, so nehmen sie bei Anwendung der besten Methoden sehr viel Zeit in Anspruch und verursachen solche Kosten, daß man sich mit einem einfacheren, aber auch weniger genauen Verfahren begnügt. Der durch die Orientierung verursachte Fehler vergrößert sich wie ein Winkelfehler proportional der Länge des Zuges. (Vgl. Fig. 275.)

Am sichersten wird ein mit dem Theodoliten ausgeführter Nachtragszug durch Einrechnung (vgl. § 174) orientiert, wenn seine beiden Endpunkte an zwei möglichst weit voneinander entfernte Markscheiderzeichen anschließen.

Ferner wirkt auf die Richtigkeit der Nachtragsmessungen sehr nachteilig der Umstand, daß sie häufig während des Betriebes gemacht werden müssen. Durch die Förderung, durch den von den Sprengstoffen erzeugten Rauch u. dgl. werden Störungen herbeigeführt, die ein genaues Messen beeinträchtigen und den Markscheider zu schnellem Arbeiten nötigen.

Aus dem Gesagten geht zur Genüge hervor, daß, wenn nicht besonders günstige Umstände vorliegen, die Grubenrisse durch das nach und nach erfolgende Nachtragen leicht fehlerhaft werden.

Leider sind die günstigen Umstände, festes Nebengestein, das die Zeichen unversehrt erhält, und häufige Verbindung der Grubenräume mit der Tagesoberfläche, selten vorhanden. In den ausgedehnten Steinkohlengruben Westfalens, die meistens nur zwei nahe beieinander gelegene Schächte besitzen und wo selbst in den ausgemauerten Querschlägen und Strecken die Markscheiderzeichen nicht immer vor Verschiebungen geschützt sind, ist deshalb vorgeschrieben, von Zeit zu Zeit zusammenhängende Präzisionsmessungen durch die Grubenräume auszuführen, mit deren Hilfe die allmählich eingeschlichenen Fehler ausgemerzt werden können.

Die Fehlerbeurteilungen in den Grubenpolygonen können sich selbstverständlich nur auf solche ebenerwähnte zusammenhängende Polygonzüge beziehen oder auf die sogenannten Durchschlagszüge, die der Markscheider zur Angabe wichtiger technischer Anlagen auszuführen hat.

Bei der Ausgleichung der Fehler in den Polygonzügen haben wir drei Fälle zu unterscheiden:

1. der Polygonzug ist ein offener und nur der Anfangspunkt ist gegeben;

2. der Polygonzug ist ein offener und der Anfangs- und Endpunkt sind gegeben;

3. der Polygonzug ist ein geschlossener.

Zu 1. Offene Polygonzüge, von denen nur der Anfangspunkt gegeben ist, werden über Tage möglichst vermieden und wenn sie doch vorkommen, so haben sie nur eine geringe Ausdehnung; dagegen bestehen die Durchschlagszüge stets aus solchen offenen Polygonzügen. Sie sind bekanntlich immer wichtige und zum Teil mit großer Verantwortlichkeit verbundene Arbeiten, bei denen der höchste Grad der Genauigkeit verlangt wird. Der Markscheider muß sich deshalb hinreichende Gewißheit über die Richtigkeit seiner ersten Messung verschaffen und das kann bei solchen Polygonen nicht anders geschehen, als durch ein- oder mehrmalige Wiederholung desselben Zuges. Da bei Zug und Gegenzug mit demselben Instrumente und mit derselben Sorgfalt gearbeitet wird, so ist es wissenschaftlich vollkommen gerechtfertigt, wenn der Markscheider zur Ausgleichung etwa vorhandener Unstimmigkeiten das arithmetische Mittel aus den Schlußergebnissen aller Messungen nimmt und daraufhin seine Durchschlagsangaben macht.

§ 138. **Der offene Polygonzug mit gegebenem Anfangs- und Endpunkt** kommt sowohl über Tage als auch bei Grubenmessungen häufig vor. Hierbei sind zwei Fälle zu unterscheiden. Entweder lassen sich die beiden Anschlußwinkel der ersten und letzten Polygonseite messen oder nicht.

Da der Fall, in dem die Anschlußwinkel nicht gemessen sind, mit der Einrechnung eines Grubenzuges im § 174 vollständig übereinstimmt, so soll hier nur der Fall besprochen werden, wenn die Anschlußwinkel gemessen sind.

Das Verfahren ergibt sich aus dem nachstehenden Beispiele einer Tagemessung (Fig. 277).

Der Azimut der Dreiecksseite $as = 30^0 15' 20''$, der Seite $fg = 17^0 44' -''$. Der Anschlußwinkel $sab = 72^0 3' 30''$, $efg = 93^0 12' 30''$, und die Polygonwinkel sind der Reihe nach: bei $b = 163^0 18' -''$, bei $c = 202^0 21' 25''$, bei $d = 152^0 12' 15''$, bei $e = 204^0 22' 30''$.

Entwickelt man aus dem Azimut der Dreiecksseite *as* und aus den gemessenen Polygonwinkeln den Azimut der Dreiecksseite *fg*, so erhält man 17° 45′ 30″, also einen Unterschied von 1′ 30″. Diese Abweichung ist auf die vier Polygonwinkel und auf die beiden Anschlußwinkel zu verteilen und zwar gleichmäßig, wenn, wie im Beispiel, die Längen der Polygonseiten nicht wesentlich voneinander abweichen und demzufolge die Winkel mit derselben Genauigkeit gemessen werden konnten. Die verbesserten Polygonwinkel sind in der Figur über die gemessenen geschrieben.

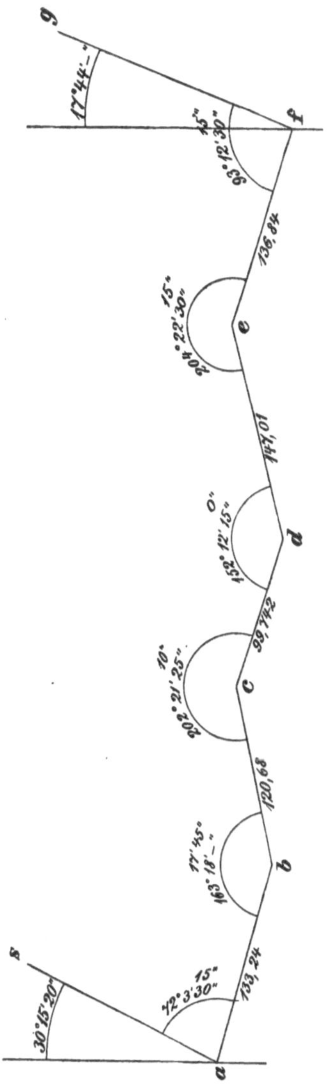

Fig. 277. Offener Polygonzug mit Anschlußpunkten.

Die Tagepolygone wird man fast immer so legen können, daß alle Winkel mit gleichmäßiger Schärfe gemessen werden können, aber in der Grube wird man dies nicht immer erreichen, da in den engen und unregelmäßigen Räumen Winkel mit zwei kurzen Schenkeln oder mit einem kurzen und einem langen Schenkel nicht zu vermeiden sind, auch steil aufgerichtete Schenkel vorkommen. In einem solchen Falle ist der Fehler nicht gleichmäßig auf alle Winkel, sondern nach dem umgekehrten Verhältnis ihrer Schenkellängen zu verteilen. Dieses Verhältnis wird man jedoch nicht ängstlich genau berechnen, sondern sich mit dem Abschätzen begnügen.

Mit den verbesserten Polygonwinkeln leitet man die Azimute ab und berechnet die Teilkoordinaten.

Die Berechnung kann nach umstehendem Formulare (S. 262) ausgeführt werden.

Durch Addition der Teilkoordinaten und der Koordinaten des Anfangspunktes *a* erhält man für den Punkt *f*

die Koordinaten	+ 933,328	+ 751,128
die gegebenen Werte sind	+ 933,116	+ 751,008
daher ist	$fy = -\ 0{,}212$,	$fx = -\ 0{,}120$

Der lineare Schlußfehler $fs = 0{,}2436$, und der Gesamtlängenfehler $f = 0{,}163$.

Standpunkt	linker Schenkel	rechter Schenkel	Polygonwinkel P Gr.	M.	S.	Neigungswinkel $N = N_n - 1 + P_n \pm 180$ Gr.	M.	S.	Söhlige Länge S Meter	log sin N / log S / log cos N	log S sin N / log S cos N	Teil-Ordinaten + Meter	Teil-Ordinaten − Meter	Teil-Abszissen + Meter	Teil-Abszissen − Meter	Koordinaten Ordinaten ±	Ordinaten Meter	Abszissen ±	Abszissen Meter	Punkt
			(30	15	20)	30	15	20				310,632	•	810,241		+	310,632	+	810,241	*a*
	s				15					9,989 90	2,114 53	− 44			− 25					
a			72	3	30	102	18	35	133,240	2,124 63		130,177			28,406	+	440,765	+	781,810	*b*
		b								9,328 78	1,453 41									
	a			17	45					9,988 72	2,080 36	− 40		− 23						
b			163	18	—	85	36	20	120,680	2,081 64		120,325		9,247		+	561,050	+	791,034	*c*
		c								8,884 36	0,966 00									
	b				10					9,978 31	1,977 13	− 33			− 18					
c			202	21	25	107	57	30	99,742	1,998 88		94,883			30,753	+	655,900	+	760,263	*d*
		d								9,489 01	1,487 89									
	c				0					9,993 56	2,160 91	− 49		− 28						
d			152	12	15	80	9	30	147,010	2,167 35		144,847		25,128		+	800,698	+	785,363	*e*
		e								9,232 81	1,400 16									
	d				15					9,985 88	2,122 09	− 46			− 26					
e			204	22	30	104	31	45	136,840	2,136 21		132,464			34,329	+	933,116	+	751,008	*f*
		f								9,399 45	1,535 66									
			824	31	45							933,328		751,128						
4 . 180			720						[s] = 637,5		gegeben =	933,116		751,008						
			104	31	45						fy =	−0,212	fx =	−0,120						

Die Größe f findet man aus dem Unterschied der Werte L und l. L ist gleich dem Abstande des Anfangs- und Endpunktes nach den gegebenen Koordinaten $= 625{,}328$

l ist derselbe Abstand nach den unverbesserten Koordinaten $= 625{,}491$

$f = \quad 0{,}163$

Unter Umständen kann es zweckmäßig sein, den in den Längen steckenden Fehler f zum Teil dadurch auszuscheiden, daß man die Koordinaten mit $q = \frac{L}{l} = \frac{625{,}328}{625{,}491} = 0{,}99974$ multipliziert, oder was bequemer ist, die Verbesserungen der Teilkoordinaten nach den Formeln:

$$v_1 = (q-1)\,\Delta\mathfrak{y}_1 \qquad w_1 = (q-1)\,\Delta\mathfrak{x}_1$$
$$v_2 = (q-1)\,\Delta\mathfrak{y}_2 \qquad w_2 = (q-1)\,\Delta\mathfrak{x}_2$$
$$\text{usw.} \qquad\qquad \text{usw.}$$

berechnet und zu $\Delta\mathfrak{y}_1$, $\Delta\mathfrak{y}_2$ ... $\Delta\mathfrak{x}_1$, $\Delta\mathfrak{x}_2$ ... algebraisch hinzugefügt. $q - 1 = \frac{L-l}{l} = 0{,}00026$.

Die numerische Berechnung würde folgendes ergeben:

Verbesserungen

für $\Delta\mathfrak{y}$		für $\Delta\mathfrak{x}$	
$v_1 = 130 \times 0{,}00026$	$= -0{,}034$	$w_1 = 28 \times 0{,}00026$	$= -0{,}007$
$v_2 = 121$ „ „	$= -0{,}031$	$w_2 = 9$ „ „	$= -0{,}002$
$v_3 = 100$ „ „	$= -0{,}026$	$w_3 = 31$ „ „	$= -0{,}008$
$v_4 = 147$ „ „	$= -0{,}038$	$w_4 = 25$ „ „	$= -0{,}006$
$v_5 = 137$ „ „	$= -0{,}036$	$w_5 = 34$ „ „	$= -0{,}009$
$[v]$	$= -0{,}165$	$[w]$	$= -0{,}032$
fy	$= -0{,}212$	fx	$= -0{,}120$
Restfehler	$= -0{,}047$		$-0{,}088$

Würde man die berechneten Verbesserungen an den einzelnen Teilkoordinaten anbringen, so würden immer noch die Restfehler $-0{,}047$ und $-0{,}088$ bleiben, die nach einem der nachstehend behandelten Verfahren auszugleichen wären.

Die vorstehende Vernichtung des Gesamtlängenfehlers läßt die Neigungswinkel der einzelnen Seiten unberührt.

In den folgenden Ausgleichsberechnungen ist der Gesamtlängenfehler nicht vorher ausgeschieden.

§ 139. Die einfachen Ausgleichsverfahren. Die Fehler in den Ordinaten fy und Abszissen fx werden jeder für sich auf alle Polygonpunkte verteilt, und zwar kann dies bei den einfachen Methoden geschehen nach dem Verhältnis

1. der Längen der Polygonseiten $[s]$,
2. der absoluten Längen der Teilordinaten $[\Delta\mathfrak{y}]$ bezw. der Teilabszissen $[\Delta\mathfrak{x}]$,

3. der Summen aus den Längen und den Teilordinaten $[s + \Delta\mathfrak{y}]$ bezw. den Teilabszissen $[s + \Delta\mathfrak{x}]$. Die Zahlenwerte $\Delta\mathfrak{y}$ und $\Delta\mathfrak{x}$ sind absolut ohne Rücksicht auf ihr Vorzeichen zu nehmen.

Erstes Verfahren. Die Summe der Längen im Beispiel des vorhergehenden Paragraphen $[s]$ = rund 638. Die Verbesserungen kann man berechnen wie folgt:

$$638 : 0{,}212 = 133 : v_1, \quad v_1 = -\frac{133 . 0{,}212}{638} = -0{,}044$$

usw.

$$638 : 0{,}120 = 133 : w_1, \quad w_1 = -\frac{133 . 0{,}120}{638} = -0{,}025$$

usw.

Bequemer ist die Rechnung, wenn man die in jeder Rechnung wiederkehrende Größe, und zwar für die Ordinaten $\frac{0{,}212}{638} = 0{,}00033$, für die Abszissen $\frac{0{,}12}{638} = 0{,}00019$ berechnet und hiermit jede einzelne Länge multipliziert.

$$\begin{aligned}
v_1 &= 133 \times 0{,}00033 = -0{,}044 & w_1 &= 133 \times 0{,}00019 = -0{,}025 \\
v_2 &= 121 \text{ „ „ } = -0{,}040 & w_2 &= 121 \text{ „ „ } = -0{,}023 \\
v_3 &= 100 \text{ „ „ } = -0{,}033 & w_3 &= 100 \text{ „ „ } = -0{,}018 \\
v_4 &= 147 \text{ „ „ } = -0{,}049 & w_4 &= 147 \text{ „ „ } = -0{,}028 \\
v_5 &= 137 \text{ „ „ } = -0{,}046 & w_5 &= 137 \text{ „ „ } = -0{,}026 \\
[v] &= -0{,}212 & [w] &= -0{,}120
\end{aligned}$$

Zweites Verfahren. Die Summe der Teilkoordinaten ist rund = 623, die der Teilabszissen = 128.

Man bildet in gleicher Weise wie vorher die Werte $\frac{0{,}212}{623} = 0{,}00034$ und $\frac{0{,}120}{128} = 0{,}00094$ und multipliziert die einzelnen $\Delta\mathfrak{y}$ mit der ersten, die einzelnen $\Delta\mathfrak{x}$ mit der zweiten Zahl.

$$\begin{aligned}
v_1 &= 130 \times 0{,}00034 = -0{,}044 & w_1 &= 28 \times 0{,}00094 = -0{,}026 \\
v_2 &= 120 \text{ „ „ } = -0{,}041 & w_2 &= 9 \text{ „ „ } = -0{,}009 \\
v_3 &= 95 \text{ „ „ } = -0{,}033 & w_3 &= 31 \text{ „ „ } = -0{,}029 \\
v_4 &= 145 \text{ „ „ } = -0{,}049 & w_4 &= 25 \text{ „ „ } = -0{,}024 \\
v_5 &= 132 \text{ „ „ } = -0{,}045 & w_5 &= 34 \text{ „ „ } = -0{,}032 \\
[v] &= -0{,}212 & [w] &= -0{,}120
\end{aligned}$$

Drittes Verfahren. Die Summe aus den Längen und den Teilordinaten bezw. Teilabszissen = 638 + 623 = 1261, bezw. 638 + 128 = 766.

Man bildet die Werte $\frac{0{,}212}{1261} = 0{,}00017$, $\frac{0{,}120}{766} = 0{,}00016$ und mit diesen Zahlen werden die jedesmaligen Summen von s und $\Delta\mathfrak{y}$, bezw. s und $\Delta\mathfrak{x}$ multipliziert.

$v_1 = (133 + 130) \times 0{,}00017 = -0{,}044$	$w_1 = (133 + 28) \times 0{,}00016 = -0{,}026$
$v_2 = (121 + 120)$ „ „ $= -0{,}041$	$w_2 = (121 + 9)$ „ „ $= -0{,}020$
$v_3 = (100 + 95)$ „ „ $= -0{,}033$	$w_3 = (100 + 31)$ „ „ $= -0{,}020$
$v_4 = (147 + 145)$ „ „ $= -0{,}049$	$w_4 = (147 + 25)$ „ „ $= -0{,}028$
$v_5 = (137 + 132)$ „ „ $= -0{,}045$	$w_5 = (137 + 34)$ „ „ $= -0{,}026$
$[v] = -0{,}212$	$[w] = -0{,}120$

Es ist vorgeschlagen worden, bei den obigen drei Verfahren nicht die einfachen Zahlen der Seitenlängen und Teilkoordinaten, sondern deren Quadrate zugrunde zu legen. Die Rechnung ist aber für die etwa zu erreichende größere Genauigkeit viel zu umständlich und zeitraubend.

Von den drei angeführten Verfahren verdient das erste, die Ausgleichung nach dem Verhältnis der Seitenlängen vor allen anderen den Vorzug Nur ist dagegen einzuwenden, daß es im allgemeinen etwas größere Änderungen der Winkel, als das nächstfolgende Verfahren, bedingt.

Das zweite Verfahren kann aber unter Umständen zu ganz unbrauchbaren Ergebnissen führen. Wenn beispielsweise die Mehrzahl der Polygonseiten mit der Abszissenachse annähernd parallel läuft und wenige, zugleich kurze Strecken, vorhanden sind, die mit der Ordinatenachse nahezu parallel laufen, so wird der Ordinatenfehler *fy* lediglich auf die zu diesen kurzen Strecken gehörigen Teilordinaten geworfen, welche dadurch in unzulässiger Weise verändert werden.

Das dritte Verfahren vereinigt die Vorteile der beiden ersten Verfahren, ohne die unter Umständen möglichen Nachteile in der Anwendung jedes einzelnen gleich schroff hervortreten zu lassen, entbehrt aber der wünschenswerten Einfachheit.

Bei gestreckten Polygonen liefern alle drei Verfahren nahezu dieselben Ergebnisse, wie die vorstehenden Beispiele zeigen. Die Verbesserungen werden mit dem entsprechenden Vorzeichen (in farbiger Tinte) über die Teilkoordinaten geschrieben und die Koordinatensummen mit den verbesserten Teilkoordinaten gebildet, wie aus dem Beispiel zu ersehen ist.

§ 140. Das geschlossene Polygon. Vor Berechnung der Azimute der einzelnen Seiten sind die Winkel eines geschlossenen Polygons darauf zu prüfen, ob ihre Summe gleich $2nR - 4R$ ist. Zeigt sich ein Unterschied und übersteigt er nicht die zulässige Grenze (vergl. § 136), so ist der Fehler gleichmäßig auf alle Winkel zu verteilen. Dies ist, wie schon erwähnt, nur dann richtig, wenn alle Winkel mit derselben Genauigkeit gemessen waren, im anderen Falle sind die Fehler schätzungsweise im umgekehrten Verhältnisse der Schenkellängen zu verteilen.

Das verschlungene geschlossene Polygon wird bei der Landmessung sich selten als notwendig erweisen, kann dagegen dem Markscheider leicht vorkommen.

In dem in Fig. 278 dargestellten Falle liegen zwei Stollen übereinander und die Baue der beiden Stollensohlen sind durch die flache Strecke *ef* verbunden. Das durch diese Baue gemessene 9 seitige Polygon bildet die Schleifen *I* und *II*. Die Summe der Polygonwinkel beträgt in diesem Falle $2nR$, man muß aber die inneren Polygonwinkel der einen Schleife und die äußeren Winkel der anderen Schleife zusammenrechnen. In Fig. 278 sind die fünf inneren Polygonwinkel der Schleife $I = 631^0 20'$, die vier äußeren Winkel der Schleife $II = 988^0 40'$, Summe $= 1620^0 = 2nR$.

Hat das Polygon eine zweimalige Kreuzung von Polygonseiten, so ist die Winkelsumme wieder $2nR - 4R$.

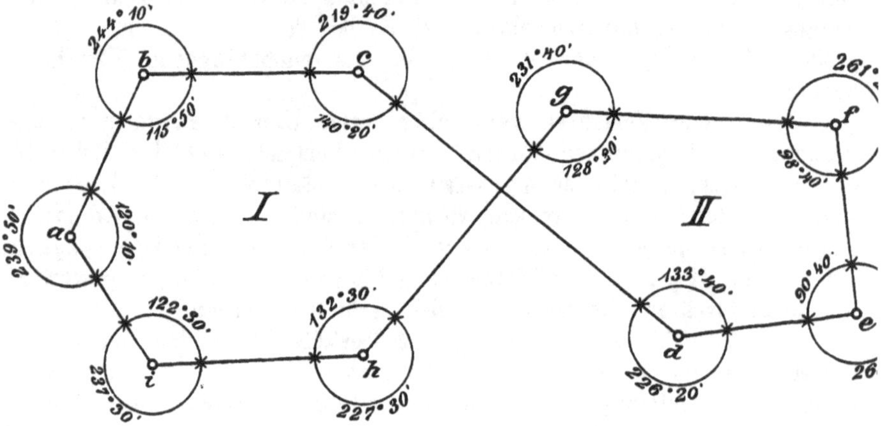

Fig. 278. Das verschlungene geschlossene Polygon.

Das Ausgleichen der Winkel im geschlossenen Polygon hat nur zur Folge, daß bei der Azimutableitung der Polygonseiten am Schluß der Azimut der Anfangsseite sich wieder ergeben muß, nicht aber, daß die Summen der Teilkoordinaten gleich Null werden.

Ein geschlossenes Polygon berechnet man zweckmäßig auf folgende an einem Beispiel erläuterte Weise. Das elfseitige Polygon (Fig. 279) zerlegt man sich nach vorheriger Winkelabgleichung in zwei Teile oder Zweige und berechnet von dem Punkte 1 ausgehend erst den Zweig 1, 2, 3, 4, 5, 6, 7 und dann wieder von 1 ausgehend den anderen Zweig in der Richtung 1, 11, 10, 9, 8, 7 und erhält nach der in einem einfacheren Formular dargestellten Berechnung für den Punkt 7 zwei Koordinatenwerte, und zwar:

aus dem oberen Zweige	+ 122,249	+ 22,170
„ „ unteren „	+ 122,075	+ 22,272
Demnach ist	$fy =$ 0,174	$fx =$ 0,102

Standpunkt	Signal linkes	Signal rechtes	Polygonwinkel Gr.	Polygonwinkel M.	Polygonwinkel S.	Azimut Gr.	Azimut M.	Azimut S.	Söhlige Länge Meter	Teilordinaten $\Delta \mathfrak{y}$ +	Teilordinaten $\Delta \mathfrak{y}$ −	Teilabszissen $\Delta \mathfrak{x}$ +	Teilabszissen $\Delta \mathfrak{x}$ −	Koordinaten Ordinaten ±	Koordinaten Ordinaten Meter	Koordinaten Abszissen ±	Koordinaten Abszissen Meter	Punkt
1										− 19		+ 11			0,000		0,000	1
			(22	10	20)	22	10	20	32,670	12,358		30,254		+	12,339	+	30,265	2
2	1									− 22		+ 13			37,723		7,374	
		3	236	47	33	78	57	53	38,456	37,745		7,361		+	50,062	+	37,639	3
3	2									− 17			+ 10		29,281		− 4,051	
		4	198	55	41	97	53	34	29,578	29,298			4,061	+	79,343	+	33,588	4
4	3									− 7		+ 4			11,053		3,578	
		5	154	12	15	72	5	49	11,623	11,060		3,574		+	90,396	+	37,166	5
5	4									− 10		+ 6			17,842		0,358	
		6	196	46	19	88	52	8	17,856	17,852		0,352		+	108,238	+	37,524	6
6	5									− 12			+ 7		13,924		− 15,303	
		7	228	49	8	137	41	16	20,703	13,936			15,310	+	122,162	+	22,221	7
			1037	41	16				150,886	122,249	= $[\Delta \mathfrak{y}_1]$	22,170	= $[\Delta \mathfrak{x}_1]$					
			900															
			137	41	16													
1	2									+ 22			− 13		0,000		0,000	1
		11	103	49	6	125	59	26	37,962	30,715			22,309	+	30,737	−	22,322	11
11	1									+ 11		− 6			17,830		6,316	
		10	124	28	32	70	27	58	18,907	17,819		6,322		+	48,567	−	16,006	10
10	11									+ 17			− 10		29,674		− 0,361	
		9	200	12	44	90	40	42	29,659	29,657			0,351	+	78,241	−	16,367	9
9	10									+ 19		− 11			31,260		9,580	
		8	162	15	14	72	55	56	32,680	31,241		9,591		+	109,501	−	6,787	8
8	9									+ 18		− 11			12,661		29,008	
		7	130	36	30	23	32	26	31,653	12,643		29,019		+	122,162	+	22,221	7
			(22	10	20)													
			743	32	26				150,861	122,075	= $[\Delta \mathfrak{y}_2]$	22,272	= $[\Delta \mathfrak{x}_2]$					
			720							122,249		22,170						
			23	32	26					0,174	= $f y$	0,102	= $f x$					

Die Fehler fy und fx werden zunächst auf beide Polygonteile I und II nach dem Verhältnis der Gesamtlängen jedes einzelnen Zweiges verteilt:

$$302:0{,}174 = \begin{cases} 151 : fy_{\text{I}} \\ 151 : fy_{\text{II}} \end{cases} \qquad 302:0{,}102 = \begin{cases} 151 : fx_{\text{I}} \\ 151 : fx_{\text{II}} \end{cases}$$

Da die Gesamtlängen beider Zugzweige fast gleich lang sind, so kommt auf jeden die Hälfte, und $fy_{\text{I u. II}} = 0{,}087$, $fx_{\text{I u. II}} = 0{,}051$.

Diese beiden Fehler werden in jedem einzelnen Zweige nach Verhältnis der Seitenlängen auf die Polygonpunkte verteilt, wie aus der Berechnung auf Seite 267 zu ersehen. Der Raumersparnis wegen ist ein einfacheres Formular als das auf Seite 262 verwendet worden.

Besteht eine Grubenmessung aus mehreren geschlossenen, sich aneinanderreihenden Polygonen, so gilt als Hauptregel, daß man wenige,

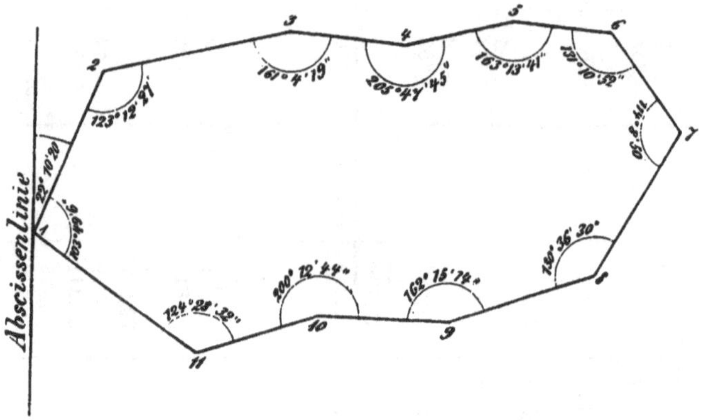

Fig. 279. **Berechnung eines geschlossenen Polygons.**

womöglich nur eins oder zwei, Hauptpolygone auswählt, die den größten Teil der Grube umfassen und die übrigen Polygone in sich einschließen, diese Hauptpolygone mit Sorgfalt (erforderlichenfalls zweimal) mißt und im Zusammenhange die Winkel und Koordinaten ausgleicht. Die übrigen Zugteile werden sodann als offene Polygonzüge behandelt, deren Endpunkte bereits festgelegt sind.

Für besondere Fälle geben die trig. und polyg. Rechnungen von Gauss zahlreiche Beispiele.

§ 141. Stückvermessung. Einzelmessung. Nachdem das zu vermessende Gelände mit einer hinreichenden Anzahl von Polygonzügen überdeckt ist, wird man nach Bedarf noch Linien einbinden und dann zur Stückvermessung übergehen. Unter einer eingebundenen Linie versteht man eine solche, die zwei gegebene Polygonseiten durchschneidet und deren Durchschnittspunkte eingemessen sind.

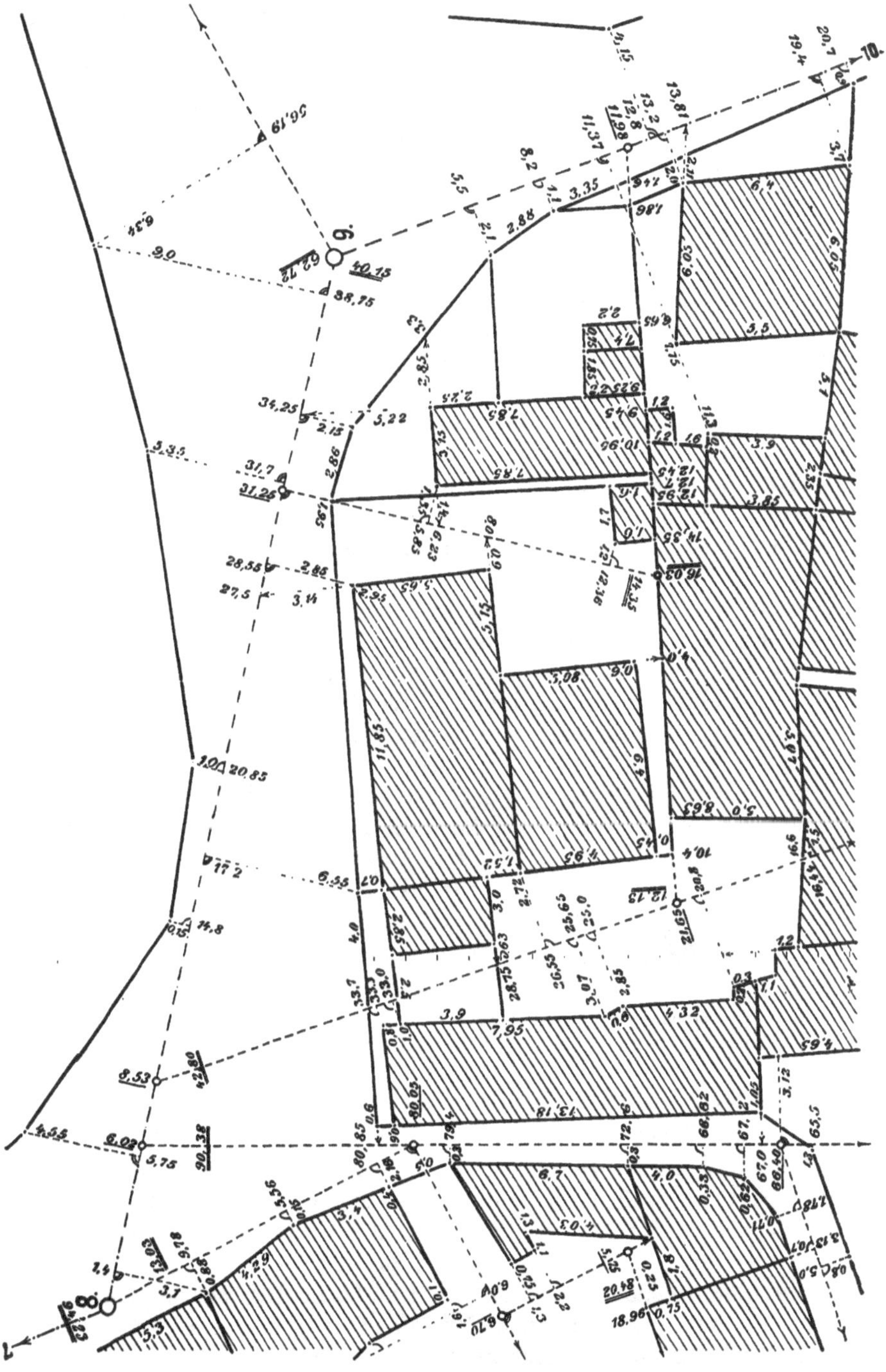

Fig. 280. Die Stückvermessung.

Die Stückvermessung erfolgt bei dem preußischen Kataster ausschließlich mittels Meßband, Winkelspiegel und Fluchtstäben nach der Koordinaten- oder Normalenmethode. Der Markscheider wird außer den genannten Hilfsmitteln, wo es angeht, auch die Bussole benutzen und dann Koordinaten- und Polarmethode zugleich anwenden.

Fig. 280 ist aus der genannten Katasteranweisung entnommen und gibt ein deutliches Bild des Meßverfahrens, der Skizzierung und der Schreibweise der Zahlen.

Die durch Messung gefundenen Zahlen sind rechtwinkelig gegen die Messungslinie, der sie als Abszissen angehören, fortlaufend zu schreiben, dergestalt, daß der Fuß der Zahlen nach dem Anfangspunkte der Messung hinweist. Dabei ist es zweckmäßig, das Abszissenmaß an den Fußpunkt der Ordinate möglichst auf die Seite der Messungslinie zu schreiben, auf der die Ordinate nicht liegt. Die Längen der Ordinaten werden längs dieser Linie geschrieben.

Die die ganze Länge der Linie angebende Zahl ist doppelt zu unterstreichen, die Maße für die Einbindepunkte der seitwärts abgehenden Messungslinien sind nur einmal zu unterstreichen.

Jede Gelegenheit, Versicherungsmaße zu erhalten, ist zu benutzen. Dies geschieht hauptsächlich dadurch, daß man die Grenzlinien von Grundstücken und namentlich von Gebäuden verlängert und in das Liniennetz einbindet. Solche eingebundenen Linien sind in ihrer ganzen Länge zu messen. Außerdem sind die Ecken der Gebäude und die Brechpunkte der Grenzlinien noch durch Ordinaten festzulegen, ferner sind die Längen und Breiten der Gebäude, so weit es geht, sämtlich unmittelbar als Versicherungsmaße zu messen und die Maße anzuschreiben.

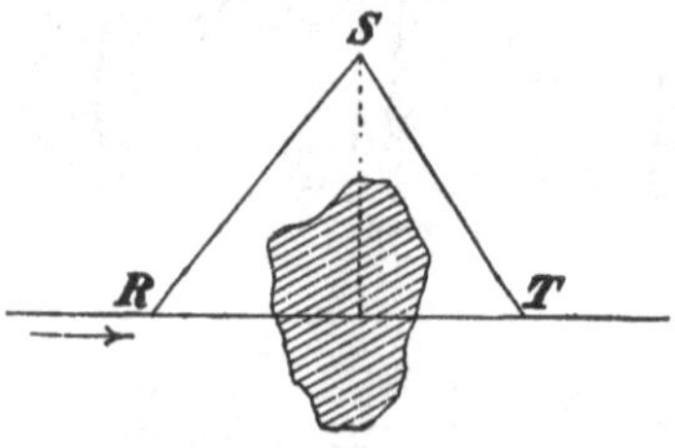

Fig. 281. Bestimmung eines Punktes durch Bogenschnitt.

Sind krumme Begrenzungslinien, z. B. ein Bachlauf aufzunehmen, so werden die Ordinaten von solchen Punkten der Bachgrenze auf die Polygonseite gefällt, zwischen denen das Ufer als geradlinig verlaufend angesehen werden kann.

Zuweilen ist es nicht möglich, eine Ordinate unmittelbar zu messen, z. B. die des Punktes S in Fig. 281, dann mißt man die Abszissen für R und T und die Längen RS und TS. Durch das Dreieck RST ist die Lage des Punktes S durch den Bogenschnitt bestimmt.

Die Länge der mit dem Winkelspiegel festgelegten Ordinaten sollte nicht über 25 m gehen, wo nach § 24 ein Fehler von $\pm$ 2,8 cm in der Punktbestimmung möglich ist. Die Ordinaten werden am zweckmäßigsten mit einem kleinen 10—20 m langen Stahl-Meßbande gemessen, auf dem die Teilung bis zu Zentimetern eingeätzt ist.

Die Stückvermessung mit der Bussole. Diese wird meistens gleich mit der Vermessung der Nebenpolygone verbunden. Fig. 282 zeigt einen Teil einer solchen Messung. Das Polygon geht von dem Dreieckspunkte *I* aus, teilt sich im Punkte *a* in zwei Arme, die später beide im Dreieckspunkte *II* wieder zusammentreffen. Dadurch, daß von jedem Polygonzweige dieselben Punkte angemessen werden (z. B. *f* von *c* und 2 aus), werden Bestätigungen und Prüfungen erzielt. Der Garten ist von der Polygonseite 3—4 durch die Koordinatenmethode und die Häusergruppe um den Punkt *c* durch die Polarmethode vermessen. Bei der Aufnahme eines Hauses wird die entferntere Ecke angezielt (z. B. von *c* aus die Ecke *d*) und die näheren Ecken durch Ordinaten auf die Linie *cd* angemessen.

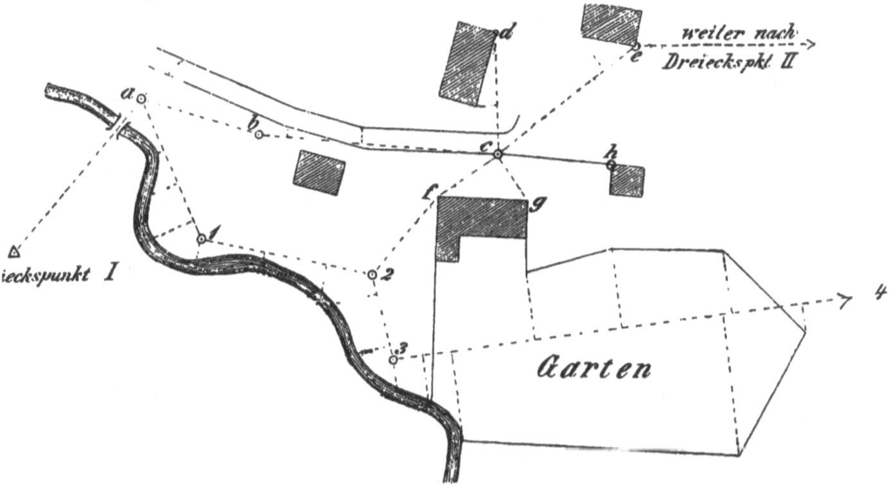

Fig. 282. Skizze einer Situationsaufnahme mit der Bussole.

Da die Bussole das Arbeiten mit Springständen gestattet, so können auch Häuserecken, Bäume und dergl. Polygonpunkte bilden, z. B. *f* und *e*.

Die vorstehenden Methoden werden auch angewendet zur selbständigen Vermessung kleinerer Flächen, ohne daß ein Netz durch Dreiecksmessung vorher festgelegt war.

Fehlt ein Winkelmeßinstrument, so wird man zunächst einige Hauptfiguren, Dreiecke oder mehrere sich rechtwinkelig kreuzende Linien, abpflöcken, die durch bloße Längenmessung bestimmt werden können und die die ganze zu messende Fläche umgeben bezw. überdecken, und wird dann wie bei der Stückvermessung weiter verfahren.

§ 142. Die polygonometrischen Grubenmessungen im besonderen. Man sprach vor nicht zu langer Zeit von höherer und niederer Markscheidekunst und verstand unter der höheren die Anwendung des Theodoliten und des Libellen-Nivellierinstrumentes zu Grubenmessungen, unter der niederen die Anwendung von Hängekompaß und Gradbogen. Diese Unterscheidung hat keinen Sinn, da der Markscheider alle genannten Instrumente gebrauchen wird und muß. Die Wahl der Instrumente und Methoden ist den jedesmaligen vorliegenden Verhältnissen entsprechend zu treffen.

Hierbei wirken häufig noch andere Umstände mit: die Beschaffenheit und Konstruktion der zur Verfügung stehenden Instrumente, die Liebhaberei und Gewohnheit der Markscheider in der Anwendung bestimmter Methoden und Instrumente, die sich zuweilen bis zur Voreingenommenheit steigert, die bessere oder geringere Geübtheit der Meßgehilfen ihre Zahl, die Bezahlung der Arbeit und dergl. mehr.

Die markscheiderischen Grubenmessungen zerfallen, wie schon erwähnt, in zusammenhängende (Präzisionsmessungen und Durchschlagszüge) und in solche, die behufs der rißlichen Darstellung ausgeführt werden.

Im allgemeinen kann man den Grundsatz aufstellen, daß behufs rißlicher Darstellung alle Gruben, in denen nur wenig Eisen verwendet wird, namentlich wenn häufige Verbindungen mit dem Dreiecksnetze über Tage vorhanden sind, lediglich mit dem Kompaß und dem Gradbogen vermessen werden können, daß dagegen in Gruben von größerer Ausdehnung, in denen eiserne Schienengestänge liegen und zum Grubenausbau Eisen verwendet wird, die Hauptstrecken und die Querschläge mit dem Theodoliten aufzunehmen sind. Die Neben- und Abbaustrecken, sowie solche Hauptstrecken, die sich in mehreren Punkten an das mittels des Theodoliten festgelegte Polygon anschließen, können mit dem Kompaß, wenn es erforderlich erscheint, nach einer der im sechsten Kapitel beschriebenen Methoden vermessen werden.

Die Höhenangaben werden in den Hauptstrecken, wenn sie horizontal sind, mittels des Libelleninstrumentes, sonst mit dem Höhenkreise bestimmt, wobei die Längenmessungen mit dem freischwebenden Bande am leichtesten auszuführen sind. Für untergeordnete Höhenangaben ist der Gradbogen ausreichend, der bei Kompaßzügen auch stets hierzu benutzt wird.

Durchschlagszüge von einiger Ausdehnung und Wichtigkeit sind dagegen stets mit dem Theodoliten auszuführen und die Höhenangaben, wenn es möglich, mit dem Libellen-Nivellierinstrumente zu ermitteln.

§ 143. Der Grubenzug mit Kompaß und Gradbogen. Vor Beginn einer jeden markscheiderischen Arbeit sind die Instrumente, in diesem Falle: Hängekompaß, Gradbogen, Meterkette oder die Meßstäbe in der früher angegebenen Weise zu prüfen und zu berichtigen, außerdem sind mitzuführen ein kleiner zusammenlegbarer Maßstab, eine sogenannte Schmiege, ein oder mehrere Lote, kleine aus Knochen geschnitzte Vorstecker zur Befestigung von Kompaß und Gradbogen an geneigten Schnüren, einige Reservehaare für den Gradbogen und etwas Wachs.

Im Taschenbuche ist eine entsprechende Anzahl von Seiten und zwar so vorzurichten, daß die linke Seite das nachstehende Formular enthält, die rechte Seite für Skizzen und Bemerkungen frei bleibt.

Zeichen		Gradbogen			Kompaß			Flache Länge	Bemerkungen und Skizzen
von	bis	$\pm$	Gr	M	O W	Gr.	M.	Meter	

linke Seite — rechte Seite

Zuerst ist stets das Streichen der Orientierungslinie abzunehmen und im Taschenbuche nebst der Zeit der Beobachtung aufzuschreiben. Die Orientierungslinie ist ausführlich in den §§ 73 und 149 behandelt.

Der eigentlichen Grubenmessung geht bei neu aufgeschlossenen, dem Markscheider unbekannten Feldern eine Befahrung der aufzunehmenden Räume voraus. Hat die Messung die Nachtragung zum Zweck, so wird der Markscheider eine Pause von den bereits auf dem Risse befindlichen Grubenräumen mit sich führen, um eine Wiederholung von Messungen zu vermeiden und um die Anschlußpunkte (Markscheiderzeichen) leicht zu finden. Zum Anhängen des Kompasses und des Gradbogens werden Ketten aus feinem Messingdraht oder Hanfschnüre mittels der bekannten Pfriemen oder Schrauben und Nägel ausgespannt. Stehen mehrere Gehilfen zur Verfügung, so wird die Arbeit sehr gefördert, wenn mehrere Schnüre im voraus gespannt werden. (Vgl. § 19.) Die Schnüre nimmt man womöglich gleich und nicht zu lang, keinesfalls über 10 Meter, sobald aus den Gradbogenbeobachtungen und aus der flachen Schnur die Seigerteufen genau ermittelt werden sollen. Bei gleich langen Schnüren darf man nämlich annehmen, daß die unvermeidlichen Fehler in den Streichwinkeln und in den Seigerteufen sich leichter ausgleichen. Die kurzen Schnüre lassen sich ferner gleichmäßig straff spannen und die Fallwinkel werden mit dem Gradbogen genauer ermittelt, als an langen und deshalb sehr durchgebogenen Schnüren.

Wichtige Endpunkte dieser Schnüre, namentlich solche, die zum Anschluß an spätere Züge dienen sollen, oder solche, von denen mehrere Schnüre ausgehen, werden durch sogenannte Markscheiderzeichen in der Zimmerung oder in festem Gestein kenntlich gemacht. Umstehende Formen sind im Gebrauch.

Der gültige Punkt dieser Zeichen ist in der Figur 283 durch einen kleinen Kreis hervorgehoben. In der Grube wird an dieser Stelle ein Nagel oder eine Krampe eingeschlagen. Sehr zweckmäßig ist es, an einzelnen Zeichen selbst, oder in der Nähe auf eine dauerhafte Weise die Zeit kenntlich zu machen, zu welcher das Zeichen geschlagen wurde. Im festen Gestein kann es durch Einbauen der Jahreszahl geschehen (Jahresstufen).

In einigen Kohlengruben z. B. führt der Markscheider hölzerne Täfelchen mit sich, auf denen die Jahres- und Monatszahlen nebst laufenden Nummern eingebrannt sind, die in der Nähe der Zeichen an der Zimmerung befestigt werden.

Von jeder einzelnen Schnur wird Länge, Fallwinkel und Richtung bestimmt. Die gefundenen Zahlen werden sorgfältig und leserlich in das Taschenbuch nach dem vorgeschriebenen Formular eingetragen.

Von wichtigen Punkten, namentlich von den Anfangs- und Endpunkten eines Zuges, wird die Höhe über der Sohle oder auch der Abstand von der Firste durch sogenannte Seigerschnüre gemessen und

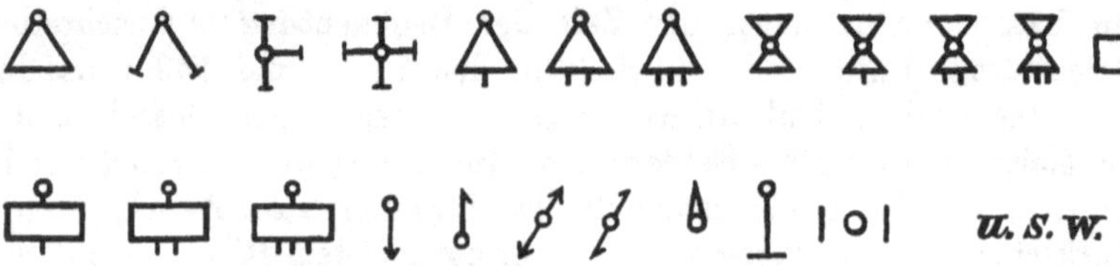

Fig. 283. Markscheiderzeichen.

in das Formular als Schnüre mit einem Fallwinkel von 90 Grad eingetragen. (Siehe Beispiel auf S. 277.)

Die Längen werden entweder mit der Meterkette oder an der Hanfschnur mit Stäben gemessen, der Fallwinkel mit dem Gradbogen unter Berücksichtigung der im § 110 besprochenen Regeln und die Richtung mit dem Hängekompaß ermittelt. Der letztere muß so angehängt werden, daß der Nordpunkt der Nullinie in der Zugrichtung vorausgeht.

Beim Ablesen des Streichens hat man, wenn irgend möglich, eine solche Stellung einzunehmen, daß die Sehlinie in die Richtung der Nadel fällt. Hierbei kann der Ableser zwei Stellungen einnehmen. Einmal kann die Nordspitze, das andere Mal die Südspitze der Nadel auf ihn gerichtet sein. Im ersteren Falle läuft die Bezifferung von links nach rechts, im anderen Falle von rechts nach links. Da nun die beiden Stellungen des Beobachters im Laufe der Messung oft wechseln, so ist ein Versehen nicht unmöglich und man sollte sich stets durch einen Blick vergewissern, nach welcher Seite die Bezifferung des Teilkreises zunimmt.

Man liest entweder nur an der Nordspitze oder an beiden Spitzen ab, dann ist aber immer die Nordspitze für die Weltgegend und bei einer Bezifferung des Teilkreises, die bis 360 Grad durchzählt, auch für die Gradzahl maßgebend. Legt man den Zug mit demselben Kompaß zu, so ist das Ablesen an der Nordspitze ausreichend, geschieht das

Zulegen nach berechneten Koordinaten, so muß an beiden Spitzen abgelesen und das Mittel genommen werden.

Zur Ausscheidung des schädlichen Einflusses der Variation mit Hilfe der Kurven eines selbstschreibenden Deklinatoriums ist es zweck-

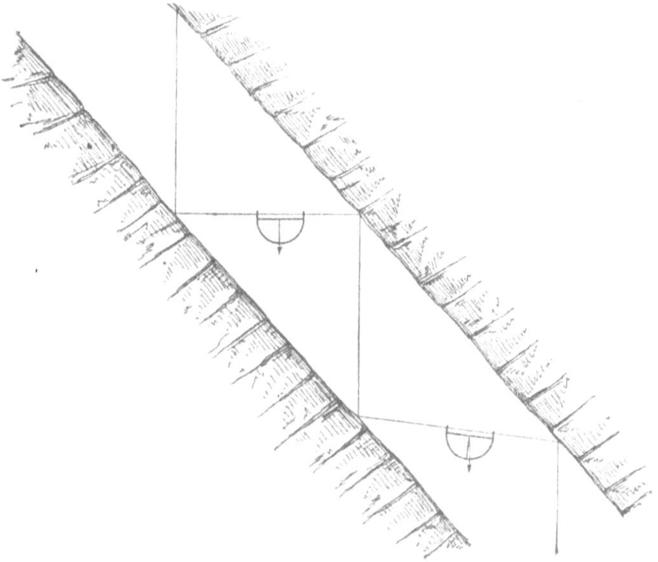

Fig. 284. **Ziehen in stark geneigten Strecken.**

mäßig, in gewissen Zwischenräumen bei den Kompaßstunden die Zeit der Ablesung im Taschenbuche zu vermerken.

Bei Besprechung der Instrumente ist schon angedeutet worden, daß stark geneigte Schnüre für Kompaß und Gradbogen zu Fehlerquellen werden können und auch mit anderen Unannehmlichkeiten verbunden sind. In stark geneigten Strecken oder tonnlägigen Schächten wird man deswegen gut tun, senkrechte Schnüre mit nahezu horizontalen abwechseln zu lassen, wie aus Fig. 284 zu ersehen ist.

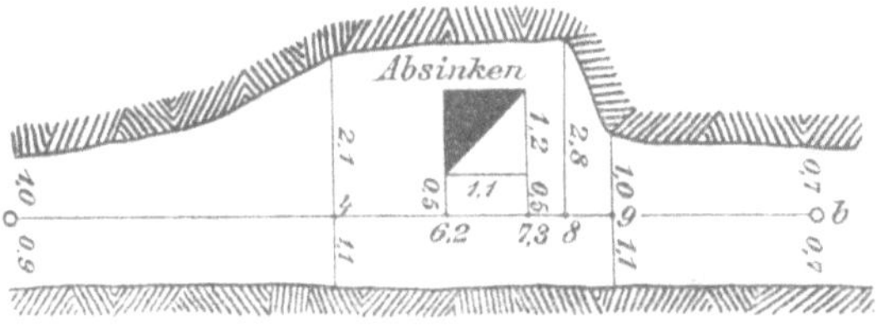

Fig. 285. **Aufnahme von Grubenräumen.**

Durch horizontale und seigere Ordinaten von geeigneten Punkten der einzelnen Schnüre wird die Gestalt der Grubenräume selbst, sowie alle für die Darstellung wichtigen Aufschlüsse aufgenommen. Dahin gehören die Mächtigkeit der Lagerstätte, die durchfahrenen Gebirgsschichten, Sprünge und Verwerfungen, gestoßene Sohlen- oder Firstenbohrlöcher, die Hängebänke von Absinken und dergl. mehr.

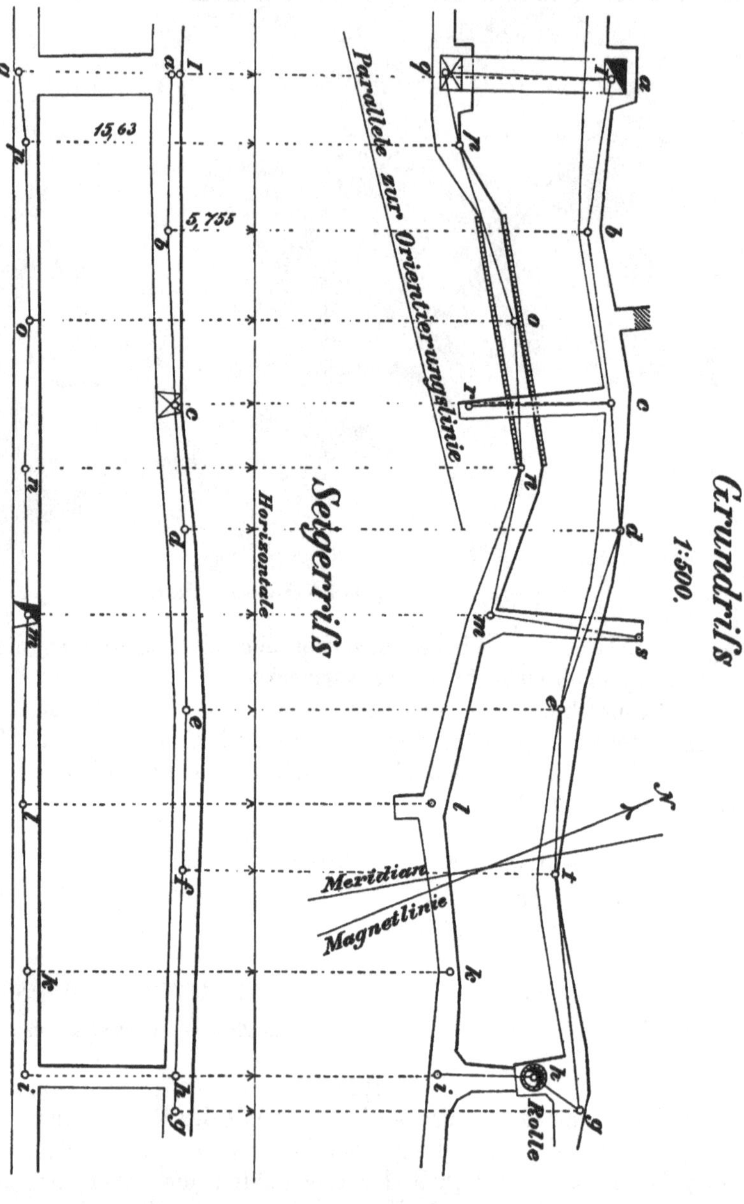

Fig. 286. Grund- und seigerrißliche Darstellung eines Kompaßzuges.

Beispiel eines Kompaßzuges.

Kompaßzug auf der n^{ten} Strecke der Grube *N N*. Streichen der Orientierungslinie 98° 10′ vorm. 10ʰ. Horizontale 5 m über dem Anfangspunkte. Aus festem Zeichen *I* in der Firste.

Zeichen	Kompaß			Sohle	Neigung der Schnur			Flache Länge der Schnur	Seigerteufe		Höhenzahl	Zeichen	
	O / W	Gr.	M.	Meter	+ / −	Gr.	M.	Meter	steigend +	fallend −	Meter		
											− 5,000	*I*	Geschlossenes Polygon
I					−	90	—			0,450	5,450	*a*	
a	O	121	10	9,99	−	1	45	10,00		0,305	5,755	*b*	
b	O	103	40	11,49	+	2	30	11,50	0,501		5,254	*c*	
c	O	108	—	8,58	+	3	50	8,60	0,575		4,679	*d*	
d	O	130	50	12,00	+	0	15	12,00	0,052		4,637	*e*	
e	O	114	30	10,95	−	1	30	10,95		0,287	4,914	*f*	
f	O	105	35	15,24	−	2	10	15,25		0,576	5,490	*g*	
g	W	52	5	3,82	−	0	5	3,82		0,006	5,496	*h*	
h					−	90	—			10,000	15,496	*h′*	
h′	W	24	55	6,83	−	2	30	6,84		0,298	15,794	*i*	
i	W	118	45	6,12	+	1	50	6,12	0,196		15,598	*k*	
k	W	104	50	11,41	−	0	35	11,41		0,116	15,714	*l*	
l	W	130	—	13,21	+	1	20	13,21	0,308		15,406	*m*	
m	W	123	50	10,24	−	1	10	10,24		0,209	16,615	*n*	
n	W	109	—	9,74	+	2	15	9,75	0,333		15,232	*o*	
o	W	94	15	12,13	−	1	50	12,14		0,388	15,620	*p*	
p	W	104	5	4,81	−	5	10	4,83		0,435	16,055	*q*	
q	O	27	10	11,55	+	42	30	15,68	10,593		5,462	*a*	
a					+	90	—		0,450		5,012	*I*	
									13,058	13,070			
c	W	20	30	9,50		—	—	9,50		13,058		*r*	Nebenschnüre
m	O	29	55	10,30		—	—	10,30		$f = 0{,}012$		*s*	

Die hierbei zu machenden Notizen werden in die auf der rechten freien Seite des Taschenbuches zu zeichnenden Skizzen eingetragen.

Bei Anfertigung dieser Skizzen sind folgende Regeln zu beobachten.

In Gruben mit unregelmäßigen Räumen (Gangbergbau) ist es zweckmäßig, jede einzelne Schnur für sich darzustellen (Fig. 285) und zwar, ohne Berücksichtigung des Streichens der einzelnen Schnur, stets so, daß sie die bei Ausführung des Zuges innegehaltene Richtung im Taschenbuche einer von links nach rechts gezogenen Linie entspricht. Werden von einer Schnur horizontale und seigere Ordinaten gemessen, so sind von dieser Schnur zwei Skizzen anzufertigen und die letztere ist durch die beigesetzten Buchstaben *Pr* (Profil) zu kennzeichnen. Ist der Zug verwickelt, so ist noch eine besondere Skizze anzufertigen, die sämtliche Schnüre im Zusammenhange in ihrer gegenseitigen Lage darstellt. In solchen Gruben, deren Strecken vorwiegend gleichen Querschnitt haben (Stein- und Braunkohlengruben), genügt meist diese zusammenhängende Skizze (Fig. 287) ohne die Einzeldarstellungen der Schnüre.

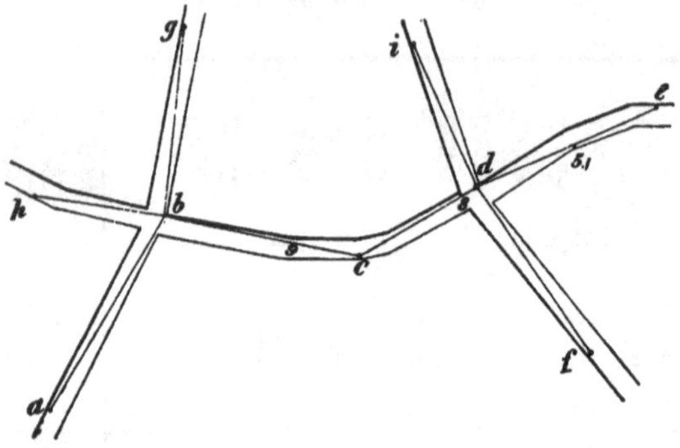

Fig. 287. Skizze von gemessenen Grubenräumen.

Die Winkelpunkte sind ohne Ausnahme mit laufenden Buchstaben oder Zahlen zu versehen, wo nicht Markscheiderzeichen an deren Stelle treten.

Besteht der Zug aus einem geschlossenen Polygon, so ist dieses für sich einzuschreiben und zu berechnen, die daraus abzweigenden

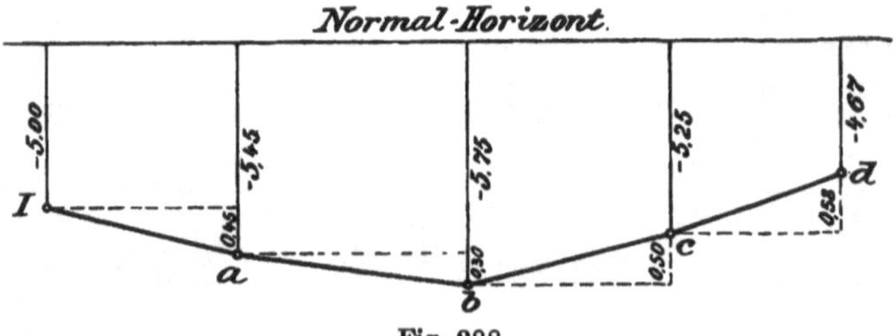

Fig. 288.

Nebenschnüre dahinter einzutragen. Zur weiteren Erläuterung dient das vorstehende Beispiel (S. 277). Fig. 289 zeigt, wie in diesem Beispiele die Höhenzahlen entstehen.

§ 144. Bestimmen von Streichen und Fallen der Gebirgsschichten. Das Streichen und Fallen der Gebirgsschichten oder der Sprünge und Verwerfungen, das in den Gruben häufig notwendig ist, wird mit dem Taschenkompasse auf folgende Weise gemessen.

Man legt eine kleine Fläche der zu untersuchenden Schicht frei und bestimmt zuerst die Fallrichtung, indem man die mit der Null-Linie parallel laufende Kante auf diese Fläche oder ein darauf gelegtes Brett aufsetzt und so lange verrückt, bis das um den Stift schwingende Pendel den größten Winkel zeigt (Fig. 289).

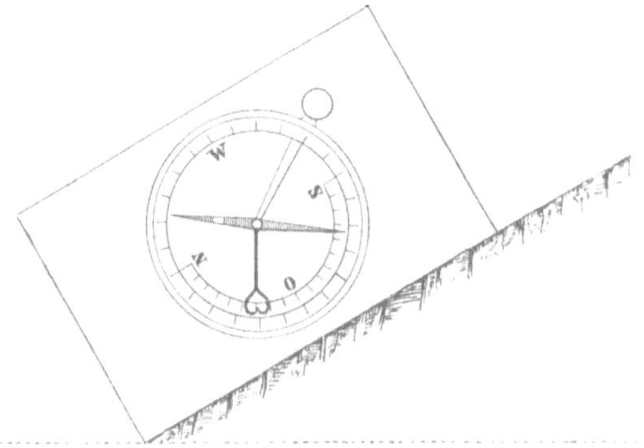

Fig. 289. **Bestimmung des Fallwinkels mit dem Taschenkompasse.**

Dieser Winkel ist der Fallwinkel und eine Linie rechtwinkelig zur Fallrichtung das Streichen der Gebirgsschicht.

Die Fallrichtung ist unter Umständen leicht dadurch zu finden, daß man die freie Schichtenfläche mit Staub bestreut und einen Wassertropfen darauf hinunterlaufen läßt.

Ist eine Gebirgsschicht in dem Querschnitt einer Strecke erkennbar, so kann man auch das Hängezeug anwenden.

Man befestigt in der einen Streckenwange auf dem Liegenden dieser Gebirgsschicht die Schnur und sucht auf derselben Schicht im anderen Streckenstoße mittels des an die Schnur gehängten Gradbogens einen Punkt, der mit dem ersteren in gleicher Höhe liegt. An diese horizontale Schnur hängt man den Kompaß und erhält mit dem Streichen dieser Schnur zugleich das Streichen der Gebirgsschicht. Spannt man rechtwinkelig zu dieser Schnur eine zweite, die zwei Punkte der Gebirgsschicht in der Sohle und in der Firste verbindet, so erhält man mit Hilfe des angehängten Gradbogens den Fallwinkel.

§ 145. Das Hängen der Stunde. Die Prahne. Der Markscheider hat häufig die Richtung von aufzufahrenden Strecken anzugeben oder, wie man hierfür kurz sagt: die Stunde zu hängen. Ist die Strecke bereits im Betriebe, so wird in dem Punkte, von dem aus die Richtung angegeben werden soll, in der Mitte der Strecke, und zwar in der Firste, ein Senkeleisen (Fig. 290) befestigt und daran die Schnur geschlungen. Das andere Ende dieser etwas schlaff gelassenen kurzen Schnur wird an der Streckenfirst so lange verrückt, bis der angehängte Kompaß den verlangten Richtungswinkel angibt. Der so gefundene zweite Punkt wird ebenfalls mit einem solchen Eisen bezeichnet und an beide werden Lote gehängt. Mit Hilfe dieser Lote kann man auf größere Entfernungen ein Grubenlicht leicht in die gehängte Stunde bringen und den so gefundenen Punkt beim Weitertreiben der Strecke zum Anhalten nehmen.

Fig. 290. Senkeleisen.

Da bei diesem Geschäfte die Grubenlichter benutzt werden, so nennt der Bergmann die durch die beiden Lote bezeichnete Linie auch die Feuerlinie und das Verlängern der Linie: das Feuer weiter tragen.

In Kohlengruben, die auf regelmäßig gelagerten Flözen bauen, ist es häufig nötig aus einer geraden Hauptstrecke eine größere Anzahl paralleler Strecken anzusetzen. Um deren Richtung anzugeben, bedient man sich eines Hängezeuges, das statt des Kompasses nur eine mit Gradteilung versehene massive Scheibe hat, um deren Mittelpunkt ein Diopterlineal drehbar ist. In der Mitte der Hauptstrecke spannt man unter Zuhilfenahme von Spreizen eine lange Schnur, stellt das Diopterlineal auf den Winkel, den die angesetzten Abbaustrecken mit der Hauptstrecke machen sollen und hängt den Apparat an den Ansatzpunkten der Abbaustrecken an die Schnur.

§ 146. **Die Theodolitzüge.** Diese Polygonzüge erhalten ein bestimmtes Gepräge durch die Methode der Messung, was in den Paragraphen, die von dieser Methode handeln, besprochen ist. Bezüglich der Länge der Polygonseiten gilt im allgemeinen die Regel, daß man, wenn ohne Benutzung des Höhenkreises gearbeitet wird, d. h. wenn die Höhenzahlen der Punkte durch geometrisches Nivellement bestimmt werden, die Polygonseiten möglichst lang nimmt, weil bei langen Winkelschenkeln das Fernrohr schärfer auf das Signal eingestellt und somit der Winkel genauer gemessen werden kann, zweitens weil von der Anzahl der Aufstellungen die Zeitdauer und Mühe wesentlich abhängt. Werden die Seigerteufen mit dem Höhenkreise ermittelt, so ist es zweckmäßig, möglichst gleiche Polygonseiten zu nehmen, die die Länge des Stahlbandes, wegen der notwendigen unmittelbaren Messung der Ziellinie, nicht überschreiten, oder wenn man auch in diesem Falle lange Polygonseiten nehmen muß, so mißt man sie nach § 20 Fig. 36.

Auf jedem Aufstellungspunkte des Theodoliten werden der Polygon- und sein Ergänzungswinkel je nach der Wichtigkeit der Arbeit entweder einfach oder mit Weissbachscher Repetition gemessen.

Die Messung mit fixierten Punkten erfordert namentlich bei kurzen Winkelschenkeln eine sorgfältige Zentrierung des Theodoliten. Bei wichtigen Zügen wird in diesem Falle der Theodolit nach vollendeter Winkelmessung etwas verschoben, von neuem zentriert und der Winkel nochmals gemessen.

Die Längen der Polygonseiten werden mit Schnur und Stäben oder mit dem Meßbande ermittelt. Ist die genaue Aufnahme der Grubenräume von Wichtigkeit, wie z. B. in den Erzgruben, so wird die Länge zu diesem Zwecke nochmals mit der Meterkette gemessen.

Eine wichtige Arbeit bei dem Messen mit dem Theodoliten ist das Orientieren oder Einrichten dieser Züge, worüber das zehnte Kapitel ausführlich handelt.

Für das gewöhnliche Nachtragen der Grubenbaue, das mit dem Theodoliten erfolgen muß, genügt es zuweilen, die Strecken zunächst eine Zeitlang bis auf eine entsprechende Länge, gewissermaßen verloren, mit dem Kompaß zu vermessen und später erst eine Theodolitmessung vorzunehmen. Eine Ausnahme hiervon macht das Nachtragen von Gegenörtern beabsichtigter Durchschläge.

Für die Skizzen gelten die bei der Kompaßmessung gegebenen Regeln.

Die Höhenzahlen der Punkte können mittels geometrischen und trigonometrischen Nivellements gefunden werden.

Bei ausgedehnten und wichtigen Messungen wird wegen der größeren Genauigkeit am zweckmäßigsten geometrisch nivelliert, soweit nicht das Ansteigen der Strecken die Anwendung des trigonometrischen Nivellements erfordert.

In einigen Fällen, z. B. bei dem Nachtragen von Gegenörtern, ist es von Vorteil, das Fernrohr des Theodoliten zum geometrischen Nivellement benutzen zu können.

§ 147. Die Markscheiderlampen. Der Markscheider bedient sich bei seiner Arbeit messingener Grubenlampen, die keine ablenkende Wirkung auf die Magnetnadel haben. Nach lokalem Gebrauch unterscheiden sie sich in der Form und in der Art und Weise, wie sie getragen werden.

Abgesehen von den Sicherheitslampen stimmen die besseren Markscheiderlampen darin überein, daß sie eine seitlich etwas hervortretende Schnauze oder Tülle haben. Diese Vorrichtung gestattet, die leuchtende Flamme möglichst nahe an die Blenden der abzulesenden Nonien, namentlich aber an die zu beobachtende Nadelspitze des Kompasses heranzubringen. Fig. 291 zeigt die Form der Mansfelder Lampe, die mittels des Drahtbügels am Schachthute getragen wird, während die Hände mit dem Instrumente oder mit dem Einschreiben der Beobachtungen beschäftigt sind.

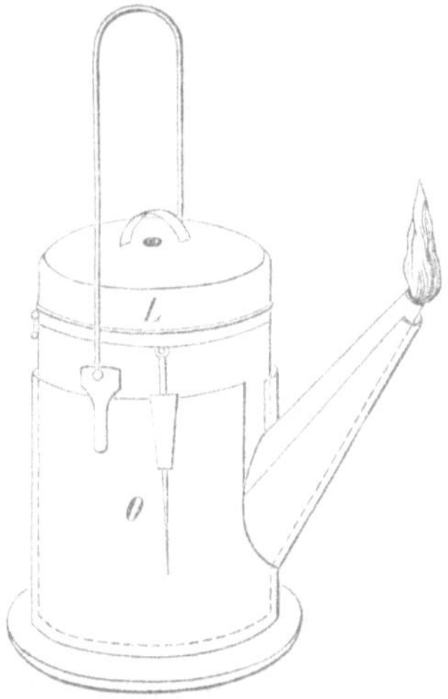

Fig. 291. Die Mansfelder Grubenlampe.

In Freiberg (Königreich Sachsen) stehen die Grubenlampen in hölzernen, mit Messingblech ausgeschlagenen Kästchen (Blenden), die an einem Bügel in der Hand getragen, oder mit diesem in einen um den

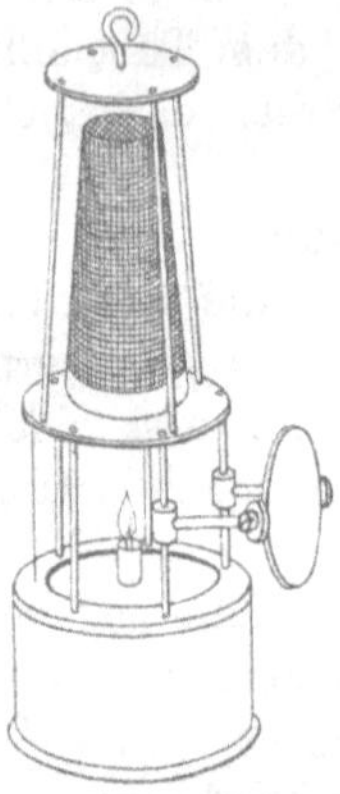

Fig. 292. Sicherheitslampe mit Linse für Markscheider.

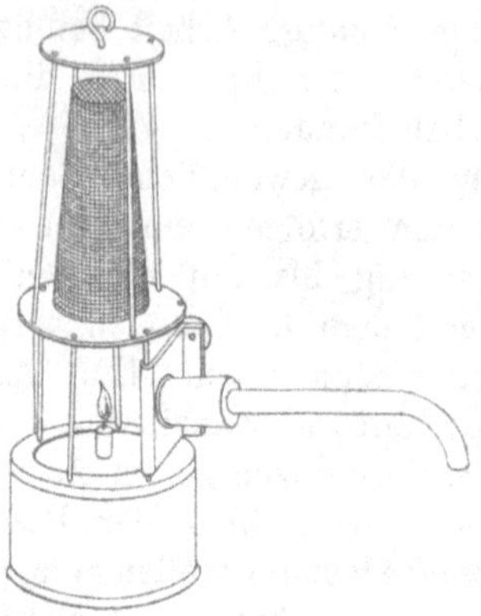

Fig. 293. Sicherheitslampe mit Glasstab für Markscheider.

Hals gelegten Riemen eingehängt werden. Die Lampen mit offener Flamme berußen den Theodoliten sehr.

Die Sicherheitslampen aller Systeme geben ein schwächeres Licht, als die offene Grubenlampe, auch gestattet ihre Konstruktion nicht, die umschlossene Flamme nahe an die Kompaßteilung und die Nonienblenden heranzubringen. Zur Beseitigung dieses Übelstandes wird an den Stäben, die den Glaszylinder umgeben, eine Linse angebracht (Fig. 292), die um eine Achse gekippt werden kann, und gegenüber der Linse innerhalb des Glaszylinders zuweilen ein Reflektor. (Beste Bezugsquelle Friemann & Wolff in Zwickau.)

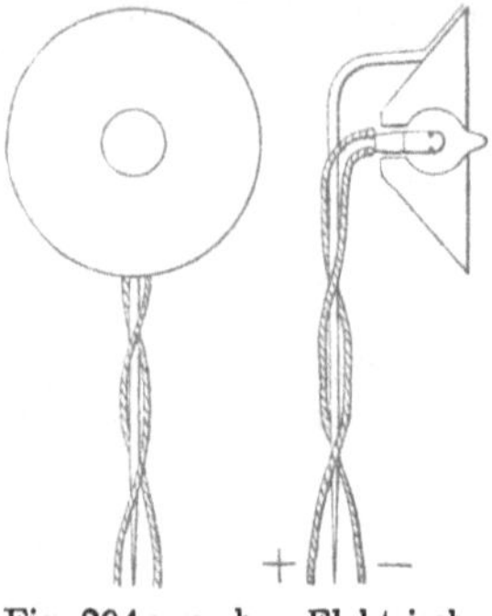

Fig. 294a u. b. Elektrische Glühlämpchen zum Nonienablesen.

Auch die vom Verfasser vorgeschlagene Einrichtung, wobei ein gebogener Glasstab, der in einer mit Kork gefütterten Ansatzröhre so an einer Sicherheitslampe angebracht wird, wie Fig. 293 andeutet, hat sich bewährt. Das Licht tritt durch die eine polierte Endfläche in den Glasstab ein, wird an der gebogenen Stelle total reflektiert und verläßt den Stab ohne Helligkeitsverlust am anderen Ende. Diese Endfläche setzt man auf das Deckglas des Zeigers und erzielt eine ruhige und gleichmäßige Beleuchtung. Die Vorrichtung ist leider zum Ablesen des Kompasses nicht gut geeignet.

Prof. Chrismar hat in der Österr. Zeitschrift 1886 Nr. 25 die Verwendung des elektrischen Lichtes zum Ablesen der Nonien vorgeschlagen.

Fig. 294 zeigt die kleinen Glühlämpchen in natürlicher Größe, die mit der Hand leicht geführt werden können. Die Lampen wurden ursprünglich mit Akkumulatoren gespeist, in der neueren Zeit werden Induktionsapparate mitgeführt, in denen während des Ablesens der Zeiger der erforderliche Strom erzeugt wird. Die kleine Glasbirne würde beim langen Glühen bald zerstört werden, der Strom wird deshalb nur geschlossen, wenn beobachtet werden soll. Hierzu genügen zwei Minuten, während welcher Zeit die Glasbirne nicht erhitzt wird. Die elektrischen Lampen mit Trockenelementen sind leider für die Grube noch nicht gebrauchsfähig gemacht.

§ 148. Die Reinschriften der Messungen (Die Observationen). Von dem in der Grube geführten Taschenbuche der Vermessungen ist eine Reinschrift anzufertigen. Für Kompaßmessungen ist das Formular S. 277 anzuwenden, in das ein kleiner Zug eingetragen ist.

Für Theodolitmessungen ist eines der beiden Formulare zu wählen, die auf Seite 262 und 267 benutzt sind.

Diese Reinschriften erhalten eine Überschrift, die den Namen der Grube, Zweck des Zuges, das angewandte Instrument und den Tag der Ausführung angibt. Ferner gehört dahin eine Bemerkung über die Größe der Deklination oder über das Streichen der Orientierungslinie, sowie über den Horizont, auf welchen sich die Höhenzahlen (Seigerteufenabschlüsse) beziehen.

Die Skizzen werden auf die rechte freie Seite der Formulare gezeichnet, und wenn auch in der Grube nur die einzelnen Schnüre getrennt skizziert wurden, so sollte man es in der Reinschrift nie versäumen, auch noch eine zusammenhängende Skizze hinzuzufügen, weil dadurch die Observationen ungemein an Übersichtlichkeit gewinnen und ihre Benutzung in späteren Zeiten ohne Schwierigkeit möglich gemacht wird.

Nach beendigter Reinschrift sind für sämtliche flache Schnüre die Sohlen und Seigerteufen zu berechnen und in die dazu bestimmten Spalten des Formulars einzutragen.

Zum Berechnen dienen die Logarithmentafeln oder Tabellen, von denen es mehrere gibt:

1. Der geschwind und richtig rechnende Markscheider von C. W. Böbert, Leipzig 1842, 2. Auflage.
2. Die vielfachen Sinus und Kosinus von Liebenam von 5 zu 5 Minuten. Eisleben 1873.
3. Tabellen zur Berechnung der Seigerteufen und Sohlen zu Winkeln bis zu 2,5 Minuten von C. A. Schütze, Quedlinburg 1875.
4. Mathematische Tafeln für Markscheider zu Winkeln bis zu 2,5 Minuten von E. Lüling, 4. Aufl. Berlin 1898.

Jede Tabelle enthält eine Anleitung der Benutzung, bedarf also nicht der Erläuterung. Auf eines ist jedoch aufmerksam zu machen, daß man bei Berechnung der Sohlen (nicht der Seigerteufen) bei Neigungen bis 5 Grad durch Abschätzen das ausführliche Rechnen und damit viel Zeit ersparen kann.

Z. B. die flache Länge sei 11,845, der Neigungswinkel 4° 10′. Die genaue Berechnung ergibt 11,814 für die Sohle. Wie ein Blick in die LÜLINGschen Tafeln lehrt, verkürzt sich die Projektion von 12 m bei 4° 10′ Neigung um 32 Millimeter. $11{,}845 - 0{,}032 = 11{,}813$. Man macht also bei der Abschätzung den unwesentlichen Fehler von 1 mm.

Aus den ermittelten Seigerteufen sind sodann die Höhenzahlen (Abstand von dem gewählten Vermessungshorizont), wenn auch nicht für alle Punkte, so doch für die auszurechnen, die im Seigerriß dargestellt werden sollen.

Die Berechnung der Höhenzahlen eines Punktes erfolgt genau wie bei den geometrischen Nivellements (Formular auf Seite 176) aus der algebraischen Summe der steigenden und fallenden Seigerteufen der vorhergehenden Punkte, sowie aus der Höhenzahl des Anfangspunktes.

Zweigt sich aus dem Hauptzuge ein Nebenzug ab, so ist die Höhenzahl des Abgangspunktes vorzutragen. Siehe Fig. 288.

§ 149. Das Zulegen. Das Auftragen des der markscheiderischen Messung zugrunde liegenden Netzes von Schnüren wird das Zulegen genannt. Man unterscheidet das mechanische Zulegen und das nach berechneten Koordinaten. Das erstere geschieht mit dem Kompaß oder mit dem Transporteur, das zweite mit Zirkel und Maßstab.

Mit dem mechanischen Zulegen werden die Streichwinkel oder die Neigungswinkel gegen die Abszissenachse sowie die Längen der Polygonseiten unmittelbar aufgetragen, mit der Zulage nach Koordinaten nur die Polygonpunkte in ein Quadratnetz. Durch die nachträgliche Verbindung der eingezeichneten Punkte erhält man erst die Polygonseiten.

Die Zulage mit dem Kompaß. Hierzu ist ein Arbeitsraum erforderlich, der Erschütterungen nicht ausgesetzt ist und in dem ablenkende Einflüsse nicht vorhanden sind. Um sich hiervon zu überzeugen, zieht man mit einem richtigen Lineal eine lange Linie auf den horizontalen Zeichentisch und legt die Zulegeplatte an verschiedenen Stellen dieser Linie an. Gibt die Nadel immer dasselbe Streichen an, so sind in der Nähe dieser Linie keine Ablenkungen der Magnetnadel zu befürchten. Wiederholt man dies Verfahren an Linien, die zur ersten ungefähr rechtwinkelig sind, so wird man sich bald überzeugen, ob die ganze Tischfläche oder doch ein Teil zum Zulegen mit dem Kompaß geeignet ist.

Soll die Messung auf einen schon vorhandenen Riß aufgetragen werden, so ist er zunächst zu orientieren.

Unter dem Orientieren eines Risses versteht man streng genommen das Einbringen des Risses in eine solche Lage, daß die dargestellten Gegenstände parallel den in der Wirklichkeit vorhandenen liegen.

Ein solches Orientieren des Risses mit dem Kompaß in der Zulegeplatte erfolgt in der Stellung der Kompaßbüchse, in welcher die Null-Linie parallel der langen Seitenkante ist.

Man orientiert:

1. nach dem astronomischen Meridian,
2. nach der Magnetlinie,
3. nach der Orientierungslinie.

In jedem der drei Fälle legt man die lange Kante der Zulegeplatte an die Linie, wonach der Riß orientiert werden soll, und dreht den Riß mit dem darauf liegenden Kompaß so lange, bis die Nadel den entsprechenden Streichwinkel zeigt.

Im ersten Falle, wenn nach dem astronomischen Meridian orientiert werden soll, ist dieser Winkel gleich der augenblicklichen Deklination. Die Kenntnis des Deklinationswinkels ist also hierbei notwendig.

Im zweiten Falle, wenn nach der Magnetlinie orientiert werden soll, ist nicht bloß die Kenntnis der augenblicklichen Deklination, sondern auch der erforderlich, die zu der Zeit beobachtet war, als die Magnetlinie auf den Riß aufgetragen wurde. Stimmen beide Deklinationen überein, so bringt man die Nadel zum Einspielen auf Null. War aber z. B. die ältere Deklination 13 Grad, die augenblickliche 11 Grad, hatte also die Deklination sich in der Zwischenzeit um 2 Grad verringert, so muß man die Nadel des an der älteren Magnetlinie anliegenden Kompasses nicht auf Null, sondern auf 358 Grad einspielen lassen.

War dagegen die Deklination gegen früher um 2 Grad größer geworden, so wird man die Nadel auf den Teilstrich 2 Grad durch Drehung des Risses bringen.

Im dritten Falle hat man die Kenntnis der Deklination nicht nötig. Es ist nur erforderlich, daß das Streichen der Orientierungslinie am Tage der Messung abgenommen war. Man legt die Zulegeplatte an die auf dem Risse vorhandene Orientierungslinie, dreht den Riß so lange, bis die Nadel den abgelesenen Streichwinkel zeigt, und die Orientierung des Risses ist vollkommen erreicht.

Der Nutzen der Orientierungslinie liegt demnach nicht bloß darin, daß, wie in § 73 erläutert war, der Orientierungsfehler einer Bussole oder eines Kompasses unschädlich gemacht, sondern auch darin, daß der aus der Unkenntnis der Deklinationsänderung entspringende Fehler beseitigt wird, ohne daß die Größe der magnetischen Deklination bekannt ist.

Durch das Drehen wird der Riß sehr häufig in eine unbequeme, der Stellung der Tischplatte wenig entsprechende Lage gebracht. Man gibt deshalb erst dem Risse eine für die Tischstellung bequeme Lage, legt die Zulegeplatte an eine der obigen drei Linien, dreht dann nicht den Riß, sondern die Kompaßbüchse in dem Napf der Platte so lange, bis die Nadel den erforderlichen Winkel zeigt und klemmt die Büchse fest. Hierdurch ist allerdings die Orientierung im strengen Sinne nicht mehr vorhanden, sondern der Riß ist um denselben Winkel gegen die wirkliche Lage der dargestellten Gegenstände verschwenkt, um den die Kompaßbüchse gedreht wurde.

Auf die Richtigkeit der Zulage kann die Drehung des Kompasses in der Zulageplatte keinen Einfluß haben, weil sämtliche Streichwinkel einschließlich der Orientierungslinie um denselben Winkel zu groß oder zu klein aufgetragen werden.

Soll auf Grund der Vermessungen ein neuer Riß angefertigt werden und ist die Figur der darzustellenden Grubenräume nicht anderweitig bekannt, so ist es zweckmäßig, erst eine flüchtige Zulage in kleinem Maßstabe auszuführen, um ein Urteil über die Größe des zu verwendenden Papiers, über den Maßstab usw. zu erhalten.

Wenn nicht andere Gründe hindernd entgegenstehen, so wird man die Zulage so zu Papier bringen, daß ihre Längsrichtung mit der langen Seite des Papiers parallel läuft. Zu diesem Zwecke wird man den Zulegekompaß so auf das Papier legen, daß die lange Seite der Zulegeplatte parallel dem langen Papierrande ist, und die Büchse in der Zulegeplatte so lange drehen, bis die Nadel das aus der vorläufigen Zulage entnommene Streichen der Längenausdehnung des Zuges zeigt.

Das Papier ist vor der Benutzung auf ein Reißbrett zu spannen. Zu diesem Zwecke feuchtet man das Papier mit einem reinen Schwamme auf der Rückseite an und klebt es an den Rändern mit Mundleim fest. Schneidet man das trocken gewordene Papier ab, so wird es alle Unebenheiten, eine etwaige Neigung zum Rollen verloren haben und sich glatt auf den Tisch legen.

Sodann ist das Papier mit einem Quadratnetz (§ 166) zu versehen, dessen Linien je nach dem Maßstabe einen bestimmten Abstand von 10, 20, 50 m usw. haben und parallel der Papierkante laufen, wenn nicht ein bestimmt vorgeschriebenes Koordinatensystem darauf einen ändernden Einfluß hat. Die Netzlinien haben bei der Kompaßzulage nur den Zweck, bei späteren Abzeichnungen des Risses zum Anhalten zu dienen.

Das Verjüngungsverhältnis ist immer so zu wählen, daß es ein Vielfaches von $\frac{1}{100}$ ist, z. B. $\frac{1}{200}$, $\frac{1}{500}$, $\frac{1}{1000}$ usw.

Auf dem neuen Riß trägt man das Streichen der Orientierungslinie, des astronomischen und magnetischen Meridians und schreibt den Deklinationswinkel zur Zeit der Auftragung in Zahlen ein. Nunmehr beginnt man mit der eigentlichen Zulage.

Man legt die lange Kante der Zulegeplatte so an den Anfangspunkt, daß die Nadel den Streichwinkel der ersten Schnur zeigt. Darauf zieht man an der Kante der Platte eine scharfe Bleilinie in der Zugrichtung von genügender Länge und trägt mittels eines Zirkels, der am besten bis auf die äußersten stählernen Spitzen ganz aus Messing gefertigt ist, im verjüngten Maßstabe die Sohle der ersten Schnur vom Anfangspunkte auf die Linie ab.

Man benutzt hierbei einen Transversalmaßstab, der die aus Figur 295 ersichtliche Form hat.

An den dadurch erhaltenen Punkt, den man mit einem kleinen Kreise einschließt und an den man den entsprechenden Buchstaben mit Blei schreibt, legt man die Zulegeplatte wieder an und verfährt wie vorher.

Hierbei hat man die Zulegeplatte so zu handhaben, daß, wie beim Messen in der Grube, das Nordende der Null-Linie stets in der Zug-

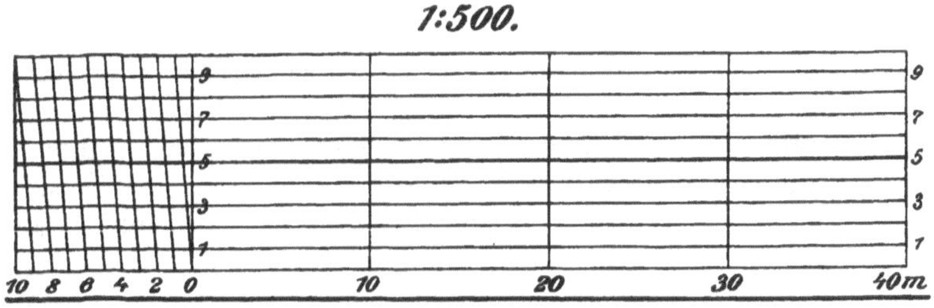

Fig. 295. Transversalmaßstab.

richtung voraus gestellt wird. War die Kompaßbüchse in der Platte gedreht, so wird man hierbei eine Schraube der Zulegeplatte zum Anhalten nehmen.

Ist ein Verschieben des Papiers zu befürchten, so hat man sich von Zeit zu Zeit durch Anlegen der Zulegeplatte an die Orientierungs- oder Magnetlinie von der unveränderten Lage zu überzeugen.

Da fast jeder Kompaß mit kleinen Fehlern behaftet ist, die von Einfluß auf die beobachteten Streichwinkel waren, so ist es ratsam, zum Zulegen denselben Kompaß zu benutzen, mit dem gezogen wurde, weil dadurch die Folgen jener Fehler ausgeschieden werden.

Die in der Grube abgelesenen Streichwinkel sind außerdem mit dem Fehler der täglichen Variation behaftet. Da man im allgemeinen annehmen darf, daß der Verlauf der täglichen Variation innerhalb der Zeit, die zwischen der Ausführung und der Zulage eines Markscheiderzuges liegt, dieselbe bleibt oder doch die Schwankungen die Ablesegrenze auf dem Kompasse nicht erreichen, so würde zur Vermeidung der Fehler der Variation der Zug zu derselben Tageszeit wieder zuzulegen sein, in welcher er in der Grube ausgeführt wurde. Dadurch wird aber das Geschäft des Zulegens zu einem sehr zeitraubenden, und es ist besser, die Einwirkung der Variation durch Rechnung auszuscheiden.

Soll diese Rechnung möglichst zuverlässig ausfallen, so müssen während des Grubenzuges gleichzeitig Beobachtungen an einer anderen Magnetnadel angestellt werden oder es müssen, was viel bequemer ist, die Kurven eines selbstschreibenden Deklinatoriums zur Verfügung stehen. Andernfalls wird es annähernd dadurch geschehen müssen, daß man den normalen, der Jahres- und Tageszeit entsprechenden Verlauf der Variation voraussetzt.

Bei sehr ausgedehnten Zügen, deren Zulage viel Zeit erfordert, ist die während des Zulegens auftretende Variation auch von Einfluß, die ebenfalls durch Rechnung ausgeschieden werden kann oder, wenn der Teilkreis des Kompasses durch ein Mikrometerwerk beweglich ist, durch Drehung des Kreises.

§ 150. Die unvermeidlichen Fehler der Kompaßzulage. Die Früchte aller dieser Vorsichtsmaßregeln werden aber beeinträchtigt durch die Fehler, denen man beim Zulegen als Zeichenarbeit ausgesetzt ist. Die Genauigkeit des Maßstabes, die Dicke des Bleifederstriches, das Abgreifen vom Maßstabe, die feinere oder gröbere Spitze des Zirkels, die Festigkeit des Papiers usw., alles ist von Einfluß auf die Richtigkeit einer Zulage. Professor PREDIGER veröffentlicht in der B. u. H. Zeitschr. 1859, Nr. 18, Versuche, aus denen nachgewiesen wird, daß der Zeichenfehler einer Zulage von einem nicht sehr ausgedehnten Zuge sich bis zu 15 Minuten steigern kann.

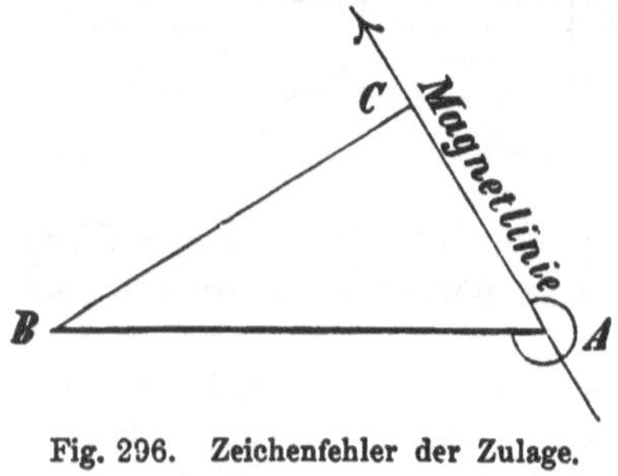

Fig. 296. Zeichenfehler der Zulage.

Zur Ausführung eines solchen Versuches (Fig. 296) zieht man auf dem Papiere des Zeichentisches eine Linie AB und bestimmt deren Länge nach einem Maßstabe auf das genaueste; sodann wird durch einen der Endpunkte A der magnetische Meridian gezogen und von B ein Perpendikel darauf gefällt. Durch die genau maßstäblich ermittelten Längen AC und BC ist das Streichen der Linie AB gegeben.

Führt man nun eine Zulage zwischen den Endpunkten A und B aus und berechnet die Koordinaten dieses fingierten Zuges, so müssen, wenn keine Fehler beim Zulegen gemacht wurden, die Abszissensummen gleich AC und die Ordinatensummen gleich BC sein. Finden sich jedoch Abweichungen in den Längen von AC und BC, so haben sie Einfluß auf den Streichwinkel von AB, und der Unterschied zwischen den berechneten und aufgetragenen Größen gibt ein Maß für die Genauigkeit der Zulage. Professor PREDIGER hat 13 verschiedene Versuche mit Linien von 16 bis

55 Meter Länge im Maßstabe 1:350 ausgeführt und gefunden, daß bei Zulagen von dieser geringen Ausdehnung ein Fehler im Streichwinkel von + 15 oder − 9 Minuten zu befürchten ist.

§ 151. Eine Erscheinung ist noch zu erwähnen, nämlich daß bei den Arbeiten mit dem Kompaß, namentlich aber beim Zulegen in sehr trockener Luft, durch unwillkürlich streichende Berührung des Glasdeckels sich in diesem Elektrizität anhäufen kann, die ein Anhaften der Nadel am Glase herbeiführt.

§ 152. **Das Zulegen mit dem Transporteur** (Winkelauftrager). Der einfachste Apparat dieser Art ist die Gradscheibe (Fig. 297). So nennt man eine kreisrunde, in der Mitte durchbrochene Scheibe aus Messing, die am abgeschrägten Rande eine rechtsinnig bezifferte Gradeinteilung trägt und deren Mittelpunkt durch zwei feine, in der Richtung des Durchmessers sich kreuzende Striche auf einer, die Mittelöffnung deckenden, Hornplatte bezeichnet ist. In neuerer Zeit fertigt man brauchbare Gradscheiben aus Zelluloid. Die Zulage führt man folgendermaßen aus:

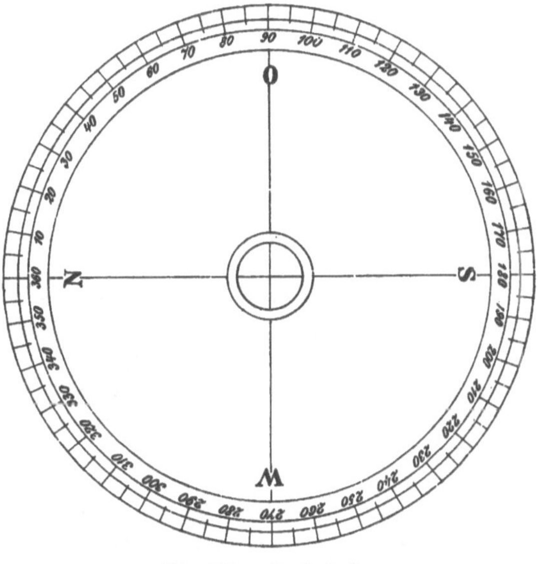

Fig. 297. Gradscheibe.

Man zieht durch den Anfangspunkt eine Parallele mit dem magnetischen Meridian und legt die Scheibe so auf das Papier, daß der Mittelpunkt auf den Anfangspunkt und die Null-Linie auf den gezogenen Meridian zu liegen kommt. Mit einer Nadel oder mit der Spitze eines harten Bleistiftes bezeichnet man den Punkt am Kreisrande, der dem beobachteten Streichwinkel entspricht und verbindet ihn nach Wegnahme der Gradscheibe mit dem Anfangspunkt durch eine Bleilinie. Auf diese Linie trägt man die söhlige Länge der ersten Schnur auf, zieht durch den neu entstandenen Punkt wieder eine Parallele zum magnetischen Meridian und verfährt mit der zweiten Schnur in gleicher Weise.

Das Ziehen der Parallelen wird erleichtert, wenn die Quadratnetzlinien parallel oder rechtwinkelig zur Magnetrichtung sind. Man kann auch in diesem Falle den Streichwinkel von einem benachbarten Schnittpunkte zweier Netzlinien aus zulegen und die Richtung durch Abschieben mittels zweier Winkellineale auf den Polygonpunkt übertragen.

Den meisten Vorteil bieten die Gradscheiben, wenn nach Polarkoordinaten zugelegt werden muß, wie es bei den Tachymeterarbeiten ausschließlich der Fall ist. Nachdem die Gradscheibe richtig gelegt ist, wird sie mit einem Bleistück beschwert und die sämtlichen Richtwinkel der Strahlen werden am Rande markiert und mit laufenden Nummern versehen. Zum Auftragen der Längen hat man nicht nötig, die Strahlen vorher mit Blei auszuziehen. Man setzt die eine Zirkelspitze in den Pol, legt an die Spitze ein kleines Lineal, bringt dessen Kante in die Richtung des Strahles und sticht mit der anderen Zirkelspitze an der Linealkante die Länge ab. Ein Lineal, dessen zugeschärfte Kante mit einer Millimeterteilung versehen ist, kann auch den Zirkel entbehrlich machen.

§ 153. Die Apparate zur genaueren Winkelauftragung sind der Vollkreis-, Halbkreis- oder Viertelkreis-Transporteur. Letzterer wird auch Azimutaltransporteur genannt.

Der Vollkreistransporteur ist eine Gradscheibe mit einer um den Mittelpunkt drehbaren Regel. Sein Gebrauch ist dem der Gradscheibe ähnlich.

Zu dem Halbkreistransporteur gehört ein längeres eisernes Lineal, das beim Gebrauche durch Klemmschrauben längs der Tischkante festgehalten werden muß (Fig. 298). An dem etwas verlängerten Halbkreise des Transporteurs ist ein Ansatz angebracht, mit Hilfe dessen sich der Transporteur an dem festgeklemmten Lineal entlang verschieben läßt.

Der Gebrauch des Halbkreistransporteurs ist bequemer als der des Vollkreises, da dank seiner Verschiebbarkeit mit ihm die meisten Streichwinkel unmittelbar aufgetragen werden können.

Bei ungünstig streichenden Linien genügt es vielfach schon, die Regel auf einen um 90 Grad verschiedenen Streichwinkel zu stellen und ein rechtwinkeliges Lineal an die Regel zu legen. Erreicht man damit nicht den gewünschten Zweck, so muß man zu dem Verfahren des Abschiebens seine Zuflucht nehmen. (Siehe oben.)

Der Viertelkreis- oder Azimutaltransporteur (Fig. 299) hat zwei Lineale, die mit einem Gelenk verbunden sind, dessen Drehpunkt zugleich Mittelpunkt des Teilkreises ist. Die beiden Lineale können so gestellt werden, daß ihre Kanten eine gerade Linie oder einen Winkel von 90 Grad bilden. An dem einen Lineal sitzt der eingeteilte Quadrant so, daß der Anfangsradius der Linealkante parallel ist, auf dem anderen ein an der Teilung entlang in einer Vertiefung (in der Figur schraffiert) gleitender Bogen mit dem Nonius.

Die Teilung trägt eine fünffache Bezifferung, nämlich für Winkel in allen vier Quadranten und noch eine widersinnig laufende.

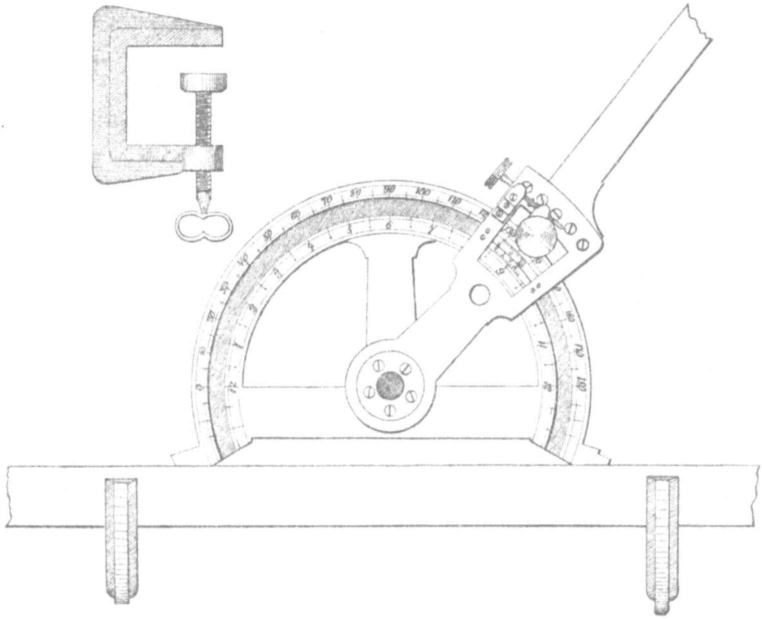

Fig. 298. Der Halbkreistransporteur.

Beim Gebrauch stellt man den Nonius auf den aufzutragenden Neigungswinkel und legt die Kante des einen oder anderen Lineals so an die Abszissen- oder Ordinatenlinie des Quadratnetzes, daß die entsprechende Kante in der erforderlichen Richtung durch den Polygonpunkt geht.

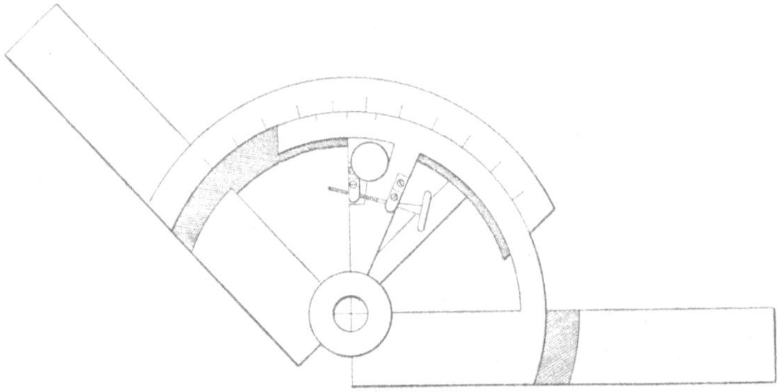

Fig. 299. Azimutaltransporteur.

Auf den Linealen ist zum Überfluß durch Pfeile und durch die

Bezeichnung Nord-Süd, Ost-West, Süd-Nord, West-Ost angedeutet, welche Lage man dem einen Lineal jedesmal geben muß, um den richtigen Neigungswinkel mit dem anderen auftragen zu können.

Die Transporteure werden beim Zulegen von Kompaß- und Theodolitzügen benutzt. Bei letzteren sind hierzu die Azimute der Polygonseiten abzuleiten. Bei Kompaßmessungen muß die tägliche Variation aus den beobachteten Streichwinkeln vorher ausgeschieden sein.

Bei der Zulage einer Kompaßmessung mittels des Transporteurs werden die dem benutzten Kompasse anhaftenden kleinen Fehler nicht ausgeglichen, und die Zeichenfehler sind dieselben wie bei der Zulage mit der Zulegeplatte. Durch das zuweilen notwendig werdende Einschalten eines Winkellineals können sich diese Fehler sogar noch steigern.

Dagegen arbeitet man mit dem Transporteur schneller als mit dem Kompaß, namentlich, wenn viele Schnüre von nahezu gleichem Streichen aufgetragen werden müssen, und man ist von den die Nadel ablenkenden Gegenständen und den Erschütterungen nicht abhängig.

§ 154. Die Ausgleichungen der Fehler in der mechanischen Zulage. Kompaßzüge, welche „mechanisch" mit Zulegeplatte oder Transporteur zugelegt worden sind, werden zweckmäßig auch auf mechanischem Wege, d. h. konstruktiv, ausgeglichen.

Bei offenen Polygonen, die zweimal gemessen sind, legt man Zug und Gegenzug in einem gewissen Abstande parallel nebeneinander zu. Die Länge und Richtung der Linien, welche die Anfangspunkte P und P_1, die Endpunkte Q und Q_1 und die anderen gemeinschaftlichen Punkte beider Züge verbinden, müssen, wenn Zug und Gegenzug genau übereinstimmen, gleich lang sein und gleiche Richtung haben. Ist dies nicht der Fall, so verschiebt man mit Hilfe guter Winkellineale den Gegenzug parallel mit sich derartig, daß P_1 auf P und der Endpunkt Q_1 nach Q_2 fällt (Fig. 300). Alsdann verbindet man Q mit Q_2, halbiert diese Linie in Q_3 und erhält damit die wahrscheinlichste Lage des Schlußpunktes. Den zwischenliegenden Zug konstruiert man entweder aus freier Hand, oder wenn Zug und Gegenzug mehrere gemeinschaftliche Punkte besitzen, so verfährt man hier wie am Schlußpunkte.

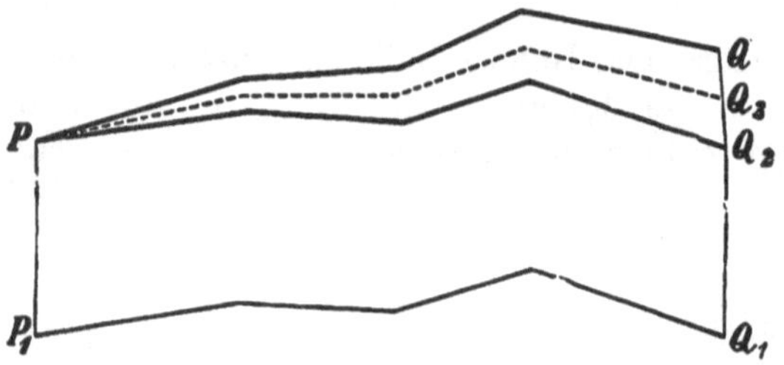

Fig. 300. Zeichnerische Ausgleichung eines Fehlers im offenen Polygon.

Geschlossene Polygone zerlegt man derartig, daß man einen Punkt a aussucht, der womöglich um gleich viel Seiten von den fehlerhaften

Schlußpunkten e' und e'' absteht. Sodann zieht man die Linien ae', ae'' und $e'e''$, halbiert $e'e''$ in e und zieht ae.

Hierbei sind drei Fälle zu unterscheiden. Erstens können die Polygonhälften auseinanderklaffen oder übereinandergreifen, oder es fällt die Verbindungslinie der beiden fehlerhaften Schlußpunkte $e'e''$ in die Linien $a\,e$.

Die beiden ersten Fälle sind so ähnlich, daß es genügt, den ersten zu besprechen.

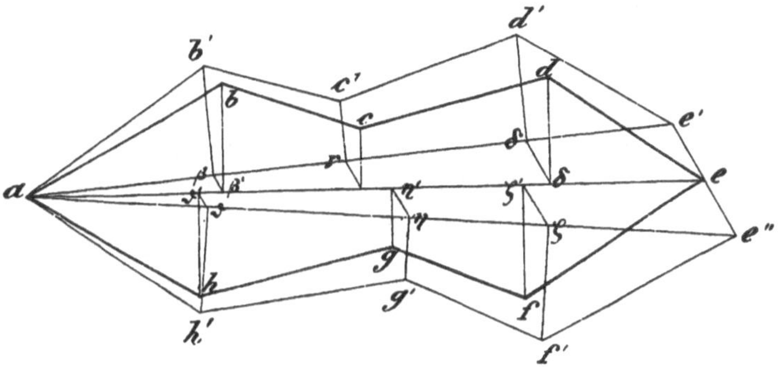

Fig. 301.

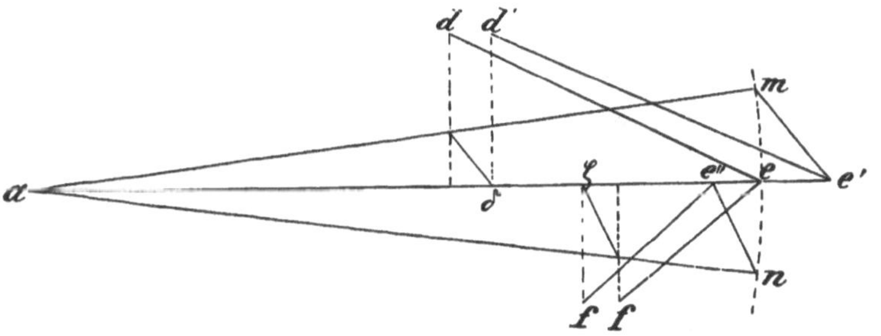

Fig. 302.
Zeichnerische Ausgleichung eines Fehlers im geschlossenen Polygon.

In Fig. 301 sind $ab'c'd'e'$ und $ah'g'f'e''$ die auseinanderklaffenden Polygonhälften. Nachdem die oben genannten Linien gezogen sind, fälle man die Perpendikel $b'\beta$, $c'\gamma$, $d'\delta$, $f\zeta$ usw. und ziehe durch deren Fußpunkte parallel zu $e'e''$ Linien bis zum Schnitt mit der Linie ae, also bis β', γ', δ' usw. In diesen Schnittpunkten errichte man auf der Linie ae die Perpendikel $\beta'b$, $\gamma'c$, δ'd usw., welche mit den Perpendikeln $\beta b'$, $\gamma c'$, $\delta d'$ usw. gleiche Länge haben. Verbindet man die Endpunkte dieser Perpendikel, so erhält man das schließende Polygon $abcdefgh$.

Im dritten Falle (Fig. 302) halbiere man ebenfalls $e''e'$ in e, beschreibe mit ae als Radius um a einen Kreisbogen men, mache $me = en$ und ziehe am und an, sowie $e'm$ und en. Weiter fälle man von den falschen Polygonpunkten, von denen nur zwei, d' und f', in der Figur dargestellt sind, die Perpendikel $d'\delta$, $f'\zeta$ usw. und durch die Fußpunkte dieser Perpendikel Parallelen mit $e'm$, bezw. $e''n$ bis zum Schnitt mit der Hilfslinie am oder an. Durch diese Schnittpunkte konstruiere man wieder Senkrechte auf ae von gleichen Längen, wie $d'\delta$ und $f'\zeta$ usw. Verbindet man die Köpfe dieser Senkrechten der Reihe nach mit Einschaltung der Punkte a und e, so erhält man ein geschlossenes Polygon.

Man wird bei umfangreichen Polygonen nicht jeden einzelnen Punkt desselben auf diese Weise verbessern, sondern nur solche, in denen der Zug eine scharfe Wendung macht, oder aus denen Nebenzüge sich abzweigen.

§ 155. Die Zulage nach berechneten Koordinaten. Die etwa vorhandenen Schlußfehler sind vor Ausführung der Zulage nach § 138 auszugleichen. Zur Ausführung der Zulage versieht man bei Anfertigung eines neuen Risses das Papier mit einem Quadratnetz (§ 166) und beziffert die einzelnen Linien des Netzes mit Hinzufügung der Vorzeichen, wie aus Fig. 303 zu ersehen ist. Die Bezifferung geht von dem ge-

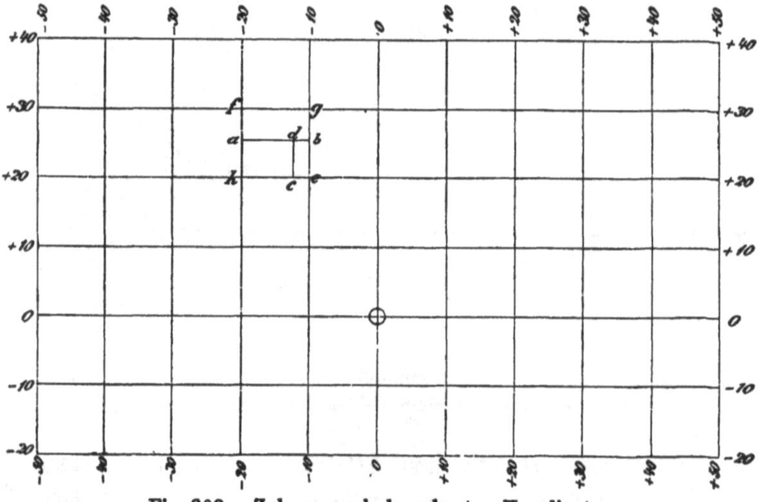

Fig. 303. Zulegen nach berechneten Koordinaten.

wählten oder, wenn schon ein Koordinatensystem vorhanden ist, von dem vorgeschriebenen Nullpunkte aus.

Das Verfahren erläutert sich am einfachsten an einem Beispiele: der Punkt d, dessen Koordinaten O. = − 12 und A. = + 25 sind, soll aufgetragen werden.

Man sucht zunächst das Quadrat $efgh$ auf, in das der Punkt d fallen muß. Das gesuchte Quadrat wird in der Abszissenrichtung von den Netzlinien + 20 und + 30 und in der Ordinatenrichtung von den

Netzlinien — 10 und — 20 gebildet. Sodann nimmt man die Länge 5 in den Zirkel und trägt sie von der Netzlinie + 20 aus in der positiven Abszissenrichtung auf die beiden Quadratseiten ab, die von den parallel der Abszissenachse laufenden Netzlinien — 10 und — 20 gebildet werden, so daß $ah = be = 5$, und der Abstand der Punkte a und b von der Ordinatenachse = + 25 ist. Durch die beiden auf diese Weise erhaltenen Punkte a und b zieht man eine feine Bleistiftlinie, nimmt die Länge 2 in den Zirkel, trägt diese vom Punkt b, also von der Netzlinie — 10, in der negativen Ordinatenrichtung auf die Linie ba ab und erhält so die Lage des Punktes d, mit der Ordinate — 12 und der Abszisse + 25.

Benutzt man zwei Zirkel zugleich, so trägt man erst die Punkte b und c von e aus mit den Längen 5 und 2 auf und schlägt vom Punkte c aus mit dem Radius 5, sowie vom Punkte b mit dem Radius 2 je einen Bogen. Der Schnittpunkt der Bögen ist der gesuchte Punkt d.

Die aufgetragenen Punkte verbindet man in der der Wirklichkeit entsprechenden Weise durch gerade Linien und erhält so den Polygonzug.

Die Richtigkeit der Zulage prüft man am einfachsten und schnellsten dadurch, daß man die Länge der Verbindungslinien der Polygonpunkte mit dem Zirkel mißt. Sie muß mit der durch die Längenmessung gefundenen übereinstimmen.

Ein Fehler in der Zulage eines Punktes hat immer einen fehlererzeugenden Einfluß auf die Länge der beiden in diesem Punkte zusammenstoßenden Polygonseiten.

§ 156. Die Durchschlagszüge. Man unterscheidet zwei Gruppen von solchen Zügen. Die einen haben die Zusammenführung zweier Stolln- oder Streckenörter, die anderen die seigere Übertragung eines Punktes der Tagesoberfläche in die Grube oder umgekehrt zum Zweck.

Im ersten Falle ist die Höhenmessung, im zweiten die Horizontalmessung von größter Wichtigkeit. Die Abweichung zweier Gegenörter eines Stollns in den Sohlen kann nämlich unter Umständen gar nicht oder doch nur durch Aufwendung großer Kosten beseitigt werden, dagegen kann eine seitliche Abweichung der beiden Durchschlagsrichtungen schon ziemlich weit gehen, ehe Betriebshindernisse daraus entstehen.

Bei Punktübertragungen wirken Abweichungen in horizontaler Richtung sehr unangenehm, namentlich wenn hiernach ein Schacht in verschiedenen Sohlen in Angriff genommen worden ist, die Seigerhöhen brauchen nicht mit dieser Schärfe bestimmt zu werden. Ausgedehnte und wichtige Durchschlagszüge sind stets mit dem Theodoliten auszuführen; bei kleineren unwichtigen Zügen genügt der Hängekompaß.

Die Durchschlagsrichtung sollte aber auch in diesem Falle ausschließlich durch Rechnung ermittelt werden. Legt man dennoch mechanisch zu, so sind alle im § 149 erwähnten Vorsichtsmaßregeln zu beachten.

Für alle Durchschlagszüge gilt der Grundsatz, daß sie ganz unabhängig von den schon vorhandenen Messungen und Rissen von neuem zusammenhängend ausgeführt werden müssen und nur in Ausnahmefällen sich an frühere Messungen oder an rißliche Darstellungen anlehnen oder darauf stützen dürfen.

Diese Ausnahmen sind zulässig, wenn ein gutes Dreiecksnetz vorhanden und vermarkt ist, ferner wenn schon eine erprobte genaue Messung durch einen Teil der aufzunehmenden Grubenräume geführt war und deren Fixpunkte sich vollständig unversehrt erhalten hatten.

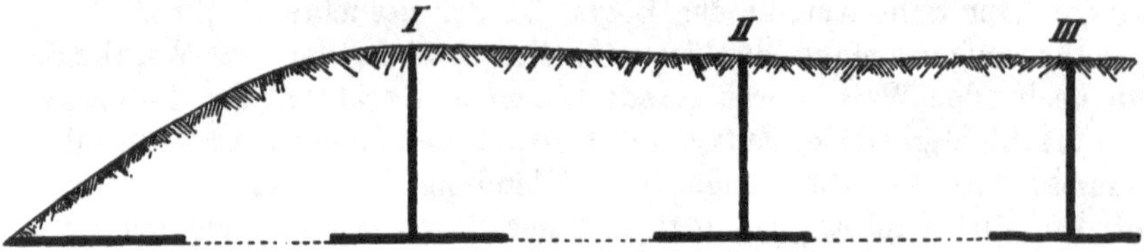

Fig. 304. Betrieb eines Stollns mit Gegenörtern.

In Notlagen und wenn Gefahr im Verzuge ist, wird man auch ohne solche sicheren Unterlagen auf Grund der Grubenrisse Durchschlagsangaben machen müssen.

Die häufigeren Durchschlagsaufgaben sind folgende:

1. Zur Beschleunigung eines Stollnbetriebes werden eine Anzahl Schächte (Lichtschächte) *I*, *II*, *III* in der profilarischen Darstellung der Figur 305 abgeteuft und in einer dem Ansteigen des Stollns entsprechenden Tiefe sind die Gegenörter angesetzt, die nach den Durchschlagsangaben genau aufeinander treffen sollen.

2. Zur Beschleunigung des Betriebes eines Tunnels oder eines unterirdischen Wasserlaufes werden Querschläge in den Berg getrieben und an ihren Endpunkten werden nach beiden Seiten Strecken aufgefahren, die durch die Durchschlagszüge zusammengeführt werden sollen. Sieht man die Figur 304 als grundrißliche Darstellung an, so gibt sie ein Bild einer solchen Aufgabe.

3. Es soll eine Verbindung zweier Grubenstrecken in einer Sohle durch Gegenortsbetrieb hergestellt werden.

In Fig. 305 ist dieser einfache Fall dargestellt, der bezüglich der Berechnung für alle anderen als Muster dienen kann.

Der Durchschlagszug ist vom Punkt *I* bis zum Punkt *VII* ausgeführt, und es soll sowohl von dem einen als von dem anderen Punkt die Richtung zur Aufeinanderführung der beiden Gegenörter angegeben werden.

Die Koordinaten der beiden Endpunkte sind berechnet und zwar:

		Ord.	Abs.
für	*I*	+ 45,621	+ 81,583
„	*VII*	− 3,631	+ 40,235

sowie die Azimute der Linie *VI—VII* und *I—II* zu 51° 20′ 22″, bezw.

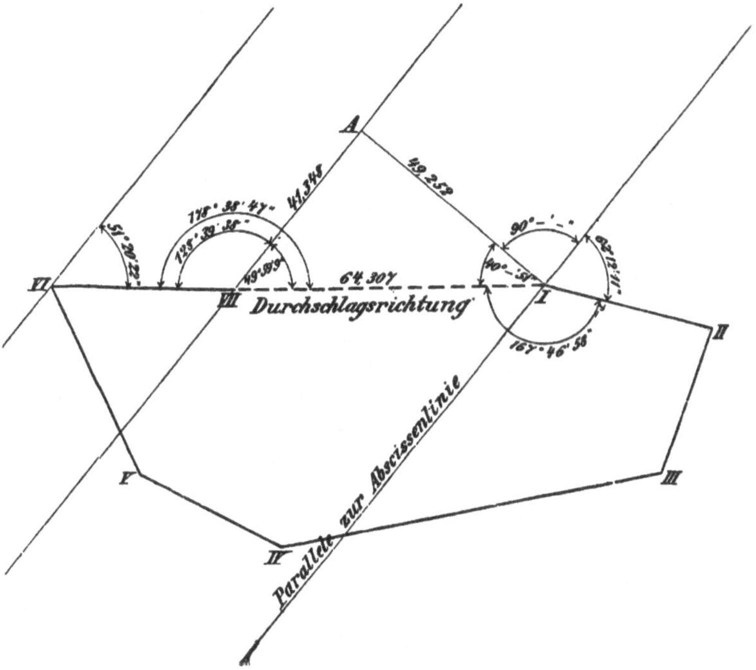

Fig. 305. **Durchschlagsbestimmung.**

62° 12′ 11″. Aus den Koordinaten der Punkte I und VII findet man wie folgt:

+ 45,621	+ 81,583
− 3,631	+ 40,235
+ 49,252	+ 41,348

die Katheten des rechtwinkeligen Dreiecks *I A VII* und daraus den Winkel *A VII I* nach der Formel $\operatorname{tg} A\,VII\,I = \frac{49{,}252}{41{,}348} = 48^0\,58'\,9''$, sowie die Hypotenuse $VII—I = \frac{49{,}252}{\sin A\,VII\,I} = 64{,}307.$

Aus der Figur ist ohne weiteres zu entnehmen, daß sich der Abgabewinkel aus *VII* zu 178° 38′ 47″ und der aus *I* zu 167° 46′ 58″ ergibt.

Die beiden Richtungswinkel werden in der Grube auf folgende Weise angegeben: Man stellt den Theodoliten unter dem Punkte *I* zentrisch und horizontal auf, richtet das Fernrohr mit Null auf Null auf den Punkt *II* und dreht die Alhidade bei festgeklemmtem Hauptkreis so weit herum, bis die Zeiger den Winkel 167° 46′ 58″ angeben. Das Fernrohr befindet sich nunmehr in der Durchschlagsrichtung, die auf einer in zweckmäßiger Entfernung vom Punkt *I* geschlagenen Spreize durch einen Drahtstift, Pfriemen u. dergl. bezeichnet wird.

Diese Messung wiederholt man in der zweiten Lage des Fernrohres und nimmt, wenn die beiden gefundenen Punkte nicht übereinstimmen, das Mittel.

Den so gefundenen Punkt überträgt man sorgfältig in die Firste, und die aus diesem und dem Punkte *I* herabhängenden Lote bezeichnen die Durchschlagsrichtung. Genau so verfährt man auf dem Punkte *VII*, wo der Abgabewinkel = 178° 38′ 47″ ist.

Die Punkte *I* und *VII* dürfen, um zur genauen Winkelangabe hinreichenden Spielraum zu haben, nicht zu nahe am Ortsstoße angebracht sein.

Das vorher beschriebene Verfahren reicht in den meisten Fällen aus. Will man jedoch mit der größtmöglichen Schärfe den Winkel angeben, so wird man zunächst wie vorher nur in einer Lage des Fernrohres einen Punkt x in der Durchschlagsrichtung auf der Spreize bezeichnen, sodann diesen abgesteckten Winkel $II\,Ix$ so genau wie möglich durch mehrmalige Repetition in beiden Lagen des Fernrohres messen. Hieraus ergibt sich, wieviel der Winkel $II\,Ix$ von der berechneten Durchschlagsrichtung abweicht, und man kann aus dem Unterschiede d und aus der Länge Ix das kurze Stück S, um welches der Punkt x rechtwinkelig zur Seite gerückt werden muß, aus der Formel $S = \operatorname{tg} d \cdot Ix$ berechnen.

Auf demselben Flöze betriebene Gegenörter bedürfen keines besonderen Durchschlagszuges, wenn die gleiche Höhenlage der beiden Örter durch ein Nivellement festgestellt ist.

Zuweilen soll ein Durchschlag dadurch herbeigeführt werden, daß man die beiden Gegenörter in Richtungen treibt, die sich in einem Punkte schneiden.

In Fig. 306 ist das eine Ort mit einem Azimut von 340° 34′ bis *A*, das andere bis *B* mit einem Azimut von 75° 26′ 30″ aufgefahren. Die Koordinaten

von *A* sind $y_a = +\,982{,}54 \qquad x_a = +\,502{,}68$
„ *B* „ $y_b = +\,167{,}42 \qquad x_b = +\,932{,}87$

Der Markscheider hat den Sohlenstand der beiden Örter zu überwachen und die Längen AC und BC zu berechnen. Aus den Koordinaten von A und B ergibt sich $\nu^{ab} = 294^\circ\,49'\,24''$, und daraus, sowie aus den Azimuten von AC und BC erhält man die Winkel δ_a und δ_b. Nunmehr ist die Aufgabe wie das Vorwärtseinschneiden in § 125 zu berechnen. $AC = 623{,}53$, $BC = 627{,}83$, $y_c = 775{,}09$, $x_c = 1090{,}68$.

Bei dem Betriebe von Stollngegenörtern sind zugleich die Angaben für die Sohlen zu geben.

Dies geschieht am einfachsten, wenn ein Sohlenpunkt nahe an dem Ortsstoß in der Wange oder in der Firste angebracht und durch Nivellement bestimmt wird, wie tief die Ortssohle unter demselben angenommen werden soll.

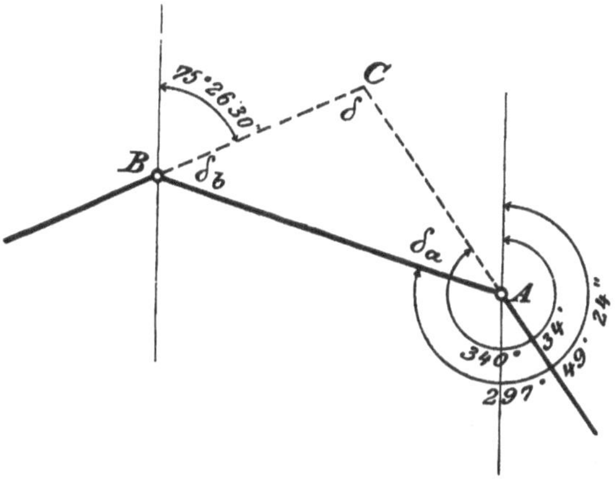

Fig. 306. **Durchschlagsbestimmung.**

Sind flache Absinken, Bremsberge und Übersichbrechen, die zwei Punkte in verschiedenen Sohlen verbinden sollen, anzugeben, so ist der Fallwinkel aus einem rechtwinkeligen Dreieck zu berechnen, dessen eine

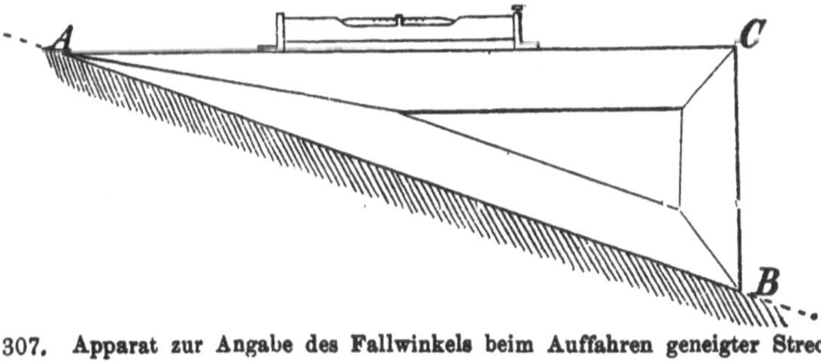

Fig. 307. **Apparat zur Angabe des Fallwinkels beim Auffahren geneigter Strecken.**

Kathete gleich dem Seigerteufenunterschied der beiden Sohlenpunkte und dessen andere gleich der horizontalen Entfernung dieser beiden Punkte ist. Letztere wird aus der Zulage entnommen oder aus den Koordinaten berechnet.

Zur vorläufigen Angabe des Fallwinkels ist ein sorgfältig gearbeitetes rechtwinkeliges Dreieck von möglichst großen Dimensionen sehr brauchbar. Der eine spitze Winkel *A* dieses Dreiecks *ABC* entspricht dem berechneten Fallwinkel. Beim Gebrauch setzt man die Hypotenuse dieses Dreiecks auf die Sohle der Strecke und eine Setzlibelle oder Setzwage (Fig. 307) auf die oben befindliche Kathete *AC*. Spielt die Blase der Libelle oder das Lot der Setzwage ein, so ist das Ansteigen der Streckensohle richtig. Bei größeren Betrieben sind Prüfungen durch Nivellements erforderlich.

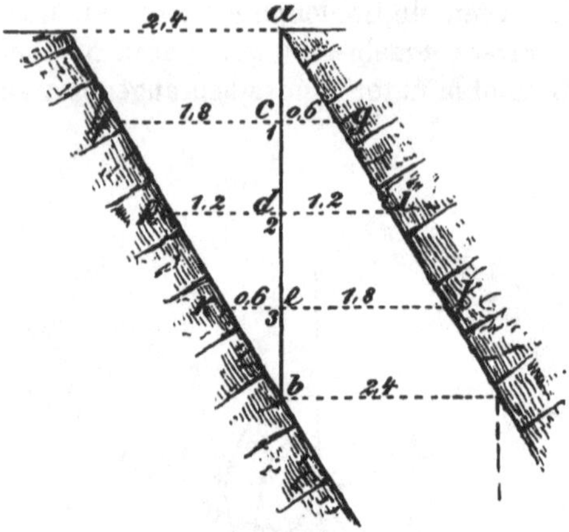

Fig. 308. **Abteufen von flachen Absinken.**

Beim Abteufen von flachen Absinken und tonnlägigen Schächten mit sehr starkem Einfallen ist ein solches Dreieck nicht anwendbar. Man verfährt hier auf folgende Weise:

Von dem Punkte *a* (Fig. 308) hängt man ein Lot *ab*. Von den Punkten *c*, *d* und *e* des Lotes, die um eine bestimmte Länge voneinander abstehen, werden nach dem Hangenden die Abmessungen *gc*, *di* und *el* und nach dem Liegenden die Abmessungen *cf*, *dh* und *ek* beim Betriebe innegehalten. Der Punkt *a* sowohl, als auch die Abmessungen vom Lote aus werden im voraus vom Markscheider berechnet und angegeben. Ist bis zum Punkte *b* abgeteuft, so ist die Angabe eines neuen Lotpunktes mit den zugehörigen Abständen erforderlich.

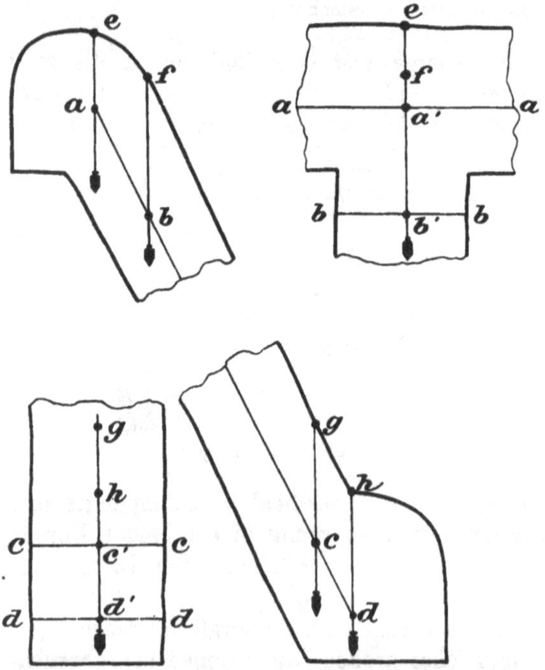

Fig. 309. **Durchschlagsangabe eines flachen Absinkens.**

Zur Angabe des Gegenortsbetriebes für ein tonnlägiges Absinken verfährt man auf dem Oberharze wie folgt (Fig. 309): Zunächst werden mit Hilfe des Gradbogens oben wie unten je zwei horizontale Schnüre *aa* und *bb*, bezw. *cc* und *dd* in einer solchen Stellung ausgespannt, daß die Neigung der durch die vier Schnüre gelegten Ebene der Neigung des abzuteufenden Absinkens entspricht. Sodann werden oben und unten je zwei Lote *e* und *f* bezw. *g* und *h* zur Angabe der Richtung gehängt. Die Lotschnüre *e* und *f*, bezw. *g* und *h* liegen an den horizontalen Schnüren an und durch die Berührungspunkte *a' b' c' d'* ist die Durchschlagsrichtung für den Gegenortsbetrieb des Absinkens gegeben.

§ 157. Übertragungen von Seigerpunkten aus der Grube auf die Tagesoberfläche und umgekehrt sind erforderlich:

Zur Bestimmung der Sicherheitspfeiler und zum Schutze von Gegenständen auf der Tagesoberfläche, zur Angabe des Ansatzpunktes eines Schachtes, der eine bestimmte Stelle in der Grube treffen soll, und zur Angabe eines Punktes in der Grube, den ein über Tage begonnener Schacht treffen wird. Letzteres kommt bei Unterfahrungen von Schächten vor, die im Abteufen begriffen sind.

Schließlich ist eine wiederholte Übertragung von Seigerpunkten notwendig, wenn ein Schacht in verschiedenen Sohlen zu gleicher Zeit in Angriff genommen werden soll.

Alle derartigen Züge bestehen aus Gruben- und Tagezug. Für letztere bildet das entweder schon vorhandene oder zu konstruierende Dreiecksnetz die Grundlage.

Zur Angabe eines Schachtes, der an einer bestimmten Stelle *B* der Grube eintreffen soll, ist die Übertragung dieses Punktes auf die Tagesoberfläche nötig. Man vermarkt ungefähr in der Gegend, wo der Schacht angesetzt werden wird, durch einen Pfahl oder Stein den sogenannten verlorenen Punkt *A* und verbindet ihn durch Messung mit dem Dreiecksnetz über Tage. Durch einen an den Tagezug angeschlossenen Grubenzug wird dann die Lage des Punktes *B* bestimmt (Fig. 310).

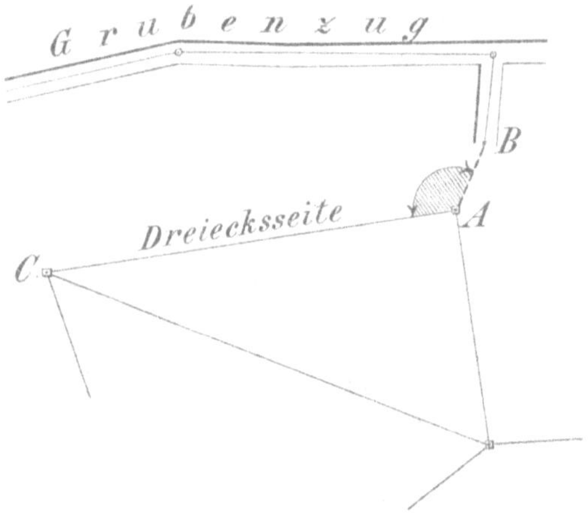

Fig. 310. Angabe eines Schachtpunktes.

Aus den Koordinaten von *A* und *B* und aus dem Azimut der Dreiecks- oder Polygonseite, deren Endpunkt *A* ist, berechnet man, in welcher Entfernung und Richtung von *A* ab der Schacht angesetzt werden muß.

Mittels des zentrisch über *A* aufgestellten Theodoliten wird auf dieselbe Weise wie bei der Richtungsangabe von Gegenörtern der

Winkel CAB und mittels Schnur, Gradbogen und Meßstab der Länge der Linie AB von dem verlorenen Punkte A nach dem Schachtpunkte angegeben.

Soll umgekehrt ein über Tage begonnener Schacht durch einen Querschlag unterfahren werden, so ist eine gleiche Messung vorzunehmen wie vorher, die den angefangenen Schacht und diejenigen Grubenräume in sich schließt, in deren Nähe der Schacht eintreffen wird.

Nach Berechnung der Koordinaten ist in der Grube diejenige Stelle des Zuges auszuwählen, von welcher aus die Unterfahrungsstrecke am zweckmäßigsten angesetzt wird. Die Richtung wird wie bei dem Durchschlagszuge angegeben. Nachdem der nötige Raum durch die aufgefahrene Strecke freigelegt ist, kann zur genauen Bestimmung des Schachtpunktes auf bekannte Weise geschritten werden.

Die schwierigste und wichtigste Markscheidearbeit dieser Gattung ist die Angabe eines Schachtes, der gleichzeitig in mehreren Sohlen in Angriff genommen werden soll. Die beiden oben besprochenen Fälle kommen hierbei in Verbindung vor.

Soll der Schacht einen runden Querschnitt erhalten, so genügt selbstverständlich die Angabe des Mittelpunktes, soll der Schacht aber viereckig werden, so ist an jedem Angriffspunkte die Schachtfigur abzustecken.

Die mit vorstehenden Arbeiten stets verbundenen Anschluß- und Orientierungsmessungen zwischen Tage- und Grubenzug werden in einem besonderen Kapitel besprochen.

Neuntes Kapitel.

Die Anfertigung von Grubenrissen.

§ 158. Zur vollständigen Klarstellung der Grubenverhältnisse dienen der Grundriß, der Seigerriß und das Profil.

Der Grundriß ist eine Projektion der Grubenräume auf die Horizontalebene und der Seigerriß eine solche auf eine Seigerebene, die der Hauptlängsrichtung der Grubenbaue parallel läuft.

Auf Profilen oder Profilrissen werden nur diejenigen Gegenstände dargestellt, welche von der durch die Grubenbaue gelegten seigeren Profilfläche geschnitten werden. Müssen zum besseren Verständnis dennoch Gegenstände angegeben werden, die vor oder hinter der Profilebene liegen, so geschieht dies in punktierten Linien.

Die Fläche der Querprofile liegt in der Fallrichtung, die der Längenprofile in dem Streichen der Lagerstätte.

Flache Risse nennt man solche, die auf eine geneigte der Lagerstätte parallelen Ebene projiziert sind.

Nach der äußeren Form unterscheidet man Platten- und Rollrisse. Die letzteren sind aus einem oder mehreren Bogen Zeichenpapier, die auf Leinwand geklebt sind, in einer solchen Größe hergestellt, daß die ganze Grube oder doch ein abgeschlossener Teil (Revier) darauf Platz findet.

Ihren Namen haben sie davon, daß sie gerollt aufbewahrt werden. Zum Schutz gegen Druck und Bruch sind sie auf der einen kurzen Seite mit einer Rolle, auf der anderen mit einer Leiste versehen. Der Rand der langen Seite ist mit Band umnäht.

Das zu den Roll- und Plattenrissen nötige Papiermaterial ist mit Nessel unterklebt im Handel zu haben. Will man aber das Aufkleben des Papiers auf Leinen selbst besorgen, so verfährt man wie folgt:

Man legt ein Stück Leinwand oder Nessel von etwas größeren Abmessungen, als sie der Riß erhalten soll, auf einen abgehobelten Tisch, knickt an den Rändern der Leinwand einen zwei Finger breiten Streifen um und bestreicht ihn mit Kleister. Die so bestrichenen Ränder legt man wieder um und drückt sie auf den Tisch, indem man zugleich die Leinwand straff zu ziehen sucht. Bei großer Ausdehnung der Leinwand müssen zwei Personen, und zwar stets an entgegengesetzten Stellen, drücken und ziehen.

Hat die Leinwand scharfe Brüche, so bestreicht man diese Stellen mit einem feuchten Schwamme. Nachdem der Rand nahezu trocken geworden ist, legt man das Papier mit der rechten Seite auf die Leinwand und bestreicht die linke Seite so lange mit Kleister, bis das Papier durch die Feuchtigkeit ganz schlaff geworden ist.

Sodann hebt man es vorsichtig ab, legt es mit der bestrichenen Seite auf die Leinwand und drückt, von der Mitte ausgehend, nach den Seiten zu das Papier fest auf. Das streichende Aufdrücken führt man am besten mit einer Bürste, auch mit der bloßen Hand oder mit Tüchern aus, legt aber stets reines Papier unter.

Sind mehrere Bogen Zeichenpapier aneinander zu kleben, so ist es zweckmäßig, den Kanten der Bogen, die übereinandergreifen, eine kleine Zuschärfung zu geben. Man kann diese durch sorgfältiges Schaben mit einem Messer, einfacher durch folgendes Verfahren erreichen:

Man führt parallel und nahe an den übereinander zu klebenden Kanten jedes Papierbogens in gerader Linie einen scharfen Schnitt in das Papier, der aber nur bis zur Mitte eindringen darf, legt sodann das Papier mit der eingeschnittenen Seite auf den Tisch und reißt den halb losgetrennten Streifen vorsichtig ab, indem man ihn parallel der Kante des Bogens abzieht. Da der Streifen in der halben Stärke des Papieres noch anhaftet, so wird bei seinem Abziehen auch vom Bogen etwas Papier mit entfernt und die gewünschte Zuschärfung mit erreicht.

Auf die gute Beschaffenheit des Kleisters kommt hierbei viel an. Dieser muß von einer bestimmten Dünnflüssigkeit sein und darf keine Klümpchen enthalten. Zu seiner Bereitung löst man eine kleine Portion guter Stärke in möglichst wenig kaltem Wasser vollständig auf und gießt in diesen dünnen Brei kochendes Wasser unter fortwährendem Umrühren des dabei entstehenden Stärkekleisters.

Die Plattenrisse bestehen aus einzelnen Platten von gleicher Größe und Dicke, welche durch Beschneiden zum unmittelbaren Aneinanderstoßen eingerichtet sind.

Die Größe der Platten richtet sich nach dem Maßstab, meistens nähern sie sich den Dimensionen von 70 und 50 Zentimeter.

Die Platten sind in jeder Größe käuflich zu haben. Will man sie sich selbst anfertigen, so klebt man ein für die Größe mehrerer Platten ausreichendes Stück Leinwand nach dem oben beschriebenen Verfahren mit den Rändern auf einen glatt gehobelten Tisch, darauf übereinander zwei Lagen von starkem Maschinenpapier und zuletzt das eigentliche Zeichenpapier. Läßt man vor dem Aufkleben des letzteren das Maschinenpapier erst trocken werden, so hat man den Vorteil, daß die Wellungen des vorher nassen Papieres verschwunden sind und das Aufdrücken des mit Kleister bestrichenen Zeichenpapieres müheloser ist. Das ganze, so zusammengeklebte Plattenmaterial muß etwa acht Tage trocknen, bevor es vom Tische abgeschnitten wird, und auch dann bewahrt man die einzelnen Platten noch einige Wochen auf, ehe man sie benutzt.

§ 159. Nach dem Zweck teilt man die Risse ein in Spezialrisse, Situations- und Hauptgrundrisse, in General- und Übersichtsrisse.

Spezialrisse sind solche Risse, die nur zur Führung des Grubenbaues dienen. Sie enthalten nur solche Gegenstände der Tagesoberfläche, auf die der Grubenbau Rücksicht nehmen muß, und sie sind bezüglich der ganzen zeichnerischen Ausführung Nachbildungen der in dem nächsten Paragraphen behandelten Fundamentalrisse.

Situations- und Hauptgrundrisse werden meistens in einem um die Hälfte kleineren Maßstabe als der der Spezialrisse angefertigt und enthalten neben den Gegenständen der Tagesoberfläche nur die Schächte, Stolln und Hauptgrundstrecken der Grubenbaue.

General- und Übersichtsrisse dienen, wie schon ihr Namen sagt, zur allgemeinen Übersicht ganzer Bezirke und können bei ihrem meist kleinen Maßstabe nur das Wichtigste der Grubenräume und der Tagesoberfläche wiedergeben.

Von allen Messungen soll der Markscheider zuerst Konzeptrisse (Fundamentalrisse) anfertigen und in seinem Gewahrsam behalten. Sie sollen für die Anfertigung aller anderen rißlichen Darstellungen als Grundlage dienen.

§ 160. Fundamentalrisse. — Zu den Fundamentalrissen soll nach den preußischen Vorschriften nur Zeichenpapier (Handpapier) bester Sorte verwendet werden, das weder gerollt noch mit Leinen unterklebt werden darf. Jedes Blatt wird mit einem Quadratnetz versehen, dessen Linien dem für die Grube gültigen Koordinatensystem entsprechen.

Die Blätter werden entweder gar nicht oder doch nur insoweit beschnitten, daß außerhalb des durch die äußersten Netzlinien begrenzten Viereckes noch ein Rand bleibt, auf den ebenfalls die Zulage und Zeichnung ausgedehnt wird. Auf dem anstoßenden Blatte des Fundamentalrisses werden auf dem Rande dieselben Gegenstände ebenfalls verzeichnet und dadurch ist der Anschluß der beiden angrenzenden Blätter erreicht.

Wird der Grubenbau auf mehreren übereinander liegenden Sohlen oder Lagerstätten geführt, so ist für jede einzelne ein besonderer Fundamentalriß zu fertigen. Von dieser Regel weicht man nur dann ab, wenn Verdunkelungen und störende Überdeckungen nicht zu befürchten sind. Die wichtigsten Strecken der zunächst darüber liegenden Sohle oder Lagerstätte sind punktiert auf dem Risse anzugeben.

Der Maßstab der Fundamentalrisse muß so beschaffen sein, daß alle anderen Risse leicht danach angefertigt werden können. Für ausgedehntere, auf Flözen bauende Gruben hat sich das Verhältnis 1 : 1000, für Gangbergbau das Verhältnis 1 : 500 bewährt. Bei dem Vordringen des Bergbaues in immer größere Tiefen sind alle Längen auf einen bestimmten Horizont, z. B. Normal Null zu reduzieren. (Vergl. § 121.)

§ 161. Die spezielle zeichnerische Ausführung wird folgendermaßen ausgeführt:

Nachdem ein Grundriß des der markscheiderischen Aufnahme zugrunde liegenden Polygons auf dem Papiere zugelegt worden ist, werden die räumlichen Grubenbaue eingetragen.

Hierzu dienen die auf der rechten Seite des Winkelbuches stehenden Skizzen. Z. B.: Man steckt vom Anfangspunkte a der Figur 311 die Länge 4 ab und rechtwinkelig darauf die Ordinate 2,1 nach links und 1,1 nach rechts, sodann den Ordinatenfußpunkt bei 8 m Länge und die Ordinate 2,8, ferner bei 9 m die Ordinaten 1,0 bezw. 1,1 usw.

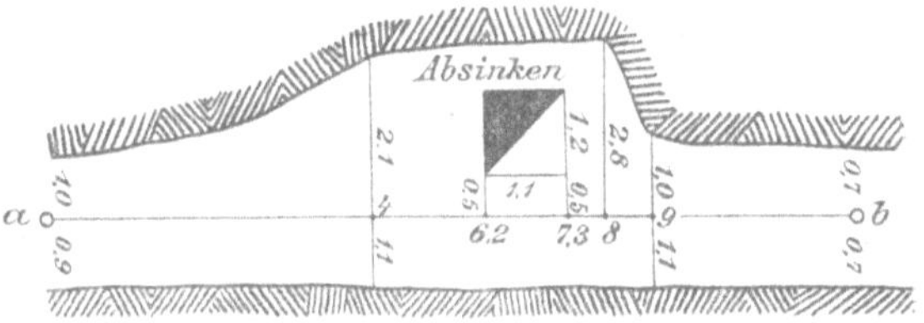

Fig. 311. Aufnahme von Grubenräumen.

Die hierdurch erhaltenen Punkte verbindet man nach Anleitung der Skizze und erhält dadurch ein der Wirklichkeit ähnliches Bild der Grubenräume in horizontaler Projektion oder im Grundriß.

Das auf diese Weise entstandene Bild wird darauf mit feinen, schwarzen Tuschlinien ausgezogen und mit Farben und sonstigen, zum Verständnis von der Form der Lagerstätte und deren Abbau erforderlichen Bezeichnungen versehen.

In dieser Beziehung können überall gültige Vorschriften nicht aufgestellt werden, da die örtlichen Gruben- und Lagerungsverhältnisse jedesmal berücksichtigt werden müssen, ferner auch das langjährige Herkommen und die Gewohnheiten sowohl der Markscheider als auch der Grubenbetriebsbeamten von Einfluß sind.

Das Nachstehende soll auch nur das Wichtigste in dieser Richtung andeuten, ohne die Anwendbarkeit für alle Fälle vorauszusetzen.

Bei der Farbengebung gilt der Hauptgrundsatz, daß alle Räume einer Sohle mit derselben Farbe und die verschiedenen Sohlen mit verschiedenen Farben angelegt werden.

Für benachbarte Sohlen wählt man scharf voneinander abstechende Farben.

Querschläge sind an der äußeren Seite durch eine leichte Verwaschung in grauer Tusche zu kennzeichnen. Unter bestimmten Verhältnissen kann es auch wünschenswert sein, die ins Liegende getriebenen Querschläge von denen des Hangenden durch Verwaschungen in verschiedenen Farben zu unterscheiden.

Alle Strecken erhalten einen Schattenstrich, bei dessen Konstruktion man annimmt, daß das Licht von links nach rechts unter einem Winkel von 45° einfällt. Der Schatten wird in der Sohlenfarbe oder mit grauer Tusche angegeben, und durch den Wechsel der beiden Farben im Schattenstrich kann man noch eine Bedeutung verbinden. Z. B. alle Streckenteile, die in der Lagerstätte getrieben sind, werden mit farbigem, die außerhalb liegenden mit grauem Schatten versehen. Letzteres ist nur bei Darstellungen in großem Maßstabe anwendbar.

Alle Einrichtungen in der Grube, wie Ausmauerung, eiserne Zimmerung u. dergl., sind stets gleichförmig nach bestimmten Vorschriften darzustellen.

Die Querschnitte und Hängebänke von Schächten, Rollöchern und Absinken werden diagonal geteilt und zur Hälfte tiefschwarz, zur anderen Hälfte, wenn der Schacht bis zu Tage ausgeht, weiß gelassen, dagegen bei blinden Schächten, Absinken usw. grau (mit Tusche) angelegt.

Die Sohle von tonnlägigen Schächten, Absinken usw. wird gleichmäßig grau angelegt und dadurch bezeichnet, daß in der Schachtfigur beide sich kreuzende Diagonalen gezogen werden.

Verstürzte Strecken werden grau schraffiert, abgegangene Schächte, Absinken u. dergl. ganz schwarz ausgefüllt.

Auf Grundrissen von solchen Grubenbauen, in denen die Höhen der Streckensohle vielfach wechseln, ist es zu empfehlen, die Höhenzahlen an die wichtigsten Punkte zu schreiben. Wird dieses Verfahren überall durchgeführt, wie z. B. in Westfalen, so werden dadurch die Seigerrisse entbehrlich.

Nicht selten ist es auch von Vorteil, mit Hilfe dieser Höhenzahlen Horizontalkurven in gleichem Höhenabstande auf dem Liegenden des Flözes zu konstruieren, da hierdurch die Gestalt einer unregelmäßigen Lagerstätte am besten veranschaulicht wird.

Die grundrißliche Darstellung ganz regelloser höhlenartiger Grubenbaue ist am schwierigsten. Es erscheint ratsam, die Baue in Schichten von gleicher Höhe zu zerlegen und für jede dieser Schichten eine hervorstechende Farbe zu wählen, mit der alle Begrenzungslinien der unregelmäßigen Hohlräume nach innen schmal verwaschen werden. Von diesen Schichten dürfen nur so viel übereinander auf ein Blatt gezeichnet werden, als ohne Beeinträchtigung der Deutlichkeit geschehen kann. Eine klare Vorstellung wird man bei derartigen Lagerstätten durch den Grundriß allein nicht erreichen; es müssen Seigerrisse und zweckmäßig gelegte Profile hinzutreten.

Werden zur Vervollständigung der Darstellung von Grubenräumen ältere Risse benutzt und ist mit der neuen Vermessung nicht eine eingehende Prüfung zu erreichen gewesen, so sind diese alten Strecken kenntlich zu machen, z. B. dadurch, daß sie punktiert ausgezogen werden oder keinen Schattenstrich erhalten.

Der Abbau wird beim Gang- und Flözbergbau meist durch Schraffierung mit oder ohne Farbenuntergrund und zwar für jede Bauabteilung in der Farbe der zugehörigen Sohlenstrecke angegeben. Die Zeit des Abbaues ist deutlich mit Zahlen einzutragen.

Wird ein Flöz in zwei oder mehreren Abteilungen abgebaut, ohne daß für jede ein besonderer Riß geführt wird, oder wird in einer Tagebaugrube die Lagerstätte in mehreren Strossen gewonnen, so sind die Abbaue der verschiedenen Abteilungen oder Strossen durch hellere und dunklere Farben und durch einfache oder sich kreuzende Schraffierung zu bezeichnen.

Die obere Abteilung erhält die hellste Farbe oder einfachste Schraffur, die untere wird in Farbe und Schraffur am dunkelsten gehalten.

Beim Gangbergbau ist es wünschenswert, die Gangverhältnisse und namentlich die Erzführung der Gänge ersichtlich zu machen. Die Gänge bezeichnet man an den Salbändern durch feine Federstrichelung mit hellgrauer Tusche, die Erzführung mit farbiger Strichelung, oder mit farbigen Streifen. Durch kräftigere und schwächere Streifen kann auch die reichere oder ärmere Erzführung angedeutet werden. Die Farbe ist stets die Sohlenfarbe, wenn die Erzsorten nicht durch besondere Farben unterschieden werden sollen.

Sprünge und Verwerfungen werden durch scharfe schwarze Linien mit einem feinen Pinselstrich orangefarben dargestellt. Die Fallrichtung und der Fallwinkel werden durch einen Pfeil mit beigeschriebener Gradzahl bezeichnet.

Die einzelnen Winkelpunkte bezeichnet man auf den Fundamentalrissen mit kleinen Kreisen. Auf den Grubenrissen läßt man sie meistens weg. Nie darf dies aber bei den Markscheiderzeichen geschehen, die ebenso, wie sie in Wirklichkeit gestaltet sind, auf den Rissen vermerkt werden.

§ 162. Spezialgrundrisse, Seigerrisse und Profile. Spezialgrundrisse sind getreue Nachbildungen der Fundamentalrisse. Seigerrisse und Profile haben den Zweck, über die Höhenverhältnisse der im Grundrisse verzeichneten Grubenbaue, über Mächtigkeit der Lagerstätte und der sie begleitenden Gebirgsschichten, sowie über Abweichungen in der unregelmäßigen Lagerung Auskunft zu erteilen.

Die Seigerrisse werden auf folgende Weise angefertigt:

Man zieht unterhalb des Grundrisses eine mit der Hauptstreichungslinie der Lagerstätte parallele Linie (Horizontale in Fig. 286 auf S. 276), die entweder der angenommene Vermessungshorizont selbst oder eine Parallele zu ihm ist. Sodann fälle man aus allen Winkelpunkten, die zur Anfertigung des Seigerrisses notwendig sind, Perpendikel auf den Vermessungshorizont und verlängere sie ausreichend.

Von dem Vermessungshorizont sticht man mit dem Zirkel auf dem verlängerten Perpendikel die Höhenzahl des entsprechenden Punktes ab und verbindet die dadurch entstandenen Punkte. Dadurch entsteht das Gerippe des Seigerrisses.

In dem Winkelbuche finden sich die Sohlen- und Firstenabstände von den einzelnen Punkten in den Handzeichnungen angegeben, und man hat nur nötig, diese in derselben Weise wie im Grundrisse aufzutragen. Verbindet man die entstandenen Punkte, so entsteht ein der Natur ähnliches Bild der Grubenräume in der Projektion auf die Seigerebene.

Die Strecken des Seigerrisses werden mit feinen Tuschlinien ausgezogen und mit den dem Grundrisse entsprechenden Farben angelegt.

Liegen mehrere Strecken in einer Sohle hintereinander, so können nur die vorderen dargestellt, die hinteren müssen weggelassen werden.

Unregelmäßige Lagerstätten mit Strecken von verschiedenen Fallwinkeln geben, wenn alle Grubenräume seigerrißlich dargestellt werden, kein übersichtliches Bild. Man hat sich in diesem Falle auf die Darstellung der wichtigsten Strecken zu beschränken und auf die Wiedergabe des Unwesentlichen zu verzichten. Zum Ersatz fertigt man einen zweiten Seigerriß rechtwinkelig zum ersten an (Kreuzriß).

Will man die rechtwinkelig zur Projektionsebene abgehenden Strecken oder Querschläge im Querschnitt angeben, so werden die nach hinten abgehenden diagonal geteilt und die linke Hälfte schwarz, die andere grau, dagegen die nach vorn abgehenden mit zwei Diagonalen durchkreuzt und grau angelegt. Schächte, Rollöcher und Absinken, sofern letztere nicht in den Abbau fallen, erhalten ebenfalls eine graue Farbe.

Bei dem Gangbergbau dienen besondere Seigerrisse zur Darstellung des Abbaues, und zwar ist hier für jeden einzelnen Gang oder für jedes sich abzweigende Trum ein besonderer Seigerriß erforderlich. Der Abbau wird in derselben Weise wie auf den Grundrissen bezeichnet.

Die Lage der Projektionsebenen für die einzelnen Seigerrisse ist auf dem Grundrisse durch Linien anzudeuten.

§ 163. Die Profile dienen meistens zur Darstellung der Lagerstätte mit dem umgebenden Gestein. Sie stellen nur die Gegenstände dar, die von der Profilebene getroffen werden, alle vor oder hinter dieser Ebene liegenden müssen als solche kenntlich sein und alle tatsächlichen Aufschlüsse sich von den mutmaßlichen unterscheiden. Die Profillinie braucht keine gerade zu sein. Für die Farbengebung der Lagerstätten und der anderen Gebirgsschichten ist der örtliche Gebrauch entscheidend.

Über die Ausführung der Situationsrisse und sonstiger topographischer Karten sind in Preußen die Bestimmungen der Zentraldirektion der Vermessungen im preußischen Staate, die Anwendung gleichmäßiger Signaturen betreffend, auch für den Markscheider maßgebend. Diese Bestimmungen sind im Verlage von R. v. Decker, Berlin 1885, erschienen.

Je nach der Beschaffenheit der Lagerstätte sind für den Grubenbetrieb die drei Darstellungen im Grundriß, im Seigerriß oder im Profil von verschiedener Wichtigkeit. Z. B. in den Steinkohlengruben Westfalens werden nur Grundrisse und Profile angefertigt. Seigerrisse fehlen dort fast ganz, dafür werden in dem Grundrisse die Höhenzahlen der wichtigsten Punkte und namentlich da eingeschrieben, wo die Neigung der Strecken ändert.

In den Erzgruben des Oberharzes tritt neben dem Grundriß der Seigerriß in den Vordergrund. In den ersten Zeiten des Bergbaues wurden nur Seigerrisse angefertigt. Profile werden meist nur im Bedarfsfalle konstruiert.

In den Aachener Revieren, wo die zickzackförmige Lagerung der Flöze vorherrscht, sind die profilarischen Darstellungen am wichtigsten. Die Seigerrisse werden nur für einzelne Flözteile angefertigt und Grundrisse treten fast ganz in den Hintergrund.

§ 164. Glasmodelle. Eine gute Übersicht der Grubenräume und der Lagerstätten, namentlich von verwickelten Gangsystemen, geben die sogenannten Glasmodelle.

Die Grubenstrecken jeder einzelnen Sohle werden auf je eine starke, erforderlichenfalls aus mehreren Stücken zusammengefügte Glasplatte mit Ölfarbe gemalt, und in einem eisernen oder hölzernen Gestell legt man die einzelnen Platten richtig orientiert und in der dem Maßstabe entsprechenden Höhe übereinander.

Außer diesen horizontal liegenden Platten setzt man noch senkrecht stehende ein, auf welche die entsprechenden Profile gemalt sind. Die Schächte bezeichnet man mit Stäben, die durch eingebohrte Löcher in den Glasplatten geschoben werden. Die Farben wirken am besten, wenn sie auf der dem Auge abgekehrten Seite aufgetragen werden, also auf der unteren Seite der Horizontalplatten.

§ 165. Das Abzeichnen oder Kopieren von Rissen. — Das Abzeichnen der Risse sowohl in demselben als auch in einem kleineren oder größeren Maßstabe ist nur in dem Falle mit Sicherheit auszuführen, wenn das Original schon bei seiner Anfertigung mit einem genauen Quadratnetze überzogen war, dessen einzelne Linien einen bestimmten in Zahlen angegebenen Abstand haben. Das für die Abzeichnung bestimmte Papier wird mit einem gleichen, sorgfältig nach Normalmaßen angefertigten Quadratnetze versehen und der Inhalt jedes einzelnen Quadrates übertragen.

Man überträgt, wenn Original und Kopie gleichen Maßstab erhalten sollen, entweder mit dem Zirkel oder, was weit bequemer und genauer ist, mit Hilfe von Pauspapier.

Man bezieht das zu benutzende Pauspapier mit einem richtigen Quadratnetze und kopiert auf dieses vom Original die Zeichnung quadratweise, indem man bei jedem einzelnen Quadrate die Seitenkanten möglichst zur Deckung zu bringen sucht.

In gleicher Weise verfährt man bei der Übertragung der Zeichnung von der Pause auf die Kopie.

Besteht die Zeichnung aus geraden Linien, so sind die Eckpunkte mit einer feinen Kopiernadel zu durchstechen, nachdem die Pause quadratweise aufgelegt worden ist. Die Nadel ist hierbei stets genau senkrecht zu halten.

Herrschen in der zu kopierenden Zeichnung krumme unregelmäßige Linien vor, so schiebt man unter die richtig gelegte Pause ein Stück besonders feines Pauspapier, auf das Graphit aufgerieben worden ist, und fährt mit einem feinen stählernen Stift mit rund polierter Spitze gelinde drückend über die Linien der Pause. Man erhält dadurch auf dem Papiere eine feine Bleistiftkopie des Originals.

Den Druckstift kann man sich aus einer zerbrochenen Strick- oder Stopfnadel, die in einen Holzstiel getrieben wird, selbst schleifen und polieren. Das Graphitpapier ist im Handel zu haben.

Das Kopieren durch unmittelbares Durchstechen des Originals liefert, selbst wenn das Papier ganz glatt aufliegt und die Kopiernadel sehr sorgfältig gehandhabt, d. h. immer senkrecht damit gestochen wird, dennoch nicht selten ungenaue Ergebnisse.

Die Kopien werden häufig durchgezeichnet, wobei geeignetes durchscheinendes Papier zu verwenden ist.

Man legt zu diesem Zwecke das Original auf eine geneigte dicke Glasplatte, gegen deren untere Fläche reflektiertes Tageslicht fällt. Auf das Original wird das für die Kopie bestimmte, erforderlichenfalls quadrierte Papier gelegt und es kann nach dem Original mit hinreichender Genauigkeit die Kopie gezeichnet werden.

Soll die Kopie in einem kleineren oder größeren Maßstabe, als das Original, angefertigt werden, so geschieht dies auch quadratweise und zwar

1. mit dem Zirkel und zwei Maßstäben, von denen einer dem Originale, der andere der Kopie entspricht. Dies Verfahren ist für Vergrößerungen zu empfehlen.

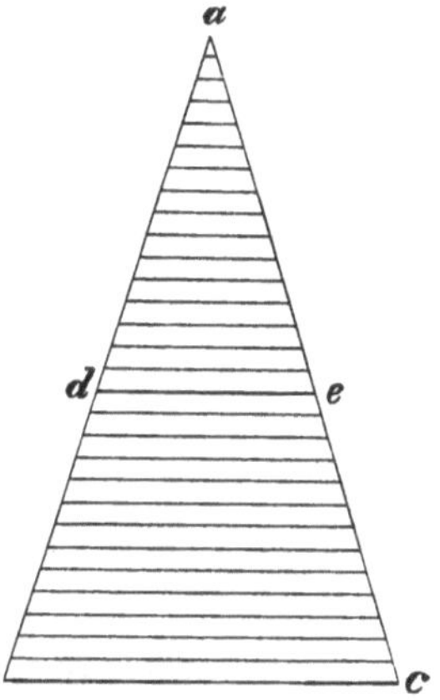

Fig. 312. Verhältnismaßstab.

2. mit dem Zirkel und einem Verhältnismaßstabe. Zur Herstellung eines solchen Maßstabes zeichnet man ein hinreichend großes Dreieck *abc* (Fig. 312), in dem sich die Seite *ab* zu *bc* verhält wie eine bestimmte Länge im Maßstabe des Originals zu derselben Länge im Maßstabe der Kopie. Mit *bc* zieht man möglichst viele Parallelen. Z. B. einer von *a* aus auf *ab* abgegriffenen Länge des Originals *ad* entspricht die Länge *de* für die Kopie.

3. mit einem Reduktionszirkel. Ein solcher in Fig. 313 dargestellter Zirkel besteht aus zwei in der Mitte geschlitzten Schenkeln, die an beiden Enden Spitzen und einen in den Schlitzen verstellbaren Drehpunkt haben. Durch eine Skala, die neben den Schlitzen der beiden Schenkel angebracht ist, läßt der Drehpunkt sich so stellen, daß die Spitzenabstände der beiden Enden ein bestimmtes Verhältnis haben.

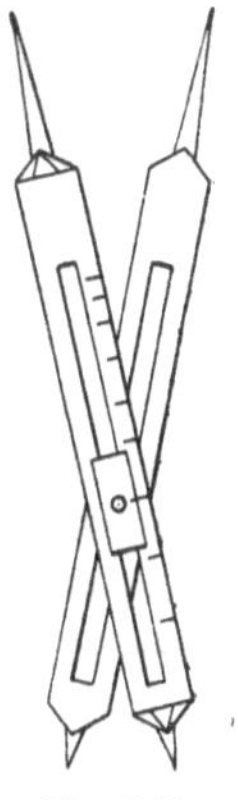
Fig. 313. Reduktionszirkel.

Die Ergebnisse mit dem Reduktionszirkel und mit dem Verhältnismaßstab sind nicht sehr genau.

4. mit dem Pantographen oder dem Storchschnabel. Man unterscheidet auf Rollen laufende oder schwebende Pantographen. Die schwebenden haben den großen Vorzug, daß sie nur einen verhältnismäßig kleinen Tisch erfordern.

Fig. 314 zeigt einen solchen Pantographen von CORADI in Zürich, der die besten Pantographen liefert.

Mittels des Pantographen kopiert man entweder dadurch, daß mit dem Fahrstift *F* die Linien der Originalzeichnung genau verfolgt werden, während der Zeichenstift *Z* die ähnliche Figur aufzeichnet, oder dadurch, daß man an Stelle des Zeichenstiftes einen stählernen Stift mit einer scharfen zentrischen Spitze setzt, die in das Papier der Kopie eingedrückt wird, sobald der Fahrstift auf einem zu kopierenden Punkte des Originals eingestellt ist.

Das letztere Verfahren ergibt genauere Kopien, kann aber nur bei geradlinigen Zeichnungen angewendet werden.

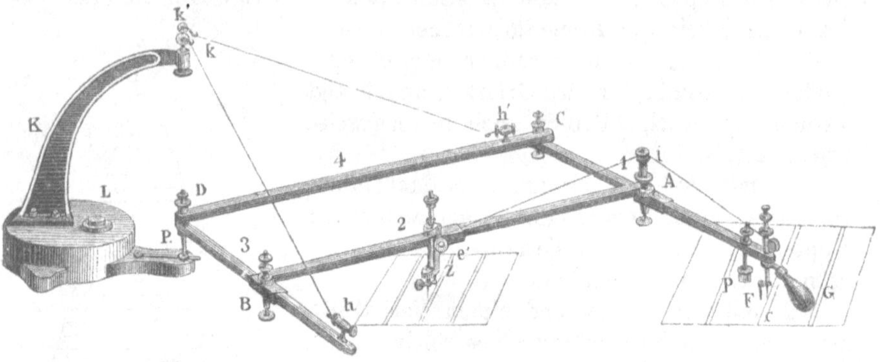

Fig. 314. Pantograph.

Beim Kopieren mittels des Pantographen kann das Quadratnetz auch zur Ausscheidung der Fehler dienen, die durch Veränderungen des Papiers der Originalzeichnung entstehen. Das Quadratnetz des Originals wird mit der Zeichnung zugleich mittels des Pantographen reduziert, das Papier für die Kopie mit einem richtigen Quadratnetze versehen und die von dem Pantographen gezeichnete Kopie quadratweise übertragen.

§ 166. Das Quadrieren. Das häufig erforderliche Quadrieren wird am schnellsten mit einer besonderen Vorrichtung ausgeführt.

Eine viereckige abgeglichene Schieferplatte ist mit einem eisernen Rahmen umgeben, auf dem messingene Streifen angebracht sind, die ein Rechteck bilden. Auf diesen Streifen sind Linien eingeritzt, welche die Verlängerungen eines richtigen Quadratnetzes bilden. Soll ein Papierbogen quadriert werden, so legt man ihn in geeigneter Stellung auf eine Papierunterlage in den Raum zwischen die Streifen, beschwert ihn mit Bleistücken und zieht entlang einem Lineale, das an die eingeritzten Linien des Rahmens gelegt wird, die einzelnen Netzlinien.

Die Vorrichtung kann zum Ziehen von Netzen mit verschiedenen Linienabständen eingerichtet sein. Anstatt der Schieferplatte kann auch eine aus mehreren Stücken zusammengefügte Holzplatte benutzt werden, dann müssen aber die Schrauben, die den eisernen Rahmen an der Platte festhalten, durch elliptische Löcher des Rahmens gehen.

Steht eine solche Quadrierungsvorrichtung nicht zur Verfügung, aber ein langes eisernes Lineal und ein genauer eiserner rechter Winkel, so verfährt man wie folgt: Man legt das Lineal genügend beschwert längs der langen Papierkante, zieht daran eine scharfe Bleilinie und mit Hilfe des Winkels zwei Perpendikel längs der Seitenkanten des Papiers.

Mit einem Stangenzirkel macht man beide Perpendikel gleich lang und hat nun ein Rechteck, das man auf seine Richtigkeit durch das Vergleichen der beiden Diagonalen prüft.

Ist ein Winkellineal nicht vorhanden, so wird man mit einem richtigen Lineale zwei Diagonalen über den Papierbogen ziehen und vom Kreuzungspunkte der Diagonalen gleiche Längen auf allen vier Richtungen abtragen. Verbindet man die hierdurch erhaltenen vier Punkte, so entsteht das gewünschte Rechteck.

Die Seiten des Rechteckes teilt man am zweckmäßigsten mit Hilfe eines Normalmeters, das man mit der Kante, bis zu der die Striche der Unterteilung des Meters gezogen sind, an die Linie legt. Mit einer Kopiernadel markiert man nach den entsprechenden Teilstrichen des Normalmeters die Abstände der Netzlinien.

Ist man gezwungen, die Seiten des Rechteckes mit dem Zirkel einzuteilen, so ist ein guter Federzirkel am besten dazu geeignet. Man nimmt zwei oder mehrere Netzlinienabstände in den Zirkel, trägt zunächst, die Spitzen ganz leise aufsetzend, die einzelnen Quadratseiten ab und erst später vertieft man die ersten zarten Eindrücke der Zirkelspitze, nachdem man sich überzeugt hat, daß die Einteilung richtig gemacht war.

Den Nachweis der Richtigkeit gibt die Gleichheit der Reste auf den gegenüberliegenden Seiten des Rechteckes, die nach Abtragung der gleichen Anzahl von Netzlinienabständen übrig bleiben.

§ 167. Das Verkleinern und Vergrößern von Karten mittels der Photographie, das Kopieren und Vervielfältigen von Zeichnungen durch Lichtdruck ist zu einer großen Vollkommenheit entwickelt, hat aber für die eigentliche Markscheidekunst nur untergeordnete Bedeutung, da die hiermit erhaltenen Kopien nie ganz genau maßstäblich werden können. Zur Vervielfältigung von Übersichtskarten sind die genannten Apparate mit Vorteil zu benutzen.

§ 168. Die Flächenberechnung. Die Flächen werden nach Originalzahlen oder nach Plänen berechnet.

Nach Originalzahlen. Hat eine Vermessung die Berechnung der Flächen als Hauptziel, so wird man die Polygonseiten und sonstige Messungslinien so legen, daß zur Berechnung geschickte Figuren: Dreiecke, Vierecke und geschlossene Polygone entstehen. Von den Dreiecken mißt man entweder alle drei Seiten oder die Grundlinie nebst Höhe. Jedes unregelmäßige Viereck zerlegt man sich durch eine Diagonale in zwei Dreiecke. Man mißt die Diagonale als die gemeinschaftliche Grundlinie beider Dreiecke und die Höhen. Von den Trapezen mißt man die Längen der beiden parallelen Seiten und ihren Abstand. Von den geschlossenen Polygonen ermittelt man die Koordinaten der Eckpunkte bezogen auf eine der Messungslinien oder auf das allgemeine Achsensystem der Messung. Ist eine Fläche von krummen Linien begrenzt, so pflöckt man sich ein Polygon ab, das sich möglichst nahe an die Grenzen anschmiegt, und zerlegt die Streifen zwischen den Polygonseiten und der krummen Grenze in Trapeze.

Der Flächeninhalt eines Dreiecks ist, wenn gegeben sind:

die Grundlinie g und die Höhe h . . . . $= \frac{gh}{2}$,

die drei Seiten a, b u. c und wenn $s = \frac{a+b+c}{2} = \sqrt{s.(s-a)(s-b)(s-c)}$

zwei Seiten a, b und der eingeschlossene Winkel $\gamma = \frac{1}{2} ab \sin \gamma$.

Der Flächeninhalt eines Trapezes ist, wenn a und b die parallelen Seiten sind und h ihr Abstand $= \frac{a+b}{2} \cdot h$.

Der Flächeninhalt eines Viereckes ist, wenn d die Diagonale und h_1 und h_2 die Höhen der beiden entstandenen Dreiecke sind $= \frac{h_1+h_2}{2} \cdot d$.

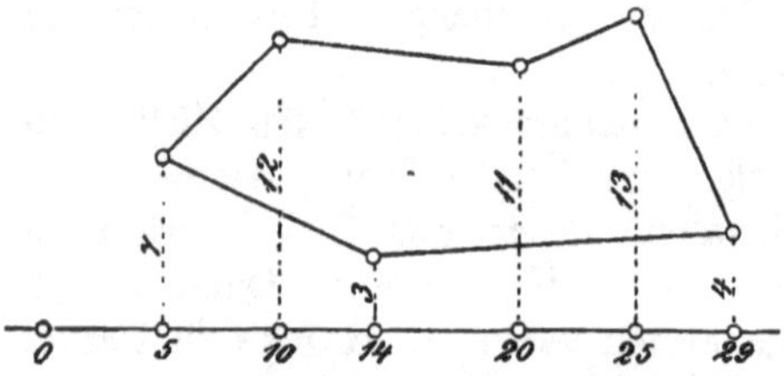

Fig. 315. **Flächenberechnung eines Polygons aus den Koordinaten der Eckpunkte.**

Den Flächeninhalt eines Polygons findet man aus den Koordinaten der Eckpunkte nach folgender Regel:

Das Doppelte der Fläche ist gleich der algebraischen Summe der Produkte aus allen Abszissen der Eckpunkte und dem Unterschied der Ordinaten der beiden Nachbarecken — oder aus allen Ordinaten und dem Unterschied der Abszissen der Nachbarecken.

Beispiel (Fig. 315).

7 (10 – 14) =		– 28	5 (12 – 3) =	+ 45	
12 (20 – 5) =	+ 180		10 (11 – 7) =	+ 40	
11 (25 – 10) =	+ 165		20 (13 – 12) =	+ 20	
13 (29 – 20) =	+ 117		25 (4 – 11) =		– 175
4 (14 – 25) =		– 44	29 (3 – 13) =		– 290
3 (5 – 29) =		– 72	14 (7 – 4) =	+ 42	
	+ 462	– 144		+ 147	– 465
	2) + 318			2) – 318	
	159 qm			159 qm	

Das Ergebnis bleibt dasselbe, wenn alle Abszissen und Ordinaten um eine bestimmte Größe verändert werden.

„Die Unterschiede der Abszissen bezw. der Ordinaten müssen immer in derselben Reihenfolge ermittelt werden. Je nach der Richtung links oder rechts herum, erhält man die Fläche negativ oder positiv. Das Vorzeichen der Fläche ist gleichgültig, da es nur auf die absolute Größe der Fläche ankommt.

§ 169. Die Flächenberechnung nach Plänen. Diese wird entweder mit Zirkel und Maßstab oder mit Planimetern ausgeführt.

Im ersteren Falle wird die Fläche durch feine Bleistiftlinien in Dreiecke oder Trapeze geteilt und die zur Berechnung erforderlichen Längen werden mit dem Zirkel abgegriffen. Nach erfolgter einmaliger Berechnung wischt man die Hilfslinien aus, zieht neue, welche die Fläche in anderer Weise zerlegen, und wiederholt die Berechnung. Besteht die Fläche aus mehreren Parzellen, so ermittelt man deren Inhalt im einzelnen und dann den der ganzen Fläche und gewinnt dadurch ein Mittel der Prüfung.

Die Flächenberechnung mittels Planimeter. So nennt man mechanische Hilfsmittel zur Flächenberechnung.

Das Fadenplanimeter (Fig. 316) ist ein Rahmen, über welchen eine Reihe paralleler Fäden in gleichem Abstande gezogen sind. Man legt dieses Planimeter auf die zu vermessende Fläche, greift die mittlere Länge der zwischen den einzelnen Parallelfäden liegenden Trapeze mit dem Zirkel ab und multipliziert mit dem Abstande der Fäden.

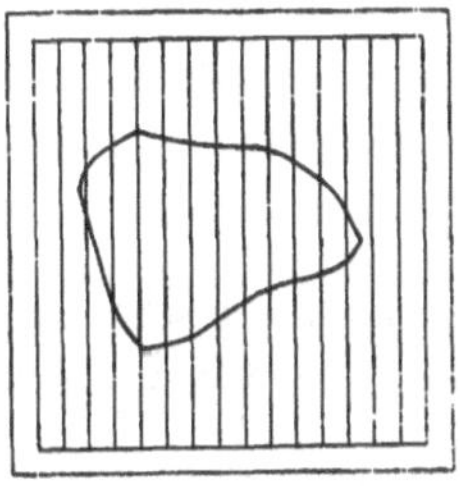

Fig. 316. Das Fahnenplanimeter.

Ein solches Planimeter kann man auch herstellen, wenn man auf Pausleinen oder einem anderen durchsichtigen Stoffe Parallellinien in gleichem Abstande zieht.

Sehr zweckmäßig ist auch eine Quadratglastafel in Gebrauch, die in Quadratmillimeter eingeteilt ist. Deren Kanten bilden gerade Linien und sind parallel mit den Quadratnetzlinien abgeschliffen.

Das Polarplanimeter von Amsler (Fig. 317) hat zwei durch ein Gelenk verbundene Stangen, den Polararm P und der Fahrarm A.

Das Ende des Polararmes (der Pol) wird durch das festgesteckte Gewicht b festgehalten. Am Ende des Fahrarmes ist der Fahrstift f senkrecht eingeschraubt. Neben dem Fahrstift befindet sich eine Stütze s, die die Zeichnung vor Beschädigung durch die scharfe Fahrspitze schützen soll. Dieser Stift wird beim Gebrauch auf einen Punkt des Umfanges der zu messenden Fläche gesetzt und von da ab genau auf den Umfangslinien der Figur herumgeführt, bis die Anfangsstellung wieder erreicht ist. Die Laufrolle L sitzt an einem Rahmen, der entweder mit dem Fahrarm fest verbunden ist, oder, wie Fig. 317 zeigt, eine Hülse besitzt, in der der Fahrarm verschoben und durch die Schräubchen dd' auf bestimmte Maßverhältnisse eingestellt werden kann.

Die Laufrolle gleitet während der Umfahrung der Fläche auf dem Papiere und wird hierbei umgewälzt. Die Größe dieser Umwälzung wird durch eine Teilung auf dem Rollenumfange gemessen, die mittels eines Nonius gestattet, Tausendstel des Rollenumfanges abzulesen, die Anzahl der ganzen Rollenumläufe zeigt ein kleines Zählrad an, das von der Rollenachse aus durch eine Schraube ohne Ende bewegt wird. Vor Beginn der Umfahrung und nach der Beendigung liest man ab. Der

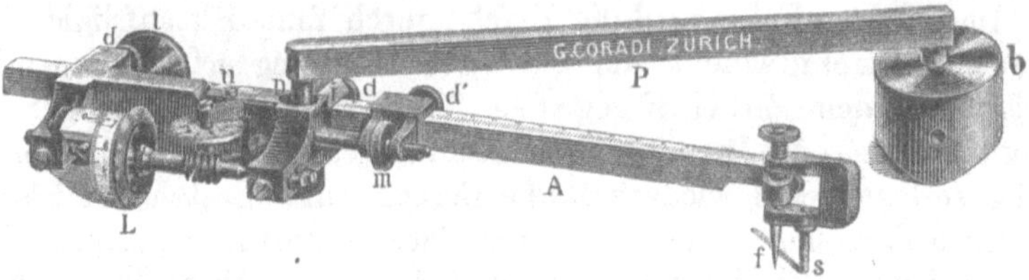

Fig. 317. Polarplanimeter.

Unterschied beider Ablesungen ist die gesuchte Grundzahl zur Bestimmung der Fläche.

Bei Polarplanimetern mit festem Fahrarm sind die Abmessungen so getroffen, daß ein Tausendstel = 10 qmm der umfahrenen Fläche ist. Die ermittelte Zahl ist nun noch mit dem Quadrat der Verjüngungszahl der Zeichnung zu multiplizieren. Z. B. die Ablesungen haben 14560 qmm ergeben, der Maßstab der Zeichnung ist 1 : 3000, so erhält man den Flächeninhalt $= \frac{14\,560\ (3000)^2}{1\,000\,000} = 131\,040$ qm. Ist der Maßstab 1 : 1000, so gibt die Ablesung bis zu Zehntausendstel des Umfanges sofort die Anzahl der Quadratmeter an.

Ist der Fahrarm verschiebbar, so sind an ihm entweder Marken oder eine Einteilung bis zu $^1/_2$ mm angebracht. Auf die Marken wird der Indexstrich des Rahmens mittels der Feinstellschraube *m* für verschiedene Maßverhältnisse eingestellt, und neben jeder Marke ist angegeben, wieviel Quadratmeter auf eine Noniuseinheit (1 Tausendstel des Rollenumfanges) kommen.

Ist der Fahrarm mit einer Teilung versehen, so wird die Einstellung auf die Maßverhältnisse nach einer gegebenen Tabelle bewerkstelligt.

Man setzt den Pol außerhalb der zu messenden Figur, und wenn man diese nicht mit einem Male umfahren kann, teilt man sie durch Hilfslinien in passende Teile.

Z. B. nach Umfahrung einer Fläche im Maßstabe 1 : 500 seien 1137,5 Noniuseinheiten abgelesen, d. h. die Laufrolle habe sich 1,1375 mal umgewälzt. Nach der Tabelle oder nach den auf dem Fahrarme neben der Marke angegebenen Zahlen ist eine Noniuseinheit = 2 qm, der Inhalt der Fläche also = 2275 qm.

Zur Flächenermittelung großer Figuren kann man auch den Pol innerhalb in die Mitte der Figur setzen und umfährt sie in der der Bewegung des Uhrzeigers entgegengesetzten Richtung. Es ist in diesem Falle vorteilhaft, die Rollenteilung und Zählrad vor der ersten Umfahrung auf 0 einzustellen, weil dadurch Irrungen viel eher vermieden werden. Die erhaltene Ablesung ist dann noch von einer konstanten Zahl, die bei den Teilstrichen auf dem Fahrarm oder in der Tabelle angegeben ist, abzuziehen, und der Rest mit dem Wert der Noniuseinheit zu multiplizieren.

Z. B. man habe nach der Umfahrung wieder die Ablesung 1137,5 erhalten, auf dem Stabe stehe bei 1 : 500 die Zahl 20199, so hat man von der Konstanten 20199 die Ablesung 1137,5 abzuziehen und den Rest 19061,5 mit 2 qm zu multiplizieren. Der gesuchte Flächeninhalt ist = 38123 qm.

Hat das Zählrad während der Umfahrung eine ganze Umdrehung vorwärts gemacht, so ist zur Ablesung 10000 zu addieren, hat sich dagegen das Zählrad bei Umfahrung sehr großer Figuren, wo der von Fahr- und Polararm eingeschlossene Winkel vorwiegend über 90 Grad bleibt, rückwärts gedreht, so ist die Ablesung von 10000 abzuziehen und der Rest zur konstanten Zahl zu addieren und die Summe wieder zu multiplizieren.

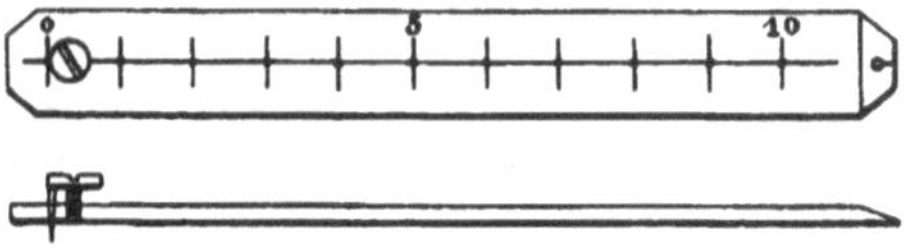

Fig. 318. Prüfung des Polarplanimeters.

Zur Prüfung des Polarplanimeters dient das in Fig. 318 dargestellte stählerne Lineal, das mit einer Zentimeterteilung versehen und um den im Nullpunkte angebrachten Stift drehbar ist. Man stellt, sobald der Stift drehbar ist, die Zeigerlinie vom abgeschrägten Ende auf eine Marke, setzt auf einen Zentimeterpunkt, z. B. 8, die Fahrstiftspitze und macht eine volle Umdrehung mit dem Lineal. Die Ablesung muß den leicht zu berechnenden Inhalt eines Kreises von 8 cm Radius ergeben.

§ 170. Die Theorie des Polarplanimeters. Nachstehende Betrachtung ist abgekürzt nach Weisbach. Führt man den Stift F (Fig. 319) auf dem Umfange der Kurve herum, so beschreibt der Punkt C (Mittelpunkt des Gelenkes, das Fahr- und Polararm verbindet) einen Kreisbogen. Sind CF und LK zwei aufeinanderfolgende Lagen des beweglichen Fahrarmes, so ist klar, daß CF nur durch eine gleichzeitig fortschreitende und drehende Bewegung in die Lage LK kommt, und daß man diese zusammengesetzte Bewegung in zwei einfache zerlegen kann, indem man sich vorstellt, daß die Gerade CF zuerst durch parallele Verschiebung die Lage LJ und hierauf durch eine Drehung um den Punkt L in die Lage LK gelangte. Somit wird das Flächenelement $CLKF$ durch die

Summe des Parallelogrammes $CFJL = p$ und des Sektors $LJK = s$ gebildet, und dieses Flächenelement steht in einem gewissen Verhältnis zu dem abgewälzten Rollenumfange.

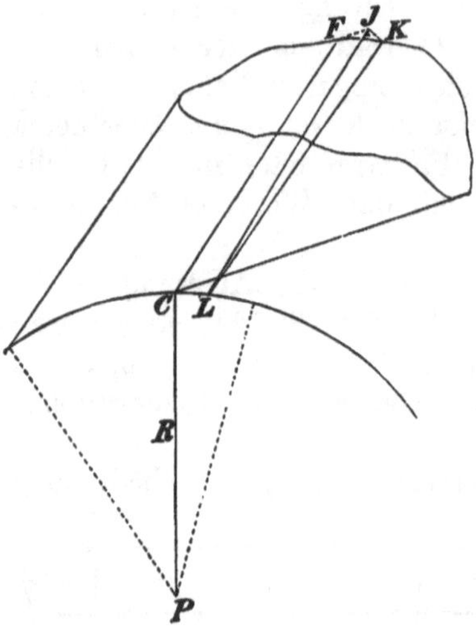

Fig. 319. Theorie des Polarplanimeters.

Die Flächenelemente sind positiv und negativ und die algebraische Summe aller ist gleich dem Inhalte der umfahrenen Figur.

B e w e i s. (Hierzu Figuren 320 und 321.)

Der Fahrarm von der Länge b sei aus der Lage $A_1 A_1$ in die Lage $A_2 A_2$ gekommen. Die Bewegung kann man zerlegen in eine Komponente l ä n g s d e s F a h r a r m e s, bei welcher von der Rolle nichts abgewälzt wird, da sie hierbei nur parallel ihrer Achse gleitet, und in eine Komponente rechtwinkelig zum Fahrarm, wobei die ganze Wegstrecke hh von der Rolle abgewälzt wird. Ist der Halbmesser der Rolle $= \varrho$ und hat sie sich um einen Winkel φ_1 gedreht, so ist $hh = \varrho \varphi_1$ (φ_1 in Teilen des Radius ausgedrückt) und der Flächeninhalt des Parallelogrammes $A_1 A_1 A_2 A_2$, das vom Fahrarm überstrichen wurde, ist $b \varrho \varphi_1 = P$.

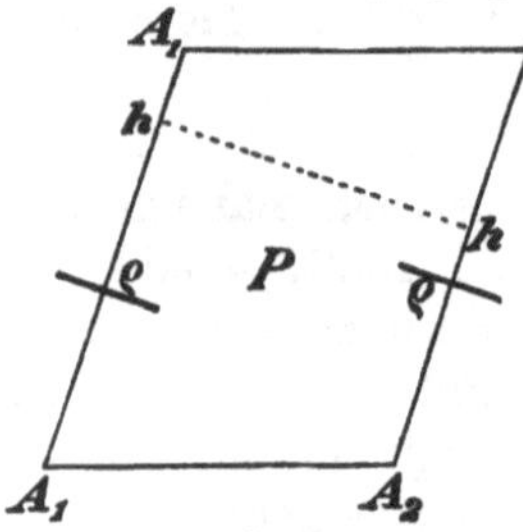

Fig. 320.

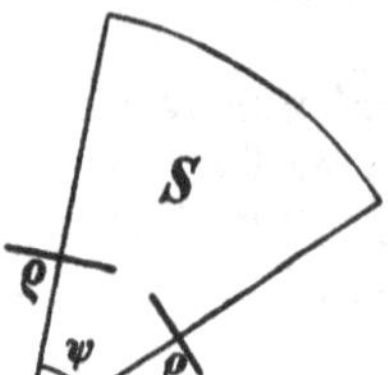

Fig. 321.

Theorie des Polarplanimeters.

Ferner sei der Fahrarm um einen Winkel ψ gedreht worden und habe dabei einen Kreissektor vom Inhalte $S = \frac{1}{2} b^2 \psi$ überfahren (ψ im Bogenmaß). Bei der Drehung hat die Laufrolle sich um einen Winkel φ_2 abgewälzt, der, wenn e die Entfernung der Laufrolle von der Drehachse ist, mit dem Bogen ψ durch die Gleichung $\psi = \frac{\varrho \varphi_2}{e}$ verbunden ist. ($\psi e = \varrho \varphi_2$, zwei gleich lange Bogenstücke.)

Der Fahrarm erleidet zugleich eine Parallelverschiebung und eine Drehung, wobei er ein Parallelogramm P und einen Sektor S überstreicht, und wobei die Rolle sich um einen Winkel $\varphi = \varphi_1 + \varphi_2$ gedreht hat. Setzt man in diese Gleichung für φ_2 den Wert $\frac{e \psi}{\varrho}$ ein, so ist $\varphi_1 = \varphi - \frac{e \psi}{\varrho}$.

Der Inhalt des Parallelogrammes

$$P = b\varrho\varphi_1 \text{ oder } = b\varrho\left(\varphi - \frac{e\psi}{\varrho}\right).$$

Das ist $P = b\varrho\varphi - be\psi$.

$$P + S = b\varrho\varphi - be\psi + \tfrac{1}{2}b^2\psi$$
$$P + S = b\varrho\varphi + \tfrac{1}{2}\psi(b^2 - 2be) = df.$$

Die aus Parallelogramm und Sektor zusammengesetzte Figur ist das Element df der vom Fahrarme überstrichenen irgendwie gestalteten Fläche.

Ist der Fahrstift nach Umfahrung des Umfanges einer geschlossenen Figur in den Anfangspunkt zurückgekehrt, so hat der Fahrarm genau dieselbe Lage, wie am Anfange und $\Sigma\psi$, d. h. die Summe aller Drehungen, ist:

(1) $\Sigma\psi = 0$, wenn der Pol außerhalb der Figur,
(2) $\Sigma\psi = 2\pi$, „ „ „ innerhalb „ „ .

Demgemäß ist die Fläche im Falle

(1) $\Sigma df = b\varrho\Sigma\varphi + 0 = c\Sigma\varphi$
(2) $\Sigma df = b\varrho\Sigma\varphi + \tfrac{1}{2}2\pi(b^2 - 2be) = c\Sigma\varphi + c'$,

wo $c = b\varrho$ und $c' = \pi(b^2 - 2be)$ Konstanten bedeuten. die nur von den Dimensionen des Intrumentes: der Fahrarmlänge b, dem Halbmesser ϱ der Laufrolle und dem Abstande e dieser von der Drehachse des Fahrarmes, abhängen. Die Konstanten können aus den Abmessungen des Polarplanimeters berechnet werden.

Außer dem besprochenen Polarplanimeter gibt es noch solche anderer Konstruktion, Linear-, Rollen- und Kugelplanimeter, von denen das letztere dem Ideal eines Flächenmessers am nächsten kommt, worauf hier nicht näher eingegangen werden kann. Alle Planimeter werden in vollkommenster Ausführung von G. Coradi in Zürich geliefert.

§ 171. Genauigkeit der Flächenberechnung. Nach Anweisung VIII der Katasterverwaltung soll bei Flächenermittelungen eine Parzellen-, eine kleine und eine große Massenberechnung vorgenommen werden. Die kleinere Massenberechnung umfaßt Teile eines Kartenblattes, die einen abgeschlossenen Komplex bilden, die große Massenberechnung umfaßt ein ganzes Kartenblatt.

Die Parzellenberechnung wird zweimal ausgeführt. Die beiderseitigen Ergebnisse sind nur dann als richtig anzunehmen, wenn der Unterschied a zwischen beiden höchstens $0{,}01\sqrt{60F + 0{,}02F^2}$ beträgt, wobei F den Flächeninhalt der Parzellen in Aren bezeichnet und a gleichfals in Aren erhalten wird.

Die Ergebnisse der kleinen, bezw. der großen Massenberechnung dürfen von dem Mittel der beiden Parzellenmessungen ebenfalls nur um den in obiger Formel ausgedrückten Flächenwert abweichen.

Die bayerische Instruktion sagt: Die Summe aller Einzelflächen muß mit der aus den polygonometrischen Koordinaten der Gesamtfläche, wenn n Parzellen vorliegen, stimmen bis auf

$0{,}0015\ (f + \sqrt{2n})$	Hektare	im	Maßstabe	1 : 1000
$0{,}0030\ (f + \sqrt{2n})$	„	„	„	1 : 2500
$0{,}0060\ (f + \sqrt{2n})$	„	„	„	1 : 5000

Die für jede Parzelle gefundenen Ergebnisse müssen mit denen der ersten Rechnung bis auf $\frac{1}{250}\sqrt{f}$, $\frac{1}{100}\sqrt{f}$, $\frac{1}{50}\sqrt{f}$ für obige Maßstäbe übereinstimmen.

Zehntes Kapitel.

Die Anschluß- und Einrichtungs- oder Orientierungsmessungen.

§ 172. Die Messungen, welche ausgeführt werden, um zwei mit dem Theodoliten in verschiedenen Horizonten ausgeführten Polygonzüge zu verbinden, nennt man Anschlußmessungen; solche, die den Zweck haben, beide auf ein gemeinschaftliches Koordinatensystem berechnen zu können, Einrichtungs- oder Orientierungsmessungen.

Für das eine der beiden Polygone ist bereits ein Achsensystem vorhanden und von seinen Punkten sind die Koordinaten berechnet. Für die folgenden Betrachtungen soll der Einfachheit wegen angenommen werden, daß dieses Polygon über Tage liegt und an das vorhandene Dreiecknetz angeschlossen ist. Das zweite einzurichtende Polygon liegt in der Grube.

Das Grubenpolygon ist angeschlossen, wenn von einem Punkte die Koordinaten für das System des Tagezuges ermittelt sind, und es ist eingerichtet oder orientiert, wenn der Neigungswinkel einer Polygonseite gegen die Abszissenachse des Tagezuges bekannt ist.

In den meisten Fällen werden beide Zwecke mit derselben Messung zugleich verfolgt.

Das Verfahren richtet sich nach der Art und der Zahl der Verbindungswege zwischen Tage- und Grubenzug, und man kann hiernach drei Fälle unterscheiden:

Die Verbindung kann stattfinden:

1. durch einen Stolln,
2. durch zwei Schächte,
3. durch einen Schacht,

oder es können zwei oder mehrere der angeführten Fälle zusammentreffen.

§ 173. Erster Fall. Bildet ein Stolln oder eine flach einfallende Tagestrecke die Verbindung zwischen Gruben- und Tagezug, so ist die Anschluß- und Orientierungsmessung einfach, da das Grubenpolygon nur durch den Stolln oder durch die flache Strecke bis zur nächsten Dreiecksseite fortzusetzen ist.

Wenn die verbindende Tagestrecke sehr steil einfällt, oder die Verbindung nur durch einen tonnlägigen Schacht von 60—80 Grad Neigung gegeben ist, so wird durch eine Polygonmessung der Anschluß mit ausreichender Genauigkeit zu erreichen sein, nicht aber die Orientierung. Da bei solchen Schachtmessungen die Horizontalwinkel unter den ungünstigsten Verhältnissen namentlich mit stark gekipptem Fernrohre müssen gemessen werden.

Auf die Koordinatenbestimmung des Anschlußpunktes in der Grube hat dagegen die Unsicherheit in den Schachtwinkeln, bei den kurzen söhligen Entfernungen zwischen den einzelnen Winkelpunkten, einen verhältnismäßig geringen Einfluß.

Borchers führt in seiner Markscheidekunst auf Seite 158 ein Beispiel an. Hiernach zeigen zwei in einem tonnlägigen Schachte von ca. 80° Neigung ausgeführte Messungen mit je achtmaliger Aufstellung des Theodoliten einen Orientierungsunterschied von 2′24″, und das Mittel aus beiden Werten weicht 3′13″ von der später auf andere Weise erreichten richtigen Orientierung ab.

Man wird also nur im Notfalle zur Übertragung der Orientierung durch einen stark tonnlägigen Schacht mittels eines Schachtpolygones seine Zuflucht nehmen.

§ 174. Zweiter Fall. Die Verbindung ist durch zwei Schächte hergestellt.

Diese Schächte können seiger oder tonnlägig sein. In seigeren Schächten wird der Anschluß durch eingehängte Lote, in tonnlägigen Schächten durch einen Polygonzug herbeigeführt, wodurch, wie im vorigen Paragraphen gesagt, eine ausreichende Genauigkeit erzielt wird.

Hat der zu messende Schacht eine starke Neigung und ist darin nicht zuviel Eisen vorhanden, so kann die Messung mit dem Hängekompaß statt mit dem Theodoliten ausgeführt und für den vorliegenden Zweck eine hinreichende Genauigkeit erreicht werden.

Bei dem bedeutenden Fallwinkel des Schachtes kann man diesen in großen Stücken abseigern, und es ist das Streichen von nur wenigen kurzen Schnüren abzunehmen, die an den Absetzpunkten die Lote miteinander verbinden. Die Absetzpunkte ergeben sich von selbst da, wo aus irgend einem Grunde nicht weiter gelotet werden kann.

Sollte an einer solchen Stelle zuviel Eisen in der Nähe sein, so ist an einem günstigeren, höher gelegenen Punkte abzusetzen. Mit dem benutzten Hängekompaß ist das Streichen einer Dreiecksseite als Orientierungslinie abzunehmen.

Ist der Anschluß in beiden Schächten erreicht, so erfolgt die Orientierung durch Einrechnung.

Die Besprechung vereinfacht sich, wenn zwei seigere Schächte angenommen werden.

Die Lotpunkte in beiden Schächten werden mit dem Dreiecksnetze über Tage durch eine genaue Messung verbunden, und daraus wird die Länge und der Azimut der Verbindungslinie beider Lote ermittelt.

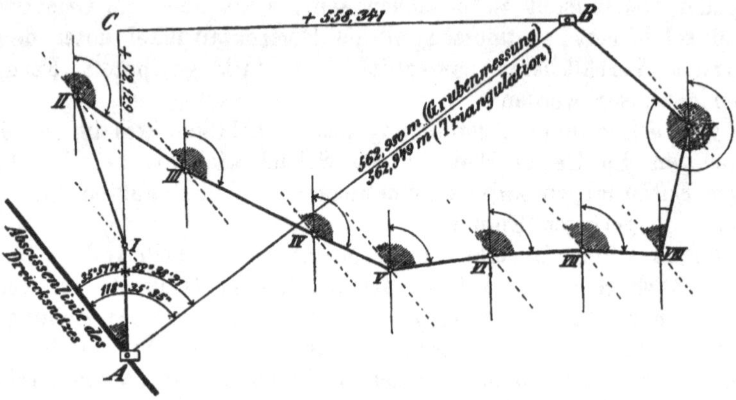

Fig. 322. Orientierung eines Grubenzuges durch zwei Schächte mittels Einrechnung.

Alsdann führt man in der Grube von dem einen Lote bis zu dem anderen einen Polygonzug aus und berechnet diesen auf ein Koordinatensystem, dessen Nullpunkt ein Lotpunkt und dessen Abszissenachse am zweckmäßigsten die erste vom Nullpunkte ausgehende Polygonseite ist.

Aus den so gewonnenen Koordinaten des Grubenzuges läßt sich nochmals die Länge der Verbindungslinie beider Lotpunkte, sowie deren Neigung gegen die erste Polygonseite berechnen. Der Azimut der genannten Verbindungslinie war aus der Tagesmessung bekannt, folglich läßt sich der Azimut der ersten Polygonseite des Grubenzuges ebenfalls bestimmen, woraus die Azimute der übrigen Polygonseiten leicht abgeleitet werden können.

Beispiel. (Hierzu die nicht maßstäbliche Figur 322.)

In zwei seigeren Schächten sind die Lote in den Punkten *A* und *B* gehängt. Aus der Tagesmessung ergibt sich die Länge der Linie *AB* zu 562,949 m und ihr Azimut zu 118° 35′ 35″.

In der Grube ist ein Polygonzug ausgeführt, dessen Koordinatenberechnung auf die Linie *AI* als Abszissenlinie und auf *A* als Anfangspunkt folgendermaßen sich gestaltet:

Zeichen von	Zeichen bis	Länge	Polygonwinkel Gr.	M.	S.	Neigungswinkel Gr.	M.	S.	Teilordinaten Meter	Teilabszissen Meter
A	I	17,632	—	—	—	0	0	0	0,0	+ 17,632
I	II	42,363	177	32	57	357	32	57	− 1,812	+ 42,324
II	III	129,991	284	57	24	102	30	21	+ 126,907	− 28,148
III	IV	167,510	177	55	38	100	25	59	+ 164,740	− 30,334
IV	V	92,963	180	52	30	101	18	29	+ 91,156	− 18,242
V	VI	82,810	158	33	27	79	51	56	+ 81,518	+ 14,574
VI	VII	37,453	184	52	25	84	44	21	+ 37,296	+ 3,434
VII	VIII	63,160	184	25	31	89	9	52	+ 63,153	+ 0,921
VIII	IX	61,220	93	53	21	3	3	13	+ 3,261	+ 61,133
IX	B	11,830	135	11	21	318	14	34	− 7,878	+ 8,825
									+ 558,341	+ 72,119

Aus den Koordinaten + 558,341 und + 72,119 (die Katheten des rechtwinkeligen Dreiecks *ABC*) berechnet man die Neigung und die Länge der Linie *AB*, wie folgt:

$$\begin{aligned}
\log 558{,}341 &= 2{,}7468995 \\
\log\ 72{,}119 &= 1{,}8580497 \\
\log \operatorname{tg} BAC &= 0{,}8888498 \qquad \sphericalangle BAC = 82^0\,38'\,21'' \\
\log 558{,}341 &= 2{,}7468995 \\
\log \sin BAC &= 9{,}9964070 - 10 \\
\log AB &= 2{,}7504925 \qquad AB = 562{,}980.
\end{aligned}$$

Aus dem Winkel *IAB*, d. i. dem Neigungswinkel der Linie *AB* gegen die Polygonseite *AI*, und aus dem bekannten Azimute der Linie *AB* = 118⁰35′35″ erhält man den Azimut der ersten Polygonseite *AI*, und zwar in diesem Falle durch Subtraktion 118⁰35′35″ — 82⁰38′21 = 35⁰57′14″.

Hieraus lassen sich die Azimute der übrigen Polygonseiten ableiten, was in unserem Beispiele am einfachsten dadurch geschieht, daß man die Neigungswinkel der obigen Koordinatenberechnung um 35⁰57′14″ vergrößert.

In der Figur 322 sind die Neigungswinkel gegen die Polygonseite *AI* als Abszissenachse mit einem Bogen versehen, die wahren Azimute schraffiert.

Mit Hilfe dieser Azimute werden die Koordinaten der Polygonpunkte in der Grube endgültig berechnet, und die geringen Unstimmigkeiten an den Teilkoordinaten abgeglichen.

Bei tiefen, weit voneinander entfernten Schächten ist selbstverständlich die Lotkonvergenz zu berücksichtigen. Z. B. bei einer auf dem

Oberharze erfolgten Einrechnung war die Entfernung der beiden Schächte $B =$ rund 3000 m, der Höhenunterschied der Tages- und Grubenmessungen $h = 600$ m, die Entfernung der Endpunkte der Lote war nach der Formel auf Seite 223 $b = B\left(1 - \frac{h}{R + h}\right) = 2999{,}717$, also um 0,283 m kürzer als die Entfernung der Aufhängungspunkte.

Die Orientierung durch zwei Schächte kann bei weniger wichtigen Arbeiten auf mechanischem Wege erfolgen. Man legt den einzurichtenden Grubenzug auf irgend eine Weise zu, fertigt von der Zulage eine Kopie auf Pauspapier und legt diese so auf die Zeichnung des Tagezuges, daß Anfang und Endpunkt mit den Lotpunkten in den Schächten zusammenfallen. Mittels der Kopiernadel sticht man die Polygonpunkte des Grubenzuges durch.

§ 175. Dritter Fall. Die Verbindung zwischen Tage- und Grubenzug findet nur durch **einen** Schacht statt.

Ist der Schacht seiger und das Nebengestein in der Grube nicht magnetisch, so sind zwei verschiedene Einrichtungsmethoden anwendbar. Die eine erfolgt mit Hilfe des Magneten, die zweite durch das Lotverfahren, wobei von der Tagesoberfläche mittels zweier in den Schacht gehängter Lote eine kurze Linie in die Grube übertragen wird. Das Lotverfahren ist bei magnetischem Gebirge nur allein anwendbar.

Ist der Schacht tonnlägig und enthält das Nebengestein keine ablenkenden Einschlüsse, so ist die Magnetorientierung am Platze.

Ist aber bei einem tonnlägigen Schachte für die Magnetorientierung das Nebengestein nicht geeignet, so muß die Einrichtung durch einen Polygonzug in die Grube übertragen werden (vgl. § 172).

§ 176. Das Lotverfahren. In den Schacht werden zwei Lote gehängt, und der Azimut und die Länge der Linie, die durch die Aufhängepunkte über Tage gegeben ist, können mit der erforderlichen Schärfe bestimmt werden, indem man diese Linie mit dem Dreiecksnetze in genaue Verbindung bringt. Schließt man die Polygonmessung in der Grube ebenfalls an die Linie AB an, welche durch die in den Punkten A und B herabhängenden seigeren Lotdrähte auch auf der Schachtsohle dargestellt wird, so kann man mit Hilfe des bekannten Azimutes der Linie AB den Grubenzug orientieren.

An die Verbindungslinie der beiden Lote A und B schließt man durch das Dreieck an, das Anschlußdreieck (Fig. 323 a u. b) genannt wird.

In den nachfolgenden Betrachtungen sind A und B die beiden Lotpunkte, a, b, c die den gleichnamigen Winkeln gegenüberstehenden Seiten und C ist der Standpunkt des Theodoliten. Die Winkel A und B sind zu ermitteln. Sie heißen die Anschlußwinkel.

Diese Winkel sind aus der bekannten Länge c und den in der Grube gemessenen Seiten a und b, sowie aus dem Winkel C zu berechnen. Es kann geschehen nach dem Sinussatz:

$$\sin A = \frac{\sin C \cdot a}{c}, \quad \sin B = \frac{\sin C \cdot b}{c}.$$

In den Formeln sind $\sin A$ und $\sin B$ von den drei Größen C, c und a oder b abhängig. Die Länge c kann über Tage mit hinreichender Genauigkeit gemessen werden. Die Konvergenz der Lote ist erst bei großen Tiefen zu berücksichtigen. Bei 1000 m Tiefe wird eine Länge von 2 m um 0,3 mm, eine von 4 m um 0,6 mm verkürzt.

Auf die Ermittelung des Winkels C und der Längen a und b ist die größte Sorgfalt zu verwenden.

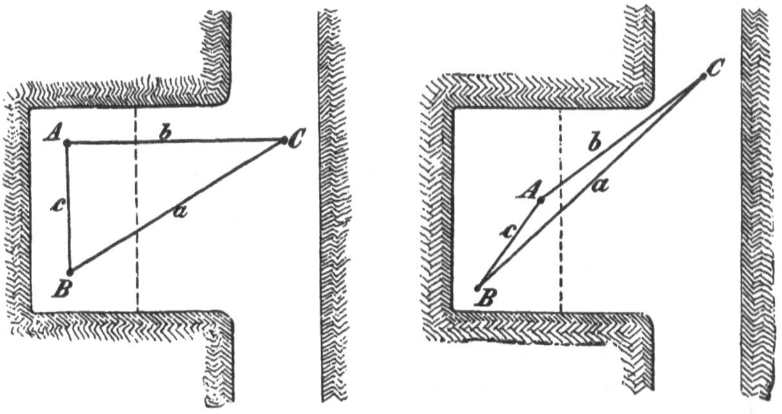

Fig. 323a u b. Anschlußdreiecke beim Lotverfahren.

Die Einwirkung eines Fehlers in der Ermittelung der Größen C, a und b auf die Winkel A und B ist nun sehr verschieden. Sie ist groß, wenn die Seiten a und b nahezu gleich lang sind, wenn also das Dreieck ABC nahezu gleichschenkelig ist, am kleinsten bei einer sehr spitzwinkeligen Form des Dreieckes.

Die Sinus der Winkel nahe bei 0° oder 180° nehmen, wie ein Blick in die Logarithmentafeln lehrt, bei geringer Vergrößerung oder Verkleinerung des Winkels unverhältnismäßig zu oder ab, umgekehrt hat eine geringe Veränderung des Sinus einen verschwindenden Einfluß auf den zugehörigen Winkel.

Ein geringer Fehler in der Länge a hat keinen Einfluß auf die Ermittelung des Winkels A, wenn das Dreieck spitzwinkelig ist. Z. B. in dem spitzwinkeligen Dreiecke ABC (Fig. 323b) sei $AB = c = 2$ m, $BC = a = 4{,}284$ m, $\sphericalangle C = 0^0\,1'\,10''$. Der Winkel A ist dann $= 179^0\,57'\,30''$.

Vermindert man die Seite um ein Millimeter, so daß ihre Länge $= 4{,}283$ m wird, so ist der Einfluß dieser Änderung noch nicht in den Zehntelsekunden des Winkels A zu spüren. Um diesen Winkel 2 Sekunden verschieden zu erhalten, müßte die Seite a um 60 mm falsch gemessen werden.

Der Winkel C ist aber ebenfalls ein spitzer, und da in der Formel sein Sinus und zwar im Zähler vorkommt, so wirkt ein kleiner Fehler in der Ermittelung des Winkels in vergrößertem Maßstabe. Im obigen Beispiele sei C um 20″ zu klein, also $= 0^0 0' 50''$ ermittelt worden, so ergibt sich für A die Größe von $179^0 58' 13''$, d. h. eine Abweichung von 47″. Der Winkel C ist deshalb sehr sorgfältig zu messen.

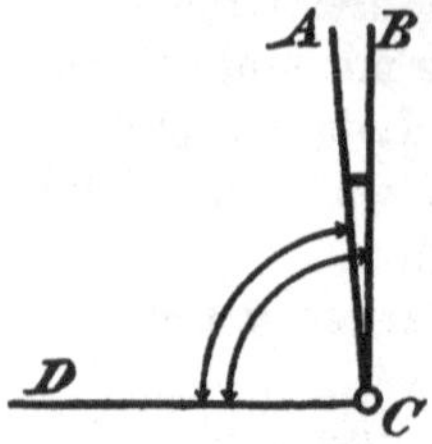

Fig. 324. Das Messen des spitzen Winkels C.

Das Messen des Winkels C bei ruhig hängenden Loten ist nicht schwer. Man stellt den Theodoliten nahezu in der Verlängerung der Lote auf und mißt den Winkel ACB in Fig. 324 entweder unmittelbar, oder als den Unterschied der Winkel DCA und DCB. Das Einstellen des Fadenkreuzes auf die Lotdrähte ist am sichersten, wenn das Fadenkreuz eine Einrichtung wie die in Fig. 330 dargestellte hat. Ein kurzer Skalenstrich läßt sich mit viel größerer Schärfe auf den Lotdraht einstellen, als ein Strich oder ein Faden, der durch das ganze Gesichtsfeld geht.

·Wenn man den Winkel C unmittelbar mißt, so kann man sehr schnell arbeiten, da man zur Drehung nur die Mikrometerwerke von Hauptkreis und Alhidade zu benutzen braucht. Eine 50 malige Repetition ist noch keine große Leistung. Es ist hierbei jedoch anzuraten, nach jeder 10. Repetition abzulesen, und zwar genügt hier schon ein Nonius.

Fig. 325.

Zur sicheren Unterscheidung der beiden Lotdrähte sind zur Beleuchtung zwei Schirme aus Pauspapier, und zwar für jedes Lot einer, anzuwenden. Auf jeden Schirm ist ein deutlich erkennbares Zeichen zu setzen.

Zu demselben Zwecke schaltet man in das vordere Lot einen Ring ein (Fig. 325) und befestigt an dem Stück des hinteren Lotes, das man durch den Ring sieht, einen Faden.

Hierdurch wird auch das Einbringen des Theodolitstandpunktes in die Verlängerung von AB erleichtert.

Man wird nicht bloß den einen Winkel A, sondern auch B berechnen. Zeigt sich in der Summe der Dreieckswinkel eine geringe Abweichung gegen 180 Grad, so ist diese auf die berechneten Winkel A und B zu verteilen.

In einem nahezu gleichschenkeligen Dreiecke ABC (Fig. 323a) sei $c = 2{,}0$, $b = 5{,}114$, $a = 5{,}262$ m, $\sphericalangle C = 22^0 10' 3''$, $\sphericalangle B = 74^0 45' 7''$, $\sphericalangle A = 83^0 4' 50''$.

Wenn hier die Seite in 5,263 übergeht, also nur um ein Millimeter ändert, so ist der Winkel A nach dem Sinussatze $= 83^0 10' 14''$, d. h. um 5′ 24″ gegen den ersten Wert verschieden.

Man wird hiernach der spitzwinkeligen Form immer den Vorzug geben, auch wenn diese Form nur dadurch ermöglicht wird, daß man auf die im übrigen sehr wünschenswerte größere Länge von AB verzichtet.

Nötigen örtliche Verhältnisse dazu, die in diesem Falle ungünstige Form des Anschlußdreieckes zu wählen, so wird man zur Berechnung der Winkel A und B nicht den Sinussatz, sondern die Formel:

$$\operatorname{tg}\frac{A}{2} = \sqrt{\frac{(s-b)(s-c)}{s.(s-a)}}, \text{ worin } s = \frac{a+b+c}{2},$$

wählen, weil etwaige Fehler im Messen der Längen nicht so großen Einfluß auf die Winkel A und B ausüben, wie bei Anwendung des Sinussatzes, namentlich wenn einer der beiden Winkel A und B sich einem Rechten nähert.

Es ist dabei nicht gleichgültig, ob die beiden Seiten im gleichen Sinne falsch, also entweder beide zu kurz oder zu lang gemessen werden, oder ob die eine zu lang, die andere zu kurz gemessen wird, da im letzteren Falle der schädliche Einfluß auf die zu berechnenden Winkel A und B größer sein muß, als im ersteren.

In dem nachfolgenden fingierten Zahlenbeispiele sind die Längenmeßfehler zum besseren Hervortreten des Einflusses etwas groß angenommen. Unter I sind die richtigen Seiten und Winkel eines Dreieckes ABC aufgeführt. Unter II sind die Seiten a und b in gleichem Sinne falsch um je ein Millimeter, unter III ist eine Seite unverändert gelassen, die andere um ein Millimeter falsch angenommen, und unter IV sind wieder beide Seiten a und b falsch, und zwar die eine um ein Millimeter zu kurz, die andere um ebensoviel zu lang gemacht. Darunter stehen die aus den veränderten Seiten berechneten Winkel A und B ohne Abgleichung auf 180 Grad.

	I	II	III	IV
$a =$	5,262	5,263	5,263	5,263
$b =$	5,114	5,115	5,114	5,113
$c =$	2,000	2,000	2,000	2,000
$A =$	$83^0\ 4'51''$	$83^0\ 4'59''$	$83^0\ 6'38''$	$83^0\ 8'17''$
$B =$	$74^0 45'\ 6''$	$74^0 45'14''$	$74^0 43'30''$	$74^0 41'54''$
$C =$	$22^0 10'\ 3''$			

Berechnet man den Winkel A mit den unter III gegebenen Seiten nach dem Sinussatze, so erhält man $\sphericalangle A = 83^0 10' 16''$, also einen noch größeren Unterschied als im Falle IV.

In einem nahezu rechtwinkeligen Dreiecke sei $a = 5{,}900$, $b = 5{,}136$, $c = 3{,}110$. Der Winkel A ist dann $87^0 46' 28''$.

Macht man $a = 5{,}901$ und $b = 5{,}135$, so wird $A = 87^0 48' 48''$. Der Fehler ist $2' 20''$, während er im Beispiele Nr. IV im nahezu gleichschenkeligen Dreiecke unter sonst gleichen Umständen $3' 26''$ war.

§ 177. Die Orientierung durch zwei Anschlußdreiecke. Nach vorstehendem erscheint es ratsam, wenn die spitzwinkelige Form des Anschlußdreieckes nicht herzustellen ist, ein Verfahren zu wählen, das nur Winkelmessungen erfordert und die Längenmessungen nach den Loten ganz überflüssig macht.

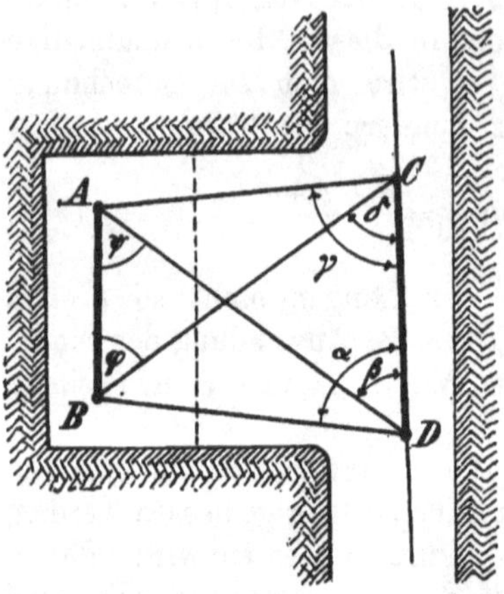

Fig. 326. Anschluß durch zwei Dreiecke.

Dies erreicht man auf folgende Weise:

Stellt man nämlich den Theodoliten nicht bloß in C (Fig. 326), sondern noch in D auf und mißt die Winkel α, β, γ und δ, sowie die Länge CD, so lassen sich die Winkel ψ und φ und die Anschlußlinien AC und BD berechnen.

$$\frac{\psi + \varphi}{2} = \frac{\beta + \delta}{2}$$

(1) $$\frac{CD}{BD} = \frac{\sin(\alpha + \delta)}{\sin\delta}, \text{ daraus } BD = \frac{CD \sin\delta}{\sin(\alpha + \delta)}$$

(2) $$\frac{BD}{AB} = \frac{\sin\psi}{\sin(\alpha - \beta)}, \text{ daraus } BD = \frac{AB \sin\psi}{\sin(\alpha - \beta)}.$$

Aus (1) und (2) folgt (3) $\dfrac{CD}{AB} = \dfrac{\sin\psi \sin(\alpha + \delta)}{\sin\delta \sin(\alpha - \beta)}$

(4) $$\frac{CD}{AC} = \frac{\sin(\gamma + \beta)}{\sin\beta}, \text{ daraus } AC = \frac{CD \sin\beta}{\sin(\gamma + \beta)}$$

(5) $$\frac{AC}{AB} = \frac{\sin\varphi}{\sin(\gamma - \delta)}, \text{ daraus } AC = \frac{AB \sin\varphi}{\sin(\gamma - \delta)}.$$

Aus (4) und (5) folgt (6) $\dfrac{CD}{AB} = \dfrac{\sin\varphi \sin(\gamma + \beta)}{\sin\beta \sin(\gamma - \delta)}$.

Die Werte aus (3) und (6) gleichgesetzt und nach den Unbekannten entwickelt gibt:

(7) $$\frac{\sin\psi}{\sin\varphi} = \frac{\sin(\gamma + \beta)\sin(\alpha - \beta)\sin\delta}{\sin(\alpha + \delta)\sin(\gamma - \delta)\sin\beta}.$$

Setzt man die rechte Seite der Gleichung (7) gleich der Tangente eines Hilfswinkels v, so ist $\operatorname{tg} v = \dfrac{\sin\psi}{\sin\varphi} = \dfrac{\sin(\gamma + \beta)\sin(\alpha - \beta)\sin\delta}{\sin(\alpha + \delta)\sin(\gamma - \delta)\sin\beta}$. (8)

Aus $\operatorname{tg} v = \dfrac{\sin\psi}{\sin\varphi}$ kann auf die schon auf Seite 240 angegebene Weise die Schlußformel entwickelt werden: $\operatorname{tg}\frac{1}{2}(\varphi - \psi) = \operatorname{tg}\frac{1}{2}(\varphi + \psi)\operatorname{ctg}(45^0 + v)$.

Es ist zweckmäßig, sowohl auf C als auch auf D je einen Theodoliten aufzustellen, ihren Fernrohren die Kollimatorstellung zu geben

(Fig. 327) und die Winkel nach dem auf Seite 107 beschriebenen Verfahren zu messen.

Das Lotverfahren hat sich bei sorgfältiger Ausführung und in nicht zu starkem Wetterzuge stets bewährt. Professor SCHMIDT teilt in dem Jahrbuche für das Königreich Sachsen auf das Jahr 1887 die Ergebnisse von 37 Orientierungen nach der Lotmethode mit. Der mittlere Fehler für eine aus zwei Lotungen abgeleitete Orientierung ist rund gleich einer Bogenminute.

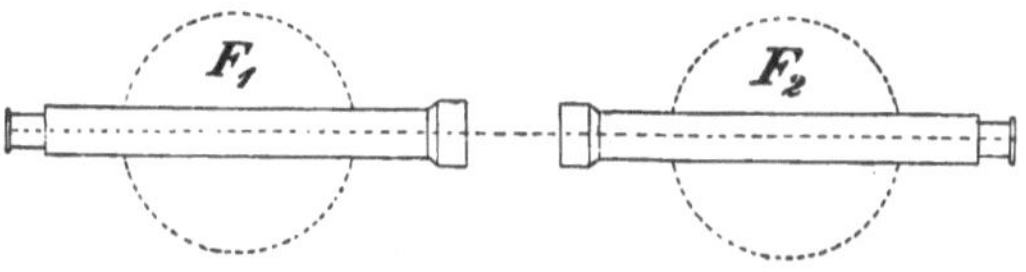

Fig. 327. Kollimatorstellung zweier Fernrohre.

Zahlreiche anderweitig uns bekannte Ergebnisse des Lotverfahrens bestätigen im allgemeinen die Größe dieses mittleren Fehlers.

§ 178. **Die Schachtlotungen.** Bei Ausführung der vorstehenden Orientierungsmessungen sind Lote an Lotdrähten in den Schacht zu hängen und die Lotdrähte mit dem Theodolitfernrohre anzuzielen.

Zum Aufhängen der Lotkörper bedient man sich eines eisernen Drahtes von 0,4—0,5 mm Durchmesser und nimmt die Gewichte der Lote möglichst groß, damit der Draht straff ausgezogen wird. Am besten macht man vorher Versuche über die Tragfähigkeit des Drahtes. Die Lote werden aber nicht gleich beim Einlassen des Drahtes angehängt, sondern kleinere Gewichte oder leichte Gefäße, die mit Sand oder Wasser gefüllt sind, damit bei dem etwaigen Reißen des Drahtes während des Einlassens durch das schwere Gewicht kein Schaden herbeigeführt wird. Auf der Schachtsohle lassen sich die Gewichte leicht umwechseln.

Die Lote müssen vollständig freihängen und dürfen nirgends anliegen. Sind Bedenken in dieser Hinsicht vorhanden, so muß der Markscheider den Schacht befahren und vom Fahrschachte aus den Lotdraht von der Hängebank bis zur Schachtsohle beobachten.

Bei reiner Schachtluft und mäßiger Tiefe beobachtet man ein Grubenlicht, das auf der Schachtsohle rings um den Lotkörper herumgeführt wird. Sieht das über dem Lotpunkte befindliche Auge stets das Licht, so hängt der Lotdraht frei.

Man kann auch aus der Länge l des Lotdrahtes die Schwingungsdauer t des Lotkörpers berechnen und mit der beobachteten vergleichen. Aus einer Unstimmigkeit beider Zeitgrößen wird man auf ein Anliegen des Lotfadens schließen.

Die Berechnung erfolgt nach der Formel $t = \pi \sqrt{\frac{l}{g}}$, worin $g = 9{,}809$ ist.

Schmiedeeiserne Lote können auch durch magnetische Einflüsse aus ihrer richtigen Lage gezogen werden. Eiserne Schienen oder sonstige Eisenteile, die mit der Längsachse in der Nord-Südlinie liegen, werden durch Induktion magnetisch und wirken anziehend auf das Lot, wenn sie in seiner unmittelbaren Nähe sind. Dem Verfasser sind mehrere Fälle bekannt. Bei einem war das eine Lot 7,5 cm aus der Schwerkraftrichtung abgezogen. Man messe deshalb stets die Länge der Verbindungslinie beider Lote nicht bloß an der Hängebank, sondern auch auf der Sohle des Schachtes oder noch besser, man wende nur bleierne oder kupferne Lotkörper an.

Die größten Hindernisse für das senkrechte Hängen der Lote werden immer der Wetterzug und die Spritzwasser bilden. Selbst wenn man durch Messung die genaue Übereinstimmung des Lotabstandes über und unter Tage feststellt, so ist damit immer noch nicht bewiesen, daß durch obige Einwirkungen nicht eine Verschwenkung der unteren Linie erzeugt worden ist. Das Abschließen des Wetterzuges ist dringend anzuraten.

Die Lotdrähte können bei den Messungen über Tage ohne Schwierigkeiten angezielt werden, da das oberste Stück des Drahtes unbeweglich ist.

In der Grube dagegen muß man die Lotdrähte an dem untersten Ende anzielen, und hier bilden die Schwingungen des Lotes ein Hindernis.

Die Pendelschwingungen werden entweder beseitigt oder unschädlich gemacht.

Zur Beseitigung der Schwingungen tauchte man zunächst die Lote in Gefäße voll Wasser, wodurch man den Zweck aber nur unvollkommen erreichte, da die Schwingungen nur kleiner und langsamer wurden, aber nicht ganz verschwanden.

Eine vollständige Beruhigung des Lotes tritt erst ein, wenn man die Lote mit Schaufelrädern umgibt, von denen Fig. 328 eine Darstellung gibt. Über das Wasser gießt man eine Ölschicht, damit die hineinfallenden Tropfen das Wasser und damit zugleich die Lote nicht beunruhigen.

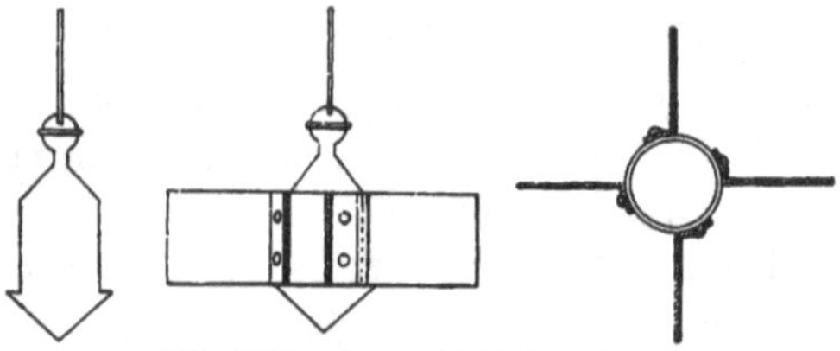

Fig. 328. Lot mit Schaufelrad.

Man hat auch Quecksilber zur Dämpfung der Lotschwingungen angewendet. Da das Quecksilber spezifisch schwerer als Eisen ist, so nimmt man schwere Lote, an die man gekrümmte Ansätze befestigt, welche mit ihren schaufelartigen Enden in das Quecksilber eintauchen. Das Quecksilber befindet sich in einem ringförmigen Gefäß, das ein leichtes Füllen und Entleeren gestattet. Die Ergebnisse sollen günstig sein, trotzdem wird das Verfahren keine allgemeine Verbreitung finden, da es kostspielig und wegen der leichten Verflüchtigung des Quecksilbers nicht ungefährlich ist.

§ 179. Die Schwingungen werden unschädlich gemacht auf verschiedene Weise:

1. Lange Lote schwingen sehr langsam, und man kann den Winkel C deshalb auf folgende Weise messen.

Ausgehend von dem festen Schenkel richtet man durch Drehung der Alhidade das Fernrohr nach dem anzuzielenden Lotdrahte. Mit Hilfe der Alhidaden-Feinstellung verfolgt man das schwingende Lot mehrmals bis zu seiner Umkehr und liest jedesmal ab, wozu immer Zeit genug vorhanden ist. Aus sämtlichen Winkelablesungen wird dann der Mittelwert genommen.

Bei kleinen Schwingungen der in Wasser getauchten Lote kann das obige Verfahren vereinfacht und das Fadenkreuz sofort mit ziemlicher Sicherheit auf die Mitte zwischen den Grenzstellungen des Lotdrahtes eingestellt werden. Durch mehrmalige Wiederholungen erhält man durch das Mittel einen brauchbaren Wert.

2. Prof. Schmidt schlägt folgendes Verfahren vor: Die Lote werden an stärkeren Drähten (bis 1 mm Durchmesser) aufgehängt und deren Gewicht schwerer genommen (bis zu 25 kg). Sie werden nicht in Wasser eingetaucht, sondern sie schwingen frei.

Nahe über der Schachtsohle wird in entsprechender Höhe hinter dem Lotdrahte eine horizontale Millimeterskala rechtwinkelig zur Sehachse des Fernrohres angebracht. Mit dem Fernrohre des Theodoliten werden sodann die schwingenden Lotdrähte beobachtet und die aufeinanderfolgenden äußersten Grenzstellungen abgelesen und aufgeschrieben.

Da die langen Lote langsam schwingen, so kann man bei jeder Umkehrung mit großer Schärfe ablesen, und zwar einmal am linken, das nächste Mal am rechten Rande des Drahtes. Die Skala wird mit einem gewöhnlichen Grubenlichte beleuchtet.

Aus den Ablesungen berechnet man die Ruhelage nach folgendem Beispiel:

14,2	19,3	Mittel	aus	14,2	und	19,3	=	16,75
		„	„	19,3	„	14,3	=	16,80
14,3	19,2	„	„	14,3	„	19,2	=	16,75
		„	„	19,2	„	14,3	=	16,75
14,3	19,3	„	„	14,3	„	19,3	=	16,80
						Mittel		16,77

Die Berechnung der Ruhelage des Drahtes ist genau, wenn die Sehachse des Fernrohres rechtwinkelig zur Skalenebene und zugleich zur Schwingungsebene des Lotes gerichtet war. Da sich die Schwingungsebene des Lotes bald ändert, so wird man nach einer Beobachtungsreihe von 6 oder 8 Ablesungen das Lot festhalten, von neuem parallel der Skalenebene in Schwingung bringen und eine neue Beobachtungsreihe machen.

Aus einer oder mehreren Reihen solcher Beobachtungen wird die mittlere Ruhelage des Lotes auf der Skala berechnet und das Fadenkreuz des Fernrohres behufs Ausführung der Winkelmessung auf diesen berechneten Punkt eingestellt.

Prof. Schmidt findet aus zwei Versuchen, von denen der eine in einer Teufe von 170 m unter günstigen Verhältnissen, der andere in 525 m Teufe unter ungünstigen Verhältnissen ausgeführt wurde, den mittleren Fehler einer Beobachtungsreihe = ± 0,32 mm und den mittleren Fehler des Ergebnisses einer Doppelreihe = ± 0,21, für ungünstige Verhältnisse denselben Fehler zu ± 0,44 mm bezw. ± 0,31 mm.

§ 180. 3. Die Schmidtschen Lotteller. Mittels einer einfachen Vorrichtung des Prof. Schmidt lassen sich die Lotdrähte in der Ruhelage festhalten.

Auf einem in der Mitte durchlochten gußeisernen Teller *T* (Fig. 329 a u. b) läßt sich ein Mittelstück *M*, das äußerlich einer abgestumpften Pyramide gleicht, durch vier Schrauben *S* in zwei zueinander rechtwinkeligen Richtungen verschieben. Über den Schrauben sind zwei 100 mm lange um die Aufsteckzapfen drehbare Skalen angebracht. Das abnehmbare Mittelstück ist in der Mitte senkrecht durchbohrt und die Durchbohrung ist oben mit einem Schraubengewinde versehen, in das die Schraube *K* paßt. Die Schraube ist in ihrer Längsachse durchbohrt und durch dieses feine Loch wird vor Beginn der Messung der Lotdraht gezogen. Das Mittelstück *M* ist ferner an einer Stelle von der Seite bis zur Mitte eingeschnitten, so daß man den Lotdraht durch diese Spalte hindurchführen kann.

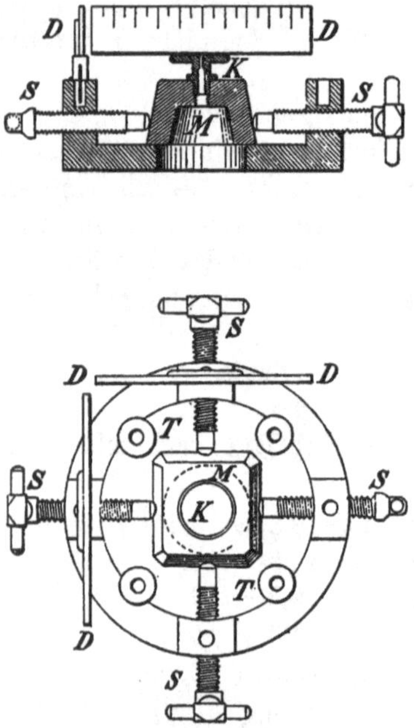

Fig. 329 a u. b. Zentrierapparat für Schachtlotungen von Schmidt.

Bei der Ausführung der Lotung werden die Teller *T* ohne das Mittelstück *M* mit Schrauben auf starken durchlochten Spreizen derartig befestigt, daß sie horizontal sind, daß der Lotdraht möglichst zentrisch in der Öffnung des Tellers hängt und kleine Schwingungen ungehindert ausführen kann, und endlich, daß das eine Paar der Schrauben *S* in der Richtung des Theodolitfernrohres, das andere Paar in der eines zweiten kleinen Beobachtungsfernrohres mit kurzer Sehweite sich befindet. Mit diesem kleinen Fernrohre und mit dem des Theodoliten beobachtet man auf bekannte Weise die Schwingungen des Lotes auf den dahinterstehenden scharf beleuchteten Skalen und berechnet für beide Richtungen die Ruhelage des Lotes.

Hierauf schiebt man die Schraube K am Lotdraht hoch über den Teller hinaus, führt den Draht durch den Spalt bis in die senkrechte Durchbohrung des Mittelstückes M, setzt dieses auf den Teller und schraubt endlich die Schraube K in das Mittelstück, wie Fig. 329a zeigt.

Mittels der beiden Fernröhre und der Schrauben S kann nun das Mittelstück in eine solche Lage gebracht werden, daß der Lotdraht sich in beiden Sehlinien in der berechneten Ruhelage befindet.

Man kann auch auf dem Mittelstück M einen feinen Stift senkrecht befestigen und diesen auf gleiche Weise in die berechnete Ruhelage des Lotes schieben.

Die Lotdrähte oder die Spitzen gestatten ein genaues Messen der Längen a und b, sowie des Winkels C. Die von Prof. SCHMIDT mit seinen Tellern ausgeführten Versuche lieferten gute Ergebnisse. Trotzdem haben die Teller sich nicht eingeführt, weil sie sich nicht leicht in richtiger Lage aufstellen lassen und der lange Aufenthalt auf der Schachtsohle, wegen der Tropfwasser, meist unangenehm ist.

§ 181. **4. Die Okularskala.** (Fig. 330.) Häufig führen die Lote, auch wenn sie in Wasser getaucht und mit Flügeln versehen sind, noch kleine Schwingungen aus. In solchen und ähnlichen Fällen wendet man die vom Verfasser vorgeschlagene Okularskala an, mit der spitze Winkel sehr genau gemessen werden können.

Diese photographisch angefertigte Skala ist auf der Glasplatte des Fadenkreuzes angebracht und hat die in Figur 330 angegebene Form. Sie kann auch, wenn das Fadenkreuz auf einer Glasplatte nicht gewünscht wird, auf einem schmalen Glasstreifen angebracht werden, der auf die Fassung des Fadenkreuzes aufgekittet wird. Der Wert eines Skalenteiles ändert mit dem horizontalen Abstand der Skala von der Hauptachse des Fernrohres, also beim Ausziehen des Okulars. Dieser Wert ist durch eine nach § 195 auszuführende Messung zu bestimmen. So wurde für eine Zielweite 2,5 m = 87″, für 3,0 m = 89″, für 3,5 m = 91″, für 4,0 m = 92″, für 4,5 m = 93″, für 5,0 m = 94″, für 6,0 m = 94,8″ gefunden.

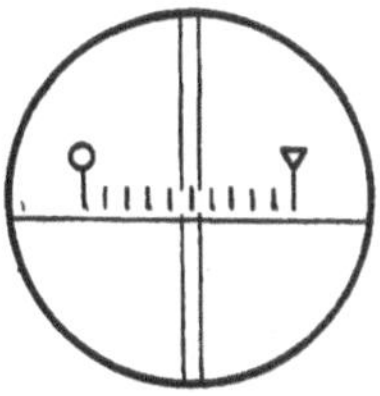

Fig. 330. Okularskala.

Da man bei dem Lotverfahren meist mit horizontalem Fernrohr mißt, so ist es nützlich, eine Tabelle der Skalenwerte für verschiedene Zielweiten im voraus zu bestimmen, sonst ist es auch keine große Mühe, diesen Wert in jedem einzelnen Falle vor Beginn der Winkelmessung in der Grube zu ermitteln.

In dem zu besprechenden Beispiele sind A und B die Lotdrähte (Fig. 331), C ist der Aufstellungspunkt des Theodoliten und CD die erste Polygonseite des Grubenzuges. Dicht neben dem Lotdrahte A ist mittels einer Nadel eine Marke E angebracht und ebenfalls eine neben B, die in der Figur absichtlich weggelassen ist. Die mit Benutzung dieser Marken gefundenen Skalenwerte sind für die Entfernungen $CA = 96''$ und für $CB = 95''$. Mit dem auf das Lot A gerichteten Fernrohr werden die Schwingungen des Lotes, die selten mehr als einen Skalenteil durchlaufen, beobachtet. Man liest, von einem bestimmten Striche aus zählend, die Umkehrungspunkte des Lotes ab, während der Draht durch ein von hinten beleuchtetes Pauspapier sichtbar gemacht wird. Beim Ablesen des langsam schwingenden Lotes kann man noch zehntel Teile abschätzen. Das Beobachten ermüdet das Auge; man macht deswegen nach 8 Ablesungen eine Pause und faßt die Ergebnisse dieser Beobachtungsreihe in einem Mittel zusammen. Darauf stellt man das Okular, ohne die Richtung des Fernrohres zu ändern, für das Lot B und macht eine gleiche Anzahl von Beobachtungen von demselben Striche aus zählend. Der Unterschied beider Hauptmittel gibt den gesuchten spitzen Winkel bei C.

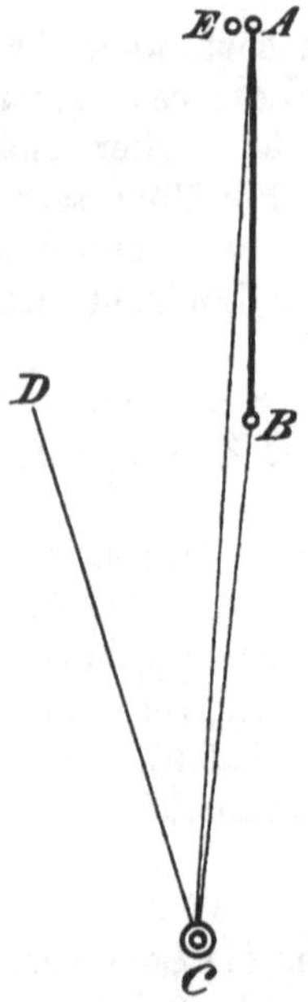

Fig. 331. **Messen des spitzen Winkels mittels der Okularskala.**

Beispiel.

Lot A.				Lot B.			
0,20	0,80	0,500		0,65	1,30	0,975	
		0,500				0,975	
0,20	0,80	0,500		0,65	1,30	0,975	
		0,525	0,503			1,000	0,986
0,25	0,75	0,500		0,70	1,25	0,975	
		0,500				1,000	
0,25	0,75	0,500		0,75	1,25	1,000	
2. Mittel			= 0,514				1,003
3. „			= 0,500				1,000
4. „			= 0,525				0,971
		Hauptmittel	0,5105				0,990

$$0{,}5105 \,.\, 96'' = 49'',\quad 0{,}990 \,.\, 95'' = 94'',\quad 94'' - 49'' = 45''.$$

Dieses Verfahren wiederholt man mehreremal, und aus allen Werten nimmt man das Mittel. In dem vorliegenden Falle erhielt man noch folgende Hauptmittel 46″, 44″, 46″, so daß 45″ der Schlußwert für den Winkel ACB blieb.

Zur Ermittelung des Winkels DCA mißt man erst den Winkel DCE mit dem Theodoliten auf gewöhnliche Weise und dann den Winkel ECA auf obige Weise mit der Skala. Hierbei ist nur erforderlich einen Teilstrich vorher auf E einzustellen und von diesem Striche aus die Lotumkehrungen zu zählen.

Das letztere Verfahren wird man auch anwenden, wenn der Anschluß nicht durch ein spitzwinkeliges Dreieck, sondern durch zwei Dreiecke erfolgt (§ 177).

§ 182. **Die Aufgabe, einen Punkt senkrecht in die Teufe zu fällen,** hat man noch auf verschiedene Weise zu lösen versucht, von denen aber bis jetzt keine für die praktische Markscheidekunst Bedeutung erlangt hat.

Dahin gehört das selbstschreibende Lot.

In dem VII. Hefte der Mitteilungen aus dem Markscheiderwesen schlägt der Markscheider Veith vor, mit Hilfe eines Lotes, das in der Mitte mit einem in der Achse verschiebbaren Stift versehen ist, den Lotpunkt auf eine horizontale Papierfläche zeichnerisch zu übertragen. Man läßt das Lot drei Schwingungen ausführen und während dieser Schwingungen drei Linien zeichnen, deren Richtungen sich unter 120 Grad in einem Punkte (dem übertragenen Lotpunkte) schneiden sollen. In vielfachen Versuchen des Verfassers auch mit verbesserten Einrichtungen hat sich dieses Verfahren nicht bewährt. Vergl. B.- u. H. Zeit. 1898 Nr. 17.

Dahin gehört ferner das Lotinstrument von Prof. Nagel, das in der jetzt eingegangenen Zeitschrift der Civil-Ingenieur, Jahrgang 1878, Band XXIV, Seite 621ff., ausführlich beschrieben ist.

Dieses Instrument ermöglicht ein Fernrohr genau senkrecht zu stellen und ein auf der Schachtsohle verschiebbares Signal in diese senkrechte Sehachse zu bringen, zugleich aber auch über Tage einen Punkt der senkrechten Sehachse zu fixieren. Das Verfahren ist noch wenig erprobt, den anderen Methoden gegenüber sehr umständlich und das Instrument sehr teuer.

§ 183. **Die Magnetorientierung.** Die zweite Methode der Einrichtung oder Orientierung eines Grubenzuges, der nur durch einen Schacht mit der Tagesoberfläche in Verbindung steht, beruht bei nicht magnetischem Gebirge auf der Anwendung eines Magneten.

Die Magnetorientierung wird leider immer mehr erschwert durch den massenhaften Verbrauch des Eisens in der Grube und die Ströme der elektrischen Bahnen.

Das Verfahren der Orientierung mittels des Magneten ist in seinen Hauptzügen folgendes: Man ermittelt mit demselben Instrumente das Streichen (Richtwinkel) einer Dreiecksseite und einer

Polygonseite in der Grube, und aus dem Unterschiede der beiden Streich- oder Richtwinkel sowie aus dem bekannten Azimute der Dreiecksseite leitet man den gesuchten Azimut der Polygonseite ab. Da es ganz allein auf den Unterschied der beiden Streichwinkel ankommt, so kann man auch ein Instrument benutzen, das die absolute Deklination nicht anzeigt. Um dieselbe Größe, um die man den Streichwinkel über Tage falsch mißt, wird auch der Streichwinkel in der Grube falsch werden, wenn man nur die beiden Winkelmessungen mit demselben Instrumente ausführt. Die absolute Deklination spielt hierbei gar keine Rolle, und es ist auch nicht bloß zeitraubend, den Streichwinkel nach der absoluten Deklination zu bestimmen, sondern es liegt darin auch eine Fehlerquelle.

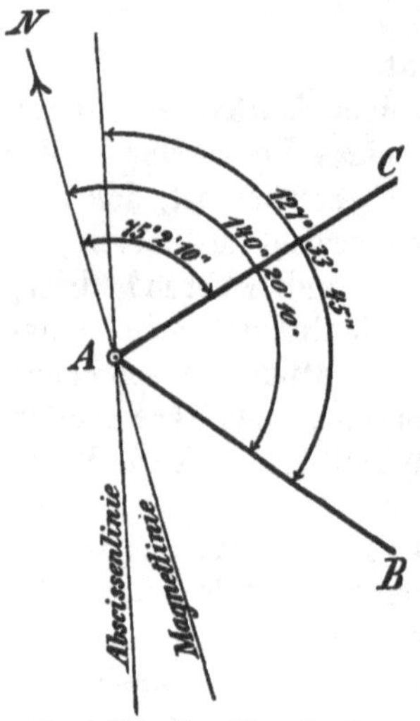

Fig. 332. Zur Theorie der Magnetorientierung.

Man leitet den Azimut am einfachsten ab, wenn man sich eine Skizze entwirft, wie sie Fig. 332 zeigt. Das Streichen der Polygonseite AC sei $= 75^0\,2'\,10''$, das der Dreiecksseite $= 140^0\,20'\,10''$. Der Unterschied ist $= 65^0\,18'$. Den Azimut der Dreiecksseite AB ist $= 127^0\,33'\,45''$. Im vorliegenden Beispiel muß, wie ein Blick auf die Figur 332 lehrt, von dem Azimute der Dreiecksseite der Unterschied der Streichwinkel abgezogen werden, um den Azimut der Polygonseite $62^0\,15'\,45'' = 127^0\,33'\,45'' - 65^0\,18'$ zu erhalten.

Zur Ausführung einer Magnetorientierung ist ein Instrument erforderlich, mit dem man die Streichwinkel in hinreichender Schärfe messen kann, ein Deklinatorium, an dem die Änderungen der Magnetrichtung während der Streichwinkelmessung abgelesen werden können, und zwei gute gleichgestellte Uhren.

Die beiden Richt- oder Streichwinkel müssen mit demselben Instrumente ermittelt werden, also der Zeit nach hintereinander, ferner muß jeder Streichwinkel auf verschiedenen Punkten und auf jedem Punkte wiederholt gemessen werden. Während dieser Zeit ändert die Magnetnadel die Richtung mehr oder weniger und diese Richtungsänderungen werden immer mit gemessen, oder was dasselbe ist: es wird ein Winkel gemessen, von dem ein Schenkel in Bewegung ist. Diese Richtungsänderungen muß man ermitteln, um sie aus den erhaltenen Winkelwerten ausscheiden zu können. Dies erreicht man durch gleichzeitige Beobachtungen an einem Deklinatorium, da in nicht allzu großen Entfernungen die Bewegungen aller Magnetstäbe gleich sind. Wegen der Uhrenvergleichungen siehe § 5.

§ 184. Die Deklinatorien. In den vollkommenen magnetischen Observatorien werden die Beobachtungen der drei magnetischen Elemente, der Deklination, der Inklination und der Intensität vorgenommen.

Für markscheiderische Zwecke genügen die Beobachtungen der Deklination.

Jedes Deklinatorium zerfällt in zwei Abteilungen. In der einen werden die täglichen Änderungen, die Variationen, beobachtet, in der anderen wird die absolute Deklination bestimmt. Wegen Bestimmung der absoluten Deklination siehe § 197.

Die Variationen sind für den Markscheider das Wichtigste, da, wie schon oben gesagt, die absolute Deklination bei der Magnetorientierung ganz außer acht bleibt.

Man unterscheidet Ablesedeklinatorien und selbstschreibende. Die Ablesedeklinatorien zerfallen wieder in solche mit Spiegel und Skala und in solche mit Linse und Skala.

§ 185. Das Ablesedeklinatorium mit Spiegel und Skala. Die Ablesung mittels Spiegel und Skala ist von Gauss zuerst vorgeschlagen worden.

Die Anordnung eines solchen Ablesedeklinatoriums ist später mannigfach geändert worden, namentlich benutzt man jetzt nicht mehr die langen und schweren Stäbe, sondern kleinere und leichtere Magneten.

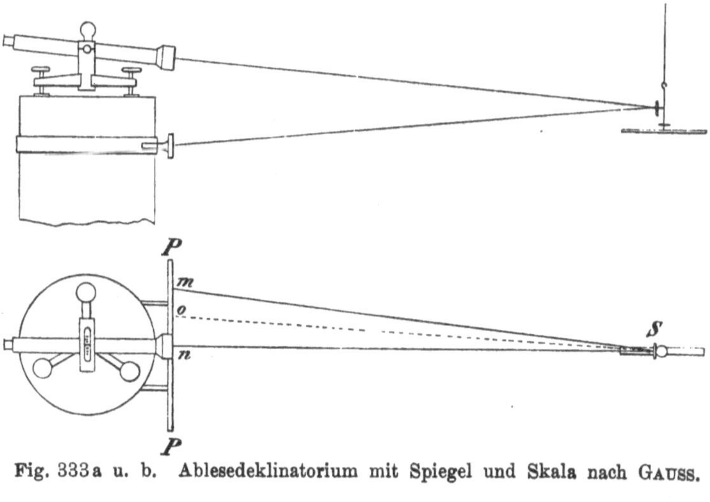

Fig. 333a u. b. Ablesedeklinatorium mit Spiegel und Skala nach Gauss.

Fig. 333a u. b gibt das Wesentliche eines Gaussschen Magnetometers wieder.

Auf einem gut fundamentierten Steinpfeiler steht gegen Verschiebungen gesichert ein Fernrohr. Die Sehachse des Fernrohres ist auf einen planparallelen Spiegel gerichtet, der an der Aufhängevorrichtung des Magnetstabes angebracht und mit Stellschrauben versehen ist.

In dem Spiegel erblickt man durch das Fernrohr das Bild einer Skala, die mit Spiegelzahlen versehen unter dem Objektiv rechtwinkelig zur Sehachse festsitzt. Der Spiegel macht alle Bewegungen des Magneten mit und diesen Bewegungen entsprechend trifft das Fadenkreuz des Fernrohres immer andere Striche der Skala.

Der Winkelwert eines Skalenteiles ist gleich $\frac{a}{2l}$ 206265 Sekunden, worin a die Länge eines Skalenteiles und l die söhlige Entfernung vom Spiegel bis zur Skala ist.

In Fig. 333 sei $so = l$ rechtwinkelig zur Spiegelebene, ns die Sehachse des Fernrohres, $on = a$ gleich einem Skalenteile. Dann ist $\operatorname{tg} osn = \frac{a}{l}$. Nach den Gesetzen der Reflexion sieht man aber nicht den Punkt o, sondern den Punkt m im Fernrohre, man liest also, da $mo = on = a$, nicht einen, sondern zwei Skalenteile ab Die abgelesenen Skalenteile müssen halbiert werden, oder, was bequemer ist, man nimmt den Wert eines Skalenteiles halb so groß an.

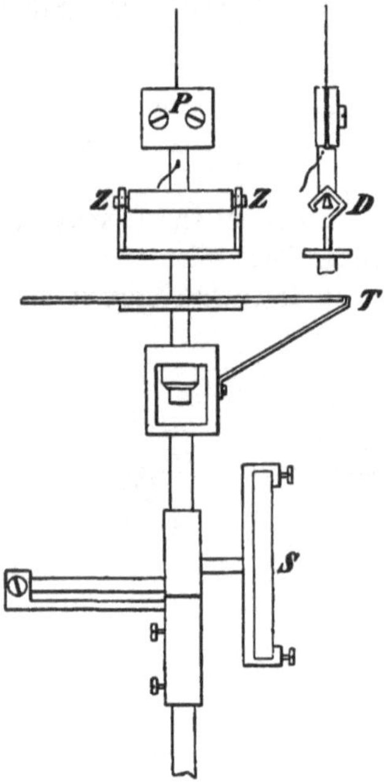

Fig. 334. Aufhängevorrichtung des Magnetstabes mit Spiegel.

Im Clausthaler Deklinatorium ist ein Skalenteil = 30 Bogensekunden und die Vergrößerung des Fernrohres läßt eine Abschätzung von $^1/_{10}$ Skalenteilen, also eine Ablesung bis zu 3 Sekunden zu.

Der Magnetstab hängt an einem Drahte, der nach der Schwere des Stabes stärker oder schwächer ist. Das Clausthaler Deklinatorium hat noch einen schweren Stab und hierbei hat harter ungeglühter Messingdraht sich gut bewährt. Leichtere Stäbe hängt man an dünnem versilberten Kupferdraht oder an Kokonfäden in verschlossenen Behältern auf, aus denen die Feuchtigkeit durch Chlorcalcium möglichst beseitigt wird.

Die Clausthaler Aufhängevorrichtung ist in Fig. 334 wiedergegeben.

Der Draht wird an beiden Enden zwischen Platten P geklemmt. An einer der Platten sitzen dreieckige Zapfen Z, über die die Doppelhaken DD gehängt werden.

An dem Verbindungsstück der Doppelhaken sitzt die Torsionsscheibe T, deren Verbindung mit dem unteren Teile der Aufhängevorrichtung aus der Figur ersichtlich ist. Auch die Befestigung des Spiegels S am Stiele bedarf keiner Erläuterung.

Unten am Stiel der ganzen Aufhängevorrichtung sitzt das in der

Figur weggelassene Schiffchen, in das der Magnet eingelegt und darin 180 Grad um seine Längsachse gedreht werden kann.

Vor Einlegung des Magnetstabes ist der Aufhängedraht möglichst von der Torsion zu befreien. Zu diesem Zwecke hängt man ein Gewicht, das ebenso schwer wie der Magnetstab ist und ebenfalls mit Doppelhaken versehen ist, über die an den Platten *P* sitzenden Zapfen *Z* und wartet, bis es vollständig zur Ruhe gekommen ist. Erst dann hängt man anstatt des Gewichtes die Aufhängevorrichtung über die Zapfen *Z*, deren Richtung nicht verändert werden darf. Dem Schiffchen mit dem Magnetstabe gibt man mit Hilfe der Torsionsscheibe die richtige Lage, ohne den Draht zu drehen. Am besten ist es, wenn der Aufhängedraht lange Zeit als Reservedraht bereits in Platten *P* gespannt mit dem Torsionsgewicht beschwert gehangen hat. Ein einmaliges, nur kurze Zeit andauerndes Austordieren genügt nicht immer.

Der Azimut der Sehachse des Fernrohres ist genau ermittelt und die richtige Stellung der Sehachse kann durch Anzielen einer Marke geprüft werden, die an der gegenüberstehenden Wand des Raumes angebracht ist. Die Marke ist vom Objektiv doppelt so weit entfernt wie der Spiegel, um die Marke und das Skalenbild im Spiegel mit derselben Okularstellung beobachten zu können.

Der Magnetstab ist mit kräftigen Dämpfern aus elektrolytischem Kupfer umgeben, so daß er ohne alle Schwingungen nur den Einwirkungen der Variationen und den magnetischen Störungen folgt. Die Ablesungen sind bequem auszuführen.

Durch Bestimmen der absoluten Deklination wird auf der Skala der Normalpunkt ermittelt, der einer bestimmten Deklination entspricht. Dieser Punkt ist z. B. im hiesigen Deklinatorium der Skalenteil 491. Steht das Fadenkreuz des Beobachtungsfernrohres auf diesem Punkt, dann beträgt die Deklination $12^\circ 22' 50''$.

Mit zunehmenden Skalenteilen wird die Deklination kleiner, mit abnehmenden Skalenteilen größer. Liest man z. B. 510 ab, so entspricht dies einer Deklination von $12^\circ 22' 50'' - (510 - 491)\, 30'' = 12^\circ 14' 20''$.

Aus der Vergleichung zweier zu verschiedenen Zeiten erfolgten Ablesungen ergibt sich ohne weiteres die inzwischen eingetretene Änderung in der Magnetrichtung. Man bezieht bei mehreren längeren Beobachtungsreihen die Änderungen auf den Normalpunkt der Skala oder auf einen anderen übrigens beliebigen Skalenteil.

§ 186. Das selbstschreibende Deklinatorium. Statt einer ausführlichen Beschreibung soll an der Hand der schematischen Skizze (Fig. 335a, b, c, d) nur das Wichtigste eines solchen Deklinatoriums besprochen werden.

Von dem Benzinlichte *L* fallen durch einen feinen Spalt Lichtstrahlen auf das Objektiv des Rohres *R*, wodurch sie so gebrochen werden, daß sie unter sich konvergierend auf die beiden Spiegel *S* treffen und da als breiter Streifen erscheinen. Von diesen beiden Spiegeln steht der untere fest, der obere ist mit dem Magnetstabe, dessen Pole mit kräftigen Dämpfern umgeben sind, verbunden. Jeder Spiegel hat die Form eines Halbkreises und beide sollen so übereinander stehen, wie die Fig. 335b zeigt. Auf dieser Figur ist auch der Lichtstreifen mit punktierten Linien angedeutet.

Von den Spiegeln *S* werden die Lichtstrahlen wieder unter sich konvergierend zurückgeworfen und treffen nun als schmale Striche die Zylinderlinse *Z*, die vorn durch ein Vorsatzstück *c* derartig abgeblendet ist, daß nur ihr mittlerer Teil in Wirksamkeit tritt. Die Zylinderlinse vereinigt die Striche zu Punkten, die das lichtempfindliche Papier treffen. Dieses Papier ist um eine Walze gewickelt, die ihrerseits in einer Hülse *d* steckt. Durch einen Spalt der Hülse fallen die Lichtpunkte auf die durch ein Uhrwerk derartig in Bewegung gesetzte Walze, daß sie in 24 Stunden gerade eine Umdrehung macht.

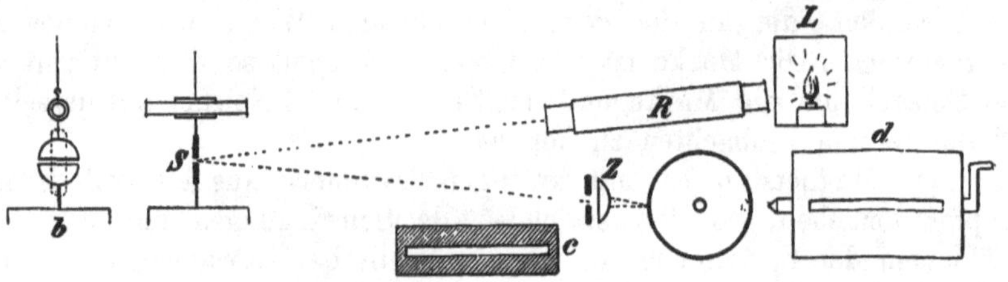

Fig. 335a, b, c, d. Skizze eines selbstschreibenden Deklinatoriums.

Der vom feststehenden Spiegel herkommende Lichtpunkt erzeugt auf dem lichtempfindlichen Papiere eine gerade Linie, die Basis. Der am Magneten befestigte Spiegel macht alle Bewegungen des Magneten mit und der von diesem Spiegel herrührende Lichtpunkt erzeugt auf dem lichtempfindlichen Papiere eine Kurve (vgl. Fig. 15 auf Seite 17).

Mit der Uhr ist meistens eine Vorrichtung zur Erzeugung von Zeitmarken verbunden, die von Stunde zu Stunde einen Schirm vor die Walze schiebt oder fallen läßt und dadurch eine kurze Unterbrechung der Basis und der Kurve herbeiführt.

Der wechselnde Abstand der Kurvenpunkte von der Basis gibt ein Anhalten für die Ermittelung der Variationen. Will man für bestimmte Zeiten die Magnetrichtungen vergleichen, so sind auf der Basis erst die Zeitabszissen zu bestimmen, dann die Ordinaten bis zur Kurve zu ziehen und zu messen. Der Wert eines Millimeters Ordinatenlänge ist meistens gleich einer Bogenminute. Mit Hilfe eines Ordinatenzeigers kann man die Ordinaten bis auf Zehntelmillimeter, also bis auf 6 Sekunden ablesen, aber die Bestimmung der Zeitabszissen ist nicht immer so scharf, da das Papier beim Entwickeln der Kurven lange im Wasser liegt und beim Trocknen sich nicht ganz gleichmäßig zusammenzieht.

Durch Bestimmen der absoluten Deklination ermittelt man eine Winkelgröße, die jeder Ordinate hinzugefügt werden muß, um die absolute Deklination für jeden beliebigen Zeitpunkt erhalten zu können. Die Anordnung der Spiegelstellung wird zweckmäßig so getroffen, daß die Ordinaten über der Basis stehen und positiv sind, die unter der Basis bei Störungen entstehenden Kurventeile haben negative Ordinaten.

§ 187. Die Instrumente zum Messen der Streichwinkel. Zum Messen der Streichwinkel dient in untergeordneten Fällen der Hängekompaß und die Bussole in der im § 86 beschriebenen Weise.

Das gebräuchlichste Instrument zum Streichwinkelmessen ist der Magnettheodolit, d. h. ein Theodolit, an dem eine Magnetnadel angebracht ist, die dazu dient, das Fernrohr in eine von der Magnetrichtung abhängende Stellung bringen zu können.

Man unterscheidet zwei Gruppen, solche, bei denen die Magnetnadel auf einer Spitze schwingt, und solche, bei denen der Magnetstab an einem Faden aufgehängt ist.

Von der ersten Gruppe sind zu erwähnen die gewöhnliche Orientierungs- oder Kastenbussole, der HILDEBRANDsche Röhrenkompaß und das aufsetzbare Spiegeldeklinatorium von SCHMIDT.

Alle Instrumente mit Stiftaufhängung haben mit der Reibung des Stiftes im Hütchen zu kämpfen.

Zur Herabminderung dieser Fehlerquelle ist die Nadel möglichst leicht, der Stift und das Hütchen aus gutem, hartem Material zu fertigen, und die Schraubenarretierung anzuwenden, damit die Nadel möglichst sanft auf den Stift aufgesetzt werden kann. Ferner wird man durch kleine Erschütterungen, welche die Magnetnadel momentan von der Stiftspitze abheben, die Nadel in der Überwindung der Reibung unterstützen. Diese Erschütterungen bringt man durch Kratzen mit dem Fingernagel an dem gereifelten Kopfe einer Schraube hervor.

§ 188. Die Orientierungs- oder Kastenbussole. Fig. 336 zeigt die einfachste Form einer solchen Bussole, an der die gabelförmigen Füße

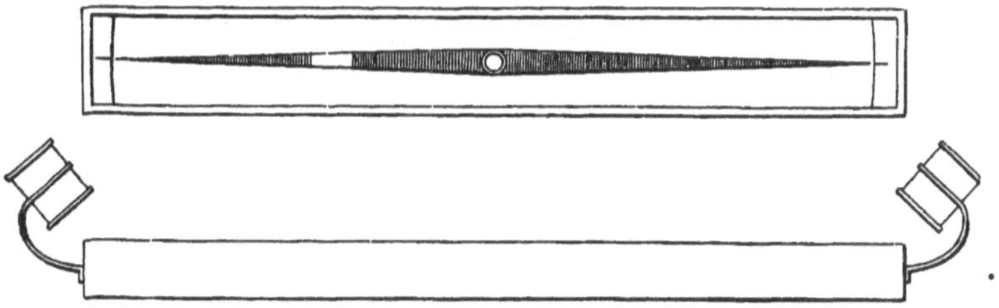

Fig. 336. Die Orientierungs- oder Kastenbussole

weggelassen sind, mit denen sie auf die Kippachse des Fernrohres gesetzt wird.

Das schmale längliche Kästchen ist oben mit einem Glasdeckel verschlossen und an den schmalen Seiten befinden sich Bänkchen, auf denen ein feiner Strich eingeritzt ist. Über diesen Strichen sind Lupen starr angebracht, die zur Vermeidung der Parallaxe mit Spaltblenden versehen sind.

Im Jahrbuch für das Berg- und Hüttenwesen für das Königreich Sachsen 1888 beschreibt Prof. SCHMIDT eine Orientierungsbussole, an der statt der Lupen Mikroskope angebracht sind, von der Fig. 337 einen

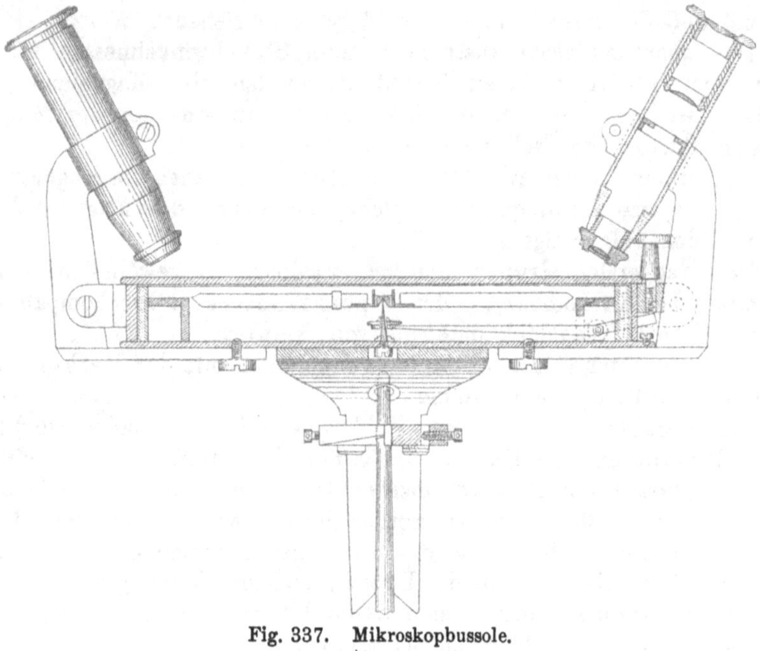

Fig. 337. **Mikroskopbussole.**

alles erklärenden Längsschnitt zeigt. Nach den zugleich mitgeteilten Ablesereihen ist eine sehr genaue Einstellung mit dieser Bussole möglich.

§ 189. **Der Hildebrandsche Röhrenkompaß** ist beschrieben in der Österr. Zeitschrift 1886 Nr. 6. Fig. 338 a u. b zeigt zwei Ansichten mit Weglassung der Vorrichtung, womit der Kompaß an dem Theodoliten befestigt ist.

In einer viereckigen Röhre schwingt auf dem Stifte die hochstehende, etwa 11 cm lange Magnetnadel. Dicht vor dem Südende der Nadel befindet sich die mit einer feinen Skala versehene Glasscheibe und davor das Okular, das eine zehnmalige Vergrößerung gibt. Zwischen dem Südende und dem Aufhängepunkt der Magnetnadel ist ein kleines Fernrohrobjektiv von entsprechender Brennweite an der Gehäusewand befestigt. Durch das Okular sieht man außer der Skala und dem Südende der Nadel auch gleichzeitig das vergrößerte umgekehrte Bild von dem Nordende der Nadel. Das Bild der einen Spitze steht über, das andere unter der Skala, und zwar befinden sich bei der Einstellung der Nadel auf den Mittelstrich die Spiegelbilder entweder gerade gegenüber oder jede gleichweit vom Mittelstriche abweichend.

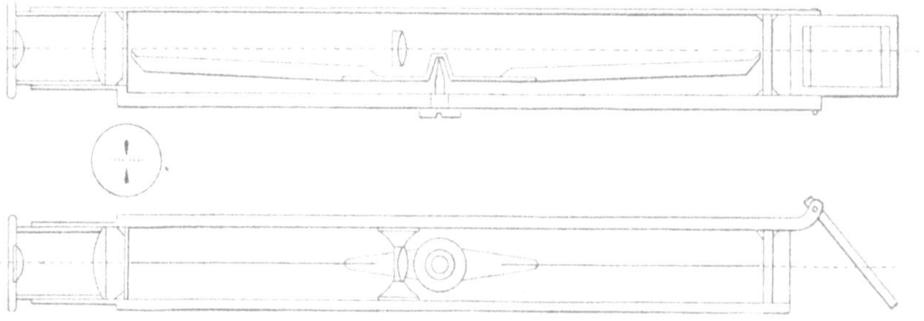

Fig. 338 a u. b. Der Hildebrandsche Röhrenkompaß.

Das kleine Fernrohrobjektiv ist überflüssig, da man nur eine Spitze auf die Marke einzustellen braucht.

Das Nordende des Gehäuses ist gegen eindringenden Staub durch eine Glasscheibe geschützt, vor der sich auch die Vorrichtung zur künstlichen Beleuchtung befindet.

§ 190. Das aufsetzbare Spiegeldeklinatorium von Schmidt. (Jahrb. f. d. B.- u. Hüttenw. des Königr. Sachsen 1888.)

Aus den beiden in Fig. 339 gegebenen Ansichten ist die Konstruktion leicht erkennbar. Das Magnetsystem besteht aus zwei oder vier feinen Stahllamellen von 11 cm Länge, die durch ein Querstück aus Aluminium verbunden sind. In der Mitte des Querstückes ist ein mit seiner Fassung in einer Messinghülse leicht auf und ab gleitendes Doppelhütchen, und vor diesem eine aus erstgenanntem leichten Metall hergestellte Spiegelfassung befestigt. Hinter dem Hütchen mußte ein kleines Gegengewicht für den Spiegel angefügt werden, das sich nach Bedarf vor- und rückwärts schrauben läßt.

Das Magnetsystem ist bei der Beobachtung in einem aus Messingplatten zusammengesetzten Schwingungskasten eingeschlossen, dessen Deckel sich aufklappen läßt, und dessen Stirnseiten beiderseits zum Einschrauben des Beobachtungsfernrohres eingerichtet sind. Die Stellung des Fernrohres kann durch die Wechselwirkung zweier Schrauben derart berichtigt werden, daß seine Sehachse parallel der Sehachse des Theodolitfernrohres gerichtet ist. Das Magnet-Fernrohr besitzt eine zehnmalige Vergrößerung und ist mit seinem Objektivende bis ziemlich an die Spiegelfläche vorgeschoben; sein Okular zeigt die Gausssche Einrichtung zur Selbstreflexion eines Fadenpaares, dessen im Magnetspiegel reflektiertes

Bild durch Drehung der Theodolitalhidade mit den direkt gesehenen Fäden zur Deckung gebracht wird. Um scharfe Fadenbilder ohne störende Glanzlichter zu erhalten, ist die obere Kathetenfläche des Beleuchtungs-

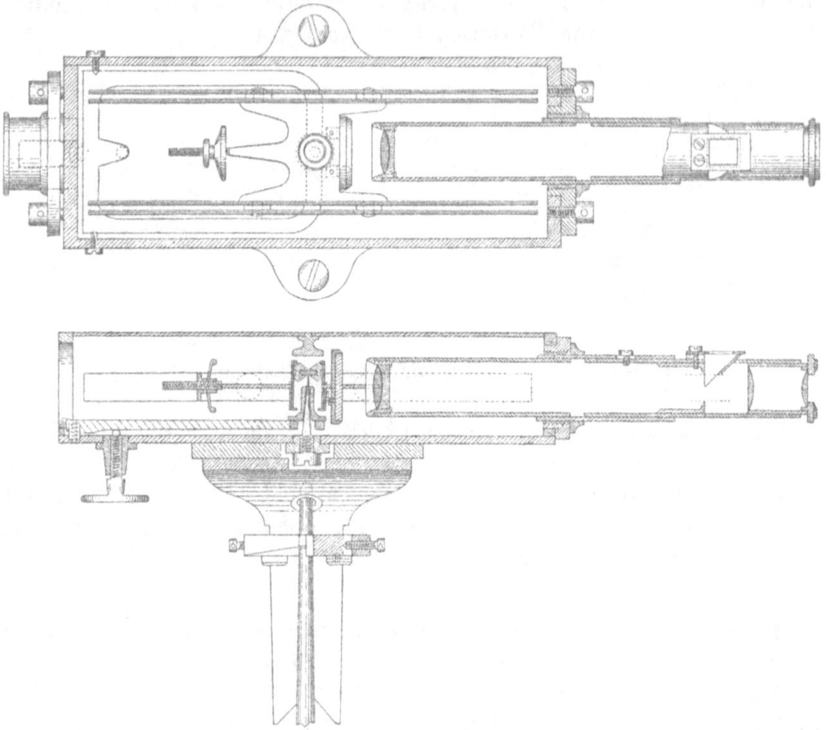

Fig. 339. Aufsetzbares Spiegeldeklinatorium.

prismas mit Pausleinewand abgeblendet, die unter den beiden dort liegenden Schraubenköpfen festgeklemmt wird. Die Einstellung erreicht die Genauigkeit einer Bogenminute.

§ 191. Der Magnettheodolit mit Fadenaufhängung des Magnetstabes. Der Borcherssche Magnetkollimator. Zurzeit sind zwei Formen eines solchen Magnettheodoliten in Gebrauch. Der erste ist der von Borchers eingeführte sogenannte Magnetkollimator, von dem Fig. 340a eine perspektivische Ansicht und Fig. 341 einen Durchschnitt des Kästchens und des darin aufgehängten Magnetstabes gibt. Ein solcher Magnetkollimator wird von dem Mechaniker H. Hoffmann in Clausthal für 200 Mark zu jedem Theodoliten passend geliefert.

An einem Arme des Theodolitdreifußes kann, wie aus Fig. 340a zu ersehen ist, ein zweiteiliger Gelenkarm aus Aluminium festgeschraubt werden, der ein Kästchen aus Aluminium trägt. Die eine Längsseite ist durch eine Glasplatte verschlossen, die man entfernt, sobald der Magnetstab herausgenommen oder eingelegt werden soll. Die Stirnseiten haben mit Glimmerblättchen geschlossene runde Fenster.

Vor dem einen Fenster ist ein drehbares Glasprisma, durch das auf bequeme Weise von irgend einer Stelle aus Licht durch die Magnetröhre geschickt und die Skala des Magnetstabes sichtbar gemacht werden kann.

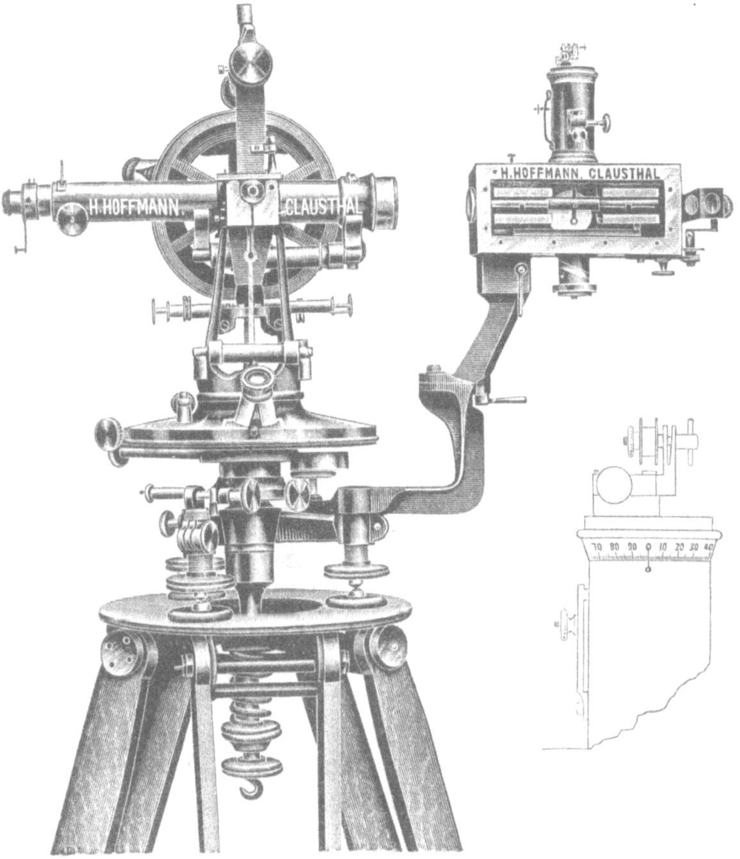

Fig. 340a u. b. Theodolit mit Magnetkollimator neuester Einrichtung.

Oben auf dem Kästchen sitzt eine kurze Messingröhre, die zur Führung einer zweiten Röhre dient, welche die Aufhängevorrichtung des Magneten und den Torsionskopf sowie eine Schutzkappe trägt (die Kappe zeigt nur die Figur 341). Die zweite Röhre kann mittels einer Triebschraube auf- und niedergeschoben aber nicht gedreht werden. (In der Figur 341 ist die Röhre etwas hochgeschoben.)

Der Torsionskopf Fig. 340b trägt die dreh- und festklemmbare Rolle, auf der der Fadenvorrat (20 m) aufgewickelt ist. Der Aufhängefaden wird, wie aus Fig. 341 zu ersehen ist, zwischen zwei kleinen Elfenbeinplatten hindurchgezogen und festgeklemmt. Das Fadenende ist an einer Metallschleife (Fig. 342a Seitenansicht) befestigt, an der der Haken zum Einhängen des Magneten sitzt. Durch diese Metallschleife kann ein Stift (*St* in Fig. 341) geschoben werden, der ein Verdrehen des Kokonfadens hindert, wenn der Magnetstab abgehängt ist.

Der Magnet besteht aus einer dünnen gehärteten Röhre aus Magnetstahl (Fig. 342a), die durch Vernickelung vor dem Rosten geschützt ist.

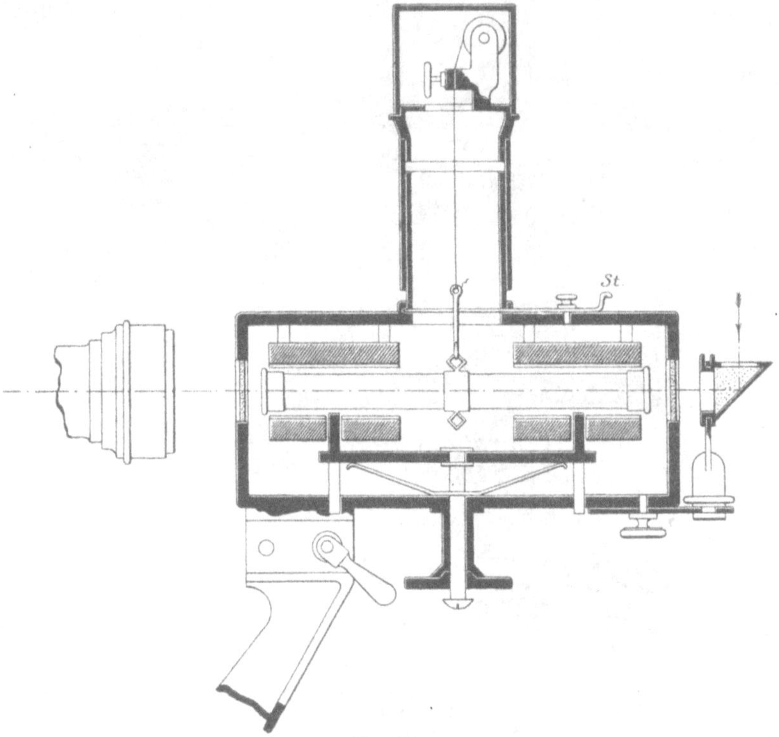

Fig. 341.

Der Röhrenmagnet wiegt mit der Ausrüstung nur 12 g. An dem Nordrande der Röhre ist die Einfassung einer Glasplatte eingeschraubt, auf der eine feine Skala (4 mm in 20 oder 40 Teile geteilt) angebracht ist. An dem Südende ist ebenfalls in einer Einfassung eine achromatische Linse eingeschraubt. Die Entfernung von Skala und Linse ist gleich der Brennweite der Linse und die von der Skala ausgehenden Lichtstrahlen werden in der Linse so gebrochen, daß sie unter sich parallel in das Objektiv des darauf gerichteten Theodolitfernrohres fallen (Fig. 342b u. 341).

Die Einfassungen von der Linse und der Skala sind festzukitten, weil bei einer Drehung der Linse die Kollimationsachse des Magnetstabes, wegen der meist unrichtigen Zentrierung der Linse, ihre Lage ändert.

Die Pole des Magneten umgeben Dämpfer aus elektrolytischem Kupfer, die am Kästchen befestigt sind. Die Klemmvorrichtung ist ohne Erklärung aus der Figur 341 zu ersehen. Sie wirkt in der Figur von unten und preßt die Magnetröhre gegen ein Widerlager. Dadurch wird

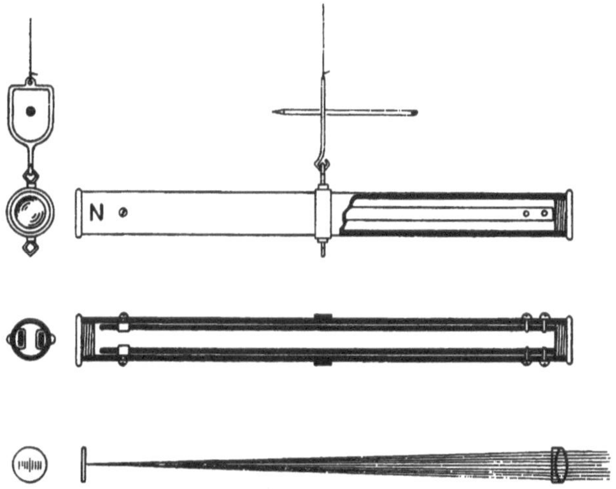

Fig. 342 a u. b.

der Kokonfaden locker und ist nachträglichen Torsionsneigungen zugänglich. Die Klemmung wird jetzt deshalb seitlich wirkend angebracht, wodurch der Faden auch bei geklemmtem Stabe straff bleibt.

Das **Einziehen** des 4 cm langen Kokonfadens ist auch in der Grube sehr leicht auszuführen. Man knüpft an das Ende des Fadens die metallene Schleife (Fig. 342 a), klemmt den Faden in der richtigen Länge fest, bestreicht ihn mit Glyzerin und läßt ihn mit dem angehängten Torsionsgewichte (Fig. 343), das ebenso schwer ist wie der Magnetstab, bis zum Ruhighängen austordieren. Man gibt dann durch Drehung des Torsionskopfes dem Gewichte die richtige Lage und hängt den Magneten ein. Muß der Faden nachträglich verlängert werden, so ist die Austordierung zu wiederholen.

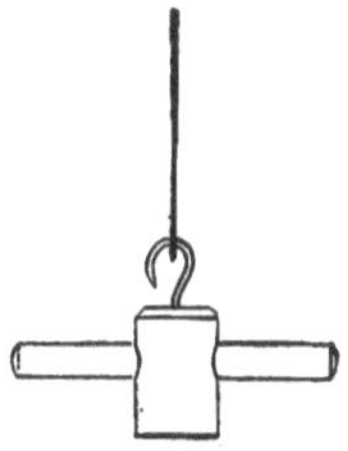

Fig. 343. Torsionsgewicht.

Eingehende Versuche des Verfassers haben festgestellt, daß der 4 cm lange mit Glyzerin getränkte Kokonfaden unter den Einwirkungen der Temperaturänderung nicht leidet und später auftretende Torsionserscheinungen nur dann zeigt, wenn zur nachträglichen Verlängerung des Fadens etwas von der Rolle abgewickelt wird.

Eine Drehung des Torsionskopfes, also auch des vorher austordierten

Kokonfadens um einen Grad, bringt nur eine sehr geringe Richtungsänderung des Magneten hervor. Sie beträgt nur einen kleinen Bruchteil einer Sekunde.

Jeder beliebige Kokonfaden eignet sich übrigens nicht zur Magnetaufhängung. Schwere, an dicken Fäden aufgehängte Magnetstäbe sind unbrauchbar. Der Mechaniker HOFFMANN in Clausthal besitzt einen Vorrat gut erprobter Fäden.

§ 192. Das Orientierungsmagnetometer von A. Fennel. Das Instrument ist ausführlich beschrieben in den Mitteilungen aus dem Markscheiderwesen. Neue Folge. 1. Heft. Ich beschränke mich unter Hinweis auf diesen Aufsatz auf das Notwendigste.

Der ganze Apparat (Fig. 344, 345 u. 346) ist auf der Grundplatte *B* aufgebaut (Fig. 344 u. 345). Mit dieser Grundplatte ist der kupferne Dämpfer *C* verschraubt, der von dem unteren ringförmigen Ende des

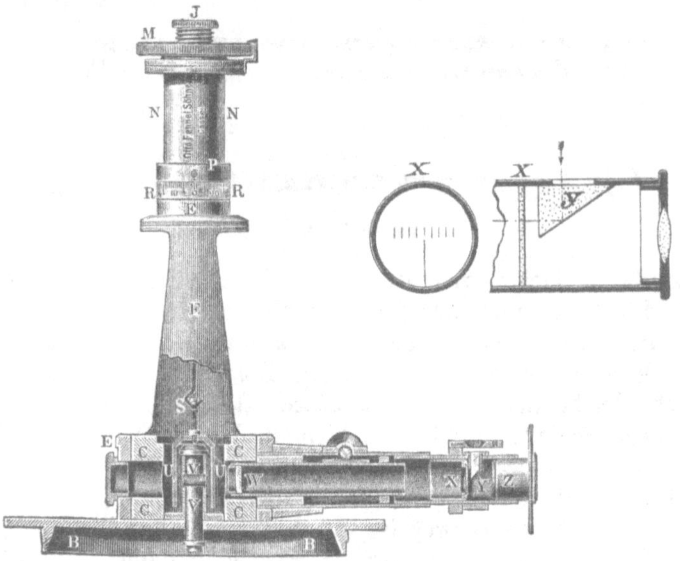

Fig. 344a u. b.

Trägers *E* umschlossen ist. In dem oberen, ebenfalls ringförmigen Ende des Trägers ist das Aufhängerohr *F* eingesetzt. Um dem Instrument eine möglichst geringe Höhe geben zu können, ist nicht die übliche Konstruktion des Torsionskopfes zur Anwendung gelangt, sondern es sind die Vorrichtungen zum Heben, Senken, Drehen und Festklemmen des Fadens in neuer, eigenartiger Weise angeordnet. Um den oberen Teil des Rohres *F* läßt sich das Rohr *N* drehen und mittels der Klemmschraube *Q* feststellen. Bei gelöster Klemmschraube kann der ganze Torsionskopf von dem Rohr *F* abgehoben werden. Zwischen der Klemme

P und dem Träger *E* ist die in 100 Teile eingeteilte Trommel *R* eingeschaltet. Der den Quarzfaden tragende Stöpsel *H* ist mittels des Zwischenstückes *J* in dem Rohr *K* befestigt. Dieses Rohr ist in seiner oberen Hälfte mit einem äußeren Gewinde versehen. Der untere glatte Teil des Rohres *K*, welcher in einer Verdickung des Rohres *N* seine Führung hat, enthält einen Längsschlitz, in welchen der zylindrische Zapfen der Schraube *O* eingreift. Infolge dieser Einrichtung kann sich das Rohr *K* nicht drehen, sondern sich nur aufwärts oder abwärts bewegen, je nachdem man die Mutter *L* mittels der Scheibe *M* links oder rechts herum dreht. Über dem unteren Ende des Rohres *F* ist ein weiteres Messingrohr verschiebbar, dessen Ausbrechungen durch ein übergeschobenes Glasrohr geschlossen sind. Das untere Ende *A* dieses Rohres greift in eine Vertiefung des Dämpfers ein und wird in dieser Lage durch einen federnden Stift festgehalten. In dem Dämpfer schwingt der glockenförmige Magnet *U*, der an der Südseite einen kleinen Planspiegel trägt. Die Arretierung des Magneten erfolgt durch die Feder *D* mittels des zentralen Stiftes *V*, der den Magneten an die kegelförmigen Endflächen des Rohres *A* andrückt, wenn die Schraube *G* ein wenig in die Höhe geschraubt wird. Der Arretierung gegenüber ist ein federnder Stift angebracht, der beim Gebrauch des Instrumentes in das Schwingungsgehäuse hineingreift und dem Magneten nur eine Drehung von $\pm 30^0$ aus der Mittelstellung (Nord-Süd-Richtung) heraus gestattet. An dem Träger *E* ist das Ablesefernröhrchen befestigt, dessen Objektiv *W* möglichst nahe an den Magneten herangerückt ist. Bei *X* ist ein Glasplättchen eingesetzt, auf welchem in seiner oberen Hälfte eine in $^1/_{10}$ mm geteilte Skala und in seiner unteren Hälfte ein Vertikalstrich angebracht ist. Die obere Hälfte dieses Glasplättchens wird durch das Prisma *Y* beleuchtet (Fig. 344b). Blickt man durch das Okular, so sieht man das Bild der Skala durch Reflexion am Magnetspiegel in der unteren Hälfte des Gesichtsfeldes gleichzeitig mit dem Vertikalstrich. Schwingt der Magnet, so bewegt sich das Bild der Skala an dem Vertikalstrich vorüber. — Bei dem gewöhnlichen Gebrauche des Instrumentes ist das Ableseröhrchen auf ∞ eingestellt. Um aber auch bequem und schnell andere Objekte einstellen zu können, ist ein Getriebe angebracht, das eine Verschiebung des Objektives bewirkt.

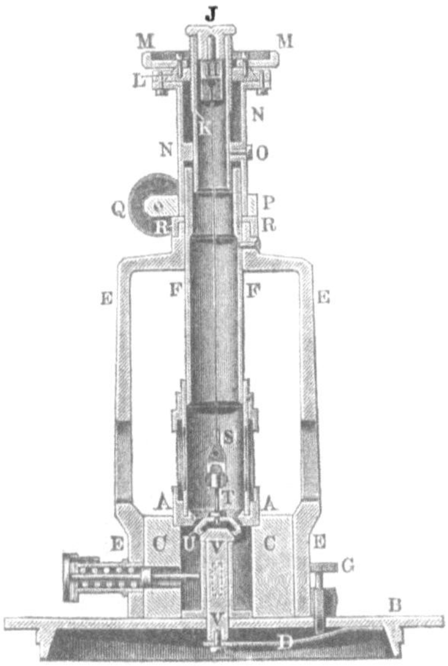

Fig. 345.

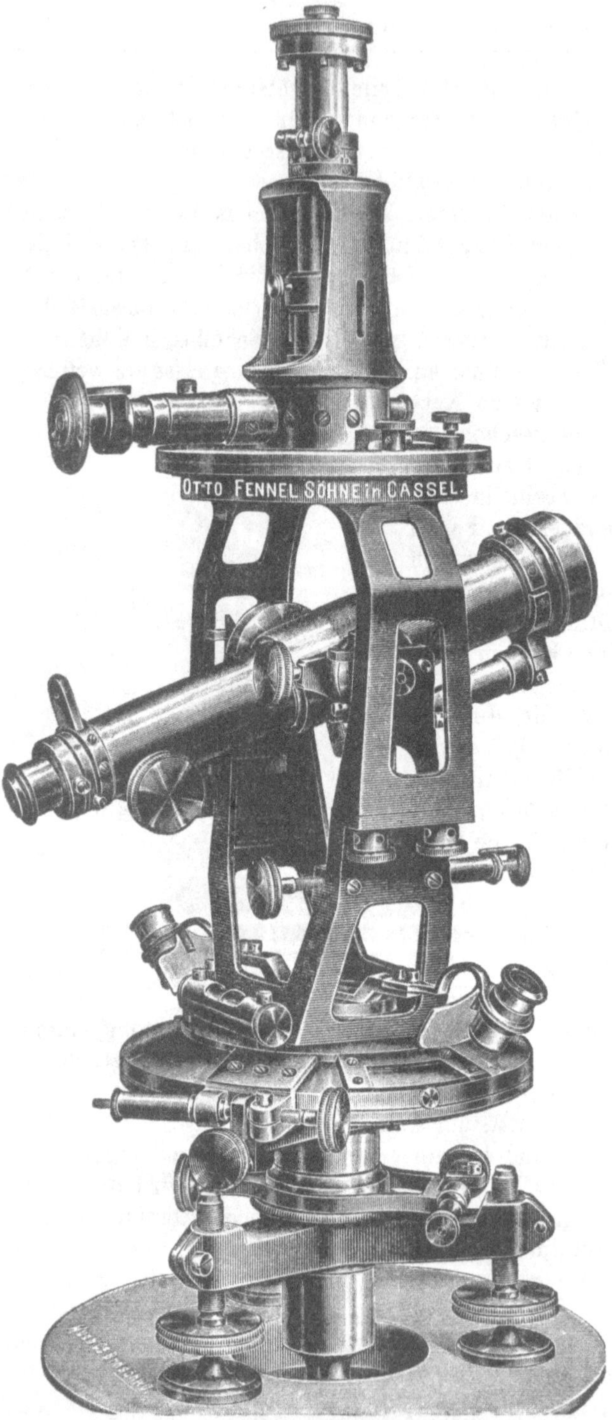

Fig. 346. FENNELsches Magnetometer.

Der Quarzfaden muß so eingesetzt werden, daß, wenn das Beobachtungsfernrohr nach dem magnetischen Norden gerichtet ist, der angehängte frei spielende Magnet keine Drehung des Quarzfadens hervorbringt. Da bei der Streichwinkelmessung der Theodolit zuweilen über 360° gedreht werden muß, so würde ein fehlererzeugender Drall des Quarzfadens entstehen, wenn nicht ein federnder Stift eingriffe, der nur eine Drehung des Magneten um etwa 30° aus der Nord-Süd-Richtung zuläßt.

Als ein Haupterfordernis bei der Ausführung von Orientierungsmessungen ist die Bedingung aufzustellen, daß sich die Richtung des kleinen Ableseröhrchens gegen die Zielachse des Theodolitenfernrohres zwischen der Winkelmessung über Tage und unter Tage nicht ändere. Zuerst wurde vorgeschlagen, das Instrument ebenso wie die gewöhnlichen runden Kompasse in den Kompaßnapf eines gewöhnlichen Grubentheodoliten einzusetzen, oder durch zwei gebogene Arme unmittelbar mit dem Fernrohrträger eines Theodoliten zu verbinden. Es stellten sich jedoch später hierbei verschiedene Mißstände heraus und es ergab sich durch fortgesetzte Versuche, daß ein tadelloses Ergebnis von dem Magnetometer nur zu erwarten ist, wenn bei der Konstruktion des Theodoliten schon von vornherein auf die Anbringung des Magnetometers Rücksicht genommen wird, wenn beide Instrumente zusammen hergestellt und gleichsam zu einem „Orientierungsinstrument“ verschmolzen werden, wie es Fig. 346 zeigt.

Der ganze Apparat ist empfindlich und muß vorsichtig und sachgemäß behandelt werden, namentlich um das Brechen der Quarzfäden zu vermeiden, was im Verlauf einer Magnetorientierung die Wiederholung der bisherigen Messung mit einem neuen Faden notwendig macht. Siehe Bimler, Zeitschrift für praktische Geologie 1896. S. 265.

§ 193. Das Messen eines Streichwinkels mittels eines Magnettheodoliten. Solange man magnetische Messungen ausführt, hat man eine Kleidung zu tragen, bei der keine Eisenteile verwendet sind. Messer, Schlüssel usw. entfernt man aus den Taschen und legt sie in genügendem Abstand, am besten in der Magnetrichtung nieder. Schließlich ist doch noch zu prüfen, ob man in verschiedenen Stellungen vor und seitlich von dem Magneten diesen in Schwingungen versetzt oder nicht.

Bei dem Messen des Streichwinkels kann die Magnetrichtung der linke oder der rechte Schenkel sein.

Wenn die Magnetrichtung der linke Schenkel ist, so mißt man den Winkel gerade so wie bei der Repetition (§ 48), es wird aber nach jeder Repetition abgelesen und der Winkel durch die Subtraktion zweier aufeinander folgenden Ablesungen erhalten. Mit dem Magnetkollimator kann man den Winkel auch in beiden Lagen des Fernrohres messen. Jede Einstellung des Fernrohres in die Magnetrichtung wird stets zu einer bestimmten, vorher verabredeten Zeit vorgenommen, z. B.

immer beim Anfang einer Minute, zu welcher Zeit an dem Deklinatorium die Variationen beobachtet werden.

Das Einstellen des Fernrohres in die Magnetrichtung ist nach der Konstruktion der Magnettheodoliten verschieden. Bei den Orientierungsbussolen läßt man die Nadelspitze auf den Indexstrich einspielen, beim Röhrenkompaß müssen die Spitzen entweder am Mittelstrich oder gleichweit davon entfernt einander gegenüberstehen, beim Spiegeldeklinatorium von Schmidt muß das Fadenkreuz mit seinem Spiegelbilde zur Deckung gebracht werden, beim Magnetkollimator sowie bei dem Fennelschen Magnetometer muß das Fadenkreuz auf den Mittelstrich der Skala gerichtet sein.

Alle gemessenen Streichwinkel enthalten die Richtungsveränderungen, welche die Magnetnadel während der Messung erleidet. Die erste Messung mag z. B. den Winkel *NAB* ergeben haben (Fig. 347). Bei der zweiten Einstellung sei die Magnetnadel nach Westen abgewichen. In diesem Falle mißt man den Winkel *WAB*, der um *WAN* zu groß ist. Bei der dritten Einstellung möge die Nadel aus der Anfangsstellung nach Osten abgewichen sein. In diesem Falle mißt man den Winkel *OAB*, der um den Winkel *NAO* zu klein ist.

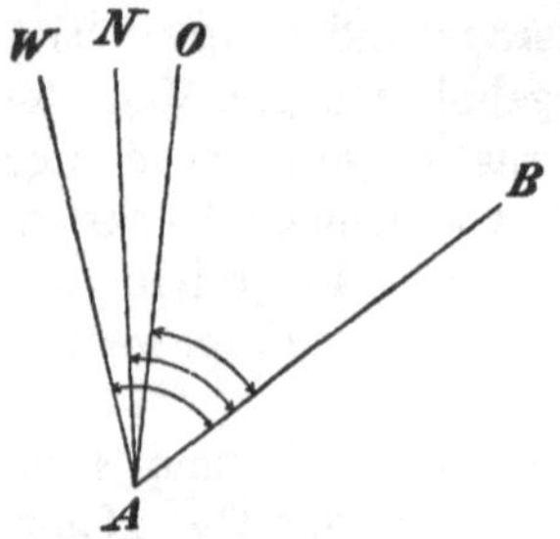

Fig. 347. Messen eines Streichwinkels nach dem ersten Verfahren.

Die Abweichungen der Magnetrichtung nach Westen müssen von den gemessenen Winkeln abgezogen, die Abweichungen nach Osten hinzugefügt werden.

Alle Streichwinkel, die zu einer Orientierung gehören, müssen auf eine bestimmte Richtung der Magnetnadel berechnet werden. Man kann die der ersten Streichwinkelmessung, im obigen Beispiele *AN*, aber auch jede beliebige andere Richtung wählen, die einem bestimmten Skalenpunkt und der diesem Punkte entsprechenden Deklination im benutzten Deklinatorium angehört.

Der Bequemlichkeit wegen wählt man den Skalenpunkt so, daß alle Verbesserungen positiv oder alle negativ werden.

Das folgende Zahlenbeispiel ist einer Messung mit dem Magnetkollimator entnommen. Zur Ausscheidung der Variationen wurde ein Ablesedeklinatorium benutzt, bei dem abnehmende Skalenteile einer Zunahme, zunehmende Skalenteile einer Abnahme der Deklination entsprechen. Der Wert eines Skalenteiles des Kollimators = 172″, des Deklinatoriums = 27″.

Der Berechnung ist die dem Skalenpunkte 520 entsprechende Deklination zugrunde gelegt. Die ersten fünf Winkel wurden in der ersten, die anderen in der zweiten Fernrohrlage gemessen. Den Unterschieden in Spalte 5 ist das Vorzeichen beigefügt, in welchem Sinne sie als Verbesserungen den gemessenen Winkeln zugefügt werden müssen.

Messung des Streichwinkels der Dreiecksseite *AB*.

1	2			3	4	5			6		
Zeit	Gemessener Winkel			Abgelesene Skalenteile im Deklinatorium	Unterschiede gegen 520				Verbesserte Winkel		
	Gr.	M.	S.		Skalenteile	±	M.	S.	Gr.	M.	S.
11ʰ —′	94	36	35	529,5	9,5	+	4	16	94	40	51
„ 3′	94	36	25	529,2	9,2	+	4	8	94	40	33
„ 5′	94	37	05	529,0	9,0	+	4	3	94	41	8
„ 8′	94	36	30	529,0	9,0	+	4	3	94	40	33
„ 10′	94	36	45	528,8	8,8	+	3	58	94	40	33
„ 12′	94	36	50	528,4	8,4	+	3	46	94	40	36
„ 14′	94	36	55	528,1	8,1	+	3	39	94	40	84
„ 16′	94	37	15	528,0	8,0	+	3	36	94	40	51
„ 18′	94	36	30	528,1	8,1	+	3	39	94	40	09
„ 20′	94	36	50	527,9	7,9	+	3	33	94	40	23
								Mittel:	94	40	31

In gleicher Weise wurde das Streichen einer Seite I—II des Grubenpolygons gemessen.

1	2			3	4	5			6		
Zeit	Gemessener Winkel			Abgelesene Skalenteile	Unterschiede gegen 520				Verbesserte Winkel		
	Gr.	M.	S		Skalenteile	±	M.	S.	Gr.	M.	S.
8ʰ —′	108	50	40	538,3	18,3	+	8	14	108	58	54
„ 4′	108	50	30	538,1	18,1	+	8	09	108	58	39
„ 7′	108	49	58	538,1	18,1	+	8	09	108	58	07
„ 10′	108	50	35	538,2	18,2	+	8	11	108	58	46
„ 13′	108	50	10	538,9	18,9	+	8	30	108	58	40
„ 16′	108	49	45	539,3	19,3	+	8	41	108	58	26
„ 20′	108	49	30	539,9	19,9	+	8	57	108	58	27
„ 23′	108	49	35	539,8	19,8	+	8	54	108	58	29
„ 26′	108	49	50	539,7	19,7	+	8	52	108	58	42
„ 30′	108	49	15	539,9	19,9	+	8	57	108	58	12
								Mittel:	108	58	32

Berechnung.

Streichen II—I = 108° 58′ 32″
„ *AB* = 94° 40′ 31″
Unterschied = 14° 18′ 1″
Azimut von *AB* = 82° 10′ —
Azimut von I—II = 96° 28′ 1″

Hätte man im vorstehenden Beispiel statt auf den Skalenpunkt 520 auf 500 berechnet, so würde sich das Streichen

von I nach II zu $109^0\ 3'\ 2''$
das von AB sich zu $94^0\ 45'\ 1''$ berechnet haben,
der Unterschied = $14^0\ 18'\ 1''$ bleibt aber derselbe,

und das Schlußergebnis würde auch dasselbe sein.

Wenn die Magnetrichtung der rechte Schenkel ist, so stellt man zuerst das Fernrohr auf das Signal B der vermarkten Linie (Fig. 348), liest ab, dreht dann das Fernrohr in die Magnetrichtung, zielt an den mit dem Deklinatorium verabredeten Zeiten die Marke des Magnetstabes an und liest nach jeder Einstellung ab. Die Marke des linken Schenkels ist genau anzuzielen, weil ein Zielfehler auf jeden einzelnen Winkel gleichmäßig wirkt. Es ist deshalb ratsam, die Einstellung öfter zu prüfen, oder nach einer bestimmten Anzahl von Ablesungen die Messung mit etwas verdrehtem Hauptkreis von neuem zu beginnen. Da hierbei die Magnetrichtung nicht, wie vorher, der linke sondern der rechte Schenkel ist, so müssen die auf Grund der Variationsbeobachtungen berechneten Verbesserungen im entgegengesetzten Sinne angebracht werden, also die östlichen Abweichungen gegen den Normalstand (hier 520) sind abzuziehen, die westlichen Abweichungen sind hinzuzufügen.

1	2			3	4	5			6		
Zeit	Gemessener Winkel			Abgelesene Skalenteile	Unterschiede gegen 520				Verbesserte Winkel		
	Gr.	M.	S.		Skalenteile	±	M.	S.	Gr.	M.	S.
	0	0	0	Non. I u. II							
8^h —′	251	9	20	538,3	18,3	–	8	14	251	1	06
„ 4′	251	9	30	538,1	18,1	–	8	09	251	1	21
„ 7′	251	10	2	538,1	18,1	–	8	09	251	1	53
„ 10′	251	9	25	538,2	18,2	–	8	11	251	1	14
„ 13′	251	9	50	538,9	18,9	–	8	30	251	1	20
								Mittel:	251	1	23
								Streichwinkel:	108	58	37

§ 194. **Zweites Verfahren der Streichwinkelmessung.** Nach dem zweiten Verfahren kann mit dem Magnetkollimator und mit dem Fennelschen Magnetometer gemessen werden. Es genügt die Anwendung des einen Instrumentes zu beschreiben.

Man stellt den Theodoliten mit dem Kollimator in A (Fig. 348) so auf, daß das Fadenkreuz des Fernrohres die Skala des Magnetstabes trifft. Dann klemmt man das Fernrohr fest, nimmt vorläufig den Kollimator wieder weg und bezeichnet die Richtung der Sehachse AS des Fernrohres durch irgend ein Signal. Alsdann mißt man den Winkel

SAB sorgfältig, klemmt das Fernrohr in der Richtung *AS* fest und steckt den Kollimator wieder in das Zapfenloch des Armes ein.

Durch das Fernrohr beobachtet man die Skala. Trifft das Fadenkreuz den Mittelstrich der Skala, so fällt die Sehachse mit der Kollimationslinie des Magnetstabes zusammen, sieht man dagegen den Vertikalfaden des Kreuzes rechts oder links vom Mittelstriche, so weicht die Kollimationsachse östlich oder westlich von der Sehachse *AS* ab. Bei der Bestimmung der östlichen oder westlichen Abweichung darf man nicht vergessen, daß das Skalenbild im Fernrohre umgekehrt erscheint, also die Bezeichnung links und rechts verwechselt sind.

Der Winkel, den die Sehachse *AS* und die Kollimationsachse des Magnetstabes *am* oder die Parallele *AM* einschließen, erhält man aus den vom Mittelstrich an gerechneten abgelesenen Skalenteilen und dem Winkelwerte eines Skalenteiles. Er ist je nach der Lage beider Achsen entweder dem Winkel *SAB* zuzufügen (wie in Fig. 348) oder von ihm abzuziehen. Die Figur 348 ist in übertriebenen Verhältnissen gezeichnet. Die Beobachtung der Skala wird aber nicht bloß einmal ausgeführt, sondern eine Zeitlang derartig fortgesetzt, daß in bestimmten Zwischenräumen abgelesen wird.

Dieses Verfahren bietet den großen Vorteil, schon beim Streichwinkelmessen durch eigene Beobachtung des Magnetstabes sich überzeugen zu können, ob der Verlauf der täglichen Änderung regelmäßig ist, oder ob Störungen vorliegen.

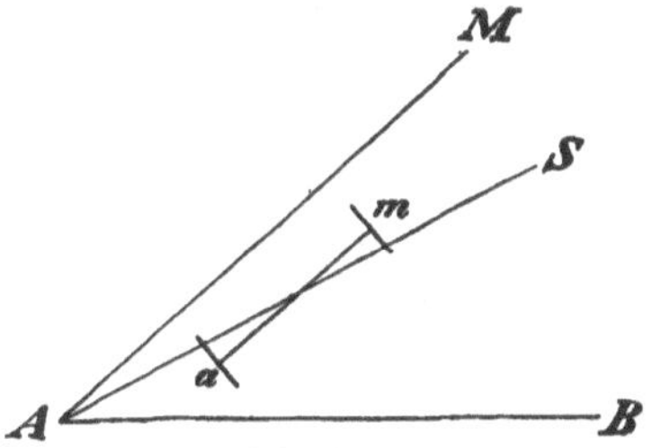

Fig. 348.

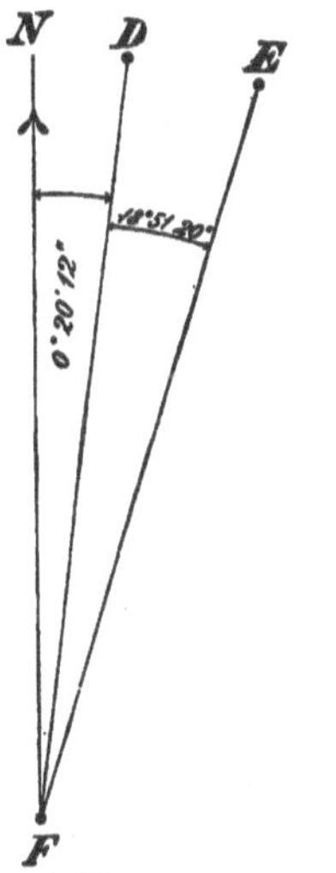

Fig. 349.

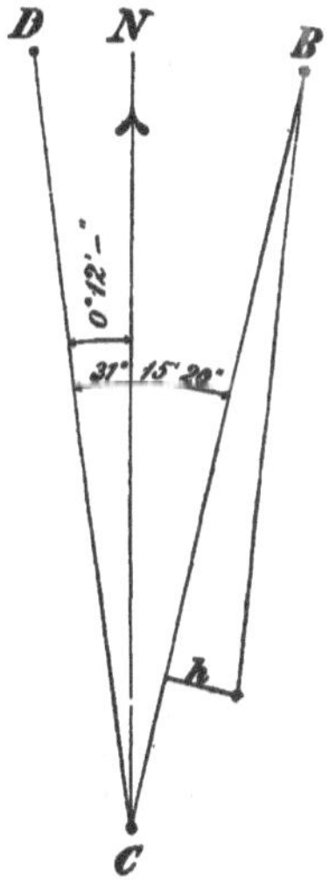

Fig. 350.

Messen eines Streichwinkels nach dem zweiten Verfahren.

Ist letzteres der Fall, so wird die Beobachtung so lange fortgesetzt, bis einige Minuten lang der Magnetstab ruhig ist. Der Beobachter am Deklinatorium, der ja die Störungen ebenfalls bemerkt, hat die Weisung, seine Beobachtungen auch so lange fortzusetzen.

Die Variationen des Magneten werden bei diesem Verfahren ebenfalls auf einen bestimmten Stand, der für die ganze Orientierungsmessung maßgebend bleibt, berechnet. Die Variationen scheidet man folgendermaßen aus: Haben Fernrohrachse CD und Magnetlinie CN die in Figur 350 angegebene Lage, so muß eine westliche Abweichung des Magnetstabes aus der Lage CN dem abgelesenen Winkel DCN hinzugefügt, eine östliche Abweichung von dem abgelesenen Winkel abgezogen werden. Haben dagegen die Fernrohrachse FD und die Magnetlinie FN die in Figur 349 dargestellte Lage, so wird eine Abweichung des Stabes nach Osten mit positiven, eine nach Westen mit negativen Vorzeichen zur jedesmaligen Ablesung des Winkels NFD hinzuzufügen sein.

Im nachstehenden Beispiel einer Orientierungsmessung ist das zweite Verfahren angewendet. Zur Ausscheidung der Variationen wurden die Kurven eines selbstschreibenden Deklinatoriums benutzt und eine Ordinate von 6 mm zugrunde gelegt. (1 mm gleich einer Minute.) Kleinere Ordinaten als 6 mm entsprechen einer östlichen, größere einer westlichen Abweichung. Der Wert eines Skalenteiles des Kollimators = 172″.

Die Verbesserungen, die sich aus den Abweichungen der Ordinaten gegen 6 mm ergeben, sind in Spalte 5 mit dem entsprechenden Vorzeichen versehen, mit dem sie den Bogenwerten in Spalte 3 hinzuzufügen sind.

Über Tage wurde der Theodolit zentrisch über dem einen Endpunkt F der Linie FE aufgestellt. Die Richtung der Sehachse des Fernrohres wurde durch das Signal D bezeichnet. Der Winkel DFE wurde gemessen = 18° 51′ 20″ (Fig. 349).

1	2	3		4	5			6	
Zeit	An der Kollimatorskala abgelesene Skalenteile	Bogenwerte der abgelesenen Kollimatorskalenteile		Von der Kurve abgenommene Ordinaten	Unterschiede der Ordinaten gegen 6 mm in			Verbesserte Bogenwerte	
	1 Teil = 172″	M.	S.	mm	±	M.	S.	M.	S.
2ʰ 4′ —″	6,4	18	20	4,2	+	1	48	20	08
„ 4′ 30″	6,6	18	55	4,7	+	1	18	20	13
„ 5′ —″	6,4	18	20	4,4	+	1	36	20	56
„ 5′ 30″	6,6	18	55	4,6	+	1	24	20	19
„ 6′ —″	6,8	19	20	5,2	+	0	48	20	08
„ 6′ 30″	7,0	20	04	5,7	+	0	18	20	22
„ 7′ —″	6,7	19	12	5,0	+	1	—	20	12
„ 7′ 30″	7,2	20	38	6,2	−	0	12	20	26
„ 8′ —″	7,3	20	55	6,8	−	0	48	20	07
„ 8′ 30″	7,5	21	30	7,3	−	1	18	20	12
							Mittel:	20	12

Berechnung:

Winkel DFE = 18° 51′ 20″
dazu der Winkel NFD = + 20′ 12″
gibt das Streichen von FE = 19° 11′ 32″

In der Grube (Fig. 350) wurde zum Messen des Streichens von AB der Theodolit exzentrisch in C aufgestellt. $AB = 135{,}64$ m, $h = 0{,}123$. Winkel $CBA = 3'\,7''$. D ist das Signal in der Sehachse des Fernrohres und der Winkel $DCB = 31^0\,25'\,20''$.

1	2	3		4	5			6	
Zeit	An der Kollimatorskala abgelesene Skalenteile	Bogenwerte der abgelesenen Skalenteile		Von d. Kurve abgenommene Ordinaten Variationen	Unterschiede der Ordinaten gegen 6 mm in			Verbesserte Bogenwerte	
	1 Teil = 172″	M.	S.	mm	±	M.	S.	M.	S.
8ʰ 20′ —″	4,8	13	45	4,5	—	1	30	12	15
„ 20′ 30″	4,8	13	45	4,3	—	1	42	12	03
„ 21′ —″	5,0	14	20	3,8	—	2	12	12	08
„ 21′ 30″	4,5	12	54	5,0	—	1	—	11	54
„ 22′ —″	4,0	11	28	6,4	+	—	24	11	52
„ 22′ 30″	3,8	10	54	7,0	+	1	—	11	54
„ 23′ —″	3,6	10	19	7,8	+	1	48	12	07
„ 23′ 30″	3,4	9	45	8,2	+	2	12	11	57
„ 24′ —′	3,4	9	45	8,1	+	2	06	11	51
„ 24′ 30″	3,2	9	10	8,8	+	2	48	11	58
					Mittel:			12	00

Berechnung (hierzu Fig. 350 u. 351):

Winkel DCB	=	$31^0\,25'\,20''$
Hiervon ab	=	$-\,^0\,12'\,-''$
		$31^0\,13'\,20''$
Wegen exzentrischer Aufstellung ab	=	$-\,^0\;3'\;7''$
Streichen von AB	=	$31^0\,10'\,13''$
„ „ FE	=	$19^0\,11'\,32''$
Unterschied	=	$11^0\,58'\,41''$
Gegebene Neigung gegen die Abszissenachse von FE	=	$44^0\;3'\;9''$
Der gesuchte Neigungswinkel von AB	=	$56^0\;1'\,50''$

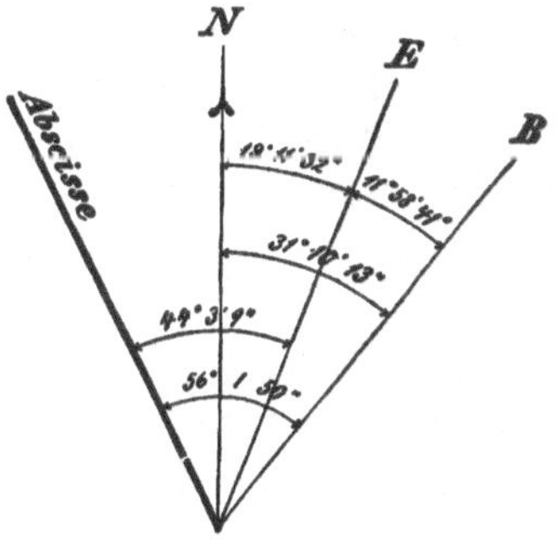

Fig. 351. Ableitung des gesuchten Neigungswinkels.

Die Fernrohrrichtung wird bei dem zweiten Verfahren über Tage durch einen Fluchtstab und dergl. bezeichnet, in der Grube durch ein Lichtsignal (§ 58) oder auch durch ein zweites Fernrohr F_2, dem zum Fernrohr F_1 des Magnettheodoliten die sogenannte Kollimatorstellung gegeben wird, wie sie Fig. 130 zeigt und in § 58 beschrieben ist.

Die beiden Fernrohre können hierbei ganz nahe beieinander stehen, was nötig wird, wenn die Magnetrichtung rechtwinklig zu den Streckenwangen ist. Fällt die zu orientierende Linie nahezu mit der Magnetrichtung zusammen, so kann die Fernrohrrichtung auch durch ein gewöhnliches Lichtsignal bezeichnet werden.

Die Fernrohrrichtung kann auch durch die Skala des Magnetstabes selbst bezeichnet werden. Klemmt man den Magnetstab fest, so wird man das Skalenbild immer noch durch das Fernrohr beobachten können.

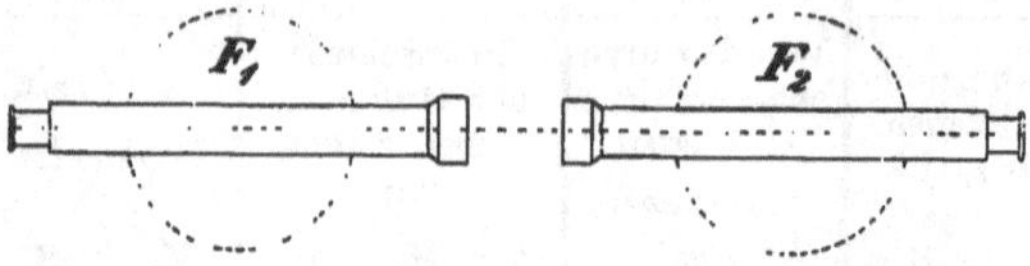

Fig. 352. Kollimatorstellung zweier Fernrohre.

Der Skalenstrich, oder einer der vielen auf der Glasplatte befindlichen Staubflecke, die das Fadenkreuz zufällig trifft, ist dann das Signal für die Richtung *A S* bei dem Messen des Winkels *S A B* (Fig. 348). Selbstverständlich darf dann die Magnetrichtung mit der zu orientierenden Linie nicht nahezu zusammenfallen, da sonst das Signal *B* durch das Kästchen verdeckt wird. Dieses sehr bequeme Verfahren ist nur dann zuverlässig, wenn man sich überzeugt hat, daß der festgeklemmte Magnetstab bei den unvermeidlichen Erschütterungen seine Lage beibehält.

§ 195. Messen des Winkelwertes eines Skalenteiles. Man klemmt den Magnetstab des Kollimators in einer solchen Stellung fest, daß die Skala noch mit dem Fernrohre gesehen werden kann und mißt den Wert eines Skalenteiles unmittelbar, oder, was viel richtiger ist, man mißt den Winkelwert von *n* Skalenteilen und teilt den erhaltenen Wert durch *n*. Bei dem Fennelschen Magnetometer muß man den Wert eines Skalenteiles am freischwingenden Magneten messen. Während dieser Messung darf die Richtung des Magneten nicht ändern, was durch gleichzeitige Variationsbeobachtungen festzustellen ist.

§ 196. Die Aufstellung des Magnettheodoliten. Der Magnettheodolit muß zunächst an einer eisenfreien Stelle aufgestellt werden. In den Bergwerken sind jetzt Strecken ohne eiserne Schienen selten, es müssen deshalb an den Aufstellungspunkten die Schienen auf eine Länge von 30—35 m nach beiden Seiten entfernt werden. Da hierdurch häufig der Betrieb gestört wird, so verlegt man den Aufstellungspunkt gern vor einen frischen Ortsstoß, weil dann nur wenige Schienen aufgenommen werden müssen.

Man darf sich niemals mit der Messung des Streichwinkels auf einer Stelle begnügen. Ist z. B. *a b* (Fig. 353) die zu orientierende Polygonseite, so wird der Theodolit außer in *a* auch noch einige Meter vor- und rückwärts in *c* und *d* aufgestellt und das Streichen der Linien *a b*, *c b* und *d b*, sowie die Größe der Winkel *c b a* und *a b d* gemessen.

Hierdurch erreicht man neben der wünschenswerten Wiederholung der Streichwinkelmessung zugleich eine Prüfung der Eisenfreiheit der Aufstellungspunkte.

Die sämtlichen Magnettheodoliten lassen sich auf die eine oder andere Weise leicht zentrisch aufstellen, nur der mit dem Magnetkollimator versehene Theodolit bereitet Schwierigkeiten. Diese werden dadurch verursacht, daß der Arm des Dreifußes, an dem der Kollimator befestigt ist, ziemlich genau in der Magnetrichtung stehen muß.

Beim Beginn der Aufstellung ist das Fernrohr in die Richtung des angeschraubten Armes zu bringen, dann setzt man eine Kastenbussole auf die Kippachse und dreht den Theodolitdreifuß so lange, bis die

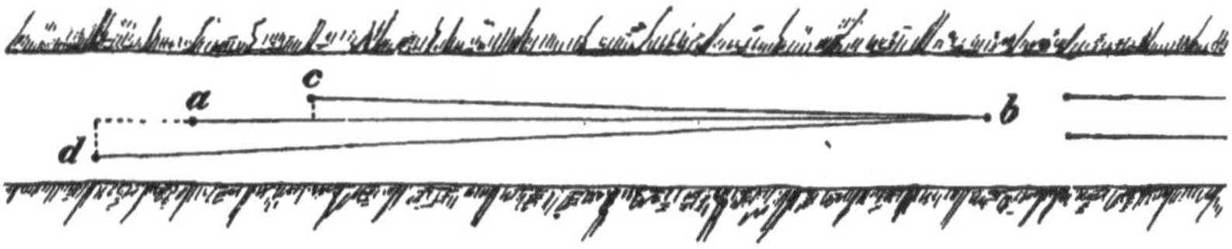

Fig. 353. Richtwinkelmessung in der Grube.

Magnetnadel einspielt Diese Stellung der Bussolennadel und zugleich die horizontale und zentrische Lage des Theodoliten herbeizuführen ist zeitraubend und schwierig, eine exzentrische Aufstellung dagegen macht keine Mühe. Wegen der Zentrierung des exzentrisch gemessenen Winkels siehe § 51 Fig. 106 (vgl. auch § 194 Beispiel II Fig. 350).

Sollte eine Kastenbussole nicht vorhanden sein, so schleift man eine Schnur an das Zapfenloch des Armes und hängt einen Grubenkompaß daran. Der Theodolit wird nun so lange gedreht, bis Arm und Schnur in einer geraden Linie sich befinden und zugleich die Nadel des angehängten Kompasses auf den Nordpunkt einspielt.

§ 197. Die Prüfung des Magnettheodoliten und der Deklinatorien. Die Richtigkeit einer Magnetorientierung ist auch mit davon abhängig, daß sich während ihrer Dauer weder an dem benutzten Deklinatorium noch an dem Magnettheodolit irgend etwas änderte.

Zur Prüfung mißt man zuerst den erforderlichen Streichwinkel über Tage, dann den unter Tage und zuletzt den über Tage nochmals. Erhält man bei der zweiten Messung wieder denselben Winkel, wie das erste Mal, so ist sowohl am Instrumente, mit dem der Streichwinkel gemessen wurde, als auch am Deklinatorium alles in Ordnung geblieben.

Die Variationsdeklinatorien werden außerdem noch überwacht durch das Bestimmen der absoluten Deklination. Darunter versteht man den Winkel, den die magnetische Achse eines Magnetstabes mit dem örtlichen astronomischen Meridiane macht. Das Bestimmen der absoluten Deklination ist die Ermittelung dieses Winkels. Sie gilt immer nur für einen bestimmten Zeitpunkt und auch nur für einen bestimmten Magnetstab.

Die absolute Deklination kann mit jedem Magnettheodoliten bestimmt werden, dessen Magnetstab sich umlegen läßt, wie z. B. mit dem SCHMIDTschen aufsetzbaren Spiegeldeklinatorium und mit dem Magnetkollimator. Die Spiegelnormale bei dem einen Instrumente und die Kollimationsachse bei dem anderen fallen selten mit der magnetischen Achse des Stabes zusammen. Beobachtet man das Streichen der Meridianlinie in zwei verschiedenen Lagen des Magneten, so erhält man zwei Werte, deren Mittel die absolute Deklination ist. Der Unterschied des Mittelwertes von jedem der beiden Beobachtungswerte ist gleich dem Kollimationswinkel.

Hierbei ist zu beachten, daß nicht alle Magnetstäbe an derselben Stelle eine gleiche absolute Deklination ergeben. Außerdem habe ich gefunden, daß die Stäbe einiger Magnetkollimatoren, nach einer geringen Verdrehung der Linse in ihrer Fassung, nicht bloß einen anderen Kollimationsfehler, sondern auch eine andere absolute Deklination zeigten. Linse und Skala sind deshalb fest zu verkitten.

Kennt man erst den Kollimationsfehler eines Stabes, so genügt zur Bestimmung der absoluten Deklination die Beobachtung in einer Lage.

Die Variationsdeklinatorien (Variometer) überwacht man mit Hilfe der absoluten Deklination folgendermaßen:

Bei dem Variometer mit Spiegel und Skala überzeugt man sich, ob der Normalpunkt der Skala (vergl. § 185) derselbe geblieben ist, d. h. ob die aus einer Ablesung mit Berücksichtigung des Normalpunktes sich ergebende absolute Deklination dieselbe geblieben ist, wie die durch eine neue unmittelbare Bestimmung erhaltene.

Bei dem selbstschreibenden Deklinatorium überzeugt man sich, ob die Konstante (vergl. § 186) dieselbe geblieben ist, d. h. ob durch Hinzufügung dieser Konstanten zur Ordinate eines bestimmten Zeitpunktes sich dieselbe absolute Deklination ergibt, die man für diesen Zeitpunkt durch eine neue unmittelbare Bestimmung erhielt.

§ 198. Von den beiden obigen Beispielen einer Magnetorientierung ist eines mit Benutzung des Ablesedeklinatoriums ausgeführt. Man erhält, wenn keine wesentlichen magnetischen Störungen vorliegen, mit beiden Deklinatorien gute Werte, wenn die Kurven scharf gezeichnet und die Zeitabszissen mit Sicherheit bestimmt worden sind. Heftige Störungen machen meist die Orientierungen ganz unbrauchbar. Die Benutzung der Kurven gibt dann wegen der Unsicherheit in der Bestimmung der Zeitabszisse sehr ungenaue Werte und das Ablesedeklinatorium nur dann brauchbare Ergebnisse, wenn sehr gute Uhren zur Verfügung stehen. Die Werte der Magnetorientierungen auf dem Oberharze haben an Genauigkeit zugenommen, seitdem eine von der Seewarte in Hamburg geprüfte Präzisions-Taschenuhr benutzt wurde.

Unter normalen Verhältnissen ist das Ablesedeklinatorium vorzuziehen, weil es die erforderlichen Zahlenwerte unmittelbar und genau gibt, es ist auch sicherer, weil das selbstschreibende mancherlei, die Entstehung der Kurven gefährdenden Zufälligkeiten ausgesetzt ist. Eine etwas matt brennende Lampe, ein kleines Versehen beim Entwickeln der Kurve und dergl. kann schon viel verderben.

Das selbstschreibende Deklinatorium ist aber von großem Nutzen für die Beurteilung der Streichwinkelmessung. Fällt diese nämlich nach Ausweis einer Kurve auf eine starke Störung, wo ein geringer Zeitunterschied beim Einstellen des Magnettheodoliten und beim Ablesen des Deklinatoriums schon verderblich werden kann, so wird man diese Messung entweder ganz verwerfen, oder doch mit einer geringeren Gewichtszahl einführen. Zeigten dagegen die Kurven einen ungestörten Verlauf der Variationen an, so ist die Streichwinkelmessung als zuverlässig anzusehen.

§ 199. **Genauigkeit der Magnetorientierungen.** Die Magnetorientierungen ergeben bei der Beobachtung aller Vorsichtsmaßregeln und beim richtigen Behandeln der Orientierungsinstrumente gute Werte. Der Verfasser hat vorwiegend mit dem Magnetkollimator gearbeitet und bis in die neueste Zeit damit zahlreiche vorzügliche Ergebnisse erzielt. Unter günstigen Umständen betrug bei der wiederholten Streichwinkelmessung derselben Seite der Unterschied der einzelnen Werte häufig nur wenige Sekunden. Bei den Markscheidern des Oberharzes hat sich als Regel ausgebildet, daß Abweichungen bis höchstens 40 Sekunden noch als zulässig betrachtet und beim arithmetischen Mittel noch berücksichtigt werden.

Es läßt sich nicht bestreiten, daß der Kollimator, ebenso wie das Fennelsche Magnetometer, ein empfindliches Instrument ist und seine sichere Handhabung erst nach einiger Übung erlernt wird, dann aber wird man für die Mühe auch durch gute Ergebnisse belohnt.

§ 200. Das Deklinatorium darf nicht zu weit von dem Orte entfernt sein, wo die Streichwinkelmessung vorgenommen wird, da die Größe der Amplitude und der Störungen mit der Ortslage wechselt und die Maxima und Minima der Variationen von der Ortszeit abhängen.

Die Frage, auf welche Entfernung ein Deklinatorium bei Orientierungsmessungen mit gutem Erfolge benutzt werden kann, ist im einzelnen Falle durch vergleichende Beobachtungen zu lösen.

Um wenigstens im allgemeinen eine Anschauung zu erhalten, habe ich von den selbstschreibenden Deklinatorien Wilhelmshaven, Potsdam, Clausthal und Beuthen die Kurven für den Zeitraum vom 6. bis 16. August 1893 in gleichem Zeit- und Ordinatenmaßstabe für mitteleuropäische

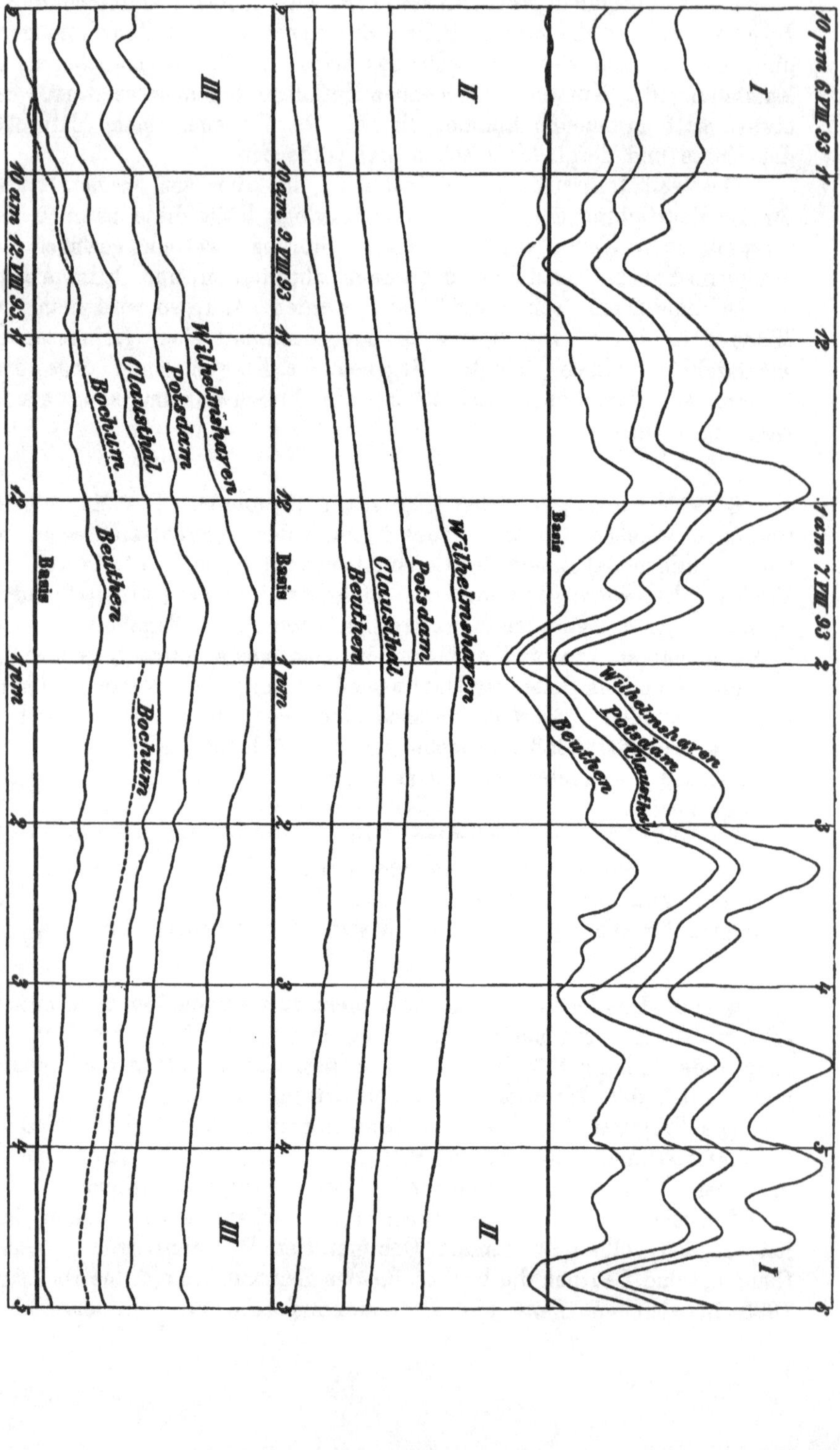

Fig. 354. Zusammenstellung gleichzeitiger Kurven der Deklinatorien zu Wilhelmshaven, Potsdam, Clausthal und Beuthen.

Zeit nebeneinander gezeichnet, von denen die Figur 354 drei (*I, II, III*) Abschnitte von je 8 Stunden wiedergibt.

In dem Zeitraume vom 6. bis 16. August war der Verlauf der Magnetbewegung ungefähr folgender. Am 6. zwischen 4 und 5 Uhr morgens trat eine plötzliche Störung ein, die sich immer mehr verstärkte und in der Zeit von 10 Uhr abends bis zum 7. 6 Uhr morgens in heftigen Änderungen ihren Höhepunkt erreichte (Fig. 354*I*). Die Kurven wurden dann zusehends ruhiger und die vom 9. August ist ohne jede Störung (*II*). Mit dem 12. August begannen die Kurven wieder unruhig zu werden (*III*), es traten am 13. morgens zwischen 12 und 1 Uhr kräftige Störungen auf, aber nach und nach beruhigte sich der Magnet und die Kurven vom 16. August waren wieder fast ohne jede Störung.

Die Kurven sind so gezeichnet, daß ein Millimeter Ordinatenlänge gleich einer Bogenminute ist und für jede Kurve ist eine andere Konstante zu der gemeinschaftlichen Basis gewählt. Wenn an allen vier Orten die Deklination immer gleich gewesen wäre, so müßten alle vier Kurven unter sich parallel sein. Dies ist aber wegen der verschiedenen Breiten- und Längengrade, in denen die vier Deklinatorien liegen, nicht zu erwarten. Ihre abgerundeten geographischen Koordinaten sind nachstehend aufgeführt und zugleich die von Bochum, von wo in Fig. 354 (*III*) ebenfalls eine aus Ablesungen abgeleitete Kurve eingezeichnet ist.

Wilhelmshaven	53° 32′	n.	Br.	25° 53′	ö.	L.
Potsdam	52° 25′	„	„	30° 45′	„	„
Clausthal	51° 48′	„	„	28° —′	„	„
Beuthen	50° 21′	„	„	36° 35′	„	„
Bochum	51° 28′	„	„	24° 57′	„	„

Bei den Störungen sind die Abweichungen zwischen den nördlichen und südlichen Deklinatorien (namentlich zwischen Wilhelmshaven und Beuthen) sehr in die Augen fallend (*I*), die Abweichungen in der Amplitude, die nur in den unter *II* und *III* dargestellten Kurven beobachtet werden können, betragen nur wenige Minuten und treten bei dem kleinen Maßstabe der Fig. 354 nicht stark hervor. In Fig. 354 (*II*) ist zu erkennen, daß das Minimum am Morgen und das Maximum am Mittag bei den östlicher gelegenen Deklinatorien früher eintritt. Der Zeitunterschied gegen Beuthen beträgt für Potsdam 23, für Clausthal 34, für Wilhelmshaven 42 und für Bochum 47 Minuten.

Der Verlauf von ungestörten Kurven ist dagegen in der Zeit von 5 Uhr nachmittags bis 6 Uhr morgens bei allen vier Deklinatorien parallel.

Aus dem Vorstehenden ist folgende Regel zu entnehmen:

Entfernte Deklinatorien benutze man bei genauen Magnetorientierungen nur dann, wenn die Messungen abends oder nachts ausgeführt sind und wenn während dieser Zeit keine Störungen auftraten. Da man das Auftreten der Störungen nicht vorher wissen kann, so sind die unter solchen Umständen ausgeführten Messungen zu verwerfen und zu wiederholen.

In der Zeit von 6 Uhr morgens bis mittags 3 Uhr sollte man nur dann Magnetorientierungen vornehmen, wenn das Deklinatorium in unmittelbarer Nähe ist.

§ 201. Anderweitige Orientierungsmessungen. Bis jetzt wurde der seltenere Fall besprochen, daß ein noch gar nicht orientiertes Grubenpolygon gegen das Dreiecksnetz über Tage richtig gelegt werden sollte. Viel häufiger ist die Orientierung bei den Nachtragsmessungen erforderlich. Auch hier kann man die drei Fälle unterscheiden.

Sind die beiden Endpunkte einer Polygonseite (am besten der letzten) des älteren Zuges noch erhalten, so schließt der neue Zug unmittelbar an und bildet gewissermaßen die Fortsetzung des älteren Zuges. Dieser Fall entspricht dem Anschluß durch einen Stolln.

Die unversehrte Erhaltung von Grubenpolygonpunkten ist aber selten, nur in dem festen Gestein der Erzbergwerke ist dies häufiger der Fall. In vielen Gruben kann man wohl die Zeichen erhalten, aber sie sind kleinen Verschiebungen ausgesetzt, so daß man an eine durch solche Zeichen vermarkte Polygonseite nicht anschließen kann ohne eine Verschwenkung des neuen Zuges befürchten zu müssen.

Sind zwei einigermaßen sichere Schlußzeichen vorhanden, die in verschiedenen Strecken weit voneinander entfernt sind, so wird man die Orientierung durch Einrechnung bewirken können, wie sie beim Vorhandensein zweier Schächte angewendet wird (§ 174).

Am häufigsten tritt bei den Nachtragungen der Fall ein, daß nur ein Anschlußpunkt erhalten ist. Die Orientierung kann durch den Magneten erfolgen, wenn die Beschaffenheit des Nebengesteines dies zuläßt, oder durch das Lotverfahren.

Ist die nachzutragende Strecke nicht weit vom Schachte entfernt, so sind beide Methoden verwendbar. Mit zunehmender Entfernung des Anschlußpunktes von dem Schachte, wenn also die durch Lote erreichte Orientierung einer Seite erst durch einen langen Polygonzug bis zum Anschlußpunkt hingebracht werden muß, ist die Anwendung des Magneten unbedingt vorzuziehen.

Hierbei leisten die Kurven eines selbstschreibenden Deklinatoriums die besten Dienste, da der Markscheider nicht im voraus wissen kann, wie viele solcher Orientierungen und zu welcher Zeit sie auszuführen sind, die Benutzung eines Ablesedeklinatoriums demnach ausgeschlossen ist. Ferner erheischen solche Nachtragsorientierungen nicht eine solche Sorgfalt, wie sie bei Durchschlagszügen erforderlich ist. Zur Streichwinkelmessung ist in diesem Falle eine aufsetzbare Kastenbussole (Fig. 336) anzuwenden, weil sie am leichtesten mitzuführen ist.

Elftes Kapitel.

Die Tachymetrie.

§ **202.** Unter Tachymetrie oder Schnellmessung versteht man das Verfahren, von einem Punkte aus mit demselben Instrumente zugleich die grundrißliche und die Höhen-Lage von Punkten zu bestimmen.

Ein Instrument zur Ausführung einer solchen Messung nennt man einen Tachymeter. Man fertigt diese Tachymeter in verschiedenen Konstruktionen, die wieder den verschiedensten Methoden der Tachymetrie entsprechen.

Alle solche Instrumente müssen zum Messen von Horizontal- und Vertikalwinkeln eingerichtet sein und ein Fernrohr mit distanzmessendem Fadenkreuz besitzen.

Jeder Markscheidertheodolit und jede mit Höhenkreis versehene Bussole kann, sobald das Fernrohr ein distanzmessendes Fadenkreuz hat, zur Tachymetrie verwendet werden und genügt zusammen mit einer gewöhnlichen Nivellierlatte zur Anwendung derjenigen Methode, die für Vermessungszwecke am besten geeignet ist.

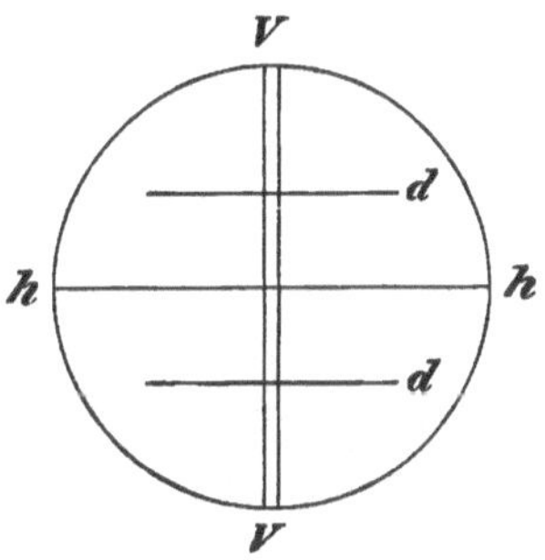

Fig. 355. Distanzmessendes Fadenkreuz.

Bei dieser Methode wird ein Okularfaden-Distanzmesser mit gleichbleibender Bildgröße und eine senkrecht gehaltene Latte angewendet.

Von diesem Verfahren wird hier allein die Rede sein und wegen anderer Methoden und anderer Instrumente auf die Lehrbücher der Vermessungskunde verwiesen.

Das distanzmessende Fadenkreuz (Fig. 355) ist meist auf ein planparalleles Glasplättchen eingeschnitten und hat außer den üblichen sich kreuzenden Strichen *V* und *h* noch zwei horizontale und parallele Striche *dd*, von denen jeder einen gleichen Abstand von dem mittleren Horizontalstrich hat.

Richtet man das horizontale Fernrohr auf eine in verschiedenen Entfernungen (1, 2, 3 in Fig. 356) aufgestellte senkrecht gehaltene Latte, so wird man bei größerer Entfernung ein größeres, bei kleinerer Entfernung ein kleineres Stück der Latte zwischen den beiden Horizontalfäden sehen. Die Größe des zwischen den Distanzfäden gesehenen Lattenstückes ist von der Entfernung des Aufstellungspunktes abhängig und darauf gründet sich die Distanzmessung.

In der dioptrischen Hauptformel

$$\frac{1}{f} = \frac{1}{g} + \frac{1}{b}$$

ist f die Brennweite des Objektivs, g die Entfernung des angezielten Gegenstandes vom Objektiv, die Gegenstandsweite, und b die Entfernung des reellen Bildes vom Objektiv, die Bildweite.

Obige Gleichung kann man umformen in $g - f = f\frac{g}{b}$.

Es verhält sich aber $g:b = \gamma:\beta$, wenn unter γ die Gegenstandsgröße, unter β die Bildgröße verstanden wird, mithin kann man für $\frac{g}{b}$ setzten $\frac{\gamma}{\beta}$ und die Formel lautet dann

$$g - f = f\frac{\gamma}{\beta},$$

d. h. die vom vorderen Brennpunkte des Objektivs an gerechnete Entfernung eines Gegenstandes ist gleich der Brennweite des

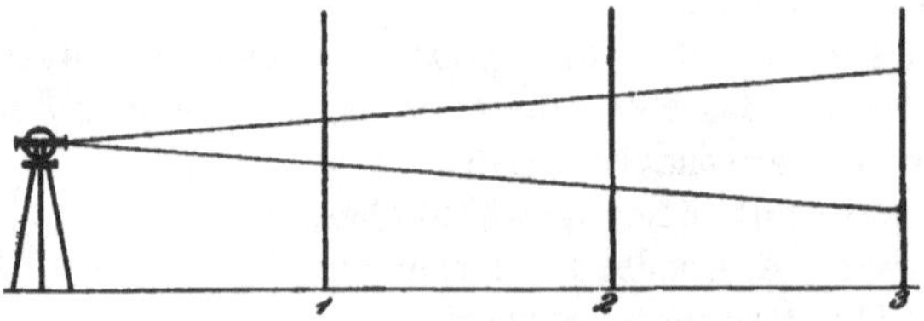

Fig. 356. Theorie der Tachymetrie.

Objektivs, multipliziert mit dem Verhältnis der Gegenstands- und Bildgröße.

In dieser Formel ist γ gleich dem zwischen den Distanzfäden erscheinenden Lattenstück l, und β ist gleich der Bildgröße von l, d. h. dem Abstand der beiden Distanzfäden.

Die Brennweite f und die Bildgröße β sind bekannte gleichbleibende Größen und bilden in der Formel einen konstanten Faktor, der herkömmlich mit k bezeichnet wird und gleich 100 ist.

Die Entfernung der Latte vom Objektiv ist bei wagerecht gestelltem Fernrohr $g = kl + f$. Da ferner die Entfernung stets von der Mittelachse des zentrierten Instrumentes angegeben werden soll, so muß zu f noch der Abstand a des Objektivs von der Kippachse hinzugefügt werden. Die Summe $f + a$ bildet die Konstante c, die jedem Instrumente eigentümlich und vom Verfertiger meistens am Fernrohre eingeschnitten ist.

Die Formel für die Entfernung bei horizontalem Fernrohr ist nunmehr

$$g = c + kl.$$

Wird die senkrechte Latte mit gekipptem Fernrohre angezielt, so wird (Fig. 357) das Lattenstück $ou = l$ zwischen den Distanzfäden gesehen. Für die Ermittelung der Länge Am ist aber die Linie $o_1 u_1 = l_1$ erforderlich, die rechtwinkelig auf der Ziellinie Am steht. Es ist nun sehr angenähert $l_1 = l \cos \alpha$ und $Am = c + kl \cos \alpha$, worin α der Neigungswinkel der Ziellinie ist. Man will aber nicht die Länge Am, sondern deren Projektion S haben, und muß deshalb den Ausdruck für Am noch mit $\cos \alpha$ multiplizieren:

$$S = c \cos \alpha + kl \cos^2 \alpha.$$

Die Länge von c ist nicht erheblich, sie wird bei dem Markscheidertheodoliten selten 0,3 m überschreiten; ferner ist die Genauigkeit der Distanzmessung nicht groß. In Anbetracht dieser Tatsachen wird der Unterschied zwischen $c \cos \alpha$ und $c \cos^2 \alpha$ vernachlässigt werden können und die Formel ist nunmehr $S = (c + kl) \cos^2 \alpha$, die auch den tachymetrischen Hilfstafeln von Dr. W. Jordan, Stuttgart 1899, zugrunde gelegt ist.

Ist die Konstante c eines Instrumentes nicht bekannt, so ist sie leicht durch Versuche zu finden. Man mißt einige horizontale Längen mit dem Meßband und mit dem Tachymeter und sieht nach, wieviel zu kl hinzugefügt werden muß.

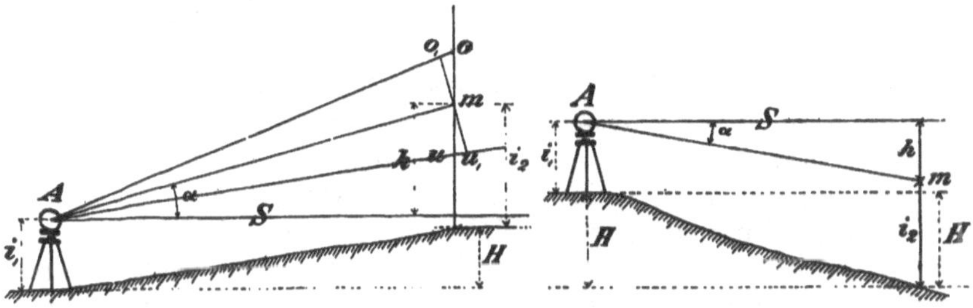

Figg. 357 u. 358. **Tachymetrie.**

§ 203. Das tachymetrische Höhenmessen ist zu vergleichen mit dem Nivellieren aus einem Endpunkte und stimmt vollständig damit überein, wenn das Fernrohr horizontal gestellt ist.

In diesen Fällen mißt man bekanntlich die Instrumentenhöhe und am horizontalen Mittelfaden liest man die Lattenhöhe i_2 ab. Die Instrumentenhöhe wird mit $+ i_1$ bezeichnet und ist wie der Rückblick immer positiv, die Lattenhöhe $- i_2$ ist wie der Vorblick immer negativ.

Mit dem wagerecht gerichteten Fernrohr würde man aber bei unregelmäßig geformter und stark geneigter Oberfläche nur von wenigen Punkten die Höhenlage bestimmen können, da man auf den tief gelegenen Punkten Latten von unmäßiger Länge aufstellen müßte und bei höher gelegenen Punkten bald gegen den Erdboden zielen würde.

Man kippt deshalb das Fernrohr und berechnet aus dem Neigungswinkel a der Ziellinie Am und der horizontalen Länge S das Stück h, das bei Höhenwinkeln (Fig. 358) positiv und bei Tiefwinkeln (Fig. 357) negativ ist, und zu der Summe von $+i_1$ und $-i_2$ in dem entsprechenden Sinne hinzugefügt wird. Die Höhenlage H des Aufstellungspunktes der Latte gegen den Standpunkt des Tachymeters ist deshalb stets

$$H = +i_1 - i_2 \pm h.$$

Die Berechnung der Größe h erfolgt nach der Formel

$$S \operatorname{tg} \alpha = (c \cos \alpha + kl \cos^2 \alpha) \operatorname{tg} \alpha = c \sin \alpha + kl \cos \alpha \sin \alpha.$$

Aus gleichen Gründen, wie bei der Formel für S, ist der Unterschied zwischen $c \sin \alpha$ und $c . \cos \alpha . \sin \alpha$ zu vernachlässigen und die Formel vereinfacht sich zu $(c + kl) \cos \alpha \sin \alpha = \frac{1}{2} \sin 2\alpha (c + kl)$, die ebenfalls den obengenannten Tabellen von Jordan zugrunde gelegt ist.

§ 204. Genauigkeit der tachymetrischen Messung. Die Genauigkeit der Distanzmessung schwankt zwischen 1 : 400 und 1 : 250, die der tachymetrischen Höhenmessung kann man ungefähr zu 1 : 500 annehmen.

Der aus der falschen Lattenablesung entspringende Fehler ist für die Höhenermittelung am einflußreichsten, wenn die Ziellinie um 45° gegen den Horizont geneigt ist, dagegen verschwindend, wenn sie wagerecht geht; für die Entfernungsbestimmung wächst der Fehler mit zunehmender Neigung gegen den Horizont.

Die Wirkung des im Neigungswinkel begangenen Fehlers ist für die Höhenmessung am größten bei wagerechtem Zielen, für die Entfernungsmessung gleich Null, bei einer Neigung von 45° für die Höhenbestimmung am kleinsten und für die Entfernungsermittelung am größten. Meist wird die Ungenauigkeit der Höhenbestimmung schädlicher für den Vermessungszweck sein, als die der Längenermittelung. Es empfiehlt sich daher, wenig gegen den Horizont geneigte Zielrichtungen zu vermeiden, was durch die Wahl der Höhe, in der man die Latte anzielt, innerhalb gewisser Grenzen möglich ist.

Zur Vermeidung der Unrichtigkeiten in der Höhenmessung sind zunächst die Mittel der Horizontierung des Tachymeters genau zu prüfen und zu berichtigen. (Vgl. § 54, Fig. 115.) Ferner ist ein etwaiger Indexfehler des Höhenkreises entweder gänzlich zu beseitigen oder doch genau zu bestimmen. Bei vorhandenem Indexfehler ist immer in einer bestimmten Lage des Fernrohrs zu beobachten, damit die Berichtigung der abgelesenen Höhenwinkel immer in demselben Sinne erfolgen kann.

§ 205. Die Tachymeterarbeit. Der Anwendung der Tachymetrie muß stets die Bestimmung vermarkter Punkte nach horizontaler Lage durch Dreiecks- oder Polygonmessung und nach der Höhenlage durch geometrisches Nivellement vorausgehen. Nur im Notfalle soll man den Tachymeter auf solchen Punkten aufstellen, deren Lage und Höhe tachymetrisch bestimmt war.

Die Entfernung benachbarter Standpunkte richtet sich nach der Leistungsfähigkeit des Fernrohres und nach der Übersichtlichkeit des Geländes. Bei dem gewöhnlichen Markscheidertheodoliten sollte man 120 Meter nicht überschreiten.

Den Theodolit-Tachymeter stellt man zentrisch über den vermarkten Punkt I Fig. 359 auf, mißt die Instrumentenhöhe und stellt behufs Orientierung des Instrumentes, wenn es eine Repetitionsvorrichtung hat, Null auf Null, richtet das Fernrohr auf den benachbarten Polygonpunkt II und klemmt den Hauptkreis in dieser Stellung fest. Ist der Hauptkreis des Tachymeters nicht drehbar, so richtet man das Fernrohr auf Punkt II und liest den Horizontalwinkel ab. Wird eine Bussole als Tachymeter verwendet, so ermittelt man den Streichwinkel der Linie I—II.

Nunmehr beginnt die eigentliche Arbeit. Auf die tachymetrisch aufzunehmenden Punkte wird die Nivellierlatte senkrecht aufgestellt und die Latte nach erfolgter Drehung der Alhidade angezielt.

Mit der Höhenkreisschraube bringt man den unteren Faden, den man im Fernrohr als oberen sieht, auf einen Dezimeterteilstrich der Latte und liest am anderen Distanzfaden gleichzeitig, sozusagen im Fluge, ab.

Das Ablesen erfordert, namentlich wenn das obere nie ganz ruhig bleibende Ende der Latte angezielt werden muß, einige Übung. Am Mittelfaden kann man ebenfalls ablesen, es ist aber überflüssig, da man die Lattenhöhe aus dem arithmetischen Mittel beider Fadenablesungen erhält.

Sodann wird der Horizontalwinkel abgelesen, und zwar nur bis zu ganzen Minuten am Zeiger *I*. In vielen Fällen wird man die Teilung des Zeigers gar nicht benutzen, sondern die Minuten am Nullstrich abschätzen. Am zweckmäßigsten bedeckt man den Nonius so weit, daß nur der Nullstrich zu sehen ist.

Bei den eigentlichen Tachymetern befindet sich der Nonius unter dem Okular des Fernrohres, der Beobachter kann also ablesen, ohne seinen Standpunkt zu verändern.

Um am Höhenkreise in unveränderter Stellung ablesen zu können, dreht man die Alhidade in die hierzu geeignete Stellung, was ohne Schaden geschehen kann, da man den Horizontalwinkel schon abgelesen hatte. Bei Markscheidertheodoliten, die zum Tachymeter umgewandelt sind, befinden sich die Nonien seitwärts vom Fernrohr, man wird also zum Ablesen des Horizontalwinkels den Standpunkt verändern müssen befindet sich aber dann gleich in der günstigsten Stellung für die Höhenkreisablesung.

Die Reihenfolge der Beobachtungen muß stets dieselbe bleiben.

Die Arbeit wird sehr gefördert, wenn am Instrument zwei Personen beschäftigt sind, von denen die eine beobachtet und die Ablesungen der zweiten diktiert. Der „Schreiber" kann auch bei seitlich liegendem Nonius am Horizontal- und Höhenkreis ablesen. Noch zweckmäßiger sind drei Personen am Instrument, von denen zwei beobachten und eine schreibt.

Das Aussuchen und Bestimmen der Lattenaufstellungen ist von großer Wichtigkeit. Die Lattenhalter (meist sind es zwei) begleitet deshalb ein mit der Tachymeterarbeit vertrauter Lattenführer, der den Gehilfen die Aufstellungspunkte bezeichnet und die erforderlichen Handskizzen macht.

Die Lattenaufstellungspunkte werden mit laufenden Nummern bezeichnet. Beobachter und Lattenführer haben von Zeit zu Zeit sich zu überzeugen, daß sie in ihren Aufschreibungen in der laufenden Nummer übereinstimmen.

Ebenso hat der Beobachter von Zeit zu Zeit zu prüfen, ob sein Instrument unverrückt geblieben ist, indem er sich überzeugt, ob beim Anzielen des zur Orientierung gewählten Polygonpunktes der Zeiger noch auf Null oder auf den abgelesenen Winkel zeigt.

§ 206. Die Anwendung der Tachymetrie in der Markscheidekunst. Der Markscheider wird die Tachymetrie allein über Tage, nur höchst selten in der Grube anwenden, da sie zu Polygonmessungen am wenigsten geeignet ist.

In der Grube könnte zuweilen bei der Aufnahme unregelmäßiger Hohlräume (Schlotten und Höhlen) oder auch bei mächtigen Lagerstätten (Weiten- und Querbau) Gelegenheit gegeben sein, aber auch hier nur im Anschluß an einen genauen Polygonzug.

Über Tage wird der Markscheider die Tachymetrie anwenden bei der Vermessung von Tagebauen, Halden, leeren Teichen und da, wo sich ihrer der Ingenieur hauptsächlich bedient, bei Vorarbeiten für Straßen- und Grabenbauten, sowie für Anlagen von Schmelzhütten, Aufbereitungen, Schächten usw.

Die Bestimmung von Eigentumsgrenzen oder sonstiger wichtiger Linien und Punkte, namentlich wenn sie in großem Maßstabe dargestellt werden, sollte niemals tachymetrisch erfolgen.

§ 207. Die Schichtenlinien. Die meisten Aufgaben, die durch Tachymetrie gelöst werden können, erfordern die Konstruktion von Horizontalkurven oder Schichtenlinien.

Der Vermessungshorizont ist immer eine geoidische Fläche. Denkt man sich mit dem Vermessungshorizont in gewissen gleichen Abständen parallele Flächen gelegt, so werden diese die unregelmäßige Erdoberfläche durchschneiden, und diese entstandenen Schnittlinien sind die genannten Horizontalkurven oder Schichtenlinien. Sie verbinden Punkte von gleicher Höhenlage (Fig. 360). Ist die Neigung der Bodenoberfläche groß, so rücken die Schichtenlinien näher zusammen, im anderen Falle wird der horizontale Abstand größer. Der Fallwinkel der Erdoberfläche läßt sich aus dem Horizontal- und Vertikalabstand der Schichtenlinien leicht berechnen. Böschungsmaßstäbe leisten hierbei gute Dienste (Fig. 376).

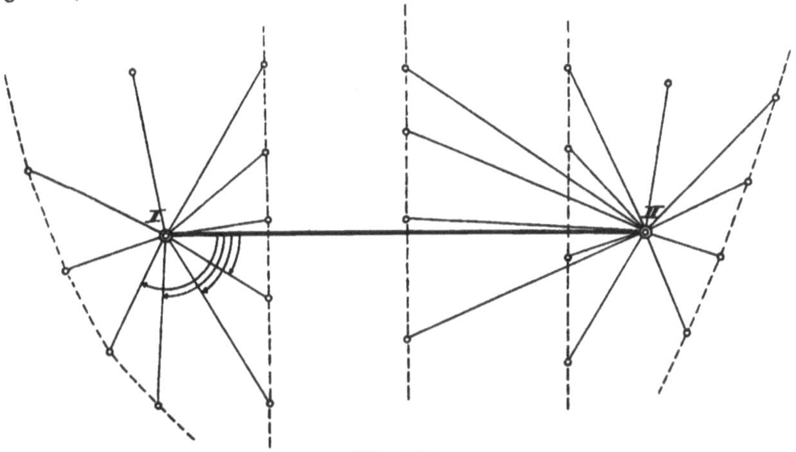

Fig. 359.

Bei der tachymetrischen Bearbeitung eines Geländes behufs Konstruktion von Höhenkurven sind die Punkte für die Lattenaufstellungen stets so zu wählen, daß sie bestimmte Linien bilden. Hierbei gilt die

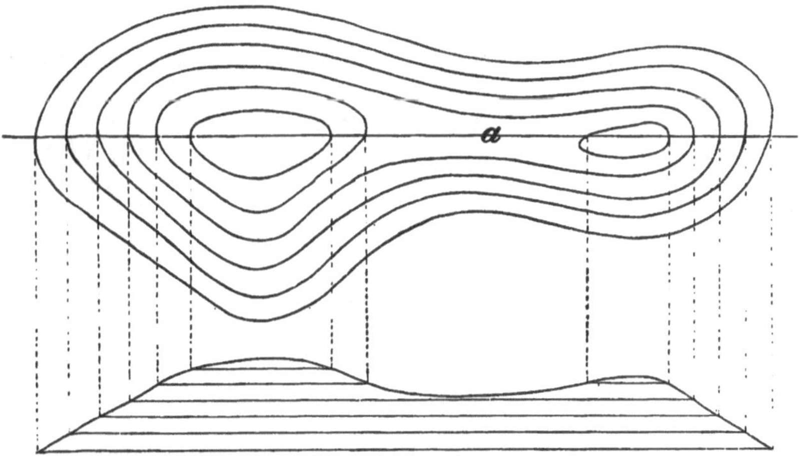

Fig. 360. Schichtenlinien.

Regel: daß zwischen zwei benachbarten Punkten dieser Linien keine erhebliche Änderung im Gefälle vorkommen darf.

Außerdem werden die Latten stets in Profillinien aufgestellt, die rechtwinkelig zu den Schichtenlinien verlaufen (Fig. 359).

1	2	3	4		5			6	7	8	9		10	11		12	
Standpunkt und seine Höhenzahl H	Instrumentenhöhe $+ i_1$	Lattenpunkt	Horizontalwinkel		Vertikalwinkel			Fadenablesung	Stammzahl $c + kl$	Horizontale Länge $(c+kl)\cos^2\alpha$	Höhe $\pm h$ des angezielten Skalenpunktes über der Kippachse $(c + kl)\sin 2\alpha$		Abgelesene Lattenhöhe $- i_2$	$(H + i_1)$ $- i_2$		Höhenzahl des Lattenpunktes (11) $\pm h$	
m	m		Gr	M.	$\pm$	Gr.	M.	m	m	m	+ m	− m	m	$\pm$	m	$\pm$	m
I	1,31	II	0	0	—	—	—	—	—	—	—	—	—	—	10,21	—	—
− 11,52		1	60	05	+	0	04	1,9 2,140	24,2	24,2	0,03	—	2,02	−	12,23	−	12,20
$H + i_1 =$ − 10,21		2	55	20	−	3	42	2,3 2,612	31,4	31,3	—	2,02	2,46	−	12,67	−	14,69
		3	49	10	−	3	47	2,4 2,736	33,8	33,6	—	2,22	2,57	−	12,78	−	15,00
		4	117	10	+	6	49	0,1 0,360	26,2	25,8	3,09	—	0,23	−	10,44	−	7,35
		5	108	25	+	3	00	0,2 0,521	32,3	32,1	1,69	—	0,36	−	10,57	−	8,88
		6	116	03	+	3	04	0,5 0,665	16,7	16,6	0,89	—	0,58	−	10,79	−	9,90
		7	127	10	−	3	02	1,3 1,495	19,7	19,6	—	1,05	1,40	−	11,61	−	12,66
		8	200	10	+	3	15	1,3 1,688	39,0	38,9	2,21	—	1,49	−	11,70	−	9,49
		9	194	45	−	7	33	0,5 1,001	50,3	49,5	—	6,55	0,75	−	10,96	−	17,51

Bei sehr unregelmäßiger Oberfläche sind Skizzen unerläßlich, aus denen der Verlauf der Kurven oder doch wenigstens hervorgeht, zwischen welchen Punkten die oben gesperrt gedruckte Regel gilt.

Solche Linien sind:

1. Die Tallinien oder Wasserlauflinien, von denen jeder Punkt tiefer liegt, als seine beiden Nachbarn quer zur Linie genommen.

2. Die Rückenlinien oder die Wasserscheiden, von denen jeder Punkt höher liegt, als seine beiden Nachbarn quer zur Linie.

3. Die Sättel, d. h. die Durchschnitte von Rücken- und Tallinien.

In Fig. 360 ist *a* der Sattelpunkt. Er liegt in der Rückenlinie tiefer als seine Nachbarn, aber höher als seine beiden Nachbarn auf der Tallinie.

Alle Rücken- und Tallinien werden von den Schichtenlinien rechtwinkelig geschnitten.

§ 208. Die Berechnung und Zulage der tachymetrischen Aufgaben. Zunächst werden die Koordinaten und Höhenzahlen der vermarkten Punkte berechnet, hierauf werden die tachymetrischen Beobachtungen in die Spalten 1 bis 6 des Formulars auf Seite 372 eingetragen und dann wird die Berechnung der söhligen Länge und der Größe *h* mit Benutzung der JORDANschen Tabellen ausgeführt.

Nun erst erfolgt die übrige Berechnung, und zwar wird eine Spalte nach der anderen, jede einzeln, nach Anleitung des Formularkopfes (Spalte 10, 11 und 12) ausgefüllt.

Man könnte in einer Nebenrechnung ebenfalls die Höhenzahl der einzelnen Punkte finden, erfahrungsmäßig geht aber die Berechnung mit Benutzung des Formulars, wobei man Spalte für Spalte bearbeitet, schneller und strengt weniger an.

Bei der Schnelligkeit der Arbeit werden leicht zwei Fehler gemacht. 1. Es wird am Mittelfaden und an einem Distanzfaden abgelesen. 2. Es wird der Höhenwinkel mit dem Tiefenwinkel verwechselt.

Hat man die Lattenpunkte nach den obigen Regeln ausgewählt, so lassen sich die durch die Berechnung gefundenen Widersprüche oft beseitigen, wenn die Messungszahlen im obigen Sinne verbessert werden.

Nach vollendeter Berechnung werden zuerst die vermarkten Punkte nach den berechneten Koordinaten aufgetragen, sodann die tachymetrisch aufgenommenen Punkte, und zwar mit Hilfe einer Gradscheibe nach dem in § 152 angegebenen Verfahren. Neben jedem Polygon- und Lattenpunkt wird die zugehörige Höhenzahl auf Dezimeter abgerundet geschrieben. Mit Hilfe dieser Höhenzahlen und mit Berücksichtigung der vom Lattenführer entworfenen Skizzen werden die Schichtenlinien eingezeichnet, indem man alle Punkte, die in bestimmten Abständen von dem Vermessungshorizont liegen, durch Kurven verbindet. Die Punkte einer Schichtenlinie sind selten unmittelbar gegeben, sie müssen vielmehr meist zwischen je zwei Lattenaufstellungspunkten eingeschaltet werden.

Sind sehr zahlreiche Lattenaufstellungen gemacht und liegen die Punkte nahe beieinander, so kann man die Kurven hinreichend genau aus freier Hand nach Schätzung einzeichnen. Sonst muß man sie zeichnerisch oder rechnerisch einschalten.

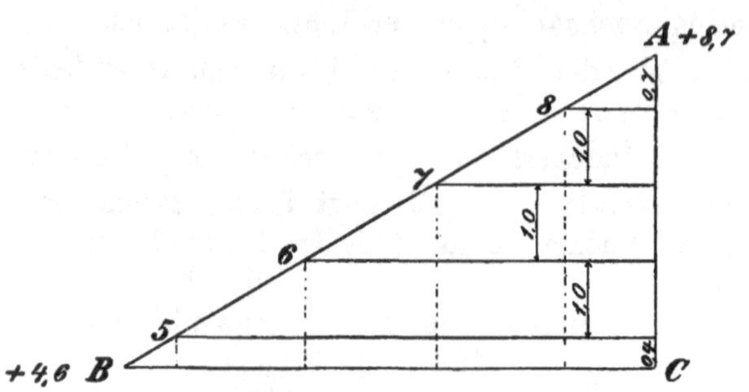

Fig. 361. Konstruktion von Schichtenlinien.

In Fig. 361 ist AB die in der Oberfläche liegende Verbindungslinie der beiden Lattenpunkte A und B. AC ist die Projektion von AB. A hat die Höhenzahl $+8{,}7$ und B $+4{,}6$. Zwischen den Punkten A und B laufen auf der geneigten Oberfläche die Schichtenlinien in dem Höhenabstande 8, 7, 6 und 5 m hindurch.

Die Schnittpunkte der Horizontalkurven mit der Linie AB werden im Grundrisse dargestellt, und es ist deshalb zu berechnen, in welchem Abstande von B oder C die Kurven die Projektion BC schneiden. Der Höhenunterschied zwischen A und B ist $8{,}7 - 4{,}6 = 4{,}1$. Die Kurve 8 schneidet in dem horizontalen Abstande $\frac{0{,}7}{4{,}1} \times BC$ von C aus und in dem von $\frac{3{,}4}{4{,}1} \times BC$ von B aus die Projektion BC; die Kurve 7 in den Abständen $\frac{1{,}7}{4{,}1} \times BC$ bezw. $\frac{2{,}4}{4{,}1} \times BC$ usw.

Am schnellsten schaltet man zeichnerisch mit Hilfe eines Stückchens Millimeterpapier ein. Man legt das viereckige Stück an AC und trägt mit Benutzung der Millimeterteilung im beliebigen Maßstabe die Länge $AC = 4{,}1$ auf. Dann legt man einen geraden Papierstreifen auf die Linie AB und kann nach dem Augenmaß mit Hilfe der Millimeterteilung die in Figur 362 angedeutete Konstruktion ausführen.

Beim Aufzeichnen der Kurven sind die bei der Vermessung angefertigten Skizzen mit zu Rate zu ziehen. Keinenfalls sind die einzelnen eingeschalteten Punkte gleicher Höhe durch gerade Linien zu verbinden, weil sonst ein der Natur wenig entsprechendes Bild der Oberfläche, die selten scharfe Knicke zeigt, entstehen würde.

§ 209. Von den Aufgaben, die der Markscheider durch Schichtenlinien zu lösen hat, sollen einige folgen.

1. A u s d r e i B o h r l ö c h e r n, d e r e n g e g e n s e i t i g e E n t f e r n u n g u n d H ö h e n l a g e, s o w i e d e r e n T i e f e n g e g e b e n s i n d, i s t d a s

Streichen und Fallen einer darin erbohrten Lagerstätte zu ermitteln. Diese Aufgabe kommt dem Markscheider häufig vor, und die Lösung wird durch die Konstruktion einer Schichtenlinie auf dem Liegenden des Flözes herbeigeführt.

Bohrloch *A* habe das Liegende des Flözes in 10,5, Bohrloch *B* in 15,7 und endlich das Bohrloch *C* in 13,7 m Tiefe unter dem Vermessungshorizont angetroffen. Der wagerechte Abstand von *A* nach *B* sei 30 m.

Die horizontale Entfernung des in gleicher Höhe mit *C* (13,7 m) liegenden Punktes *D* von *A* bezw. von *B* aus findet man aus den Unterschieden: 15,7 — 10,5 = 5,2, 13,7 — 10,5 = 3,2, 15,7 — 13,7 = 2 und aus den Proportionen $5{,}2:3{,}2 = 30:x$, $x = \frac{3{,}2}{5{,}2} \cdot 30 = 18{,}46$ und $5{,}2:2{,}0 = 30:y$, $y = \frac{2{,}0}{5{,}2} \cdot 30 + 11{,}54$.

Die Linie *CD* in Fig. 363 ist die gesuchte Streichungslinie.

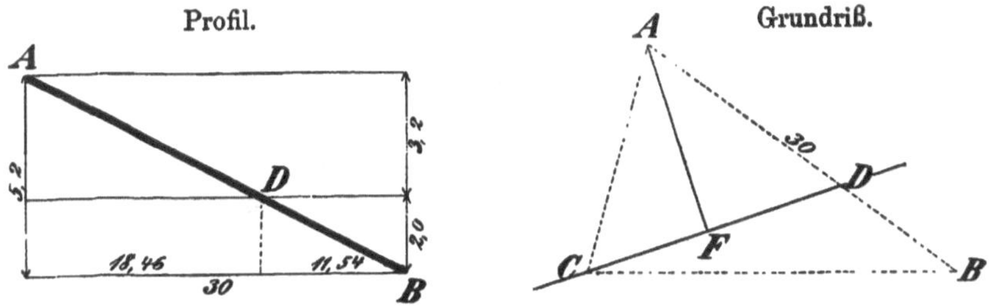

Figg. 362 u. 363. Bestimmen der Streichungslinie nach drei Bohrlöchern.

Die zeichnerische Lösung geht aus Fig. 362 hervor, in der die Höhenzahlen im dreifachen Maßstabe gezeichnet sind.

Zur Ermittelung des Fallwinkels zieht man in Fig. 363 *AF* rechtwinkelig zu *CD* und mißt die Länge *AF* mit Zirkel und Maßstab, alsdann findet man den Fallwinkel α durch die Formel $\operatorname{tg}\alpha = \frac{3{,}2}{AF}$.

§ 210. 2. Die Kreuzlinie einer Lagerstätte und des sie durchsetzenden Verwerfers zu konstruieren. Diese Aufgabe kommt bei der Aufsuchung verworfener Lagerstätten nach der Schmidtschen und der Zimmermannschen Regel stets vor.

In der Figur 364 ist *hf* das Ausgehende und die Streichungslinie eines 70° einfallenden Ganges, und *fg* das Ausgehende und die Streichungslinie des 50° einfallenden Verwerfers.

Man konstruiert in gleichem senkrechten Abstande z. B. 10 m auf den Grenzflächen des Ganges und des Verwerfers die Horizontallinien *ci* und *ek*, die sich in dem Punkte *c* schneiden; die gesuchte Kreuzlinie ist *fc*. Die beiden kleinen rechtwinkeligen Dreiecke deuten die Konstruktion der Horizontalen in der 10 m tieferen Sohle an.

Das Streichen der Kreuzlinie geht aus dem Streichen hf und den zu berechnenden Winkel afd hervor. In dem sphärischen Dreiecke abc sind die beiden schwarz ausgefüllten Winkel als die Fallwinkel bekannt und der Bogen ab als der Unterschied der Streichrichtungen von hf und hg.

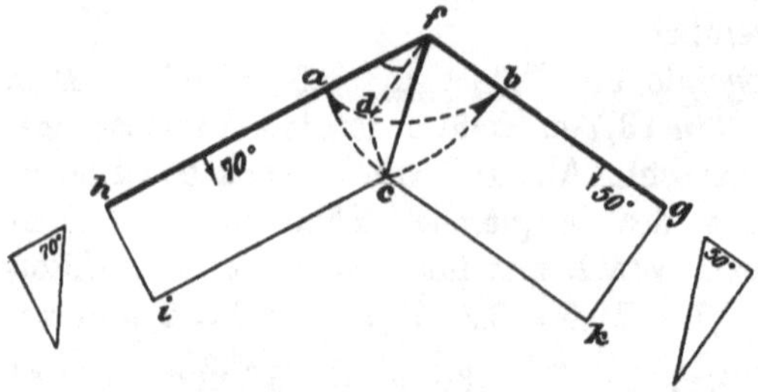

Fig. 364.

Nach den Napierschen Analogien berechnet man die beiden Seiten ac und bc, legt durch die Kreuzlinie eine Vertikalebene und erhält dadurch das sphärisch rechtwinkelige Dreieck adc, in dem zur Berechnung von ad der Winkel dac und die Seite ac bekannt sind, $\operatorname{tg} ad = \operatorname{cotg} ac \cdot \cos dac$.

§ 211. **3. Die Schmidtsche und die Zimmermannsche Regel.** Diese werden zur Aufsuchung verworfener Lagerstätten bei Spaltenverwerfungen angewendet, bei denen der im Hangenden eines Verwerfers befindliche Teil durch Senkung eine tiefere Lage angenommen hat, als der liegende Teil. Hierbei tritt in den meisten Fällen auch die Erscheinung ein, daß die Lagerstätten auch im Streichen abgeschnitten sind und hinter dem Verwerfer nach der einen oder anderen Seite wieder aufgesucht werden müssen.

Die perspektivischen Figuren 365 bis 368 stellen von der Lagerstätte und dem Verwerfer Streifen vor, die zwischen zwei Horizontalebenen liegen; die starken, mit großen Buchstaben bezeichneten Linien liegen in der oberen Ebene, die dünnen, mit kleinen Buchstaben bezeichneten in der unteren Ebene. Die Pfeile an der oberen Streichungslinie bezeichnen die Fallrichtung und lassen das Hangende und Liegende leicht erkennen. Die Schraffierung bezeichnet die Rutschfläche und die Richtung der Senkung. In Fig. 365 u. 367 hat die Senkung allein nach der Schwerkraft, in Fig. 366 u. 368 in der Richtung der Resultanten von Schwerkraft und Horizontaldruck stattgefunden.

Die Streckenbetriebe, mit denen der Verwerfer angefahren wurde, gehen nur in der oberen Ebene vor sich, B und J sind die Anfahrpunkte des Verwerfers, und zwar B von A aus, J von H aus.

Die Schmidtsche Regel lautet für den Fall, daß die Senkung allein nach der Schwerkraft erfolgt ist:

Trifft man beim Anfahren des Verwerfers auf dessen Hangendes, so hat man ihn zu durchbrechen und dann zur Auffindung des verworfenen Teiles der Lagerstätte in der Richtung aufzufahren, wo das Hangende des bekannten Teiles der Lagerstätte liegt.

Trifft man dagegen auf das Liegende des Verwerfers, so muß man nach seiner Durchbrechung in der Richtung auffahren, wo das Liegende des bekannten Teiles der Lagerstätte ist. Bei einem stumpfen Sprungwinkel ist die Regel umzukehren.

Unter Sprungwinkel ist der in den Figuren 365 bis 368 mit *Spw* bezeichnete Winkel am Anfahrpunkte *A* bezw. *J* zu verstehen, den die nach oben verlängerte Kreuzlinie *bB* bezw. *iJ* mit dem ins Liegende

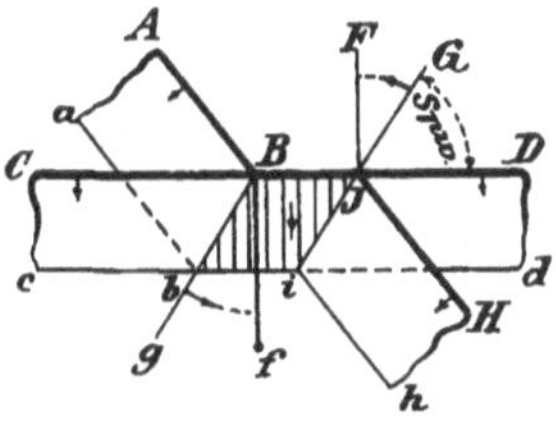

Fig. 365

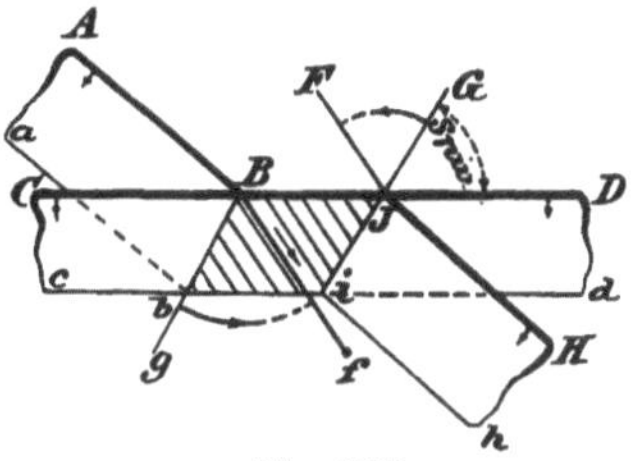

Fig. 366.

der Lagerstätte hineingehenden Teil der Streichlinie des Verwerfers macht. Die Figuren 365 u. 366 haben spitze, die Figuren 367 u. 368 stumpfe Sprungwinkel. In der Figur 368 tritt der eigentümliche Fall ein, daß der stumpfe Sprungwinkel ohne Einfluß bleibt, weil die seitliche Senkung eine solche Richtung hat, daß der gesunkene Teil nicht auf derselben Seite der Kreuzlinie geblieben ist, die er bei dem Sinken nach der Schwere eingenommen haben würde.

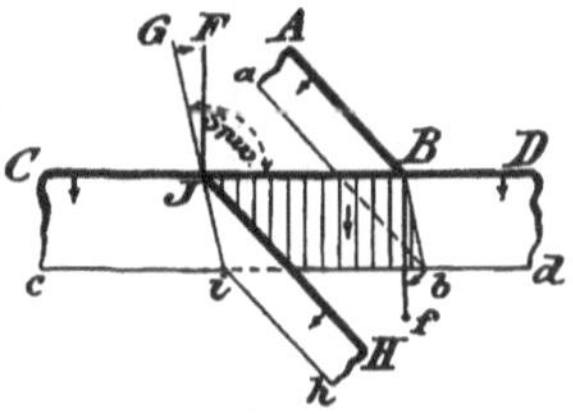

Fig. 367.

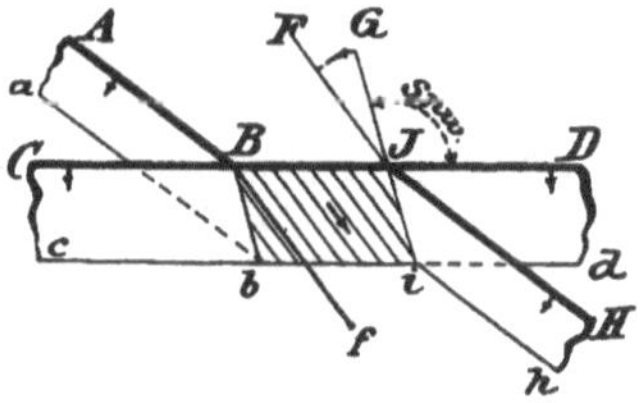

Fig. 368.

Die Zimmermannsche Regel gilt für alle Fälle. Sie ist mit Hinweis auf die Figuren 365 bis 368 am verständlichsten und lautet: Man ziehe zunächst von dem Punkte *B* oder *J*, in dem der Verwerfer angefahren wurde, in der Ebene des Verwerfers und in der Richtung nach dem entgegengesetzten Salbande des Verwerfers eine Linie *Bf* bezw. *JF*, die der Richtung der Senkung entspricht. (Beim Anfahren des Hangenden des Verwerfers wird diese Linie immer nach oben, beim Anfahren des Liegenden nach unten zu ziehen sein.) In den Figuren 365 u. 367 erfolgte die Senkung nach der Schwerkraft, also in der Fallrichtung des Verwerfers, die Linien *Bf* und *JF* sind deshalb Perpendikel auf der Streichlinie des Verwerfers.

In den Figuren 366 u. 368 erfolgte die Senkung in der Richtung der Resultante, die Linie Bf und JF sind deshalb mehr oder weniger gegen die Streichlinien des Verwerfers geneigt.

Sodann konstruiere man die Kreuzlinie zwischen der Lagerstätte und dem Verwerfer und verlängere sie in der Richtung des entgegengesetzten Salbandes (d. h. in der Richtung der Linie Bf oder JF) und suche nach der Seite, nach welcher die Senkungslinie von der verlängerten Kreuzlinie abweicht, nach Durchbrechung des Verwerfers die verworfene Lagerstätte auf.

§ 212. **4. Aufgabe.** Es soll der Streichwinkel einer diagonalen Strecke angegeben werden, die ein bestimmtes Ansteigen nicht überschreiten darf. Der bekannte Neigungswinkel des Flözes ist hierfür maßgebend.

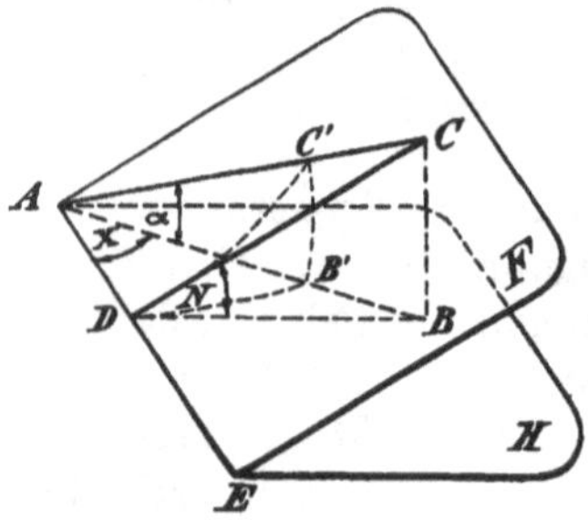

Fig. 369.

In der perspektivischen Figur 369 ist AEH eine Horizontalebene und AEF die um den Winkel $CDB = N$ gegen den Horizont geneigte Flözebene. AC ist die diagonale Strecke, $CAB = d$ ihr Neigungswinkel und AB ihre Projektion. AB ist eine horizontale Strecke im Flöze, deren Streichen bekannt ist. Der Winkel $BAD = x$ soll berechnet werden. $\sin x = \frac{BD}{AB}$, $BD = BC \operatorname{cotg} N$, $AB = BC \operatorname{cotg} \alpha$, setzt man diese Werte ein, so erhält man $\sin x = \operatorname{cotg} N . \operatorname{tg} \alpha$.

Denkt man sich um A mit dem Radius AD eine Kugel gelegt, so entsteht das sphärische Dreieck $C'B'D$, worin der Winkel $C'DB' = N$ und die Seite $C'B' = \alpha$ ist. Hieraus ergibt sich ohne weiteres dieselbe Formel.

§ 213. **5. Die Vermessung der verliehenen Grubenfelder, d. h. die Feststellung ihrer Grenzen über und unter Tage.**

Nach dem preußischen Berggesetze und in neuerer Zeit auch in anderen Ländern werden nur Geviertfelder verliehen, die von geraden Linien und von den durch sie gelegten senkrechten Ebenen begrenzt werden.

Die Grenzen solcher Grubenfelder werden dadurch festgestellt, daß man die Endpunkte der Grenzlinien versteint oder die Koordinaten der Eckpunkte gegen ein bestimmtes allgemein gültiges Achsenkreuz (vergl. § 13) ermittelt.

In früherer Zeit wurden in Preußen und auch anderwärts Längenfelder verliehen, und solcher Felder sind noch viele vorhanden. Das Längenfeld ist ein Raum, der der verliehenen Lagerstätte sowohl im Streichen als auch im Einfallen folgt.

Das Längenfeld ist teils durch natürliche Grenzen (Ausgehendes und die ewige Teufe, sowie Hangendes und Liegendes), teils durch künstliche Grenzen (Länge und Vierung) bestimmt.

Die Länge wird auf dem Körper der Lagerstätte entweder in einer geraden oder krummen Erstreckung abgemessen und durch zwei Endpunkte bezeichnet, durch die senkrechte Ebenen gelegt werden (Kopfgrenze oder Markscheide), die Vierung schließt einen Raum zwischen den Kopfgrenzen und zwei Flächen ein, von denen die eine vom hangenden Salbande, die andere vom liegenden Salbande der Lagerstätte einen bestimmten (meist $3^1/_2$ Lachter) rechtwinkeligen Abstand hat. Der Abstand der beiden Vierungsflächen unter sich wechselt mit der Mächtigkeit der Lagerstätte. Die Lage eines Längenfeldes läßt sich demnach erst dann bestimmen, wenn die verliehene Lagerstätte nach Länge und Mächtigkeit aufgeschlossen ist.

Soll die Lage von Längenfeldern auf einer Mutungsübersichts- oder Grubenkarte dargestellt werden, ohne daß die Lagerstätten aufgeschlossen sind, so werden die Felder als eine gerade Linie aufgetragen, die das Streichen der Lagerstätte am Fundpunkte hat, und die Vierung von dieser Linie ohne Berücksichtigung der Mächtigkeit der Lagerstätte gezeichnet. Dadurch können auf einer solchen Karte die Felder sich durchkreuzen und überdecken, wie Fig. 370 andeutet. Diese Darstellung

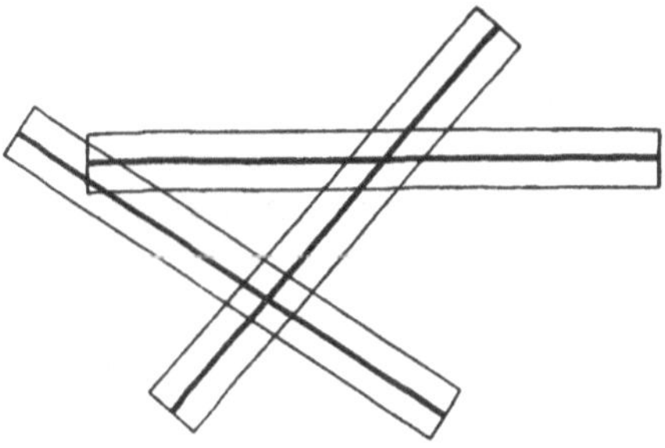

Fig. 370.

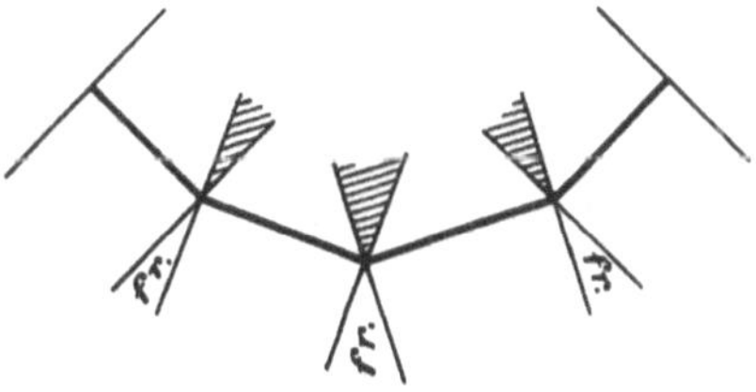

Fig. 371.

ist ohne rechtliche Bedeutung, da die Lagerstätte bei ihren verschiedenen Biegungen und Windungen teilweis außerhalb der so dargestellten Vierungsgrenzen zu liegen kommen kann.

Bezüglich der Vierung haben sich nachstehende Regeln herausgebildet:

Wird die senkrechte Abmessung der Vierung streng durchgeführt, so können bei gebrochener Vermessungslinie bergfreie Keile und keilförmige Überdeckungen entstehen (Fig. 371). Dieses hat nicht im Sinne der Verleihung gelegen, die Vierung soll immer in gleichem Abstande der Lagerstätte folgen und die anscheinend bergfreien Keile gehören zum Felde. Alle Lagerstätten, die innerhalb der Vierungsgrenzen aufsetzen, sind Eigentum des Bergwerksbesitzers.

Wird eine Lagerstätte verworfen, bleibt aber innerhalb der verlängerten Vierungsgrenzen (Fig. 372), so wird sie als Fortsetzung der verliehenen Lagerstätte betrachtet und auch die Vierung folgt dem verworfenen Teile.

Liegt das verworfene Stück außerhalb der verlängerten Vierungsgrenzen, so hat damit die Berechtsame des Längenfeldes aufgehört (Fig. 373). Derartige Fälle können nicht allein im Streichen, sondern auch im Fallen der Lagerstätte auftreten.

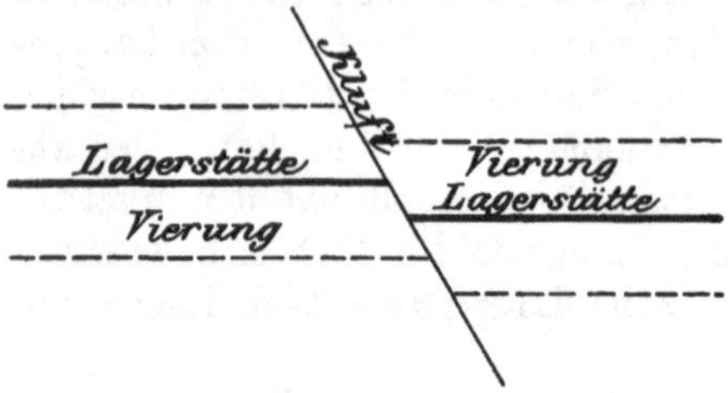

Fig. 372.

Sobald sich eine Lagerstätte in zwei Trümmer teilt, so wird für die Angabe der hangenden und liegenden Vierungsgrenze die Mitte zwischen beiden Trümmern zum Anhalten genommen. Fallen aber die beiden Trümmer außerhalb der Vierungsgrenzen, so ist dasjenige Trumm für die Abgabe der Vierungsgrenzen maßgebend, welches der Lehnsträger wählt.

Die Vierungsgrenzen bei sich durchsetzenden oder scharenden Gängen zu bestimmen, ist eine schwierige Arbeit, auf die hier nicht weiter eingegangen werden kann.

Die Vermessungsmethoden der Längenfelder. Hierfür sind allgemein gesetzliche Vorschriften nicht vorhanden und es ist in verschiedenen Gegenden die Vermessung verschieden gehandhabt worden. Die wichtigsten Methoden sind folgende:

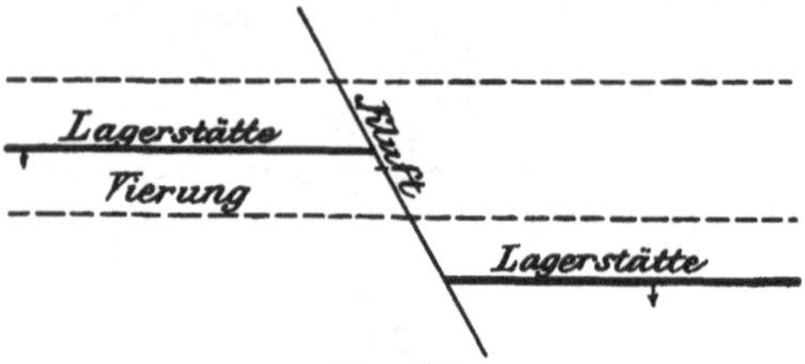

Fig. 373.

1. Aus der Summe der einzelnen Spezialstreichen der Lagerstätte in allen Sohlen wird die Hauptstreichungslinie (das Generalstreichen) ermittelt und das Feld vom Fundpunkte aus in der Richtung des Hauptstreichens in einer geraden Linie vermessen, die durch die beiden Endpunkte rechtwinkelig zum Hauptstreichen bis in die Teufe gelegten seigeren Ebenen bilden die Kopfgrenzen oder Markscheiden des Feldes.

Hierbei ist es häufig notwendig, die Hauptvermessungslinie des Feldes ein- oder mehrere Male zu brechen, falls sich das Streichen der Lagerstätte bedeutend ändert.

2. Dies zweite Verfahren unterscheidet sich von dem ersten nur dadurch, daß die Hauptstreichungslinie nur auf der Fundsohle festgestellt wird.

Beispiel für Ermittelung des Generalstreichens:

Linie	Streichen-Grade	Maß-einheiten	Maßeinheit mal Streichen	
a—b	70	2	140	Die Längenmaßeinheiten werden beliebig genommen.
b—c	90	6	540	
c—d	110	2	220	
d—e	150	2	300	
e—f	100	5	500	
f—g	105	4	420	
g—h	95	6	570	
		27	$\frac{2690}{27} = 100^\circ$	

3. Verfahren. Die Länge des Feldes wird den Biegungen der Lagerstätte entlang gemessen und die beiden Kopfgrenzen werden rechtwinkelig zu den an beiden Endpunkten gefundenen Lokalstreichen der Lagerstätte gelegt.

4. Verfahren. Das Bestimmen der Kopfgrenze erfolgt nicht nach senkrechten Ebenen, sondern nach der sogenannten Kugel- und Wassertropfentheorie. Man konstruierte die für die Kopfgrenze maßgebende Falllinie aus einem Punkte von Sohle zu Sohle. Da nun die Lagerstätten selten ein gleichbleibendes Streichen beibehalten, so bildet die Falllinie eine vielfach gekrümmte Linie. Neben den genannten Methoden gibt es noch mehrere, die in einzelnen Stücken von den obigen abweichen.

Soll ein Längenfeld auf der Tagesoberfläche versteint werden, so ist das Gelände erst sorgfältig so zu vermessen, daß genaue Schichtenlinien entworfen werden können und dann ist mit Berücksichtigung des Streichens und Fallens anzugeben, an welchen Stellen die nach oben verlängerten Grenzen die Oberfläche treffen.

§ 214. 6. Die Reliefkarten. Mit Hilfe der Schichtenlinien lassen sich Gebirge plastisch darstellen. Man schneidet aus Pappe Scheiben, deren Umrisse genau den Höhenkurven entsprechen, und leimt oder nagelt die Scheiben in der aus dem Grundrisse sich ergebenden Lage übereinander. Dadurch entsteht ein treppenförmiges Gebilde, das der wirklichen Bodenoberfläche schon sehr nahe kommt.

Will man ein vollkommenes Bild erhalten, so füllt man die Treppen mit einer Stearinmasse aus und schafft sich durch einen Gipsüberguß zunächst ein Negativ des Reliefs, wonach das Positiv ebenfalls aus Gips angefertigt wird.

Bei den Reliefs stellt man, wie bei den Profilen, die Höhen gern in einem etwas größeren Maßstabe dar, als die horizontalen Längen.

§ 215. 7. Die Ermittelung des kubischen Inhaltes eines leergelaufenen Teiches (Fig. 374). Man konstruiert über die Fläche des Teiches ein Dreiecksnetz, dessen Basis am zweckmäßigsten auf den Damm gelegt wird. Von den Dreieckspunkten *I*, *II*, *III* usw., deren Höhenlage durch geometrisches Nivellement ermittelt ist, bestimmt man so viele Punkte tachymetrisch, daß danach die Schichtenlinien in recht geringen Abständen, womöglich aus freier Hand, konstruiert werden können. Die Zulage fertigt man in einem ziemlich großen Maßstabe an.

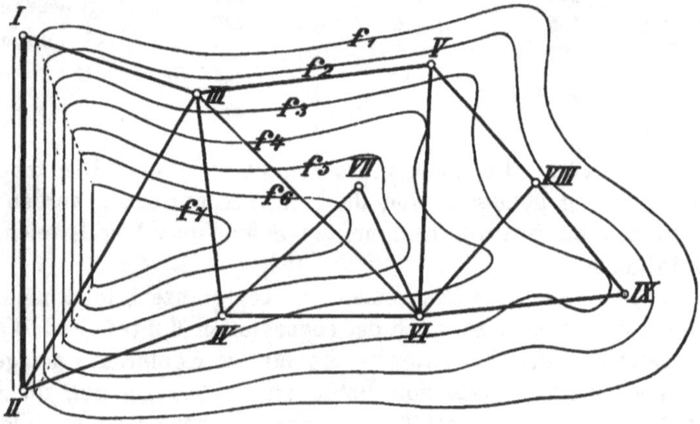

Fig. 374. Kubizierung eines leeren Teiches.

Da es wichtig ist, außer dem kubischen Inhalt des ganzen Teiches auch die in jedem Meter (bezw. halben Meter) Stauhöhe enthaltene Wassermenge zu kennen, so rechnet man die Körper zwischen f_1 und f_3, f_3 und f_5, f_5 und f_7 einzeln nach der Simpsonschen Formel $J = \frac{h}{6}(f_1 + 4f_2 + f_3)$ aus und addiert sie.

§ 216. Im voraus zu berechnen, wieviel Kubikmeter Fördermasse auf eine Halde gestürzt werden können. Fig. 375 zeigt den Schacht und den zu bestürzenden Abhang, der zu beiden Seiten durch die Grundstückslinien *ab* und *cd* und durch die Schichtenlinien 0 und 16 begrenzt ist. Die Schichtenlinien sind in Abständen von 2 zu 2 m eingezeichnet.

Der natürliche Böschungswinkel sei in dem vorliegenden Falle 40°. Zunächst ist der von der Horizontale 16 ausgehende obere Haldenrand zu konstruieren. Man ermittelt für den Neigungswinkel 40° die Sohlen für die in Betracht kommenden Höhen 2 bis 16, und von den Punkten aus, wo die einzelnen Schichtenlinien von den Grenzen *ab* und *cd* durchschnitten werden, sticht man nun die Sohlen ab, für die entsprechenden Höhen ungefähr rechtwinkelig zu dem zu konstruierenden Haldenrande (event. durch Schlagen von Kreisbogen), und zwar von den Enden der Schichtenlinie 14 die Sohle für 2 m Höhe, von den Enden der Schichten-

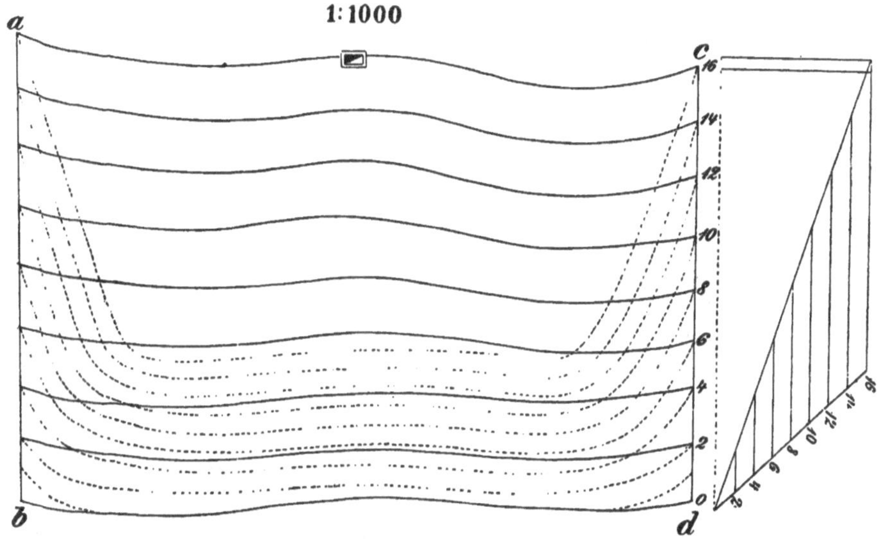

Fig. 375. Kubizierung einer aufzustürzenden Halde.

linie 12 die Sohle für 4 m usw. Mit der Schichtenlinie 0 zieht man eine Parallele in söhligem Abstand für die Höhe 16.

Die durch obige Abmessungen gefundenen Punkte verbindet man freihändig durch eine Linie und führt sie in einem Bogen in die Parallele

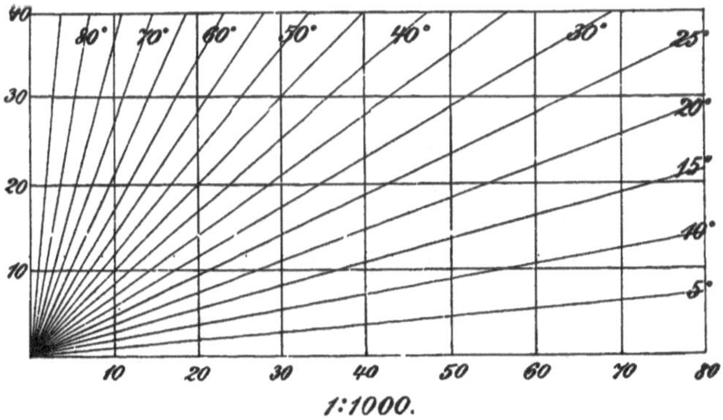

Fig. 376. Böschungsmaßstab.

zur Schichtenlinie 0. Dadurch erhält man den oberen Haldenrand und kann nun die punktierten Schichtenlinien der zukünftigen Halde in Abständen von 2 m zu 2 m einzeichnen, nach denen der kubische Inhalt auf bekannte Weise gefunden wird.

Bei solchen und ähnlichen Arbeiten ist die Anwendung eines Böschungsmaßstabes vorteilhaft. Fig. 376 zeigt einen solchen, der ohne Erklärung verständlich sein wird.

§ 217. Die Vorarbeiten für den Bau von Straßen, Eisenbahnen und Gräben.

Als Beispiel soll der Bau einer Landstraße genommen werden, die keine größere Steigung als 1 : 20 oder 5 aufs Hundert erhalten soll. Die Achse dieser Straße wird man sich zunächst in den angefertigten Schichtenplan einzeichnen, dessen Linien einen Abstand von 2 m haben mögen. Ist die Straße durch geneigtes Gelände zu führen, so hat man dafür zu sorgen, daß erst bei einer Länge von 40 m die Achse der Straße aus einer Horizontalen in die benachbarte gelangt, soweit nicht durch Einschnitte Abhilfe geschaffen werden kann. Die auf dem Papiere

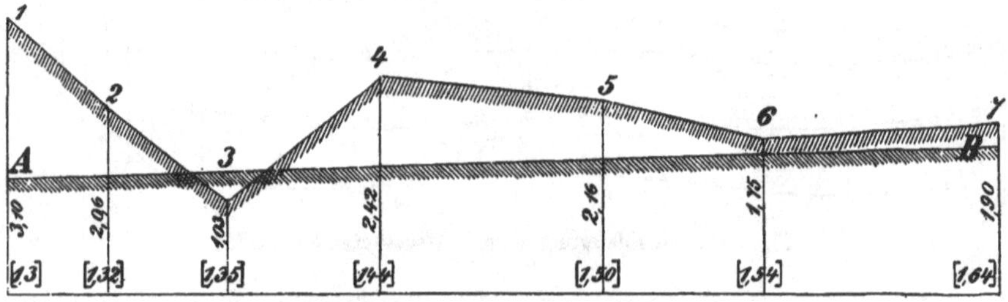

Fig. 377. Längenprofil.

entworfene Achse wird dann auf dem Boden abgesteckt, und die Pflöcke werden genau vermessen und nivelliert.

Nunmehr zeichnet man das Längenprofil der Achse (Fig. 377). Da die Erhebungen und Senkungen meistens im Vergleiche zu den Horizontalerstreckungen sehr klein sind, so wählt man eine verschiedene Verjüngung für Höhen und Längen, und zwar für die Höhen einen 10- bis 20 mal so großen Maßstab. Das Bild des Längenprofils wird dann wohl verzerrt, durch die Verzerrung aber erst für die praktische Ausnutzung brauchbar. Die wahren Abstände der einzelnen Punkte werden in das Profil eingeschrieben und dadurch die Nachteile der Verzerrung beseitigt.

In das Längenprofil wird die Oberflächenlinie der zu erbauenden Straße, das Kunstprofil (AB), eingezeichnet und für jeden verpflockten Punkt die Höhenzahl des darüber oder darunter liegenden Punktes des Kunstprofiles in eckigen Klammern eingeschrieben. Aus den eingeschriebenen Zahlen erkennt man leicht, daß bei dem Punkte 4 ein Abtrag von 2,42 — 1,44 = 0,98 m und bei dem Punkte 3 ein Auftrag von 1,35 — 1,03 = 0,32 m erfolgen muß.

Um die für den Kostenanschlag wichtige Berechnung der zu bewegenden Erdmassen ausführen zu können, muß man noch Querprofile für jeden einzelnen verpflockten Punkt konstruieren. Die Querprofile stehen rechtwinklig zur Achse der Straße und man zeichnet sie ohne Verzerrung, aber dafür in einem sehr großen Maßstabe. Die Bezeichnungen links und rechts der Profile sind in dem Sinne zu verstehen, daß man in der Längsachse der Straße steht und in der Richtung der steigenden Nummern blickt.

Der Vermessungshorizont des Querprofiles ist die Oberfläche des dem Längenprofil angehörigen Pflockes.

Fig. 378 zeigt das Querprofil durch Nr. 4, unter dem die Straßenmitte 0,98 m liegt. Die Straße ist 8 m breit und soll von der Mitte bis zu den Seiten eine Abdachung von 0,1 m haben. Rechts ist ein Auftrag notwendig und der links auszuhebende Graben ist rechts nicht erforderlich.

Über die Neigung, Breite und Wölbung der Fahrstraßen gelten folgende Regeln.

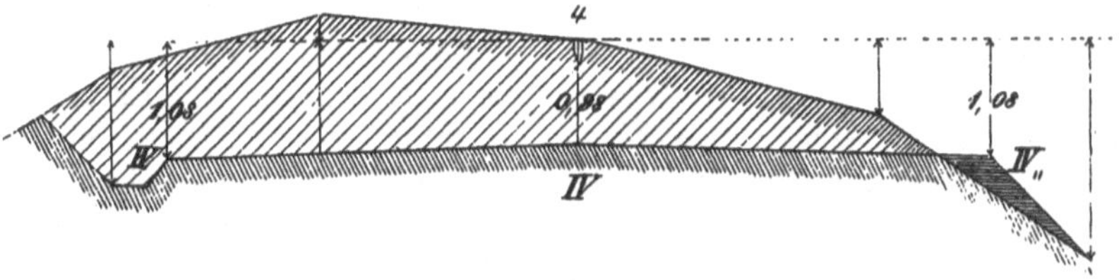

Fig. 378. Querprofil.

Im Tal soll die **Steigung** nicht über 3 %, im Hügelland nicht über 5 bis 6 % und im Gebirge nicht über 8 % betragen.

Die **kleinste Breite** soll sein: 5,0 m bei schwachem, 6,0 m bei mittlerem und 8,0 m bei starkem Verkehr; die Breite der Fahrbahn 3,8 bis 6,0 m.

Die **Wölbung** der Fahrbahn soll $^1/_{40}$ der Breite und das größte Seitengefälle 6 % nicht übersteigen.

Ohne in die Einzelheiten der Massenberechnung einzugehen ist ersichtlich, daß die Längen- und Querprofile des Bodens und die in diese eingezeichneten Kunstprofile die Mittel zur Berechnung liefern. Die Profile werden am zweckmäßigsten so gelegt, daß man die zwischen ihnen liegenden Auf- und Abtragkörper nach der Simpsonschen Regel berechnen kann. Beim Abstecken einer Straße ist darauf zu achten, daß das Auftragmaterial aus den Abtragskörpern gewonnen wird. Die hierbei innezuhaltenden Regeln finden sich in F. Eickemeyers „Massennivellement“, Leipzig, bei B. G. Teubner.

Zwölftes Kapitel.

Der Meßtisch.

§ 218. Der Meßtisch ist von Johann Praetorius erfunden (mensula praetoriana) und seine Beschreibung ist zuerst in Nürnberg 1618 veröffentlicht worden.

Der wichtigste Teil ist das Tischbrett, die Tischplatte T, auch Zeichenbrett und Menzel genannt, ein gegen das Verwerfen aus Holzstücken zusammengesetztes Brett von entsprechender Dicke (Fig. 379.)

Zur Verbindung der Tischplatte mit dem Dreifuße ist an der unteren Seite der Tischplatte ein Messingring befestigt, der drei Schraubenlöcher hat. Der in der Hülse des Dreifußes steckende dreh- und feinstellbare Zapfen endigt oben in einer dreiflügligen Messingplatte, die an den am Brette sitzenden Ringe festgeschraubt werden kann.

Die Tischplatte soll eben sein. Man prüft dies durch Aufsetzen der Kante eines guten Lineals in verschiedenen Richtungen.

Ferner soll die obere Tischfläche rechtwinkelig zum Drehzapfen im Dreifuße sein. Man prüft dies durch eine Röhrenlibelle. Zeigt sie nach einer Drehung des Tisches um 180 Grad einen Ausschlag, so ist der Libellenausschlag gleich dem doppelten Fehler. Ein kleiner Fehler kann vernachlässigt werden.

Das wichtigste Meßtischgerät ist die Kippregel K (Fig. 379). So nennt man ein Lineal mit einem Fernrohr, das um eine wagerechte, rechtwinkelig stehende Achse gekippt werden kann. Die Lager der Kippachse ruhen auf einer Säule, die auf dem Lineal mit drei Schrauben befestigt ist, die zugleich die senkrechte Stellung der Säule auf der Linealfläche regeln. Die Säule kann auch durch zwei gegeneinander auf einen Ansatz wirkenden Schrauben gedreht und festgestellt werden. Das Fernrohr ist mit einem distanzmessenden Fadenkreuze versehen. Auf dem Lineale ist eine Dosenlibelle angebracht, häufig eine Orientierungsbussole, zuweilen auch ein kleines Gestell zum Einlegen des Zirkels.

Die Prüfung der Kippregel. Das Fernrohr der Kippregel soll in einer Vertikalebene kippen, was wie beim Theodoliten geprüft wird. Die vertikale Kippebene soll aber der Linealkante parallel sein. Zur Prüfung zieht man eine gerade Linie über das Tischbrett und steckt an deren Enden feine Nadeln. Wird über diese Nadeln nach einem entfernten Punkte gezielt und trifft beim Sehen durch das Fernrohr der Kippregel, die mit ihrem Lineal an die Nadeln angelegt ist, das Fadenkreuz denselben Punkt, so liegt die Sehachse in der Vertikalebene der Linealkante. Ein Fehler wird durch Drehen der Säule beseitigt.

Die Handhabung der Kippregel besteht: 1) in dem Anschieben der Linealkante an eine Linie auf der Tischplatte bei der Orientierung, und 2) in einer solchen Aufstellung, daß die Linealkante durch einen Punkt auf der Tischplatte geht und das Fadenkreuz des Fernrohres auf ein Signal im Felde gerichtet ist. Bei beiden Geschäften hält die linke Hand das eine, die rechte Hand das andere Ende des Lineals, ohne mit dem Arme auf den Tisch zu drücken.

Die Lotgabel *L* (Fig. 379). Diese Vorrichtung dient dazu, einen auf dem Zeichenbrette markierten Punkt senkrecht über einen auf dem

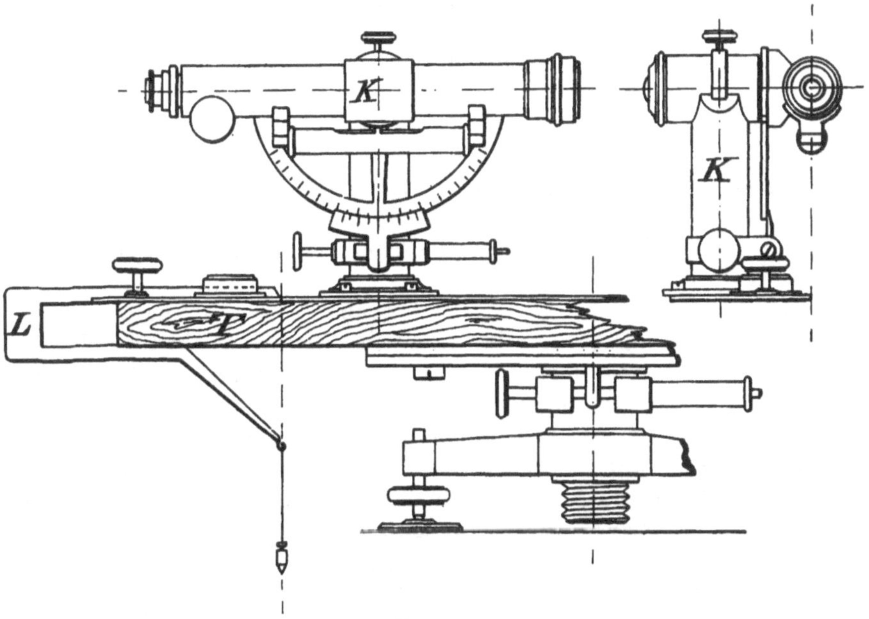

Fig. 379.

Erdboden bezeichneten Punkt zu bringen. Sie besteht aus zwei Holzleisten, die durch ein Zwischenstück oder ein Gelenk verbunden sind. Die Spitze der oberen Leiste und das Häkchen der unteren Leiste sollen senkrecht übereinander stehen. In das Häkchen wird das Lot eingehängt. Zur Prüfung lotet man denselben Punkt aus zwei gegenüberliegenden Stellungen der Gabel ein.

Weiteres Meßtischgerät. Dahin gehören eine Nivellierlatte oder eine Latte mit verschiebbarer Zielscheibe, Bleistift, 2 kleine Winkellineale, Messer, Zirkel, Maßstab, Gummi, Reißfeder und flüssige Tusche, wenn die Linien sofort ausgezogen werden sollen. Ein Überzug aus Wachstuch oder Leder für die Tischplatte und ein großer mit festen Stützen versehener Schirm zum Schutz gegen Sonnenschein und Regen sind unentbehrlich. Ebenso ist eine Orientierungsbussole (vergl. § 188) nötig, die, wie oben gesagt, auf der Kippregel oder an der Kante des Meßtisches angebracht sein kann. Sie wird auch lose mitgeführt.

§ 219. **Die Anwendung des Meßtisches.** Der Meßtisch ist streng genommen kein Markscheiderinstrument, auch bei den Kataster-Messungen, wo die Feststellung von Eigentumsgrenzen der Hauptzweck ist, wird er nicht gebraucht. Für den Markscheider und den Landmesser ist in ihrem engeren Berufe allein die „Zahlenmethode" maßgebend.

Dagegen ist für die topographische Aufnahme, die nur Bilder der Erdoberfläche in kleinerem Maßstabe geben soll, der Meßtisch unentbehrlich. Die topographischen Arbeiten der preußischen Landesaufnahme werden ausschließlich mit dem Meßtische in 1:25000 angefertigt.

§ 220. **Der Gebrauch des Meßtisches.** Einer Meßtisch-Aufnahme muß stets das Vermessen eines möglichst engmaschigen Dreiecksnetzes vorangehen. Je mehr Dreieckspunkte vorhanden sind, desto angenehmer ist es für die Messung. Sollen auch Schichtenlinien aufgenommen werden, so ist die Höhenlage der Dreieckspunkte und der eingeschnittenen Kirchturmsknöpfe zu bestimmen.

Vor Beginn der Arbeit ist die Tischplatte mit gutem Papier zu überziehen. Das Papier wird bis zum Schlaffwerden mit reinem Wasser benetzt und dann über das Brett, das man vorher mit verdünntem Eiweiß überstrichen hat, gelegt. Der überstehende Rand des Papieres wird, nachdem man etwaige Luftblasen durch Andrücken von der Mitte aus entfernt hat, mit einem Klebestoffe bestrichen und umgeschlagen. Schneidet man nach Vollendung der Aufnahme nahe am Rande das Papier durch, so springt es leicht vom Brette ab. Ehe man einen neuen Bogen aufspannt, ist das alte Eiweiß abzuwaschen.

Das Papier wird mit einem Quadratnetze versehen und die trigonometrischen Punkte werden nach ihren Koordinaten eingezeichnet. Sie nennt man Bildpunkte (a, b, c, ...), und die ihnen im Gelände entsprechenden die Feldpunkte (A, B, C....). Bei den verschiedenen Messungen muß der Meßtisch horizontiert, orientiert und zentriert werden.

Der Meßtisch ist orientiert, wenn die Dreiecksseiten des Bildes ab, bc, cd... mit den Dreiecksseiten AB, BC, CD... im Felde parallel laufen.

Der Meßtisch steht zentrisch, wenn der Bildpunkt a senkrecht über dem Feldpunkte A liegt.

Die horizontale Stellung des Tischbrettes erkennt man an einer Dosenlibelle, die entweder lose auf die Tischplatte gesetzt wird, oder auf der Kippregel befestigt ist. Das Horizontieren kann bei den Geschäften des Zentrierens und Orientierens ohne Schwierigkeiten nebenbei besorgt werden.

Man orientiert den Meßtisch mit oder ohne gleichzeitiger Zentrierung. In beiden Fällen leistet die Orientierungsbussole gute Dienste. Hierzu muß die Magnetlinie auf der Tischplatte aufgezeichnet sein.

Das Orientieren mit gleichzeitiger Zentrierung. Man zentriert *a* über *A* zunächst roh nach dem Augenmaße und orientiert mit der Bussole, die mit der Seitenkante an die Magnetlinie gelegt ist, d. h. man dreht die Tischplatte so lange, bis die Magnetnadel einspielt. Sodann wird die Zentrierung mit der Lotgabel geprüft. Sollte der Stativkopf die Anwendung der Lotgabel verhindern, so steckt man eine Nadel in den Bildpunkt *a* und aus zwei zueinander rechtwinkeligen Richtungen beurteilt man, wie weit behufs Zentrierung der Meßtisch versetzt werden muß. Durch das Versetzen des Statives geht die Orientierung verloren, die durch Drehen des Tisches wieder erreicht wird. Die Orientierung prüft man zuletzt mit der Kippregel, die an die Bildlinie *ab* gelegt wird. Das Fadenkreuz des Fernrohres muß den Feldpunkt *B* decken.

Das Orientieren muß sehr sorgfältig ausgeführt werden, während die Zentrierung nicht so genau zu sein braucht. Ohne eine Orientierungsbussole ist das gleichzeitige Zentrieren und Orientieren ein umständliches Geschäft.

Das Orientieren ohne gleichzeitiges Zentrieren. Dies geschieht durch Rückwärtseinschneiden. Hierzu sind mindestens drei trigonometrische Feldpunkte *A, B, C* erforderlich, deren Bildpunkte *a, b, c* auf dem Tischbrette aufgezeichnet sind. Man will den Meßtisch orientiert auf einem vierten Feldpunkte *D* aufstellen und nachher die Lage des entsprechenden Bildpunktes *d* auf dem Tische finden. Der Punkt *D* darf nicht auf der durch *A, B, C* gegebenen Kreislinie und auch nicht in deren Nähe liegen (vgl. § 128).

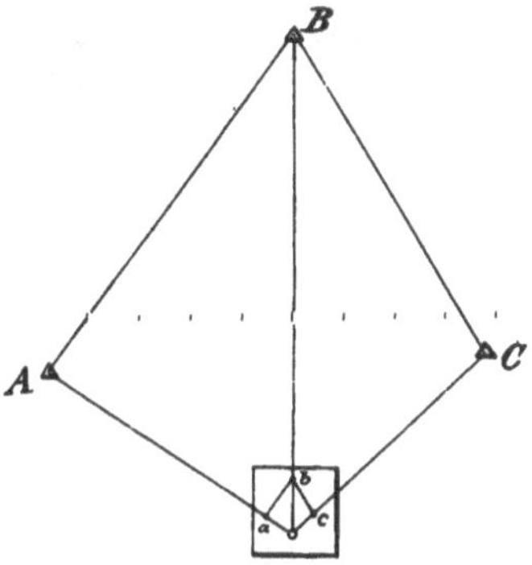

Fig. 380.

Hat man keine Bussole oder konnte die Magnetlinie nicht aufgetragen werden, so wird der Meßtisch aufgestellt und schätzungsweise orientiert. Dann legt man das Lineal der Kippregel der Reihe nach an die Bildpunkte *a, b, c* und zielt jedesmal den entsprechenden Feldpunkt *A, B, C* an. Die drei rückwärts gezogenen Strahlen werden sich in dem Falle, daß der Meßtisch richtig orientiert war (Fig. 380), in einem Punkte schneiden, in dem entgegengesetzten Falle ein fehlerzeigendes Dreieck hervorbringen. Aus der Form und der Lage des fehlerzeigenden Dreieckes kann nach verschiedenen Methoden die richtige Stellung des Meßtisches gefunden werden, worüber Bauernfeind in der 7. Auflage, Seite 184 bis 189 ausführlich handelt.

Mit Hilfe von Pauspapier kann man ohne Magnetlinie die Orientierung durch Rückwärtseinschneiden vereinfachen. Der Tisch wird horizontal sonst beliebig aufgestellt und ein Blatt Pauspapier über dem Tischbrette befestigt. Aus einem beliebigen Punkte des Papiers werden Strahlen nach den Feldpunkten *A, B, C* gezogen (sind noch mehr trigonometrische Punkte vorhanden, auch nach diesen). Hierauf nimmt man das Pauspapier ab und verschiebt es so lange, bis die drei oder mehr Strahlen durch die entsprechenden Bildpunkte *a, b, c ....* gehen. Es gibt nur eine Lage des Pauspieres, die dieser Bedingung genügt, und ist sie gefunden, so überträgt man durch einen Nadelstich den Schnittpunkt *d* sämtlicher Strahlen auf die Tischplatte. Man orientiert nunmehr nach dem längsten Strahle und prüft durch Anzielen der anderen Feldpunkte. Zum Schluß überträgt man den Bildpunkt auf den Erdboden und vermarkt ihn. Bei sorgfältiger Ausführung und namentlich wenn eine größere Anzahl von Punkten angezielt werden kann, sind die Ergebnisse des Verfahrens sehr befriedigend.

Ist der Meßtisch auf obige Weise orientiert, so wird man mit einer Bussole die Magnetrichtung auf das Tischbrett auftragen und bei den nächsten Aufstellungen die Orientierung hiernach bewirken. Diese wird schon erreicht, wenn man das Tischbrett dreht, bis die Nadel der an die Magnetrichtung gelegten Bussole einspielt.

§ 221. 1. Die Aufnahme mit dem Meßtisch. Die Polygonmessung wird nur im Notfalle angewendet, weil sie ungenaue Ergebnisse liefert. Der Tisch wird hierbei der Reihe nach auf jeden einzelnen Polygonpunkt zentrisch aufgestellt und nach der zuletzt aufgetragenen Polygonseite orientiert. Von dem Aufstellungspunkte wird die Richtung der nächsten Polygonseite mit Hilfe der Kippregel aufgetragen, die Länge gemessen und mit dem Zirkel maßstäblich aufgetragen. Dadurch erhält man das Bild des nächsten Punktes, und von ihm und der eben aufgetragenen Polygonseite aus wird die Arbeit in gleicher Weise fortgesetzt. Ein solcher Polygonzug muß in einem Dreieckspunkte beginnen und in einem solchen endigen. Der sich ergebende Schlußfehler wird zeichnerisch durch Verschwenken des Zuges beseitigt.

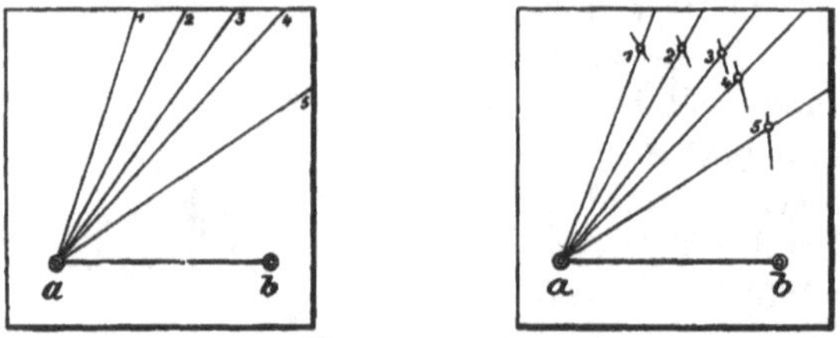

Fig. 381 a u. b.

2. Das Vorwärtseinschneiden. Fig. 381 a u. b. Der Meßtisch wird auf dem Endpunkte *A* der Dreiecksseite *AB* (der Basis) zentrisch aufgestellt und nach dieser Seite orientiert. Dann werden die von dem Standpunkte *A* aus sichtbaren aufzunehmenden Punkte angezielt und die Strahlen *a 1, a 2, a 3 ....*

längs der Linealkante gezogen. Die Punkte werden durch eine daraufgestellte Stange oder Latte kenntlich gemacht. Auf dem Rande des Tischblattes werden die Nummern der Zielpunkte an die Strahlen geschrieben. Sind von *A* aus alle Strahlen verzeichnet, so legt man nochmals das Lineal an die Dreiecksseite *a b* und prüft die richtige Stellung der Tischplatte.

Darauf wird der Meßtisch auf den anderen Endpunkt *B* der Basis getragen, dort zentriert und nach *B A* orientiert. Hierauf zielt man dieselben Punkte der Reihe nach von *b* aus an und durch die Schnitte der beiden für einen Punkt gültigen Strahlen erhält man die Bilder der angezielten Punkte. In gleicher Weise wird man mit Benutzung einer zweiten Dreiecksseite als Basis fortfahren. Die von der ersten Basis ungünstig eingeschnittenen Punkte wird man dabei zum dritten Male anzielen. Über den Wert der Schnittwinkel gelten die in § 125 gegebenen Grundsätze.

Um die ersten Lattenpunkte für das Anzielen aus anderen Punkten auffindbar zu machen, müssen daselbst numerierte Stäbchen eingesteckt werden und der Lattenhalter muß eine Vorrichtung an der Latte anbringen, womit er dem am Meßtisch stehenden Markscheider die Nummer des Aufstellungspunktes kenntlich machen kann.

Soll auch die Höhenlage der angezielten Punkte bestimmt werden, so ist an der Latte eine Zieltafel in der Höhe der Kippregelachse anzubringen. Aus dem abgelesenen Neigungswinkel, der Instrumentenhöhe und der mit dem Zirkel abgegriffenen Länge kann die Höhenlage der Lattenpunkte bestimmt werden.

3. Die Polarmethode. Sie wird am häufigsten angewandt. Der Meßtisch wird über einen für die Aufnahme geeigneten Punkte durch Rückwärtseinschneiden orientiert und eine Nivellierlatte angezielt, die auf den aufzunehmenden Punkten der Reihe nach aufgestellt wird. Die Entfernung und die Höhenlage der Lattenpunkte werden nach den Regeln der Tachymetrie ermittelt und sofort mit dem Zirkel maßstäblich aufgetragen, auch die Schichtenlinien werden an Ort und Stelle konstruiert. Das ganze Aufnahmegebiet wird, wenn nötig, durch kleine Hilfsmessungen mittels Meßband vervollständigt und sofort zeichnerisch fertig ausgeführt. Nachdem die Umgegend des Aufstellungspunktes vermessen ist, wird der Meßtisch auf einem zweiten Punkte durch Rückwärtseinschneiden aufgestellt, und die Messung in gleicher Weise fortgesetzt.

Genauigkeit. Wenn der Meßtisch und alle Geräte in bester Ordnung sind, sowie Zentrierung und Orientierung tadellos ausgeführt werden, so bleiben immer dieselben Fehlerquellen, die dem zeichnerischen Verfahren anhaften. Der Fehler des Bleistiftstriches kann auf $\pm 3'$ und der Zielfehler in der Ebene auf $\pm 3'$, im Gebirge auf $\pm 5'$ angenommen werden. Ungenaue Horizontierung vergrößert diese Fehler sehr.

Dreizehntes Kapitel.

Die Azimut- oder Meridianbestimmung.

§ 222. **Das Übertragen des Azmiutes.** Ist ein gutes Dreiecksnetz vorhanden, wie z. B. das der preußischen Landesaufnahme, von deren Dreiecksseiten die Azimute bekannt sind, so hat man die Linie, deren Azimut gesucht wird, nur durch eine Winkelmessung mit einer Dreiecksseite in Verbindung zu bringen und die Meridiankonvergenz in gebührender Weise zu berücksichtigen.

In Fig. 382 habe die Dreiecksseite *III* den Azimut 22° 10′. Der Azimut von *cd* soll gesucht werden. Die in die Figur eingeschriebenen

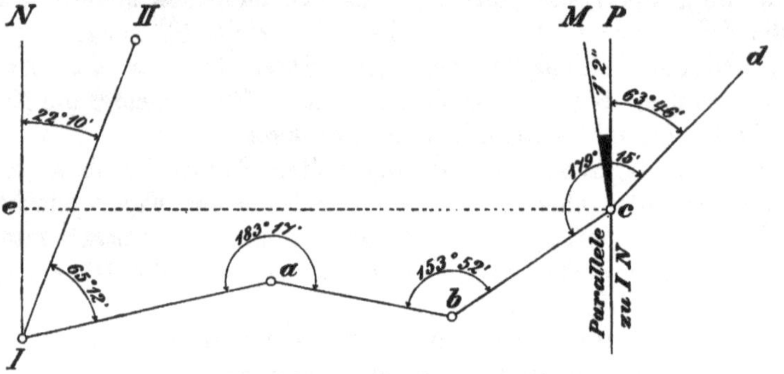

Fig. 382. Übertragung des Azimutes.

Winkel sind gemessen und die Koordinaten von den Punkten *c* und *I* gegeben. Auf bekannte Weise (§ 119) findet man den Azimut von *cd* gegen den Meridian durch den Punkt *I* = 63° 46′. Die Linie *cP* ist parallel zu *IN*. Der Abstand *ce* des Punktes *c* von dem Meridian durch *I* sei gleich 1500 m, deshalb beträgt nach § 6 der Konvergenzwinkel *MCP* = 1′ 2″, der dem Winkel 63° 46′ zuzuzählen ist, um den Azimut von *cd* = 63° 47′ 2″ für den Meridian des Punktes *c* zu erhalten.

§ 223. Ist ein solches Dreiecksnetz nicht vorhanden, so muß der Markscheider den Azimut einer Linie selbständig bestimmen.

Das älteste, schon im Altertume zur Meridianbestimmung angewandte Mittel ist der Gnomon, ein Instrument, das jetzt vollständig aus der Praxis verschwunden ist und hier auch nur aus historischen Gründen und deswegen erwähnt wird, weil das Verfahren der Meridianbestimmung am deutlichsten daraus ersichtlich ist.

Stellt man in den Mittelpunkt einer Anzahl konzentrischer Kreise einen senkrechten spitzen Stab, so wird dieser bei Sonnenschein einen Schatten werfen und die Spitze des Schattens vom Vormittage bis Abend die konzentrischen Kreise in den Punkten *a*, *b*, *c*, *d*, *d'*, *c'*, *b'*, *a'* treffen (Fig. 383). Halbiert man die Bogen *a a'*, *b b'*, *c c'*, *d d'* und verbindet die Halbierungspunkte mit dem Mittelpunkte des Kreises, so erhält man angenähert die Mittagslinie.

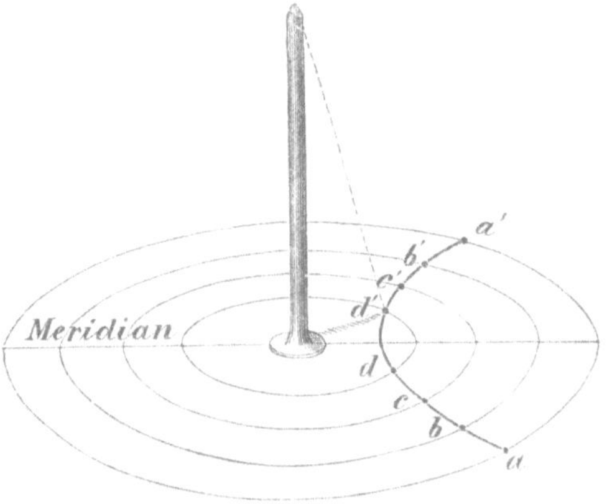

Fig. 383. Gnomon.

§ **224. Die Azimutbestimmung** einer Linie führt man jetzt mit dem Theodoliten aus, und zwar:

1. nach korrespondierenden Sternenhöhen,
2. durch Beobachtung des östlichen oder westlichen Azimutes von hierzu geeigneten Zirkumpolarsternen. Da zu dieser Bestimmung gewöhnlich der Polarstern benutzt wird, so sagt man kurz durch Beobachtung des Polarsternes,
3. durch die Höhenmessung eines Sternes, dessen Deklination bekannt ist,
4. durch Sonnenbeobachtungen zu genau ermittelten Ortszeiten.

Von obigen Methoden verdient die zweite, wegen ihrer Genauigkeit und wegen der geringen Zeitdauer, vor allen den Vorzug. Das Fernrohr des Theodoliten muß sich bis zur Polhöhe kippen lassen und in dieser Stellung muß noch hindurch gezielt werden können.

Die erste Methode liefert nach Sternen (nicht so nach der Sonne) ebenfalls genaue Ergebnisse, ist aber wegen ihrer langen Zeitdauer unbequem und verunglückt leicht durch Zufälligkeiten der Wolkenbildungen.

Die dritte Methode ist bequem, erfordert den geringsten Zeitaufwand, liefert aber mit kleinen Theodoliten keine sehr genauen Werte.

Die vierte Methode ist ebenfalls bequem, gibt aber nur dann zuverlässige Werte, wenn eine gut und richtig gehende Uhr zur Verfügung steht.

§ **225. 1. Die Bestimmung des Azimutes einer Linie (*FH*) nach korrespondierenden Sternenhöhen.** Die Fixsterne beschreiben mit gleichmäßiger Geschwindigkeit Kreise um den Pol und stehen bei ihrer Kulmination am höchsten oder tiefsten.

In gleichen Zeitabschnitten vor und nach der Kulmination wird der Stern gleich hoch über dem Horizonte stehen und bei gleichen Höhen auch gleichen Abstand vom Meridiane haben.

Wenn in der teils geometrischen, teils perspektivischen Figur 384 *Md* = *Mc* ist, so ist *bd* = *ac* und umgekehrt. Das Fernrohr des in dem Endpunkte *F* der Linie *FH* stehenden Theodoliten richtet man erst auf den Punkt *H* (Lichtsignal), sodann auf den Stern in *d* (Beleuchtung des Fadenkreuzes) und dann bei unveränderter Höhenstellung auf denselben Stern, sobald er die Stellung *c* einnimmt. Man liest die Horizontalwinkel ab, die von den Projektionen *Fb* und *Fa* der Ziellinien nach *d* und *c* mit *FH* gebildet werden, halbiert ihre Summe und erhält dann den Ergänzungswinkel zu 360° von dem gesuchten Azimut der Linie *FH*.

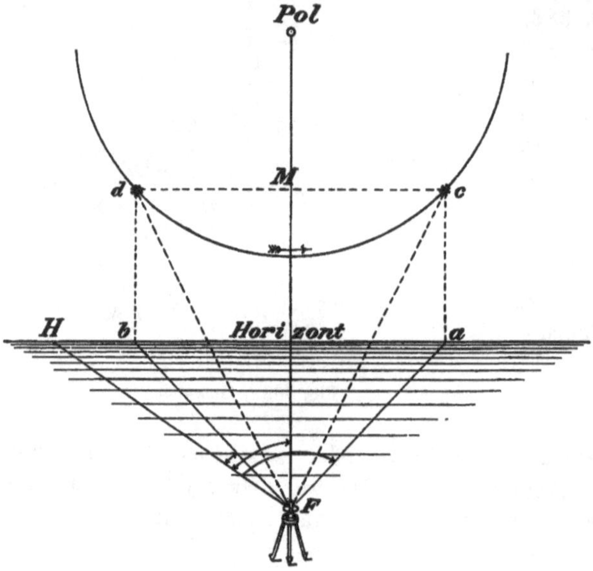

Fig. 384. Azimutbestimmung nach korrespondierenden Sternenhöhen.

Man wird übrigens nicht bloß auf e i n e Doppelbeobachtung des Sternes sich beschränken, sondern ihn vor der Kulmination in verschiedenen Höhenlagen des Fernrohres anzielen und Horizontal- und Höhenwinkel ablesen. Nach der letzten Messung läßt man die Fernrohrneigung unverändert und zielt mit ihr den Stern zum erstenmal n a c h der Kulmination an. Darauf stellt man den Nullpunkt des Höhenkreises in umgekehrter Ordnung auf die Winkel, unter denen der Stern vor der Kulmination beobachtet wurde, und zielt mit diesen Höhenlagen des Fernrohres den Stern in den entsprechenden Stellungen n a c h der Kulmination an. Das Fadenkreuz kann dann selbstverständlich nur mit dem Mikrometerwerk der Horizontaldrehung auf den Stern eingestellt werden.

Um dem Höhenkreis bei dem Anzielen des Sternes nach der Kulmination sicher und schnell, ohne Benutzung der Noniuseinteilung, die erforderliche Lage geben zu können, wird man den Nullpunkt seines Zeigers schon bei den ersten Beobachtungen vor Anzielung des Sternes auf einen Teilstrich einstellen und auch hier nur mit Hilfe des Mikrometerwerkes der Horizontaldrehung das Fadenkreuz mit dem Stern zur Deckung bringen.

Beispiel.

Der in *F* aufgestellte Theodolit wurde zuvor mit Null auf Null nach *H* gerichtet.

Höhenwinkel	Ablesung vor der Kulmination	Ablesung nach der Kulmination	Mittel
22° 30′	41° 56′ 20″	130° —′ 20″	85° 58′ 20″
22° —′	43° 26′ 10″	128° 30′ 10″	85° 58′ 10″
21° —′	45° 49′ 40″	126° 4′ 40″	85° 57′ 10″
20° 30′	47° 29′ 40″	124° 25′ 10″	85° 57′ 25″
		Mittel =	85° 57′ 46″
		Der Azimut der Linie *FH* =	274° 2′ 14″

Will man nach der Sonne den Azimut bestimmen, so geben wegen der Änderungen ihrer Deklination nur die Beobachtungen um die Zeit der längsten oder kürzesten Tage unmittelbar brauchbare Werte. Zu allen anderen Zeiten trifft der oben vorausgeschickte Satz, daß zu gleichen Höhen auch gleiche Abstände des Gestirnes vor und nach der Kulmination gehören, nicht zu.

Am fehlerhaftesten wird das unmittelbare Beobachtungsergebnis zur Zeit der Tag- und Nachtgleichen. Die Beobachtung bedarf einer Verbesserung, die nach der Formel $A = \frac{a + b}{2} + \frac{\frac{1}{2}(d - d')}{\cos\varphi \sin t}$ berechnet wird, worin a und b die vor- und nachmittägige Beobachtung, d und d' die vor- und nachmittägige Deklination der Sonne, s und s' der jeder Beobachtung entsprechende Stundenwinkel der Sonne, $\frac{s + s_1}{2} = t$ und φ die geographische Breite ist.

Das Anzielen der Sonne muß derartig geschehen, daß der Horizontalfaden den unteren oder oberen, und der Vertikalfaden einen seitlichen Rand der Sonne berührt, und zwar ist der senkrechte Faden, wenn er vormittags auf den linken Sonnenrand gerichtet war, nachmittags auf den rechten Rand zu stellen oder umgekehrt.

Die Azimutbestimmung nach der Sonne gibt weniger gute Ergebnisse, als die nach Sternbeobachtungen.

§ 226. 2. Die Bestimmung des Azimutes nach dem Polarsterne. Man richtet das Fernrohr des in dem einen Endpunkte der festen Linie stehenden Theodoliten zuerst auf den anderen Endpunkt (Lichtsignal) und liest ab, dann auf den Polarstern, wenn er sich in seinem östlichsten oder westlichsten Azimute befindet, d. h. in dem Punkte, in welchem der durch das Zenit Z und den Standpunkt M gelegte größte Kreis die Bahn des Sternes S berührt (Fig. 385) und liest wieder ab.

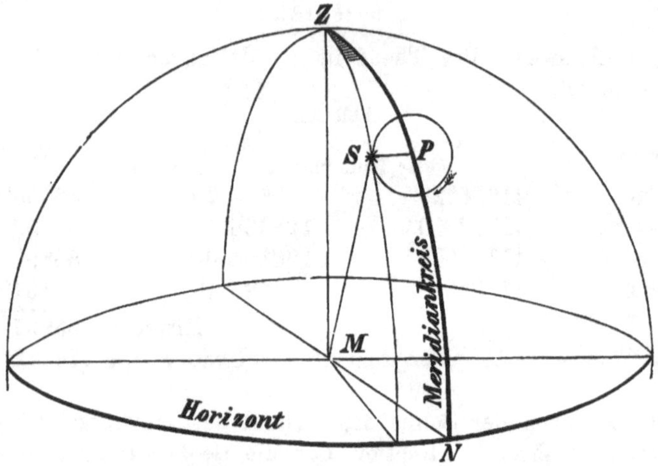

Fig. 385. Meridianbestimmung mittels des Polarsternes.

Der hierdurch gefundene Winkel ist um den Winkel PZS zu vergrößern oder zu verkleinern, je nach der Lage der festen Linie gegen den Meridian, und je nachdem der Polarstern in seinem östlichsten oder westlichsten Azimute angezielt wurde.

Der Winkel PZS des bei S rechtwinke igen sphärischen Dreieckes läßt sich aus $PZ = 90^0 -$ Polhöhe des Beobachtungsortes und $PS = 90 -$ Deklination des Sternes nach der Formel $\sin PZS = \frac{\sin PS}{\sin PZ}$ berechnen.

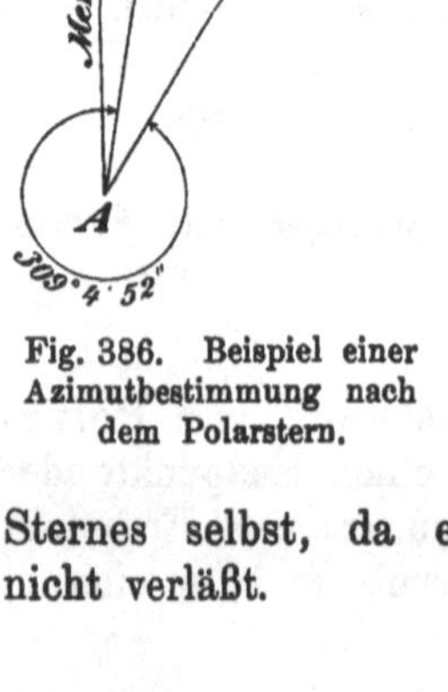

Fig. 386. Beispiel einer Azimutbestimmung nach dem Polarstern.

Die obere Kulmination des Polarsternes findet statt in der Mitte Januar ungefähr um $5\,^1/_2$, Mitte Februar $3\,^1/_2$, März $1\,^1/_2$ Uhr nachmittags, Mitte April $11\,^1/_2$, Mai $9\,^1/_2$, Juni $7\,^1/_2$, Juli $5\,^1/_2$, August $3\,^1/_2$, September $1\,^1/_2$ Uhr vormittags, Mitte Oktober $11\,^1/_2$, November $9\,^1/_2$, Dezember $7\,^1/_2$ Uhr nachmittags. Den größten westlichsten oder östlichsten Abstand vom Meridian erreicht er ungefähr 6 Stunden früher oder später.

Hieraus ergibt sich die ungefähre Zeit, wann der Polarstern in der brauchbaren Stellung sich befindet, und den genauen Zeitpunkt hierfür erkennt man aus der Beobachtung des Sternes selbst, da er mindestens 10 Minuten den vertikalen Faden nicht verläßt.

Man hat deswegen auch Zeit, die Winkelmessung in der zweiten Lage des Fernrohres zu widerholen.

Beispiel, ausgeführt am 20. September 1884 (Fig. 386).

Deklination des Polarsternes	$= 88^0 41' 31''$
Poldistanz $90^0 - 88^0 41' 31''$	$= 1^0 18' 29''$
Polhöhe des Beobachtungsortes	$= 51^0 48' 16''$
$PZ = 90^0 - 51^0 48' 16''$	$= 38^0 11' 44''$

$$\log \sin PS = 8{,}358\,4658$$
$$\log \sin PZ = 9{,}791\,2326$$
$$\log \sin Z = 8{,}567\,2332 \quad \sphericalangle Z = 2^0 6' 56''$$

Gemessener Winkel (Fig. 386)	$= 309^0 \; 4' 52''$
Davon ab der berechnete Winkel	$= 2^0 \; 6' 56''$
	$306^0 57' 56''$
Azimut der Linie AB	$= 53^0 \; 2' \; 4''$

§ 227. 3. Die Bestimmung des Azimutes einer Linie nach der Höhe eines Sternes, dessen Deklination bekannt ist.

Man verfährt wie vorher, d. h. man stellt den Theodoliten in dem einen Endpunkt der festen Linie auf und zielt erst den anderen Endpunkt der Linie an und dann den Stern, und zwar am zweckmäßigsten einen solchen, der nahe am Äquator steht. Höhen- und Horizontalwinkel werden abgelesen und der Höhenwinkel wird wegen der Lichtrefraktion verbessert.

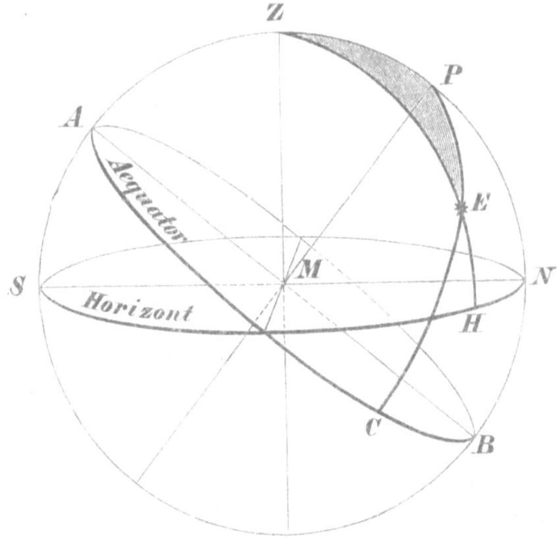

Fig. 387. Meridianbestimmung aus der Höhenbeobachtung eines Sternes.

In Fig. 387 ist ein Vertikalkreis ZEH und ein Stundenkreis PEC durch den Stern E gelegt und in dem dadurch entstandenen sphärischen Dreiecke ZPE ist $ZE = 90^0$ weniger der beobachteten Höhe EH, $ZP = 90^0$ weniger der Polhöhe des Beobachtungsortes und $PE = 90^0$ weniger der Deklination des angezielten Sternes.

Aus den bekannten drei Seiten dieses Dreieckes berechnet man nach der Formel $\operatorname{tg} \frac{z}{2} = \sqrt{\frac{\sin(s-p)\sin(s-e)}{\sin s \,.\, \sin(s-z)}}$, worin die kleinen Buchstaben die gleichen, dem entsprechenden Winkel gegenüberliegenden Seiten bedeuten und $s = \frac{p + z + e}{2}$ ist, den sphärischen Winkel Z, der dem Bogen NH, d. h. dem Azimuten des Sternes in dem Augenblicke des Anzielens gleich ist.

Dieser durch Rechnung gefundene augenblickliche Azimut des Sternes ist je nach der gegenseitigen Lage von Meridian und fester Linie dem gemessenen Winkel im positiven oder negativen Sinne hinzuzufügen, um den Ergänzungswinkel (zu 360°) des Azimutes der festen Linie zu erhalten.

Beispiel, ausgeführt am 20. September 1884.

Polhöhe des Standpunktes = 51° 48′ 16″.

Angezielt wurde in Ermangelung eines zweckmäßigeren Sternes α des großen Bären, dessen Deklination = 62° 22′ 16″.

Beobachtet wurde die Höhe	= 32° 16′ 15″
Davon ab wegen Refraktion	= —° 1′ 31″
Wirkliche Höhe	32° 14′ 44″

Seite $p = ZE = 90^0 - 32^0 14' 44'' = 57^0 45' 16''$
„ $z = PE = 90^0 - 62^0 22' 16'' = 27^0 37' 44''$
„ $e = PZ = 90^0 - 51^0 48' 16'' = 38^0 11' 44''$

Hieraus berechnet sich der Winkel $Z = 26^0 50' 14''$.

Der abgelesene Winkel zwischen der festen Linie AB und der Richtung nach dem Sterne	= 280° 8′ —″
Dazu der berechnete Azimut des Sternes	= 26° 50′ 14″
gibt	306° 58′ 14″
Der Azimut der festen Linie	= 53° 1′ 46″,

stimmt also mit der obigen Bestimmung nach dem Polarstern zufällig sehr genau überein.

§ 228. 4. Die Azimutbestimmung nach Sonnenbeobachtungen und durch das Messen des Stundenwinkels.

In Fig. 388 ist durch die Sonne E ein Stunden- und ein Höhenkreis gelegt. Von dem Stundenkreis ist in der Figur nur der Bogen PEC und von dem Höhenkreis nur der Bogen ZED gezeichnet. In dem sphärischen Dreiecke PZE sind 3 Stücke leicht zu ermitteln. 1) Die Seite $PZ = 90^0 - PN (PN = \varphi$ = der geographischen Breite des Beobachtungsortes). 2) Die Seite $PE = 90^0 - EC$ ($EC = \delta$ = der Deklination der Sonne zur Beobachtungszeit, die aus den astronomischen Jahrbüchern zu entnehmen ist). 3) Der Winkel ZPE. Dieser ist gleich dem Stundenwinkel der Sonne, den man im Moment des Anzielens der Sonne an einer guten nach Ortszeit gehenden Uhr abliest und ihn von dem Fehler der Zeitgleichung befreit. Aus diesen bekannten 3 Stücken kann man den Winkel EZP berechnen und dann ist $360^0 - EZP$ gleich dem Azimut der Sonne zur Zeit der Beobachtung.

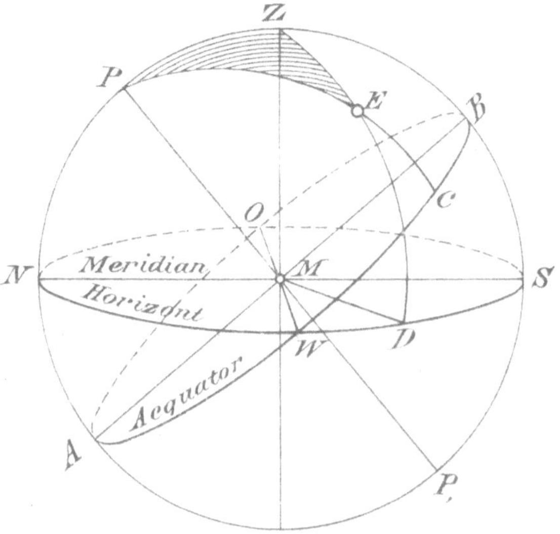

Fig. 388. **Azimutbestimmung nach Beobachtungen der Sonne und Messen des Stundenwinkels.**

Beispiel. Am 16. September 1898 wurde mit einem Theodoliten, dessen Nonius 10 Sekunden angab, der Azimut der Linie MZ (Fig. 389) bestimmt, der durch die Landesaufnahme bereits bekannt war, nämlich $= 17^0\,19'\,40''$. Die geographische Breite des Aufstellungspunktes M war $51^0\,48'\,34''$ und die benutzte Präzisionsuhr war an demselben Tage durch eine nach der Sonne ausgeführte Zeitbestimmung auf mitteleuropäische Zeit gestellt. Von der Sonne wurde stets der linke Rand angezielt und zu dem abgelesenen Winkel mußte der Sonnenhalbmesser am 16. September $= 15'\,55''$ hinzugezählt werden.

Bei der ersten Anzielung der Sonne wurde an der Uhr $4^h\,22'\,56''$ abgelesen und der Winkel $SMZ = 231^0\,32'\,30'' + 15'\,55'' = 231^0\,48'\,25''$ gefunden.

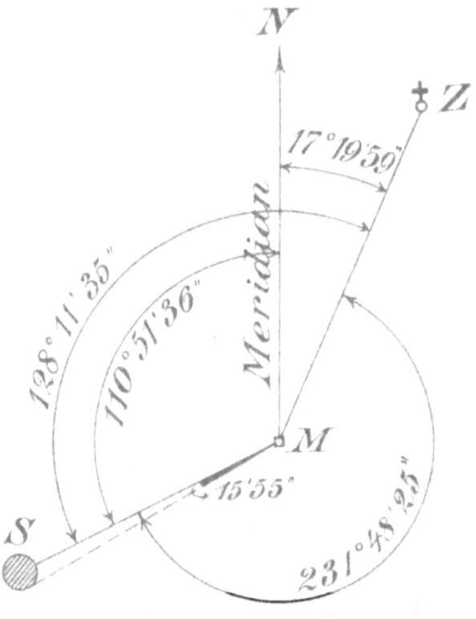

Fig. 389. **Azimutbestimmung nach Sonnenbeobachtungen und durch das Messen des Stundenwinkels der Sonne.**

Von	$4^h 22' 56''$	
ist	$18' 40''$	abzuziehen als Unterschied der Orts- und mittel-
bleibt	$4^h\ 4' 16''$	europäischen Zeit
und	$5' 14''$	hinzuzufügen wegen der Zeitgleichung,
dann ist	$4^h\ 9' 30''$	der Stundenwinkel *ZPE* in Fig. 388 oder in Grad-

maß ausgedrückt = $62^0 22' 30''$.

Die Deklination der Sonne in der Beobachtungszeit war = $2^0 29'$, mithin $PE = 90^0 - 2^0 29' = 87^0 31'$, $PZ = 90^0 - 51^0 48' 34'' = 38^0 11' 26''$.

Nach den NAPIERschen Gleichungen erhält man für den Winkel $PZE = 110^0 51' 36''$ und daraus nach Fig. 390 den Azimut von $MZ = 17^0 19' 39''$. Die folgenden Bestimmungen ergaben mit Weglassung der Grade die Werte 20′ 08″, 18′ 53″, 19′ 20″, 20′ 12″, 19′ 38″, 18′ 32″, 19′ 34″, 20′ 46″, 19′ 30″, im Durchschnitt den fast genau stimmenden Azimut = 17° 19′ 39″. Das günstige Ergebnis ist der richtig und gut gehenden Uhr zuzuschreiben.

Am 16. September, nahe der Tag- und Nachtgleiche, nimmt die Deklination der Sonne in der Stunde beinahe eine Minute ab, was ebenfalls berücksichtigt werden mußte.

Vierzehntes Kapitel.

Anwendung eines kräftigen Magneten zur Ermittelung der Durchschlagsrichtung zweier Gegenörter.

§ 229. Das Verfahren, mittels eines kräftigen Magneten die Durchschlagsrichtung zweier zusammenzuführenden Gegenörter zu bestimmen, sofern diese sich bis auf eine Entfernung von mindestens 18 Meter bereits genähert haben, hat BORCHERS vor ca. 50 Jahren zuerst angewandt.

Dieses, sowie ein sich daran schließendes Verfahren, unter Anwendung desselben Hilfsmittels die Stärke des festen Mittels und den Sohlenstand der beiden Örter zu prüfen, ist ausführlich beschrieben in dem Anhang zu BORCHERS' praktischer Markscheidekunst.

Indem ich ausdrücklich auf dieses Werk verweise, werde ich daraus das Wesentlichste von dem, was die Ermittelung der Durchschlagsrichtung und des Sohlenstandes betrifft, hier folgen lassen.

Die zu dem Verfahren nötigen Apparate sind der Hauptmagnet, die dazu gehörige Stundenscheibe, der Kompaß mit einer Vorrichtung, die Nadel an einem Kokonfaden aufzuhängen, und ein kleiner Hilfsmagnet.

Der Hauptmagnet besteht aus fünf magnetisierten Stahlstäben von 125 cm Länge, 8 cm Breite und 2 cm Dicke, die in zwei hölzernen Kasten eingeschlossen sind. Der eine Kasten enthält nur einen Stab, der andere die übrigen Stäbe. Diese Stäbe liegen nicht unmittelbar aufeinander, sondern sind in der Mitte und an den Enden durch dazwischengelegte Pappstücke getrennt.

Der größere Kasten ist in der Mitte der oberen Seite mit einem Zapfen versehen, der in ein Loch des kleinen Kastens paßt. Um diesen Zapfen kann der kleine Kasten gedreht und dadurch den Polen des darin befindlichen Magnetstabes eine umgekehrte Lage gegen die der Stäbe im großen Kasten gegeben werden. Dadurch wird ein Teil der magnetischen Kraft der letzteren aufgehoben.

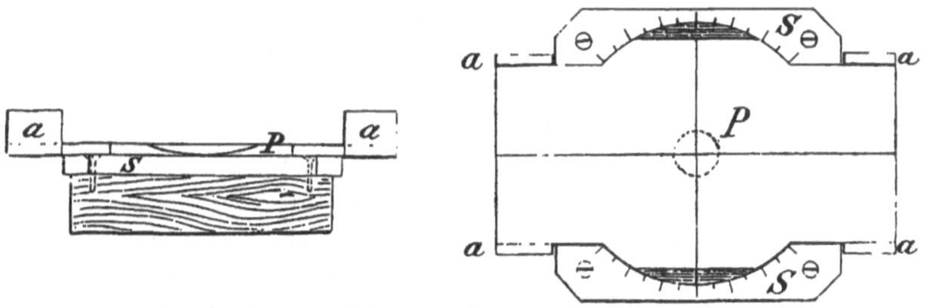

Fig. 390a u. b. Gradscheibe für den großen Magneten.

Im Laufe des Verfahrens muß der Hauptmagnet in verschiedene bestimmte Richtungen gestellt werden können, ohne daß die Lage seines Mittelpunktes sich verändert. Hierzu dient eine messingene Gradscheibe S (Fig. 390), die mittels versenkter Schrauben auf einem starken Brette befestigt werden kann. Um den Mittelpunkt der Gradscheibe läßt sich eine messingene Platte P drehen, zwischen deren Ansätzen a, a, a, a der Hauptmagnet eingelegt werden kann. Rechtwinkelig zur Längenachse des eingelegten Magneten ist die Indexlinie eingeschnitten.

Bis zu Entfernungen von 6 m kann ein gewöhnlicher Zulegekompaß mit empfindlicher Nadel benutzt werden, für größere Entfernungen ist ein Kompaß erforderlich, dessen Nadel an einem feinen Kokonfaden aufgehängt ist.

Der stählerne Stift ist aus der Bodenplatte des Kompasses herauszuschrauben und auf den Ring der Zulegeplatte ein Gehäuse zu schieben, dessen Einrichtung aus Fig. 391 vollständig zu ersehen ist.

Die Seiten des Gestelles sind zur Abhaltung der Zugluft mit Spiegelglas zu versetzen und das obere Ende des Glasrohres ist mit einer verschiebbaren Hülse und mit einer kleinen Schlittenvorrichtung zur Zentrierung der Nadel zu versehen. Die Nadel braucht übrigens nicht genau zentrisch zu hängen, wenn an beiden Spitzen abgelesen wird.

Der Hilfsmagnet ist ein kleiner, 25—43 cm langer Magnetstab.

§ 230. Das Verfahren ist folgendes: In dem einen Gegenort wird auf einer starken Unterlage die Gradscheibe (Fig. 390) so befestigt, daß die Null-Linie im magnetischen Meridian sich befindet, in dem anderen Gegenorte wird auf einer Unterlage in möglichst gleicher Höhe mit der Gradscheibe der Kompaß so aufgesetzt, daß die Nadel auf Null einspielt.

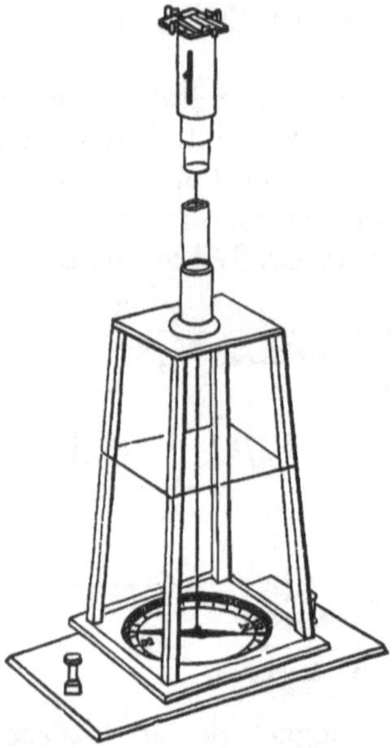
Fig. 391. Gläsernes Schutzgehäuse.

Die Nadel des Kompasses muß sodann in einen möglichst astatischen Zustand versetzt werden. Zu diesem Zwecke legt man den Hilfsmagneten mit umgekehrten Polen in die Richtung der Nord-Südlinie auf die vom Hauptmagneten abgewandte Seite des Kompasses und schiebt ihn so lange vor- und rückwärts, bis die richtende Kraft der Nadel aufgehoben ist.

Nachdem diese Vorbereitungen beendet sind, wird der Hauptmagnet (der kleine Kasten oben aufliegend) auf die drehbare Platte *P* der Gradscheibe gelegt und schätzungsweise in die Durchschlagsrichtung gebracht. Der große Magnet wirkt auf die astatische Nadel des Kompasses und stellt sie nach einer von Gauss aufgestellten Regel in eine bestimmte Richtung.

Da aber die Kompaßnadel nicht für alle Stellungen vollkommen astatisch ist, so muß der letzte Rest der richtenden Kraft wieder für die unter der Einwirkung des Hauptmagneten angenommene Stellung aufgehoben werden.

Dies geschieht auf folgende Weise: Man dreht den oberen kleinen Kasten des Hauptmagneten, der nur einen Magnetstab enthält, um den Zapfen in die umgekehrte Lage und schwächt dadurch, wie oben angedeutet, die Wirkung des großen Magneten. War in der Kompaßnadel noch etwas von der eigenen richtenden Kraft vorhanden, war sie also nicht vollkommen astatisch, so wird ihre Stellung sich ändern, je nachdem der Hauptmagnet mit voller oder geschwächter Kraft wirkt.

Ist während der Einwirkung des geschwächten Hauptmagneten eine Veränderung der Nadel erkennbar, so wird man durch eine ganz geringe Verschiebung des Hilfsmagneten zu erreichen suchen, daß die Nadel sich dem Stande nähert, den sie einnimmt, wenn der Hauptmagnet mit voller Kraft wirkt.

Alsdann dreht man den oberen Stab des Hauptmagneten wieder in die erste Lage, so daß die volle Kraft wieder hergestellt ist, und überzeugt sich, ob die Kompaßnadel ihre Stellung ändert und ob die Verschiebung des Hilfsmagneten hinreichend gewesen ist. Wenn sich noch eine Veränderung der Nadel zeigt, so wiederholt man das Verfahren so lange, bis die Kompaßnadel bei voller und bei geschwächter Kraft des Hauptmagneten dieselbe Richtung beibehält.

Aus diesem am Kompaß abgelesenen Winkel und aus der Richtung des Hauptmagneten läßt sich nach einer von Gauss aufgestellten Regel die Durchschlagsrichtung bestimmen.

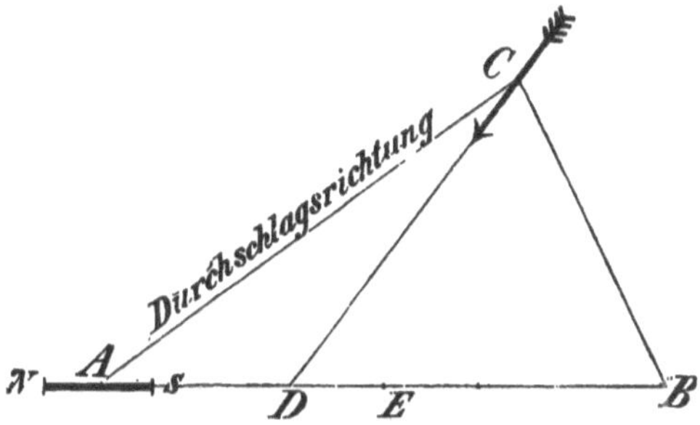

Fig. 392. Gausssche Regel.

Ist in Fig. 392 ABC ein bei C rechtwinkeliges Dreieck und befindet sich in A der Mittelpunkt des Hauptmagneten und seine Längsachse in der Richtung der Hypotenuse AB, befindet sich ferner die astatische Nadel in C, so wird diese unter dem Einfluß der richtenden Kraft des großen Magneten ihre Stellung in der Linie CD einnehmen. Die Richtung dieser Linie ist dadurch bestimmt, daß $AD = \frac{1}{3} AB$.

Streng genommen soll der Magnet NS sehr klein sein, jedoch läßt sich der Satz für den vorliegenden Zweck ohne erhebliche Fehler in Anwendung bringen.

Die Durchschlagsrichtung AC läßt sich nun wie folgt berechnen:

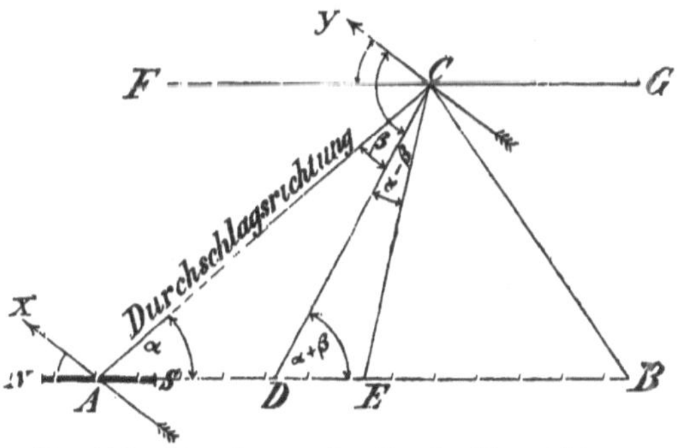

Fig. 393. Berechnung der Durchschlagsrichtung.

In Fig. 393, welche dieselbe Lage des Hauptmagneten und des Kompasses, wie die vorige Figur zeigt, sind Ax und Cy die Richtungen der Magnetlinie, durch C ist FG parallel mit AB, d. h. mit der Richtung des großen Magneten und von C, außer der schon vorhandenen Linie CD, noch die Linie CE derartig gezogen, daß $AE = EB$ ist.

Die Achse des großen Magneten weicht von der Durchschlagsrichtung um den Winkel α ab und die astatische Nadel um den Winkel β. Die Winkel α und β sind zu berechnen. Der Wert $\alpha + \beta$ geht aus der Ablesung der astatischen Nadel hervor. Zieht man nämlich von dieser den bekannten Winkel FCy ab (FCy ist gleich dem abgelesenen Winkel NAx), so erhält man den Winkel $FCD = \alpha + \beta$.

In dem Dreiecke CDE ist, da das Dreieck AEC ein gleichschenkeliges, der Winkel $ECD = \alpha - \beta$, ferner ist die Seite $DE = \frac{1}{3} AE = \frac{1}{3} CE$. Nach dem Sinussatze verhält sich

$$\sin(\alpha + \beta) : \sin(\alpha - \beta) = 3 : 1, \qquad \sin(\alpha - \beta) = \tfrac{1}{3} \sin(\alpha + \beta).$$

Wäre z. B. an der Gradscheibe des großen Magneten 45° abgelesen und am Kompaß 86° 15′, so ist der Unterschied $= 41° 15' = \alpha + \beta$, sin 41° 15′ $= 0{,}6593$, $\frac{0{,}6593}{3} = 0{,}2198$, dazu gehört der Streichwinkel 12° 41′ 50″.

$$\begin{aligned} \alpha + \beta &= 41° 15' - '' \\ \alpha - \beta &= 12° 41' 50'' \\ \hline \alpha \quad &= 26° 58' 25'' \\ \beta \quad &= 14° 16' 35''. \end{aligned}$$

Die Durchschlagsrichtung ist

$$45° -' + 26° 58' 25'' = 71° 58' 25''$$
$$\text{und } 86° 15' - 14° 16' 35'' = 71° 58' 25''.$$

Dies aus der Berechnung hervorgegangene Streichen ist von 360 bezw. 180 Grad je nach der Einteilung des Kompasses abzuziehen, da die Null-Linie des Kompasses während des ganzen Verfahrens stets in derselben Lage bleibt und die Nadel gleichsam wie eine Alhidade gedreht wird. Die mit dem Hängezeug abzugebende Stunde würde demnach sein:

$$360 - 71° 58' 25'' = 288° 1' 35''.$$

Der Fig. 394 entsprechend hat Borchers ein Instrument konstruiert, wodurch die Berechnung der Durchschlagsrichtung auf mechanischem Wege gefunden wird.

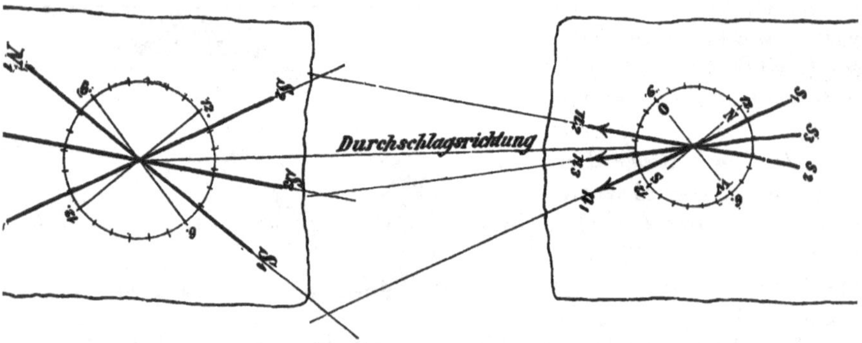

Fig. 394. Durchschlagsbestimmung mittels eines kräftigen Magneten.

Man wird sich mit einer einmaligen Bestimmung der Durchschlagsrichtung aber nicht begnügen. Denn nur in dem Falle, wenn diese Richtung durch einen Theodolitzug hinreichend genau ermittelt und der große Magnet in diese gelegt worden war, wird man bei der einmaligen Bestimmung des Durchschlages ein brauchbares Ergebnis erwarten können.

Je mehr die Richtung des großen Magneten von der des Durchschlages abweicht, um so unsicherer fällt die einmalige Durchschlagsbestimmung aus.

Man verfährt deshalb folgendermaßen:

Nachdem in Fig. 394 die Richtung der Kompaßnadel $n_1 - s_1$ gefunden ist, die nur allein von der Stellung des Hauptmagneten $N_1 - S_1$ bedingt wird, bringt man den Hauptmagneten mit Hilfe der Gradscheibe in eine der Richtung $n_1 - s_1$ parallele Lage $= N_2 - S_2$. Dadurch wird die Kompaßnadel eine neue Stellung $n_2 - s_2$ einnehmen. Gibt man dem Hauptmagneten danach die Lage $N_3 - S_3$ parallel zur Nadelstellung $n_2 - s_2$, so entsteht die neue Nadelrichtung $n_3 - s_3$ usw.

Aus der Figur 394 ist ersichtlich, daß die Stellungen des großen Magneten und der Kompaßnadel sich immer mehr der Durchschlagsrichtung nähern und zuletzt bei Fortsetzung dieser Methode in diese hineinfallen müssen.

§ 231. Die Ermittelung des Sohlenstandes. Nachdem die Durchschlagsrichtung ermittelt ist, wird der große Magnet weit genug entfernt und der Kompaßnadel durch den Hilfsmagneten eine zur Durchschlagsrichtung rechtwinkelige Stellung gegeben. Der Kompaß muß etwas höher über der Streckensohle stehen, als die halbe Länge der großen Magnetstäbe beträgt.

Man bringt nun den großen Magneten vor das Gegenort und läßt ihn in senkrechter Stellung langsam heben und senken. Die Nadel des Kompasses wird der Einwirkung beider Pole des großen Magnetstabes ausgesetzt sein und der nähere Pol wird den größten Einfluß haben. Wenn Nord- und Südpol aber gleiche Entfernung von der Nadel haben, so werden die Einwirkungen beider Pole sich aufheben und die Mitte des Magneten wird in gleicher Höhe mit der Kompaßnadel sein.

Das Verfahren ist wissenschaftlich sehr interessant, hat aber, weil seine Anwendung mit Mühe, Zeit und Kosten verbunden ist, keine Verbreitung bei den praktischen Markscheidern gefunden und wird sie auch nicht finden.

Auf den Werken des Oberharzes, wo ein solcher Apparat vorhanden ist, wird er bei wichtigen Durchschlägen bis in die neueste Zeit mit gutem Erfolge angewendet. Abgesehen davon, daß kleine Unstimmigkeiten vollständig ausgeglichen werden, erhält der Markscheider schon mehrere Tage vor dem Durchschlage die beruhigende Gewißheit von der Richtigkeit seiner Arbeit.

Anhang.

Behandlung der Meßinstrumente.

Die Meßinstrumente, Theodoliten, Bussolen und Nivellierinstrumente sollen in den Tragekästen sorgfältig verpackt und befestigt sein, namentlich sollte bei den Theodoliten neben der überall üblichen Befestigung mittels einer Art Zentralschraube an der aus- und einschiebbaren hölzernen Standplatte niemals die Sicherung durch eine Spannleiste fehlen. Diese hölzerne Leiste ist in der Mitte gepolstert und an den Enden durchlocht, sie wird zwischen den Fernrohrträgern hindurchgeschoben und an den Enden durch lange Schrauben mit der hölzernen Standplatte verbunden. Dadurch wird dem Theodoliten ein ganz sicherer Stand gegeben und namentlich werden die Alhidaden- und Hauptkreisachse, sowie der Limbus vor Beschädigungen bewahrt.

Auf Reisen nimmt man die Instrumente als Handgepäck zu sich in den Wagen, wo man sie stets überwachen kann. Muß ein Instrument als Frachtgut verschickt werden, so ist der Tragekasten in einer Überkiste gut zu verpacken und das Instrument mit Wergballen zu umgeben.

Zum Gebrauch in der Grube werden die Instrumente immer mit der Förderschale in den Schacht gehängt. In sehr nassen, in unregelmäßigen und in tonnlägigen Schächten ist der Tragekasten auch in eine Überkiste zu stellen.

In Erzgruben müssen zuweilen Arbeiten in verschiedenen Sohlen ausgeführt werden, und es ist deshalb nötig, beim Fahren in kurzen Schachtstücken die Instrumente mit sich zu führen. Zu diesem Zwecke sind für die Theodoliten runde Zinkbüchsen zu empfehlen, die an einem Riemen um den Hals gehängt werden.

Die Instrumente sind vor Staub zu schützen. Man muß sie vor und nach dem Gebrauch mit einem weichen dicken Haarpinsel abstäuben. Zu Hause wird man mit reiner alter Leinwand oder mit weichem Leder die Reinigung nochmals vornehmen. Mit einem feinen Holzspatel, der mit Leinen umwickelt ist, kann man in alle Ecken und Ritzen eindringen, die Schrauben am Mikrometerwerke und die Stellschrauben des Dreifußes reinigen.

Das Reinigen der Lupengläser, der Okularlinsen und der Außenflächen des Objektivs geschieht ebenfalls mittels eines weichen, aber reinen leinenen Läppchens, nötigenfalls unter Anwendung von etwas Alkohol. Ist aber zwischen den Gläsern des Objektivs eine Trübung zu beseitigen, so überlasse man dies am besten dem Mechanikus.

Die Instrumente sind an einem trockenen Orte in den Tragekästen aufzubewahren. Sollte ein Instrument naß geworden sein, so betupfe man es vor dem Einpacken mit einem reinen Taschentuche und .n der

Stube trockne man nochmals mit Fließpapier und Leinwand durch Tupfen, ohne zu reiben.

Beim Auseinandernehmen der Instrumente sind die einzelnen Teile so zu legen, daß man sofort sieht, wie die einzelnen Stücke zusammenpassen, zu welcher Öffnung jede Schraube gehört u. dergl. Beim Heben des Instrumentes muß man streng vermeiden, eine Achse aus ihren Lagern zu ziehen oder stark in dieselben einzupressen. Am besten legt man eine Hand dabei unter den Dreifuß. Beim Drehen faßt man an zwei diametral gelegenen Stellen an.

Achsen und übereinander gleitende Metallteile sind von Zeit zu Zeit zu ölen. Man benutzt hierzu bestes Knochenöl, das in den kleinsten Mengen zu verwenden ist. Vor dem Einfetten ist das alte Öl mit Leinwand oder Leder nötigenfalls unter Anwendung von etwas Benzin zu entfernen. Das Auftragen des frischen Öles erfolgt mit der Fingerspitze. Die Teilungen sollen nie mit den Fingern berührt werden. Ist ein Putzen derselben erforderlich, so tue man dies mit weichem Leder und streiche rechtwinkelig zu den Teilstrichen. Die Schrauben der Mikrometerwerke sind häufig zu reinigen und einzufetten. Man soll nicht immer dieselben Stellen der Schrauben benutzen und mit den Mikrometerschrauben nicht zu weite Drehungen ausführen. Federn an den Instrumenten sollen während des Nichtgebrauches in geringster Spannung sein. Beim Aufstellen der Instrumente ist die Spirale der Zentralschraube zuerst nur sanft anzuziehen, und die Preßschrauben, die den Gang der Stellschrauben regeln, sind zu lockern. Nach vollendeter Zentrierung und Horizontierung werden die Preßschrauben und die Spirale fest angezogen.

Die Meßbänder müssen nach dem Gebrauche vorläufig mit Stroh oder einem Lappen abgewischt, zu Hause aber trocken gerieben werden. Am Schluß sind sie mit einem eingeölten Lappen zu überfahren, so daß sie sich immer etwas fett anfühlen.

Die Nivellierlatten werden am zweckmäßigsten auf Gerüsten in horizontaler Lage aufbewahrt. Der Anstrich der Latten, sowie der Signalstangen ist von Zeit zu Zeit zu erneuern.

Die Preise der Instrumente sind durch die leicht und kostenfrei zu beziehenden Verzeichnisse der mechanischen Institute zu erfahren. Von letzteren sind für Markscheiderinstrumente zu empfehlen: F. W. Breithaupt und O. Fennel Söhne in Kassel, Hildebrand in Freiberg (Königreich Sachsen), H. Hoffmann in Clausthal (Spezialist für Magnetkollimatoren).

Sachregister.

(Die Zahlen beziehen sich auf die Seiten.)

Kolibri 360 GmbH
Ferdinand-Jühlke-Straße 7
99095 Erfurt, Deutschland
produktsicherheit@kolibri360.de